der

officinellen Pflanzen

sämmtlicher

Pharmacopoeen

mit

Beschreibung

in

medicinisch-pharmaceutischer und botanischer Hinsicht

von

Dr. J. R. LINKE.

Leipzig,
Verlag von C. B. Polet.
1850.

Phanerogamen.

(Mit sichtbaren Befruchtungs-Werkzeugen).

I. Cl. Monandria (Einmännige).

Monogynia (Einweibige).

Familie: **Bananen:** Scitamineae. *Gruppe:* **Amomeae Juss.** *(Syn. Scitamineae R. Br. = Zingiberaceae Rich.)*

Gattung: **Elettaria White.,** Elettarie.

Kelch röhrig, an der Spitze 3lappig. Blumenkrone 3theilig, fast gleich, mit verlängerter fadenförmiger Röhre. Nebenkrone einlippig, ausgebreitet. Staubbeutelträger über die nackten Staubbeutel nicht verlängert. Kapsel 3fächerig. Samen zahlreich bemantelt.

Taf. 1. **Elettaria Cardamomum White et Maton.,** Kardamom Elettarie. *(Alpinia Cardamomum Roxb.)*

Blätter lanzettlich, zugespitzt, oberseits flaumhaarig, unterseits seidenhaarig; Trauben locker, auf einem wagrechten, verlängerten, ästigen und geschlängelten Schafte; Lippe (Honiglippe, Labellum) undeutlich 3lappig.

In Ostindien, vorzüglich in Malabar einheimisch, u. wird daselbst, so wie auf Java u. in anderen Gegenden Ostindiens kultivirt. Die Stengel sind glatt, gegliedert, aufrecht, von der Blattstielscheide bedeckt u. erreichen eine Höhe von 6—9' *). Die getrockneten Früchte mit den Samen liefern das kleine Kardamom, ***Cardamomum minus***. Da die Kapsel fast geschmacklos ist, so gebraucht man nur die sehr gewürzhaft schmeckenden Samen, und zwar als Mittel bei Verdauungsschwäche, Verschleimung u. s. w., besonders aber werden sie als ein feines Gewürz zum ökonomischen Gebrauche benutzt. Sie enthalten viel äther. Oel. Man unterscheidet nach der Grösse der Kapseln kurze oder halblange malabarische K. — Ausser obigen beiden Sorten kommen noch einige andere vor. Die langen oder ceylonischen K., ***C. longum*** sive ***zeylanicum***, sind $1—1\frac{1}{2}''$ lange, $3—4'''$ dicke, stumpf 3kantige, vorn in ein kurzes Röhrchen verdünnte Kapseln, die den vorigen Sorten sehr ähnliche Samen enthalten, welche auch hinsichtlich ihrer Eigenschaften u. Wirksamkeit mit jenen übereinstimmen. Man glaubt, dass sie von ***Amomum aromaticum Roxb.*** abstammen. — Javanischer K., ***C. javanicum***, kommt jetzt öfters im Handel vor. Die Kapseln sind von weniger regelmässiger, undeutlich dreikantiger Form, gegen 1'' u. darüber lang, dabei aber 6—8''' dick. Die Samen dieser Kapseln sind nicht eckig u. runzelig, sondern rundlich u. glatt, haben wenig Geruch u. keinen den ächten K., sondern mehr dem Rosmarin u. Kampher ähnelnden Geschmack. Es sollen diese Früchte von dem auf Sumatra und Java wachsenden ***Amomum Cardamomum*** L. abstammen. — Mittlere K., von ***Elettaria Cardamomum medium R. et S.*** (Alpinia Cardamomum medium Roxb. u. Alp. costata Roxb.) Die Samen dieser auch in Ostindien wachsenden Pflanze kommen jetzt kaum noch im Handel vor.

(**Amomum Grana Paradisi Afzel.,** pfefferartige Amome, eine ausdauernde Pflanze Guinea's, liefert die sonst häufiger als jetzt angewendeten Samen, Paradieskörner, **Grana Paradisi s. Grana Malaguetta, s. Cardamomum piperatum.** Sie sind von brennendem, gewürzhaftem, pfefferartigem Geschmacke und werden vorzüglich ausserhalb Europa als Gewürz gebraucht. — **Costus speciosus Sm.,** schöne Costwurz, eine ausdauernde Pflanze Ostindiens, soll den arabischen Costus, **Costus arabicus s. Radix Costi arabici,** liefern. Davon verschieden ist die süsse Costwurz, **Costus dulcis,** wofür man jetzt gewöhnlich die weisse Zimmtrinde, **Canella alba,** erhält. Zur Familie der Bananen gehört die Gattung **Alpinia,** wovon **Alpinia Galanga,** eine in Südasien einheimische u. da häufig angebaute Pflanze, in ihrem Wurzelstocke die ächte kleine Galgantwurzel, **Rad. Galangae minor** liefert. Die grosse Galgantwurzel, **Rad. Galangae major,** soll von einer andern Pflanze abstammen).

Erklärung der Abbildung:

a. Der untere Theil einer Pflanze mit einem bei * durchschnittenen Blüthenzweige, verkleinert. — b. Eine Blattbasis u. c. eine Blattspitze, verkleinert. — d. Ein Endtheil eines Aestchens des Blüthenstandes mit einer Knospe und einer soweit geöffneten Blume, dass man den Griffel sieht, verkleinert. — e. Der Staubbeutel mit einem Theile der Blumenkrone, verkleinert. — f. Die Lippe, Honiglippe, verkleinert. — g. Eine Frucht. — h. Dieselbe quer durchschnitten.

Gattung: **Curcuma Lin.,** Kurkumee.

Kelch kurz, 3zähnig. Blumenkrone 3theilig, fast lippig. Staubfaden blumenblattartig, kurz, gelappt, der mittlere Lappen trägt den am Grunde doppelt-gespornten Staubbeutel. Kapsel 3facherig. Samen zahlreich, bemantelt.

Curcuma Zedoaria Rosc., gefleckte Zittwer-Kurkumee. *(Curcuma Zerumbet Roxb.)*

Knollen handförmig, verlängert, innen strohgelb; Blätter breit lanzettlich, an beiden Enden verschmälert, in der Mitte purpurroth, kahl; Deckblätter fast langer als die Blüthen.

Eine ausdauernde, auf dem festen Lande von Ostindien einheimische, auch daselbst angebaute Pflanze, die auch in China und Madagaskar vorkommen soll. Die knollige Wurzel, oder vielmehr die getrockneten Aeste des Wurzelstocks, von dem die Würzelchen und die äussere Rinde abgeschnitten sind, ist die offic. Zittwerwurzel, ***Radix Zedoariae***, welche schwer ist, und in einigen Zoll langen, $\frac{1}{2}$ Zoll dicken, dreieckigen, an beiden Seiten zugespitzten Stücken, mit zwei ebenen und einer durch das Zerschneiden der Wurzel der Länge nach entstandenen rundlichen Fläche, bes. als langer Zittwer vorkommt. Er ist aussen gelbgrau, innen rothbraun, gelblich oder weisslich, mit kleinen harzführenden Schläuchen, von scharfem, bitterlichem Geschmacke und starkem, etwas kampherartigem Geruche und enthält scharfes Harz, flüchtiges Oel, freie Essigsaure, essigsaures Kali, stickstoffhaltige Materie, Gummi, Osmazom, Schwefel, Amylum und holzige Theile. Die seltner runden, 1' langen, auf einer Seite unebenen runzlichen Stücken bilden den runden Zittwer, welcher jedoch nach Banks von ***Curcuma aromatica Salisb.*** (Curcuma Zedoaria Roxb.), einer zweijährigen, gleichfalls in Ostindien, auch auf den Inseln und in China wachsenden Pflanze, herkommen soll.

(Von **Curcuma angustifolia Roxb.** und **Curcuma leucorrhiza Roxb.** werden die Wurzeln in Ostindien zur Bereitung eines feinen, dem Arrow-root ähnlichen Stärkmehls benutzt.)

a. Wurzel verkleinert. — b. Blüthenähre verkleinert. — c. Der untere Theil und d. die Spitze des unfruchtbaren Triebs mit Blättern, verkleinert. — e. und f. Blumen verkleinert. — g. Ein Theil der Blume, um die Lage des Staubgefässes zu zeigen, verkleinert. — h. eine innere Deckschuppe.

Curcuma longa Lin., lange Kurkumee, Gilbwurz, gelber Ingwer.

Knollen handförmig getheilt, verlängert, innen orange-

*) Bei Angabe der Grössenverhältnisse sind Fuss mit ', Zoll mit '' u. Linien mit ''' bezeichnet.

gelb; Blätter breit-lanzettlich, lang gestielt, ungefleckt; Aehre länglich.

Eine in feuchten Gegenden Ostindiens, vorzüglich in China, Cochinchina, Malakka, Java u. s. w. wild wachsende, auch häufig daselbst kultivirt werdende, ausdauernde Pflanze. Die knollige, knotige, dicke, längliche, geringelte, faserige, etwas ästige, umgebogene, fingerdicke Wurzel ist aussen von blassgelber, getrocknet braungelber, inwendig dunkler gelber, ins Röthliche übergehender Farbe. Die nach unten stehenden Wurzelfasern steigen zum Theil tief herab und endigen sich in kleine rundliche Knollen, aus welchen die Blüthenschafte zwischen scheidig sich umfassenden Blättern hervortreten. Die Blätter sind länglich lanzettlich, an beiden Enden verschmälert, kahl, 1—1¼′ lang, 5—6″ breit und stehen auf langen, unterwärts scheidigen Blattstielen, die mit ihren Scheiden sowohl den Schaft, als auch sich fest umschliessen. Der Schaft wird ½′ lang und trägt eine eben so lange, fast walzenförmige Aehre. Die Deckblätter der Aehre haben etwa die Länge der Blüthen, sind länglich, spitzig, weisslich und zuweilen röthlich an der Spitze überlaufend. Die blassgelben Blüthen haben eine dunkler gelbe Honiglippe. Der Wurzelstock giebt die Kurkuma oder Gilbwurzel, ***Radix Curcumae.*** Die Wurzel färbt beim Kauen den Speichel gelb, welches von einem gelben harzigen Farbestoffe, dem Curcumin, herrührt.

Man unterscheidet jetzt im Handel besonders 4 Sorten: 1) Die bengalische K., ***Radix Curcumae bengalensis* s. *Curcuma Bengal,*** wird vorzüglich von den Apothekern gekauft, weil sie mehr äther. Oel, und deshalb einen stärkeren Geruch hat, wogegen 2) die chinesische K. von den Technikern vorgezogen wird, weil sie mehr Farbestoff und weniger äther. Oel enthält. Sie ist auf dem Bruche schön pomeranzengelb bis roth. 3) Die javanische K., ***Curcuma de Java,*** kommt jetzt am häufigsten im Handel vor, wird aber minder hoch bezahlt. 4) Die runde javanische K., ***Curcuma de Java rotunda*** besteht nur aus kleinen, mehr oder weniger kugelrundlichen Knollen, die aus voriger Sorte ausgelesen werden, weshalb der frühere Unterschied zwischen langer und kurzer K. wegfällt. — Die K. besteht nach John aus: gelbes flüchtiges Oel **1**; harziges Kurkumagelb (Curcumin) **10—11**; extractives Kurkumagelb **11—12**; graues Gummi **14**; Holzfaser, nebst in Wasser und Weingeist nicht, aber in Kali lösliche Materie **57**; Wasser nebst Verlust **5—7**. Die Asche der Wurzel enthält etwas Kupfer.

a. Wurzel verkleinert. — b. Ein Stück vom Untertheile der blühenden Pflanze, verkl. — c. und d. Aeussere und innere Deckschuppen, verkl. — e. f. g. und h. Blüthentheile. — i. Pistill mit den beiden neben dem Griffel liegenden Schüppchen, verkleinert.

Gattung: **Zingiber Gaertn.,** Ingwer.

Kelch röhrig, ungleich 3spaltig oder 3zähnig und dann auf einer Seite gespalten. Blumenkrone 3theilig. — Nebenkrone (eigentlich der äussere Kreis der blumenblattartigen unfruchtbaren [staubbeutellosen] Staubgefässe) einlippig, einfach, 5lappig. Staubfaden über den Staubbeutel pfriemig-hornförmig verlängert. Kapsel 3fächerig, vielsamig. Samen bemantelt.

Zingiber officinale Rosc., gebräuchlicher, aechter oder Gemeiner Ingwer.

Blätter (auf den den Stengel bildenden Scheiden) sitzend, linealisch-lanzettlich, unterseits spinnwebig-flaumhaarig; Blatthäutchen abgestutzt; Aehren zapfenförmig, eirund-länglich; Deckblätter verkehrt-eiförmig, stachelspitzig, kahl; Lippe 3lappig, der mittlere Lappen grösser, convex, zugerundet, wellig.

Der gemeine Ingwer ist ursprünglich in Ostindien, häufig in Bengalen, auf Java, Malabar u. s. w. einheimisch, wird auch jetzt schon wild in Westindien gefunden und in den wärmeren Theilen von China, in Jamaika und auf den Antillen gebaut. Der zweijährige Wurzelstock der ausdauernden Pflanze ist knollenförmig und fleischig, fast wagrecht, knotig-gegliedert, handförmig, kurzästig, mit zusammengedrückten, geringelten, vorn verbreiterten Aesten und mit langen fleischigen Wurzelfasern besetzt. Er treibt 2jährige Stocktriebe, welche sich immer wieder erneuern, und aus ihm entspringen mehre 3—4′ hohe, entweder aufrechte oder etwas schiefe Stengel, welche von den enganliegenden und langen Blattstielscheiden ganz bedeckt werden. Die Blätter sind abwechselnd, umfassend, gleichbreit-lanzettförmig oder schwertförmig, 6—7″ lang und 1½″ breit. Die Rückfläche der Blätter ist durch eine der Länge nach laufende, sehr hervorstehende Mittelrippe getheilt und hat viele schiefe, feine Seitenrippchen. Zur Seite der blätterigen Stengel kommen unmittelbar aus der Wurzel einige nackte, dicke, runde, schuppige, kaum 1′ hohe Schäfte, deren jeder an der Spitze eine 3—4″ lange eiförmige Aehre trägt, die am Ende einer Keule ähnlich und mit häutigen, eiförmigen, ausgehöhlten, anfangs grünlichen, an der Spitze und am Rande weissgelblichen, später eine rothe Farbe annehmenden Schuppen, dachziegelförmig bedeckt ist. Diese Aehren enthalten mehre gelbliche, wohlriechende, 1″ lange Blumen, die sich nach und nach öffnen und schon in einem Tage verblühen. Die Blumendecke ist 1blättrig, 3spaltig, ungleich und walzenförmig; die 1blättrige Blumenkrone offen und ungleich 3theilig; der obere Lappen ganz, lang, aufrecht, etwas vertieft, der untere klein und in 2 schmale Stücke getheilt. Alle sind etwas zurückgerollt. Das 1blättrige Honiggefäss ist etwas 3lappig, breit und gegen den Rand zu purpurfarbig-röthlich und mit gelben Flecken bezeichnet. Der Staubfaden ist über den getheilten Staubbeutel verlängert, an der Spitze pfriemenförmig und gefurcht. Die Narbe ist kopfförmig. Die Frucht ist eine eiförmige, 3eckige, im Innern in 3 Fächer getheilte, 3klappige, vielsamige Kapsel. Die Samen sind länglich, schwärzlich, von aromatisch-bitterem Geschmack und angenehmen Geruch. Im September öffnen sich die Blumen und gegen December sterben die Stengel ab und wenn die Wurzeln nicht holzig werden sollen, so müssen sie im darauf folgenden Januar herausgenommen werden. —

Man unterscheidet im Handel besonders 2 Sorten, nämlich den braunen oder gemeinen Ingwer, ***Zingiber commune* s. *nigrum* s. *vulgare,*** u. den weissen Ingwer, ***Zingiber album.*** Die Wurzeln der ersten Sorte sind fest, dick, knotig, hornartig, runzlich, etwa 2″ lang, aussen gelbgrau oder weissgrau, inwendig röthlichgelb oder bräunlich. Der weisse Ingwer ist gelblichweiss oder weisslichgrau, knollig, fest u. inwendig röthlich-gelb. Es kommen beide Sorten von einer Pflanze und unterscheiden sich nur dadurch, dass die ersteren vorher von Fasern u. Schmuz gereinigten Wurzeln mit kochendem Wasser abgebrüht und dann schnell durch Ofenwärme, die anderen hingegen von der äusseren Rinde gereinigt und dann ohne Abbrühen sorgfältig an der freien Luft getrocknet werden, und es ist nur diese letztere Sorte zum medicinischen Gebrauche anzuwenden. Sonst unterscheidet man überhaupt noch: den bengalischen Ingwer, ***Rad. Zingiberis bengalensis,*** der am häufigsten nach Deutschland gebracht wird, dagegen der malabarische Ingwer oder Malabar-Ingwer, ***Rad. Zingiberis malabarica,*** in Deutschland wenig gebräuchlich ist. Der chinesische Ingwer, ***Rad. Zing. chinensis,*** ist eine schlechtere Sorte, die wahrscheinlich des leichteren Trocknens wegen mit heissem Wasser gebrüht und deshalb auf dem Querbruche dicht, hellbraun und mit einem dunklern Rande erscheint. Der westindische oder weisse Jamaika-Ingwer, ***R. Zing. jamaicensis alba,*** besteht aus geschälten u. deshalb dünnen u. nach Trommsdorf durch Chlorkalk u. Schwefelsäure gebleichten, aussen u. innen weissen, gewöhnlich nur unverästeten Stücken, die einen mehligfaserigen Bruch zeigen. Diese theuere, aber wenig werthe Sorte ist nicht officinell, sondern dient in England als Speisegewürz. (Einige neueren Naturforscher erklären dagegen, dass das Bleichen genannter Sorte nur durch Eintauchen der frischen geschälten Wurzeln in Kalkmilch geschehe.) —

Die besten Stücke der Ingwerwurzeln sind die, welche fest, schwer, von starkem, angenehm aromatischem Geruche sind und einen scharfen, feurigen Geschmack haben. Wurmstichige, zerbrechliche, weiche, mürbe, sehr zaserige, leichte Stücke sind zu verwerfen. Der Ingwer verdankt seine Wirksamkeit einem durch Aether ausziehbaren Stoffe (Piperoid), welcher aus einem aromatischen, pfefferartig brennenden, flüchtigen u. aus einem gelben, geruchlosen, scharfen fixen Oele zusammengesetzt ist. — Der Ingwer wirkt stark erregend und erhitzend, er ist ein kräftiges, den Magen stärkendes u. die Verdauung hebendes Mittel, was jedoch nur als Zusatz zu ähnlich wirkenden Arzneien, selten allein als Kaumittel angewendet wird. Der in Ostindien mit Zucker gekochte Ingwer, ***Zing. conditum* s. *Conditum***

Zingiberis, wird häufig bei verdorbenem Magen und gestörter Verdauung als Hausmittel angewendet.

(Von dieser Gattung waren früher noch folgende, meist auch in den heissen Gegenden Südasiens wachsende Arten gebräuchlich. Von dem Zerumbet oder wilden Ingwer, **Zingiber Zerumbet Rosc.** (Amomum Zerumbet Lin.), erhielt man die Zerumbetwurzel, **Radix Zerumbet**, die auch von dem bittern Ingwer, **Zing. americans Blum.**, gesandt wurde. Von dem Cassumunar-Ingwer, **Zing. Cassumunar Roxb.**, war die Wurzel unter dem Namen Block-Zittwer od. gelber Zittwer, **Rad. Cassumunar s. Zedoariae luteae**, officinell. — Eben so werden neben den angeführten auch noch die Wurzeln einiger anderer Arten in ihrem Vaterlande als Heilmittel gebraucht.)

a. Eine vollständige, sehr verkleinerte Pflanze, deren einer unfruchtbarer Stengel bei * durchschnitten ward, verkleinert. — b. Eine Blume. — c. Staubgefäss nebst dem Pistill. — d. Kapsel verkleinert. — e. Dieselbe querdurchschnitten, verkleinert. — f. Ein Samen. — g. Derselbe der Länge nach so durchschnitten, dass man den Keimling sieht.

Gruppe: **Canneae R. Brown.**

Gattung: **Maranta (Blum.) Lin.**, Maranto.

Kelch tief 3theilig. Blumenkrone 3theilig. Nebenkrone umgekehrt, 3theilig, der eine Zipfel gespalten. Staubfaden blumenblattartig, zweitheilig, der eine Theil den Staubbeutel tragend, der andere den Griffel umgebend. Kapsel ziemlich beerenartig. Samen einzeln, bemantelt.

Taf. II. **Maranta arundinacea Lin.**, rohrartige Marante, Pfeilwurzel.

Stengel krautig, zweigetheilt-ästig; Blätter eirundlänglich, zugespitzt, weichhaarig; Blüthen fast rispig, gepaart.

Eine in Westindien u. dem nördlichen Südamerika einheimische u. ausdauernde Pflanze, mit einem fleischigen, langen, wagerechten, fast walzenförmigen, geringelten, weisslichen Wurzelstock. Der Stengel entspringt dem oberen Ende des Wurzelstocks, ist aufrecht, 2—4' hoch, knotig-gegliedert, meist vom Grunde an wiederholt gabelästig, wenig u. schwach weichhaarig. Die unteren Blätter werden 8—12'' lang, 2—3'' breit. Die etwa 1'' langen Blüthen stehen paarweis; von jedem Paare ist eine länger gestielt; die aufgewachsene Kelchröhre ist kurz u. die Kelchzipfel sind lanzettlich, spitzig, blassgrün. Die zarte Blumenkrone ist nebst dem Staubgefässe und Griffel weiss; die schiefe Röhre ist unten bauchig erweitert. Die trockne Beerenfrucht ist 3seitig-ellipsoidisch, 4''' lang u. grün. Sie enthält einen verkehrt-eiförmigen, 3seitigen, schwärzlich-violetten oder braunen Samen mit einem grossen Nabelwülstchen.

Die fleischigen Wurzelstöcke u. die daraus entspringenden Sprossen dieser Art u. der indischen Marante, *Maranta indica Tussac.*, dienen zur Bereitung des Pfeilwurzelmehles oder Arrow-Root, ***Amylum Marantae***, welches ein sehr feines weisses Stärkmehl ist. Es ist leicht zu verdauen, nährend, einhüllend u. deshalb reiz- u. schmerzlindernd. Es wird mit Wasser, Milch oder Fleischbrühe gekocht, schwachen Kindern, Genesenden, Auszehrenden u. entkräfteten Kranken überhaupt, aber auch bei Durchfällen, Ruhren, bei Husten u. andern entzündungsartigen Reizungen gegeben. — Man unterscheidet 3 Sorten im Handel: Pfeilwurzelmehl von Bermuda, von Jamaika u. ostindisches.

a. Eine blühende Zweigspitze, deren Wurzel bei * durchschnitten ward, verkleinert. — b. Eine andere, noch mehr verkleinerte. — A. Eine vollständige Blume in natürl. Grösse. — B. u. C. Staubgefässe u. Griffel in verschiedenen Lagen in natürl. Grösse. — A. Griffelende mit der Narbe, vergrössert.

II. Cl. Diandria (Zweimännige):

Monogynia (Einweibige),

Familie: **Sapotaceen**: Sapotaceae. *Gruppe*: **Jasmineae Juss.** (*Oleinae Linke.*)

Gattung: **Olea Tournef.**, Oelbaum.

Kelch 4zähnig. Blumenkrone fast radförmig: Saum 4theilig. Narbe zweispaltig. Steinfrucht mit 2fächriger knochiger Steinschale (ein Fach oft fehlschlagend) und 1 oder 2 Samen.

Olea europaea Linn., aechter Oelbaum.

Blätter schmal oder breitlanzettlich, spitzig, ganzrandig, unterseits weisslichgrau, lederig; Blüthentrauben achselständig, einfach oder etwas ästig.

Ursprünglich ein im Orient einheimischer Strauch, welcher jetzt häufig als Baum in verschiedenen Varietäten in allen Ländern am Mittelmeere kultivirt wird. Die 1½—3½'' langen und 3—12'' breiten lederartigen Blätter sind am Ende zurück- und umgebogen, oberseits glänzend-dunkelgrün, unterseits meist weissgrau oder gelblich od. rostbraun. Die Blüthen stehen in ziemlich dichten Trauben, die kaum halb so lang als die Blätter sind, auf zusammengedrückt 4seitigen Stielen. Die sehr kleinen Deckblätter fallen bald ab. Der schalenförmige Kelch hat 5 kleine spitzige Zähne. Die weisse Blumenkrone hat eine kurze Röhre u. 4 eiförmige spitze Zipfel. Die Steinfrucht (Olive) ist meist eiförmig, 1¼'' lang oder kugelig u. kleiner, bald grünbraun oder olivengrün, bald röthlich oder violett. Aus der öligfleischigen Aussenschicht derselben (während sich bei fast allen andern Steinfrüchten nur in ihrem Kern ein fettes Oel findet), erhält man das Oliven- oder Baumöl, ***Oleum Olivarum***, in verschiedenen Sorten, je nachdem es entweder von selbst aus den reifen aufgehäuften Früchten ausfliesst, oder durch geringeren oder stärkeren Druck ausgepresst wird. Es ist das leichteste der fetten offic. Oele, wird in der Kälte fest und es scheidet sich Stearin aus. Durchs Auspressen des erstarrten Oeles lässt es sich in 72 Theile Olein u. 28 Theile Margarin scheiden. — Die Oliven werden etwas vor ihrer Reife eingesammelt u., um ihnen den bittern, scharfen, unangenehmen Geschmack zu benehmen, in einer Lauge von Soda u. Kalk eingeweicht, darauf mit reinem Wasser ausgelaugt, bis der bittere Geschmack weg ist, und dann mit Kochsalz haltigem Wasser eingemacht ihres angenehmen Geschmacks wegen in den Handel gebracht. Aus dem Stamme des wilden Oelbaums soll ein harziger Saft (Gummi des Olivenbaumes) fliessen, der erhitzt einen sehr angenehmen Geruch verbreitet und in Italien u. Sardinien zum Räuchern in Krankenzimmern gebraucht wird.

A. Ein blüthentragender Zweig von der kultivirten Pflanze in natürl. Grösse. — A. Eine Zwitterblume, vergrössert. — B. Eine männliche Blume, vergr. — C. Der Kelch mit dem Pistill, vergr. — D. Das Pistill, vergr. — B. Eine Steinfrucht in natürlicher Grösse. — C. Dieselbe bis auf den Steinkern querdurchschnitten. — D. Die Nuss od. der Steinkern. — a. Derselbe querdurchschnitten, etwas verkl. — E. Der Samen in natürlicher Grösse. — b. Derselbe senkrecht durchschnitten, um den Embryo im Eiweiss liegend zu zeigen, etwas verkl. — F. Der Embryo für sich in natürl. Grösse.

Familie: **Larvenblüthler**: Personatae Adans. *Gruppe*: **Scrofularinae Juss.**

Gattung: **Veronica Tournef.**, Ehrenpreis.

Kelch 4- od. 5theilig. Blumenkrone radförmig, vierlappig, der unterste Lappen schmäler u. kleiner u. der obere gewöhnlich grösser als die beiden seitenständigen. Staubgefässe 2. Kapsel zusammengedrückt, an der Spitze ausgerandet, 2fächerig, die Scheidewand den Klappen entgegengesetzt (oder dem schmälern Durchmesser der Kapsel parallel) vielsamig. Samenträger achsenständig, der Scheidewand aufgewachsen.

Veronica officinalis Lin., gebräuchlicher od. aechter Ehrenpreis, Grundheil.

Stengel kriechend mit den Enden und Aesten aufwärts gebogen, allseitig behaart; Blätter verkehrt-eiförmig oder elliptisch, gesägt oder kerbig-gesägt, weichhaarig; Blüthentrauben achselständig, meist abwechselnd, verlängert; Kapsel verkehrt-herzförmig, fast abgestutzt, kurz behaart.

Die Pflanze, auch Heil aller Welt, Grundheil, Wundkraut, Grossbathengel u. s. w. genannt, wächst in trocknen Wäldern, auf Triften u. Waldrändern. Die ½—1' langen Stengel sind stielrund u. ästig. Die 1½'' langen, ½—1'' breiten Blätter sind rauhhaarig, doch zuweilen in hohern Gebirgsgegenden auch fast kahl u. dann beinahe glänzend und als *Veronica Allionii Schm.* als eigne Art aufgeführt. — Das offic. Kraut, ***Herba Veronicae***, hat einen bitterlichen Geschmack u. stand in früheren Zeiten als ein vortreffliches Heilmittel bei Verschleimungen der Brustorgane, gegen beginnende Lungensucht, Brustkatarrhe, Rheumatismus u. Gicht, auch jetzt noch als Hausmittel, im grossen Rufe.

(Von folgenden Arten waren früher gleichfalls das Kraut u. s. w. in Anwendung: **Veronica Chamaedrys L.**, wilder Gamander od. Gamander-Ehrenpreis lieferte **Herba Chamaedrios spuriae foeminae**; **Ver. latifolia L.**, Erdbathengel, gab **Herba Chamae-**

drios spuriae maris; **Ver. Beccabunga L.**, Bachbungen, Quellehrenpreis, das Kraut **Herba Beccabungae** u. **Ver. Anagallis L.**, Wasserehrenpreis, kleine Bachbungen, die **Herba Anagallidis aquaticae**; **Ver. spicata**, das Kraut als **Herba Veronicae spicatae** u. von **Ver. triphyllos** die **Herba triphyllae coeruleae**. [Abbildungen aller dieser, so wie überhaupt aller jetzt nicht mehr gebräuchlichen deutschen Pflanzen sind zu finden in: Linke, Deutschlands Flora, u. Linke, Deutschlands Pflanzengattungen. Taf. II., welche sehr empfehlenswerthe u. äusserst praktische Werke ebenfalls bei dem Verleger dieses Werkes, C. B. Polet in Leipzig, erschienen sind u. bei direkter Bestellung zu einem sehr billigen Preise bezogen werden können.])

A. Ein Stengelende in natürl. Gr. — B. Der untere Theil des Stengels in natürl. Gr. — C. Eine Stengelspitze mit den reifen Kapseln in natürl. Gr. — D. Die Blume in natürl. Gr. — A. Der Kelch mit dem Pistill, vergr. — B. Die Blumenkrone mit den beiden Staubgefässen, vergr. — C. Ein Staubgefäss von vorn u. D. von hinten, so wie E. eins nach Entleerung des Pollens, vergr. — F. Das Pistill, vergrössert. — E. Die reife Kapsel in natürl. Gr. — G. Dieselbe, vergr. — H. Der Samenträger, vergr. — F. Samen in natürl. Gr. — I. Ein Samen, vergrössert, sowie K. senkrecht u. L. quer durchschnitten.

Gattung: **Gratiola (*Dodon*) L.**, Gnadenkraut.

Kelch 5theilig, gleich, am Grunde mit 2 Deckblättchen. Blumenkrone röhrig; Saum unregelmässig-4theilig, fast zweilippig. Staubgefässe 4, davon nur die beiden längern fruchtbar. Kapsel 2fächerig, scheidewandspaltig-2klappig, vielsamig.

Gratiola officinalis L., gebräuchliches Gnadenkraut, wilder Aurin.

Stengel aufrecht, am Grunde wurzelnd, gegliedert u. stielrund, oben 4kantig, kahl; Blätter gegenständig, sitzend, lanzettlich, von der Mitte an gesägt, fast 3nervig; Blüthenstiele einblüthig, achselständig; Deckblätter linealisch, länger als der Kelch.

Die kleine ausdauernde Pflanze wächst auf nassen, sumpfigen Wiesen, an u. in Gräben, an Flussufern u. an Seen, im mittleren u. südl. Europa. Die kriechende, weisse, federkielsdicke Wurzel ist gegliedert u. an den Gelenken faserig. Sie treibt aufsteigende, ½—1½' hohe, einfache, aber nur wenig ästige Stengel, die unten stielrund, nach oben aber 4seitig sind. Die Blätter stehen kreuzweis einander gegenüber mit breitem halbstengelumfassendem Grunde; sie sind 15—20''' lang u. 3—6''' breit, die unteren 3—5nervig, die oberen schmäleren und spitzigeren nur 3nervig u. drüsig-punktirt. Die fadenförmigen Blüthenstiele sind kürzer als die Blätter u. tragen dicht unter dem Kelche 2 linealische, spitzige Deckblätter, die den Kelchblättern, mit denen sie oft gleiche Länge haben, sehr gleichen. Die 8—12''' lange Blumenkrone ist weisslich od. blassröthlich, nach unten gelblich, die Röhre, welche länger als der Kelch ist, hat innen gegen den Schlund hin büschelständige, keulenförmige, ochergelbe gegliederte Haare; von den zugerundeten Zipfeln ist der oberste breiter und ausgerandet. Die 2fächerige, vielsamige, 2klappige Kapsel hat Klappen, welche zuletzt halb 2spaltig sind u. enthält viele sehr kleine, länglich-ovale, gestreifte braune Samen. Offic. sind das Kraut, *Herba Gratiolae*, weniger die Wurzel, *Radix Gratiolae*. Beide sind geruchlos u. schmecken äusserst bitter, wirken scharf giftig u. erregen heftiges Purgiren u. Erbrechen. Man wendet sie an bei Unthätigkeit des Darmkanals u. der damit in Verbindung stehenden Krankheiten, z. B. Hypochondrie, Melancholie u. Manie, Gelb- u. Wassersucht, starken Verschleimungen u. langwierigen Wechselfiebern; äusserlich gebraucht man das Pulver oder das frische zerquetschte Kraut gegen bösartige Geschwüre, bei Beinfrass, Gichtknoten u. s. w. Das Kraut ist im Juni u. Juli zu sammeln.

A. Der untere und B. der obere Theil eines Stengels in natürl. Gr. — C. Der Kelch in natürl. Gr. — D. Die aufgeschnittene u. ausgebreitete Blumenkrone mit den beiden fruchtbaren u. unfruchtbaren Staubgefässen in natürl. Gr. — A. Einige der in der Blumenkrone befindlichen Haare, vergr. — B. Staubgefässe von vorn u. von hinten, vergr. — C. Das Pistill, vergr. — E. Die vom Kelche u. den beiden Deckblättern unterstützte Kapsel mit dem bleibenden Griffel in natürlicher Gr. — D. Eine Klappe der Kapsel von der Innenseite, vergr. — E. Das Mittelsäulchen der Kapsel mit dem Samenträger. — F. Ein Samen, sehr stark vergröss. und G. quer, so wie H. senkrecht durchschnitten, stark vergr.

Familie: **Lippenblüthler:** Labiatae. — *Gruppe:* **Leioschizocarpicae.**

Gattung: **Rosmarinus Tournef.**, Rosmarin.

Kelch glockenförmig, 2lippig: Oberlippe ganz, Unterlippe 2spaltig. Blumenkrone 2lippig: Oberlippe aufrecht, 2theilig, Unterlippe zurückgebogen 3spaltig, mit sehr grossem, vertieftem Mittelzipfel. Staubgefässe 2, über ihrer Basis mit einem Zähnchen versehen.

Taf. III. **Rosmarinus officinalis L.**, gemeiner oder gebräuchlicher Rosmarin.

Blätter sitzend, linealisch, am Rande zurückgerollt, oberseits runzelig, unterseits weissfilzig, ausdauernd; Trauben wenigblüthig, am Ende der Aestchen.

Der ursprünglich an den Küsten des Mittelmeeres einheimische, jetzt überall kultivirt werdende Strauch, hat einen 4—8' hohen, sehr ästigen Stengel, dessen jährige Triebe graufilzig, die jüngsten aber weisslich, gleichsam bestäubt u. undeutlich 4seitig sind. Die 7—14''' langen, ½—1''' breiten Blätter (an einer Abänderung u. an manchen Exemplaren aber auch weit grösser), haben eine verschmälerte Basis u. eine stumpfe od. fast zugerundete Spitze; sie sind ganzrandig u. am Rande zurückgerollt, oberseits runzelig u. dunkelgrün, unterseits weissgrau-filzig (bei einer selteneren Abänderung aber auch auf beiden Flächen grün u. auch unterseits kahl). Die Blüthen stehen von 3—9 in kurzen, lockern Trauben. Die kleinen Deckblätter sind eiförmig oder eilanzettlich, kürzer als die Blüthenstielchen u. nebst den Kelchen weissgrau-filzig. Aus den blassblauen Blumenkronen stehen die Staubgefässe u. der Griffel mit gespaltener Narbe bogig gekrümmt hervor. — Vorzüglich sind die Blätter, oder auch zugleich die Blumen, *Herba et Flores Rosmarini s. Anthos*, gebräuchlich, sie haben einen stark gewürzigen, etwas kampherartigen Geruch u. einen stechend gewürzhaften, aber unangenehmen u. bittern Geschmack; vermittelst ihres Reichthums an ätherisch. Oele (Oleum Anthos vel Ol. anthinum vel Rosmarini) ein kräftiges Reizmittel, das man aber jetzt nur äusserlich anwendet.

A. Eine blühende Astspitze in natürl. Grösse. — A. Eine Blume, vergr. — B. Das Ende eines Staubfadens mit dem Staubbeutel, vergr. — C. Das Pistill, vergr. — B. Ein Fruchtkelch in natürl. Grösse. — C. Die 4 Karyopsen in natürl. Grösse. — D. Eine davon getrennt in natürl. Gr. — D. u. E. Dieselbe vergr. von verschiedenen Seiten gesehen.

Gattung: **Salvia Tournef.**, Salbei.

Kelch röhrig oder fast glockenförmig, 2lippig: Oberlippe ganz oder 3zähnig, Unterlippe 2spaltig. Blumenkrone rachenförmig, die Röhre nach oben erweitert, Oberlippe helmförmig-sichelig, zusammengedrückt, Unterlippe 3spaltig. Staubgefässe 2, die Staubbeutelfächer durch ein langes, gekrümmtes Konnektiv, das auf dem Staubfaden beweglich eingelenkt ist, von einander entfernt u. das eine (oder untere) davon verkümmert.

Salvia officinalis L., ächte oder gebräuchliche Salbei.

Stengel strauchig, vom Grunde an ästig, aufrecht, zottig-filzig; Blätter gestielt, eirund- oder länglich-lanzettlich, fein gekerbt, runzelig, weisslich-grau; Blüthen in entfernten, meist deckblattlosen Büscheln (halbirte Scheinquirle bildend); Kelche 2lippig, 5zähnig, länger als die Deckblätter.

Der kleine Strauch ist auf sonnigen Bergen u. felsigen Stellen Südeuropa's einheimisch u. wird durch ganz Deutschland in Gärten gezogen. Der Stengel wird 1—2' hoch, vom Grunde an ästig; die aufrechten Aeste sind 4seitig, die jüngern weissgraufilzig. Blätter 1—3'' lang, 4—15''' breit, stumpf oder spitzlich, einzelne zuweilen am Grunde geöhrt, jung beiderseits weissgrau-filzig, später oberseits grünlich u. bloss weichhaarig, unterseits graulich-filzig, beiderseits runzelig. Wirtel zu 4—8 übereinander stehend, an den Haupttrieben 6—10blüthig. Deckblätter eiförmig oder eilanzettlich, zugespitzt vertieft, leicht abfallend. Kelch glockig, bräunlichroth, drüsig-punktirt u. weichhaarig, mit eiförmigen zugespitzten Zähnen. Blumenkrone gegen 1'' lang, hellblau ins Violette ziehend, bisweilen auch röthlich-violett oder auch weiss, flaumig u. drüsig-punktirt, innen bärtig; die Seitenzipfel der Unterlippe schief-eirund, der mittlere verkehrt-herzförmig. Karyopsen rundlich, schwarz, glänzend, glatt. — Das noch vor dem Blühen gesammelte Kraut, *Herba* vel *Folia Salviae* (ehedem auch die Blüthen und Früchte, *Flores et Semen Salviae*) ist officinell. Es hat einen starken, beim Reiben durchdringenden eigenthümlichen Geruch u. bitterlich-gewürzigen Geschmack; enthält ausser vielem äther. Oele auch Bitter- und Gerbestoff. Es gehört zu den stärksten gewürzhaft zusammenziehenden Mitteln u. wird besonders als Theeaufguss bei colliquativen Schweissen der Schwindsüchtigen, Verschleimung der Brust, versetzten Blähungen u. äusserlich als Mund- u. Gurgelwasser bei Halsgeschwüren, Anschwellungen der Mandeldrüsen, nachdem die Entzündung vorüber, u. bei scorbutischem Zustande des Zahnfleisches u. der Mundhöhle gebraucht.

(Aus der zahlreichen Gattung *Salvia* waren früher noch officinell: Die gemeine Wiesensalbei, Scharlachkraut, ***Salvia pratensis L.***, war als ***Herba Hormini pratensis*** vel ***Salv. prat.***, ebenso wie die Muskatellersalbei od. das grosse Scharlachkraut, ***Salvia Sclarea L.***, offic., deren Kraut, ***Herba Sclareae*** vel ***Hormini sativi*** vel ***Gallitrichi*** genannt wurde. Auch ***Salvia Horminum L.***, schopfige Salbei, lieferte früher das Kraut, ***Herba Hormini s. Gallitrichi***. [Abbildungen dieser sämmtlichen Pflanzen findet man in den schon oben angezeigten Werken: Linke, Deutschlands Flora, u. Linke, Deutschlands Pflanzengattungen und Arten, Taf. III.])

a. Der Untertheil einer jungen Pflanze, etwas verkl. — b. Eine blühende Stengelspitze, etwas verkl. — c. Eine Blume, etwas verkl. — A. Kelch in nat. Grösse. — B. Blumenkrone, von welcher die Oberlippe abgeschnitten wurde, damit man die Staubgefässe sehen kann, in nat. Gr. — C. Das Pistill in nat. Gr. — A. Der Untertheil des Pistills, um das Stempelpolster (Gynobasis od. die unterweibige Scheibe, Discus hypogynus) zu zeigen, vergr. — B. Ein Staubgefäss, bestehend aus dem Staubfaden u. dem daran eingefügten gekrümmten Konnektiv, welches oben das vollkommene u. unten das verkümmerte Staubbeutelfach trägt. — d. Die 4 reifen Karyopsen auf dem Stempelpolster, etwas verkl. — D. Eine einzelne Karyopse in natürl. Gr. — C. Dieselbe vergrössert u. D. quer, sowie E. senkrecht durchschnitten.

(Hieher gehören ferner noch: **Jasminum officinale L.**, gemeiner Jasmin, von dem man ehedem die Blüthen, **Flores Jasmini**, zur Bereitung eines Parfüms, des Jasminöls, **Ol. Jasmini**, benutzte. — Von **Syringa vulgaris L.**, gemeine Syringe, sind die Früchte in Frankreich gegen Fieber empfohlen worden. — Von **Lycopus europaeus L.**, gemeiner Wolfsfuss, empfiehlt man das Kraut, **Herba Marrubii aquatici**, gegen Wechselfieber. — **Collinsonia canadensis L.** gab die schweisstreibend wirkende Wurzel **Radix Collinsoniae**. — Von **Circaea lutetiana L.**, gemeines Hexenkraut, wurden sonst die Blätter, **Folia Circaeae**, zum Zertheilen u. Erweichen, besonders von Condylomen benutzt. — Mehrere Arten von **Salicornia**, besonders **Salic. herbacea L.**, krautartiger Glasschmelz, dienen zur Sodabereitung.)

Trigynia (Dreiweibige).

Familie: **Osterluzeien**: Aristolochiaceae. — *Gruppe*. **Pipereae Rich.**

Gattung: **Piper Lin.**, Pfeffer.

Aehren einzeln auf den Blüthenstielen. Blüthen zwitterig oder zweihäusig, einer kolbenartigen Spindel eingefügt, und unter jeder einzelnen Blüthe ein schuppenförmiges Deckblättchen. Staubgefässe meist 2, doch auch 3, 4 oder mehre; Staubbeutel 2fächerig. Griffel 3 od. mehre mit abstehenden Narben. Beere einsamig.

Taf. III. **Piper nigrum Lin.**, schwarzer Pfeffer.

Zwitterig; Stengel kletternd, wurzelnd; Zweige hin- u. hergebogen, gelenkig, knotig; Blätter gestielt, wechselständig, breit eiförmig od. elliptisch, zugespitzt, 5—7nervig, lederig, kahl, am Rande umgebogen, unterseits schwach seegrün; Aehren kolbenartig, kurzgestielt, blattgegenständig; Beeren sitzend, kugelrundlich, gesondert.

Der Strauch wächst in den heissen Ländern Asiens u. wird besonders in Ostindien u. auf den Molukken häufig gebaut. Der fingersdicke, stark verästete Stamm klimmt an Baumstämmen 12—20′ hoch u. höher hinan; er ist wie die Aeste an den Gelenken knotig verdickt, glatt u. kahl. Die Blätter sind gestielt, 4—6″ lang, 2—3″ breit, kahl, am Grunde meist etwas ungleich und daselbst spitzlich oder abgerundet, zuweilen auch schwach herzförmig, oberseits schön grün, fast glänzend. Die Blattstiele der obern Blättern sind blos 6—9‴ lang, die der untern doppelt länger, rinnig. Die schlanken Aehren stehen auf 3—5‴ langen Stielen den Blättern entgegen, sind 3—5″ lang u. die Spindel ist mit länglichen schildigen Deckblättern dicht besetzt. In diesen Aehren stehen vollständige Zwitterblüthen mit unvollständigen gemischt oder weibliche Blüthen. Die erbsengrossen Beeren sind anfangs grün, gegen die Reife hin ziegelroth u. zuletzt gelblich. Es werden diese noch nicht völlig reifen grünen Beeren auf Matten schnell getrocknet, wodurch sie runzelig und schwarz werden, u. sind so als schwarzer Pfeffer, ***Piper nigrum***, bekannt. Im Durchschnitte zeigt derselbe aussen das eingetrocknete schwarzgrünliche Fruchtfleisch u. nach innen den gegen die Mitte hin allmälig blässern, in der Achse oft hohlen Eiweisskörper. Der Pfeffer hat bekanntlich einen eigenthümlichen stechend gewürzhaften Geruch und scharfen brennenden Geschmack. Er enthält vorwaltend scharfes Harz, ätherisches Oel u. einen (in reinem Zustande) geschmacklosen krystallinischen Stoff, das Piperin. Die von der Fruchthülle (der Beerenschale) durch Einweichen u. s. w. befreiten Samen bilden den weissen Pfeffer, ***Piper album***, der sich durch einen minder scharfen Geruch u. Geschmack von dem schwarzen unterscheidet. Der im Handel jetzt vorkommende weisse Pfeffer wird jetzt grösstentheils in England durch mehrtägiges Einweichen des schwarzen Pfeffers in Urin u. Seewasser, bereitet. Als Arznei wendet man den Pfeffer gegen Wechselfieber, Verdauungschwäche, sowie auch bei Harnstrenge, unterdrückter Menstruation u. in kardialgischen Nervenleiden an.

a. Eine blühende Zweigspitze, etwas verkl. — A. Ein Theil der kolbenartigen Aehre, vergr. — B. Ein Staubgefäss, vergr. — b. Eine Fruchtähre, etwas verkl. — c. Eine reife Frucht, verkl. — C. Dieselbe vergr. — A. Ein Samen in natürl. Gr. — B. Derselbe senkrecht durchschnitten in natürl. Gr., u. D. vergrössert.

Piper Cubeba Lin. fil., Cubeben-Pfeffer.

Zweihäusig; Stengel strauchig, stielrund, kletternd; Blätter wechselständig, gestielt, die untern eirund, sehr kurz zugespitzt, am Grunde ungleich, fast herzförmig, die obern eirund-länglich, kleiner, am Grunde zugerundet, 5-fach benervt; Aehren kolbenartig, blattgegenständig, gestielt; Aehrenstiele ziemlich von der Länge der Blattstiele, die der männlichen Aehren schlanker, die der weiblichen dicker; Beerenstiele (eigentlich nur der verdünnte Untertheil der Beere) kürzer als die kugelrunde Beere.

Der kletternde Strauch wächst in der Provinz Bantám auf Java, so wie auf der kleinen Insel Nusa Kambangan (der Südküste von Java gegenüber), wild, wird aber auf Java in der erstgenannten Provinz u. Tijako im Grossen angebaut. Der holzige stielrunde Stengel ist mit einer kahlen Rinde bekleidet, die am untern Theile weisslichgrau oder fast zimmtfarbig u. rissig, am obern blassbräunlich, an jungen Aesten sehr fein gestreift u. etwas weichhaarig ist. Die kahlen Blätter stehen auf $\frac{1}{2}$—1″ langen, rinnigen Blattstielen, sind 4—$6\frac{1}{2}$″ lang, $1\frac{1}{2}$—2″ breit, oberseits hellgrün u. glänzend, unterseits matt mit vorspringenden Nerven u. Adern. Die 1—2″ langen Aehren stehen den obern Blättern gegenüber auf kurzen Stielen u. haben in schraubenförmige Linien geordnete, einander schindelartig sich deckende rautenförmige Deckblätter, hinter denen bei den männlichen 2 Staubgefässe mit kurzen Staubfäden sich befinden. Die auf 3‴ langen Stielen stehenden weiblichen Aehren haben längliche, an beiden Enden zugerundete, dicht anliegende Bracteen, welche die weiblichen Blüthen stützen. Jede Fruchtähre enthält etwa 40—50 kugelförmige Beeren von der Grösse der Pfefferkörner, die an ihrem Grunde in einen Stiel sich verdünnen, der um $\frac{1}{4}$ bis um die Hälfte länger ist als sie. Die braune, runzelige, etwas glänzende Beerenhaut umgibt ein bräunliches weiches Fleisch. Der fast kugelförmige Samen ist an beiden Enden in eine kurze Spitze vorgezogen. Die vor der vollkommenen Reife gesammelten u. getrockneten Beeren sind die offic. Cubeben, ***Cubebae*** sive ***Baccae Cubebae*** sive ***Piper caudatum***. Sie haben einen eigenthümlichen pfefferartigen, aber etwas unangenehmen bitterlichen Geruch u. Geschmack; sie enthalten vorwaltend äth. Oel u. scharfes Harz. Man wendet sie jetzt ziemlich häufig gegen Schleimflüsse der Harnröhre an u. sie sollen selbst bei heftigem u. entzündlichem Zustande vorsichtig angewandt äusserst vortheilhaft wirken. Man gibt 1 Dr. oder $1\frac{1}{2}$ Dr. täglich 3 mal. Eine etwaige Verfälschung der Cub. mit Kreuzbeeren thut sich leicht dadurch dar, dass letztere mehrfächerig sind, keinen aromatischen Geschmack haben u. dass auch das Stielchen leicht abfällt, was bei den Cub. nicht der Fall ist.

Von **Piper elongatum Vahl** (Piper angustifolium Ruiz), ein über 12′ hoher Strauch der peruanischen Wälder hat man in neuester Zeit die Blätter als **Matico** od. **Folia Matico** als blutstillendes Mittel (durch Auflegung der Unterfläche derselben auf die blutende Stelle, wobei solche in ihrer Wirkung selbst das salpetersaure Silber übertreffen sollen) u. innerlich gegen Bluterbrechen, Darmblutungen, Menorrhagie, so wie äusserlich als Waschung bei Tripper u. s. w. angewendet. — **Piper longum Roxb.** [Clavica Roxburghii Miquel.], langer Pfeffer, ist ein zwischen Gesträuch u. an Flussufern im Cirkargebirge, Silhet, Madras u. Ceylon wild wachsender u. in Bengalen häufig kultivirter Strauch. Die weiblichen reifen Kätzchen haben eine schwarzbraune Farbe, die vierkantig-eirundlichen, oben gewölbten Beeren stehen dicht auf der Spindel zwischen schildig gestielten Deckblättchen. Sie sind der lange Pfeffer, **Piper longum**, der von dieser Pflanze meist aus den englischen Colonien kommt, während der lange Pfeffer der holländischen Colonien von **Piper longum Rumph.** [auf Java häufig cultivirt] kommt. — **Piper Betle Lin.**, Betel-Pfeffer [Clavica Betle Miq.] u. **Piper Siriboa L.** [Clav. Siriboa Miq.] werden in ganz Ostindien häufig gebaut. Die davon abstammenden Betelblätter haben einen brennend gewürzhaften, etwas bittern Geschmack u. werden bekanntlich mit Arekanüssen u. Kalk bei den Völkern Asiens gekaut. — **Piper umbellatum L.** [Potomorphe umbellata Miq. — Heckeria umbellata Kunth. — Peperidia umbellata Kost], wächst in Brasilien u. liefert die bittere u. gewürzhafte Caapeba- oder Periparoba-Wurzel. — Die Früchte von **Piper citrifolium L.** sollen in Brasilien als schwarzer Pfeffer benutzt werden. — Von **Piper methysticum Forsk.** auf den Gesellschafts-, Freundschafts- u. Sandwichsinseln wachsend, wird in England eine Tinktur der Wurzel als Arznei angewandt. — **Piper Malamiri** u. **Piper Siriboa** werden in einigen Gegenden Indiens ebenfalls als Betel benutzt. — Von **Piper pellucidum** sollen in Südamerika die Blätter theils roh, theils mit Essig u. Oel benutzt werden.)

a. Ein Untertheil des Stengels mit dem obern Theile der Wurzel, etwas verkl. — b. Eine männliche Zweigspitze, etwas verkl. — c. Eine fruchttragende weibliche Zweigspitze, etwas verkl. — A. Eine Frucht in natürl. Gr. — B. Ein Samen in natürl. Gr. — A. Derselbe vergrössert, u. B. senkrecht durchschnitten, um die Lage des Embryo zu zeigen.

III. Cl. Triandria (Dreimännige).

Monogynia (Einweibige).

Familie: **Dipsaceen:** Dipsaceae. — *Gruppe:* **Valerianeae DeC.**

Gattung: **Valeriana Tourn.**, Baldrian.

Blüthen zwitterig oder zweihäusig. Kelchsaum als ein verdickter Rand, eingerollt, später eine vielstrahlige, federige Fruchtkrone bildend. Blumenkrone trichterförmig, 5spaltig, am Grunde mit einem Höcker. Staubgefässe 3. Achänium (Früchtchen) einfächerig, mit einer vielstrahligen, haarigen Fruchtkrone.

Taf. IV. **Valeriana officinalis Lin.**, gebräuchlicher oder gemeiner Baldrian, Katzenwurz.

Stengel aufrecht, furchig; Blätter sämmtlich fiederig-zerschnitten; Abschnitte 7—10paarig, lanzettlich oder lineal-lanzettlich, entfernt-gesägt oder fast ganzrandig; Blüthen zwitterig.

Es wächst die Pflanze sowohl auf sonnigen, lichten u. trokkenen Stellen der Bergwälder, als auch auf feuchten, sumpfigen Wiesen, in Niederungen, an Gräben u. s. w. durch fast ganz Europa ausdauernd u. es lassen sich 2 Hauptformen unterscheiden. Der kurze Wurzelstock ist ziemlich dicht mit ziemlich einfachen strangförmigen oder am Grunde auch ein wenig verdickten Fasern besetzt; er treibt ausserdem längere od. kürzere, oft nur fingerslange horizontale Ausläufer, welche aus ihren Enden wiederum Wurzelfasern u. einen beblätterten Stengel treiben. Der einzelne Hauptstengel ist steif aufrecht, 2—5' hoch u. höher, stielrund, gefurcht, entweder von unten bis zur Mitte seiner Höhe oder blos an den Gelenken rauhhaarig. Die Blätter gegenständig, weichhaarig bis ziemlich kahl; die untern stehen auf am Grunde verbreiterten u. daselbst verwachsenen Blattstielen; die obern dagegen sitzen u. sind kleiner u. kürzer als die übrigen. Die röthlich-weissen bis fleischrothen Blumen stehen in ziemlich grossen rispigen Trugdolden u. haben einen süsslichen, etwas vanilleähnlichen Geruch. Die länglich-eirunden, hellbraunen, kahlen od. zuweilen auch weichhaarigen, auf einer Seite flachen u. einriefigen, auf der andern gewölbten u. 3riefigen Schliessfrüchtchen sind $2\frac{1}{2}$—3''' lang. Die haarig-federigen Fruchtkronen sind länger als die Frucht u. haben zurückgekrümmte Strahlen. Koch unterschied die beiden Hauptformen in folgender Art: Weisse: *Val. α. major*, die grössere; sie ist gewöhnlich in allen Theilen stärker u. kräftiger. Die Theile u. Blättchen sämmtlicher Blätter sind gesägt od. wenigstens nur die obersten ganzrandig; die Theilblättchen der grundständigen Blätter sind oft eirund-länglich u. spitzig. (*Valeriana procurrens Wallr.*). An feuchten, schattigen Stellen wachsend. *Var. β. minor*, die kleinere; sie ist niedriger u. in allen Theilen kleiner, schlanker u. die sämmtlichen Theilblättchen sind entweder ganzrandig, oder nur die der untern Blätter sind ein wenig gesägt. (*Valeriana angustifolia Tausch.*) — *Val. collina Wallr.*). Auf sonnigen u. trocknen Waldanhöhen, auf Bergen u. Felsen wachsend. Von dieser Abänderung soll die gebräuchliche oder kleinere Baldrianwurzel, *Radix Valerianae s. Valerianae minoris s. Valerianae sylvestris*, gesammelt werden u. zwar von Exemplaren die schon mehrere Jahre alt sind. Es muss auch dieselbe an einem vor Katzen gesichertem Orte aufbewahrt werden, weil diese den Geruch der Wurzel sehr lieben u. so die Wurzel leicht verunreinigen. Die Baldrianwurzel ist eine kurze, höckerige Wurzel (Wurzelstock), die sehr zahlreiche, lange, dünne, $\frac{1}{2}$''' dicke, gedrehte, aussen braunschwärzliche Würzelchen aussendet, mit etwas dickerer innerer bräunlicher oder grünlicher Rinde u. einem sehr dünnen, weisslichen, das mittlere bräunlichem Holze, von bitterm u. etwas scharfem Geschmacke u. strengem eigenthümlichem Geruche. Sie ist im Herbste zu sammeln. Vorwaltend enthält sie äther. Oel, Baldriansäure u. etwas Bitterstoff. Sie wirkt als Reiz- u. Belebungsmittel auf die Nerven u. zugleich secundär erhitzend u. erregend auf das Gefässsystem. Zu grosse u. unpassende Gaben bringen Angst, Uebelkeit, Erbrechen u. Durchfall hervor; mässige dagegen beschleunigen den Puls, erhöhen die Wärme, verursachen Schweiss u. vergrösserte Absonderung des Urins. Man wendet sie bei chronischen, krampfhaften u. andern Nervenleiden, z. B. rein nervöse Epilepsie, Magenkrampf, nervöse Kopfschmerzen, bei Hysterie u. Hypochondrie, Lähmungen aus Nervenschwäche u. vorzüglich bei durch Wärme hervorgebrachten Nervenleiden u. s. w. häufig an. Man gibt das Infusum von $\frac{1}{2}$—1 Unze esslöffelweise, das Pulver von **10—20** Gran. Eben so sind auch das Oel u. die Tinktur äusserst wirksam. — Der Baldrian blüht im Juni u. Juli. Die frische Wurzel ist weisslich u. fast geruchlos, getrocknet wird sie braunschwärzlich u. erhält erst den eigenthümlichen Geruch. — Die Wurzeln der *Valeriana Phu* zeichnen sich durch ihren daumens- u. fingersdicken, länglichen, ringartig runzeligen, knotigen, äusserlich asch- oder bläulichgrauen, innerlich weisslichen Wurzelkopf, der mit sehr langen, dickern u. blässern Fasern überall besetzt ist, ferner durch den minder scharfen, aber unangenehmen bittern Geschmack u. durch einen dem kleinen Baldrian gewöhnlichen, aber unangenehmen Geruch aus. — Die Wurzeln der *Valeriana dioica* sind viel dünner, sehen weisser aus u. sind viel weniger kräftig an Geruch u. an Geschmack. Eben so haben die von den ähnlichsten Arten (*Valer. exaltata Mikan.* [Val. multiceps Wallr.]), gesammelten Wurzeln einen sehr schwachen Geruch u. Geschmack, daher das beste Kennzeichen immer der kräftige Geruch u. Geschmack abgibt. — Auf dem Fichtelgebirge sollen häufig die Wurzeln verschiedener Ranunkelarten betrügerisch der ächten Wurzel beigemischt werden. Die Wurzeln von *Ranunculus polyanthemos, repens* u. *bulbosus* bestehen aber aus mehr oder weniger ins Weissliche fallenden, einfachen, geruchlosen, rabenkieldicken Fasern, die durch ihre obere Vereinigung nur eine Art Knollen bilden.

(**Valeriana dioica L.**, kleiner Wiesen- oder Sumpfbaldrian [Abbild. s. Linke], wächst auf feuchten Wiesen durch ganz Europa ausdauernd u. kam sonst als **Radix Valerianae palustris s. Phu minoris** vor. — **Valeriana Phu L.**, grosser oder Garten-Baldrian [Abb. s. Linke etc.], wird in Gärten gebaut, u. liefert die grosse oder römische Baldrianwurzel, **Rad. Phu s. Valerianae majoris s. Theriacariae**, die nur noch in der Thierheilkunde gebräuchlich ist. — **Valeriana celtica L.**, celtischer Baldrian [Abb. s. Linke etc.], eine Alpenpflanze, lieferte ehedem die berühmte celtische Narde, Speik- od. Spikenard, **Nardus celtica s. Spica celtica**, die noch jetzt einen nicht unwichtigen Handelsartikel über Triest nach dem Oriente bildet u. da zu Salben u. Bädern benutzt wird. — **Valeriana tuberosa** [Abb. s. Linke] war den Alten als **Nardus montana** bekannt. — **Valeriana Dioscoridis Smth.** soll der von den Alten angewandte ächte Baldrian sein. — **Fedia olitoria (Val. olitoria locusta**, Rapunzel, Rapünzchen [Abb. s. Linke]), war sonst unter dem Namen **Herba Valerianellae** gebräuchlich, wird aber jetzt nur als Sallat benutzt.)

a. Der Untertheil eines Stengels nebst Wurzel, etwas verkl. — b. Eine blühende Stengelspitze, etwas verkl. — A. Eine Blume. vergr. — B. Die Blumenkrone senkrecht aufgeschnitten u. ausgebreitet, vergr. — C. Der Kelch mit dem Pistille, vergr. — A. Ein Achaenium in natürl. Grösse. — D. Dasselbe, vergrössert u. E. senkrecht, so wie F. quer durchschnitten.

Familie: **Schwertlilien:** Irideae. — *Gruppe:* **Ixieae.**

Gattung: **Crocus Tourn. L.**, Safran.

Bluthenhulle wurzelständig, trichterförmig, mit langer Röhre u. regelmässig 6theiligem Saum. Narben 3, verbreitert, an der Spitze gesägt oder eingeschnitten. Samen rundlich.

Crocus sativus L., aechter Safran.

Blätter gleichzeitig mit den Blüthen erscheinend, rinnig, am Rande gedrangt-feinwimperig; Saum der Bluthenhülle glockenförmig, Schlund dichtbärtig; Narben abgestutzt, fast ganzrandig, etwas kurzer als die Blume.

Die im Oriente einheimische Pflanze wird in einigen Ländern Asiens u. in vielen Gegenden Südeuropas (Oesterreich, südlichem England etc.) im Grossen kultivirt. Die Zwiebelknolle ist platt-kugelig, wallnussgross, von einigen hellbraunen feinfaserigen Häuten umgeben, am untern Theile stark bezasert, oben 1—2 junge Zwiebelknöllchen treibend, worauf die ältere alljährig abstirbt u. gewöhnlich nur noch als eine vertrocknete Scheibe übrig bleibt. Die sämmtlichen grundständigen Blätter erscheinen zwar im September u. October zugleich mit den Blumen, entwikkeln sich aber erst später vollständig u. sind dann linealisch-stumpf, am Rande zurückgerollt, dunkelgrün mit weissem, unterseits flachem Mittelnerven; sie sind sämmtlich am Grunde von 4—6 häutigen, schiefgestutzten Scheiden umschlossen, von denen die äussern immer kürzer sind als die innern. Die Blumen entspringen zu zwei, seltner einzeln aus der obern Zwiebel, jede ist mit einer 2blättrigen, dünnhäutigen Blüthenscheide von der Perigonrohre umgeben; ausserdem ist nun noch eine gemeinschaftliche kurze 1blättrige Scheide am Grunde des kurzen Blüthenstiels vorhanden, welcher, sowie der Fruchtknoten, unter der Erde verborgen ist. Die blassviolette Blume ist in der Mitte der Perigonzipfel mit dunklern, ziemlich purpurrothen Streifen gezeichnet. Die Staubfäden sind kürzer als die pfeilförmigen Staubbeutel. Der Fruchtknoten ist ungleich-3seitig u. nur etwas dikker als die ihm aufsitzende Perigonröhre; der dünne, weisse Griffel wird gegen sein oberes Ende gelblich u. theilt sich in 3 lange,, röhrige, eingerollte hochrothe Narbenzipfel, welche gewöhnlich zwischen den Perigonzipfeln hervorragen. Diese aus den Blumen herausgezupften und sorgfältig getrockneten Narbenzipfel sind der Safran, *Crocus*. Er besteht im Allgemeinen aus 1—2'' langen, biegsamen, dünnen, allmählig sich verbreiternden, vorn gestutzten u. ungleichkerbig-gezähnten Fäden von schöner dunkel-gelblichrother oder etwas bräunlicher Farbe, die jedoch an ihren dünnen Enden etwas blässer sind. Es sind nur die dunkeln eigentlichen Narben heilkräftig, die untern blässern Enden u. der gelbliche Theil des Griffels sind unwirksam, weshalb man sie absondert u. unter dem Namen Feminelle für sich verkauft, häufig werden sie auch gefärbt und der Safran damit verschlechtert. Der Geruch ist stark, eigenthümlich, gewürzhaft und betäubend, der Geschmack gewürzhaft bitterlich. Die vorzüglichsten Bestandtheile des Safran sind äther. Oel und ein gelber extractiver Farbstoff, Safrangelb od. Polychroit (v. πολυς [polys], viel, u. χρόα [chroa], die Farbe, weil seine gelbe Farbe durch Säuren verschieden gefärbt wird), genannt. Man unterscheidet besonders folgende Sorten: Französischer Safran, der in 3 Untersorten vorkommt, von denen der Safran du Gatinais der feinste u. beste ist, indem er blos aus breiten kräftigen Narben, mit feinem, angenehmem Geruche besteht. Hierauf folgt Safran Orange, der aus wenigen breiten Narben mit gelben Fäden untermischt besteht. Der schlechteste ist Safran Comtat, aus magern Narben u. vielen gelben Griffelstükken bestehend. Der spanische Safran ist trocken, schön von Farbe u. besitzt einen weit kräftigern, durchdringenden, aber weniger angenehmen Geruch, als der Safran du Gatinais, dem er nur wenig nachsteht. Der italienische od. neapolitanische Safran wird in der Gegend von Aquila gebaut und führt daher im Handel den Namen Aquila-Safran. Der fein sortirte davon steht dem S. du Gatinais u. dem spanischen nicht nach. — Der in Oesterreich gebaute Safran gehört zwar zu den guten Sorten, man trifft jedoch (da der gute S. für das Land selbst nicht hinreicht) im Handel nur schlechte Sorten an, da nur solche ausgeführt werden. Der levantische od. türkische Safran hat gewöhnlich ein sehr fettes Ansehen, welches von beigemischtem Oele herrührt, u. wird nicht geschätzt. Das äther. Oel u. das Polychroit machen den Safran zu einem reizenden u. krampfwidrigen Mittel, deshalb wendet man ihn bei Hypochondrie, Husten, Kolik, Brustbeschwerden, besonders der Kinder u. überhaupt überall da an, wo man das Opium, seiner verstopfenden Wirkungen halber, nicht gebrauchen kann. Sehr dienlich ist er als ein besänftigendes Emenagogum bei krampfhafter u. nervöser Unterdrückung der Catamenien. In kleinen Gaben wirkt er erregend, in grössern dann auch erschlaffend u. krampfstillend, in zu grossen Gaben bringt er aber Blutandrang nach dem Kopfe, Betäubung u. Schlagfluss hervor. — Der Safran wird ausser den oben angegebenen Verfälschungen auch mit Saflor-, Granat- u. Ringelblumen, die in einem Auszuge von ächtem Safran eingeweicht wurden, vermischt, man erkennt aber diese Verfälschung an den dünnen, weisslichen, hell- od. rothgelben, aber nicht mit den charakteristischen weissgelblichen Endspitzen versehenen, sondern gleichförmigen Fäden, aber noch deutlicher beim Aufweichen, durch die Gestalt der Theile. Der gepulverte Safran wird durch Zerreiben in einem erwärmten Mörser bereitet u. darf dazu nicht an zu hoher Temperatur getrocknet werden, sondern es geschieht diess am besten unter einer Glocke mit trocknem Chlorcalcium. Der Safran kommt zu vielen Zusammensetzungen, z. B. zur Tinctur. Opii crocata, zum Elixir. uterinum, — balsam. pector. Wed., — aperitiv. Claud., — proprietatis Parac., zum Empl. oxycroceum u. — de galbano crocat etc.

a. Eine blühende Pflanze, verkl. — b. Eine aufgeschnittene Blume. c. Eine Narbe. — A. Ein querdurchschnittener Fruchtknoten, vergr.

Gruppe: **Irideae genuinae.**

Gattung: **Iris Lin.**, Schwertlilie, Schwertel.

Bluthenhulle kurzröhrig, Saum 6theilig, Zipfel abwechselnd nach oben und innen und nach unten u. aussen gebogen. Griffel blumenblattartig, 3spaltig. Narbe eine Falte auf der Unterflache des Griffels unter der Spitze desselben. Samen eckig.

Iris florentina Lin., florentinische Schwertlilie.

Stengel wenigbluthig, höher als die Blatter; Blüthen sitzend, gehauft, mit verwelkender Bluthenscheide, deren oberste 2blüthig ist; Zipfel der Blüthenhulle langlich, fast ganzrandig, mit dem Pistille gleichfarbig; Röhre der Blüthenhulle länger als der Fruchtknoten.

Die schöne, ausdauernde Pflanze wächst in Italien häufig wild, u. wird um Florenz sehr im Grossen angebaut. Der dicke, knollige, gliederig eingeschnürte Wurzelstock geht entweder wagerecht nahe unter der Bodenfläche hin, oder dringt etwas in denselben; er theilt sich häufig gabelförmig in Aeste u. die abgeschnürten verdickten Glieder sind verkehrt eiförmig oder keulig, geringelt, oberseits gewölbt, unterseits flach u. daselbst mit vielen starken u. langen fadenförmigen Zasern besetzt, innen weiss u. fleischig, aussen gelbbräunlich. Der aufrechte, $1\frac{1}{2}$—2' hohe Stengel ist schwach zusammengedrückt, wie sämmtliche Theile kahl, 3—5 blüthig. Die grundständigen Blätter sind kürzer als der Stengel, schwertförmig, spitzig, seegrün, zweischneidig, am Grunde einander eng umfassend, die äussern derselben etwas sichelförmig gekrümmt; die stengelständigen sind weit kleiner u. das oberste ist spitziger als die übrigen. Die wohlriechenden Blüthen sitzen innerhalb der Blüthenscheiden; die untern oder auch die beiden untern stehen auf einem kurzen Stiele. Die Blüthenscheiden sind vor dem Aufblühen der Blüthen nur mit einem häutigen, gelblichweissen Rande versehen, übrigens krautig u. grün, während des Blühens nimmt der häutige Rand an Breite zu, so dass oft die Hälfte häutig ist u. nach dem Verblühen wird die ganze Scheide häutig u. trocken. Die Röhre der Blüthenhülle oder des Perigons ist länger als der Fruchtknoten, blassgrün; die Perigonzipfel sind weiss, etwas ins Bläuliche ziehend, länglich, verkehrt-eirund, die äussern zurückgebogen, in der Mitte mit einem starken, gelben Barte versehen, welcher vom Grunde aus bis zur Hälfte reicht; von ihm aus gehen nach den Rändern hin olivenbräunliche Adern, die im weitern Verlaufe grün werden; die drei innern Perigonzipfel neigen zusammen, sind eben so lang als die äussern, an ihrem Grunde gegen den grünlichen Nagel hin verschmälert, von zarterer Textur u. am

Vorderrande ungleich gekerbt. Die Staubfäden sind $1\frac{1}{2}$ mal so lang als ihr Staubbeutel, welcher fast bis an die untere Lippe des Griffelzipfels, unter dem er steht, reicht. Der sitzende Fruchtknoten ist gestreift, der Griffel mit der Röhre des Perigons verwachsen, oben in 3 ziemlich aufrechte, weisse, blumenblattähnliche Zipfel getheilt, welche länglich, in der Mitte etwas breiter, oberseits gekielt, unterseits rinnig-vertieft u. vorn in 2 Lippen gespalten sind; die Oberlippe besteht aus 2 zugespitzten, an ihrem äussern Rande fein gezähnelten Läppchen u. die Unterlippe aus einem äusserst fein gezähnelten Streifchen. Die lang geschnäbelte Kapsel ist schwach 3kantig. Die Pflanze blüht im Mai und Juni u. die getrockneten, von der Rinde befreiten Aeste des Wurzelstocks sind die florentinische Veilchenwurzel od. Violenwurzel, *Rad. Iridis* s. *Ireos florentinae.* Sie bilden eine knollenartige, 2—3″ lange u. längere, 5‴ bis 1″ breite, weisse, mit bräunlichen Punkten gezeichnete, einen Veilchengeruch (daher der deutsche Name) von sich gebende Wurzel. Sie zeigt auf der Unterseite die Narben u. etwaigen Reste der abgeschnittenen Zasern, auf der andern undeutliche Querrunzeln u. oft in gleicher Richtung mit diesen verlaufende Reihen von feinen eingestochenen Punkten. Die Stücke sind meist an einem Ende breiter als an dem andern, hie u. da mit einem röthlich-braunen Flecken von noch anhängender Rinde, innen weiss, bisweilen ins Blassfleischröthliche ziehend, fest, hart u. schwer. Ausser Stärkemehl enthält sie ein scharfes Harz mit etwas äther. Oele. Im Handel unterscheidet man 2 Sorten: 1) Die von Livorno oder die livorneser, als bessere u. theuerere, die aber auch seltner vorkommt u. sich vorzüglich durch einen stärkeren u. feinern Geruch, so wie durch eine weissere Farbe u. dickere Stücke auszeichnet. 2) Die veronesische, auch wohl istrische od. dalmatische Veilchenwurzel, findet sich häufiger vor u. ist weit billiger; sie hat zwar auch einen starken, aber weniger angenehmen Geruch, ist mehr schmutzig weiss, in der Mitte häufig fleischfarbig u. hornartig. Die Wirksamkeit der V. ist gelind reizend u. schleimlösend. Man wendet sie gewöhnlich nur in gewissen Präparaten, z. B. Brusttäfelchen, *Trochisci bechici*, u. Brusthee, *Species pectoralis*, innerlich an; sonst kommt sie zu Nies- u. Zahnpulvern, des Geruches halber zu Seifen u. s. w. Auf ausgesuchte Stücke lässt man zahnende Kinder beissen, was das Zahnen befördern soll, endlich macht man ferner auch Fontanell-Kügelchen (Iriserbsen, *Pisa Iridis*) davon.

(Von **Iris pallida** Lam., blasse Schwertlilie, soll die veronesische (minder gute) Veilchenwurzel kommen. — **Iris germanica**, deutsche Schwertlilie, blauer Schwertel [Abb. s. Linke] lieferte sonst die Wurzel, **Radix Iridis s. Ireos nostratis.** — Von **Iris Pseud-Acorus**, Wasserschwertlilie, gelbe Schwertlilie [Abb. s. Linke] war sonst ebenfalls der Wurzelstock als **Radix Acori vulgaris** vel **palustris s. Pseud-Acoris s. Ireos palustris s. Gladioli lutei** offic. — Von der stinkenden Schwertlilie, **Iris foetidissima** L. [Abb. s. Linke], welche in Nordafrika u. Südeuropa wächst, war gleichfalls der Wurzelstock als **Rad. Spathulae foetidae** od. **Radix Xiridis** früher officinell).

a. Eine blühende, am Stengel bei * durchschnittene Pflanze, verkl.
b. Das Pistill mit 3 Staubgefässen.

(Zu dieser Classe und Ordnung gehören noch: **Cyperus longus** L., langes Cypergras [Abbildung s. Linke], wovon früher die Wurzel als wilder Galgant, **Radix Cyperi longi**, von **Cyperus rotundus** L. [Abbildung s. Linke] und von **Cyperus offic. Nees**, die **Rad. Cyperi rotundi** u. von **Cyperus esculentus** L. die Wurzelknollen als sogen. Erdmandeln [die neben vielen Schleim und Satzmehl ein sehr gutes, fettes Oel reichlich enthalten], angewandt wurden. — Ferner wurde von **Scirpus lacustris** L. [Abbild. s. Linke] sonst die Wurzel, **Radix Scirpi majoris s. Junci maximi** gesammelt. **Eriophorum polystachium** L. [Abb. s. Linke] lieferte sonst **Herba Linagrostis.** — Ingleichen sind hierher zu ziehen: **Cneorum tricoccum** L., dessen Blätter, **Herba Olivellae**, früher als Purgirmittel angewendet wurden. — Zu der Familie der **Irideae** (Gruppe **Gladioleae**), gehören ferner noch: **Gladiolus communis**, gemeine Siegwurz [Abbild. s. Linke]. Von dieser Pflanze, u. wo diese nicht vorkam, von **Gladiolus imbricatus** L., verkannte Siegwurz [Abb. s. Linke], od. auch von **Gladiolus palustris Gaud.** [Abb. s. Linke], wendete man die rundliche, aussen mit netzartigen Häuten umgebene Zwiebelknolle als runde Siegwurz oder runder Allermannsharnisch, **Rad. Victorialis rotundae**, ehedem besonders in abergläubischer Weise an, indem man glaubte, dass sie dem, welcher sie bei sich träge, vor Verwundungen jeder Art schütze).

Digynia (zweiweibige.)

Familie: **Gräser.** Gramineae. *Gruppe:* **Festucaceae.**

Gattung: **Hordeum Lin.**, Gerste.

Aehre zweizeilig. Aehrchen zu 3, das mittlere zwitterig, die seitlichen männlich oder auch sämmtlich zwitterig, einblüthig. Klappen 2; Spelzen 2, die äussere an der Spitze in eine lange Granne ausgehend. Karyopse meist rindig, einfurchig.

Hordeum distichon Lin., zweizeilige Gerste. *Aehre zusammengedrückt, 2zeilig; mittlere Aehrchen zwitterig, aufrecht gegrannt, seitliche männlich, angedrückt, grannenlos.*

Das Vaterland dieser u. der übrigen Gerstenarten ist wahrscheinlich der östliche Theil von Mittelasien. Es wird dieselbe sammt ihren verschiedenen Abänderungen bald als Sommergetraide, bald auch als Wintergetraide, d. h. zweijährig gebaut; erstere blüht später, etwa im Juli, die zweite im Herbst des vorangegangenen Jahres gesäete blüht bereits im Juni. Die Früchte derselben, so wie einiger andern, weiter angeführten Arten sind entweder als rohe Gerste *Hordeum crudum*, od. als Perlengerste od. Graupen, Gräupchen, *Hordeum perlatum*, *Hordeum mundatum* s. *excorticatum*, officinell. Die Abkochung der rohen Gerste dient als kühlendes, verdünnendes Getränk bei entzündlichen u. fieberhaften Zuständen. Die Abkochung der Gerstengraupen ist ein leichtverdauliches, schleimiges Nahrungsmittel u. wird ebensowohl in Fiebern, als auch in der Wiedergenesungsperiode angewendet. Das Gerstenmehl, *Farina Hordei*, kann wie das Mehl anderer Getraidearten benutzt werden, und enthält ausser Stärkmehl, Kleber, Schleimzucker, Schleim u. Eiweissstoff auch noch ein grünlich-braunes, dickes, fuselig riechendes u. schmeckendes Oel, das durch Spiritus ausgezogen werden kann. — Durch die Malzbereitung aus Gerste erhält das Gerstenmalz, *Maltum Hordei*, noch mehr Schleimzucker und Schleim und schmeckt dann süsslicher. Der Malzaufguss oder eine Abkochung des Malzes wird auch als einhüllendes, reizabstumpfendes u. gelind nährendes Getränk den Kranken gereicht; auch bereitet man Malzbäder davon, um Spannung u. gesteigerte Reizbarkeit der Haut zu mindern. Bekanntlich wird auch Bier u. Branntwein daraus bereitet.

(Ausser obiger Art werden auf ähnliche Weise benutzt: 1) **Hordeum vulgare** L., gemeine Gerste. 2) **H. hexastichon** L., sechszeilige Gerste, Roth-, Roll- od. Kiel-Gerste. 3) **H. Zeocriton** L., Bartgerste, Pfauen-, Reis-, Fächer-Gerste).

a. Der Obertheil des Halms mit einem Blatte, verkl. — b. Eine fast reife Aehre, welche bei * mit der Halmspitze zusammengehört, verkl. — AA. Spelzen der seitlichen Aehren. — c. Begrannte Spelze des mittleren zwitterigen Aehrchens. — BB. Früchte. — CC. Quer durchschnitten. — d. Eine reife Fruchtähre der gedrungenblüthigen Abänderung, verkl. — e. Ein End- oder Mittelährchen, verkl. — D. Seitliche Spelze. — E. Umhülsete Frucht. — F. Nackte, querdurchschnittene Frucht.

Gattung: **Secale Tournef. Lin.**, Roggen, Korn.

Aehrchen einzeln, 2blüthig. Klappen pfriemlich. Untere Spelze langgrannig. Karyopse nackt, einfurchig.

Taf. V. **Secale cereale Lin.**, gemeiner Roggen, Korn.

Spindel zähe; Klappen wehrlos, lang zugespitzt, scharf; Spelzen am Kiele borstig-wimperig.

Das Vaterland ist unbekannt, wahrscheinlich Asien; wird jetzt in den meisten Ländern als Sommer- u. Winterweizen angebaut. Die aus der Zaserwurzel entspringenden Halme sind 4—6′ hoch u. höher, u. an ihrem obern Theile flaumhaarig. Die flachen Blätter sind unterseits glatt, oberseits schärflich, seegrün. Die von den Seiten zusammengedrückten Aehrchen sitzen einzeln auf den Gelenken der Aehrenspindel, mit der einen Seite gegen dieselbe gerichtet, bilden dicht-dachig übereinander liegend, eine 3—6″ lange, begrannte Aehre, u. sind 2blüthig mit einem gestielten-Ansatz zu einer dritten Blüthe. Die Kelchspelzen oder Klappen sind schmal, pfriemlich lang zugespitzt. Von den beiden einander fast gegenüber stehenden Spelzen (Kronspelzen) ist die untere kielartig zusammengedrückt, oberwärts am Rande und auf den Kielnerven kammartig gewimpert u. lang-aufwärts-scharf begrannt. Die Früchte sind nackt, fast halbstielrund, vorn mit einer Längsfurche versehen, oben gestutzt, unten verdünnt, mehlig oder auch etwas hornartig. Das Mehl der Samen, Roggenmehl, *Farina secalis* sive *F. secalina*, besonders das geröstete, sowie die Roggenkleie, *Furfur secalinus*, oder die beim Mahlen zerkleinerten u. abgesonderten Fruchthäute, wendet man zu erweichenden, zertheilenden u. lindernden, trocknen und hassen Umschlägen ab. Auch leistet eine Mischung von Roggenmehl mit geschabter Möhre als Umschlag auf wundgelegene Stellen gute Dienste. Die frische Rinde des aus dem Roggenmehle zubereiteten Brodes braucht man zu Pflastern u. Bähungen und der mit Wasser oder einer andern sauern oder süsslichen Flüssigkeit abgekochten gerösteten Rinde bedient man sich als Getränk in Fiebern od. andern hitzigen Krankheiten. Der Sauerteig, ***Fermentum panis***, dient als Bindungsmittel zu Sinapismen und in Verbindung mit Meerrettig als Reizmittel. Die jungen, saftigen Pflanzen liefern einen Thee bei Schwäche der Brustorgane. Der bekannte Kornbranntwein, ***Spiritus Frumenti***, ist ein Product des Roggensamens. Die Bestandtheile des Roggenmehls sind ausser vielem Stärkmehl, Kleber, Schleim, Schleimzucker und Eiweissstoff. — Die Fruchtknoten werden, besonders in feuchten Niederungen u. Sommern oft krankhaft verändert und bilden dann zahlreich oder einzeln in der Aehre stehende schwarze Auswüchse, das Mutterkorn, ***Secale cornutum s. Clavus secalinus***. Sie sind hornförmig, mehr oder weniger gekrümmt, $\frac{1}{2}$—$1\frac{1}{2}$'' lang, 1—2''' dick, ungleichseitig-3seitig-prismatisch, 1- oder 2furchig, glatt oder auch unregelmässig aufgerissen od. geborsten, bräunlich- od. röthlich-schwarzviolett, entweder blos matt oder auch wie bestäubt, auf dem glatten Querbruch weiss und nach den Rändern hin ins Violette schimmernd, frisch etwas weich u. schwammig, geruchlos oder höchstens moderig riechend u. wenig, etwas weichlich widerlich schmeckend. Anwendung darf nur das vor der Kornernte aus den grünenden Aehren genommene Mutterkorn finden; unwirksam ist das aus dem ausgedroschenen Getreide ausgelesene. Die Aufbewahrung darf nur in gut verschlossenen Gefässen und nicht über ein Jahr geschehen. Es wirkt narkotisch-scharf u. erregend auf die Thätigkeit des Uterus, weshalb es auch, besonders in Pulverform, bei langsamen Geburten, bei zu schwachen oder zu lang aussetzenden Wehen der Gebärenden angewendet wird. Nach Winckler besteht es aus: 35,00 weissem fettem Oele, 0,76 krystallisirbarer fettiger Materie, 46,48 schwammartiger Materie, 1,24 Ergotin, 1,55 Schwammzucker, 7,76 vegetabilischem Osmazom, 2,32 gummiger Materie, 1,46 vegetabilischem Eiweiss, 4,42 phosphorsaurem Kali, 0,29 phosphorsaurem Kalk u. 0,14 Kieselerde.

a. Die Untertheile einiger aus einer Wurzel entspringenden Halme. — b. Eine blühende Aehre. — A. Ein Aehrchen im Anfange des Blühens. — B. Ein aufgesprungener Staubbeutel. — C. Ein Aehrchen nach dem Blühen. — D. Eine äussere u. eine innere Spelze. — E. Die Spitze der inneren Spelze. — F. Pistill. — G. Ein Hüllblättchen. — c. Die Frucht. — d. Dieselbe der Länge nach durchschnitten. — e. Eine Kornähre mit darin befindlichem Mutterkorn. — f. Ein Aehrchen. — g. Zwei gesunde Roggenkörner (Früchte, Karyopsen). — h. Mutterkorn von verschiedener Grösse u. Gattung.

Gattung: **Triticum Lin.**, Weizen.

Aehrchen einzeln, 3- *bis vielblüthig*. ***Klappen** 2, eirund oder lanzettlich. **Spelzen** grannig oder grannenlos. **Karyopse** rindig oder nackt, einfurchig.*

Triticum repens Lin., kriechender Weizen, Quecken, Queckengras.

Unterirdische Halme (Quecken-Wurzel, Radix graminis Offic.) weit umherstehend; Blätter oberseits schärflich; Aehre zweizeilig; Aehrchen meist 5blüthig; Klappen lanzettlich, zugespitzt, 5nervig; Blüthchen zugespitzt oder stumpflich, grannenlos oder begrannt.

Findet sich häufig durch ganz Europa an Wegen, Zäunen, auf Rainen und auf Feldern. Der Wurzelstock (unterirdische Ausläufer) ist fadenförmig, schlank, weisslich, weit unter der Erde umherkriechend, knotig gegliedert, an jedem Knoten mit mehreren Zasern (eigentlichen Wurzeln) und an den jüngern Theilen auch mit häutigen zerschlitzten Scheiden (veränderten Blättern), besetzt. Die aufrechten od. aufsteigenden, schlanken, 2—4' hohen Halme sind stielrund, kahl, glatt, knotig-gegliedert und tragen über den Knoten auf streifigen, scheidigen Blattstielen, flache oder eingerollte, etwas steife, kahle od. zuweilen behaarte, lineallische Blätter und ein sehr kurzes abgestutztes Blatthäutchen. Die Aehren sind schlank, 3—4'' lang, aufrecht od. später übergebogen. Die zusammengedrückten Aehrchen stehen mit der flachen Seite an der eckigen kahlen oder kurzbehaarten Spindel ansitzend, mehr oder weniger entfernt, bestehen aus 4—8 Blüthen und sind länger als die stark gerippten, scharfen oder glatten, spitzigen oder stachelspitzigen oder sogar kurz begrannten Kelchklappen. — Die im Frühlinge oder Herbste gesammelten und von den Fasern und häutigen Fortsätzen gereinigten unterirdischen Halme, Queckenwurzel, weisse Graswurzel, ***Radix Graminis***, welche geruchlos und süsslich-schwachreizend schmeckend sind und vorwaltend einen eigenen, dem Mannazucker ähnlichen Zuckerstoff (Graswurzelzucker) enthalten, dienen sowohl in Abkochung, als auch in Extractform, und zwar häufig mit Wasser verdünnt (Mellago) als ein einhüllendes, gelind auflösendes, schleimabsonderndes und gelind nährendes Mittel, besonders bei Unterleibsstockungen u. Brustverschleimungen. Ein Pfund frischgestampfter Wurzeln giebt 5 Unzen Saft, und aus 40 Pfunden getrockneter Wurzeln erhält man durchs Kochen 7 Pfund Mellago.

(Von **Triticum vulgare Vill.**, gemeiner Weizen, Sommer- u. Winterweizen, **Tr. turgidum**, englischer Weizen, u **Tr. Spelta**, Dinkelweizen, Dinkel, Spelt, Spelz, Speltdinkel, erhält man das Weizenmehl, **Farina Tritici**, die Weizenkleie, **Furfur Tritici** u. vorzüglich das Weizenstärkmehl oder die Stärke, **Amylum Tritici**. Das feine Weizenmehl dient zu trocknen Umschlägen oder Bähungen und wird als ein sichres Mittel gegen Quecksilbersublimatvergiftungen empfohlen. Die Semmelkrume, **Mica panis albi**, wird als Constituens mancher Pillen angewendet. Die Weizenkleien dienen sowohl zu Bähungen, als auch die Abkochung derselben zu Klystiren. Das Weizenstärkmehl wird innerlich als ein einhüllendes Mittel, und eine dünne Kleistermasse desselben zu einhüllenden, reizmildernden u. Durchfälle verhindernden Klystieren benutzt.)

a. Der Untertheil einer Pflanze. — b. Eine blühende Aehre von der einen u. c. von der andern Seite. — d. Ein Aehrchen. — e. Klappen. — f. Aeussere Spelzen. — g. Geschlechtstheile nebst der innern Spelze. — h. Die flache, der bauchigen gegenüberstehende innere Spelze. — i. Die bauchige innere Spelze. — k. Staubgefässe u. Pistill. — l. Früchte. — A. u. B. Früchte von vorn u. von hinten. — C. Eine querdurchschnittene Frucht. — D. Eine noch mehr vergrösserte Frucht u. E. dieselbe senkrecht durchschnitten.

Gruppe: **Agrostideae.**

Gattung: **Avena Lin.**, Hafer.

Aehrchen 2*blüthig*, 2*klappig*. *Spelzen* 2, *äussere an der Spitze 2spaltig, mit einer geknieten od. zurückgebogenen, unten gedrehten, vom Rücken entspringenden Granne.*

Avena sativa Lin., gemeiner Hafer.

Rispe ausgebreitet-abstehend; Blüthchen 2—3, lanzettlich, kahl, an der Spitze 3spaltig u. gezähnelt, kleiner als die vielnervigen Klappen; Spindel kahl, nur am Grunde des untern begrannten Blüthchens büschelig-haarig.

Das Vaterland ist unbekannt, wird aber häufig in mehreren Varietäten fast überall angebaut. Die zaserige Wurzel treibt einen oder mehrere 3—4' hohe u. noch höhere ganz glatte u. kahle Halme. Die flachen Blätter sind beiderseits etwas rauh und am Rande etwas schärflich. Die Rispe ist $\frac{1}{2}$—1' lang und aufrecht und hat abstehende allseitwendige Aeste. Die hängenden Aehrchen sind 1'' lang, meist 2-, bisweilen auch 3blüthig, enthalten aber dann meist nur den gestielten Ansatz zu einer dritten Blüthe. Die Kelchklappen sind länglich-lanzettlich, zugespitzt, auf dem Rücken gewölbt, krautig-häutig, die untere kürzer 7nervig. Die untere Spelze ist unterwärts glatt und schwach benervt, oberwärts mit 4—6 stärkern, grünen Nerven durchzogen; die Granne entspringt gewöhnlich etwas über der Mitte der Spelze, ragt etwas über dieselbe hinaus, ist nicht sehr starr u. gleichfarbig. Die Spelzen sind bei der Fruchtreife bei den meisten Abänderungen blassgelb, nur bei dem braunen oder Eichelhafer braun und bei dem schwarzen oder Wild- oder Waldhafer schwärzlich. Die Früchte sind meist beschalt. — Gebräuchlich sind die Früchte theils von den Spelzen befreit als geschälter Hafer, ***Avena excorticata s. Semen Avenae excorticatum***, theils gröblich zermahlen als Hafergrütze, ***Grutum Avenae***. Von letzterer bedient man sich der Abkochung (Haferschleim) als ein reizminderndes, einhüllendes, die Absonderung der Schleimhäute beförderndes und nährendes Getränk in entzündlichen und fieberhaften Krankheiten, so wie zu Mund- u. Gurgelwässern. Auch wird die Hafergrütze zu trocknen u. nassen Bähungen angewendet. Der Hafer enthält ausser vorwaltendem Stärkmehl u. Schleimzucker noch einen bittern Stoff, fettes Oel und einen mehr mit geronnenem Eiweiss, als mit Kleber verwandten Bestandtheil.

(**Avena orientalis**, **A. nuda L.**, **A. chinensis Fisch.** u. m. a. haben gleichen Nutzen u. gleiche Anwendung wie **A. sativa**.)

a. Der bei * zusammengehörige Obertheil eines Halms der unbe-

grannten Abart. — A. Staubgefässe u. Pistill. — A. Dieselbe nebst den Spelzen. — b. Ein Aehrchen. — c. Früchte.

Gruppe: **Saccharinae Rchb.**
Gattung: **Saccharum Lin.**, Zuckerrohr.

Aehrchen gepaart, das eine sitzend, das andere gestielt, alle zwitterig, halb zweiblüthig, von langen seidenartigen Haaren umgeben. Klappen 2, lederig, länger als die Spelzen; Spelzen unbewehrt, die innern sehr klein.

Saccharum officinarum Lin., aechtes Zukkerrohr.

Rispe weitschweifig, in die Länge gedehnt; Aeste wirtelständig; Blüthchen kürzer als die Seidenhaare; Klappen oval, mit kurzer Spitze.

Sein Vaterland ist das tropische Asien, das Ufer des Euphrats, wird aber jetzt nicht nur in allen Gegenden innerhalb des Wendekreises, sondern auch in Asien bis 30⁰ nördlicher Breite, sowie in Nordamerika bis zum 32⁰ nördl. Br. angebaut. Der gegliederte, halmartige, an den Gelenken vielzaserige Wurzelstock treibt mehrere gedrängt stehende, 8—12′ hohe, 1—2″ im Durchmesser haltende, glatte, kahle, gegliederte, an den Gelenken knotenlose, mit einem saftreichen Zellgewebe versehene Halme, welche sich in Ansehung der Farbe in grün, gelb, violett oder auch violett u. gelb gestreift abändern. Die 2zeitswendig-stehenden, breit-linealischen Blätter sind 4—5′ lang und gegen 2″ oder darüber breit, vorn pfriemförmig zugespitzt, in der Mitte der Länge nach mit einem breiten, stark vorspringenden Nerven versehen, am Rande feingezähnelt-scharf; der scheidige Blattstiel ist am Grunde geschlossen u. trägt statt des Blatthäutchens einen Haarkranz. Die Rispe bildet eine 1—2′ lange Pyramide und besteht aus büschelständigen, niedergebogenen, stark verzweigten, in viele gegliederte und zerbrechliche Aestchen sich theilenden Aesten. Die kleinen Aehrchen stehen an den Gelenken der Rispenästchen zu zweien, das eine auf einem Stielchen, das andere sitzend; sie sind halb 2blüthig, da neben der 2spelzigen Blüthe noch ein 3tes leeres Spelzchen vorhanden ist. Die eirundlänglichen, spitzigen Kelchklappen sind lederartig und purpurroth, länger als die trockenhäutigen durchscheinenden Spelzen. Die Narben sind sprengwedelförmig. Die kleinen Früchte sind nackt. — Die Vermehrung des Zuckerrohrs geschieht durch Stecklinge aus dem Wurzelstocke, und ein gut behandeltes Zukkerrohrfeld liefert 20—30 und mehr Jahre hindurch einen reichlichen Halmertrag. Durchs Auspressen der Halme wird ein süsser Saft erhalten, aus welchem man durch Eindicken den rohen Zucker oder die Cassonade erhält. Durch Raffiniren des Letzteren bereitet man die verschiedenen andern Arten des Rohrzuckers, *Saccharum album*; Anwendung in den Offizinen findet jedoch nur der sogenannte **Melis** und der feinere Raffinat, *Sacch. raffinatum* s. *albissimum*. Der Zucker wirkt reizmindernd u. einhüllend und dabei sehr gelind nährend, vermehrt auch die Absonderung in den Schleimhäuten. Man bedient sich seiner äusserlich zum Einstreuen bei Geschwüren, Schwämmchen, Hornhautflecken u. s. w., innerlich aber gegen verschiedentliche, besonders Grünspan- und Sublimat-Vergiftungen, sowie noch zu anderweitigem bekanntem Gebrauche.

a. Eine sehr verkleinerte Pflanze. — b. Ein Aestchen der Rispe. — A. Eine geöffnete u. B. eine geschlossene Blüthe. — c. d. e. f. Halmstücke von verschiedenen Abänderungen des Zuckerrohrs.

(In diese Ordnung gehören ferner noch: **Glyceria fluitans R. Br.** (Poa fluitans Scop., Festuca fluitans L.), fluthendes Süssgras, von dem die Früchte als Mannagrütze, Himmelsthau, Schwaden, **Semen Graminis Mannae**, wie die Früchte von **Digitaria sanguinalis Scop.** (Panicum sanguinale L., Syntherisma glabrum Schrad.), gemeinem Fingergras, unter gleichem Namen, so wie als **Semen Graminis sanguinalis** in manchen Gegenden gesammelt wurden. [Abb. s. Lincke etc.] — Von **Cynodon Dactylon Rich.**, wuchernder Hundszahn, wucherndes Fingergras, vertritt der Wurzelstock in den Ländern, wo die Pflanze wächst, die Stelle der Queckenwurzel, **Radix Graminis**, u. ist noch zuckerhaltiger. [Abb. s. Lincke etc.] — **Phalaris canariensis L.**, gemeines Glanzgras, Kanariengras, einheimisch in Südeuropa, aber auch in manchen Gegenden zur Anwendung der Früchte als Vogelfutter oder des Mehls derselben als Nahrungsmittel angebaut, lieferte früher die Früchte, Kanariensamen, **Semen canariense**, als ein harntreibendes u. auflösendes Mittel bei Krankheiten der Harnblase u. bei Steinbeschwerden. [Abb. s. Lincke etc.] — Von **Phalaris arundinacea L.**, u. zwar der Var. mit weissgestreiften Blättern, waren früher die Blätter, **Fol. Graminis picti**, officinell. — **Calamagrostis lanceolata Roth.**, [Arundo Calamagrostis L.], vielhalmiges Reithgras, war früher ein harntreibendes Mittel. [Abb. s. Lincke etc.] — **Donax arundinacea P. Beauv.** [Arundo Donax L.], schilfähnliches Pfahlrohr, giebt die süsse u. zuckerhaltige Wurzel, **Radix Donacis s. Arundinis Donacis**, deren Abkochung mässig auf die Harnabsonderung u. Hautausdünstung wirkt. — Die Wurzel von **Phragmites communis Trin.** [Arundo Phragmites L.], gemeines Schilfrohr, **Rad. Arundinis**, besitzt gleiche Kräfte. — **Setaria italica Roem. et Sch.** [Panicum italicum L.], welscher Borstenfennich, welscher Hirse, Kolbenhirse, wird im südl. Europa wie bei uns der gemeine Hirse, **Panicum miliaceum L.**, angebaut u. angewendet. — **Andropogon Schoenanthus L.** [Cymbopogon Schoenanthus Spr.], in Ostindien wachsend, kam früher als Kameelstroh, **Herba Schoenanthi s. Junci odorati s. Foeni camelorum**, in dem Handel vor u. galt für ein reizendes, krampfstillendes, die Verdauung stärkendes u. beförderndes, harn- u. schweisstreibendes Mittel. Das äther. Oel desselben war als **Ol. Syro** bekannt. — Von **Anatherum muricatum P. Beauv.** [Phalaris Zizanoides L., Vetiveria odorata Virey., Andropogon muricatus Retz.], in Ostindien wachsend, so wie von **Andropogon Iwarancusa Blan.**, einem bengalischen Grase, wurden die Wurzeln als Vetiver-, Iwarankusa- oder Cholerawurzel, **Rad. Vetiveriae s. Iwarancusae**, von myrrhenartigem Geruch u. bitterlichem, etwas kühlendem Geschmack, als ein Heilmittel gegen Cholera asiatica empfohlen. — Von **Sorghum vulgare Pers.**, gemeiner Moorhirse, Durragras, das Hauptgetreide Afrikas, Arabiens u. mancher Landstriche Asiens, wendete man früher das Samenmehl zu Umschlägen an, oder die Abkochung desselben mit Honig bei Pleuritis, so wie das Mark des Halmes gegen den Kropf. — Von **Lolium temulentum L.** werden die ein narkotisch-entzündliches Gift enthaltenden Samen von den Homöopathikern als Arznei angewendet. [Abb. s. Lincke etc.] — Von **Briza media L.** wurden früher die Blüthenrispen, **Spica Graminis leporini**, aufbewahrt. [Abbild. s. Lincke etc.]

Trigynia (Dreiweibige).

(In dieser Ordnung ist zu bemerken: **Holosteum umbellatum L.**, welches sonst äusserlich als **Herba Holostei s. Caryophylli arvensis** bei Augenleiden, Wunden u. Geschwüren gebraucht wurde).

IV. Cl. Tetrandria (Viermännige).

Monogynia (Einweibige).

Familie: **Rubiaceen**: Rubiaceae.
Gattung: **Rubia Tournef.**, Röthe.

Kelch dem Fruchtknoten völlig angewachsen, mit undeutlichem Saume. Blumenkrone flach-glockig oder radförmig, 4—5spaltig. Staubgefässe 4—5, unter den Einschnitten der Blumenkrone angewachsen. Griffel kurz, 2spaltig; Narben knopfig. Beere 2knöpfig, 2samig (bisweilen durch Fehlschlagen einfach und einsamig).

Taf. VI. **Rubia tinctorum Lin.**, Färber-Röthe, Färberwurz, Krapp oder Grapp.

Stengel krautig, schlaff, 4kantig, auf den Kanten rückwärts-kurzstachelig, weit abstehend-ästig, die Aeste meist gegenständig; Blätter zu 4—6 winkelständig, lanzettlich oder elliptisch-lanzettlich, kurz zugespitzt, in einen kurzen Blattstiel verschmälert, kahl, am Rande und unterseits auf dem Mittelnerven rückwärts-stachelig-scharf; Blüthen in wiederholt-5gabeligen, trugdoldigen Rispen; Blumenkronen meist 5spaltig u. 5männig; die Zipfel eirund, mit einer einwärts gebogenen, dicklichen Vorspitze; Frucht glatt und kahl.

Das Vaterland ist der Orient u. Südeuropa, wird aber auch in Mitteleuropa häufig angebaut. Der Wurzelstock kriecht mit seinen vielen langen, gegliederten, gänsekieldicken, rothen Wurzelfasern tief und weit im Boden umher. Aus ihm entspringen mehrere, gegen 3′ hohe oder höhere weitschweifige u. niederliegende oder an Gegenständen sich erhebende Stengel mit zahlreichen gegenständigen, undeutlich-4kantigen u. an den Kanten mit rückwärts gerichteten Stacheln besetzten Aesten. Die Blätter sind ziemlich starr und zeigen getrocknet deutliche Adern. Die kleinen Blumen sind grünlich-gelb. Die erbsengrossen Früchte sind gewöhnlich 2knöpfig, bisweilen aber auch ziemlich kugelrund und nur 1fächerig, vor der Reife roth, zuletzt saftig und schwarz. Der schwach, etwas dumpfig riechende und anfangs süsslich, dann schwach zusammenziehend, bitterlich, etwas reizend schmeckende kriechende Wurzelstock, die Krappwurzel, *Radix Rubiae tinctorum*, ist von wenigstens über 2 Jahr alten Pflanzen zu sammeln, und wird noch bisweilen als ein tonisch auflösendes Mittel bei Erschlaffungen mit Entartung der Säfte u. dahin zu rechnenden Knochenkrankheiten, besonders bei *Rhachitis*, angewendet. Er enthält harzigen, rothen Färbestoff (Krapppurpur, Purpurin), viel extractiven rothen Farbstoff (Alizarin, Krapproth, Rubein u. Erythrodonin), gelben Farbstoff (Xanthin oder Krapporange) und kratzenden Extractivstoff. Die Krappwurzel hat die Eigenschaft, die Säfte und Knochen der damit gefütterten Thiere roth zu färben.

A. Eine blühende Stengelspitze. — A. Eine 4spaltige 4männige u. B. eine 5spaltige 5männige Blume. — C. Die Blumenkrone der letztern aufgeschnitten u. ausgebreitet. — D. Staubgefässe von verschiedenen Seiten. — E. Das Pistill. — C. Eine vollständige, 2knöpfige Beere. — B. Dieselbe in die beiden einzelnen Knöpfe getrennt. — F. Eine zweiknöpfige Beere so durchschnitten, dass der Schnitt beide Knöpfe halbirte. — G. Ein stark vergrösserter Embryo.

Familie: **Plumbagineen:** PLUMBAGINEAE. — *Gruppe:* **Plantagineae Juss.**

Gattung: **Plantago Lin.**, Wegerich, Wegetritt.

Blüthen zwitterig, Kelch tief 4theilig. Blumenkrone trockenhäutig, präsentirteller- bis krugförmig, mit 4theiligem, später zurückgeschlagenem Saume. Staubgefässe 4, der Blumenkronenröhre eingefügt. Kapsel umschnitten, 2—4fächerig, 2- —mehrsamig. Samenträger scheidewandartig, zuletzt frei.

Plantago Cynops Lin., strauchartiger Wegerich, immergrünes Flöhkraut.

Stengel halbstrauchig, am Grunde niederliegend, ästig, mit aufsteigenden oder aufrechten Aesten; Blätter gegenständig, linealisch, pfriemlich, ganzrandig; Aehren eiförmig; Deckblätter ungleich, die untersten hüllartig, die übrigen eiförmig, stachelspitzig; die vordern Kelchzipfel breit-eirund, die hintern schmäler, gekielt und auf dem Kiele gewimpert; Kapsel zweisamig.

Wächst in den ums Mittelländische Meer herumliegenden Ländern und hat einen holzigen, 6—10'' langen, fast niedergestreckten, nur an den Enden und mit den zahlreichen Aesten aufsteigenden Stengel. Die Blätter sind etwas fleischig, die Blüthenköpfe sind eirund und ihre Hullblätter lang-spitzig. Der Samen, Flohsamen, *Semen Psyllii s. Pulicariae*, wird nicht nur als ein schleimiges Heilmittel, sondern auch in Gewerken angewendet. Die Samenschale ist so schleimig, dass durch Schütteln des Samens mit einer 40 Mal grössern Menge Wasser, dieses immer noch sehr schleimig wird.

A. Ein Stengel einer jungen Pflanze. — B. Ein unteres hüllartiges Deckblatt. — C. Ein oberes Deckblatt. — D. die vollständige Blume. — A. Dieselbe von der vordern u. B. von der hintern Seite. — C. Eine Blume ohne den Kelch. — E. Das Pistill. — D. Dasselbe vergrössert. — E. Die reife Kapsel mit der bleibenden Blumenkrone. — F. Dieselbe ohne die Blumenkrone. — G. Eine Kapsel, von welcher der obere Theil abgesprungen ist, so dass man die Samen sehen kann. — F. Ein Samen. — H. Derselbe vom Rücken u. I. von der Innenseite, so wie K. senkrecht u. L. quer durchschnitten.

Plantago arenaria Waldst. et Kit., Sand-Wegerich.

Stengel krautig, aufrechtastig, zottig (durch gegliederte Haare und eingestreute Drüsen); Blätter gegenständig, linealisch, flach, fast ganzrandig oder entfernt gezähnt; Aehren eirund-länglich; Deckblätter ungleich, die untersten eirund, pfriemig-zugespitzt, die übrigen spatelig, sehr stumpf; Kelchzipfel ungleich, die vordern grösser, verkehrt-eirund, spatelig, sehr stumpf, die hintern lanzettlich, spitzig; Kapsel 2samig.

Wächst auf Sandfeldern in Mitteleuropa, hat schmale, linienförmige, ganzrandige Blätter. Diese Pflanze liefert gleich *Plant. Cynops*, den Flöhsamen, *Sem. Psyllii s. Pulicariae*, so auch *Plantago Psyllium L.*, Flöhsamenwegerich, Flohkraut, eine in Südeuropa und Nordafrika auf sandigen Stellen wachsende Pflanze.

(Sonst waren auch officinell von **Platago major L.**, grosser od. gemeiner Wegerich, Wegebreit, Wurzel, Blätter u. Samen, **Radix, Folia et Semen Plantaginis latifoliae s. Plant. majoris**, die Wurzel als Mittel gegen Zahnschmerzen, u. so wie die Blätter als Mittel gegen Blut- u. Schleimflusse u. Lungenkrankheiten u. die Samen ihres Schleimes wegen; von **Plantago media L.**, mittlerer Wegerich, die Wurzeln u. das Kraut, **Radix et Herba Plantaginis mediae**; von **Plantago lanceolata L.**, lanzettlicher Wegerich, schmaler Wegetritt, Hundsrippe, die Wurzel, Blätter u. Samen, **Radix, Herba et Semen Plantaginis angustifoliae**; von **Plantago Coronopus L.**, fiederspaltiger Wegerich, Krähen- od. Rabenfuss, Hirschhornkraut, das Kraut, **Herba Coronopi s. Cornu Cervi**, als Mittel gegen die Hundswuth. [Abbild. von diesen allen siehe Lincke etc.])

A. Der blühende Obertheil einer Pflanze. — B. Eine Blume mit dem Deckblättchen. — A. Die reife Kapsel mit der bleibenden Blumenkrone. — C. Ein Samen. — B. Derselbe vergrössert.

Familie: **Polygalaceen:** POLYGALACEAE.

Gattung: **Krameria Loefl.**, Kramerie.

Kelch 4- bis 5blättrig, innenseits gefärbt. Blumenblätter 4 oder 5, die 2 oder 3 obern genagelt, verwachsen; die beiden andern rundlich. Staubgefässe 3 oder 4, am Grunde schwach monadelphisch verwachsen. Steinfrucht trocken; borstig-widerhakig-stachelig, einfächrig, 1samig.

Taf. VII. **Krameria triandra Ruiz. et Pav.**, dreimännige Kramerie.

Blätter länglich, spitz, seidenhaarig-zottig; Blüthen 3männig; Blüthenstielchen fast länger als die Blätter mit 2 Deckblättern; Kelch und Blumenkrone 4blättrig.

Wächst auf trocknen Stellen am Abhange der Anden von Peru und ist ein niedriger, etwa ½—1' hoher Strauch. Die sehr grosse und ästige Wurzel besteht aus einem unregelmässig-knollenförmigen, bis 2'' dicken Wurzelstocke mit zahlreichen dik kern, bis fingersdicken, u. dünnern, hin- u. hergebogenen, meist verzweigten Aesten, die eine dunkelbraunrothe, runzelige, zum Theil querrissige, warzige, auf dem Querschnitt hellroth od. auch zimmtbräunlich erscheinende Rinde und einen holzigen hellern Kern haben. Die untern Aeste des sparrig-vielästigen Stammes liegen auf dem Boden nieder, sind unterwärts schwärzlich und kahl, nach vorn aber, wie die krautigen Theile, graulich-seidenhaarig. Der ausgebreitete Kelch ist aussen grau seidig, innen roth. Die beiden längeren getrennten Blumenblätter sind linealspatelig, spitzig, blassroth, die beiden kürzern rundlich, vertieft, schuppig-runzelig, dunkel-purpurroth. Die fädlichen Staubfäden sind kürzer als die längeren Blumenblätter, u. tragen kegelförmige, 1fächerige, durch ein Loch sich öffnende Staubbeutel. Der eirunde Fruchtknoten ist dicht mit langen weissen Haaren bedeckt, trägt einen einfachen Griffel mit einer kleinen Narbe. Die fast kugelige erbsengrosse Nuss ist zwischen den widerhakigen Borsten zottig. — Die kaum merklich riechende und zusammenziehend, bitterlich schmeckende Wurzel, Ratanhiawurzel, ***Rad. Ratanhiae s. Ratanhae***, ist ein rein adstringirendes, tonisches Mittel, wird aber jetzt seltener angewendet, als das daraus bereitete Extract, ***Extractum Ratanhiae***, vorzüglich das in Amerika aus der frischen Wurzel bereitete, ***Extr. Ratanhiae americanum***, welches eine trockne, braunrothe, spröde, innen glänzende Masse darstellt. Man wendet sowohl die Wurzel, als das Extract bei Blut- und Schleimflüssen, bei Durchfällen u. s. w. an. Die Wurzel giebt man theils in Pulverform zu 20—30 Gran, theils in Abkochung und Aufguss von ½—1 Unze. Ihr wesentlichster Bestandtheil ist eisengrünender Gerbestoff.

(**Krameria Ixina L.**, antillische Kramerie, ein Strauch auf den Antillen u. in dem benachbarten Südamerika, giebt die **Radix Ratanhiae antillarum**, von gleicher Wirkung wie die Wurzel von **Krameria triandra**).

a. Ein Theil des Strauches. — A. Eine Blume, von welcher der Kelch weggenommen ward. — B. Die beiden oberen Blumenblätter. — C. Eins der beiden unteren Blumenblätter. — — A. Staubgefässe. — B. Die Spitze eines Staubbeutels, stark vergrössert. — C. Das Pistill. — b. Eine Steinfrucht der Länge nach durchschnitten mit dem Samen. — D. Ein Widerhaken der Frucht. — c. Ein senkrecht u. d. ein quer durchschnittener Samen.

Familie: **Santalaceen:** SANTALACEAE.

Gattung: **Santalum Lin.**, Santelbaum.

Blüthenhülle halb oberständig, fast glockig od. urnenförmig, 4spaltig, abfallend; am Grunde derselben 4 mit den Zipfeln des Saums abwechselnde Schuppen (Nebenkrone. Paracorolla). Staubgefässe 4. Narbe 3—4lappig. Steinfrucht beerenartig, 1samig.

Santalum album Lin., weisser Santelbaum.

Blätter eiförmig-elliptisch; Trauben blattachsel- und endständig; Schuppen der Nebenkrone rundlich-zugerundet, mit kurzem stumpfem Spitzchen.

Ein Baum der Berggegenden Vorderindiens, vorzüglich Malabars. Der nicht hohe Stamm ist 3—4' im Durchmesser dick, und trägt eine schöne runde, durch runde ausgebreitete Aeste gebildete Krone. Die gestielten, kreuzweis stehenden Blätter sind an beiden Enden, mehr noch aber nach vorn, verschmälert, etwas über dem Grunde am breitesten, unten seegrün, 2—3'' lang,

8—10‴ breit. Die einfachen Trauben tragen 6—8 Blüthen u. sind weit kürzer als die Blätter. Die anfangs gelblichen Blüthen werden bald rostbraun-purpurroth. Die breiteirunden, spitzigen Perigonzipfel tragen an ihrem Grunde einen schmalen Bart. Die wenig hervorragenden Staubgefässe sind kürzer als der Griffel mit der kreuzförmig-4lappigen Narbe. Die fleischigen, kugeligen, bläulichschwarzen Früchte haben die Grösse kleiner Kirschen. Die Samen sind weiss. — Dieser Baum soll das weisse u. gelbe Santel- oder Sandelholz, *Lignum Santali album* u. *citrinum*, liefern. Das weisse, geruch- u. geschmacklose, welches man jetzt nur noch den Räucherpulvern zusetzt, soll der Splint oder das junge Holz sein. Das gelbe bis dunkelgelbe, zuweilen röthlich geaderte, besonders beim Reiben rosenartig riechende u. gewürzhaft-bitter schmeckende, soll das alte oder Kernholz sein; es enthält vorzüglich ätherisches Oel und wirkt erregend u. belebend auf das Blutgefässsystem, die Schleimhäute und die Verdauungswerkzeuge.

(**Santalum myrtifolium Roxb.**, in Ostindien u. Coromandel einheimisch, soll ebenfalls weisses Santelholz liefern, so wie auch **Sant. Freycinetianum Gaud.** ein sehr wohlriechendes Santelholz giebt.)

a. Ein blühender Ast. — A. Eine aufgeschnittene u. ausgebreitete Blume. — B. Ein senkrecht durchschnittenes Pistill nebst einem Staubgefäss u. einem Theile der Blüthenhülle u. einer Schuppe der Nebenkrone.

(In diese Ordnung gehören ferner noch: **Globularia vulgaris L.**, gemeine Kugelblume, von der ehedem die bittern Blätter, **Folia Globulariae**, bei gestörter Verdauung als tonisches gelind purgirendes Mittel, aber auch äusserlich bei Geschwüren angewendet wurden. — Von **Globularia Alypum L.**, dreizähnige Kugelblume, wendete man die bittern Blätter, **Folia Alypi**, als ein Ersatzmittel der Sennesblätter an. — Von **Dipsacus fullonum L.**, ächte Weberkarde, Kartetschendistel, u. von **Dipsacus sylvestris L.**, wilde Karde, war sonst die Wurzel, **Radix Dipsaci s. Cardui Veneris**, gebräuchlich. — **Nardostachys Jatamansi DeC.**, auf den hohen Alpengebirgen Südasiens wachsend, lieferte ehedem die Wurzel mit dem stehenbleibenden untern Stengeltheile als **Spica Nardi** od. **Nardus indica**. — Von **Scabiosa arvensis L.** [Trichera arvensis Schrad.], gemeine Scabiose, Grind- od. Apostenkraut, wendete man sonst das Kraut u. die Blumenköpfe, **Herba et Flores Scabiosae**, als sehr blutreinigend, auflösend und etwas zusammenziehend wirkend, vorzüglich bei Hautkrankheiten, Ausschlägen u. Schwindsucht an. — Von **Succisa pratensis Moench.** [Scabiosa succisa L.), Teufelsabbiss, waren sonst der Wurzelstock u. die Blätter, **Radix et Herba Succisae s. Morsus Diaboli**, gegen viele verschiedene Krankheiten im Gebrauch. — Von **Sanguisorba officinalis L.**, gemeiner Wiesenkopf, Blutstropfen, Blutkraut, wurde früher die Wurzel, **Radix Pimpinellae italicae**, besonders gegen Lungensucht angewendet. — **Penaea mucronata L.** u. einige andere Arten dieser Gattung geben ein klebriges, süssliches, etwas widriges Gummiharz, **Sarcocolla**. — **Galium Aparine L.**, Klebkraut, war früher als **Herba Aparines** gegen Wassersucht als harntreibend in Anwendung. — Von **Galium Cruciata Scop.** [Valantia cruciata L.), kreuzblättriges Labkraut, sammelte man früher die ganze Pflanze als **Herba Cruciata s. Asperulae aureae**. — **Galium rotundifolium L.** war als **Herba Galii rotundifolii** gebräuchlich. — Von **Galium verum L.**, Waldstroh, gelbes Labkraut, unsrer lieben Frauen Bettstroh, sammelte man sonst das blühende Kraut als **Herba et Flores Galii s. Galii lutei**, u. von **Galium Mollugo L.**, weisses Labkraut, Butterstiel als **Herba Galii albi** theils als Wundmittel, theils als Mittel gegen Krampfkrankheiten. — **Asperula odorata L.**, wohlriechender Waldmeister, Sternleberkraut, war sonst als **Herba Matrisylvae s. Hepaticae stellatae**, als Mittel bei Stockungen im Unterleibe, Brustleiden und Gelbsucht officinell u. wird jetzt zu dem sogenannten Maitranke angewendet. — **Asperula tinctoria L.** u. **A. cynanchica L.**, haben der Färberröthe gleich rothfärbende Wurzeln; letztere Pflanze wurde auch früher als **Rubia cynanchica** zu Gurgelwässern bei der Bräune u. Halskrankheiten, da sie etwas adstringirend ist, angewendet. — **Richardsonia scabra St. Hil.**, [R. brasiliensis Gom.], eine 1/2 bis 1 1/2′ hohe Pflanze Südamerika's, bes. Brasiliens, lieferte sonst die weisse, mehlige od. wellige Ipecacuanha, **Radix Ipecacuanhae albae s. amylaceae s. undulatae**. Gleiche Kräfte in ihren Wurzeln sollen auch haben **Richardsonia rosea St. Hil.** [R. emetica Mart.], **Spermacoce Poaya St. Hil.** u. **Spermacoce ferruginea St. Hil.** — Von **Ptelea trifoliata L.** hat man die bittern Früchte als Hopfensurrogat empfohlen. — Von **Trapa natans L.**, gemeine Wasser- od. Stachelnuss, waren sonst die Früchte als **Nuces aquaticae s. Semina Tribuli aquatici** officinell. — Von **Cornus mascula L.**, Kornelbaum, Kornelkirsche, Harlske, Dürlitze, wurden sonst die süsslich-sauern u. zusammenziehend schmeckenden Steinfrüchte als kühlendes u. zusammenziehendes Mittel bei langwierigen Durchfällen, Blutflüssen u. hitzigen Fiebern angewendet. — Von **Cornus florida L.**, virginische Hundsbeere, hat man die sehr bittere u. in Amerika officinelle Rinde des Stammes u. der Aeste als Ersatzmittel der Chinarinden vorgeschlagen, da das in ihr enthaltene eigenthümliche Alkaloid, das **Cornin**, gleichwirkend wie das Chinin sein soll. — **Camphorosma monspeliaca L.** gab das Kraut als ein sonst gegen Wassersucht angewendetes schweiss- u. urintreibendes Mittel. — Von **Alchemilla vulgaris L.**, gemeines Alchemistenkraut, Sinau, waren früher Wurzel u. Kraut, **Radix et Herba Alchemillae**, als bitterliche adstringirende Mittel gegen Durchfälle u. s. w. in Gebrauch. — **Parietaria erecta Mert. et Koch** [Parietaria officinalis L.], aufrechtes Glas- oder Wandkraut, u. **P. diffusa M. et Koch**, ausgebreitetes Mauerkraut, waren sonst als **Herba Parietariae s. Helxines** u. als ein schleimiges, kühlendes u. harntreibendes Mittel offic. — Von **Evodia febrifuga St. Hil.** [Esenbeckia febrifuga Mart.], einem gegen 30—40′ hohen Baume Brasiliens, wird die der ächten Angusturarinde fast gleichwirkende u. ein höchst bitteres Alkaloid, das Esenbeckin, enthaltende Rinde als fiebervertreibendes Mittel in Amerika angewendet; sie kommt als brasilianische China nicht selten schon seit längerer Zeit nach Europa. — Von **Dorstenia Contrayerva L.**, giftwidrige Dorstenie, so wie von **D. Drakena L.**, **D. tubicina Ruiz et Pav.**, und von **D. brasiliensis Lam.**, wendete man sonst die Wurzel, welche stimulirende, auf die Thätigkeit aller Secretionsorgane, vorzüglich auf die der Haut wirkende Kräfte besitzt, als Gift- oder Bezoarwurzel, **Radix Contrayervae**, an. — **Antiaris toxicaria Lesch.** ist der berüchtigte Ipo oder Upas Antiar, dessen sehr schnell tödtenden Saft man zur Vergiftung der Pfeile anwendet. — [Abbild. der vorstehenden deutschen Pflanzenspecies s. Lincke etc.]).

Tetragynia (Vierweibige.)

(In dieser Ordnung ist zu bemerken: **Ilex Aquifolium L.**, gemeine Hülsen, Stechpalme od. Stecheiche, deren schleimig-bitter u. herbe schmeckenden Blätter, Hülsenblätter, **Folia Aquifolii s. Agrifolii**, vorzüglich im nordöstlichen Deutschland gegen Rheumatismus, Gicht, chronischen Husten, Störungen der Verdauung, schmerzhafte Durchfälle u. sogar gegen Wechselfieber angewendet werden. [Abbild. s. Lincke etc.] — Von **Ilex paraguensis St. Hil.** [Cassine Gongonha Mart.], erhält man den Paraguaithee, dessen Aufguss berauschen u. begeistern, in grösseren Gaben aber Brechen und Laxiren erregen u. den Urinabgang vermehren soll).

V. Cl. Pentandria (Fünfmännige).

Monogynia (Einweibige).

Familie: **Rauchblättrige:** ASPERIFOLIACEAE. — *Gruppe:* **Schizocarpicae Rchb.**

Gattung: **Alkanna Tausch.**, Alkanne.

Kelch 5theilig. Blumenkrone trichterförmig, Saum 5spaltig, Schlund offen, 5 kleine Deckklappen zwischen den Staubgefässen unter dem Schlunde sitzend. Staubgefässe über die Deckklappen hinausreichend. Nüsschen 4, frei auf dem Stempelboden sitzend, gekrümmt, an der innern Seite des Grundes zu einem aufgeworfenen Halbring vorgezogen.

Taf. VI. **Alkanna tinctoria Tausch.**, färbende Alkanna (*Anchusa tinctoria Lin.*)

Graulich-steifhaarig; Stengel aufsteigend; Aehren gepaart; Deckblätter länger als die Kelche; Kelchzähne so lang wie die Röhre der Blumenkrone.

Wächst auf trocknen, sandigen Stellen in Südeuropa u. Ungarn. Aus der vielköpfigen, röhrenförmigen, etwas ästigen u. holzigen Wurzel, welche tief in den Boden hinab steigt u. von einer weichen, in Lamellen sich ablösenden, schwärzlich-braunrothen und abfärbenden Rinde bekleidet ist, entspringen mehrere, 5—10″ lange, schlaffe, wie die ganze Pflanze steifhaarige u. an der Spitze 2theilige Stengel. Die fast spatelig lanzettlichen Wurzelblätter sind 2—5″ lang, vorn 4—5‴ breit, stumpflich, gegen den Grund stark verschmälert. Die Stengelblätter sind viel kleiner, linealisch-länglich, sehr stumpf; die obersten, am Grunde etwas breiteren, gehen allmälig in Deckblätter über. Die lineal-lanzettlichen, spitzigen Kelchzipfel sind so lang als die weisse Blumenkronenröhre. Der Schlund der Blumenkrone ist etwas erweitert u. purpurbräunlich, der Saum aber dunkelkornblumenblau. Früher war die geruchlose, fade süsslich, dann etwas zusammenziehend schmeckende Wurzel, *Radix Alcannae s. Alkannae s. Alkannae spuriae*, als Heilmittel gegen Durchfälle, bei Hautausschlägen u. Geschwüren im Gebrauch; man wendet sie jetzt aber nur noch zum Rothfärben einiger Arzneien, Salben, Pomaden, Tincturen u. s. w. an.

(**Anchusa officinalis L.**, gebräuchliche Ochsenzunge, lieferte sonst **Radix Herba et Flores Buglossi s. Linguae bovis**, die nur als schleimige, gering zusammenziehende Mittel dienten.)

a. Der Obertheil der durchschnittenen Wurzel mit grundständigen Blättern u. Stengel. — b. Eine Wurzel. — A. Der Kelch mit dem Pistill. — A. Die Blumenkrone. — B. Dieselbe der Länge nach aufgeschnitten u. ausgebreitet, nebst den Deckklappen u. Staubgefässen. — B. Ein Fruchtkelch. — C. Ein Samen u. C. derselbe vergrössert. — c. Eine blühende Zweigspitze von **Anchusa officinalis**.

Familie: **Drehblätler:** CONTORTAE. — *Gruppe:* **Gentianeae Juss.**

Gattung: **Menyanthes (Tournef.) Lin.**, Zottenblume.

Kelch 5theilig. Blumenkrone trichterig, mit offenem 5theiligem Saume, dessen Zipfel inwendig mit langen dicklichen Barthaaren bedeckt sind. Staubgefässe 5. Narbe knopfig, ausgerandet. Kapsel einfach, zweiklappig, vielsamig, Samenträger wandständig, mittelklappig. (Nur eine Art enthaltend).

Menyanthes trifoliata L., gemeine Zottenblume, Fiber- oder Bitterklee.

Wächst ausdauernd auf sumpfigen, torfigen Wiesen, an u. in den Gräben in Europa, Vorderasien u. Nordamerika u. blüht im Mai vor der Entwickelung der Blätter. Der fingersdicke fleischige Stengel kriecht nahe unter oder an der Oberfläche des Bodens hin, treibt an den Gelenken dicke, weisse Fasern, und ist an den etwas aufgerichteten Enden von trockenen, häutigen, von Resten der Blattstiele herrührenden Scheiden bedeckt; hier an den Enden entspringen 2 Blätter u. der Blüthenschaft. Die am Grunde scheidigen, übrigens stielrunden Blattstiele tragen 3 ovale oder verkehrteiförmige, $1\frac{1}{2}$ bis $3\frac{1}{2}$'' lange, gegen $1-1\frac{1}{2}$'' breite Blattabschnitte. Der Blüthenschaft entspringt aus der Achsel einer jener Blattstielscheiden, gerade unter den diesjährigen Blättern; er ist vom Grunde aufsteigend, dann aufrecht, 6—8'' lang, halbstielrund und trägt eine 10—20 blüthige Traube. Die Blüthenstiele entspringen einzeln oder zu 2 und 3 aus den Achseln der eiförmigen, stumpfen, kleinen Deckblätter. Die 5 Kelchzipfel sind aufrecht, länglich, stumpf. Die röthlich-weisse Blumenkrone ist 6—8''' lang, an den länglich-spitzigen Zipfeln mit weissen Zotten besetzt und schliesst die Staubgefässe ein; der Griffel aber ragt hervor. Die eirunde oder eirundlängliche Kapsel ist vom bleibenden Griffel gekrönt. Man wendet die sehr bittern Blätter, *Herba Trifolii fibrini*, bei Unterleibskrankheiten, vorzüglich bei Trägheit des Darmkanals u. Magens, bei gestörter Verdauung u. s. w., auch gegen Wechselfieber an. Sie enthalten nach Trommsdorf grünes Satzmehl, eine stickstoffhaltige, durch Gerbestoff fällbare Substanz; bittern Extractivstoff, ein braunes Gummi u. ein eignes Satzmehl, das Menyanthin. Das getrocknete Kraut giebt $\frac{1}{8}$ sehr bitteres Extract.

a. Ein Theil des kriechenden Wurzelstocks mit unentwickelten Blättern u. einem Blüthenstengel, der unterhalb der Blüthentraube durchschnitten ist. — b. Der grösste Theil einer Blattfläche im entwickelten Zustande. — A. und B. Aufgeschnittene u. ausgebreitete Blumenkronen, A. mit Staubgefässen vor u. B. nach der Pollenentleerung. — c. Der Kelch mit dem Pistill. — A Ein noch nicht aufgesprungenes Staubgefäss. — B. Das Pistill. — C. Eine geschlossene u. aufgesprungene Kapsel. — D. Samen. — C. Einer derselben, vergrössert, sowie D. senkrecht u. E. querdurchschnitten.

Familie: **Nachtschatten**: Solanaceae. — *Gruppe:* **Luridae L.**

Gattung: **Datura L.**, Stechapfel.

Kelch röhrig, 5zähnig, oberhalb des Grundes umschnitten und abfallend. Blumenkrone trichterig, mit regelmässigem, gefalteten, kurz-5lappigem Saume. Narbe dicklich, 2plattig. Kapsel halbvierfächerig, 4klappig, vielsamig.

Taf. VII. **Datura Stramonium L.**, gemeiner Stechapfel, Rauchapfel.

Blätter eiförmig, buchtig-gezähnt, kahl; Blumen einzeln, achselständig; Kapseln dornig, aufrecht.

Das Vaterland dieser Pflanze ist der nördl. Theil Südasiens, von woher sie durch die Zigeuner zu uns gekommen ist; jetzt wächst sie bei uns in Dörfern, an Wegen, auf Schutthaufen u. auf angebautem Lande. Die spindelige, ästige, senkrecht eindringende, weissliche Wurzel treibt einen 1—4' hohen, stielrunden, glatten und kahlen, oben gabelspaltig-ästigen Stengel. Blätter 3—6'' lang, 2—5'' breit, gestielt, spitzig, zugespitzt-eckig-gezähnt, kahl oder unterseits an den Nerven flaumig. Blüthen sehr kurz gestielt. Kelch 2'' lang, 5kantig, kahl mit 5 eiförmigen zugespitzten Zähnen. Blumenkrone 4'' lang und länger, weiss, an der Röhre aussen schmutzig-gelblich-weiss; Saum 5eckig, gefaltet, mit 5 lang zugespitzten Zipfeln. Fruchtknoten eirundlich, dicht mit kurzen krautigen Borsten besetzt. Die platten Narbenzipfel schliessen an einander. Kapsel kurz gestielt, gegen 2'' hoch und ziemlich eben so dick, auf dem zurückgeschlagenen Kelchgrunde sitzend, eirund, schwach 4seitig, stumpf, mit abstehenden pfriemförmigen Dornen dicht besetzt. Samen flach nierförmig-rundlich braunschwarz. — Die unangenehm und betäubend riechenden und ekelhaft schmeckenden Blätter und die Samen, *Herba et Semen Stramonii s. Daturae*, sind officinell. Erstere, welche vorwaltend ein narkotisches Alkaloid, das Daturin, enthalten, wendet man besonders gegen Nervenleiden u. nervöse Krankheiten, Epilepsie, bei Wahnsinn, gegen nervöses Asthma und Keuchhusten an. Die Samen unterliegen oft einer Verfälschung mit *Sem. Nigellae*.

a. Ein Ast mit einer Blume u. einer jungen Frucht. — b. Eine der Länge nach aufgeschnittene und ausgebreitete Blumenkrone nebst den 5 Staubgefässen. — c. Der Kelch an seinem Umschnitte von dem Grunde getrennt. — d. Das Pistill. — e. Eine querdurchschnittene Frucht. — f. Ein Samen. — A. Derselbe vergrössert u. B. senkrecht, so wie C. querdurchschnitten.

Gattung: **Atropa L.**, Tollkirsche.

Kelch 5theilig. Blumenkrone röhrig-glockenförmig, mit 5spaltigem Saume. Staubgefässe im Grunde der Blumenkronenröhre befestigt, am Grunde zottig, an der Spitze bogig-gekrümmt. Beere auf dem fortwachsenden Kelche sitzend, 2fächerig, vielsamig.

Atropa Belladonna L., gemeine Tollkirsche, Belladonne.

Stengel krautig, gabelästig; Blätter eiförmig oder elliptisch, ganzrandig; fast kahl, die untern wechselständig, die obern gezweit, das eine um die Hälfte kleiner als das andere; Blüthen einzeln in den Achseln der kleinern Blätter, überhängend.

Wächst ausdauernd häufig in den Bergwäldern des mittlern u. südlichen Europa. Die Wurzel ist dick, walzenrundlich, spindelförmig, ästig und mit sehr zahlreichen Fasern besetzt, schwach, geringelt, aussen schmutzig-gelblich, innen fleischig und weiss. Der Stengel wird 3—5' hoch u. höher, ist stielrund, schwach gerillt, röthlich-braun oder dunkel-violett überlaufen. Die Blätter stehen am Stengel und an den Hauptästen abwechselnd, an den übrigen Aesten gepaart, und zwar das eine um die Hälfte kleiner, in seiner Achsel die Blume tragend. Die Kelchzipfel sind eirund, zugespitzt, die Blumenkronen 1'' lang, unten trüb-grüngelb, bräunlich geadert, nach oben schmutzig violett-braun. Die Staubfäden sind an ihrem Grunde zottig und verschliessen durch diese Haare die Röhre. Die Beere sitzt auf dem vergrösserten und ausgebreiteten Kelche und gleicht einer glänzend-schwarzen Kirsche mit violett-rothem Safte. Gebräuchlich sind die Wurzel und Blätter, *Radix et Herba Belladonnae s. Solani furiosi v. lethalis*; ehemals waren auch die sehr giftigen Beeren officinell. Die im Spätherbste zu sammelnde u. getrocknete Wurzel ist ziemlich leicht, etwas schwammig u. nur wenig faserig, zerbrechlich, ungeschält runzelig, gelblich-grau od. bräunlich, geschält u. innerlich schmutzig-gelblichweiss. Die vor der Blüthezeit zu sammelnden u. gut getrockneten Blätter dürfen nicht alt sein, müssen betäubend riechen und sind in verschlossenen Gefässen aufzubewahren. Wurzel u. Blätter wirken innerlich narkotischscharf, und werden vorzüglich bei langwierigen Krankheiten des Nervensystems, bei Keuchhusten, krebshaften Uebeln u. Wassersucht angewendet; äusserlich ist ihre Wirkung krampf- oder schmerzstillend. Die Belladonna wird für ein Schutzmittel gegen Scharlach gehalten; die Dosis ist dann täglich 3—12 Tropfen von in 1 Unze Aq. Cinnam. gelöstem 3 Gr. Extract. Die vorwaltenden Bestandtheile sind: viel an Aepfelsäure gebundenes Alkaloid, das Atropin, und ein azothaltiger Extractivstoff, Pseudotoxin, nebst Kleber, Eiweiss, Schleim, Wachs, Chlorophyll u. Salze, besonders kleesaures Kali, klee- u. phosphorsaurer Kalk u. Talk. Gegengifte sind: Essig, Citronensaft, überhaupt Pflanzensäuren und Kaffee. Man verwechselt die Blätter mit denen des gemeinen Nachtschattens (*Solanum nigrum*), diese sind aber nicht so gross, langgestielt, nicht spitzig, sondern stumpf und am Rande etwas gezähnt.

a. Eine Astspitze. — b. Die Blumenkrone von aussen. — c. Ein abgeschnittener Theil der Blumenkrone d., nebst 3 Staubgefässen von der Innenseite. — d. Der Kelch künstlich zurückgelegt, um das Pistill und einen Theil der Blumenkrone mit 2 Staubgefässen zu zeigen. — A. Die Spitze eines Staubfadens mit dem Staubbeutel. — B. Die Narbe. — e. Eine auf dem Kelche sitzende Beere. — f. Eine Beere querdurchschnitten. — C. Ein Samen vergrössert u. D. quer, so wie E. senkrecht durchschnitten.

Familie: Windengewächse: Convolvulaceae. — *Gruppe:* **Convolvuleae Rchb.**

Gattung: **Ipomaea L.**, Trichterwinde.

Kelch 5theilig. Blumenkrone trichterig, mit gefaltetem, undeutlich 5lappigem Saume. Griffel einfach mit kopfiger oder schwach 2- bis 3lappiger Narbe. Kapsel vom bleibenden Kelche umschlossen; vollständig oder unvollständig 2- bis 4fächerig, klappig-aufspringend, arm- bis vielsamig.

Taf. VIII. **Ipomaea Purga Wender.**, purgirende Trichterwinde.

Blätter herzförmig, zugespitzt, kahl; Blüthenstiele 1- bis 2blüthig; Kelchzipfel eiförmig-abgerundet, die beiden äussern kürzer; Saum der Blumenkrone flach.

Wächst ausdauernd in den hochgelegenen Wäldern der mexicanischen Anden. Die knollig-verdickte, rübenförmige Wurzel ist aussen narbig, weisslich (kultivirt dunkelgrau-braun), innen weisslich, milchend, geht nach unten in dickere oder fadenförmige Fasern aus, treibt bisweilen auch seitlich etliche Aeste hervor. Gewöhnlich entspringen aus ihr mehrere fast stielrunde oder schwach kantige, 10—15′ hohe, purpurröthlich windende Stengel. Die langgestielten Blätter sind eirund-herzförmig, zugespitzt, ganzrandig, die obern am Grunde pfeilförmig, oberseits freudig-grün, unterseits blässer, zuweilen röthlich überlaufen. Die 1- od. 2-, selten 3blüthigen Blüthenstiele tragen entfernt vom Kelche 2 kleine gegenständige, schuppenförmige Deckblätter. Der Kelch ist trüb-grünlich-roth und hat randhäutige Zipfel, von denen die 2 äussern kurzer sind. Die präsentirtellerförmige Blumenkrone ist bläulich-roth, fast granatroth, 2″ durchmessend, die Röhre 2″ lang u. der flache Saum abgerundet- u. ausgerandet-lappig. Die Staubgefässe ragen über den Schlund weit hinaus. — Diese Pflanze liefert die ächte Jalappenwurzel, ***Radix Jalapae*** s. ***Jalappae***, ***Gialappae*** s. ***Mechoacannae nigrae***, auch schwere oder runde Jal., ***Radix Jalapae ponderosae*** s. ***tuberosae***, genannt, welche im Handel entweder in ganzen rundlichen, fast kugeligen oder birnförmigen, seltner fast spindelförmigen, aussen runzeligen und höckerigen, dunkel grau braunen, festen, sehr schweren, sehr harten, auf der Bruchfläche matten, von dunklern harzigglänzenden Schichten durchzogenen, schwer zu pulvernden, schwach unangenehm riechenden und anfangs eckelhaft, hernach kratzend schmeckenden Knollen oder Stücken vorkommt. Zu verwerfen sind die leichten, äusserlich hellbraunen, inwendig weisslichen oder blassgrauen, glanzlosen, so wie die schwammigen, von Würmern zerfressenen, leicht zerbrechlichen, oder die durch Trocknen bei zu starker Hitze verkohlten Stücke. Untergeschoben werden oft mit Weingeist ausgezogene Stücke, denen aber die glänzenden Punkte und Striefen fehlen und die durchaus gleich braun sind. — Diese Wurzel, deren wirksamer Bestandtheil ein schnell abführendes eigenthümliches, in kaltem Aether unauflösliches Harz, ***Resina Jalapae***, ist, wird in vielen, in Schwäche, Erschlaffung, Unthätigkeit, Stockungen im Unterleibe begründeten Unterleibskrankheiten angewendet. In kleinen Gaben von 1—4 Gran reizt sie den geschwächten Darmkanal, in grossern von 10—20 Gran ist sie ein drastisches Purgirmittel. Das Harz wirkt noch dreimal stärker. Nach Guibourt enthält die ächte Jalappa 17,65 Harz, 19,00 Melasse, 9,05 braunes zuckerhaltiges Extract, 10,12 Gummi, 18,72 Stärkmehl, 21,60 Holzfaser und 3,80 Verlust.

a. Eine blühende Stengelspitze. — b. Der ausgebreitete Kelch mit dem Pistill. — A. Ein Staubgefäss von vorn u. B. von hinten. — A. Die Spitze des Griffels mit der 2köpfigen Narbe.

Ipomaea Jalappa Desf., Jalappen-Trichterwinde.

Blätter herzförmig, stumpf, ganz u. buchtig-ausgeschweift oder 3-, bis 5lappig, runzlich, unterseits weisslich-zottig-filzig; Blüthenstiele 1- bis 2blüthig, von der Länge der Blattstiele; Blumenkronen fast präsentirtellerförmig, mit verlängerter Röhre u. ausgeschweift-gelapptem Saume; Kelchzipfel oval; Samen wollig.

Wächst ausdauernd in den heissen Gegenden Mexikos, besonders bei Xalapa u. Veracruz. Die grosse rübenförmige, oft gegen 20 Pfund schwere, weissliche Wurzel treibt mehrere mehrkantige, 15—20′ hohe, um benachbarte Gegenstände sich windende, warzig-scharfe Stengel. Die 2—4″ langen und fast eben so breiten, sehr verschieden gestalteten, oberseits etwas runzeligen, graugrünen, unterseits weisslichen Blätter stehen auf 2″ langen, hackerig-scharfen Stielen. Die 1- oder 2-, selten 3blüthigen, nach oben etwas warzig-hackerigen Blüthenstiele stehen in den obern Blattachseln. Deckblätter klein, eiförmig, hinfällig. Kelchzipfel oval-länglich, angedrückt flaumhaarig, am Rande häutig-bräunlich. Blumenkrone gross; Röhre 3—4 mal länger als der Kelch, innen violett, aussen hellilafarbig; der glockig ausgebreitete Saum durchmisst gegen 3″ und ist weiss oder blassviolett; die undeutlichen Zipfel sind abgerundet, buchtig-ausgeschweift. Narben 2köpfig. Kapsel haselnussgross. Samen rothbraun mit fast 1″ langen zottigen Haaren. Von dieser Pflanze sollte, ebenso wie von vorstehender Art, die Jalappawurzel, ***Radix Jalappae***, stammen, es hat sich aber jetzt als ungegründet bewiesen, denn die Wurzel enthält gar kein purgirendes Harz; deshalb lässt sich auch nicht vermuthen, dass die ächte oder graue Mechoakannawurzel, ***Radix Mechoakannae verae*** s. ***griseae***, von ihr abstammen.

(**Ipomaea orizabensis Ledanois.** [Convolvulus orizabensis Pelletan.], in der Nähe von Orizaba in Mexiko wachsend, soll die Jalappenstengel, oder neue, leichte, spindelförmige od. männliche Jalappenwurzel, **Stipites Jalapae**, **Radix Jalapae nova, levis et fusiformis**, liefern. — Von **Ipomaea Turpethum R. Br.**, Turpith-Trichterwinde, in Ostindien wachsend, kam sonst die in Ostindien noch als Purgirmittel geschätzte Wurzel, **Radix Turpethi**, häufig nach Europa. — Von **Ipomaea Quamoclit L.** waren früher die Blätter u. Samen, **Folia et Semina** Quamoclit, gebräuchlich).

a. Ein blühender Asttheil. — A. Das Pistill. — b. Eine Kapsel u. c. dieselbe quer durchschnitten. — d. Ein Samen mit der haarigen Samenschale u. e. ohne dieselbe.

Familie: **Nachtschatten:** Solanaceae Juss. — *Gruppe:* **Luridae L.**

Gattung: **Hyoscyamus Tournef.**, Bilsenkraut.

Kelch glockig-urnenförmig, mit 5spaltigem Saume. Blumenkrone trichterig, mit kurzer Röhre und etwas schiefem, ungleich-5lappigem Saume. Kapsel 2fächerig, am Grunde bauchig, an der Spitze deckelartig sich öffnend, vielsamig.

Hyoscyamus niger L., schwarzes Bilsenkraut, Teufelsauge.

Klebrig-zottig; Blätter eiförmig-länglich, buchtig-eckig, oder fast fiederspaltig-buchtig, die untersten gestielt, die übrigen halb stengelumfassend, die blüthenständigen fast ganzrandig; Blüthen kurzgestielt.

Eine 1- oder 2jährige, auf wüsten Plätzen, Schutt, an Lehmmauern oder auf lockern bebautem Boden wachsende Pflanze Europa's. Die möhrenförmige, einfache oder wenigästige weisse Wurzel treibt einen $1\frac{1}{2}$—2′ hohen und wie die übrigen Theile mit langen, weichen, klebrigen, weissen Zottenhaaren besetzten Stengel. Die den blühenden Exemplaren fehlenden und sich nur im Herbste und im ersten Frühjahre an jungen Pflanzen findenden Wurzelblätter sind gestielt, gegen 6—8″ lang u. 3—4″ breit, auf gutem Boden mehr als noch einmal so gross, tief randbuchtig oder fiederspaltig, mit eirund-länglichen, spitzigen Lappen mit einzelnen grossen Zähnen. Die kleinern und allmälig nach oben hin immer kleiner werdenden Stengelblätter umfassen den Stengel halb, sind am Rande buchtig eingeschnitten, vorn und an den Lappen und Zähnen zugespitzt; die blüthenständigen Blätter stehen sehr genähert und haben nur 4 oder 2 grössere Zähne, und die obersten sind ganzrandig; sämmtliche Blätter haben eine dunkle oder eine helle grüne, aber immer düstere und schmutzige Farbe und sind mit klebrigen Zotten besetzt. Die Blüthen entspringen einzeln aus allen obern Blattachseln u. bilden zusammen eine einseitswendige zurückgebogene Traube, so dass die Fruchtkelche nach oben und die blüthenständigen Blätter nach unten gerichtet sind. Der urnenförmige, netzaderige Kelch ist zottig und hat fünf eiförmige, feinspitzige, bei der Frucht, mit der er fortgewachsen war, stechende Zipfel. Blumenkrone 12—15‴ lang, schmutzig-gelb, in der Röhre purpurviolett, nach dem Schlunde hin in ein violettes Adernetz ausgehend; die breit-eirunden Zipfel sind stumpf oder zurückgedrückt. Staubfäden pfriemförmig, weiss, etwas zottig; Staubbeutel länglich, violett. Fruchtknoten rund; Griffel fadenförmig; Narbe niedergedrückt knopfförmig. Die über $\frac{1}{2}$″ lange Kapsel wird von dem knapp anschliessenden Kelche überragt, springt durch ein Dekkelchen auf und enthält viele rundlich-nierförmige, gelblich-graue, fein-runzelige Samen. Das vor der beginnenden Blüthezeit gesammelte Kraut und die Samen, ***Herba et Semen Hyoscyami***, welche kräftig narkotisch wirken und ein eigenthümliches narkotisches Alkaloid, Hyoscyamin, enthalten, wendet man innerlich als krampf- u. schmerzstillendes Mittel bei Nervenfiebern, Epilepsie, Hysterie, Rheumatismus, Husten, Keuchhusten, Magenkrampf, Lungenentzündungen u. s. w. an. Aeusserlich dient das Kraut zu Bähungen und Breiumschlägen, und das damit gekochte Oel und bereitete Pflaster zum Schmerzstillen u. Zertheilen. Die Samen enthalten nächst dem Hyoscyamin noch viel eines fetten Oeles und machen einen Bestandtheil der ***Massa pilularum e Cynoglosso Pharmacop. bor. II.*** aus.

(Von **Hyoscyamus albus L.**, weisses Bilsenkraut, war ehedem u. ist noch jetzt in Frankreich das minder kräftige Kraut, **Herba Hyoscyami albi**, officinell).

a. Der Obertheil eines blühenden Stengels. — b. Der Kelch mit dem Pistill. — c. Die Blumenkrone aufgeschnitten u. ausgebreitet, nebst den 5 Staubgefässen, von denen 2 bereits das Pollen entleert haben. — A. Ein Staubgefäss. — d. Pistill. — B. Der Obertheil des Griffels mit der Narbe. — e. Ein Fruchtkelch. — f. Eine vom Kelche befreite Kapsel. — g. Dieselbe durch den rings umschnittenen Deckel geöffnet. — A. Ein Samen. — C. Derselbe vergrössert und D. quer, sowie E. senkrecht durchschnitten.

Gattung: **Capsicum Tournef.**, Beissbeere.

Kelch 5zähnig. Blumenkrone radförmig, mit 5spaltigem gefalteten Saume. Staubgefässe mit zusammenneigenden, der Länge nach aufspringenden Staubbeuteln. Beere vielgestaltig, trocken, 2fächerig, vielsamig.

Capsicum annuum L., gemeine Beissbeere, spanischer Pfeffer.

Stengel krautig, kahl; Blätter langgestielt, eirund, an beiden Enden verschmälert, ganzrandig; Blüthen einzeln oder zu zweien in den Blattachseln und endständig; Beeren saftlos, eiförmig-länglich-kegelförmig.

Das Vaterland dieser in den warmen Ländern aller Erdtheile angebauten Pflanze ist das tropische Amerika. Wurzel spindelförmig, ästig, weisslich. Stengel aufrecht, 1—2′ hoch, etwas ästig oder einfach, stumpf- 4- oder 5eckig, fast kahl. Die abstehenden Blätter sind 1½—3″ lang und ½—1¼″ breit, stumpflich zugespitzt, am Grunde etwas in den rinnigen Blattstiel herablaufend. Blüthenstiele einzeln, selten gepaart, gegen den Kelch hin verdickt, fast eckig, 7—11‴ lang. Kelch kahl, 5—6eckig, mit 5—6 aufrechten, kurzen, später etwas abstehenden Zähnen. Die schmutzig-weisse Blumenkrone hat 5—6 eirund-längliche, spitzige Zipfel. Der nach oben verdickte Griffel trägt eine undeutlich 3lappige Narbe. Die 1—6″ lange Beere ist gewöhnlich länglich-kegelförmig, gekrümmt oder eiförmig oder auch schwarz-violett, eckig-wulstig, glatt oder runzelig, gesättigt zinnoberroth oder gelb, oder gelb und roth gescheckt, aufrecht stehend oder hängend. Samen rundlich nierförmig, zusammengedrückt. — Die in den Handel kommenden getrockneten Beeren od. der spanische oder indische Pfeffer, ***Fructus Capsici annui*** vel ***Piper hispanicum*** s. ***indicum***, sind gewöhnlich schön glänzendroth, kegelförmig, länglich, 2—4″ lang, zusammengedrückt, lederhäutig, trocken und eins der schärfsten Reizmittel des Magens und Darmkanals; äusserlich angewendet röthen sie die Haut und ziehen auf derselben Blasen. Bisweilen wendet man sie bei Zungenlähmung, fauliger Bräune, Faulfiebern, hartnäckigen und bösartigen Wechselfiebern, schwarzem Staar u. Lähmung an den Extremitäten an. Häufig benutzt man sie auch als Gewürz an den Speisen und zur Schärfung des Essigs.

(**Capsicum baccatum L.** liefert den als Gewürz, besonders in England angewendeten schärfern Cayenne-Pfeffer).

a. Der Obertheil eines Astes. — b. Eine ausgebreitete Blumenkrone mit den 5 Staubgefässen. — A. Ein einzelnes Staubgefäss. — c. Der Kelch mit dem Pistill. — B. Dasselbe vergrössert. — d. Eine reife Beere und e. dieselbe der Länge nach, so wie f. über dem Grunde quer durchschnitten. — A. Samen. — C. Derselbe vergrössert und quer, sowie D. senkrecht durchschnitten.

Familie: **Larvenblüthler**: Personatae Adans. — *Gruppe:* **Scrofularinae Juss.**

Gattung: **Verbascum Tournef.**, Wollkraut, Königskerze.

Kelch 5theilig. Blumenkrone radförmig, mit ungleich fünftheiligem Saum und abgerundeten stumpfen Zipfeln. Staubgefässe 5, ungleich, 2 länger. Kapsel 2fächerig, scheidewandspaltig-2klappig, vielsamig.

Taf. IX. **Verbascum Thapsus L.** *(nec Schrad.)*, gemeines oder aechtes Wollkraut oder Königskerze *(Verbascum thapsiforme Schrad.)*

Blätter am Stengel herablaufend, lanzett-länglich, gekerbt, filzig. Blüthentraube dicht, ährenförmig; Blumenkronenzipfel verkehrt-eirund, abgerundet; Staubfäden weisswollig, 2 länger und kahl: Staubbeutel fast gleich, doch bei 2 länglicher.

Diese 2jähr. Pflanze wächst häufiger im südlichen u. mittleren, als im nördlichen Europa, hat meist nur einen 1½—4′ hohen Stengel und breite, elliptische und zwar breitere und tiefer gekerbte Blätter als die folgende Art. Die Blüthenstiele sind länger, die Kelchzipfel eiförmig, zugespitzt. Die Blumenkronen sind 2—3 mal grösser als an folgender Art und halten oft 1—1¼″ im Durchmesser. Die Staubbeutel der zwei längeren Staubgefässe sind noch einmal so lang als die 3 übrigen. Gebräuchlich sind die bitterlich, etwas schleimig und kaum etwas scharf schmeckenden Blätter und die angenehm, schwach honigartig, etwas gewürzhaft riechenden und süsslich schleimig schmecken den Blumenkronen, ***Herba et Flores Verbasci***, erstere äusserlich zu erweichenden Breiumschlägen, oder auch in Klystieren, letztere in Theeaufgüssen als reizlinderndes und gelind schweisstreibendes Mittel bei Brustkatarrhen und leichten Erkältungen. Die Blumenkronen sind bei trockner Witterung zu sammeln, schnell zu trocknen und in einem fest verschlossenen Gefässe aufzubewahren. Sie enthalten vorzüglich Schleim u. Schleimzucker nebst etwas äther. Oele.

Hauptfigur: Eine blühende Stengelspitze. — A. Einzelne wirteligverästelte Haare des Blattüberzugs, sehr stark vergrössert. — a. Der Kelch mit dem Pistill. — b. Die aufgeschnittene u. ausgebreitete Blumenkrone mit den 5 Staubgefässen. — B. Das mittlere der 3 kürzeren Staubgefässe von der dem Pistill zugekehrten Seite, C. eins der beiden andern kürzern Staubgefässe in der Seitenansicht. — D. Die beiden längern Staubgefässe von verschiedenen Seiten und E. mit aufgesprungenen Staubbeuteln. — c. Das Pistill. — F. Der Fruchtknoten quer durchschnitten. — G. Die Narbe von vorn u. H. von der Seite. — d. Eine reife Kapsel mit dem bleibenden Kelche. — I. Die vom Kelche befreite Kapsel. — K. Dieselbe senkrecht in ihre Klappen getrennt. — e. Samen. — L. Der Samen vergrössert u. M. quer-, sowie N. senkrecht durchschnitten.

Verbascum Schraderi Meyer., kleinblumiges Wollkraut oder Königskerze. *(Verbascum Thapsus Schrad. Verb. elongatum Willdw. En. sec. Rchb.)*

Blätter fein gekerbt, dünn- u. gelblichfilzig, alle herablaufend, oberste spitzlich oder stumpf; Blüthentraube einzeln, dicht u. kolbig; Blüthenstielchen sehr kurz; Blumenkrone fast trichterförmig, die beiden längern Staubgefässe mit länglichen Staubbeuteln u. Staubfäden, die 4. mal länger als die Staubbeutel sind.

Diese 2jährige Pflanze wächst wie vorige auf trocknen, sandigen oder kiesigen Stellen in vielen Gegenden vorzüglich des nördlichen Europas. Der Stengel wird höher als bei voriger Art, oft 3—6′ hoch. Die Blätter sind länglich lanzettlich, nicht so breit und weniger tief gekerbt, wie an voriger Art. Die Blüthen sind kleiner und sehr kurzstielig. Die Kelchzipfel sind lanzettlich, zugespitzt. Die einzelnen, gewöhnlich nur ½″ durchmessenden Blumenkronen sind fast trichterförmig vertieft und kaum halb so gross, wie an voriger Art. Die Blätter und die Blumenkronen haben gleiche Anwendung wie bei der vorigen Art

(Auch benutzt man auf gleiche Weise die Blüthen von **Verbascum phlomoides L.**, das vorzüglich häufig im südlichen u. südöstl. Deutschland wächst. — Von **Verb. Blattaria L.** waren sonst die Blätter als **Folia Blattariae**, Mottenkraut, gebräuchlich. — Von **Verb. nigrum L.** sammelte man sonst **Herba et Flores Verbasci nigri.**)

a. Eine blühende Stengelspitze. — A. Wirtelig verästete Haare des Blattüberzugs. — b. Der Kelch mit dem Pistill. — c. Die aufgeschnittene u. ausgebreitete Blumenkrone nebst den 5 Staubgefässen. — B. Das mittlere der drei kurzern Staubgefässe von der dem Pistill zugekehrten und einer andern Seite. — C. Eins der beiden längern Staubgefässe von vorn und hinten. — d. Das Pistill. — D. Dasselbe am Fruchtknoten quer durchschnitten. — E. Die Narbe von vorn und F. von der Seite. — e. Eine vom bleibenden Kelche umgebene Kapsel. — G. Dieselbe vom Kelche befreit u. vergrössert, so wie H. senkrecht durchschnitten, um den Samenträger zu zeigen. — f. Samen. — I. Einer derselben vergr. u. K. quer, sowie L. senkrecht durchschnitten.

Familie: **Nachtschatten**: Solanaceae. — *Gruppe*: **Luridae L.**

Gattung: **Solanum Tournef.**, Nachtschatten.

Kelch 5spaltig. Blumenkrone radförmig, mit 5spaltigem gefalteten Saume. Staubgefässe 5, im Schlunde befestigt mit zusammenneigenden oder zusammenhängenden, an der Spitze mit 2 Löchern aufspringenden Staubbeuteln. Beere 2-, seltner 4fächerig, vielsamig.

Solanum Dulcamara L., steigender Nachtschatten, Bittersüss.

Stengel strauchig, kletternd, hin und her gebogen; Blätter eirund-herzförmig, ganzrandig, zugespitzt, die obern bisweilen spiessförmig-geöhrt; Trugdolden den Blättern fast gegenständig oder seitlich; Beeren eiförmig-länglich.

Wächst häufig in Gebüschen, vorzüglich an Flussufern, an Gräben oder andern feuchten Stellen durch Europa, und hat eine kriechende, vielfaserige Wurzel, welche einen oder mehrere ästige, entweder auf Gebüschen oder Zäunen emporkriechende, oder an freien Stellen niederliegende, nicht selten bis 20′ lange Stengel. Die langen, schlanken, im jungen Zustande krautigen und grünen, später gelblichgrau werdenden Aeste sterben grösstentheils während des Winters ab und es bleiben fast nur die aufrechten, beinahe fingersdicken und holzigen Stämme übrig. Die gestielten, 3—5″ langen und 1½—2½″ breiten Blätter sind nach der Spitze hin kleiner, ganzrandig, kahl oder nur oberseits kurz und angedrückt behaart; die unteren sind eirund-länglich, am Grunde stark herzförmig, die obern haben häufig am Grunde einen oder 2 grössere oder kleinere, eirund längliche, spitzige, ganz abstehende Lappen, die obersten sind dagegen wieder ganz. Die überhängenden Trugdolden entspringen mit ihren 1—2″ langen Stielen entweder den Blättern gegenüber, oder zwischen 2 übereinander stehenden Blättern, sind fast gabelästig und tragen 10 bis 20 Blumen auf ausgespreitzten, am Grunde knotig gegliederten, oben verdickten Stielchen. Die kleinen Kelche sind dunkel violett und haben breit-eirunde, spitzige Zipfel. Die gegen 10‴ breite, violet blaue Blumenkrone hat 5, an ihrem Grunde 2 grüne, weiss eingefasste Honiggrübchen tragende, lanzettliche, spitzige und später zurückgebogene Zipfel. Die langen gelben Antheren stehen auf kurzen Trägern, hängen fest unter einander zusammen und öffnen sich an ihrer Spitze mit 2 Löchern. Die länglich-ovalrundlichen Beeren sind schön hochroth, an der Spitze mit einem Punkte bezeichnet und saftig. — Gebräuchlich sind die anfangs widrig-bitter, später süsslich, nach einem Extractivstoffe (Pikroglycion) schmeckenden jährigen Stengel und Aeste, ***Stipites*** v. ***Caules Dulcamarae***, häufig als schweisstreibendes und die Thätigkeit der Schleim- und serösen Häute umstimmendes Mittel bei Hautausschlägen, Krankheiten mit verdorbenen Säften aus Stockungen im Unterleibe, bei veralteten Katarrhen u. s. w. Man sammelt sie jährlich vom Juni bis August bei trockner Witterung und so viel wie möglich von auf trocknem Standorte wachsenden Pflanzen. Die Wurzel und vorzüglich die Wurzelrinde soll noch kräftiger wirken.

(**Solanum tuberosum L.**, knolliger Nachtschatten, Kartoffel, liefert nächst ihren Wurzelknollen zum Wirthschaftsgebrauche auch ein daraus bereitetes Satzmehl u. Weingeist [Abb. s. Lincke etc.]. — Von **Solanum nigrum L.**, schwarzer Nachtschatten, der in verschiedenen Abänderungen vorkommt, gebraucht man die frischen, gewöhnlich narkotisch, oft moschusähnlich riechenden und widrig salzig-bitterlich schmeckenden Blätter der blühenden Pflanzen, **Folia s. Herba Solani nigri**, vorzüglich äusserlich als erweichendes und schmerzstillendes Mittel gegen bösartige und hartnäckige Geschwüre, gegen Drüsenanschwellungen, Geschwülste überhaupt und gegen chronische Hautkrankheiten, bisweilen auch innerlich gegen Wassersucht. Da sie das Solanin reichlicher als die Blätter anderer Arten enthalten, so nimmt man sie besonders zur Bereitung desselben. Schon ein Viertelgran des Solanin soll kräftiges Erbrechen bewirken. [Abb. s. Lincke etc.] — Von **Solanum esculentum Dun.** (Solanum Melongena et Sol. insanum L.) waren sonst die noch jetzt in den Tropen- u. südeuropäischen Ländern eine beliebte kühlende Speise abgebenden Beeren als **Mala insana s. Poma Melongenae**, mit Sesamöl gekocht, gegen Zahnschmerzen im Gebrauche.)

a. Eine blühende Astspitze. — b. Eine fruchttragende Trugdolde. — **A.** Eine querdurchschnittene Beere. — **A.** Ein Staubgefäss mit dem Grundtheile zweier Blumenkronenzipfel. — **B.** Das Pistill. — **C.** Ein Samen, und D. derselbe senkrecht, so wie E. querdurchschnitten.

Familie: **Windengewächse**: Convolvulaceae Vent. — *Gruppe*: **Convolvuleae Rchb.**

Gattung: **Convolvulus L.**, Winde.

Der Charakter ist mit dem von Ipomaea gleich, nur dass der einfache Griffel zwei längliche Narben hat.

Convolvulus Scammonia L., Skammonium od. Purgir-Winde.

Wurzel möhrenförmig; Blätter gestielt, pfeilförmig, zugespitzt, wie die Zipfel am Grunde; Blüthenstiele meist 3blüthig, länger als das Blatt; Blumenkrone glockig-trichterig mit verkürzter Röhre; Kelchblätter dem Kelche genähert.

Wächst ausdauernd im Oriente und hat eine fleischige, oft 3—4′ lange, verhältnissmässig dicke und viel von einem gelblichen Milchsafte enthaltende Wurzel, aus welcher mehrere 4—6′ lange, kahle oder nur schwach behaarte Stengel entspringen. Die Blätter stehen auf zolllangen Stielen, sind 1½—3″ lang, 10—15‴ breit, langzugespitzt, ganzrandig oder etwas geschweift, kahl und ihre Grundlagen tragen an der innern Seite oft ein Zähnchen. Die Blüthenstiele sind meist doppelt so lang als die Blätter, und theilen sich erst oben in 3, selten in mehrere kurze, von 2 lanzettlich-linealischen kleinen Deckblättern umgebenen Stielchen. Die Kelchzipfel sind verkehrt-eiförmig, abgestutzt od. eingedrückt, mit einem kurzen Spitzchen versehen und werden am Grunde von 2 ähnlichen Deckblättern umgeben. Die Blumenkronen sind über 1″ lang, weiss oder röthlich, aussen purpurroth-5streifig. — Der eingetrocknete Milchsaft der Wurzel ist das schon seit alten Zeiten als ein kräftiges Purgirmittel angewendete officinelle Scammonium (ehemals Diagrydium genannt), ***Scammonium*** v. ***Gummi-Resina Scammonii***, von dem man mehrere Sorten hat. 1) ***Sc. haleppense***, wird durch Einschnitte in den von der Erde entblössten obern Theil der Wurzel u. Erhärtenlassen des durch dieselben austretenden Milchsaftes an der Sonne erhalten, und stellt leichte, grünlich-aschgraue, scharfkantige, verschieden grosse, leicht zerbrechliche, auf dem schwach wachsartig-glänzenden Bruche stellenweis Höhlungen zeigende, scharfe, bittere und widrig schmeckende und viel Harz nebst wenig Gummi u. Extractivstoff enthaltende Stücke dar. 2) ***Sc. smyrnaeum***, wird wahrscheinlich durch Abdampfen des Wurzelsaftes erhalten und besteht gewöhnlich in runden, breitgedrückten, fast schwarzen, mit den Händen nicht leicht zerbrechlichen, in der Hitze nur unvollständig schmelzenden und im kochenden Wasser weniger löslichen, nur 20—30 pCt. Harz enthaltenden Stücken, die weit schwerer und härter sind als vorige Sorte. Soll nach Andern von ***Secamone Alpini R.*** u. ***Sch.*** (***Sec. aegyptiaca R. Brown.***, ***Periploca Secamone L.***) kommen. 3) ***Sc. antiochicum*** ist eine schlechte Sorte, die mit andern purgirenden Pflanzensäften gemengt und oft blos ein Kunstprodukt sein mag. Es bildet eckige und auch flache, kuchenförmige, ziemlich harte und schwere Stücke. Verfälscht kommt das Scammonium vor nicht selten mit Stärke, Gyps, Kalk, Sand aber auch mit Guajakharz, und hat dann meist eine grauliche Farbe, ist bisweilen weisslich-geflockt und bildet meist regelmässige Kuchen von viel schwächerem Glanze auf dem Bruche, der bisweilen die Sandtheilchen kund giebt. Stärke lässt sich leicht durch Jod erkennen, Gips in der wässerigen Auflösung durch Baryt u. Oxalsäure, durch welche letztere auch der durch verdünnte Salzsäure unter Aufbrausen ausgezogene Kalk, mit Hinzufügung von Ammoniak, erkannt wird. Etwas Kalk enthält auch selbst das unverfälschte Scammonium, da man es im weichen Zustande zur Vermeidung des Zusammenbackens in Kalk wälzt. Wird das mit Scammoniumtinctur getränkte Papier von salpetriger Säure verändert und blau, so ist Guajakharz beigemischt. Aether löst aus ächtem Scammonium 95—80 pCt. Harz auf. Scammoniumharz lösst sich in Terpenthinöl auf, Jalapenharz nicht und Geigenharz läst sich durch den Geruch beim Erhitzen erkennen. Beim Einäschern darf ächtes Scammonium nur 3 pCt. Asche hinterlassen.

(Von **Convolvulus arvensis L.**, gemeine Ackerwinde, wurde sonst das Kraut, **Herba Convolvuli minoris**, bei Verwundungen gebraucht. [Abbild. s. Lincke etc.] — Von **Conv. sepium L.**, gemeine Zaunwinde oder Zaunglocke, sammelte man sonst die einen purgirenden Saft enthaltenden Blätter, **Herba Convolvuli majoris**. [Abbild. s. Lincke etc.] — Von **Conv. Mechoacanna Willdw.**, in Mexico und Brasilien einheimisch, war ehedem die gleichfalls kräftig purgirende Wurzel als **Radix Mechoacannae albae s. Jalapae albae** officinell. — Von **Conv. Soldanella L.**, Meerstrandswinde, wurde sonst das purgirende Kraut, **Herba Brassicae marinae v. Soldanellae**, vorzüglich bei Wassersucht und andern von Unthätigkeit des Darmkanals herrührenden Krankheiten angewendet. — **Convolvulus scoparius L.**, besenkrautartige Winde, ein auf den kanarischen Inseln wachsender Strauch liefert durch seine holzige Wurzel eine Art Rosenholz des Handels, **Lignum rhodium**, aus dem durch Destillation ein stark rosenähnlich riechendes äther. Oel, **Ol. Ligni Rhodii**, erhalten wird. — Von **Conv. floridus L.**, auf Teneriffa einheimisch, kommt gleichfalls ein gutes Rosenholz).

a. Die beiden Theile der durchschnittenen Wurzel. — b. Eine blühende Stengelspitze. — c. Der Kelch mit den Geschlechtsorganen. — d. Das Pistill. — A. Staubgefässe. — A. Die Spitze eines Staubfadens mit dem Staubbeutel.

Familie: **Nachtschatten:** SOLANACEAE JUSS. — *Gruppe:* **Luridae Lin.**

Gattung: **Nicotiana Tournef.**, Tabak.

Kelch röhrig, 5spaltig, bleibend. Blumenkrone trichter- oder präsentirtellerförmig, mit gefaltetem, kurz-5lappigem Saume. Kapsel 2- oder 4fächerig, 2- oder 4klappig, an der Spitze 4spaltig aufspringend, vielsamig.

Taf. X. **Nicotiana Tabacum L.**, gemeiner Tabak.

Blätter sitzend, länglich-lanzettlich, zugespitzt, die untern herablaufend; der Schlund der Blumenkrone aufgeblasen-bauchig; Zipfel der Blumenkrone zugespitzt.

Diese einjährige Pflanze stammt ursprünglich aus Westindien, wird aber jetzt fast überall häufig angebaut. Die ästige, weisse Wurzel treibt einen aufrechten, 3—6' hohen, nach oben ästigen, und wie fast sämmtliche andere Theile mit drüsigen, weichen Haaren bekleideten Stengel. Die Blätter werden 8—16'' lang und länger, und 2—8'' breit, die untern kleineren sind oval oder elliptisch, in den Blattstiel herablaufend, die folgenden grössten sind länglicher und zugespitzt, halbstengelumfassend und etwas am Stengel herablaufend; die obersten sind viel kürzer, schmal-lanzettlich, langzugespitzt, sitzend. Die grösste endständige Rispe trägt zahlreiche Blumen. Der bauchige Kelch hat lanzettliche zugespitzte Zähne. Die rosenrothe oder dunklere, über 2'' lange Blumenkrone hat eine lange, gegen den Schlund bauchig erweiterte weisse Röhre und 5 breit-eiförmige, langzugespitzte Zipfel. Die 5 Staubfäden sind unten zottig. Die Kapsel ist eiförmig-oval spitzig. — Die ganze Pflanze riecht ekelhaft betäubend und wirkt narkotisch scharf-giftig. Die getrockneten Blätter, *Herba Nicotianae*, welche vorzüglich reizend auf die Schleimhäute, die Harnwerkzeuge, den Darmkanal und das Lymphgefässsystem wirken, wird jetzt nur innerlich selten, u. zwar noch bei Wassersucht, besonders Bauchwassersucht, Urinbeschwerden, Krampf, Kolik, Trommelsucht, Brustverschleimungen, Wahnsinn u. Tetanus angewendet. Häufig benutzt man sie zu den Tabaksklystieren zur Wiederbelebung Scheintodter, oder um eine heftige Reizung im Darmkanale hervorzurufen, so wie bei hartnäckigen Verstopfungen u. bei eingeklemmten Brüchen u. s. w. Bestandtheile der frischen Blätter sind: ein eigenthümlicher giftiger, flüchtiger, bei gewöhnlicher Temperatur tropfbar-flüssiger Stoff basischer Natur (Nicotin); ein kampherähnliches ätherisches Oel (Tabakskampher, Nikotianin); schwach bitterer Extraktivstoff; Gummi; Grünharz; bitteres braunes Harz; Eiweissstoff; thierisch-vegetabilische, dem Kleber nahe stehende Materie; Stärkmehl; wachsähnliche Substanz; freie Aepfelsäure; äpfelsaures Ammoniak, Kali und Kalk; schwefelsaures u. salpetersaures Kali; phosphorsaurer u. schwefelsaurer Kalk; Kieselerde; Eisenoxyd; Pflanzenfaser; Wasser.

(Von **Nicotiana macrophylla Sprgl.**, **Nic. fruticosa**, **Nic. decurrens** u. **Nic. rustica L.**, Bauern- oder türkischer oder gelber Tabak, sind ebenfalls die Blätter gebräuchlich.)

a. Eine blühende Stengelspitze. — b. Eine der Länge nach aufgeschnittene u. ausgebreitete Blumenkrone. — c. Der aufgeschnittene u. zurückgelegte Kelch nebst dem Pistill. — A. Die Spitze eines Staubfadens mit dem Staubbeutel von vorn u. B. von hinten. — C. Pollenkörner trocken u. D. befeuchtet unter starker Vergrösserung. — d. Die vom bleibenden Kelche umgebene Kapsel. — e. Dieselbe vom Kelche befreit und aufgesprungen. — f. Eine querdurchschnittene Kapsel. — g. Samen. — E. Ein Samen vergrössert u. F. senkrecht, so wie G. quer durchschnitten. — h. Eine Blattbasis und i. die Spitze desselben Blattes.

Familie: **Drehblüthler:** CONTORTAE. — *Gruppe:* **Carisseae Sprgl.** *(Apocyneae Brown.)*

Gattung: **Strychnos L.**, Krähenaugenbaum.

Kelch 5zähnig. Blumenkrone röhrig-trichterig, mit 5spaltigem Saum. Staubgefässe 5, dem Schlunde eingefügt. Griffel fadenförmig, mit knopfartig verdickter Narbe. Beere mit krustiger trockener Fruchthülle, innen saftig-breiig, 1- bis mehrsamig.

Taf. X. **Strychnos Nux vomica L.**, gemeiner Brechnuss- oder Krähenaugenbaum.

Blätter oval oder rundlich-eirund, kahl, glänzend, 3—5nervig, ganzrandig; Trugdolden endständig; Früchte kugelig, kahl; Samen vertieft-scheibenförmig.

Ein Baum Ostindiens mit dickem, häufig krummem Stamme. Die kurzgestielten Blätter sind $1\frac{1}{2}$—4'' lang u. 1—3'' breit. Die kurzen Trugdolden tragen grünlichweisse schwachriechende Blüthen mit kurz- u. stumpf-5zähnigem Kelche u. gegen 6''' langen Blumenkronen mit eirund-länglichen, spitzigen Zipfeln. Die fast sitzenden Antheren ragen zur Hälfte hervor. Die kugeligen, 2—3'' durchmessenden Beeren haben eine glatte, harte, dunkelgelbe Rinde u. einen weisslichen gallertartigen Brei, nebst 5—8 kreisrund-vertieft-scheibenförmigen, mit grauen oder hellbräunlichen, dicht anliegenden, seidenartig glänzenden u. gegen die Mitte gerichteten Haaren bedeckten Samen, welche äusserst bitter u. für Thiere u. Menschen ein tödtliches Gift sind, wogegen das Mark der Früchte unschädlich sein u. von den Vögeln gefressen werden soll. Diese Samen, mit Namen Krähenaugen, Brechnüsse, *Nuces vomicae*, werden, als vorzüglich auf das Rückenmark u. dessen Nerven reizend wirkend, in vielen Lähmungszufällen, besonders der untern Gliedmassen, u. Krampfkrankheiten angewendet; ferner aber auch gegen Wechselfieber, Ruhr, Durchfälle, Bleikolik, Wurmbeschwerden, Asthma u. Keuchhusten. Man gibt das Pulver von 1—8 Gran, besser aber das Extract von 1—6 Gran. In der Homöopathie sind sie ein vorzügliches u. wichtiges Heilmittel, vorzüglich gegen Kopfschmerzen. Sie enthalten 2 Pflanzenalkaloide, das Brucin u. Strychnin, u. zwar in Verbindung mit einer eigenthümlichen Säure (Igasursäure), ferner gelben Farbestoff, Wachs, Gummi, Stärkemehl.

(Von **Strychnos colubrina L.**, Schlangenholzbaum, einem Strauche Ostindiens, wurde früherhin das Holz, **Lignum colubrinum**, od. Schlangenholz, jedoch nur selten angewendet. — Von **Strychnos Pseudo-China St. Hil.** findet in seinem Vaterlande Brasilien die Rinde als **Quina do Campo** ganz die Anwendung wie die Chinarinde. — Aus der Wurzel von **Strychnos Tieute Leschn.**, einem Schlingstrauche Java's, bereiten die Javaner durch Kochen u. Eindicken u. Versetzen mit mehreren Gewürzen das so schnell und fürchterlich wirkende Gift, **Upas tieute**, mit dem sie ihre Waffen vergiften.)

a. Ein blühender Zweig. — A. Eine aufgeschnittene und ausgebreitete Blumenkrone mit den Staubgefässen am Schlunde. — B. Der Kelch mit dem Pistill. — b. Eine querdurchschnittene Frucht. — c. Ein Samen. — d. Derselbe senkrecht durchschnitten, um den Embryo sichtbar zu machen.

Gruppe: **Gentianeae Juss.**

Gattung: **Erythraea Rich.**, Erithraea.

Kelch röhrig, 5spaltig. Blumenkrone trichterig, mit kleinem 5theiligem Saum. Staubgefässe 5; Staubbeutel nach der Pollenentleerung spiralig-gedreht. Griffel gerade, mit zwei rundlichen Narben. Kapsel halb zweifächerig; Samen an den Klappenrändern.

Taf. X. **Erythraea Centaurium Pers.**, Tausendguldenkraut, Erdgalle.

Stengel einfach, vierkantig, an der Spitze wiederholt gabeltheilig, vielästig; Blätter oval-länglich, meist 5nervig; Trugdolde endständig, gebüschelt, nach dem Verblühen etwas lockerer, stets flach; Blumenkronenzipfel fast oval.

Eine 2jährige, auf trocknen u. feuchten Wiesen u. in lichten Laubwäldern durch fast ganz Europa wachsende Pflanze. Die kleine, dünne, verästete Wurzel treibt mehrere steif aufrechte, einfache, $\frac{1}{2}$—1' hohe 4kantige Stengel, um welche die 1—$1\frac{1}{2}$'' langen, ovalen oder verkehrt eirund länglichen, stumpfen, am Grunde in einen kurzen Stiel verschmälerten, 3—5nervigen Wurzelblätter rosettig stehen; die stengelständigen Blätter sind entfernter, ungestielt, kürzer, schmäler, etwas spitzig u. die blüthenständigen schmal linealisch. Die Blüthen stehen in wiederholt gabeltheiligen, gleichhohen Trugdolden auf 4kantigen, fast geflügelten Aesten fast stiellos. Die Zipfel des tiefgespaltenen Kelchs sind pfriemförmig, randhäutig, an die 7—8''' lange Röhre der Blumenkrone angedrückt; der Saum der Blumenkrone ist hellcarminroth u. hat stumpfe Zipfel. Die dünne, längliche Kapsel ist gelbbräunlich u. 5—6''' lang. Man sammelt die geruchlose, aber sehr bittere ganze Pflanze zur Blüthezeit als *Herba s. Summitates Centaurii minoris*, und wendet sie bei Störungen der Verdauung, Magenschwäche, Verschleimung des Darmkanals, Würmern u. s. w. an. Sie ist ein vorzügliches Hausmittel der Landleute. Beim Trocknen verliert das Kraut $\frac{3}{4}$ seines Gewichts: Von 8 Pfund des getrockneten Krautes erhält man gewöhnlich $2\frac{1}{2}$ Pfund Extract.

a. Die Stengel, welche von der mit Wurzelblättern versehenen, nebenstehenden Figur getrennt sind und an den mit Sternchen bezeichneten Stellen zusammengehören. — A. Vollständige Blume von der Seite. — B. Die der Länge nach aufgeschnittene und ausgebreitete Blumenkrone mit den 5 Staubgefässen, deren Staubbeutel gedreht erscheinen, weil sie explodirt haben. — C. Ein Staubgefäss vor und D. nach der Pollenentleerung. — E. Das Pistill. — b. u. c. Vom Kelche und der Blumenkrone umhüllte Kapseln. — F. Eine nackte aufgesprungene Kapsel. — d. Samen. — G. Ein Samen und H. senkrecht, so wie I. quer durchschnitten.

Familie: **Rubiaceen**, Rubiaceae. — *Abtheilung:* **Coffeariae Rchb.** — *Unterabtheilung:* **Coffeinae Rchb.**

Gattung: **Cephaëlis Schwartz.**, Kopfbeere.

Kelch dem Fruchtknoten angewachsen, mit sehr kurzem, 4—5zähnigem Saume. Blumenkrone trichterförmig; mit 4—5theiligem Saume. Staubgefässe 4—5, unter dem Schlunde in der Blumenröhre befestigt und in derselben eingeschlossen. Ein Griffel mit 2theiliger Narbe. Beere von den Kelchresten gekrönt, 2kernig. — Blüthen kopfig-gehäuft, gehüllt.

Taf. X. **Cephaëlis Ipecacuanha A. Rich. (Willdw.)**, brechenerregende Kopfbeere, ächte Brechwurzel.

Stengel krautig, aufsteigend, oberwärts flaumhaarig, einfach oder wenig-ästig; Blätter länglich, verkehrt-eirund oder elliptisch, spitzig, ganzrandig, in einen kurzen Blattstiel verschmälert, oberseits schärflich, unterseits flaumhaarig; Nebenblätter borstig-gespalten; Blüthenköpfchen am Ende blattachselständig, einzeln langgestielt, zuletzt hängend; Hüllblätter 4—6.

Diese ausdauernde Pflanze wächst vorzüglich häufig in den schattigen, feuchten Urwäldern Brasiliens und hat einen in der Erde kriechenden Stengel, der hie und da senkrecht verästelt, theils dünne fadenförmige Wurzelzasern, theils an dünnen Fäden hängende, verdickte, dicht erhaben geringelte, längliche Knollen, und an seinen Enden und Astgipfeln am Grunde aufsteigende $\frac{1}{2}$—$\frac{3}{4}$' hohe oberirdische Gipfeltriebe treibt. Die Blüthen stehen zu 8—12 in Köpfchen beisammen, welche von einer 4-, seltner 5—6blättrigen Hülle, die aus rundlichen, schwach-herzförmigen, äussern und verkehrt-eirund elliptischen innern Blättchen, die die Länge der Blüthen haben, gebildet ist, umgeben werden. Die weissen Blumen sind im Schlunde mit weichen feinen Härchen besetzt. Die eiförmig-ellipsoidischen, 3''' langen Beeren sind anfangs grün, gegen die Reife bin purpurroth und zuletzt schwärzlich. — Die Wurzelknöllchen geben die wahre Ipecacuanha, *Radix Ipecacuanhae s. Hypecacuanhae vera* ab, welche unter mancherlei Gestalten vorkommt, die nur nach ihrem Alter und nach der Art, wie sie getrocknet werden, unter einander verschieden sind. Die gewöhnlichste in den Officinen ist die *Ipecacuanha fusca* oder *annulata brunea*, geringelte braune Ipecacuanha. Sie ist die ältere, etwas dickere Wurzel, deutlich knotig und geringelt und hat eine dickere, dunkel rothbraune, ja schwärzliche Oberhaut, eine härtere und harzreichere Rinde als die *Ipecacuanha annulata grisea*, die mehr hellgrau und etwas röthlich ist. Auf dem Querbruch ist in der Mitte ein zäher, holziger, gelber Kern zu erkennen, von dem sich die ihm umgebende weissliche oder grauliche, mehlige oder auch fast hornartige dicke Rindenschicht leicht lostrennen lässt. Der zwar nur schwache Geruch ist widrig, beim Pulvern stark und Ekel erregend, der Geschmack ekelhaft-bitter, etwas kratzend. Der wirksame Bestandtheil der Ipecacuanha ist das Emetin, das sie ausser vielem Stärkmehl enthält. In kleinen Gaben (von $\frac{1}{4}$—$\frac{1}{2}$ Gran) wirkt sie krampfstillend, schweisstreibend und die Hautthätigkeit erregend; man giebt sie häufig verbunden mit Opium (*Pulvis Doweri s. Pulvis Ipecacuanhae compositus*). In grösseren Gaben (von 4—20 u. 30 Gran) erregt sie Erbrechen, gewöhnlich ohne Schwächung des Darmkanals und ohne Erzeugung von Durchfall. Angewendet wird sie vorzüglich bei Brust- und Unterleibskrämpfen, Kolik, Asthma, Keuchhusten, bei chronischen Verschleimungen, bei Durchfällen und Ruhren und bei ähnlichen krampfartigen Leiden der Athmungs- u. Verdauungswerkzeuge, fast nur allein in Pulverform. Da sich hierbei die äussere Rinde der Wurzel zuerst abstösst und der innere holzige, fast wirkungslose Theil zuletzt bleibt, so ist das ganze Pulver gut zu mischen und dann in fest verstopften Gläsern aufzubewahren, auch nicht lange vorräthig zu halten.

a. Zwei aufsteigende Stengel nebst dem auf dem Boden hinkriechenden Wurzelstocke, von dem senkrecht in die Erde dringende Faserwurzeln ausgehen, die sich bisweilen eigenthümlich verdicken. — b. Ein äusseres und c. ein inneres Blättchen der Hülle. — d. Ein Spreublättchen. — e. Eine Blume und f. der Kelch mit dem Pistille vergrössert. — g. Eine Beere mit den Kelchresten.

Gattung: **Coffea Lin.**, Kaffeebaum.

Kelch dem Fruchtknoten angewachsen, mit einem kleinen 4—5zähnigen Saume. Blumenkrone röhrig-trichterförmig, mit ausgebreitetem, 4—5theiligem Saume. Staubgefässe 4—5, am obern Ende oder in der Mitte der Röhre der Blumenkrone angewachsen, über den Schlund hervortretend od. eingeschlossen. 1 Griffel mit (meist) 2theiliger Narbe. Beere genabelt, nackt oder vom Kelchsaume gekrönt, 2kernig und 2samig; die Kernschalen pergamentartig, vorn flach, mit einer Längsfurche in der Mitte.

Taf. XI. **Coffea arabica Lin.**, ächter oder arabischer Kaffeebaum.

Aeste kreuzständig; Blätter kurzgestielt, elliptisch-länglich, zugespitzt, oft etwas wellig, ganzrandig, kahl, unterseits in den Aderwinkeln mit kleinem grübchenförmigen Drüsen; Blüthen in den Blattachseln gehäuft, sehr kurz gestielt; Staubgefässe im Schlunde der Blume befestigt und über denselben hervorragend; Narbenzipfel auseinander gespreizt, pfriemlich; Beere fast kugelig-ellipsoidisch, ungekrönt.

Dieser 20—30' hohe, ursprünglich in Afrika in Hochabyssinien und im südlichen gebirgigen Theile Arabiens in Yemen einheimische Baum, wird auch jetzt in beiden Indien, Südamerika und allen Ländern der heissen Zone angebaut, wo man ihn blos zum bequemern Sammeln der Früchte zu einer geringen Höhe wachsen lässt. Die obersten von seinen ausgebreiteten Aesten sind schlaff und übergebogen. Die 4—6 Zoll langen oberseits glänzenden und dunkelgrünen, unterseits matten und blassen Blätter sind ausdauernd oder immergrün. Zwischen jedem Blätterpaare stehen nur 2, durch Verwachsung zweier gegenständigen Nebenblätter entstandene, breit-eirunde, spitzige u. abfällige Nebenblätter. Die zu 3—7 in einem Büschel stehenden Blüthen bilden Scheinwirtel und sind weiss und wohlriechend. Die 6—9''' langen, anfangs grünen, dann gelben, später rothen und zuletzt kirschrothen oder dunkelvioletten Beeren, enthalten 2, mit der flachen Seite an einander liegende Samen. — Die Kaffeesamen oder Kaffeebohnen dienen noch als ein wirksames Gegengift gegen Opium, andere narkotische Mittel u. Berauschung. Den rohen (ungebrannten) Kaffee empfiehlt man als wirksam gegen Wechsel-Fieber, Keuchhusten, Gicht u. s. w. Die Tinctur gilt in der Homöopathie als ein beruhigendes, Nerven- und Gehirnerregung milderndes und herabstimmendes Mittel.

a. Ein Theil eines Blüthen und unreife Beeren tragenden Zweigs. — A. Eine der Länge nach aufgeschnittene und ausgebreitete Blumenkrone. — B. Das Pistill mit dem angewachsenen Kelche. — b. Beere. — c. Dieselbe sammt den beiden Samen quer durchschnitten. — d. Der Fruchttheil der Beere zur Hälfte entfernt, damit man die Stellung der Samen sehen könne. — e. Ein noch von der pergamentartigen Kernschale umgebener Samen. — f. Ein von der Kernschale befreiter Samen. — g. u. h. Die beiden Theile eines querdurchschnittenen Samens. — i. Der Embryo ohne die Samenlappen. — C. Derselbe vergrössert.

Gattung: **Chiococca Pat. Brown.**, Schneebeere.

Kelch dem Fruchtknoten angewachsen, mit einem deutlichen spitzfünfzähnigen Saume. Blumenkrone trichterförmig, 5spaltig, mit mehr od. minder ausgebreitetem Saume.

Staubgefässe 5, tief unten in der Röhre der Blumenkrone angewachsen und in derselben eingeschlossen; die Staubfäden gebärtet. 1 Griffel mit keulenförmiger ganzer oder undeutlich 2lappiger Narbe. Beere vom bleibenden Kelche gekrönt, fast 2knöpfig, zusammengedrückt, zweikernig, mit papierartigen Kernschalen.

Taf. XI. **Chiococca anguifuga Mart**, schlangenwidrige oder rispige Schneebeere.

Stengel halbstrauchig, wenig ästig; Blätter gegenständig, kurzgestielt, eirund, lang zugespitzt, am Grunde breitkeilförmig oder abgerundet, ganzrandig kahl; Nebenblätter kurz-stachelspitzig; Trauben achselständig, zusammengesetzt (rispig), beblättert, mit einseitswendigen Blüthen; Staubfäden kurzhaarig.

Ein Halbstrauch der Urwälder Brasiliens, vorzüglich in der Provinz Minas Geraës. Die sparrig-ästige Wurzel mit vielbeugigen Aesten treibt mehrere 6—10' hohe ruthenförmige, aufrechte oder schlaffe, unten graue, nach oben hin grüne Stengel mit weit abstehenden Aesten. Die dicklichen Nebenblätter sind paarweis so verwachsen, dass allemal 2, die zu den gegenständigen Blättern gehören, nur ein zwischenblattständiges, sehr breites, kurzes, gestutztes, stachelspitziges Nebenblatt ausmachen. Die fast wagrecht abstehenden Rispen haben etwa die Länge der Blätter. Die ½ Zoll langen Blumenkronen sind am Schlunde haarig oder kahl und haben eirund-dreieckige spitzige Zipfel. Die rundlichen weissen Beeren halten etwa 2—3''' im Durchmesser. — Von diesem Gewächse, so wie von *Chiococca densifolia Mart.*, dichtblättrige Schneebeere, einem 10' hohen Strauch der südlichen und östlichen Provinzen Brasiliens, wird die Cainca- oder Kahinkawurzel, *Radix Caincae s. Cahincae*, abgeleitet, welche in grössern Gaben purgirend, ohne Schmerzen zu veranlassen, in kleinern schweiss- und harntreibend und beruhigend auf das Nervensystem wirkt und vorzüglich bei Wassersucht und unterdrückter Menstruation empfohlen wird. — Sie kommt in 3—5'' langen, vielfach gebogenen oder gekrümmten, federkiel- bis höchstens fingerdicken Stücken vor, welche aus einem grauweissen, ziemlich geruch- und geschmacklosen Holzkerne, der von einer fest ansitzenden, kaum 1''' dicken, glatten oder unregelmässig rissigen, mit entfernten, etwas erhabenen Halbringen versehenen, graubraunen oder röthlichen, innen weissgrauen, etwas unangenehm riechenden und widerlich bitter, kratzend und Speichel erregend schmeckenden Rinde bedeckt ist. Als wirksamen Bestandtheil enthält sie neben Harzen, eisengrünendem Gerbestoffe u. s. w. einen krystallinischen Stoff, Caincasäure oder Cainanin.

(**Chiococca racemosa L.**, in Nordamerika einheimisch, wurde früherhin für die Stammpflanze der Caincawurzel gehalten).

Ein Theil eines beerentragenden Zweigs, verkleinert.

Gattung: **Cinchona Linn.**, Chinabaum.

Kelch dem Fruchtknoten angewachsen, mit 5zahnigem oder 5spaltigem Saume. Blumenkrone präsentirteller- od. trichterförmig, mit 5theiligem Saume. Staubgefässe 5, (meist) ganz von der Röhre der Blumenkrone umgeben. Griffel 1; Narbe zweispaltig. Kapsel vom bleibenden Kelchsaume gekrönt, 2fächerig, wandspaltig-2klappig, vielsamig. Samen ringsum geflügelt, von unten nach oben ziegeldachig liegend.

Taf. XI. **Cinchona Condaminea Hmbldt. et Bonpl.**, Condamine's Chinabaum oder Fieberrindenbaum.

Blätter elliptisch-lanzettlich, an beiden Enden verschmälert-zugespitzt, kahl, glänzend, unterseits in den Aderwinkeln kleine grübchenförmige Drüsen tragend (die auf der Oberseite als Erhöhungen bemerkbar sind); Trugdoldchen in lockere, ausgebreitete Rispen vereinigt; Blumenkrone aussen seidenhaarig, die Zipfel des Saumes oberseits wollig behaart; Kapsel oval-länglich, doppelt länger als breit gerieft.

Ein 15—18' hoher u. 1' dicker, mit einer rissigen, aschgrauen Rinde bedeckter, auf dem Andengebirge im südlichen Kolumbien, besonders in der Gegend von Loxa und in den nahen Gegenden von Peru 5000 bis 6000' über dem Meere wachsender Baum. Die Aeste stehen abwechselnd einander gegenüber (oder kreuzständig) und dabei fast wagrecht ab; sie sind undeutlich-4kantig und nebst den jüngsten Zweigen kahl. Die Blätter werden 3 bis 4'' lang, 1½ bis 2'' breit. Die auf der Unterseite befindlichen, am Rande behaarten Drüsen scheiden eine wasserhelle, stark zusammenziehende Flüssigkeit aus. Die Nebenblätter sind eirund zugespitzt, weichhaarig. Die Kelchzähne sind kurz. Die ½'' lange Blumenkrone ist fast präsentirtellerförmig u. röthlich-weiss bis rosenroth. Die Staubgefässe sind unterhalb der Mitte der Blumenkronenröhre angewachsen. Der Griffel trägt eine kurze zweispaltige Narbe. Die bis gegen oder über 1'' lange Kapsel springt vom Grunde an bis zur Mitte hin auf. — Die Rinde dieses Baumes soll nach Göbel, Nees von Esenbeck u. Andern die äusserst selten im Handel vorkommende ächte Loxachina, *Cortex Chinae de Loxa verus* sein. Nach der preuss. Pharmakopöe soll dieser Baum die *Cortex Chinae fuscus*, und zwar die beste Sorte, die Huanako-China liefern. Diese seltene China enthält nach Göbel in 1 Pfunde 16 Gran Chinin und 20 Gran Cinchonin. Sie ist, wie alle Rinden der nachstehend erwähnten Cinchona-Arten, das wirksamste tonische oder aromatisch-bittere Arzneimittel. Alle Chinarinden werden häufig u. verschieden als allgemeine Stärkungsmittel bei reiner Schwäche, sowohl des ganzen Organismus, als auch eines einzelnen Systems, entweder des Muskel-, Gefäss- oder Nervensystems, ferner im Stadium der Genesung u. s. w. angewendet. Noch allgemeiner ist ihre Anwendung als specifisches Mittel gegen Wechselfieber.

a. Ein kleiner Theil einer blühenden Zweigspitze. — b. Ein Nebenblatt (Stipula). — c. Der Kelch. — d. Das Pistill, von dessen Fruchtknoten der Kelchrand entfernt wurde. — e. Blumenkrone. — f. Dieselbe der Länge nach aufgeschnitten und ausgebreitet, damit man die 5 Staubgefässe sehen kann. — g. Fruchtkapseln. — h. Eine dergleichen aufgesprungen und i. quer durchschnitten. — k. Samen wie sie am Samenträger aufwärts ziegeldachig über einander liegen. — A. Ein Samen vergrössert.

Taf. XI. **Cinchona purpurea Ruiz et Pav.**, purpurrother Chinabaum.

Blätter breit-oval, am Grunde etwas keilförmig, vorn zugespitzt, häutig, oberseits kahl, unterseits auf den violettrothen Adern schwach-weichhaarig; Trugdolden zu einer grossen kreuzästigen Rispe vereinigt; Blumenkrone aussen schwach-filzig mit oberseits rauhhaarigen Saumzipfeln; Kapsel oval-länglich, fast walzenförmig, gerieft, 4mal länger als breit.

Ein in den Wäldern auf den Anden von Peru um Chinchao, Pati, Muna, Iscutunam, Casape, Casapillo u. zwischen Chihuancala und Cuchero wildwachsender, 24' hoher, stark belaubter Baum. Die Blätter sind gross, 3 bis 12'' lang, 2 bis 8'' breit, fiedernervig, oberseits dunkelgrün, fast glänzend, unterseits durch die hervortretenden zahlreichen Nerven u. Adern purpurfarbig, weichhaarig, später kahl werdend. Die häutigen fälligen Nebenblätter sind länglich, vorn rundlich und kurz, aber fein zugespitzt, purpurfarbig, aussen fein behaart, innen klebrig. Die gipfelständige, beblätterte, sparrige Rispe hat zusammengedrückte, 4seitige, blassbraune, sehr fein behaarte Aeste u. zahlreich behaarte, sitzende, pfriemförmige, am Grunde breite Deckblätter. Die Kelche sind klein, grün, fein behaart und haben 5 kurze spitzige purpurrothe Zähne. Die Röhre der Blumenkrone ist aussen blassroth seidenhaarig und hat 5 eiförmige, oben behaarte, weisse Zipfel. Die Staubgefässe sind in der Mitte der Blumenkronenröhre angewachsen, haben sehr kurze pfriemliche Staubfäden u. linealische Antheren, die nicht hervorragen. Die länglichen rauhen Fruchtknoten tragen oben 5 halbkugelige Drüsen. Die gegen 1'' lange, längliche, schmale, 10mal gestreifte, rothbraune Kapsel ist mit einzelnen stumpfen Warzen besetzt. Samen gelbbraun, plattgedrückt, länglich, ringsum von einem unregelmässig gezähnelten Flügelrande umgeben, der an einem Ende stumpf oder abgerundet, am andern mit Zahnspitzen versehen ist. — Dieser Baum soll nach Poeppig die am wenigsten geschätzte Huamalies-Chinarinde, *Cortex Chinae Huamalies, China Guamalies sive Abomalies* liefern, welche grösstentheils aus rostbraunen, einige Zoll bis zu 1½' langen, 2''' bis 1½'' weiten und ½ bis 4''' dicken, einfach- oder doppeltgerollten Röhren oder seltner flachen Stücken besteht, die an ihrer Aussenfläche mit warzenförmigen rostbraunen Höckern und mit Flechten aus den Gattungen *Parmelia* u. *Usnea* ziemlich reichlich bedeckt sind. Die Innenfläche ist ziemlich glatt, od. auch feinfaserig, seltner grobfaserig u. splitterig; die Querbruchfläche erscheint gewöhnlich durchaus rostbraun, ist auf der Borkenschicht ziemlich fest und glatt und auf der Bastschicht 5splitterig. Sie enthält eine geringe Quantität Chinin und vom Cinchonin im Pfunde auch etwa nur 38 Gran.

Taf. XI. **Cinchona scrobiculata Humbldt. et Bonpl.**, feingrubiger Chinabaum.

Blätter länglich elliptisch, an beiden Enden spitzig, kahl, oberseits glänzend, unterseits in den Aderwinkeln grübchenförmige Drüsen tragend; Trugdolden dickbluthig, eine gedrungene Rispe bildend; Blumenkrone aussen flaumhaarig, die Zipfel des Saumes wollig-gewimpert; Kapsel eirund-länglich, dreimal so lang als breit.

Ein auf den Anden Columbiens und Peru's, vorzüglich in der Gegend von Jaën de Bracamoros, in einer Höhe von 2000 bis 3000′ über dem Meere wachsender und hier und da ganze Wälder bildender, 30 bis 40′ hoher Baum. Die Rinde des Stammes und der ältern Aeste ist rissig und braun. Aeste und Aestchen verhalten sich übrigens wie bei *C. Condaminea*, der dieser Baum überhaupt sehr ähnlich ist. Die Blätter sind 4 bis 10″ lang und 2 bis 6″ breit. Die eirunden stumpfen Nebenblätter sind am Grunde kielig. Der glocken- oder kreiselförmige Kelch hat 5 sehr kurze Zähne. Die rosenrothe Blumenkrone ist 6‴ lang und gegen 3mal länger als der Kelch; die Röhre ist stumpf-5seitig und die eirunden stumpfen Saumzipfel sind nur am Rande wollig. Die Staubgefässe sind in der Mitte der Blumenkronenröhre angewachsen; die Staubfäden haben die Länge der Staubbeutel, welche letztere fast bis zum Schlunde ragen. Der Griffel mit der kurzen 2spaltigen Narbe ragt kaum aus der Röhre hervor. — Wird allgemein für die Stammpflanze der Loxa- oder Kronchina, *Cortex China de Loxa* s. *China Corona*, häufig auch noch braune oder peruvianische Chinarinde, *Cortex Chinae fuscus* s. *Cortex peruvianus* genannt, gehalten. Diese China kommt in schwärzlichgrauen, einige Zoll bis 2′ langen und 1‴ bis über 1″ dicken, einfach oder doppelt gerollten Röhren vor, an deren Aussenfläche sich viele, meist aufgeworfene Ränder zeigende Querrisse und viele schwache oder deutliche Längsrunzeln oder bisweilen auch Längsrisse finden. Die stärkern Röhren sind oft mit vielen grossen Flechten aus der Gattung *Parmelia* und *Usnea* bedeckt, die ihnen ein buntes Aussehen geben. Auf der Innenfläche ist diese China glatt und zartfaserig, braun, bald mehr ins Gelb-, bald mehr ins Rothbraune ziehend. Der Querbruch der Borkenschicht ist glatt und wenig harzglänzend, der der Bastschicht feinfaserig oder splitterig. Sie enthält eine nicht sehr bedeutende Quantität Chinin und Cinchonin, am wenigsten in den dünnern Röhren.

a. Ein beblätterter Blüthenzweig der **C. purpurea R. et Pav.** — A. Eine vergrösserte Blume. — B. Eine der Länge nach aufgeschnittene Blumenkrone, welche ausgebreitet wurde, um die Staubgefässe mit ihrer Anheftung sichtbar zu machen, vergrössert. — C. Ein vergrössertes Staubgefäss. — D. Ein Kelch mit dem hervorstehenden Griffel, vergrössert. — E. Ein vergr. Kelch, von dem ein Theil des Saumes weggeschnitten ist, damit man die auf dem Gipfel des Fruchtknotens sitzenden 5 halbkugelförmigen Drüsen sehen könne, der Griffel ist gleichfalls entfernt. — F. Die untere Hälfte eines querdurchschnittenen Fruchtknotens vergrössert. — G. Eine vom Grunde nach oben klaffend von einander springende Fruchtkapsel, vergr. — b. Ein Blatt mit einem Theile des Zweiges von **C. scrobiculata Humbldt. et Bonpl.**

(Unter den Cinchona-Arten sind noch bemerkenswerth: **Cinchona lancifolia Mut.** (C. angustifolia Ruiz.), welche ziemlich allgemein als die Stammpflanze der Königschina, **Cortex Chinae regius, China regia, China Calisaya**, angesehen wird, von der man gewöhnlich 2 Sorten unterscheidet: a) Die Königschina in Röhren, **China regia s. Calisaya convoluta**, welche von jüngern Zweigen stammt, einfach od. doppelt eingerollt ist und einige Zoll bis gegen 2′ lange, auf der, von tiefen Querrissen mit aufgeworfenen Rändern durchsetzten Aussenfläche rauhe, höckerige, graubraune Röhren bildet, deren ziemlich glatte Innenfläche dunkelzimmtbraun ist; b) flache Königschina, **China regia s. Calisaya plana**, welche man von dickern Aesten und den Stämmen erhält u. die aus 4 bis 16″ langen, 1 bis 3″ breiten u. einigen Linien dicken, ziemlich flachen Stücken besteht, deren mit der Borke bedeckte Aussenfläche sehr rauh, runzelig u. mit tiefen Querriefen durchsetzt, schmutzig rothbraun u. mit Flechten u. Krustenflechten besetzt und, wo die Borke fehlt, schmutzig rost- oder rothbraun ist. Oft sind auch Stücke ganz ohne Borke. Die Königschina enthält das meiste Chinin (auf das Pfund 60 bis 95 Gran) und wenig oder kein Cinchonin. — **Cinchona glandulifera Ruiz. et Pav.**, wird allgemein als Stammpflanze der Huanuco- oder Guanuco-Chinarinde, **Cortex Chinae Huanuco s. Guanuco s. Yuanuco**, auch sonst graue oder graubraune China, **China grisea s. griseo-fusca** genannt, angenommen. Sie kommt stets in einfach oder doppelt eingerollten Röhren von 3 bis 15″ Länge und von der Dicke eines starken Federkiels bis zu der von 1″ vor. Die dünnern Röhren sind nur wenig rauh und fein querrissig und längs runzelig, die dickern dagegen höckerig-runzelig, von tiefen Querrissen und aufgeborstenen Längsrunzeln durchsetzt. Im Allgemeinen und bei einer vorliegenden Menge von Röhren ist die Farbe bräunlich oder hellgrau, und an Stellen, wo die Borke fehlt, grau- oder zimmtbraun. Die etwas rauhe, an dicken Röhren sogar grobfaserige Innenfläche ist zimmt- oder ochergelb, ins Rostbraune übergehend. Der Querbruch ist glatt und fest, dunkelrothbraun, etwas harzglänzend. Unter allen Chinarinden enthält sie das meiste Cinchonin (106 bis 210 Gran in 1 Pfd.) und wenig oder kein Chinin. — **Cinchona oblongifolia Mut., C. colorata Ruiz., C. magnifolia R. et P.**, oder **C. angustifolia Ruiz.**, sollen nach den meisten Autoren die Stammpflanzen der rothen Chinarinde, **Cortex Chinae ruber s. China rubra** sein. Diese kommt gewöhnlich nur in flachen oder wenig gebogenen bis rinnenförmigen, 4″ bis 2′ langen, 1 bis 4″ breiten und 5 bis 10‴ dicken Stücken vor. Die Aussenseite der flachen und grössten Stücke ist sehr rauh und ungleich; Querrisse sind selten und meist nur seicht; die dünne Oberhaut ist gelbbraun, bisweilen durch Flechtenanflüge gelblich und bläulich-weiss, an vielen Stellen fehlt sie, und dann erscheint die rothbraune oder braunrothe Farbe der weichen und schwammigen Borke. Die Innenfläche ist grob- und starrfaserig oder splitterig, rothbraun, bisweilen etwas ins Gelbbraune ziehend. Bei den dünnern, rinnigen oder röhrigen Stücken ist die Farbe im Allgemeinen mehr dunkelrothbraun, häufig durch Flechtenanflüge verändert, oft weisslich; die Aussenfläche ist glätter und mit zarten Querrissen versehen; die Innenfläche ist ziemlich glatt und feinfaserig, heller oder dunkler rothbraun. Der Querbruch der Borkenschicht ist an dünnern, wie an dickern Stücken fest, eben, dunkel rothbraun und harzglänzend; der der ziemlich dicken Bastschicht dagegen ist faserig u. bisweilen kurzsplitterig. Sie ist die theuerste Chinasorte und enthält Chinin u. Cinchonin so, dass das letztere entweder vorwaltet, oder dass beide in gleicher Quantität vorhanden sind. — **Cinchona cordifolia Mut., C. macrocarpa Vahl.** und **C. hirsuta R. et P.**, halten Manche für Stammpflanzen der Huamalies-Chinarinde, **Cortex Chinae Huamalies**. Von **C. cordifolia Mut.** soll aber nach den meisten Autoren, so wie nach Einigen auch von **C. lanceolata Ruiz.**, die harte gelbe China oder Carthagenachina, **China flava dura s. China de Carthagena flava** kommen, welche nach Göbel u. Kirst in 1 Pfunde 56 Gran Chinin und 42 Gran Cinchonin enthält. — Von **Cinchona ovata R. et Pav.** leitet man gewöhnlich die Jaen-China, **China Jaen**, helle od. blasse Jaen-China, **Cascarilla pallida**, durch Verstümmelung auch blosse Ten-China, **China Ten s. Tena**, geheissen, ab. Sie enthält nach Göbel in 1 Pfunde nur 12 Gran Chinin ohne Cinchonin. — Von **Cinchona magnifolia R. et Pav.** soll die Azahar-Rinde, **Cortex Azahar**, kommen, die zur Verfälschung der bessern Sorten dient. — Die **Cinchona-Arten**, welche die rostfarbige Chinarinde, **China rubiginosa**, (enthaltend wenig Chinin, dagegen aber sehr viel Cinchonin, nämlich nach Frank in 1 Pfunde 210 Gr.), die falsche Loxa-China, dunkle oder braune Jaen- oder Ten-China, **China Pseudoloxa, China Jan fusca s. Ten fusca**, so wie die Maracaibo-China, **China de Maracaibo**, liefern, sind noch unbekannt).

Familie: **Kreuzdorngewächse:** Rhamneae.

Gattung. **Rhamnus Tournef.**, Wegdorn.

Kelch 4- oder 5spaltig, frei. Blumenblätter 4 oder 5, sehr klein und ausgerandet oder fehlend. Staubgefässe 4 oder 5. Griffel 3- oder 4spaltig. Beere 2- oder 4fächrig, mit 2 oder 4 knorpeligen Nusschen.

Taf. XII. **Rhamnus catharticа Lin.**, Purgir-Wegdorn, Kreuzdorn, Farbebeerstrauch.

Strauch dornig; Blätter eirund oder oval, kerbig-gesägt, abfallend, fast kahl, die obern Zähne drüsig; Blüthen büschelig, polygamisch zweihausig.

Ein 6—18′ hoher Strauch oder Baum in Gebüschen und Wäldern Europas. Die zahlreichen ausgebreiteten Aeste stehen einander fast gegenüber und endigen in dornige Spitzen. Die Blätter entspringen aus den seitlichen Knospen büschelig, auf dem Endtriebe abwechselnd, sind 1—1½″ lang, 9—18‴ breit. Nebenblätter pfriemlich, klein. Die Blüthen entspringen aus den seitlichen Knospen zu 3—5, bisweilen auch zu 10—20, jede einzeln aus der Achsel einer Knospenschuppe. Kelchzipfel ausgebreitet, eirundlänglich, zugespitzt. Blumenblätter weit kleiner, länglich. Die männlichen Blüthen enthalten 4 Staubgefässe und das Rudiment eines Pistills ohne Fruchtknoten und Narbe; die weiblichen, etwas kleinern dagegen haben ein ausgebildetes Pistill mit 4 fadenförmigen Narben und 4 unvollkommene Staubgefässe. Die kugelrunden Beeren sind erbsengross, schwarz, innen gelbgrün, 4kernig, riechen frisch unangenehm, schmecken widrig-bitter u. wurden, sonst häufiger als jetzt, unter dem Namen Farbebeeren, *Baccae Rhamni catharticae s. Spinae cervinae*, als stark purgirend und brechenerregend bei Stockungen im Darmkanale, Gelbsucht, Wassersucht, Flechten u. s. w. angewendet. Man gab davon den frisch ausgepressten Saft oder die Abkochung von 2 Drachmen der getrockneten Beeren, auch den *Syrupus Rhamni s. de spina cervina*. Sie enthalten einen eigenthümlichen, färbenden Stoff, Rhamnin. Der eingedickte u. mit Alaun verbundene Saft der noch nicht ganz reifen Beeren dient zur Bereitung des Saftgrüns od. Blasengrüns. Auch wird aus diesem Safte das Schüttgelb bereitet. Als vorzügliche Farbesorte gelten die persischen u. Morea-Kreuzbeeren.

(Von **Rhamnus infectoria L.** benutzte man die unreifen Früchte, als Gelbbeeren od. Körner von Avignon, **Grana Lycia, Grana gallica, Graines d'Avignon**, zum Gelbfärben. — Von **Rhamnus Frangula L.**, glatter Wegdorn, Faulbaum, Pulverholz, ist die innere grüne, widrig riechende u. ekelhaft bitter schmeckende, auch purgirend wirkende Rinde, **Cortex Frangulae s. Alni nigrae**, als Ersatzmittel der Rhabarber in Abkochung bei Armen gebräuchlich. Auch waren sonst die Beeren, **Baccae Frangulae**, officinell.)

a. Eine Zweigspitze mit männlichen Blumen. — A. Männliche und B. weibliche Blüthe, vergrössert. — b. Eine Steinbeere und c. dieselbe durch einen Querschnitt eines Theils des Beerenfleisches benommen, damit man die Nüsschen sehen könne. — d. Samen. — C. Derselbe vergrössert, und D. senkrecht, so wie E. querdurchschnitten. — F. Die obern drüsigen Zähne eines Blattes.

Familie: **Doldengewächse:** Umbelliferae. — *Gruppe:* **Cisseae Rchb.** — *Unterabtheilung:* **Viteae Juss.**

Gattung: **Vitis (Tournef.) L.**, Weinstock, Weinrebe.

Kelch fast 5zähnig. Blumenblätter 5, an der Spitze zusammenhängend, am Grunde sich trennend und so mützchenartig abfallend. Fruchtknoten von einer in Schuppen ausgehenden Scheibe umgeben, Griffel fast fehlend, Narbe fast kopfig. Beere 2- bis 5samig.

Taf. XII. **Vitis vinifera L.**, edler Weinstock.

Blätter herzförmig, gelappt, buchtig-gezähnt, kahl, weichhaarig oder filzig.

Stammt aus dem Oriente und wird jetzt in sehr vielen Abänderungen in den gemässigt warmen Klimaten aller Erdtheile angebaut. Die langgestielten Blätter ändern in Grösse, Gestalt, Farbe und wolligem Ueberzuge sehr ab. Die Wickelranken sind lang zweispaltig. Die straussförmigen Rispen entspringen den Blättern gegenüber, stehen anfangs aufrecht und hängen beim Tragen der reifen Früchte. Die eirundlänglichen, fast häutigen Deckblätter stehen einzeln und fallen bald ab. Die grünlichen Blüthen sind wohlriechend. Die Weinbeeren haben verschiedene Form, Grösse, Geschmack und Farbe und sind bei einer Varietät, *Vit. vinif. apyrena*, samenlos. Der aus ihnen gekelterte und gegohrne Saft, der Wein, *Vinum*, unterscheidet sich in weissen und rothen Wein. Letzterer wird aus den blauen und schwarzen Trauben bereitet. Die Bestandtheile des Weines sind Alkohol, Wasser, Schleim, Extractivstoff, vegetabilisch-animalische Materie, Essigsäure und saures, weinsteinund schwefelsaures Kali, weinsteinsaurer Kalk und salzsaures Natron. Aus ihm bereitet man den Weingeist oder Alkohol, *Spiritus vini* s. *Alkohol*, und den Weinessig, *Acetum vini*. An den Wänden der Fässer setzt der Wein eine krystallinische Rinde, den rohen Weinstein, *Tartarus crudus albus et ruber*, ab, der gereinigt den Namen *Tartarus depuratus* s. *Crystalli Tartari* s. *Cremor Tartari*, erhält. Die getrockneten Beeren grossfrüchtiger Trauben sind die grossen Rosinen oder Cibeben, *Passulae majores* s. *Zibebae*; die getrockneten Früchte der samenlosen und kleinbeerigen Abänderung (*Vitis vinifera var. apyrena*) sind die kleinen Rosinen od. Corinthen, *Passulae minores* s. *Uvae corinthiacae*. Die säuerlich herb schmeckenden Weinranken, *Pampini vitis*, dienen als blutreinigendes, harn- u. schweisstreibendes Mittel u. vorzüglich in Extractform bei Knocheneiterungen. Früherhin wurden auch die Blätter, *Folia vitis*, ingleichen der beim Beschneiden der Weinreben im Frühjahre reichlich ausfliessende Saft, Weinthränen, *Lacrymae Vitis*, besonders zu Augenwässern, und endlich auch der Saft der unreifen Beeren, *Omphacium*, angewendet. Die Samen, welche durch Auspressen ein gutes, fettes Oel geben, braucht man in mehreren Gegenden bei Durchfällen.

a. Eine blühende, straussförmige Rispe. — b. Ein Zweig mit einer Traube und Blättern von der Var. apyrena, mit kernlosen kleinen Früchten. — A. Die noch ungeöffnete Blume (Knospe) vom wilden Weinstock. — B. Dieselbe vom kultivirten Weinstock. — C. Die entfaltete Blume vom wilden und E. vom kultivirten Rebstock, die an der Spitze zusammenhängenden Blumenblätter noch tragend. — F. Die Staubgefässe und das Pistill eines wildgewachsenen und D. eines kultivirten Exemplars. — c. Eine quer- und d. eine senkrecht durchschnittene Beere. — e. Samen und f. derselbe quer-, so wie g. senkrecht durchschnitten.

Familie: **Rautengewächse:** Rutaceae (*Simaruleae Rich.*). — *Gruppe:* **Rutariae Rchb.**

Gattung: **Galipea Aubl.**, Galipee oder Angusturabaum.

Kelch kurz, 5zähnig. Blumenkrone 5blättrig, mit am Grunde zusammenhängenden Blättern. Staubgefässe 5, doch auch 4 oder 7, häufig nur 2 davon fruchtbar, den Blumenblättern angewachsen. Stempelhülle (Discus) napfoder becherförmig. Kapselle (Hülsenkapseln) 5 oder durch Fehlschlagen weniger, einsamig, seltener 2samig.

Taf. XII. **Galipea officinalis Hancock.**, ächter Angusturabaum.

Blätter 3zählig: Blättchen kaum länger als der Blattstiel; Blüthentrauben gestielt, blattachsel- oder endständig; Blumenkrone unregelmässig, mit 2 längern Blättern; Staubgefässe 7, davon nur 2 fruchtbar; Hülsenkapseln 2samig.

Dieser 12—15, seltner bis 20' hohe, häufig auf den Bergen (600—1000' über der Meeresfläche) im spanischen Gujana, vorzüglich in den Missionen von Corony u. Orinoko wachsende und von den Ureinwohnern Orayuri, genannte Baum hat einen 3—5'' dicken Stamm, aus dem mit einer glatten, grauen Rinde bekleidete Aeste entspringen, die sich verzweigen. Blätter wechselständig, 3zählig; der gemeinschaftliche oberseits schwach gerinnte Blattstiel hat fast die Länge der 6—10'' langen und 2—4'' breiten Blättchen, von denen das mittlere etwas länger als die seitlichen. Sämmtliche Blättchen sind länglich, nach beiden Enden verschmälert, kurzgestielt, kahl und glänzendgrün, die end- und blattachselständigen, rispenartigen Trauben sind langgestielt, reichblüthig und mit lanzettlichen Deckblättern versehen. Kelch kurzglockig, 5zähnig, behaart. Blumenblätter 1 Zoll lang, am Grunde zu einer kurzen Röhre verwachsen, der übrige Theil nach aussen gebogen, behaart, 2 davon etwas breiter und länger als die übrigen. Vollkommne Staubgefässe 2, mit kurzen Staubfäden und noch einmal so langen 4furchigen, 2fächerigen Antheren; die 5 unfruchtbaren Staubgefässe sind länger als jene, aber dennoch viel kürzer als die Blumenblätter; sie tragen an ihrer Spitze kleine kugelige, durchsichtige Drüsen. Der 5knöpfige Fruchtknoten ist einem lederartigen Stempelboden eingesenkt, der nach und nach um denselben in die Höhe wächst und ihn endlich als eine gewölbartige Decke umgiebt, bis er beim Abfallen der Blumenkrone gänzlich verborgen ist; der einfache, fadenförmige, in der Mitte haarige Griffel trägt eine kopfförmige Narbe. Fangen die Fruchtknoten später an sich zu erheben, so erweitert sich der Stempelboden, verdickt sich und bleibt als Träger der ihm eingefügten Früchte stehen. Die Frucht besteht aus fünf 2klappigen, höckerigen, rauhhaarigen Hülsenkapseln, von denen oft 2 oder 3 fehlschlagen; jede Kapsel enthält eigentlich 2 kugelige, erbsengrosse, schwarze Samen, häufig aber durch Fehlschlagen auch nur einen. Die Hülsenkapseln werden elastisch aufgesprengt und die Samen weit fortgeschnellt, indem die hornartige 2 klappige Fachhaut von der übrigen gleichfalls 2klappigen Fruchthülle sich lostrennt und auseinander springt. — Man sammelt die Rinde (wahrscheinlich vom Stamme und den dickern Aesten) dieses Baumes als die ächte Angusturarinde, *Cortex Angusturae* s. *Angosturae verus* (von den Spaniern ihrer Heimath *Cascarilla de Carony* oder *Quina de Carony* genannt). Sie besteht aus flachen, nur selten schwach gekrümmten, gewöhnlich 2—6'' langen, 1—2'' breiten, häufig aber auch weit grössern, bis 15'' langen Stücken, ist aussen graulichgelb und glatt oder nur mit feinen Querrissen versehen und häufig mit bräunlichen und grünlichen Flechten überzogen, innen glatt, fahlgelb oder röthlich, bisweilen noch mit gelblichem Splinte bedeckt, zerbricht leicht und ist dann auf der glatten Bruchfläche braunröthlich, harzig und schwach glänzend, riecht unangenehm gewürzhaft und schmeckt sehr bitter und zugleich gewürzhaft etwas beissend. Vorwaltende Bestandtheile sind bitterer Extractivstoff und ätherisches Oel. Sie findet als tonisch und reizenderregend auf das Gefäss- und Nervensystem wirkend Anwendung bei Schwäche der Verdauungsorgane, bei Durchfällen, Ruhren, stonischen Schleimflüssen, passiven Blutflüssen, Wechselfiebern, bösartigen Geschwüren u. s. w. sowohl innerlich, als äusserlich in Substanz (als Pulver), Aufgüssen u. Abkochungen. Sie wird oft verwechselt mit einer ähnlichen, aber giftigen, Brucin enthaltenden Rinde, der falschen Angusturarinde, ***Cortex Angusturae spurius***, für deren Mutterpflanze man früher ***Brucea antidysenterica Mill.*** hielt, die aber nach den Neuern ***Strychnos Nux vomica L.*** sein soll. Die Stücke derselben sind kleiner, mehr zerbrochen, nicht selten rückwärts gekrümmt, aussen mit weissen oder gelblichen runden Warzen besetzt u. dunkel rostgelb, innen glatt und schwarzgrau, auf dem Bruche bräunlich, aber nicht harzig, schmecken sehr unangenehm, lang anhaltend bitter und gar nicht gewürzhaft. Der kalte wässerige Aufguss der ächten Rinde von hellbräunlich-orangegelber Farbe wird durch kohlensaures Kali dunkelroth, durch Schwefelsäure stark getrübt u. giebt mit salzsaurem Eisen einen gelblich-braunen, mit schwefels. Eisen einen weisslichgrauen Niederschlag, während der kalte wässerige Aufguss der falschen Rinde durch kohlensaures Kali grünlich, zugleich einen schmutzig gelben Niederschlag gebend, durch Schwefelsäure nicht verändert, durch salzsaures Eisen gelblichgrün u. durch schwefelsaures Eisen grün gefärbt wird. (**Galipea Cusparia St. Hil.** [Bonplandia trifoliata Willdw., Cusparia febrifuga Hmb. et Bonpl.], Cuspabaum, ein südamerikanischer, gegen 18' hoher Baum, wurde früher allgemein für die Mutterpflanze der ächten Angusturarinde gehalten.).

a. Der Untertheil und b. der Obertheil einer bei * zusammengehörigen Blüthentraube. — c. Der Obertheil eines Blattstiels mit den 3 Blättchen. — d. Der Kelch mit dem hervorragenden Griffel. — e. Eine aufgeschnittene und ausgebreitete Blumenkrone mit 5 Staubgefässen von **Galipea febrifuga St. Hil.** (Bonplandia trifoliata Willdw.). — f. Eine aufgeschnittene und ausgebreitete Blumenkrone mit 2 fruchtbaren und 5 unfruchtbaren Staubgefässen. — A. Das Pistill, dessen Fruchtknoten von der becherförmigen Stempelhülle bedeckt ist, stark vergrössert. — B. Der Untertheil der vorigen Figur, jedoch mit zum Theil entfernter Stempelhülle. — C. Der Untertheil eines Pistills in späterer Zeit nach dem Abfallen der Blumenkrone u. entfernter Stempelhülle, den fünftheiligen, mit feinen Haaren besetzten Fruchtknoten zeigend. — D. Ein Staubgefäss und E. dasselbe am Staubbeutel quer durchschnitten und am Grunde desselben den häutigen Anhang darstellend. — g. Die an ihrem Grunde zusammenhängenden Kapseln.

Familie: **Veilchengewächse**: Violaceae.

Gattung: **Viola Tournef.**, Veilchen.

Kelch 5blättrig, bleibend: Kelchblätter am Grunde mit einem vorgezogenen Anhängsel. Blumenkrone 5blättrig unregelmässig: das grössere unpaarige Blatt zu einem hohlen Sporn hervorgezogen. Staubbeutel 5, stark zusammengeneigt, fast sitzend; die Staubfäden der beiden obern Staubgefässe mit horn- und spornförmigen Fortsätzen am Rücken. Kapseln einfächrig, dreiklappig, mit in der Mitte die Samen tragenden Klappen.

Taf. XII. **Viola odorata Lin.**, wohlriechendes Veilchen.

Stengellos, Ausläufer treibend; Blätter breit-herzförmig, fast kahl oder weichhaarig, die zuerst erscheinenden nierenherzförmig; Nebenblätter zur Hälfte dem Blattstiele angewachsen, wimperartig-gezähnelt, Kelchblätter stumpf; Narbe hakenförmig.

Findet sich an Waldrändern, Hecken und Zäunen, unter Gesträuchen und auf freien Grasplätzen in grasigen Obstgärten in Europa und Sibirien. Die ausdauernde Wurzel dringt senkrecht in den Boden und besteht aus vielen Wurzelfasern. Der Stengel ist sehr kurz und treibt mehrere kriechende, ausläufer- od. sprossenartige, runde, hin und wieder mit einzelnen lanzettförmigen spitzigen Schuppen besetzte und stellenweis Blätter u. Blüthen hervortreibende Aeste. Die sämmtlichen grundständigen Blätter sind langgestielt, rundlich-herzförmig, stumpf, gekerbt, fast kahl, nur in der Jugend sammt den Blattstielen weichhaarig, später kahl werdend. Nebenblätter lanzettlich, zugespitzt, wimperartig-borstig-gesägt. Blüthenstiele einblüthig, achselständig, fadenförmig, so lang wie die Blätter, kahl, über der Hälfte ihrer Länge mit 2 fast gegenständigen, lanzettförmigen, spitzigen, ganzrandigen Deckblättchen versehen; Blüthe überhängend und dadurch umgekehrt. Die Kelchblätter sind länglich, stumpf, oberhalb der Basis angewachsen, stehen bleibend. Die 5 Blumenblätter sind ungleich, ganz, violett, selten weiss; das oberste (scheinbar das unterste) ist gerade, am Grunde in einen stumpfen, zwischen den Kelchblättern hervorragenden Sporn verlängert; die beiden seitlichen gerade, am Grunde etwas bärtig; die beiden unteren (aber nach oben gerichteten) grösser und zurückgeschlagen. Staubgefässe 5: Antheren auf sehr kurzen Staubfäden, länglich, abgeplattet, 2fächerig, an der Spitze mit einer zarten, fast eirunden, spitzigen, orangegelben Haut versehen, schmutzig weisslich, unter einander zusammenhängend; die beiden dem gespornten Blumenblatte entsprechenden, am Rücken mit einem breiten hornförmigen, im Sporne des Blumenblattes verborgen liegenden Fortsatz versehen. Fruchtknoten frei, fast kegelförmig, mit einem am Grunde etwas gebogenen, nach oben verdickten Griffel und spitziger, hakenförmig gekrümmter Narbe. Kapsel fast kugelrund, undeutlich stumpf-3seitig, 1fächerig, 3klappig, mit kurzen Härchen besetzt. Samen länglich eiförmig, mit einer schwammigen Nabelwulst versehen, in der Mitte der Klappen an linealischen Samenträgern befestigt, glatt, gelblichweiss. Die Früchte entwickeln sich nicht aus dem im März bis Mai erscheinenden, schönen, wohlriechenden Blüthen, sondern es kommen später andere, sehr unansehnliche, mit verstümmelten und im Kelche verborgenen Blumenblättern zum Vorschein, die fruchtbar sind. Die Kapseln finden sich zur Zeit der Reife beinahe ganz in der Erde verborgen. — Gebräuchlich sind jetzt nur die zur Bereitung des als Reagens wichtigen Veilchensyrups dienenden Blumen, ***Flores Violae*** s. ***Violae martiae*** s. ***Violariae***; früherhin waren auch die Wurzel und die Samen, welche einen scharfen, brechenerregenden, an Aepfelsäure gebundenen Stoff (Violin) enthalten, officiell. Letztere empfiehlt man als urintreibend bei Steinbeschwerden.

a. Eine blühende Pflanze. — A. Eine Blüthe ohne Kelch und Blumenblätter, damit man die Staubgefässe sehe. — B. Eins von den beiden obern am Grunde gespornten Staubgefässen. — C. Das Pistill, stärker vergrössert. — b. Eine Kapsel. — c. Dieselbe aufgesprungen. — d. Samen. — D. Derselbe vergrössert, und E. quer-, sowie F. senkrecht durchschnitten.

Taf. XIII. **Viola tricolor L.**, dreifarbiges Veilchen, Stiefmütterchen, Freisamkraut.

Stengel ausgebreitet-ästig; Blätter gekerbt, die untersten eirund-herzförmig, die obern länglich; Nebenblätter leierförmig-fiederspaltig; Sporn doppelt länger als die Kelchanhänge; Narbe krugförmig.

Wächst einjährig auf Aeckern, zwischen den Saaten, auf trockenen Grasstellen in den Ebenen bis in die Alpen Europas, auch in Nordasia und Nordamerika, und findet sich in sehr vielen Formen, hinsichtlich ihrer Habitus und des Verhältnisses ihrer einzelnen Theile. In Hinsicht der Blüthen wird gewöhnlich unterschieden eine Varietät *α. parviflora*, Ackerveilchen (Viola arvensis Roth.), mit meist einfarbigen, gelben Blumenblättern, die kaum so lang oder höchstens eben so lang als der Kelch sind, und eine Varietät *β. grandiflora* (Viola tricolor Roth et Aut.), mit meist verschieden, gelb, blau und violett gefärbten Blumenblättern, die länger als der Kelch sind. Die einjährige Wurzel ist dünn, spindelförmig, ästig, weisslich und treibt einen oder mehrere aufrechte, oder aufsteigende, oder fast gestreckte einfache oder ästige, in einer Länge von 3—15" abändernde, ungleich 3- oder 4eckige, fast kahle oder weichhaarige Stengel. Die Blätter sind gestielt, wechselständig, mehr oder weniger weichhaarig; die untern eiförmig, sehr stumpf, am Grunde herzförmig, lang gestielt, die obern eirund-länglich oder länglich, in den kürzern Blattstiel etwas verschmälert und am Ende weniger stumpf, die obersten lanzettlich. Nebenblätter gepaart, leierförmig-fiederspaltig, mit linealischen ganzrandigen Seitenlappen u. einem weit grössern länglichen oder lanzettlichen gekerbt-sägezähnigen Endlappen. Blüthen einzeln auf langen blattachselständigen Stielen überhängend und dadurch umgekehrt. Blüthenstiel 4seitig, länger als die Blätter, kahl, nach oben mit 2 sehr kleinen Deckblättchen versehen. Kelchblätter 5, lanzettlich, spitzig, weichhaarig, wimperig, mit seicht ausgeschweiften Anhängseln. Blumenblätter 5, ungleich, ganz, bald weit kleiner, bald viel grösser als der Kelch, ersternfalls oft ganz unscheinbar u. blassgelb, letzternfalls oft über 1" breit, von sehr verschiedener Färbung. Staubgefässe 5; Staubfäden breit und sehr kurz; Antheren herzförmig, plattgedrückt, gelblichweiss, mit ihren gewimperten Rändern zusammenhängend, an der Spitze mit einem häutigen, eiförmigen, orangefarbenen Anhange versehen, die beiden vor dem gespornten Blumenblatte stehenden haben am Rücken einen grünlichen, hornförmigen Fortsatz und ragen damit in die Höhlung des Sporns. Fruchtknoten eiförmig-stumpf-3seitig; Griffel am Grunde gebogen, nach oben allmälig sich verdickend, in eine kugelförmige, nach vorn urnenartig ausgehöhlte, mit kurzen Haaren besetzte und zu beiden Seiten des Grundes in einen kurzen, bärtigen Lappen auslaufende, grünliche Narbe ausgehend. Kapsel länglich, stumpf-3seitig, mit dem bleibenden Griffel gekrönt, vom Kelche umgeben, 1fächerig, 3klappig, etwa 30 länglichrunde, mit einer gewölbten Nabelwulst versehene Samen enthaltend. — Von der grossblühenden Art wird die ganze blühende Pflanze, **Herba Jaceae, s. Trinitatis, s. Violae tricoloris,** Freisamkraut, Stiefmütterchenkraut, gesammelt. Es ist geruchlos, schmeckt frisch schleimig und etwas scharf, wirkt urintreibend, aber in grösseren Gaben auch purgirend und brechenerregend und wird als Thee oder Ptisane, am besten mit Milch gekocht, zur Beförderung der Nieren- und Hautsecretionen und bei chronischen Hautausschlägen der Kinder, vorzüglich beim Milchschorf, Freisam angewendet.

a. Der Untertheil einer Pflanze der Var. **α. vulgaris.** — b. Eine Astspitze der Var. **β. arvensis.** — A. Eine Blume, von welcher Kelch und Blumenkrone entfernt wurden, um die Staubgefässe nebst der Narbe zu zeigen. — B. Ein Pistill, stärker vergrössert. — E. Eins der beiden obern, am Grunde gespornten Staubgefässe. — c. Eine annoch geschlossene und d. eine aufgesprungene Kapsel. — D. Ein Samen. — E. Derselbe quer- und F. senkrecht durchschnitten.

Familie: **Ribesiaceen:** Ribesiaceae.

Gattung: **Ribes L.,** Johannis- und Stachelbeerstrauch.

Kelch krugförmig, 5lappig, Blumenblätter 5, im Kelchschlunde vor den Einschnitten, klein, aufrecht. Staubgefässe 5. Fruchtknoten unterständig, Griffel mit 2 oder 4 Narben. Beere einfächrig, vielsamig.

Taf. XIII. **Ribes rubrum L.,** rothe (und weisse) Johannisbeere.

Unbewehrt; Blätter stumpf-5lappig; drüsenlos, unterseits weichhaarig, später fast kahl; Trauben fast kahl, zur Fruchtzeit hängend; Kelch schüsselförmig, kahl, fast flach; Blumenblätter spatelförmig; Deckblättchen eirund, kürzer als die Blüthenstielchen.

Ein im nördlichern Europa hie und da verwilderter, in vielen Gegenden kultivirter Strauch der Wälder Südeuropa's, von 4—6' Höhe. Die genabelten und vom Kelche gekrönten runden, rothen oder gelblich-weissen Beeren, **Baccae Ribium s. Ribesiorum rubrorum,** welche vorzüglich Schleimzucker, Apfel- und Citronensäure enthalten, werden als ein kühlendes, säuerliches Mittel, besonders in Syrupsform, **Syrupus Ribesii, s. Ribium, s. Ribesiorum s. Ribis rubri s. de Ribesii)** bei hitzigen Fiebern u. Entzündungskrankheiten angewendet.

(Von **Ribes nigrum L.,** schwarze Johannisbeere, Gichtbeere, gebraucht man besonders als Hausmittel die Blätter, jungen Triebe und Beeren, **Folia, Stipites et Baccae Ribium v. Ribesiorum nigrorum,** welche vorzüglich stark harn- und schweisstreibend, so wie auf den Unterleib und die Brustorgane wirken, bei Husten, Katarrh, leichte Lungenleiden u. s. w., sowie bei Gicht, Rheumatismus, Wassersucht und Gelbsucht. — Von **Ribes Grossularia L.** und **Ribes Uva crispa L.,** Stachelbeer- oder Krausbeerstrauch, waren früherhin die säuerlichen Beeren, **Baccae Grossulariae s. Uvae crispae,** officinell).

a. Eine blühende Astspitze. — b. Eine Fruchttraube. — A. Blume. — B. Staubgefässe. — C. Pistill. — c. Eine senkrecht durchschnittene Beere. — d. Ein vom Mantel umgebener und e. davon befreiter Samen. — D. Derselbe vergrössert und E. quer-, sowie F. senkrecht durchschnitten.

(In diese Ordnung gehören ferner noch: **Mirabilis Jalappa L.,** gemeine Wunderblume, hat eine der Jalappe ähnliche Wurzel und soll früher damit verwechselt worden sein. — **Mirabilis longiflora L.,** lieferte früher die **Radix Mechoacannae griseae** od. **Radix Matalistia.** — Von **Plumbago europaea L.,** europäische Bleiwurz, Zahnwurz, Antonskraut, wurden sonst das Kraut und vorzüglich die Wurzel, **Herba et Radix Dentariae s. Dentellariae,** gegen Zahnschmerzen u. Hautausschläge angewendet. — **Echium vulgare L.,** gemeiner Natterkopf, gab früherhin die Wurzel, das Kraut u. die Früchte, **Radix, Herba et Semen Echii, v. Viperini, v. Buglossi agrestis,** als schleimig-kühlende u. erweichende Mittel. — Von **Heliotropium europaeum L.,** gemeine Sonnenwende, Skorpionskraut, war sonst das Kraut, **Herba Heliotropii s. Verrucariae s. Cancri,** gegen Warzen, krebsartige und andere bösartige Geschwüre in Anwendung. — Von **Lithospermum officinale L.,** gebräuchlicher Steinsame, Meer-, Stein- od. Sonnenhirse, Perlsame, Perlkraut, brauchte man sonst die Nüsschen als **Semen Milii solis v. Lithospermi,** gegen Steinkrankheiten, Leucorrhoen, Harnstrenge und als ein die Wehen beförderndes Mittel. — Von **Lithospermum arvense L.,** gemeine einjährige Bauernschminke, waren sonst die Früchte als **Semen Lithospermi nigri** officinell. — **Lycopsis arvensis L.,** gab früher **Radix Buglossi arvensis.** — **Pulmonaria officinalis L.,** gebräuchliches Lungenkraut, lieferte **Radix et Herba Pulmonariae maculosae,** als schleimige Mittel bei Heiserkeit, Katarrh u. leichten Entzündungskrankheiten der Brustorgane. — Von **Onosma echioides L.,** natterkopfartige Lotwurz, wird die Wurzel, gleich der Alkanna, in Frankreich und einigen andern Gegenden zum Rothfärben der Arzneien benutzt; auch die Wurzel von **Onosma Emodi Wallr.** wird in Ostindien als Färbmittel benutzt. — Von **Cynoglossum officinale L.,** gebräuchliche Hundszunge, waren und sind die Wurzel u. Blätter, **Radix et Herba Cynoglossi,** officinell. Die fade schleimig, etwas bitterlich schmeckende Wurzel gilt für ein reizmilderndes, einhüllendes und schmerzstillendes Mittel bei Husten, Durchfall und Blutflüssen. Das frische Kraut dient zu erweichenden Umschlägen. — Von **Symphytum officinale L.,** gebräuchlicher Beinwell, Wallwurz, waren sonst Wurzel, Kraut und Blüthen, **Radix, Herba et Flores Symphyti v. Consolidae majoris,** officinell, jetzt braucht man noch, aber selten, die erstere als ein sehr schleimiges und etwas zusammenziehendes Mittel bei Blutbrechen, Durchfällen und Ruhren. — Von **Borago officinalis L.,** gemeiner oder gebräuchlicher Boretsch, Wohlgemuth, brauchte man sonst die Blätter u. Blumen, **Herba et Flores Boraginis,** als ein kühlendes, schleimiges und reizmilderndes Mittel in hitzigen Krankheiten. Die Blumenkronen ohne die Kelche hielt man für nervenstärkend, ja sogar lebensverlängernd. — Von **Primula officinalis Jacq.** (Primula veris L. var. α), gebräuchliche od. Frühlingsprimel, Frühlingschlüsselblume, Himmelsschlüssel, welche sich von der grossen Primel (Primula elatior Jacq.) durch ihre dunkelcitrongelben Blumenkronen mit kurzem aufgerichtetem Saume und aufgeblasen weitem Kelche unterscheidet, waren sonst die Wurzel, Blätter und Blüthen, **Radix, Herba et Flores Primulae veris s. Paralyseos,** gebräuchlich, und man wendete sie gegen nervöse Schwäche, Gliederzittern, Schwindel, Lähmung, Krankheiten der Harnwerkzeuge u. s. w., und äusserlich bei Verwundungen und Gelenkschmerzen an. — Von **Primula Auricula L.,** Aurikel, Bärenohrprimel, brauchte man sonst die Wurzel, Blätter u. Blüthen, **Radix, Folia et Flores Auriculae ursi,** gleich der vorigen, u. die Alpenbewohner wenden die Wurzel noch jetzt gegen Husten, Schwindsucht und vorzüglich gegen Schwindel an. — Von **Cyclamen europaeum L.,** gemeine Erdscheibe, Schweinebrod, wendete man sonst den scharf giftigen, anfangs schleimig, dann bitterlich und beissend-scharf schmeckenden und Erbrechen und Laxiren erregenden, scheibenförmigen, fleischigen, knolligen Wurzeltheil, **Radix Cyclaminis s. Arthanitae,** bei Trägheit und Stockung im Darmkanal, äusserlich bei Drüsenanschwellungen und krebsartigen Geschwülsten an und die Homöopathen bedienen sich seiner jetzt noch als Heilmittel. — Von **Lysimachia Nummularia L.,** rundblättrige Lysimachie, Pfennig- od. Münzkraut, wurde das geruchlose, säuerlich-bitter-schmeckende Kraut, **Herba Nummulariae s. Centumorbiae,** sonst, so wie das von **Lysimachia vulgaris L.,** gemeine Lysimachie, gelber Weiderich, als **Herba Lysimachiae s. Salicariae luteae** gegen Durchfälle, Ruhren, Blut- und Schleimflüsse, Scorbut und äusserlich bei Wunden und Geschwüren angewendet. — Von **Lysimachia nemorum L.** war das Kraut als **Herba Anagallidis luteae** gebräuchlich. — Von **Lysimachia Ephemerum L.** gebrauchte man die Wurzel, **Radix Ephemeri.** — **Anagallis arvensis L.,** Ackergauchheil, rothe Miere, wurde sonst als **Herba Anagallidis s. Anag. maris,** häufig gegen Unterleibsstockungen, Leberverhärtungen, Wassersucht, bei Schwindsucht, nervösen Krankheiten, sogar gegen Epilepsie und Wahnsinn angewendet; es schmeckt anfangs schleimig-fade, später bitterlich-scharf und ist giftig. — **Anagallis coerulea Allion.** wurde zuweilen als **Herba Anagallidis foeminae** angewendet. — **Spigelia Anthelmia L.,** ein Sommergewächs Westindiens und des tropischen Südamerikas, liefert die Wurzel und das Kraut, **Radix et Herba Spigeliae,** was in Amerika häufig, vorzüglich gegen Würmer angewendet wird. — Von **Spigelia Marylandica L.,** im südlichen Nordamerika einheimisch, werden **Radix et Herba Spigeliae marylandicae** vorzüglich in Nordamerika gegen Würmer angewendet. — Von **Polemonium coeruleum L.,** blaues Sperrkraut, Himmels- od. Jakobsleiter, brauchte man sonst die ganze Pflanze als **Herba Valerianae graecae.** — Von **Nicandra physaloides Gärtn.** [Atropa physaloides L.; Calydermos erosus Rz. Pav., Physalis daturaefolia Lam.], sollen die Früchte zu 4—5 Stück zerdrückt und mit Wasser oder weissem Wein genommen ein gutes Mittel gegen Gries- und Steinschmerzen sein. — Von **Mandragora vernalis Bert.** (Mandragora officinalis Mill., Atropa Mandragora L.), Frühlingsalraun, wandte man früher die stark narkotisch-giftige Wurzel, **Radix Mandragorae,** gleich der Belladonnawurzel an, gab sie auch zum Betäuben solcher Personen, die schmerzhafte Operationen zu überstehen hatten, und verfertigte entfernt-menschenähnliche Figuren als Alraunen oder Alräunchen zu vermeintlichen Zaubereien daraus. — Von **Physalis Alkekengi L.,** gemeine Schlutte, Judenkirsche, waren sonst die Beeren, **Baccae Alkekengi v. Halicacabi,** als urintreibend, bei Krankheiten der Harnwerkzeuge und bei Wassersucht officinell. — Von **Cordia Myxa L.,** schwarzer Brustbeerbaum, einem gegen 30' hohen Baum Ostindiens, Arabiens u. Aegyptens, waren sonst häufig die Steinfrüchte als schwarze Brustbeeren, **Sebestenae v. Myxae,** gegen Husten, Halsbeschwerden und entzündliche Zustände der Respirationsorgane in Anwendung. — Von **Cordia Sebestena L.,** einem ähnlichen Baume Westindiens, leitete man sonst die **Sebestenae v. Myxae** irrthümlicherweise gleichfalls ab. — Von **Ignatia amara L. fil.** (Strichnos Ignatia Berg., Ignatia philippinica Lour.), einem Strauche oder Baume der Philippinen, wendet man, aber nur selten, die aussen bräunlichgrauen, zartfilzigen, innen schmutzig-gelblichweissen, oder auch grünlichgrauen, geruchlosen, aber sehr bitter schmeckenden, viel Strychnin enthaltenden Samen, Ignatiusbohnen, **Fabae Sti Ignatii,** den Krähenaugen gleich wirkend, gegen Wechselfieber und Krampfkrankheiten an. — Von **Vinca minor L.,** Sinn- od. Wintergrün, waren sonst die Blätter, **Herba Vincae per vincae,** gebräuchlich. — **Alyxia stellata Roxb.** (Alyxia aromatica Reinw.) liefert die **Cortex Alyxiae aromaticae,** gegen Schwäche der Verdauung u. Wechselfieber. —

Echites suberecta Sw., in Westindien und Südamerika einheimisch, soll die Mutterpflanze des gräslichen Woorara-Giftes sein. — Tabernaemontana squamosa Smith., auf Madagaskar, besitzt einen Federharz enthaltenden Milchsaft. — Von Nerium Oleander L. wurden die scharf narkotischen Blätter, Folia Nerion, gegen chronische Hautausschläge angewendet. — Von Wrightia antidysenterica R. Br. (Nerium antidysentericum L.), in Ostindien einheimisch, stammt die sonst in England angewendete Cortex profluvii s. antidysenterica. — Von Campanula glomerata u. Camp. Cervicaria L. waren sonst die Blätter als Folia Cervicariae minoris und von Camp. Trachelium L. als Folia Cervicariae majoris, gegen Halsentzündungen gebräuchlich. — Von Lobelia syphilitica L., in Nordamerika einheimisch, benutzte man die Wurzel, Radix Lobeliae, besonders gegen syphilitische Krankheiten. — Lobelia inflata L., in Nordamerika einheimisch, wird daselbst gegen Asthma angewendet. — Lobelia Cautschuk W. dient zur Bereitung von Gummi elasticum. — Von Psychotria emetica Willdw. (Cephaelis emetica Pers.), in Peru und Neu-Granada einheimisch, kommt die schwarze oder gestreifte Ipecacuanha, Radix Ipecacuanhae nigrae s. striatae, her. — Von Hortia brasiliensis Vand. wird die Rinde als fiebervertreibend in Brasilien angewendet. — Von Lonicera Caprifolium L., Geisblatt, Jelänger je lieber, waren ehedem Stengel, Blätter, Blumen und Beeren, Stipites, Folia, Flores et Baccae Caprifolii italici, officinell. — Von Lonicera Periclymenum L., deutsches Geisblatt, sammelte man dieselben Theile als Stipites, Folia, Flores et Baccae Caprifolii germanici. — Lonicera Xylosteum L. [Xylosteum dumetorum Mönch.], Heckenkirsche, gab die brechenerregenden, harn- und stuhltreibenden Beeren, Baccae Xylostei. — Symphoricarpos vulgaris Michx. [Symphoria glomerata Pursh., Lonicera Symphoricarpos L.], gemeiner Petersstrauch, in Nordamerika heimisch, liefert Stengel u. Wurzel, Stipites et Radix Symphoricarpi, die in Amerika gegen Wechselfieber angewendet werden. — Diervilla canadensis Willdw. [Diervilla humilis Tournef., D. lutea Pursh., D. Tournefortii Michx., D. trifida Michx., Lonicera Diervilla L.], ein Strauch Nordamerikas, lieferte sonst die Aeste, Stipites Diervillae. — Von Uncaria Gambir Roxb. [Nauclea Gambir Hunt., Cinchona Kaltucambar Retz.], ächter Gambirstrauch, einem auf mehreren Inseln des indischen Oceans, sowie auf der Ostküste Hinterindiens wachsenden Kletterstrauche, erhält man durch Auskochen, Abdampfen und Austrocknen des Saftes der Blätter und Aeste ein sehr adstringirendes Extract, das als Gatta Gambir eine Sorte des Katechu, Catechu oder Terra japonica, und zwar Katechu in Würfeln, ausmacht. — Von Exostemma caribaeum Roem. et Schult., einem Baume Westindiens und Mexikos, stammt die Caraibische China, Caraibische oder Jamaikanische Chinarinde, China caribaea, Cortex caribaeus s. Jamaicensis. — Von Exostemma floribundum R. et Sch. [Cinchona montana Bad.], einem westindischen Baume, kommt die St. Lucienrinde, St. Lucienchina, Pitonrinde, Bergchina, Jamaikanische oder Martinikische China, China St. Luciae. — Exostemma brachycarpum R. et Sch., ein Baum Jamaicas, giebt Cortex Chinae brachycarpae. — Exostemma angustifolium R. et Sch., ein kleiner Baum Haytis, giebt Cortex Chinae angustifoliae. — Exostemma Souzanum Mart., in Piauhy in Brasilien wachsend, liefert die Quina de Piauhy. — Exostemma cuspidatum u. Ex. australe St. Hil., Bäumchen des südlichen Brasiliens, geben die Quina do Mato s. China brasiliana do mato, Wiesenchina. — Remijia ferruginea, Rem. Vellozii u. Rem. St. Hilarii Dec., auf den trocknen Bergen in der Provinz Minas Geraës in Brasilien wachsend, geben die Quina da Serra, s. Quina do Remijo, Quina do campo. — Von Pinkneya pubens Michx., in Georgien, Florida und Südkarolina wachsend, stammt die Bitterrinde, Floridarinde, Georgiarinde, China caroliniensis s. Cortex febrifugus caroliniensis. — Buena hexandra Pohl., ein in den Provinzen von Rio Janeiro wachsender Baum, liefert die China von Rio Janeiro. — Coutarea speciosa Aubl. giebt man als die Mutterpflanze der faserigen gelben Chinarinde oder faserigen und holzigen Carthagenarinde, China flava fibrosa v. China de Carthagena fibrosa et lignosa, an. — Ceanothus americanus L., ein Strauch Nordamerikas, giebt die Wurzel, jungen Stengel und Blätter, Radix, Stipites et Folia Ceanothi, von denen die scharf und adstringirend schmeckenden, tonischen Wurzel und Stengel gegen syphilitische Krankheiten empfohlen werden und die getrockneten Blätter der Thee von New-Jersey sind. — Von Zizyphus vulgaris Lam. [Rhamnus Zizyphus L.], Judendorn, Brustbeerenbaum, Jujube, einem aus dem Oriente stammenden Baume oder Strauche, waren die als ein erweichendes, einhüllendes Mittel, vorzüglich in Brustkrankheiten dienenden Früchte als rothe Brustbeeren, Jujuben, Baccae Jujubae v. Zizyphi, officinell. — Von Evonymus europaeus L., gemeiner Spill- oder Spindelbaum, Pfaffenhütchen, gebrauchte man sonst die Früchte, Fructus Evonymi s. Tetragoniae, äusserlich in Salben gegen Hautausschläge und Ungeziefer. Das aus den Samen gepresste Oel, Spindelbaumöl, Oleum Seminum Evonymi, enthält eine subalkaloidische, bittere, harzähnliche Substanz, das Evonymin, und wirkt wie dieses kräftig auf die Ausleerung des Darmkanals. — Barosma crenata Kunz. [Diosma crenata L.], ein selten bis gegen 5′ hoher Strauch Südafrikas, vorzüglich des Caps der guten Hoffnung, giebt die Blätter, Buccoblätter, Folia Bucco s. Buchu, welche ein eigenthümliches, gewürzhaft riechendes Oel, Harz und, nebst noch andern Bestandtheilen, einen eignen Extractivstoff, das Diosmin, enthalten und durchdringend gewürzhaft eigenthümlich riechen, u. stark gewürzhaft schmecken. Sie werden, da sie adstringirend-resolvirend und zugleich flüchtig erregend, vorzüglich auf die Schleimhäute und Nieren wirken, in Europa bisweilen bei Schleimflüssen, besonders der Harnwerkzeuge, ingleichen wenn Neigung zur Bildung von Blasensteinen vorhanden ist, sowie gegen Wassersucht, u. am Vorgebirge der guten Hoffnung häufig gegen Krämpfe nach Erkältungen bei rheumatischen Zufällen u. s. w. angewendet. Ausser diesen Blättern finden sich im Handel noch andere von gleicher Eigenschaft. Als lange Buccoblätter, Folia Bucco longa, trifft man die langen linealisch-lanzettlichen, schärfer gesägten, zwischen den Sägzähnen drüsenlosen Blätter von Barosma serratifolia Willdw. Auch von Empleurum serrulatum Sol. [Diosma unicapsularis Lin. fil.], kommen die Blätter als Buccoblätter im Handel vor; sie sind lineal-lanzettlich, spitzig, 1—2″ lang, 2—3‴ breit, fein-drüsig-gekerbt, durchscheinend-drüsig-punktirt, kahl und unterseits etwas runzelig. In Südafrika finden gleicherweise auch die Blätter anderer Gewächse, z. B. von Barosma betulina u. pulchella Bartl. et Wendl., Bar. odorata Willdw., Diosma hirsuta Thunb., und von vielen Arten von Agathosma u. s. w. Anwendung. — Von Ticorea febrifuga St. Hil. benutzt man in Brasilien die fiebervertreibende Rinde. — Von Jonidium Ipecacuanha Vent. [Viola Ipecacuanha Willdw.], einem Halbstrauche Brasiliens, so wie von Jon. brevicaule Mart., polygalaefolium, in St. Domingo, Jon. urticaefolium Mart., in Brasilien, Jonid. parviflorum Vent., in Peru, Jon. heterophyllum Vent. in China, Jon. strictum Vent., auf St. Thomas, kamen die Wurzeln als weisse Brechwurzel oder weisse Ipecacuanha, Radix Ipecacuanhae albae, in Brasilien Poaya branca od. Poaya da praya genannt, häufig in Anwendung. Von Jonidium Poaya St. Hil., gleichfalls in Brasilien wachsend, wird bei uns die geschlängelte, federkieldicke, 2—3″ lange, weissliche Wurzel in Brasilien Poaya do campo genannt, wie die Ipecacuanha angewendet. — Hedera Helix L., gemeiner Epheu, lieferte sonst die Blätter, Beeren, das Holz und das freiwillig oder aus in die Rinde gemachten Einschnitten hervorfliessende Harz, Folia, Baccae, Lignum et Gummi Hederae, von denen noch jetzt blos die Blätter äusserlich bei torpiden schlaffen Geschwüren und zum Verbinden der Fontanelle gebraucht werden, das Harz aber bei Schleimflüssen u. zur Beförderung der Katamenien angewendet wurde, und die Beeren als ein Brechen und Purgiren erregendes und den Schweiss treibendes Mittel dienten. [Abbildungen aller vorbemerkten deutschen Gewächse s. Lincke etc.])

Digynia (Zweiweibige).

Familie: **Drehblüthler:** Contortae. — *Gruppe:* **Gentianeae Juss.**

Gattung: **Gentiana Tournef.,** Enzian.

Kelch bleibend 5- —7zahnig oder halbirt und blüthenscheidenartig. Blumenkrone glocken- oder keulenförmig, seltner fast radförmig; mit 4-, 5- und 7spaltigem Saum. Staubgefässe (5, seltner 4—9) der Blumenkronenröhre angewachsen: Staubbeutel frei oder zu einer Röhre verwachsen. Kapsel einfächrig, zweiklappig, vielsamig: Die Samen an den eingebogenen Klappenrändern befestigt.

Taf. XIII. **Gentiana lutea L.,** gelber Enzian. *(Swertia lutea Vent., Asterias lutea Borkh.)*

Untere Blätter elliptisch, gestielt, stark-nervig; Kelch halbirt, häutig, blüthenscheidenartig; Blumenkrone fast radförmig, tief fünftheilig: Zipfel lanzettlich, sternförmig abstehend,

Eine ausdauernde Pflanze der Schweizer Alpen und vorzüglich des Juragebirges. Die dicke fleischige, walzige, einfache oder etwas ästige Wurzel hat aussen ringförmige Runzeln, ist gelblichbraun und innen gelb; sie dringt tief, oft über 2 Fuss tief in den Boden und treibt einen einfachen aufrechten, 1½ bis gegen 5′ hohen, dicken und hohlen Stengel. Die untersten Blätter sind sehr gross, die übrigen nehmen aber nach oben bedeutend an Grösse ab; sie haben 5 oder 7 Nerven und sind der Länge nach gefaltet, die untersten gegen 1′ lang, 5—6″ breit, elliptisch in einen breiten Blattstiel verschmälert, die obersten sitzend, oval-länglich, spitzig, nur 3—5″ lang u. 2—2½″ breit, die blüthenständigen weit kleiner, concav u. zahlreiche büschelständige Blüthen umgebend. Unter jedem Blüthenbüschel befinden sich 4 lange lanzettliche Deckblätter. Der einseitige Kelch ist dünn, häutig, durchscheinend und an der Spitze 2- od. 3zähnig. Die gegen 1½″ lange goldgelbe Blumenkrone ist tief 5- oder seltner 6spaltig, fast radförmig, im Sonnenlichte sternförmig ausgebreitet. Staubgefässe von der Länge der Blume mit anfänglich zusammenhängenden Staubbeuteln. Am Grunde des Fruchtknotens befinden sich 5 grünliche Drüsen. Die längliche, mit dem Griffel versehene Kapsel enthält ovale braunrothe, mit einem häutigen Rande umgebene Samen. Die anfangs süsslich, gleich darauf aber stark bitter und bleibend schmeckende Wurzel, gelbe oder rothe Enzianwurzel, *Radix Gentianae luteae s. majoris*, wird als ein vorzügliches tonisch-bitteres Heilmittel in vielen Krankheiten, vorzüglich um den Magen zu stärken, die Verdauung zu verbessern u. s. w. angewendet. So giebt man das Extract, die Tinctur, das Pulver oder den Aufguss bei reiner Schwäche der Verdauungsorgane, besonders bei Neigung zu Krämpfen; gegen Podagra und Gicht hat man sie auch, besonders im Portländischen Gichtpulver, vortheilhaft angewendet; auch gegen Wechselfieber brauchte man sie sonst. Ihre

Bestandtheile sind, ausser einem eigenthümlichen harzigen, krystallisirbaren Extractivstoff, dem Gentianin, ein übelriechendes und narkotisch wirkendes, äther. Oel, vogelleimartiges Harz, Gummi und Schleimzucker. 8 Pfund Wurzeln geben 3 Pfund wässriges Extract.

(Von **Gentiana purpurea L.**, in der Schweiz, den Pyrenäen und in Norwegen vorkommend, wendet man die Wurzel gleichfalls häufig als **Radix Gentianae rubrae** an, so auch von **Gentiana pannonica Scop.**, **G. punctata L.** u. **G. campanulata Jacq.**, Pflanzen der Gebirge Mitteleuropas. — Von **Gentiana cruciata** sind die Wurzeln und das Kraut, **Radix et Herba Gentianae minoris**, als ein Mittel gegen Wasserscheu empfohlen worden. — Von **Gentiana Asclepiadea L.** [G. pliesta Schm.] war ehedem die bittere Wurzel, **Radix Asclepiadeae**, officinell. — **Gentiana Pneumonanthe L.**, Lungenblume, blauer Dorant, lieferte früherhin die Wurzel, das Kraut und die Blume, **Radix, Herba et Flores Pneumonanthes s. Antirrhini coerulei**, als ein Mittel bei Lungenleiden. — Von **Gentiana acaulis L.** waren sonst die bittere Wurzel und Blätter, **Radix et Herba Gentianellae alpinae**, gegen Gelb- u. Bleichsucht gerühmt. — **Gentiana Amarella L.**, Himmelsstengel, war sonst als **Herba Gentianellae** als ein tonisch-bitteres Mittel im Gebrauche. [Abbild. dieser Gewächse s. Lincke etc.]

a. Eine blühende Stengelspitze. — b. Wurzel. — c. Ein unteres Blatt. — d. Eine geschlossene Blume. — e. Der ausgebreitete Kelch. — A. Eine ausgebreitete Blume. — B. Zwei Blumenkronenzipfel mit dem dazwischen stehenden Staubgefässe. — C. Pistill. — f. Die reife Kapsel und g. dieselbe quer durchschnitten. — h. Samen. — D. Derselbe senkrecht durchschnitten. — E. Der Embryo einzeln.

Familie: **Aizoideen:** Aizoideae. — *Gruppe:* **Chenopodeae DeC.**

Gattung: **Chenopodium Tournef.**, Gänsefuss.

Blumen zwitterig. Kelch 5theilig; Zipfel der Länge nach gekielt. — Staubgefässe 5. Griffel 2- (selten 3-) theilig. Schlauchfrucht im unveränderten Kelche, sehr dünnhäutig. Samen wag- und senkrecht, Samenhaut krustig.

Taf. XIII. **Chenopodium ambrosioides L.**, wohlriechender Gänsefuss, mexikanisches Traubenkraut, Jesuitenthee, spanischer oder mexikanischer Thee.

Stengel krautig; Blätter unterseits drüsig, die stengelständigen lanzettlich, buchtig-gezähnt, die obern blüthenständigen ganzrandig; Blüthen in, aus Knäueln gebildeten Aehren; Samen senkrecht.

Eine 1jährige, in Europa hie und da angebaute Pflanze Westindiens und Südamerikas. Der aufrechte, kurz flaumhaarige und drüsige, 1—2' hohe Stengel hat kurze, schlanke, aufrecht abstehende Blüthenäste. Blätter lanzettlich, an beiden Enden verschmälert, entfernt gezähnt in der Jugend beiderseits flaumhaarig, später kahl werdend, unterseits drüsig, von sitzenden zerstreuten Drüsen. Die Blüthenknäule bilden achselständige, beblätterte, meist einfache, ährenförmige Schweife. Der Kelch oder das Perigon ist kahl, 3- oder 5theilig; die Zipfel sind eirund, stark vertieft. Die kaum ½''' hohe Schlauchfrucht ist von den Seiten her zusammengedrückt, gegen den Scheitel kurzhaarig; die häutige Fruchthülle ist leicht ablösbar. Same ziemlich linsenförmig, schwarzbraun, glatt und glänzend. — Die kräftig, eigenthümlich aromatisch, aber nicht angenehm riechenden und stark gewürzhaft, etwas campherartig schmeckenden Blätter und Blüthenschweife, ***Herba Chenopodii ambrosiaci*** s. ***ambrosioides***, s. ***Botryos mexicanae***, sind ein flüchtig-reizendes, krampfstillendes Mittel in nervösen Krankheiten, Krämpfen, vorzüglich Brustkrämpfen.

(Von **Chenopodium bonus Henricus L.**, guter Heinrich, stehen noch jetzt bei den Landleuten das Kraut und die Wurzel, **Herba et Radix boni Henrici s. Atriplicis unctuosi** s. **Xotabonae**, in Ansehen, und vorzüglich werden die Blätter zu zertheilenden und erweichenden Umschlägen, so wie als Heilmittel bei Wunden häufig angewendet. — Von **Chenopodium rubrum L.** waren die Blätter als **Herba Atriplicis sylvestris** und von **Chenop. Botrys L.**, als **Herba Botryos** gebräuchlich. — Von **Chenop. Vulvaria L.** [Ch. olidum Curt.], wurde sonst das Kraut, **Herba Vulvariae s. Atriplicis foetidae**, gegen Hysterie und Krampfkrankheiten gebraucht und die Homöopathen rühmen es gegen Kopfschmerz, Magenweh u. Menstruationsbeschwerden. — Von **Chenopod. hybridum L.**, Sautod, welches für betäubend giftig gehalten wird, und den Schweinen ein tödtliches Gift sein soll, wurden die Blätter als **Herba Pedis anserini** äusserlich zu erweichenden und schmerzstillenden Umschlägen angewendet. — Von **Chenop. anthelminthicum L.** werden die Früchte in Amerika für ein kräftiges Wurmmittel gehalten. [Abbild. der deutschen Pflanzen s. Lincke etc.]).

a. Eine Stengelspitze. — A. Die drüsige Unterseite eines Blattgrundes. — B. Ein Blüthenknäuel, woran aber die zwitterige und unten die weiblichen Blüthen. — C. Eine Zwitterblüthe. — D. Eine künstlich ausgebreitete Zwitterblüthe. — E. Ein Fruchtknoten mit 2 Griffeln. — F. Die vom Kelche umgebene Schlauchfrucht. — G. Ein Samen senkrecht durchschnitten, damit man den im Eiweiss gekrümmt liegenden Embryo sehe. — H. Der Embryo für sich.

Familie: **Nesseln:** Urticaceae. — *Gruppe:* **Ulmeae Mirb.**

Gattung: **Ulmus Tournef.**, Ulme oder Rüster.

Zwitterblüthen. Blüthenhülle glockenförmig, 5spaltig, doch auch 4-, 6- oder 8spaltig. Staubgefässe in gleicher Anzahl wie die Blüthenhüllzipfel. Fruchtknoten 2spaltig, mit 2 auseinander weichenden Narben. Nüsschen senkrecht ringsum geflügelt. (Blüthen seitlich-büschelständig, früher als die Blätter erscheinend.)

Taf. XIV. **Ulmus campestris L.**, Feld-Ulme, Feldrüster

Blätter am Grunde ungleich, eiförmig-elliptisch, doppelt gesägt, unterseits scharf, Blüthen fast sitzend, knäuelartig gehäuft: Staubgefässe 5, Flügelfrüchte verkehrt-eirund, ausgeschnitten, kahl. (Aeste glatt, jüngere Aestchen kahl).

Ein 60—90' hoher Baum der Wälder des grössten Theils von Europa. Der Stamm ist von einer rauhen, feinrissigen, schwärzlichbraunen Rinde bedeckt und trägt einen weit ausgebreiteten Wipfel. Die wechselständigen, 2seitswendigen Blätter sind kurzgestielt, gleichlaufend-fiedernervig, vorzüglich oberseits rauh anzufühlen. Die kleinen Blüthen erscheinen in seitlichen Büscheln früher als die Blätter. Das röthlichbraune Perigon hat gewöhnlich 5, doch zuweilen auch 4 oder 6, eirunde, stumpfe, wimperig-haarige Zipfel und eben so viele vor dieselben gestellte, doppelt so lange Staubgefässe. Die Flügelfrucht ist fast kreisrund, oval und elliptisch und hält ⅓—1" im Durchmesser; der breite, ringsumgehende, blassgelblichgrüne, feingeaderte Flügelrand hat vorn 2 einwärts gebogene, einander deckende Zähne. — Im ersten Frühlinge sammelt man von den mehrjährigen Aesten die innere Rinde, als Ulmen od. Rüsterinde, ***Cortex Ulmi interior***, welche geruchlos ist, herb, bitterlich, schleimig schmeckt und vorwaltend Schleim und Gerbestoff enthält. Der Aufguss oder die Abkochung wird als gelind stärkendes und zusammenziehendes und zugleich Schweiss u. Harn treibendes Mittel innerlich und äusserlich bei verschiedenen Krankheiten, als Schwäche der Verdauung, Wechselfieber, Rheuma, Gicht, bei Blut- und Schleimflüssen aus Schwäche und bei chronischen Exanthemen angewendet.

a. Eine blühende und b. eine fruchttragende beblätterte Astspitze, — A. Eine Blume. — B. Das Pistill aus derselben. — C. Eine Flügelfrucht und D. das Nüsschen derselben aufgeschnitten, so dass man den Samen darin liegen sieht. — c. Der Same, noch von der äussern Samenhaut bedeckt. — d. Ein Samen ohne die äussere Samenhaut, noch von dem innern Häutchen bedeckt. — e. Ein Samen quer- und f. senkrecht durchschnitten.

Taf. XIV. **Ulmus effusa Willd.** (**nec Ehrh.**), schwarze oder langstielige, oder wimperige Ulme, Schwarzrüster.

Blätter am Grunde ungleich, eiförmig oder elliptisch, doppelt gesägt, unterseits weichhaarig; Blüthen schlaff und lang gestielt; Staubgefässe 8; Flügelfrüchte rundlich-elliptisch, gewimpert.

Wächst an gleichen Orten und ist ein eben so grosser Baum wie voriger, der sich nur durch die Blüthen oder Früchte leicht von ihm unterscheidet. Die Blätter sind meist an ihrem Grunde ungleicher, unterseits etwas mehr weichhaarig, nicht rauh, oberseits aber bald glatt, bald auch sehr rauh anzufühlen. Die Perigone stehen auf langen fadenförmigen oberwärts gegliederten Blüthenstielen und sind meist 6- oder 8spaltig; sie enthalten 6 oder 8 Staubgefässe, deren Staubfäden gleichfalls länger als bei voriger Art sind. Die meist kleinen Früchte haben einen dicht bewimperten Flügelrand. Die Rinde ist unter gleicher Benennung und gleicher Anwendung als bei voriger Art officinell (so auch die Rinde von ***Ulmus suberosa Ehrh.***, korkrindige Rüster, und ***Ulmus nuda Ehrh.***, von welcher sich die erstere durch korkig-geflügelte Aeste unterscheidet.

a. Eine blühende und b. eine fruchttragende beblätterte Zweigspitze. — A. Eine Blüthe mit 8 kurzen und B. mit 8 langen Staubgefässen. — c. Eine Flügelfrucht, an welcher das Nüsschen geöffnet worden ist, damit man den Samen liegen sieht. — d. Ein mit der äussern

Samenhaut bekleideter Samen. — e. Ein nur noch vom innern Häutchen bedeckter Samen und f. derselbe quer-, so wie g. senkrecht durchschnitten.

Familie: **Doldengewächse**: Umbelliferae. — *Gruppe*: **Umbelliferae genuinae schizocarpicae Rchb.**

Gattung: **Daucus Tournef.**, Möhre.

Kelchsaum 5zahnig, Blumenblätter verkehrt-herzförmig mit eingeschlagenem Zipfelchen, die äussern oft strahlend und tief 2spaltig. Frucht vom Rücken etwas zusammengedrückt: Hauptriefen 5, fadenförmig, borstig, 2 davon auf der Berührungsfläche; Nebenriefen 4, geflügelt und in eine einfache Reihe von Stacheln getheilt: Thälchen einstriemig.

Taf. XIV. **Daucus Carota L.**, gelbe Rübe, Carote.

Stengel steifhaarig; Blätter 2—3fach-fiederschnittig: Abschnitte fiederspaltig, Zipfel lanzettlich, fein-spitzig; Hüllen ziemlich so lang wie die Doldenstrahlen, Frucht länglich eirund, mit pfriemigen Stacheln von der Länge wie die Breite der Frucht.

Wächst auf trocknen Wiesen, Rainen, trocknen Plätzen u. Triften durch ganz Europa, Nordasien und Nordamerika u. wird häufig angebaut. Die Wurzel ist lang-kegelförmig, meist einfach, nur mit wenigen Fasern besetzt, an wilden Exemplaren ziemlich holzig, dünn, schmutzig gelb, stark gewürzhaft riechend, an cultivirten und auf fettem Gartenlande gewachsenen viel dikker, saftig-fleischig, goldgelb, orange oder roth, hat einen schwächer gewürzhaften Geruch und einen süssen eigenthümlichen Geschmack. Der furchig-gerillte, steifhaarige, ästige Stengel wird 1—3' hoch. Nur die untersten Blätter sind gestielt, die übrigen sitzen sämmtlich auf länglichen randhäutigen Scheiden; die untersten sind 3fach-fiederschnittig, mit länglichen oder keilförmigen, stumpflichen oder kurzspitzigen Lappen an den Abschnitten. Die reichstrahligen Dolden sind anfangs vertieft, während der Blüthe schwach gewölbt und später wieder durch Zusammenziehen der äusseren Strahlen netzartig vertieft. Hüllblätter 9—12, von ganzer oder halber Länge der Dolden, 3 oder fiederspaltig, mit abstehenden schmal linealischen, feinspitzigen Zipfeln. Die Hüllchenblätter sind theils ganz, theils 2—3spaltig, randhäutig. Die Blüthen sind weiss oder blassröthlich; in der Mitte der Dolde befindet sich gewöhnlich eine grosse schwarz purpurrothe Blüthe. Die 2 Linien langen, graubraunen Früchte tragen gerade am Ende widerhakige Stacheln. — Die Früchte der wildgewachsenen Pflanzen, ***Semen Dauci sylvestris***, welche eigenthümlich gewürzhaft riechen, bitterlich-aromatisch schmekken, ein ätherisches, Blähungen u. Urin treibendes Oel enthalten, waren sonst bei hysterischen Beschwerden u. der Wassersucht, und mit Bier versetzt bei Steinbeschwerden officinell. Jetzt gebraucht man nur noch die saftige Wurzel der cultivirten Pflanzen, ***Radix Dauci sativi***, welche viel Schleimzucker, ein aromatisch-ätherisches Oel, weisses, fettes Oel, einen krystallisirbaren, harzigen, rothen Farbestoff, Carotin, viel Schleimzukker mit Aepfelsäure und Stärkemehl enthält u. deshalb zu den vorzüglichsten, leicht verdaulichen und etwas eröffnenden Nahrungsmitteln gehört, wirkt auf die Schleimhäute der Brust, der Lungen und des Darmkanals und bei Kindern, roh gegessen, gegen die Askariden, und wird, zu Brei gerieben, auf wundgelegene Stellen, schlechte Geschwüre u. s. w. aufgelegt Der ausgepresste und eingedickte Saft, Möhrensaft, ***Roob Dauci***, dient gegen Husten, Heiserkeit, Schwämmchen der Kinder u. bei der Ruhr. Den Möhrenzucker wendet man häufig bei katarrhalischen Beschwerden an.

(Von **Daucus gummifer Lam.**, in Sicilien einheimisch, soll das **Bdellium siculum** (ein Harz) herkommen, das man sonst als harn- und schweisstreibendes Mittel anwendete).

a. Der Untertheil des Stengels. — b. Die Spitze einer kultivirten Wurzel. — c. Eine Astspitze mit einer Blüthendolde. — d. Eine fruchttragende Dolde. — A. Blüthe. — B. Pistill. — e. Früchte. — C. Der Fruchtträger nebst einer Frucht vom Rücken u. einer von der Berührungsfläche aus gesehen. — D. Eine Frucht senkrecht und E. quer durchschnitten, so wie F. ein Querdurchschnitt, stark vergr.

Gattung: **Coriandrum (Tournef.) Lin.**, Koriander.

Kelchsaum mit 5 deutlichen, ungleichen, bleibenden Zähnen. Blumenblätter verkehrt-herzförmig, mit eingeschlagenem Zipfel, ungleich, die äussern viel grösser (strahlend), tief zweispaltig. Frucht fest, kugelig, 10riefig; Theilfrüchte kaum sich trennend, mit 5 niedergedrückten Hauptriefen und 4 mehr hervorstehenden, gekielten Nebenriefen; Thälchen striemenlos; Berührungsfläche vertieft mit 2 halbmondförmigen Striemen.

Taf. XIV. **Coriandrum sativum L.**, gemeiner Koriander.

Hüllchen dreiblätterig.

Ist in Südeuropa und Kleinasien einheimisch und wird hier und da angebaut. Die Wurzel ist lang und dünn und treibt einen 1—3' hohen, nach oben ästigen Stengel. Die untern langgestielten Blätter sind 3lappig und fiederschnittig, mit eirundlichen, eingeschnitten-gesägten oder 2- bis 3spaltigen Lappen und Abschnitten; die übrigen sitzenden Blätter sind doppelt- u. dreifach fiederschnittig, mit lanzettlich-linealischen, ganzrandigen, oft 2—3theiligen spitzen Abschnitten. Die endständigen oder blattgegenständigen, ziemlich lang gestielten Dolden sind flach und nur 3—6strahlig. Die Hüllchen bestehen aus 3 linealischen Blättchen. Die Doldchen tragen 8—15 weisse Blüthchen, von denen die mittelsten gewöhnlich unfruchtbar und die randständigen weit grösser sind. Die Früchte halten im Durchmesser $1\frac{1}{2}$—2''' u. sind blass-bräunlichgelb. Die ganze Pflanze riecht frisch sehr unangenehm wanzenartig und betäubend. Die reifen, eigenthümlich gewürzhaft riechenden Früchte, Schwindelkörner, Koriander, ***Semen Coriandri***, wirken wie Kümmel, Anis u. dergl. und werden jetzt mehr als Korrigens übelschmeckender Arzneien gebraucht, auch dienen sie als Gewürz an Speisen.

a. Der obere Theil einer Wurzel, deren unteres Ende bei b. sich zeigt u. der Grundtheil eines Stengels mit den beiden untersten Blättern. — c. Eine Astspitze. — A. Blume. — B. Pistill. — d. Eine Frucht. — C. Dieselbe, vergr., u. d. im Zustande, wie sie sich vom Fruchtstiele u. vom Fruchthalter trennt. — E. Eine Theilfrucht von der Seite der Berührungsfläche. — F. Eine Frucht, querdurchschnitten.

Gattung: **Anethum Tournef.**, Dill.

Kelchsaum undeutlich-5zahnig, fast verwischt. Blumenblätter oval, eingerollt; das Zipfelchen fast quadratisch, abgestutzt. Frucht vom Rücken linsenförmig-zusammengedrückt, von einem flachen verbreiterten Rande umgeben; Hauptriefen gleichweit entfernt, fadenförmig, die 3 mittlern gekielt, die seitlichen, in den Rand verlaufenden, schwächer; Thälchen einstriemig.

Taf. XV. **Anethum graveolens L.**, gemeiner od. gebräuchlicher Dill.

Stengel stielrund; Blätter 3fach-fiederschnittig; Abschnitte 2 und 3spaltig, mit borstenförmig-linealischen Zipfeln; Früchte elliptisch, von einem verbreiterten flachen Rande umgeben.

Eine in Südeuropa und im Oriente einheimische, aber durch die Kultur in vielen Gegenden verwilderte 1jährige Pflanze. Aus der möhrenförmigen, ästig-faserigen Wurzel entspringt ein aufrechter, 1—3' hoher, weisslich und grün gestreifter, nach oben ästiger Stengel. Die 3fach fiederschnittigen Blätter mit linealisch fädenförmigen Abschnitten stehen auf länglichen, breitrandhäutigen Blattstielscheiden. Die grossen flachen, 15—30strahligen Dolden tragen gelbe Blüthen. Die $2\frac{1}{4}$''' langen, grünlich braunen Früchte sind am Rande und an den Riefen heller gefärbt, riechen und schmecken eigenthümlich gewürzhaft und sind als Dillsamen, ***Semen Anethi***, wie andere ätherisch-ölige Früchte der Doldengewächse, gebrauchlich.

a. Eine Wurzel mit dem Stengelgrunde. — b. Eine Stengelspitze mit einer Blüthendolde und einer Dolde mit jungen Früchten. — c. Eine Dolde mit geschlossenen Blüthen (Knospen). — A. Blüthe. — B. Pistill. — d. Reife Frucht. — C. Dieselbe, vergr. — D. Eine Theilfrucht, senkrecht durchschnitten. — E. Ein stark vergr. Querdurchschnitt einer Theilfrucht.

Gattung: **Imperatoria Tournef.**, Meisterwurz.

Kelchrand verwischt. Blumenblätter durch das eingeschlagene schmale Zipfelchen verkehrt-herzförmig oder

ausgerandet. Frucht vom Rücken her flach zusammengedrückt, am Rande breit geflügelt.

Taf. XV. **Imperatoria Ostruthium L.**, gemeine Meister- oder Kaiserwurz.

Blätter 3schnittig; Abschnitte breiteiförmig, die seitlichen 2lappig, eingeschnitten gesägt, der endständige 3lappig.

Wächst ausdauernd auf den höhern Gebirgen des südlichen und mittlern Europa. Aus dem dicken, kurzen, abgebissenen, geringelten Wurzelstocke entspringen sprossenartig einige mit vielen Fasern besetzte Wurzelköpfe. Der aufrechte Stengel wird 1—3' hoch, ist einfach oder nach oben etwas ästig. Die einfachen oder 3schnittigen Wurzelblätter stehen auf langen, halbstielrunden, röhrigen Stielen, die Stengelblätter sitzen auf aufgeblasenen weiten Scheiden und sind 3schnittig, mit 2—3'' langen, 1—1½'' breiten eiförmigen, scharf- u. stachelspitzig-gesägten Abschnitten. Die grossen flachen Dolden tragen auf 40—50 ziemlich ungleich langen Strahlen weisse Blüthen. Die Doldchen sind von 3—6 borstlichen, abfallenden Hüllblättchen unterstützt. Früchte rundlichoval, 2—3''' lang, strohgelb. Man sammelt die stark und durchdringend gewürzhaft riechende und gewürzhaft scharf und bitter schmeckende Wurzel (d. h. die gesprossten länglichen Wurzelköpfe, ***Radix Imperatoriae albae s. Ostruthii s. Astrutii***, welche besonders eine krystallinische, brennend scharf schmeckende Substanz, das Imperatorin, enthält u. mehr sonst als jetzt bei allen Krankheiten aus Schwäche und Mangel an Erregbarkeit, bei Schleimfiebern, fauligen Lungenentzündungen, perniciösen Wechselfiebern und Krampfkoliken angewendet wird. 16 Unzen geben bei der Destillation mit Wasser 1 Quentchen ätherisches Oel.

a. Eine Wurzel mit einer Sprosse u. dem Grundtheile des Stengels. — b. Eine Blattfläche. — c. Ein Stengelstück mit einer Blattstielscheide. — d. Eine Blüthendolde. — e. Eine Fruchtdolde, an der blos 2 Strahlen mit Doldchen stehen gelassen wurden. — A. Blume. — B. Pistill. — f. Reife Frucht. — C. Dieselbe, vergr. — D. Ein Theilfrüchtchen, senkrecht durchschnitten. — E. Vergr. Querdurchschnitt eines Theilfrüchtchens.

Gattung: **Ferula Tournef.**, Steckenkraut.

Kelch kurz-5zahnig. Blumenblätter eiförmig, zugespitzt, mit der Spitze aufsteigend oder eingekrümmt. Frucht vom Rücken flach zusammengedrückt; die 3 Rückenriefen fadenförmig, die seitlichen undeutlich und in den flachgeflügelten Rand verschwindend; Thälchen 1striemig; Berührungsfläche 4striemig.

Taf. XV. **Ferula Asa foetida L.**, Stinkasandpflanze.

Stengel stielrund, einfach, nur mit Blattstielscheiden versehen; Blätter sämmtlich grundständig, fiederschnittig: Abschnitte buchtig-fiederspaltig, mit länglichen stumpfen Zipfeln.

Wächst in Persien auf dem Gebirge von Khorasan u. Laar. Die starke Wurzel ist möhrenförmig und zwar entweder einfach, oder nur in 2—3 Aeste getheilt, aussen schwarz, innen weiss und milchend, oben mit einem rothbraunen Schopfe versehen. Die ziemlich einfachen Stengel sind 6—9' hoch, am Grunde gegen 2'' dick, gerillt, kahl und tragen aufgeblasene grosse Blattstielscheiden, von denen einige mit unvollkommenen Blattansätzen versehen sind. Die grossen Wurzelblätter, die im Herbste hervorkommen und im nächsten Frühjahre wieder verwelken, stehen auf spannenlangen runden Stielen und haben ziemliche Aehnlichkeit mit denen von der Pfingstrose oder Päonie. — Von dieser Pflanze soll nach Kämpfer der Stinkasand oder Teufelsdreck, ***Asa foetida s. Gummi-Resina Asa foetida***, gewonnen werden, indem man von der armsdicken, in der Erde stehen bleibenden Wurzel eine horizontale Scheibe abschneidet, worauf auf der Schnittfläche ein gelblichweisser Milchsaft hervorquillt, der an der Sonne erhärtet und gesammelt wird; hierauf schneidet man eine neue Scheibe ab und setzt dasselbe Verfahren einige Male fort, doch soll auch aus den Stengeln und steifen Blättern der Milchsaft freiwillig hervorfliessen. Er riecht stark unangenehm knoblauchartig, schmeckt unangenehm gewürzhaft, etwas scharf und bitterlich, besteht aus einem eigenen ätherischen Oele, Harz, Gummi, Traganthstoff u. a., reizt u. belebt die Nerven, erhöht die Thätigkeit des Darmkanals u. d. Schleimhäute und wird daher in vielen krampfartigen Krankheiten, Hysterie, Hypochondrie, Flatulenz, Verschleimung, stockender Menstruation aus Reizbarkeit und Schwäche u. s. w. angewendet. Es giebt 3 Sorten von Stinkasand, von denen die beste der mandelartige Asand, ***Asa foetida amygdaloides***, ist, der aus rundlichen oder eckigen, weisslichen, mandel- oder nussgrossen, in einer weichen braungelben Masse eingekneteten oder ohne dieselbe an einander gebackenen, im frischen Zustande auf dem Bruche weissen und wachsglänzenden, später pfirsichblüthrothen, violetten und endlich bräunlichen Körnern besteht. Die zweite Sorte, der körnige Asand, ***Asa foetida in granis***, bildet einzelne, nur wenig zusammengeklebte, gelbliche, gelblichröthliche oder braune Körner. Die dritte Sorte, der steinige Asand, ***Asa foetida petraea***, besteht aus unförmlichen, steinähnlichen, weisslichen, viele glänzende Punkte und Blättchen enthaltenden und an der Luft bald gelb und endlich braun werdenden Stücken.

(**Ferula persica Willdw.**, eine 4—5' hohe Pflanze Persiens, hielt man für die Mutterpflanze des Sagapenum, **Gummi Sagapenum s. Serapinum s. Serapium**, u. **Ferula galbanifera L.** (*Ferula Ferulago L.*!) für die des **Galbanum**.)

a. Der Stengel an den mit einem Sternchen bezeichneten Stellen zusammengehörig. — b. Ein Blatt. — c. Eine an der Spitze 3theilige Wurzel. — d. Reife Frucht. — e. Theilfrucht von der Seite der Berührungsfläche, u. f. dieselbe vom Rücken gesehen.

Gattung: **Archangelica Hoffm.**, Engelwurz.

Kelchsaum kurz-5zähnig. Blumenblätter 5, elliptisch, ganz, zugespitzt, mit eingeschlagenem Zipfelchen. Frucht vom Rücken zusammengedrückt, oval; Hauptriefen 5, die 3 mittlern fadenförmig, gekielt, die beiden randenden breit geflügelt; Kern lose, von zahlreichen Striemen dicht bedeckt.

Taf. XV. **Archangelica officinalis Hoffm.**, (*Angelica archangelica L., Selinum Archangelica Link.*), gebräuchliche od. ächte Engelwurz.

Stengel kahl, rillig; Blätter doppelt fiederschnittig: Abschnitte fast herzförmig oder eirundlich, scharf gesägt, die endständigen 3lappig; Blattstielscheiden der obern Blätter schlaff, sackförmig-aufgeblasen.

Wächst ausdauernd an Bächen und feuchten Stellen vieler Gebirgswälder Europas. Die Pfahlwurzel ist kurz u. dick, geringelt, aus ihr entspringen zahlreiche lange, dicke, aussen gelbbraune, innen weissliche, engfächerige und mit einem gelblichen Milchsafte erfüllte Fasern. Der aufrechte, 4—8' hohe, am Grunde 1—2'' durchmessende Stengel ist hohl, ästig, purpurroth und bläulichweiss bereift. Die sehr grossen doppelt- oder 3fach fiederschnittigen Wurzelblätter stehen auf langen, stielrunden, hohlen Stielen; die 4—6'' langen Blattabschnitte sind eiförmig, am Grunde fast herzförmig oder keilförmig, spitzig eingeschnitten gelappt, ungleich stachelspitzig-gesägt, die endständigen stets breiter und tief 3lappig, oberseits gesättigt-grün und kahl, unterseits blässer, bereift, entweder kahl oder auf den Adern mit kleinen Borstchen besetzt. Die stengelständigen Blätter sind ebenso gebildet, nur werden sie nach oben zu kleiner, die Blattstiele kürzer und die obersten sitzen auf den stark bauchig aufgetriebenen und gefurchten Blattstielscheiden; die Abschnitte sind mehr rautenförmig und verkümmern an den obersten Blättern. Die grossen, fast kugeligen Dolden werden durch 30—40 schwachweichhaarige dichtstehende Strahlen gebildet. Die 1—3 Hüllblätter sind linealisch-lanzettlich, hinfällig oder fehlen. Die Hüllchen bestehen aus zurückgeschlagenen, schmal linealischpfriemigen oder fadenförmigen, gleichfalls abfallenden Blättchen. Die Blüthen haben eine grünlichweisse Farbe. Die Früchte sind 3—4''' lang, elliptisch, an beiden Enden ausgerandet, der Fuge parallel zusammengedrückt, gerippt, geflügelt, mit dem flachen, etwas aufrechten, am Rande ausgeschweiften Stempelpolster, und den zurückgebogenen Griffeln gekrönt, schlaff, strohgelb. Samen länglich-eiförmig, planconvex, in der äussern Haut mit zahlreichen, sehr feinen, dicht nebeneinander liegenden Striemen versehen. — Die sehr kräftig, eigenthümlich gewürzhaft riechende und scharf aromatisch bitter schmeckende Wurzel, ***Radix Angelicae s. Angelicae hortensis s. Ang. sativae s. Ang. Archangelicae***, enthält äther. Oel 0,7, scharfes Weichharz 6, bittern Extractivstoff 20, mit Gummi, Stärkemehl, Eiweiss u. Schleimzucker, und ist ein sehr vorzügliches, kräftiges und anhaltend

reizendes Mittel, das man häufig bei Krankheiten anwendet, wo erregend und kräftigend auf die Thätigkeit des Magens u. Darmkanals, auf die der Haut und der Schleimhäute und zugleich auf das Nervensystem zu wirken ist, z. B. bei Nervenfiebern aus Erschlaffung der Lebenskraft und nach den Krisen gastrischer Fieber. Man giebt den Aufguss einer Unze. Da sie leicht schimmelig und wurmstichig wird, so ist sie an einem trocknen Orte aufzubewahren.

a. Der Obertheil einer Wurzel mit dem Stengelgrunde. — b. Eine Blattstielscheide eines obern Stengelblattes. — c. Ein Aestchen mit einer blühenden Dolde und einer Dolde, deren übrig gelassener einziger Strahl ein Doldchen mit jungen Früchten trägt. — A. Eine Blume. B. Das Pistill. — d. Reife Theilfrüchtchen. — C. Dieselbe, vergr. u. D. quer-, sowie E. senkrecht durchschnitten. — F. Ein starker vergr. Querdurchschnitt eines Theilfrüchtchens.

Gattung: **Levisticum (J. Bauh.) Koch.**, Liebstöckel.

Kelchrand verwischt. Blumenblätter 5, rundlich, einwärts gekrümmt, mit einem breiten, stumpfen Läppchen. Frucht oval, vom Rücken zusammengedrückt; Hauptriefen 5, geflügelt, die randenden doppelt breiter; Thälchen einstriemig. (Eine Art enthaltend).

Taf. XVI. **Levisticum officinale Koch**, gebräuchlicher Liebstöckel, Badekraut. ***(Ligusticum officinale Koch, Ligusticum Levisticum L.)***

Wächst ausdauernd auf den Gebirgen Südeuropas u. wird nördlicher in vielen Gegenden angebaut. Die lange u. dicke, vielköpfige u. vielästige, aussen braungelbe, innen weissliche Wurzel, ist mit vielen langen Wurzelfasern besetzt. Die aufrechten, dicken, hohlen Stengel werden 4—8′ hoch und theilen sich oben in kurze steife Aeste. Die Blätter sind denen des Selleries sehr ähnlich, haben aber lederig-fleischige, rautenartig-keilförmige, dunkelgrüne u. stark glänzende Blättchen, von denen die untersten auf langen hohlen Blattstielen, und die obersten, einfacher zusammengesetzten, auf kurzen weitscheidigen Blattstielscheiden sitzen. Die endständigen, 8—12strahligen, schwachgewölbten Dolden sind von 6—12 zurückgeschlagenen linealischen, gelblich berandeten Hüllblättern unterstützt. Die kurzgestielten Blüthen sind gelb. Die Theilfrüchte sind 2—2½‴ lang, bräunlichgelb, u. gekrümmt. Die ganze Pflanze riecht sehr stark u. widrig. Sonst waren davon die Wurzel, hohlen Stengel, Blätter u. die Samen, ***Radix, Fistulae, Folia et Semen Levistici s. Lybistici s. Ligustici s. Laserpitii germanici***, officinell, jetzt wird nur noch die frisch einen blassgelben harzigen Milchsaft enthaltende, unangenehm gewürzhaft riechende u. erst süsslich, dann brennend gewürzhaft und bitter schmeckende Wurzel, welche zugleich ein kräftiges Reizmittel für das Gefäss- u. Nervensystem ist, bei Unterleibsstockungen angewendet. Ihre Bestandtheile sind ein ätherisches Oel mit Weichharz, bitterer Extractivstoff, viel Schleimzucker, Schleim, Eiweiss, Stärkemehl, essigs. Kali.

a. Der Obertheil der Wurzel mit dem Grunde mehrer Stengel. — b. Abschnitte eines Blattes. — c. Eine Stengelspitze mit einer Blüthendolde u. einer Dolde junger Früchte. — A. Blume. — B. Dieselbe, von welcher 2 Blumenblätter entfernt wurden, von der Seite gesehen. — d. und e. Theilfrüchtchen, von verschiedenen Seiten betrachtet. — C. Die beiden noch vereinigten Theilfrüchtchen quer durchschnitten.

Gattung: **Oenanthe Tournef.**, Rebendolde.

Kelchsaum lang-5zähnig. Blumenblätter verkehrt-herzförmig mit eingeschlagenem Zipfelchen. Frucht fast stielrundlich oder oval-länglich, oder fast kreiselförmig, mit den langen fast aufrechten Griffeln und den Kelchzähnen gekrönt. Hauptriefen der Theilfrüchte stumpfgewölbt, die seitlichen randend und wenig breiter; Thälchen einstriemig. Fruchthalter angewachsen.

Taf. XVI. **Oenanthe Phellandrium Lam.**, fenchelsamige Rebendolde, Wasser- od. Rossfenchel. ***(Oenanthe aquatica Lam., Phellandrium aquaticum L., Ligusticum Phellandrium Crantz).***

Wurzel spindelförmig, mit büschelig-wirtelständigen dünnen fadenförmigen Wurzelfasern; Stengel ausgesperrt-ästig; Blätter 2- bis 3fach fiederschnittig: Zipfel eiförmig, eingeschnitten; Dolden hüllenlos.

Eine 2jährige Pflanze, welche häufig in Gräben, Teichen, Sümpfen durch ganz Europa wächst. Die dicke mohrenförmige, innen schwammige u. fächerige Wurzel treibt an den zahlreichen absetzenden Knoten viele wirtelständige Fasern und geht unmerklich in den am Grunde sehr dicken Stengel über. Die Blätter sind sämmtlich gestielt. Die Dolden stehen den Blättern gegenüber u. am Ende des Stengels u. der Aeste u. sind kurz gestielt, flach, vielstrahlig. Unter den etwas gewölbten Doldchen stehen linealisch-pfriemliche Hüllblättchen. Die weissen, kleinen Blüthen sind sämmtlich fruchtbar u. unter einander ziemlich gleich. Die länglichen Früchte sind gegen 2‴ lang, nach dem Grunde etwas verdickt, gelblich- oder grünlich-braun, von den Kelchzähnen u. Griffeln gekrönt. Sie schmecken scharf gewürzhaft, riechen unangenehm u. werden als ***Semen Phellandrii*** s. ***Foeniculi aquatici***, besonders gegen Krankheiten der Brustorgane, Schleimflüsse, Asthma, Lungenschwindsucht u. s. w. angewendet. Er enthält äther. Oel, fettes Oel, Cerin, Harz, Extractivstoff u. Gummi. Verwechselungen mit dem Samen des Gartenschierlings ***Aethusa Cynapium L.***, des Wasserschierlings (***Cicuta virosa L.***), des grossen Klettenkerbels (***Anthriscus sylvestris Hoffm.***) u. des schmal- u. breitblätterigen Wassermerks (***Sium angustifolium et latifolium***), sind leicht durch Vergleichung mit den an Geschmack u. Geruch sehr verschiedenen wahren zu erkennen.

(Die knollige Wurzel von **Oenanthe crocata L.**, in Südeuropa und Holland wachsend, soll das heftigste, scharf narkotische Gift enthalten. — **Oenanthe pimpinelloides L.** lieferte sonst **Radix et Herba Oenanthes s. Filipendulae tenuifoliae** u. **Oenanthe fistulosa L.**, welche gleichfalls scharf-narkotisch ist, **Radix et Herba Oenanthes s. Filipendulae aquaticae**, als harntreibende Mittel. [Abbildungen siehe Lincke etc.]

a. Der Untertheil eines Stengels mit dem obern Theile einer Wurzel. — b. Ein Ast mit einer blühenden und einer junge Früchte tragenden Dolde. — c. Die Hälfte eines untern Blattes. — A. Blume. — B. Pistill. — d. Frucht. — C. Dieselbe vergr. von der Seite. — D. Eine Theilfrucht vom Rücken. — E. Dieselbe von der Seite der Berührungsfläche, so wie F. quer- u. G. senkrecht durchschnitten.

Gattung: **Foeniculum Adans**, Fenchel.

Kelchrand wulstig, zahnlos. Blumenblätter rundlich, eingerollt, mit einem fast quadratischen, abgestutzten Zipfelchen. Frucht länglich (im Querschnitte fast stielrund); die 5 Hauptriefen einer Theilfrucht stumpf-gekielt, die seitlichen davon randend und etwas breiter; Thälchen einstriemig.

Taf. XVI. **Foeniculum officinale All.**, gebräuchlicher Fenchel ***(Anethum Foeniculum L.)***.

Stengel am Grunde stielrund; Blätter mehrfach fiederschnittig: Zipfel verlängert, linealisch-pfriemlich. Dolden (12—25-) 13 bis 20strahlig, ohne Hülle.

Wächst ausdauernd in Südeuropa wild, wird jetzt häufig kultivirt. Aus der langen mohrenförmigen, ästigen Wurzel entspringt der aufrechte, 3—6′ hohe, stielrunde, etwas ästige Stengel. Die Wurzelblätter sind vielfach-fiederschnittig, gestielt, die folgenden 3fach, die übrigen nur doppelt fiederschnittig u. auf den breiten randhäutigen Blattstielscheiden sitzend. Die endständigen u. den Blättern gegenständigen sind gross u. flach, tragen gelbe Blüthen u. haben weder Hüllen noch Hüllchen. Die gelblichgrauen, 3‴ langen Früchte haben braune Striemen. Officinell waren die Wurzel, u. es sind jetzt noch die süss-aromatisch schmeckenden Früchte, ***Radix et Semen Foeniculi vulgaris***. Letztere werden bei Schwäche des Magens und Darmkanals, so wie bei vielen Lungen- u. Brustleiden angewendet. 10 Pfund geben bei der Destillation 4—5 Unzen äther. Oel.

(Von **Foeniculum dulce Casp. Bauh** sind in südlichern Gegenden die Früchte, der süsse oder cretische, oder italienische Fenchel, **Semen Foeniculi cretici**, in gleicher Weise gebräuchlich.)

a. Der Obertheil einer Wurzel und der Grundtheil eines Stengels. — b. eine blühende und junge Früchte tragende Astspitze. — c. Ein mittleres Stengelblatt. — A. Blume. — B. Das Pistill im blühenden und C. im verblühten Zustande. — d. Frucht. — D. Dieselbe, vergr., so wie eine Theilfrucht derselben bei E. senkrecht und bei F. querdurchschnitten. — G. Der starker vergrösserte Querdurchschnitt einer Theilfrucht.

Gattung: **Pimpinella L.**, Bibernell, Pimpinell.

Kelchsaum verwischt. Blumenblätter verkehrt-herzförmig mit eingeschlagenem Zipfelchen. Frucht eiförmig,

von der Seite zusammengezogen, von dem kissenförmigen Griffelpolster und den zurückgebogenen Griffeln gekrönt. Hauptriefen der Theilfrüchte fadenartig, die seitlichen randend; Thälchen vielstriemig.

Taf. XVI. **Pimpinella Saxifraga L.**, gemeine od. Stein-Bibernell, Steinbrech-Pimpinell.

Stengel fein gerillt, nach oben fast nackt; Blätter sämmtlich fiederschnittig: Abschnitte der grundständigen eirund, stumpf, gesägt, ganz, gelappt oder geschlitzt; Griffel kürzer als der Fruchtknoten, Frucht eiförmig, kahl.

Wächst ausdauernd auf Hügeln, Anhöhen u. trocknen Wiesen durch ganz Europa. Die länglich-möhrenartigen Wurzeln sind aussen weisslichbraun oder schwärzlich. Die Stengel werden 1½' hoch. Die kahlen oder flaumigen Blätter haben oft rundliche u. stumpfsägerandige oder eirunde u. tief-ungleich gesägte oder auch spitzig-eingeschnittene u. 3spaltige oder sogar fiederspaltige Abschnitte. Die obern u. obersten gewöhnlich nur einfach fiederschnittigen Blätter haben nur schmal lanzettliche od. lineatische Abschnitte. Die Dolden sind 10—15strahlig und die Döldchen enthalten 10—20 weisse Blüthchen. Die eiförmigen Früchte sind braun u. glatt. — Die frisch unangenehm gewürzhaft riechende u. brennend scharf gewürzhaft schmeckende, getrocknet fingerdicke, gelblich-grauliche, fein geringelte Wurzel, ***Radix Pimpinellae albae*** s. ***Pimp. hircinae*** s. ***Tragoselini***, dient bei verschiedenen Beschwerden des Halses u. der Athmungsorgane, namentlich bei Heiserkeit, leichten schmerzhaften Entzündungen, angeschwollenen Drüsen, bei Nervenfiebern, Krankheiten der Lunge u. der Schleimhäute u. verschiedenen Unterleibskrankheiten, sowie als Kaumittel bei Lähmung der Zunge. Sie enthält äther. Oel, Satzmehl, Eiweissstoff, krystallinischen u. flüssigen Zucker, Gummi, Weichharz, Harz, Pflanzenfette, harzigen, sussen u. gummigen Extractivstoff, Aepfelsäure, Essigsäure, Benzoësäure u. Faserstoff. Verwechselungen kommen vor mit der Wurzel der schwarzen Bibernelle (***Pimpinella nigra***), die als ***Radix Pimpinella nigrae*** officinell war, grösser, dicker, auswendig schwärzlich ist, inwendig einen blauen Saft enthält u. beim Destilliren ein blaues Oel giebt, ingleichen mit der Wurzel von ***Pimpinella magna L.***, die als ***Radix Pimpin. magnae*** s. ***Tragoselini majoris*** s. ***Dauci cyanopi***, ganz in gleicher Weise wie die ***Rad. Pimpin. albae*** angewendet wird, der aber der starke aromatische Geschmack fast gänzlich fehlt, so wie mit der Wurzel der wildwachsenden ***Pastinaca***, die federkiel- bis fingerdick, äusserlich bräunlichgelb, gerade, kegelförmig, faserig, wenig ästig, holzig u. leicht zerbrechlich ist, auf dem Querschnitte keine braunen Saftpunkte erkennen lässt und nicht scharf, sondern mild u. möhrenartig schmeckt, ferner mit der Wurzel von ***Peucedanum Oreoselinum***, die etwas dicker, etwas dunkler gefärbt, wenig riecht und nicht reizend, sondern süsslich petersilienartig schmeckt.

a. Der Obertheil einer Wurzel, an welcher nur noch der Grundtheil eines Stengels, nebst den Stielen grundständiger Blätter und 2 dergl. gelassen wurden. — b. Ein stengelständiges Blatt. — c. Astspitze mit einer Blüthen- u. einer junge Früchte tragenden Dolde. — A. Blume. — B. Pistill. — A. Frucht. — C. Dieselbe, vergr. in die beiden Theilfrüchte getrennt. — D. Eine Theilfrucht quer- und E. senkrecht durchschnitten.

Taf. XVII. **Pimpinella Anisum L.**, Anis-Bibernell, gemeiner Anis.

Unterste Blätter einfach, rundlich-herzförmig, eingeschnitten gesägt, die folgenden 3schnittig und fiederschnittig, mit keilförmigen gelappten und gezahnten oder lanzettlichen Abschnitten; Früchte eiförmig, angedrückt-weichhaarig.

Das Vaterland dieser einjährigen, hier und da im Grossen angebauten, 1—2' hohen Pflanze ist Griechenland und Aegypten. Der Stengel ist nach oben abstehend ästig. Die Wurzel- und Stengelblätter sind langgestielt; von den letztern sind die höhern immer kürzer gestielt, die obersten sitzen. Die ziemlich lockern, fast flachen Dolden sind 6—12strahlig und die Döldchen enthalten ebensoviele weisse Blüthchen; unter den letztern stehen einzelne pfriemliche Hüllblättchen. Die Frucht ist eiförmig, gegen 1½—2''' lang, feingerieft u. angedrückt-weichhaarig-graugrün. Die eigenthümlich gewürzhaft süss schmeckenden Früchte, ***Semen Anisi*** s. ***Anisi vulgaris***, wirken blähungstreibend und erregend auf die Thätigkeit des Magens u. Darmkanals, aber ganz vorzüglich bei Atonie der Schleimhäute der Athmungsorgane u. dienen auch häufig als ein süsses Gewürz in den Haushaltungen u. zur Bereitung von Liqueuren. Sie enthalten ausser einem äther. Oel (***Oleum Anisi***), ein fettes Oel, Harz, Halbharz, Schleimzucker, Gummi, Extractivstoff, äpfelsauren, salz- u. phosphorsauren Kalk. Zu verwerfen sind die mulstrig gewordenen, schimmligen, schwarzen, mit zu vieler Spreu, auch mit unreif eingesammelten Körnern vermischten Samen.

a. Der obere und b. der untere Theil eines Stengels. — A. Blume. — B. Pistill. — c. Frucht. — C. Dieselbe, vergr. — D. Eine Theilfrucht senkrecht und E. quer-durchschnitten. — E. Ein stärker vergr. Durchschnitt.

Gattung: **Carum L.**, Kümmel.

Kelchsaum verwischt. Blumenblätter gleich, verkehrt herzförmig, mit einwärts gebogenem Zipfelchen. Frucht fest, länglich, von den Seiten stark zusammengedrückt. Hauptriefen auf dem Theilfrüchtchen 5, gleich, fadenförmig; Thälchen einstriemig. Fruchthalter frei.

Taf. XVII. **Carum Carvi L.**, gemeiner Kümmel, Carve.

Wurzel möhrenförmig; Stengel aufrecht, kantig-gerieft, Blätter doppelt-fiederschnittig-vieltheilig, um die Hauptrippe kreuzweis (sparrig) gestellt, Zipfel linealisch spitz; Dolden nackt oder mit armblättriger Hülle; Hüllchen fehlend.

Diese häufig im Grossen kultivirte 1jährige Pflanze wächst auf Wiesen und Triften durch ganz Europa. Die ziemlich fingersdicke, fleischige Wurzel treibt nur wenig Aeste u. ist aussen blassbraun, innen weisslich. Der aufrechte, 1—3' hohe Stengel ist kantig gerieft u. gleich vom Grunde an ästig. Die länglichen, gestielten Blätter haben entgegenstehende zahlreiche Abschnitte: die Lappen der untern Blätter sind lanzettlich-linealisch, die der obern weit länger u. blos schmal linealisch, mit einem weisslichen, zuweilen röthlichen Spitzchen. Die obern Blätter sitzen auf weissrandigen Scheiden. Die Döldchen und Dolden sind ziemlich flach, 10—16strahlig. Die Hüllen bestehen aus einem bis zu drei linealischen Blättchen. Die gegen 2''' lange braune Frucht hat hellere Riefen u. breite Striemen. Diese sehr häufig als Gewürz dienenden Früchte, ***Semen Carvi***, gebraucht man auch als Heilmittel, vorzüglich bei Unterleibsbeschwerden durch Erkältung; gegen Blähungen, zur Beförderung der Milchabsonderung u. s. w., in Pulverform skrupelweise, als Aufguss zu 1 Drachma mit 2 Pfd. Wasser od. Wein. Auch bedient man sich ihrer äusserlich zu Pflastern. Ihr Hauptbestandtheil ist ein gewürzhaftes, brennend scharf schmeckendes äther. Oel, das man zu 1—4 Tropfen innerlich giebt, auch äusserlich, in Verbindung mit Oliven- oder Mandelöl, zu Einreibungen bei der Blähungskolik u. andern Kolikarten anwendet. Der Same des gebauten Kümmels ist grösser u. ölreicher, auch angenehmer schmeckend als der wilde. 30 Pfd. Samen geben 19 Unzen äther. Oel.

a. Obertheil einer Wurzel mit dem Grundtheile eines Stengels, nebst dem untern Abschnittspaare und dem scheidigen Stiele eines Blattes. — b. Ein Ast mit 2 Blüthen und einer junge Früchte tragenden Dolde. A. Blume. — B. Pistill. — A. Frucht. — C. Dieselbe, vergr. — D. Eine senkrecht und E. eine quer durchschnittene Theilfrucht. — F. Der stärker vergr. Querdurchschnitt derselben.

Gattung: **Petroselinum Hoffm.**, Petersilge.

Kelchsaum verwischt. Blumenblätter gleich, rundlich gekrümmt, mit einwärts gebogenem länglichen Zipfelchen, kaum ausgerundet. Frucht eiförmig, von der Seite zusammengedrückt und daher fast zweiknöpfig. Hauptriefen 5, fadenförmig, stumpf, die seitlichen randend; Thälchen einstriemig. Fruchthalter frei, zweitheilig.

Taf. XVII. **Petroselinum sativum Hoffm.**, gemeine od. Garten-Petersilge (***Apium Petroselinum L.***).

Stengel aufrecht, eckig, gerillt; untere Blätter 3fach-fiederschnittig, mit eirunden, dreispaltigen, eingeschnitten-gesägten, am Grunde keilförmigen Abschnitten; obere Blätter fiederschnittig, mit linealisch-lanzettlichen, ganzrandigen Abschnitten; Hüllchenblättchen fadenförmig, kürzer als die Döldchen.

Diese häufig kultivirte Pflanze wächst auf felsigen Stellen Südeuropas wild und hat eine weissliche, möhrenförmige, wenig ästige Wurzel, die mehre aufrechte, 3—4′ hohe, ästige Stengel mit langen ruthenförmigen Aesten treibt. Die Blätter sind glänzend dunkelgrün, bei einer krausblättrigen Abänderung auch hellgrün. Die Dolden entspringen den Blättern gegenüber und am Ende der Aeste u. sind locker, 6—20strahlig. Unter den Dolden stehen 1—2 linealisch-borstenförmige Hüllblätter u. unter den Doldchen 6—8 pfriemlich-fadenförmige Hüllchenblättchen. Die kleinen Blüthen sind blos grünlichgelb. Die Frucht ist 1‴ lang, grünlichbraun u. mit hellen, fast weisslichen Riefen versehen. Sonst waren gebräuchlich die Wurzel, Blätter und Früchte, ***Radix, Herba et Semen Petroselini* s. *Apii hortensis*** jetzt sind es meist nur noch die Früchte u. bisweilen die Wurzel, welche letztere sonst zu den 5 grossen eröffnenden Wurzeln, ***Quinque radices aperientes majores*** gehörte u. vorzüglich harntreibend wirken soll. Die Früchte enthalten ein blassgelbes, leicht krystallisirbares Stearopten, Petersilienkampher, absonderndes äther. Oel, sind harn- u. blähungstreibend u. dienen vorzüglich bei Halskrankheiten, Katarrhen Husten u. s. w., sind auch bei Krankheiten des Uterus empfohlen worden. Das zerquetschte Kraut ist nützlich zur Zertheilung der Milchknoten.

a. Eine Wurzel mit dem Stengelgrunde und einem untern Blatte. — b. Eine Astspitze. — A. Blume. — B. Pistill. — c. Frucht. — C. Dieselbe vergr. — D. Eine Theilfrucht senkrecht und E. quer durchschnitten. — F. Ein stärker vergrösserter Querdurchschnitt einer Theilfrucht.

Gattung: **Cuminum L.,** Kreuzkümmel.

Kelchsaum 5zähnig. Blumenblätter länglich, zweispaltig, mit einem eingeschlagenen Zipfelchen. Frucht von der Seite zusammengezogen: Hauptriefen fadenförmig, fein weichstachelig, die seitlichen randend; die 4 Nebenriefen mehr hervorstehend, stachelig, Thälchen einstriemig.

Taf. XVII. **Cuminum Cyminum L.,** ächter Kreuzkümmel, römischer oder langer Kümmel.

Blätter doppelt- oder einfach-3schnittig: Abschnitte linealisch-borstlich, spitzig; Dolde 3- bis 5strahlig; Hüllchen länger als die weichhaarigen oder kahlen Früchte.

Eine 1jährige, in Aethiopien u. Aegypten wachsende, in Süditalien auch kultivirte Pflanze. Der kahle Stengel ist aufrecht, ½—1½′ hoch u. hat lange abstehende gabelspaltige Aeste. Die Blätter stehen auf kurzen, randhäutigen Scheiden. Dolden blattgegenständig, klein, etwas gewölbt, von lineal-borstlichen einfachen oder 2- oder 3theiligen Hüllblättern von der Länge der Doldenstrahlen unterstützt. Döldchen 3—6blüthig, mit carminröthlichen oder weissen Blumen. Von den lanzettlich-borstigen Kelchzähnen sind die beiden äussersten 3 mal länger. Die länglichen, 3‴ langen, gelblichgrauen Früchte sind auf den Hauptriefen mit sehr kurzen u. auf den Nebenriefen mit etwas längern borstenförmigen Stacheln besetzt. Diese Früchte, ***Semen Cumini* s. *Cymini***, welche zu den 4 grössern erhitzenden Samen gehören, sind hier und da noch officinell. Er hat ganz ähnliche Kräfte wie der gemeine Kümmel, ist aber schärfer und etwas widriger u. soll selbst betäubend sein.

a. Ein blühender Stengel. — b. Die Wurzel. — A. Die Blume. — B. Pistill. — C. Blumenblatt. — D. Eine Frucht von der Seite. — E. Eine Theilfrucht vom Rücken. — F. Dieselbe senkrecht u. G. quer durchschnitten. — H. Ein noch stärker vergrösserter Querdurchschnitt einer Theilfrucht.

Gattung: **Anthriscus Hoffm.,** Klettenkerbel.

Kelchsaum verwischt. Blumenblätter verkehrt-eiförmig, abgestutzt oder ausgerandet, mit eingeschlagenem Zipfelchen. Frucht von der Seite zusammengezogen, geschnabelt, riefenlos, striemenlos, länger als der 5- oder 10riefige Schnabel.

Taf. XVIII. **Anthriscus sylvestris Hoffm.,** grosser Klettenkerbel. ***(Chaerophyllum sylvestre L.)***

Stengel gefurcht, kahl, an den Knoten zottig, Blätter 3fach-fiederschnittig; Abschnitte eiförmig, fiederspaltig, Zipfel länglich-lanzettlich, kurz-stachelspitzig; Dolden endständig; Früchte länglich, viermal länger als der Schnabel.

Eine auf Wiesen, Grasplätzen, Obstgärten u. Wäldern durch Europa u. Nordasien gemeine ausdauernde Pflanze. Die Wurzel ist möhrenförmig-ästig. Der Stengel ist 2—4′ hoch, gefurcht, hohl, nach oben ästig, an seinen Knoten etwas verdickt u. zottig, am Grunde mit zurückstehenden Haaren besetzt, übrigens aber kahl. Die Wurzelblätter stehen auf den langen röhrigen, fast 3kantigen, oberseits rinnigen Stielen und sind 3- bis 4fach fiederschnittig, glänzend, unterseits u. am Rande fein behaart; die Abschnitte sind eirund-länglich, mit linealisch-lanzettlichen, zugespitzten u. stachelspitzigen Lappen, von denen die äussersten nur eingeschnitten u. ganz sind. Die Stengelblätter sind nur dreifach- oder doppelt-fiederschnittig u. stehen auf kürzern Stielen, so wie die obersten nur auf den länglichen randhäutigen Scheiden. Die flachen Dolden haben auf 15—20 Strahlen weisse Blüthen, mit kaum ausgerandeten Blumenblättern, von denen die äussern etwas grösser sind. Gewöhnlich fehlt die Hülle, doch finden sich zuweilen 1 oder 2 Blättchen. Die Hüllchen bestehen aus 5—6 lanzettlichen, zottig-wimperigen Blättchen. Die 3—4‴ lange, schwarzbraune Frucht ist glänzend u. glatt, nur am Schnabel etwas gefurcht. Das Kraut, ***Herba Cicutariae* s. *Cicutariae vulgaris***, welches unangenehm-gewürzig riecht u. bitterlich-scharf schmeckt, ist vorzüglich bei syphilitischen Krankheiten empfohlen worden.

(Von **Anthriscus Cerefolium Hoffm.** [Scandix Cerefolium L.], gemeiner oder Gartenkerbel, Suppenkerbel, wird aus dem gelind-reizenden und auflösenden, auch harntreibend sollenden, frischen Kraute, **Herba Cerefolii s. Chaerophylli**, ausgepresste Saft mit andern Frühlingskräutern in den Frühjahrskuren angewendet. [Abbildung s. Lincke etc.]

a. Die Wurzel mit dem querdurchschnittenen Stengelgrunde. — b. Eine Astspitze mit Blüthen und junge Früchte tragenden Dolden. — c. Eine Blattspitze. — A. Blume. — B. Pistill. — c. Frucht. — C. Dieselbe, vergr. — D. Eine Theilfrucht quer und E, senkrecht durchschnitten.

Gattung: **Cicuta L.,** Wasserschierling.

Kelch deutlich 5zähnig. Blumenblätter gleich, verkehrt-herzförmig, mit eingebogener Spitze. Griffel zurückgekrümmt. Frucht fest, rundlich, von der Seite zusammengedrückt, mit den Kelchzähnen gekrönt; Hauptriefen der Theilfrüchte 5, flach, die seitlichen etwas breiter und randend, sie schieben sich unter dem Albumen keilförmig ein und bilden den grössten Theil der Berührungsfläche. Thälchen 1striemig, auf der Berührungsfläche 2striemig; sie liegen oberflächlich, in gleicher Höhe mit den Riefen, ja zuweilen sogar höher wie diese.

Taf. XVIII. **Cicuta virosa L.** ***(Cicutaria aquatica Lam., Coriandrum Cicuta Roth.)***, Wasserschierling, Wütherich.

Blätter meist 3fach-gefiedert; Blättchen 2- bis 3theilig; Zipfel lineal-lanzettförmig, spitz und gesägt. Hüllchen reichblätterig.

Eine an Gräben u. Teichen durch ganz Europa u. Nordasien ausdauernde Pflanze. Die Wurzel (Wurzelstock) ist dick, abgestumpft, weisslich od. grün, mit starken, weissen Fasern besetzt, innen hohl u. fächrig, mit markigen Querwänden durchzogen und treibt mehre aufrechte, flachgestreifte, glatte Stengel mit langen Aesten. Die Wurzelblätter sind 2- bis 3fach gefiedert, gross und stehen auf langen, stielrunden, hohlen Blattstielen, die Zipfel der Blättchen sind 1½—2‴ breit u. 4—6‴ lang; das Endblättchen ist stets 3theilig, in die ganzrandige Basis keilförmig herablaufend. Die Sägezähne tragen ein weisses Spitzchen. Die [obern] Blätter sitzen auf den bauchigen Scheiden u. sind weniger zusammengesetzt; die Zipfel derselben entfernter gesägt, spitzer u. schmäler. Die Enddolden sind gross, sehr convex, mit gedrungenen Döldchen; die Seitendoldchen kleiner, aber höher stehend. Die Hülle fehlt oder ist 1—2blätterig; die Hüllchen sind vielblättrig, aus pfriemlichen, zuletzt zurückgeschlagenen Blättchen zusammengesetzt. Die Blumen sind weiss. Die Frucht ist breiter als hoch, mit dem Kelche u. den Griffeln gekrönt. Das Kraut, ***Herba Cicutae aquaticae***, gebraucht man in manchen Gegenden gleich dem gefleckten Schierling. Die ganze Pflanze gehört zu den giftigsten deutschen narkotisch-scharfen Gewächsen u. ihre Vergiftungszufälle sind denen des gefleckten Schierlings gleich, nur fürchterlicher. Die Wurzel wird oft mit der Selleriewurzel verwechselt, ist aber beim Durchschneiden durch seine hohlen Fächer übereinander leicht unterscheidbar. Gegenmittel sind brechenerregende Dinge, Pflanzensäure u. Kampher.

a. Die senkrecht durchschnittene fächerige Wurzel mit dem querdurchschnittenen Stengelgrunde. — b. Eine Astspitze mit Blüthen und junge Früchte tragenden Dolden. — c. Eine Blattspitze. — A. Eine Blume. — d. die Frucht. — B. Dieselbe, vergr.

Gattung: **Conium Lin.**, Schierling

Kelchsaum verwischt. Blumenblätter verkehrt herzförmig, mit kurzem eingeschlagenen Zipfel. Frucht fest, eirund, an den Seiten zusammengedrückt; Hauptriefen der Theilfrüchte 5, gleich hervorragend, besonders vor der Reife wellig-gekerbt, die seitenstandigen randend; Thälchen gerillt, striemenlos.

Taf. XVIII. **Conium maculatum L.**, gefleckter oder grosser Schierling.

Stengel ästig, zart gerillt, kahl wie die ganze Pflanze; Blätter 3fach, fiederschnittig: Abschnitte eirund-länglich oder lanzettlich, fiederspaltig, mit eingeschnitten-gesägten Zipfeln; Blattstiele stielrund, röh.ig; Hüllen vielblättrig, zurückgeschlagen; Hüllchen halbirt, mit 3—4 am Grunde verwachsenen Blättchen.

Eine 2jährige, auf wüsten Plätzen, Schutt, an Wegen und Waldrändern wachsende, 4—8′ hohe Pflanze. Die möhrenförmige weissliche Wurzel ist gewöhnlich einfach, selten verästet. Der Stengel ist aufrecht, röhrig, gerillt, glänzend u. bläulichweiss bereift, oft am Grunde rothgefleckt, oben ästig, mit wirtelig gestellten Aesten. Die oberseits dunkelgrünen, unterseits helleren, etwas glänzenden Blätter sind vollkommen kahl, die untersten gross u. mit stielrunden hohen Stielen versehen, die obersten auf kurzen schmalen randhäutigen Scheiden sitzend. Die Blattabschnitte sind fiedertheilig, nach oben hin nur eingeschnitten gesägt, mit spitzigen oder stumpflichen, weiss kurz-stachelspitzigen Zähnen. Die zahlreichen, ziemlich flachen Dolden haben 10—20 Strahlen u. ziemlich kleine weisse Blüthen. Die Hüllen bestehen meist aus 5 lanzettlichen, zugespitzten, randhäutigen, zurückgeschlagenen Blättern, u. die Hüllchen aus 3—4 Blättchen, die am Grunde zusammengewachsen u. vorn lanzettlich zugespitzt sind. Die Frucht ist 1½‴ lang u. ziemlich eben so breit, graubraun, hat im jungen Zustande gekerbte, später blos wellige Riefen. Die ganze Pflanze hat bei trockner Witterung einen denen der Canthariden ähnlichen Geruch, der sich aber beim Trocknen ziemlich verliert. Die Blätter, ***Herba Conii maculati s. Cicutae s. Cicutae majoris***, wirken stark narkotisch-scharf u. werden häufig bei Stockungen im Lymphgefässsysteme, bei Drüsenanschwellungen u. Verhärtungen, bei Scropheln, gegen krebsartige Geschwüre u. s. w. angewendet. Das Extract gibt man von 1—10 u. 20 Gran. Aeusserlich wird das Kraut zu erweichenden u. schmerzstillenden Umschlägen angewendet Der wirksamste Bestandtheil scheint ein scharf-narkotisches, giftiges Pflanzenalkaloid, das Cicutin oder Convin, mit scharfem Harze zu sein. 6 Pfund Saft geben 1 Pfund Extract. Man muss das Kraut von wildgewachsenen u. schon mit dem Stengel versehenen Pflanzen sammeln. Verwechselt kann der gefleckte Schierling werden mit dem knolligen Kälberkropfe (***Chaerophyllum bulbosum***), dessen Blätter saftgrün, glänzend, 3fach gegliedert, an den zusammengedrückten Blattstielen u. Blattrippen rauh, dessen Fiederchen zwar auch fein zertheilt, die Einschnitte derselben aber knorpelartig sind. Die Stengel desselben sind zwar auch rothgefleckt, aber er ist gegliedert, an den Knoten zwischen den Gliedern aufgeschwollen u. an den 3 untersten Gliedern ganz rauh u. borstig. Die Wurzel ist rübenförmig, kurz u. dick. Die Früchte sind oben geschnäbelt, nach unten keulenförmig angeschwollen, mit 5 Längsrippen. Der wilde Körbel (***Chaerophyllum sylvestre***) hat einen tiefgefurchten, fleckenlosen, erst weichhaarigen, dann scharfen Stengel, rinnenförmige, fast 3kantige Blattstiele u. einen sehr verschiedenen Geruch. Die Früchtchen sind auf der gewölbten äussern Fläche ganz glatt, rippenlos u. an der Spitze geschnäbelt. Die Hundspetersilie oder der Gartengleiss (***Aethusa Cynapium***) hat einen fleckenlosen Stengel, unten starke, glänzende Blätter, halbrunde, fast gar nicht röhrige Blattstiele. Die allgemeine Dolde hat keine Hülle; die der besondern Dolden besteht aus wenigen sehr langen, schmalen, einseitigen Blättchen. Die Frucht ist eirund kugelig; jede Theilfrucht hat 5 erhabene, dicke, geschärfte, nicht wellig-gekerbte Rippen. Ausser diesen Pflanzen soll der Schierling noch verwechselt werden mit dem wohlriechenden Körbel (***Scandix odorata L.***), dem Wasserfenchel (***Phellandrium aquaticum***), mit dem berauschenden u. rauhen Körbel (***Chaerophyllum temulentum et hirsutum***), mit dem peloponnesischen Liebstöckel ***Ligusticum peloponnense***), mit der röhrigen u. safrangelben Rebendolde (***Oenanthe fistulosa et crocata***), u. mit dem Wasserschierling (***Cicuta virosa***), welche Pflanzen man aber sämmtlich durch Vergleichung mit dem gefleckten Schierling leicht unterscheiden kann. Die besten Gegenmittel bei Vergiftungszufällen durch den Schierling scheinen nach Umständen zu sein: Brechmittel, Pflanzensäuren oder starker Kaffee. Sonst wurden auch die Früchte, ***Semen Cicutae majoris***, gesammelt.

a. Die Wurzel mit dem Stengelgrunde. — b. Astspitze mit Blüthendolden. — c. Der untere Theil eines stengelstandigen Blattstiels. — A. Blume. — B. Eine junge, noch unreife Frucht. — d. Eine reife Frucht. — C. Dieselbe, vergr. — D. Eine Theilfrucht quer und E. senkrecht durchschnitten.

(Zu dieser Ordnung gehören ferner noch: **Apocynum androsaemifolium L.**, dessen stark bittere und brechenerregende Wurzel in Amerika angewendet wird. — **Apocynum venetum Lin.** lieferte sonst **Radix Tithymali maritimi.** — **Urceola elastica Roxb.**, ein ostindischer Baum, enthalt in seinem Milchsafte eine grosse Menge Kautschuk. — **Cynanchum Ipecacuanha Willdw.** (Asclepias asthmatica L., Ascl. vomitoria König., Cynanchum vomitorium Lam.), soll weisse Ipecacuanha liefern. — Von **Cynanchum monspeliacum L.** liefert der eingedickte und mit mehrern purgirenden Stoffen und Harzen vermengte Milchsaft das französische Scammonium, **Scammonium gallicum s. monspeliense.** — Von **Solenostemma Arghel Hayn.** [Cynanchum Arghel Del.], einem 2—3′ hohen Strauch Oberägyptens u. Nubiens, finden sich die obern kleinern Blätter so häufig unter den alexandrinischen Sennesblättern, dass sie oft den vierten Theil derselben ausmachen; sie schmecken bitter, werden aber, da sie gleichfalls purgirend wirken, nicht ausgelesen. Kenntlich sind sie an der blassen, graugrünen Farbe, an ihrer grössern Dicke, lederigen Beschaffenheit und daran, dass sie auf der Unterseite schwach-runzelig und mehr oder weniger weichhaarig sind. — Von **Vincetoxicum officinale Mnch.** [Cynanchum Vincetoxicum Pers., Asclepias Vincetoxicum L.] wird die bitterlich-scharf schmeckende Wurzel, **Radix Hirundinariae s. Vincetoxici**, als drastisches Purgirmittel bei Wassersucht, Stockungen im Darmkanale, bei unterdrückter Menstruation, pestartigen Nervenfiebern, zur Beförderung des Ausbruchs bei Ausschlagskrankheiten, gerühmt. Sie enthält ein eigenthümliches Alkaloid, das Asclepiadin, ätherisches u. fettes Oel, Harz, Gummi u. Stärkemehl mit apfel- und kleesauren Salzen. — **Sarcostemma glaucum** dient in Caraccas als Brechmittel statt der Ipecacuanha. — **Calotropis gigantea R. Brown.** [Asclepias gigantea Ait.], ein ostindischer Strauch, liefert die rothbraune, innen weisse Wurzelrinde, als **Mudar** od. **Radix Mudarii**, die bei verschiedenen Nervenleiden, vorzüglich Krampfkrankheiten, bei chronischen Ausschlägen, Syphilis und gegen Würmer u. s. w. empfohlen und angewendet wurde. — **Hemidesmus indicus R. Br.** u. **Secamone emetica R. Br.** geben Brechmittel ab. — Von **Marsdenia erecta R. Br.** [Cynanchum erectum L.] war sonst das sehr giftige, ruhrstillende Kraut, **Herba Apocyni folio subrotundo**, gebräuchlich. — Von **Asclepias syriaca L.** soll die Wurzel ein gutes Mittel gegen Asthma sein. — **Asclepias tuberosa L.** soll als gutes Expectorans u. Diaphoreticum gegen Blutflüsse, Ruhr der Kinder u. Lungenkrankheiten nützen. — Von **Asclepias curassavica R. Br.** dient die Wurzel in America statt der Ipecacuanha. — Von **Henricea pharmacearcha Lemair** [Gentiana Chirayta Roxb.], einer ostindischen Pflanze, sind die sehr bittern Stengel als **Stipites Chiraytae** nach Europa gebracht worden. — Von **Salsola Kali, S. Tragus** u. **S. Soda** wird die Asche auf Soda, od. Barilla, oder **Soda hispanica**, benutzt. Auch mehre Arten von **Schoberia** u. **Halimus** werden hierzu angewendet. — Von **Atriplex hortensis L.**, Gartenmelde, geben die Blätter nicht nur ein gesundes, eröffnendes Gemüse, sondern waren auch sonst als **Herba Atriplicis albae s. rubrae**, als kühlendes u. erweichendes Mittel in Anwendung. — Von **Herniaria glabra L.**, kahles Bruchkraut, wurde sonst das Kraut, **Herba Herniariae**, bei eingeklemmten Brüchen angewendet. — Von **Beta vulgaris L.**, gemeiner Mangold, Runkelrübe, wurde die zuckerreiche, grosse, jetzt nur noch zur Bereitung des Rübenzuckers dienende Wurzel, auch medicinisch angewendet. — Von **Laserpitium latifolium L.**, breitblättriges od. grosses Laserkraut, weisser Enzian, diente die bitter und scharf gewürzhafte Wurzel, **Radix Gentianae albae**, als ein kräftig reizendes und tonisches Mittel. — **Laserpitium Siler L.** [Siler montanum Clus., Ligusticum garganicum Till.] gab **Radix et Semen Sileris montani.** — **Galbanum officinale Don.** u. **Opoidia galbanifera Lindl.**, Pflanzen des Orients, sollen die wahren Mutterpflanzen des Galban- oder Mutterharzes, **Gummi Resina Galbanum**, sein, das in 2 Sorten zu uns kommt, nämlich als **Galbanum in granis**, in kleinen, höchstens haselnussgrossen, kugeligen, etwas durchscheinenden, gelblichweissen oder gelbröthlichen, unter sich zusammengebackenen Körnern bestehend, und als **Galbanum in massis**, Klumpen, Kuchen oder grössere Massen von bald heller, bald dunkler braunner Farbe und mit mehr oder weniger Körnern untermischt, bildend. Je mehr weissliche Körner, je weniger Samen und andere Unreinigkeiten in der letztern Sorte enthalten sind, und je reiner und heller die Farbe ist, desto besser ist sie. Ganz verwerflich ist das dunkelbraune, von gelblichen Körnern entblösste, sehr schmierige, viele Sägespähne, Samenkörner, Sand und andere Unreinigkeiten enthaltende Galbanum. — **Astrantia major L.**, schwarze oder falsche Meisterwurz, lieferte die nur etwas scharf und bitter schmeckende und purgirende Wurzel, **Radix Astrantiae s. Imperatoriae nigrae**, mit welcher die schwarze Nieswurz, **Radix Hellebori nigri**, oft verwechselt wird. — Von **Myrrhis odorata Scop.** [Scandix odorata L., Cherophyllum odoratum Lam.]

Myrrhen- od. Aniskerbel, Süssdolde, waren sonst **Radix, Herba et Semen Cerefolii hispanici s. Cicutariae odoratae s. Myrrhidis majoris**, gebräuchlich. — Von **Crithmum maritimum L.** [Cachrys maritima Sprengel.], Meerfenchel, Seebacille, wurden sonst die Blätter, **Folia Crithmi s. Foeniculi marini s. Herba Sancti Petri**, als harn- und wurmtreibendes Mittel gebraucht. — Von **Angelica sylvestris L.**, Waldengelwurz, wilde od. Wald-Angelik, war sonst die Wurzel, **Radix Angelicae sylvestris**, officinell, welche ähnlich, aber weit schwächer, als die ächte Angelika wirkt, jetzt nur noch als Hausmittel und in Süditalien als **Radice di Bracaia** gegen Scabies angewendet wird. — **Thysselinum palustre Hoffm.** [Selinum palustre L.], lieferte ehedem die scharf aromatische und bittere Wurzel, **Radix Thysselini s. Olsniti**. — Von **Tordylium officinale L.**, gebräuchlicher Zirmet, einer Pflanze des Orients, waren sonst die Früchte als **Semen Tordylii s. Seseleos cretici**, bei Nieren-, Blasen- und ähnlichen Krankheiten, so wie gegen unterdrückte Menstruation in Anwendung. — Von **Heracleum Sphondylium L.**, falsche Bärenklaue, waren die tonisch-reizend auf den Darmkanal wirkende Wurzel, und die gelind auflösenden Blätter, **Radix et Herba Brancae ursinae germanicae s. spuriae v. Sphondylii**, officinell — Von **Pastinaca sativa L.**, gemeine Pastinak, die ihrer nahrhaften, süssen, aromatischen Wurzel wegen häufig angebaut wird, waren sonst die bitterlich gewürzigen Früchte, **Semina Pastinacae**, officinell. — **Opopanax Chironium Koch** [Pastinaca Opopanax L., Ferula Opopanax Sprengel], lieferte durch Einschnitte in die dicke, fleischige Wurzel und in den Grundtheil des Stengels ein Schleimharz, **Opopanax**, das dem Asand, Galbanum und Ammoniak ähnlich wirkt. — Von **Bubon gummiferum u. B. Galbanum L.**, 2 Pflanzen Südafrikas, leitete man früher das **Galbanum** ab. — **Dorema Ammoniacum Don.**, Ammoniakpflanze, im nördlichen Persien und in Armenien wachsend, enthält einen weissen Milchsaft, der vorzüglich an den Doldentrauben von selbst ausfliesst und an der Luft erhärtet, das Ammoniakharz, **Gummi-Resina Ammoniacum**, abgiebt, das entweder als **Ammoniacum in granis s. in lacrymis**, in weissen, mandel- bis wallnussgrossen, in einer ziemlich trocknen od. sogar spröden Masse zusammengebackenen Körnern od. Thränen vorkommt, od. als **Ammoniacum in pane s. in placentis**, mehr schmierig, gelblich od. bräunlich ist und aus unförmlichen Stücken besteht. Ganz verwerflich ist das dunkelbraune, sehr klebrige, keine weissen Körner enthaltende Gummi. Das Ammoniak enthält Harz, Schleim und äther. Oel und wirkt kräftig und anhaltend reizend auf die Thätigkeit der Unterleibsorgane und die Absonderungen der Schleimhäute, so wie äusserlich zertheilend und zeitigend bei Geschwülsten, Abscessen, Verhärtungen u. s. w. — Von **Peucedanum officinale L.** [Selinum Peucedanum Roth.], Haarstrang, wurde sonst die unangenehm riechende und widerigscharf und bitter schmeckende Wurzel, **Radix Peucedani s. Foeniculi porcini**, als reizendes u. belebendes Mittel bei Trägheit des Darmkanals, Husten, Asthma u. hysterischen Krämpfen, äusserlich auch bei fauligen Geschwüren angewendet. — **Oreoselinum legitimum M. Biebst.** [Peucedanum Oreoselinum Mnch., Athamanta Oreoselinum L., Selinum Oreoselinum Scop.], Grundheil, Augenwurzel, gab die angenehm gewürzhaft und bitter schmeckenden **Radix, Herba et Semen Oreoselini s. Apii montani**, welche man noch jetzt bisweilen als reizende und stärkende, die Aussonderungen befördernde Mittel anwendet. — **Smyrnium Olusatrum L.** gab **Radix et Semen Smyrnii**. — **Chaerophyllum bulbosum L.** [Scandix bulbosa Roth., Myrrhis bulbosa Spr.], wird oft mit dem gefleckten Schierling verwechselt. — **Scandix Pecten Veneris L.** [Chaerophyllum Pecten Veneris Crantz., Chaer. rostratum Lam.], war sonst als **Herba Pectinis Veneris** officinell. — **Scandix australis L.** [Myrrhis australis All., Chaerophyllum australe Crantz, Wylia australis Hoffm.], gab **Herba Scandicis italicae**. — **Sium Sisarum L.** giebt als gutes Nahrungsmittel die Zuckerwurzel. — **Sium Ninsi L.** gab die ehedem in China und Europa hochgeschätzte **Radix Ninsi**. — **Sium latifolium L.**, Wassermerk, lieferte sonst **Radix et Herba Sii palustris s. Pastinacae aquaticae**. — **Berula angustifolia Koch.** [Sium angustifolium L.], gab **Herba Sii s. Berulae**. — **Falcaria Rivini Host.** [Sium Falcaria L., Drepanophyllum agreste Hoffm., Critamus agrestis Bess.], gab **Herba Falcariae**. — **Bupleurum rotundifolium L.**, Durchwachs, lieferte **Herba et Semen Perfoliatae**, die man gegen Kröpfe, bei Wunden und Brüchen anwendete. — Von **Bupleurum falcatum L.**, war sonst **Herba Bupleuri s. Auriculae leporis s. Costae bovis**, als Wund- und Fiebermittel gebräuchlich. — **Athamanta cretensis L.** gab **Semen Dauci cretici s. Myrrhidis annuae** u. **Athamanta macedonica Koch**, macedonische Augenwurz od. Petersilge, das **Semen Petroselini macedonici s. Apii saxatilis s. petraei**. — **Cervaria Rivini Gaertn.** [Athamanta Cervaria L.], Hirschwurzel, lieferte sonst die aromatisch-bitteren Wurzeln und Früchte, **Radix et Semen Cervariae nigrae s. Gentianae nigrae**, die man noch als Hausmittel bei Wechselfiebern anwendet. — Von **Silaus pratensis Bess.** [Peucedanum Silaus L.], falsche Bärwurz, Mattensteinbrech, waren sonst die Wurzel, Blättter u. Früchte, **Radix, Herba et Semen Silai s. Seseleos pratensis s. Saxifragae anglicae**, officinell. — **Meum athamanticum Jacq.** [Athamanta Meum L., Aethusa Meum Murr., Lygusticum Meum Roth., Seseli Meum Scop.], Mutter-Bärwurz, Bärendill, Bärenfenchel lieferte die wohlriechende, stark gewürzhaft u. scharf schmeckende Wurzel, **Radix Mei s. Anethi ursini s. Föniculi ursini**, u. die Früchte als **Semen Mei**. — **Meum Mutellina Gaertn.** [Phellandrium Mutellinum L.], lieferte **Radix Mutellinae**. — **Seseli Tortuosum L.** lieferte ehedem die gewürzhaft-bittern Früchte als **Semen Seseleos massiliensis**, die man für ein Gegengift des Schierlings hielt. — **Aethusa Cynapium L.**, Gartengleisse, kleiner od. Gartenschierling, wirkt giftig und wird am häufigsten unter der Petersilge gefährlich, von der sie sich durch die glänzenden Blätter und die einseitig stehenden, aus drei herabgeschlagenen linealisch-pfriemlichen Blättchen bestehenden Hüllchen auszeichnet. In der Homöopathie findet sie Anwendung. — Von **Ammi majus L.**, grosses Ammi oder Ammey, waren sonst die sehr gewürzhaften Früchte, **Semen Ammeos vulgaris**, gebräuchlich und gehörten zu den sogenannten 4 kleinen erhitzenden Samen, **Semina quatuor calida minora**. — **Ptychotis coptica DeC.** [Ammi copticum L.], auf Candia und in Aegypten wachsend, lieferte die gewürzhaften Früchte, **Semina Ammeos veri s. cretici**. — Von **Ptychotis Ajowan DeC.**, einer ostindischen Pflanze, kamen die brennend-gewürzigen Früchte, **Semina Ajowan s. Adjowaën**. — Von **Sison Amomum L.**, gewürzhafter Sison, waren früher die balsamisch-gewürzhaften Früchte als deutsches Amomum, **Semen Amomi s. Amomi vulgaris** officinell. — **Helosciadium nodiflorum Koch.** [Sium nodiflorum L.], lieferte sonst das etwas gewürzhafte Kraut, **Herba Sii nodiflori**, als ein harntreibendes und Blasenstein zersetzendes Mittel, das man auch bei unterdrückter Menstruation anwendete. — **Helosciadium lateriflorum Koch.** [Sison Ammi L.], waren die angenehm gewürzhaft schmeckenden Früchte als cretischer Ammey, **Semen Ammeos veri s. Am. cretici s. Föeniculi lusitanici**, officinell. — **Apium graveolens L.**, Sellerie, Eppig, lieferte sonst die Wurzel und die Früchte, **Radix et Semen Apii**; die erstere gehörte zu den **Radices quinque aperientes majores**, letztere zu den 4 kleineren erhitzenden Samen, **Semina quatuor calida minora**. — Von **Aegopodium Podagraria L.**, Geissfuss, Giersch, wurde das gering gewürzige Kraut gegen Podagra und äusserlich bei Wunden angewendet. — Von **Sanicula europaea L.**, gemeiner Sanikel, wurden ehemals die Wurzel und die Blätter, **Radix et Herba Saniculae**, äusserlich und innerlich bei Wunden, Quetschungen und Geschwüren angewendet. — Von **Eryngium campestre L.**, Feldmannstreu, Rodendistel, wendete man sonst die Wurzel, **Radix Eryngii s. Lyringii s. Asteris inguinalis s. Capituli Martis s. Acus Veneris s. Cardui volantis aculeati**, als harntreibend, in Wassersucht, bei Stockungen im Pfortadersysteme, bei Schleimflüssen der Brust und gegen ödematöse Anschwellungen der Füsse an. Sie gehörte unter die 5 kleinern eröffnenden Wurzeln, **Radices quinque aperientes minores**. — Von **Eryngium maritimum L.**, Meerstrandsmannstreu, wendete man die Wurzel, **Radix Eringii maritimi**, bei mehreren Brustkrankheiten, besonders bei Schwindsucht, an. — Von **Hydrocotyle vulgaris L.**, gemeiner Wassernabel, diente sonst das ganze Pflänzchen als **Herba Cotyledonis aquaticae**, als harntreibendes und eröffnendes Mittel bei Unterleibsstockungen. [Abbild. d. deutschen Gewächse s. Lincke.])

Drigynia (Dreiweibige).

Familie: **Dipsaceen**, Dipsaceae. — *Gruppe*: **Sambuceae Reichb.**

Gattung: **Sambucus Tournef.**, Hollunder, Flieder.

Kelchsaum 5zähnig. Blumenkrone radförmig, 5spaltig. Staubgefässe 5, Narben 3, sitzend. Beere kaum mit dem Kelchsaume etwas gekrönt, einfächerig. 3samig.

Taf. XIII. **Sambucus nigra L.**, schwarzer oder gemeiner Hollunder oder Flieder, Schibbiken.

Stamm fast baumartig; Blätter fiederig-zerschnitten, kahl. Abschnitte (Blättchen Autor.) eirund-länglich, gesägt (meist zu 7, an den obersten Blättern zu 5); Nebenblätter warzenförmig oder fast fehlend; Trug- oder Afterdolden 5strahlig.

Dieser 10—20′ hohe Strauch, seltner Baum, wächst in Hecken u. Gebüschen, vorzüglich an feuchten Stellen, an Gräben u. s. w. wild, wird aber überall in den Bauerngärten angepflanzt. Die jungen Stämme schiessen meist gerade in die Höhe, sind von einer weissgrauen Rinde mit warzenförmigen Rinderhöckerchen bedeckt u. haben eine weite, mit sehr zartem Marke erfüllte Markröhre, die später immer mehr verschwindet. Die Blätter u. jüngsten, noch krautartigen Triebe entwickeln beim Berühren oder Reiben einen unangenehmen Geruch. Die grossen, flachen Trugdolden tragen zahlreiche gelblichweisse, starkriechende Blumen mit hellgelben Antheren. Die Beeren sind bei der Reife gewöhnlich glänzend schwarz, enthalten einen dunkel-violettfarbigen Saft u. hängen sammt der Trugdolde mit den violettgefärbten Aesten über; bisweilen sind sie auch bei der Reife noch grün u. bei einer andern Abänderung sogar weiss. Man kennt mehre Abarten. — Jetzt wendet man nur noch die Blumen u. Beeren, ***Flores et Baccae Sambuci***, an, früher waren auch die Blätter u. die innere grüne Rinde, ***Folia et Cortex interior Sambuci***, gebräuchlich. — Die frischen Blätter werden auf Geschwülste u. Geschwüre gelegt. — Die frisch stark, etwas unangenehm u. leicht betäubend riechenden u. schleimig-bitterlich, schwach gewürzhaft schmeckenden Blumen werden gewöhnlich im Aufguss als ein gelind schweisstreibendes Mittel, oder zu Gurgelwässern, Einspritzungen, erweichenden Umschlägen, Bähungen u. s. w. gebraucht. Sie enthalten ein krystallinisch-festes, ätherisches Oel mit Harz u. Gerbestoff, stickstoffhaltigen Extractivstoff, Spuren von Schwefel, Kleber, Eiweiss, apfel-, Salz- u. schwefelsaure Salze. Man muss sie nur bei ganz trocknem Wetter sammeln u. schnell trocknen. — Die Beeren, Hollunderbeeren, Schibbicken, welche ausser einer freien Pflanzensäure, einen violetten, veränderlichen Farbestoff u. Schleimzucker enthalten, dienen zur Bereitung des Hollundersaftes oder Fliedermuses, ***Roob Sambuci crudum*** s. ***Succus baccarum Sambuci inspissatus crudus*** und ***Roob Sambuci depuratum***, den man als schweiss- u. harntreibendes Mittel gegen Wassersucht, Katarrh u. rheumatische Anfälle u. Beschwerden anwendet. — Die innere Rinde der jüngern Aeste wendete man im spirituösen Aufgusse gegen Lungenschwindsucht an.

(Von **Sambucus Ebulus L.** waren sonst die Wurzel, die innere Rinde, die Blätter, Blüthen u. Früchte, **Radix, Cortex interior, Folia, Flores et Baccae Ebuli**, gebräuchlich. Die 3 erstern Theile wirken purgirend und sogar brechenerregend, die Blumen schweiss- u. harntreibend. In manchen Ländern werden die Attichbeeren, **Baccae Ebuli**, ganz so wie die Hollunderbeeren angewendet, u. nach der **Pharmac. bavar.** und **austr.** aus ihnen das Attichmus, **Roob Ebuli**, bereitet. [Abbild. s. Lincke etc.])

a. Eine Trugdolde mit Blättern, welche auf der Astspitze b. gestanden hat. — A. Eine Blume. — B. Eine Blumenkrone mit den 5 Staubgefässen, von oben gesehen. — C. Der Kelch mit dem Pistill. — D. Ein Staubgefäss. — c. Eine Beere. — d. Dieselbe quer- u. e. senkrecht durchschnitten. — f. Ein Samen. — E. Derselbe, vergrössert, und F. quer-, so wie G. senkrecht durchschnitten.

Familie: **Terebinthaceen**: TEREBINTHACEAE.
Gattung: **Rhus (Tournef.) L.**, Sumach.
Bluthen zwitterig oder polygamisch. Kelch 5theilig, bleibend. Blumenblatter 5. Staubgefässe 5. Fruchtknoten einfächerig mit 3 kurzen Griffeln, oder 3 sitzenden Narben. Steinfrucht fast trocken: Kernschale ein- (selten 2- bis 3-) samig.

Taf. XIX. **Rhus Toxicodendron Schult.**, Gift-Sumach, Giftbaum.

Stengel gewöhnlich wurzelnd; Blatter fiederig-dreizählig: Blattchen eirund-zugespitzt, ganzrandig oder eckig-gezähnt, weichhaarig; Rispen traubig.

Ein Strauch Nordamerikas, besonders der Wälder von Canada bis Carolina. Der Stengel ist 4—10' lang, vom Grunde an ästig, in der Jugend wurzelnd, später aber etwas aufgerichtet, bei höherm Alter sogar etwas baumartig werdend. Die langgestielten Blätter tragen 3 eirunde, zugespitzte, ganzrandige od. eckig-gezähnte, 3—5" lange, 2—4½" breite Blättchen. Die Blüthen stehen in 3—4" langen, ziemlich einfachen, traubigen, in den obern Blattachseln entspringenden, 2hausigen u. grünlichgelben Rispen. Die Steinfrucht hat die Grösse eines Pfefferkorns, ist rundlich, schmutzig-gelblich-weiss u. von 5—8 Furchen durchzogen — Der Milchsaft der Stengel u. Blätter ist giftig und ätzend u. verursacht, wenn er beim Sammeln derselben auf die Haut gelangt, Entzündung, Anschwellung u. Ausschlag mit heftigem Fieber verbunden. Die (frischen) Blätter, ***Folia Toxicodendri*** s. ***Rhois Toxicodendri*** s. ***Rhois radicantis***, empfiehlt man besonders bei Lähmungen der Gliedmassen, bei Unterleibs- und einigen Haut-, so wie Ausschlagskrankheiten, Flechten, scrophulösen Augenentzündungen u. s. w. In der Homöopathie werden sie nicht selten angewendet. Ausser einem flüchtigen Stoffe enthalten sie besonders Gerbestoff, Gallussäure, Stärkemehl, Schleim, auch wahrscheinlich Harz.

(Von **Rhus copallina L.**, wurde sonst der amerikanische Kopal abgeleitet. — Von **Rhus Coriaria L.**, Gerber-Sumach, Essigbaum, und **Rhus typhina L.**, wurden sonst die sehr adstringirenden Blätter und Steinfrüchte, **Folia et Baccae vel Semina Sumachi s. Sumac**, gegen Gallenfieber, Schleim- und Blutflüsse u. äusserlich angewendet. — **Rhus Cotinus L.**, Rujastrauch, Perückenstrauch, lieferte die Blätter u. die etwas gewürzhaft riechende u. etwas gewürzhaft zusammenziehend schmeckende Rinde, **Folia et Cortex Cotini**, welche letztere fiebervertreibende Wirkung hat. Das gelbe Holz ist das zum Orangegelbfärben benutzt werdende Fisetholz.)

a. Ein Theil einer bluhenden Astspitze. — **A. Blume.** — **A.** Rispe mit reifen Steinfrüchten. — B. Steinfrucht. — C. Dieselbe, querdurchschnitten, den Steinkern zeigend. — D. Die Steinschale od. der Steinkern. — E. Dieselbe quer- und F. senkrecht durchschnitten. — G. Samen. — H. Derselbe senkrecht und I. quer durchschnitten.

(In diese Ordnung gehören ferner noch: **Viburnum Lantana L.**, Schwindelbeerbaum, lieferte ehedem die Beeren u. Blätter, **Baccae et Foliae Viburni**. — Von **Viburnum Opulus L.**, Schneeballstrauch, waren sonst die Rinde, Blumen u. Früchte, **Cortex, Flores et Baccae Sambuci aquaticae**, officinell. — Von **Semecarpus Anacardium Lin. fil.**, Herzfruchtbaum, einem Baume der Gebirge Ostindiens, wurden sonst die herzförmigen Nüsse als ostindische Elephantenläuse, **Semina Anacardii orientalis**, als ein sogen. nerven- und hirnstärkendes Mittel in einigen Brust- u. Unterleibskrankheiten und bei chronischen Durchfällen angewendet. — Von **Tamarix germanica L.** [Myricaria germanica Desv.], erhielt man sonst die adstringirende Rinde, **Cortex Tamarisci germanici**. — Von **Tamarix gallica L.** war die Rinde als **Cortex Tamarisci gallici** officinell. [Abbild. d. deutschen Gewächse s. Lincke etc.]

Pentagynia (Fünfweibige.)

Familie: **Hartheugewächse**: HYPERICINAE. — *Gruppe:* **Lineae DeC.**
Gattung: **Linum (L.) Reichb.**, Lein, Flachs.
Kelch 5blätterig. Blumenblätter 5. 5 fruchtbare Staubgefässe wechseln mit 5 Zahnchen. Staubbeutel aufliegend. Griffel 5. Narben keulenförmig. Kapsel 5-klappig, 10fächrig; Fächer einsamig. Embryo gross, grun.

Taf. XIX. **Linum usitatissimum L.**, gemeiner Lein oder Flachs, Schliesslein.

Einjährig, kahl; Stengel aufrecht; Blätter lineal-lanzettlich; Kelchblättchen eiförmig; zugespitzt, fast wimperig, von der Lange der Kapsel; Blumenblätter verkehrt-eirundlich, gekerbt.

Das Vaterland dieser Pflanze ist der Orient u. Südeuropa; kultivirt wird sie fast durch ganz Europa. Die Wurzel ist klein, dünn, spindelförmig, geschlängelt u. mit einigen Fasern besetzt. Stengel 2—3' hoch u. bei kultivirten Pflanzen auch höher, dünn, doch ziemlich steif, stielrund, bisweilen nach oben etwas ästig. Blätter ½—1" lang, 1—1½''' breit, die untern spitzig, die obern zugespitzt, sämmtlich 3nervig. Bluthen end- u. den Blättern gegenständig, alle zusammen eine lockere Rispe bildend, vor dem Aufblühen überhängend, nur während des Sonnenscheins offen. Kelchblätter eiförmig, 3nervig, zugespitzt u. stachelspitzig, etwas fransig-wimperig, die beiden äussern etwas schmäler. Blumenblätter weit grösser als der Kelch u. nebst den Staubgefässen u. den keulenformigen Narben schön hellblau. Kapsel kugelrundlich; undeutlich 5seitig, beim Aufspringen ziemlich geschlossen bleibend (Schliess- od. Dreschlein). Samen eiförmig, stark zusammengedrückt, spitzig, etwas gebogen, glatt, gelblichbraun. Eine Abänderung, ***Linum humile Mill.***, Spring- oder Klanglein, hat grössere u. längere, gestielte, leicht und mit einem Geräusche aufspringende Kapseln; der dickere Stengel desselben bleibt stets niedriger u. ist nach oben ästiger; die Blätter sind im Verhältniss zur Länge etwas breiter, die Kelchblätter mehr elliptisch u. fast 3mal kürzer als die Kapsel, die Blumenblätter ziemlich abgestutzt-zurückgedrückt und ganzrandig, so wie auch nebst den Staubgefässen gesättigt blau. — Von diesen beiden Abarten sind die schleimig, etwas bitterlich, nicht angenehm schmeckenden Samen, Leinsamen, ***Semina Lini***, gebräuchlich. Sie enthalten Schleim und austrocknendes fettes Oel (Leinöl, ***Oleum Lini***), Kleber, Einweissstoff und etwas Harz, wirken beruhigend, erweichend und einhüllend, und werden gegen alle Arten der Entzündungen angewendet. und zwar sowohl die sehr schleimige Abkochung der ganzen, sehr schleimigen Samen innerlich und äusserlich zu Gurgelwässern, Augenwässern, Einspritzungen, Klystieren, als auch die zerstossenen Samen (Leinsamenmehl, ***Farina Seminum Lini***) zu Umschlägen bei Wunden, entzündeten Geschwüren u. Geschwülsten. Das Leinol, ***Oleum Lini***, dient zur Bereitung von Pflastern, Salben, Balsamen und dem Leinölfirnisse. Die aus den zu Fäden gesponnenen Bastfasern des Flachses gewebte Leinwand, ist entweder ganz oder zu Fäden gezupft, als Charpie, dem Chirurg unentbehrlich.

A. Untertheil des Stengels nebst Wurzel. — **B.** Blühende Stengelspitze. — A. Kelchblätter, nur das eine etwas vergr. — B. Staubgefässe u. Pistill. — C. Ein einzelnes Staubgefäss. — C. Ein Blumenblatt v. **Linum humile Mill.**, Spring- od. Klanglein, welcher von Vielen nur für eine Abart gehalten wird. — **D.** Eine Kapsel von **Lin. humile**. — D. Dieselbe quer durchschnitten. — **E.** Ein Samen. — E. Derselbe vergr. und F. quer- so wie G. senkrecht durchschnitten.

(In diese Ordnung gehören ferner noch: **Armeria vulgaris Willdw.** [Statice Armeria L.], gemeine Gras- oder Sandnelke, Meergras, von der sonst bisweilen die Blätter, **Folia Statices**, gegen Durchfälle und zu reichliche Menstruation angewendet wurden. — **Statice Limonium L.**, gemeine Strandnelke, lieferte sonst die Wurzel, **Radix**

Behen rubri, als ein kräftig zusammenziehendes und stärkendes Mittel, vorzüglich bei Blutflüssen und Durchfällen. — **Aralia nudicaulis L.**, in Nordamerika einheimisch, soll daselbst statt der Sassaparilla gebraucht werden und auch mit dieser untermischt im Handel vorkommen.— Von **Panax Schin-seng N. ab Esenb.**, ächte Kraftwurz od. Ginseng, einer in Nebal, der Tartarei, in China u. Japan wachsenden Pflanze, kam die früher mit Gold aufgewogene Wurzel als **Radix Ginseng** nach Europa; sie hat sich aber unwirksam erzeigt, wird jedoch in Japan und China noch unter dem Namen Ginseng oder Schin-seng, als das wichtigste Heilmittel gegen fast alle Krankheiten angewendet, besonders wenn sie ihren Grund in Erschöpfung der körperlichen und geistigen Kräfte haben. — Von **Cathartolinum pratense Rchb.** [Linum catharticum L.], Purgirlein, war sonst das ganze, bitterlich, etwas salzig und unangenehm schmeckende Pflänzchen als **Herba Lini cathartici**, als Purgirmittel, ist aber in neuerer Zeit wieder als besonders wirksam gegen Würmer empfohlen worden. — Von **Drosera rotundifolia L.**, rundblättriger Sonnenthau, wurden ehedem die Blätter als **Herba Rorellae s. Roris solis**, bei verschiedenen Krankheiten, als Brustleiden, Wechselfiebern, Wassersucht, Augenkrankheiten u. s. w., und äusserlich als hautreizendes Mittel angewendet, sind auch vor mehren Jahren wieder empfohlen worden und in der Homöopathie finden sie jetzt noch Anwendung. [Abbild. der deutschen Gewächse s. Lincke etc.]

VI. Cl. Hexandria (Sechsmännige.)

Monogynia (Einweibige).

Familie: **Mohngewächse**: Papaveraceae. — *Gruppe*: **Berberideae.**

Gattung: **Berberis L.**, Sauerdorn.

Kelch 6blätterig, von 2 Deckblättern umgeben. Blumenblätter 6, jedes am Grunde innen mit 2 Drüsen. Staubgefässe 6, zahnlos. Beere 2- bis 3samig.

Taf. XIX. **Berberis vulgaris L.**, gemeiner Sauerdorn, Berberitze, Essigdorn, Sauerrach, Weinschädling.

Dornen 3theilig; Blätter verkehrt-eirund, wimperig-gesägt; Trauben vielblüthig; hängend; Blumenblätter ganz.

Ein in Gebüschen und Wäldern Europas und Westasiens wachsender, häufig angepflanzter, 6—10' hoher, an allen Theilen kahler Strauch. Die Wurzel ist sehr ästig und innen gelb, breitet sich weit aus und treibt nach oben steife Stengel mit etwas gebogenen, kantigen und graubraunen Aesten. Unter den scheinbar büschelförmig stehenden Blättern ist ein tief 3theiliger, abstehender Dorn befindlich. Blätter 1½—3" lang und ½—1" breit, in einen kurzen Blattstiel verschmälert, verkehrt-eiförmig, stumpf, sägezähnig, mit in steife Borstchen ausgehenden Sägezähnen. Trauben einzeln an den verkürzten Aestchen. Am Grunde jedes Blüthenstielchens 3 sehr kleine Deckblättchen und noch 3 andere ovale, ganz nahe unter dem Kelche. Kelchblättchen 6, eiförmig stumpf, grünlichgelb; die 3 äussern grösser als die innern. Blumenblätter aufrecht abstehend, oval-länglich, gelb, mit 2 länglichen dunkelgelben Drüsen innen am Grunde. Beeren oval-länglich, am Ende genabelt, gewöhnlich roth, seltner violett, schwärzlich, gelb oder weisslich, sehr angenehm sauer schmeckend, mit 2 eirund länglichen Samen. Diese Beeren, *Baccae Berberidis s. Berberum*, welche freie Aepfelsäure enthalten, dienen zur Bereitung des *Syrupus* und der *Rotulae Berberum s. Berberidis*. Sonst wendete man die gelbe innere Rinde der Aeste als *Cortex Berberidum* gegen Gelbsucht und Unterleibsbeschwerden an, heutzutage wird die Wurzelrinde, *Cortex radicis Berberidum* dagegen empfohlen, sie enthält einen bittern und purgirenden Extractivstoff, das Berberidin, und kann als ein Surrogat der Rhabarber in der Arzneipraxis angesehen werden.

A. Eine fruchttragende Zweigspitze. — B. Blüthentraube. — A. Kelch nebst den 2 Deckblättern. — B. Ausgebreitete Blume von oben. — C. Ein Staubgefäss mit geschlossenem Staubbeutel u. D. ein solcher mit geöffneten Fächern. — E. Das Pistill und 2 Staubgefässe, von denen das eine an das Pistill sich angelegt, das andere, welches das Pollen entleerte, in die frühere Stellung sich zurückbegeben hat. — C. Eine senkrecht und D. querdurchschnittene Beere. — E. Ein Samen. — F. Derselbe, vergr. und G. der Länge nach, so wie H. querdurchschnitten. — I. Der Embryo.

Familie: **Liliengewächse**: Liliaceae. — *Gruppe*: **Anthericeae.**

Gattung: **Allium L.**, Lauch.

Blüthenhülle 6blätterig, glockenförmig oder offen. Staubgefässe am Grunde der Blüthenhüllblätter, gleichförmig pfriemig oder abwechselnd häutig und dabei dreispitzig. Narbe stumpf. Samen 3kantig.

Taf. XXI. **Allium sativum L.**, Garten-Lauch, Knoblauch.

Stengel bis zur Mitte beblättert, am obern Theile vor dem Blühen ringförmig zusammengedreht; Blüthenscheide langgeschnäbelt, viel langer als die Dolde; Staubgefässe länger als die Blüthenhülle.

Das Vaterland dieser jetzt überall kultivirten ausdauernden Pflanze ist der Orient. Die rundliche, 1½" durchmessende Zwiebel ist von einer dünnen, weissen, häutigen Schale umgeben u. enthält eine grosse Anzahl länglicher, gegen 1" langer, spitziger und röthlicher Zwiebelchen, die rings um den Grund des Stengels dicht zusammenschliessend stehen. Der stielrunde feste Stengel wird 2—3' lang und ist bis zur Mitte beblättert, oberwärts vor der Blüthezeit in einen Ring zusammengerollt. Die 2 seitswendig stehenden Blätter sind breit linealisch, lang zugespitzt, flach, doch etwas rinnig gekielt, am Rande glatt oder schärflich. Die, zahlreiche Zwiebelchen tragende, Dolde entwickelt gewöhnlich zwischen denselben nur wenige langgestielte Blumen. Die Blüthenscheide, welche die Dolde vor dem Blühen ganz einschliesst, ist 1klappig und in eine sehr lange schnabelartige Spitze vorgezogen. Die Blättchen des glockigen Perigons sind lanzettlich-spitzig, weisslich, auf dem Kiele glatt und bräunlich-roth. Von den 6 Staubgefässen sind die abwechselnd kürzern am Grunde beiderseits mit einem Zahne versehen, der kürzer ist als der Staubfaden. Beim Rockenbolle (*Allium controversum Schrad*), einer Abart des Knoblauchs, sind die Zwiebelchen mehr kugelig-eiförmig und daher dicker und stumpfer. — Die Zwiebelchen, *Radix s. Bulbi Allii sativi*, werden jetzt selten noch gebraucht. Den ausgepressten frischen Saft mit Honig gemischt, giebt man den kleinen Kindern gegen Würmer, auch ist er bei Urinverhaltungen, durch Atonie der Blase verursacht, von Nutzen. Der in Asche gebratenen Zwiebeln bedient man sich zum Auflegen auf Schwäre (Abscesse), um solche zur Reife zu bringen.

(Von **Allium Cepa L.**, Zwiebellauch, Sommerzwiebel, rothe und weisse Zwiebel, werden die Zwiebeln bisweilen als Hausmittel geröstet zur Zeitigung von Abscessen u. s. w. angewendet, sonst wurden sie als **Radix** od. **Bulbus Cepae** auch innerlich verordnet. — Von **Allium fistulosum L.**, Winterzwiebel, wurde die Zwiebel in gleicher Weise als **Radix Cepae oblongae** angewendet. — Von **Allium ascalonicum L.**, Schalotte od. Eschlauch, war sonst die Wurzel als **Radix Cepae ascalonicae** officinell. — **Allium schoenoprasum L.**, Schnittlauch, Suppenlauch, Schnittling, thut man an verschiedene Speisen. — Von **Allium Moly L.** wendete man die Zwiebel als **Radix Moly lutei** ähnlich wie die Knoblauchzwiebel an. — Von **Allium nigrum L.** wurde die Zwiebel, **Radix Moly latifolii** nicht nur für ein sehr heilkräftiges äusseres Mittel, sondern auch für ein Zauber- und Hexenmittel angesehen. — Von **Allium Victorialis L.**, lange Siegwurz, Allermannsharnisch, hatte die knoblauchsartig riechende und schmeckende Wurzel, **Radix Victorialis**, gleiche Anwendung wie die der vorgedachten Arten; man hielt dafür, dass sie schuss-, stich- und hiebfest machen könne und nannte sie deshalb Allermannsharnisch; jetzt bedienen sich ihrer nur noch Abergläubische zum Räuchern in Viehställen, vermeintliche Hexereien abzuhalten. [Abbild. d. deutschen Arten s. Lincke etc.])

A. Eine Zwiebel mit dem untern Stengeltheile. — B. Eine knospentragende Stengelspitze mit einem Blatte, dessen Spitze C. abgeschnitten wurde. — D. Eine von den äussern Zwiebelhäuten befreite, aus Zwiebelchen gebildete Zwiebel. — A. Eine von der Blüthenhülle befreite Blume. — B. Ein Staubgefäss. — C. Das Pistill. — E. Eine von der Blüthenscheide zum Theil eingeschlossene Dolde mit Zwiebelchen. — F. Eine Dolde ohne Blüthenscheide. — G. Ein noch unausgebildetes Zwiebelchen aus dem Blüthenstande.

Gattung: **Scilla L.**, Meerzwiebel.

Blüthenhülle 6theilig, sehr abstehend oder aufgerichtet, Staubgefässe abstehend, am Grunde der Blüthenhüllblätter befestigt, gleichförmig. Narbe einfach. Samen fast kugelig.

Taf. XX. **Scilla maritima L.**, gemeine Meerzwiebel. (*Urginea maritima Steinheil*).

Blätter nach der Blüthe erscheinend, lanzettlich, stumpflich; Blüthentraube sehr lang, gedrängt; Deckblätter zurückgebrochen, unterhalb fast gespornt.

Diese ausdauernde Pflanze wächst auf den Meeresufern aller vom Mittelmeere umgebenen Länder. Die eiförmige Zwiebel wird sehr gross, oft über 6" lang und 4" dick und gegen 4 Pfd.

schwer; die Schalen, welche einander überdecken, sind gleichsam ungewöhnlich grosse Schuppen; die äussern davon sind trocken und dann lederig, braunroth, die innern dick und saftig fleischig, blass-violett-röthlich. Die zu 6—9 büschelförmig aus der Zwiebelspitze hervortretenden Blätter werden 1—1½' lang u. 2—3'' breit, sie sind etwas gekielt, grün, anfangs aufrechtstehend, später schlaff niederhängend. Der Bluthenschaft entspringt vor dem Erscheinen der Blätter einzeln aus der Mitte der Zwiebel, steht schnurgerade aufrecht, ist 3—4' hoch, röthlich-braun und weisslich zart bereift; die langgestielten Blumen bilden eine 1' und darüber lange Traube; am Grunde jeden Blumenstieles steht ein gleichsam gestieltes dünnhäutiges, röthliches Deckblatt, indem dasselbe etwas über seinem Grunde zu einem sporenförmigen Säckchen sich zusammenzieht und dann erst in ein lineallisches und zugespitztes Ende übergeht. Das weisse Perigon durchmisst ausgebreitet etwa ½''; die Perigonblätter sind länglich, stumpf u. kurz bespitzt u. auf der Aussenseite mit einem röthlichen od. grünen Kielnerven durchzogen; während der Bluthezeit stehen sie entweder gerade ab, od. sind sogar etwas zurückgeschlagen, nach der Bluthezeit aber stehen sie wieder aufrecht u. umschliessen den Fruchtknoten knapp. Der Fruchtknoten trägt oben 3 etwas nach aussen vorspringende gelbe, 2lappige Drüsen. Die Samen sind länglich, auf einer Seite gekielt, schwarzbraun glänzend u. enthalten einen stielrunden Kern. — Die Wurzel dieser Pflanze ist nach Hrn. Dr. Winckler diejenige ***Radix*** s. ***Bulbus Scillae*** s. ***Squillae***, welche man in Italien, Griechenland u. andern Küstenländern anwendet, und die auch bisweilen im frischen Zustande zu uns gelangt; die in den Handel kommenden getrockneten Meerzwiebelschalen sollen nach seinem Dafürhalten wohl grösstentheils von einer andern sehr verwandten, mehr an den Küsten von Spanien und Portugal wachsenden Art sein, dederen Zwiebel weniger gross zu werden scheint und weissliche, grün überlaufene, durchaus nicht rothbraune aussere Schuppen hat, auch inwendig weiss, nicht violettröthlich ist. Die Meerzwiebel wirkt in kleinen Gaben erregend vorzüglich auf den Darmkanal, das lymphatische System und die Nieren, in grössern Gaben Durchfall und Brechen erzeugend und frisch sogar scharfgiftig und wird bei Verschleimungen der Lungen u. des Darmkanals, bei Urinbeschwerden, bei Unterleibsstockungen, Gelb- u. Wassersucht, äusserlich als auch ein hautrothendes und zertheilendes Mittel bei schlaffen Drusengeschwulsten, zu Gurgelwässern bei asthenischen Halsentzündungen u. s. w. angewendet. Sie enthält einen scharfen und bittern, harzigen Extractivstoff, das Scillitin, einen scharfen und flüchtigen Stoff, Gummi, Schleimzucker und eine fette Materie. Die in längliche Streifen zerschnittenen u. getrocknet graulichen oder gelblichweissen od. bräunlichen innern Schalen sind in gut verschlossenen Gefässen aufzubewahren. Häufig wendet man auch die frischen Zwiebeln zur Bereitung der Präparate an.

a. Die Blüthentraube. — b. Die Zwiebel mit dem Untertheile des Stengels. — A. Das Pistill mit einem Staubgefässe und einem Zipfel der Blüthenhülle. — B. Ein geschlossener und C. ein das Pollen bereits entleert habender Staubbeutel. — D. Ein querdurchschnittener Fruchtknoten. — A. Eine von der stehenbleibenden Blüthenhülle umgebene Kapsel. — B. Eine reife aufgesprungene Kapsel. — E. Die untere Hälfte einer querdurchschnittenen Kapsel. — c. Ein Samen. — F. Derselbe, vergrössert, und G. quer-, so wie H. senkrecht durchschnitten.

Familie: **Palmen**: Palmae. — *Gruppe*: **Lepidocaryinae.**

Gattung: **Calamus L.**, Rottang.

Vielehig-2häusig. Kelch 3spaltig. Blumenkrone tief 3theilig, Staubgefässe 6, am Grunde verwachsen. Fruchtknoten mit fast sitzender, 3theiliger Narbe. Beere 3- oder 1samig, schuppig-ziegeldachartig. Keimling grundständig.

Taf. XX. **Calamus Draco Willdw.**, Drachenblut-Rottang.

Stamm und Blattstiele dicht mit anliegenden Stacheln besetzt; Blätter gefiedert: Blättchen am Rande und Kiele stachelig-gewimpert; Blüthenkolben aufrecht, rispig.

Wächst sowohl auf dem südlichen Festlande von Asien, als auch vorzüglich auf Sumatra und andern Inseln. Der stielrunde gegliederte Stamm, welcher sehr lang, oft über 300' lang aber nur 1'' dick wird, trägt überall ungleich lange, in Querreihen stehende Stacheln. Die Blätter stehen von einander entfernt längs des Stammes, bilden aber keine Krone am Stammende, sind fiederschnittig, die Abschnitte aber lineal-lanzettlich, rankiglanggespitzt, ½—1' lang, 6—8'' breit, am Rande feinstachelig-gewimpert. Die Blattstiele verlängern sich über das Blatt hinaus in eine lange, ganz mit Stacheln besetzte Ranke, mit welcher sich die Stämme an hohe Bäume anhalten und in weiten Strecken über dieselben hinweg klettern. Die Blüthenkolben treten aus den Blattachseln hervor, sind gestielt, 2—2½' lang; der Kolbenstiel ist in Querreihen mit rückwärts gekrümmten Stacheln besetzt. Die trocknen Beeren sind eiförmig, haselnussgross, stumpf-bespitzt und einsamig. Durch Auskochen der Früchte mit Wasser und durch Auspressen gewinnt man ein dunkelrothes Harz, das sogenannte Drachenblut, ***Sanguis Draconis***, von dem man 3 Sorten unterscheidet. 1) Dr. in Bast, von dem es wieder 2 Sorten giebt: a) Dr. in Stangen, ***S. Dr. in baculis***, bildet 1—1½' lange, 3—5''' dicke, oft auch dickere, in Palmblätter eingewickelte und mit schmalen Streifchen von spanischem Rohr (gespaltene Aeste einer Rottangpalme) umwundene, aussen dunkel braunrothe, etwas ins Violette ziehende, glanzlose, leicht zerbrechliche, geruch- und geschmacklose, zerrieben schön zinnoberrothe, in der Wärme leicht schmelzende und auf glühende Kohlen geworfen, einen angenehm harzigen Geruch verbreitende Stangen. b) Dr. in Kugeln (Tropfen od. Thränen), ***S. Dr. in globulis*** s. ***in guttis*** s. ***in lacrymis***, bildet Kugeln ungefähr von der Grösse einer mittlern Wallnuss, die rosenkranzartig in Schilfblätter eingebunden, sonst aber eine gleiche Beschaffenheit mit der vorigen haben. 2) Dr. in Körnern, ***S. Dr. in granis***, unregelmässige eckige od. rundliche Stucke von der Grösse einer kleinen Kirsche bis zu einer kleinen Erbse, welche gleichfalls dunkel violett-purpurroth, allein durch die gegenseitige Reibung hell braunroth bis hoch-zinnoberroth bestäubt sind. Wahrscheinlich sind es die an den Schuppen der Früchte hervorgequollenen Stückchen. 3) Dr. in Massen oder in Kuchen, ***S. Dr. in massis*** s. ***in placentis***, besteht aus grossen Stücken von unbestimmter Form, die aussen Reste oder Eindrücke von Blättern haben; der Bruch erscheint fast splitterig-körnig, zeigt Blasenräume und eingemengte Fruchtschalenstücke, dunkel-braunrothe, ins Violette ziehende, schwach glänzende Stellen und solche, die durch Reibung zinnoberroth geworden oder mit zinnoberrothem Pulver bestreut sind. — Das Drachenblut ist ein mit Benzoësaure versehener harziger Farbestoff, Draconin, und wird nur noch als Zusatz zu Zahnpulvern, Zahntinkturen und Zahnlatwergen angewendet, war ehedem aber auch als ein tonisch-adstringirendes Mittel gegen verschiedene Krankheiten gebräuchlich.

a. Ein Stück des Stammes mit einem fruchttragenden Kolben. — A. Eine Beere. — B. Samen. — b. Ein Fiederblättchen.

Familie: **Smilaceen**: Smilaceae. — *Gruppe*: **Smilacinae.**

Gattung: **Convallaria L.**, Maililie, Thallilie.

Bluthenhülle glockenformig oder röhrig, halb-6spaltig, oder 6zähnig. Staubgefässe 6, der Röhre eingefügt, eingeschlossen. Griffel einfach. Beere halbdreifächerig, meist 6samig.

Taf. XX. **Convallaria majalis L.**, wohlriechende Mai- oder Thallilie, Maiblume, Zauke, Zäupchen.

Blüthenschaft halbstielrund, nackt; Bluthen traubig, überhangend, glockenförmig

Wächst ausdauernd in schattigen Laubholzwäldern fast des ganzen Europa und eines Theiles des nördlichen Asien. Der kriechende, stielrunde, federkieldicke, mit vielen Zasern besetzte Wurzelstock treibt seitlich scheidenartig mit Schuppen besetzte Ausläufer und aus seinen Gipfeln 2 Blätter und einen 4—8'' hohen Schaft. Die grundständigen und an ihrem Grunde in eine Scheide ausgehenden Blätter werden 6—10'' lang, 1½—2'' breit, sind elliptisch-zugespitzt, schön grün, am Grunde nebst dem Blüthenschafte von häutigen, schiefgestutzten Scheiden umgeben. Auf dem blätterlosen, halbstielrunden od. fast 3seitigen Schafte stehen die überhängenden Blüthen in einer einseitswendigen, oberwärts nickenden Traube. Die Stielchen der 6—12 Blüthen sind am Grunde gestützt von häutigen Deckblättern, die halb so gross sind, als sie. Das weisse halbkugelig-glockenförmige Perigon hat einen 6spaltigen Saum mit zurückgekrümmten spitzigen Zipfeln. Die Staubgefässe stehen auf dem Grunde des Perigons. Die kugelige, erbsengrosse, hochrothe Beere hat durch den bleibenden Griffel einen kleinen Stachel erhalten. — Die wohlriechenden, gepülvert starkes Niesen erregenden Blüthen, *Flores Liliorum convallium*, sind officinell und machen einen Bestandtheil des Niesepulvers, *Pulvis sternutatorius*, aus.

A. Eine blühende Pflanze. — B. Eine Fruchttraube. — C. Eine an der Blüthenhülle aufgeschnittene und ausgebreitete Blüthe, um die Insertion der Staubgefässe und das Pistill zu zeigen. — A. und B. Staubgefässe von verschiedenen Seiten. — C. Pistill. — D. und E. in verschiedener Höhe quer durchschnittene Beeren. — F. Ein Samen. — G. Derselbe quer und H. senkrecht durchschnitten.

Familie: **Liliengewächse**: Liliaceae. — *Gruppe*: **Anthericeae.**

Gattung: **Aloë (Tournef.) L.**, Aloë.

Blüthenhülle röhrig, 6theilig, am Grunde Nektar absondernd; Saum regelmässig. Staubgefässe am Blüthenboden befestigt. Narbe stumpf. Kapsel häutig. Samen ekkig oder verflacht.

Taf. XX. **Aloe soccotrina Lam.**, sokkotrin. Aloë.

Stamm strauchartig, dick, gabeltheilig, Blätter lanzettlich, aufsteigend, an der Spitze fast eingekrümmt, am Rande mit dichten dornartigen Sägezähnen.

Das Vaterland dieser jetzt auch in Westindien, und vorzüglich auf Caraçao kultivirten Pflanze ist die afrikanische Insel Sokotora und das Vorgebirge der guten Hoffnung. Der Stamm ist walzenförmig, unten nackt, durch die Blattnarben geringelt, armsdick, 2—6′ hoch, anfangs einfach, später gabelästig und bisweilen wiederholt gabelästig, und trägt an seinem Gipfel und an seinen Aestenden die Blätter dicht zusammengedrängt. Die Blätter sind dick, fleischig, auf dem Rücken gewölbt, oberseits seicht rinnig, seegrün, am Grunde mit einigen weisslichen Flecken versehen; die knorpeligen Zähne des Blattrandes sind kurz und gerade und stehen genähert. Der 2′ hohe aufrechte Blüthenstiel trägt eine deckblätterige Traube. Die anfangs aufrecht stehenden Blüthenknospen stehen während des Blühens wagrecht ab u. hängen später abwärts. Die Blumen sind hochroth oder rothgelb u. am Saumegrünlich; das Perigon ist tief 6theilig.

A. Blüthentraube. — B. Blattspitze.

Taf. XXI. **Aloë arborescens Mill.**, baumartige Aloë. (*Aloë perfoliata α arborescens Ait.*)

Stamm strauch-, bisweilen baumartig; Blätter fast linealisch-lanzettlich, bogig zurückgeschlagen, dornig, gesägt.

Wächst in Afrika am Vorgebirge der guten Hoffnung. Der Stamm wird oft 10—12′ hoch, ist aufrecht od. bisweilen etwas gedreht, einfach oder gabelästig. An den Stamm- und Aestenden sitzen die abstehenden, vorn zurückgebogenen, vom Grunde an verschmälert zugespitzten, eingerollt concaven, seegrünlichen, am Rande anfangs grünlich, später gelblich-bedornten Blätter dicht zusammengedrängt. Der einfache Blüthenstiel trägt eine dichtblüthige, pyramidale Traube, deren gestielte Blumen von schlaffen, gegen 1″ langen, ½″ breiten, stumpfen, braunröthlichen, gestreiften Deckblättern gestützt werden. Die scharlachrothen, 1½″ langen Blumen stehen auf 1″ langen rothen Stielen. Die Perigonzipfel sind mehr verwachsen und am freien Ende und auf dem Kiele grünlich. Nur der Griffel ragt etwas aus der Blume hervor, die Staubgefässe sind fast eingeschlossen.

a. Blüthentraube. — b. Blattspitze.

Taf. XXI. **Aloë vulgaris Lam.**; gemeine Aloë.

Halbstrauchartig; Blätter lanzettlich, abstehend, buchtig-gesägt-dornig, an der Spitze fast zurückgekrümmt.

Das Vaterland dieser Pflanze ist gleichfalls Afrika, von wo sie nach Ost- und Westindien, nach Amerika u. Südeuropa verpflanzt worden ist. Der einfache, fast holzige Stamm ist walzenrund, meist etwas gekrümmt und nur 1—2′ hoch. Die an dem Gipfel gedrängt stehenden Blätter sind gegen 2′ lang, am Grunde flach, stengelumfassend, oberwärts seicht rinnig, übrigens dick und fleischig, blassgrün, weisslich bereift und häufig weissgefleckt. Der endständige Blüthenstiel wird 2—3′ hoch, ist starr, etwas kantig, nur am Grunde schwach zusammengedrückt, einfach, selten mit einem Aste versehen. Die anfangs aufrechten Blüthenknospen hängen als über 1″ lange, gelbe, dunkelgelb- od. grün-gestreifte Blumen abwärts. Das 6theilige Perigon hat nur eine kurze, etwas bauchige Röhre u. vorn etwas zurückgekrümmte Zipfel, über welche die Staubgefässe etwas hervorragen.

Von den 3 vorstehenden Aloëarten, so wie von *Aloë purpurascens Haworth.*, purpurröthliche Aloë, und *Aloë spicata Thunb.*, ährige Aloë, am Vorgebirge der guten Hoffnung einheimischen Pflanzen, kommt der, in besondern Gefässen unter der Oberhaut der Blätter enthaltene, bittere Saft, die Aloë oder Gummi, *Aloes*, welchen man auf verschiedene Weise sammelt und abdampft. Es werden verschiedene Sorten im Handel unterschieden. Die sokkotrinische Aloë, *Aloë soccotrina s. succotrina s. de Socotora* ist dunkel röthlichbraun, stark glänzend, besteht aus grossen Stücken, die beim Zerschlagen in mehr oder weniger scharfkantige, hier und da muschelige Bruchflächen und an den durchscheinenden Kanten eine schöne rothbraune Farbe zeigende Stücken zerspringen; das feine Pulver ist hochgelb und giebt auf weissem Papiere umhergerieben, demselben eine schwefelgelbe Färbung. Die Aloë aus Curassao, *Aloë curasaviensis s. de Curaçao*, eine vorzügliche Sorte, hat ziemlich die Farbe voriger, ist sehr glänzend und hart und zerspringt beim Zerschlagen in eckige, scharfkantige, nur an den äussersten dünnen Kanten gelblich braun durchscheinende Stücke; das feine Pulver ist bräunlichgelb u. färbt das Papier, auf dem man es herumreibt, dunkler und schmutziger gelb. Die beste Sorte von der vom Vorgebirge der guten Hoffnung in mehr oder weniger guten Sorten kommenden Kap-Aloë, glänzende oder klare Aloë, *Aloë capensis s. de Capo s. Aloë lucida*, ist trocken, hart, spröde, dunkel braunschwarz, glänzend, gewöhnlich mit einem grünlich-gelben staubfeinem Pulver überzogen, zerspringt beim Zerschlagen leicht in eckige, scharfkantige, nur an den dünnsten Stellen der Kanten gelblichbraun durchscheinende Stücke und das grünlich- oder bräunlichgelbe Pulver färbt das Papier, auf dem man es reibt, bräunlichgelb. Die Leberaloë, *Aloë hepatica*, soll aus Ostindien kommen, ist dunkel-leberbraun, zeigt durch den schmutzig grünlichen oder bräunlichen Pulverüberzug wenig oder gar keinen Glanz; die eckigen Bruckstücke sind an den Kanten gar nicht durchscheinend u. das Pulver ist schmutzig hochgelb. Ihr sehr ähnlich ist die aus Westindien kommende Barbados-Aloë, *Aloë barbadensis*, die dunkel leberbraun ist, gering glänzt und ein schmutzig braungelbes Pulver giebt. Die sogenannte Rossaloë, *Aloë caballina*, ist entweder ein aus dem Rückstande bei der Bereitung guter Aloësorten gewonnenes Extract, oder ein Gemisch aus unreinen, sandigen, schlechten Sorten, und findet nur Anwendung in der Thierheilkunst. Die einen eigenthümlichen Geruch besitzende Aloë besteht aus bitterm Extractivstoff, das Aloëbitter, und Harz, und wirkt reizenderregend auf das gesammte Gefässsystem, vorzüglich auf die Gefässe des Unterleibes, namentlich auf die des Uterus u. Mastdarmes, in grössern Gaben purgirend und drastisch. Sie findet daher häufig Anwendung bei Stockungen im Blutumlaufe und in den Unterleibseingeweiden, gegen Menstruationsstörungen u. Hämorrhoidalbeschwerden, äusserlich in Pulverform und wässerigen und weinsteinigen Auflösungen bei fauligen Geschwüren, Brand- und Knochenfrass.

a. Der Blätter und Blüthen tragende Stamm. — b. Blüthentraube. — c. Die Geschlechtsorgane nach entfernter Blüthenhülle. — d. Pistill. — e. Ein innerer und f. ein äusserer Zipfel der Blüthenhülle. — g. Eine Blattspitze.

Familie: **Smilaceen**: Smilaceae R. Br. — *Gruppe*: **Acorinae.**

Gattung: **Acorus L.**, Kalmus.

Kolben am Schafte seitlichstehend, nackt, dichtblüthig, Blüthen zwitterig. Blüthenhülle 6blättrig. Staubgefässe 6 vor den Blättern der Blüthenhülle. Narbe sitzend, stumpf. Beere kapselartig, 3fächrig.

Taf. XXI. **Acorus Calamus Lin.**, gemeiner Kalmus, Magenwurz.

Blätter linealisch-schwertig, am Grunde 3kantig und halbrund, übrigens zweischneidig; Kolbenschaft blattartig, die Spitze über dem Kolben lang, schwertig.

Wächst ausdauernd in vielen Gegenden Europas, Nordasiens und Nordamerikas in Teichen, Sümpfen und Gräben. Der wagrecht wachsende, stielrundliche, oft mehr als zolldicke Wurzelstock hat ringförmige Blattstielnarben und ist vorzuglich an der Unterseite mit zahlreichen langen, einfachen, strangförmigen Wurzelfasern besetzt. Die sämmtlichen, vom Wurzelstocke entspringenden Blätter stehen zweiseitswendig, am Grunde einander wechselsweise umfassend, und sind 2—3′ u. darüber lang, vorn spitzig. Der Kolbenschaft trägt eigentlich den Kolben an seinem Gipfel; allein das lange, schwertformige Deckblatt drängt ihn zur Seite und überragt ihn weit; der Schaft selbst ist blattartig, flach zusammengedrückt, auf der einen Kante zugeschärft, auf der andern, auf welcher der Kolben steht, rinnig. Der Blüthenkolben ist lang-kegelförmig, oft etwas eingebogen, 3—3½″ lang, mit grünlichen oder schmutzig gelben kleinen, dicht zusammengedrängt stehenden Blüthen besetzt. Die 6 Perigonblätter sind an der Spitze verdickt und abgestutzt-3eckig. Die stumpfsechskantige Kapsel endigt in eine kurze pyramidale, mit der bleibenden, stumpfen Narbe versehene Spitze. Der stark eigenthümlich gewürzhaft riechende und scharf und brennend gewürzig, etwas bitter schmeckende Wurzelstock wird als Kalmus- oder Magenwurzel, ***Radix Calami* s. *Calami aromatici*** in den Officinen, Liqueurfabriken und Conditoreien angewendet, u. enthält nach Trommsdorff: äther. Oel 0,1; Weichharz 2,3; süsslich-scharf schmeckenden Extractivstoff mit etwas salzsaurem Kali 3,3; Gummi mit etwas phosphors. Kali 5,5; inulinartiges Satzmehl 1,6; Holzfaser 21,5 und Wasser 65,7. Man gebraucht ihn als ein flüchtig-erregend und stärkendes, vorzüglich auf den Magen und Darmkanal wirkendes Mittel, bei gestörter Verdauung und als Zusatz schwer verdaulicher Mittel.

(Von **Acorus asiaticus** kam sonst die stärker riechende und schmeckende Wurzel als **Radix Sanlei s. Acori asiatici**, von Asien zu uns.)

a. Ein sehr verkleinertes Exemplar. — b. Der Kolben mit der Schaftspitze. — c. Querdurchschnitt eines Kolben. — A. Eine Blüthe von oben. — B. Dieselbe mit künstlich ausgebreiteten Blüthenhüllblättern. — C. Ein Staubgefäss. — D. Das Pistill von der Seite. — E. Ein querdurchschnittener Fruchtknoten. — F. Durchschnitt einer unreifen beerenartigen Kapsel.

(In dieser Ordnung sind noch zu bemerken: **Loranthus europaeus Jacq.**, von dem die Aeste als **Viscum quernum s. quercinum s. Lignum Visci quercini**, gesammelt werden. — Von **Musa paradisiaca L.**, **M. sapientum**, **M. rosacea** u. **maculata Jacq.** u. s. w. werden in den heissen Gegenden die daselbst als Nahrungsmittel dienenden Früchte, Pisang, als auch die Wurzeln u. andere Theile als Arzneien angewendet. — Von **Ananassa sativa Lindl.** [Bromelia Ananas L.], essbare Ananas, im tropischen Amerika einheimisch, dient die reife Frucht als wohlschmeckendes und kühlendes Obst in Entzündungskrankheiten und die unreife scharfsaure zusammenziehende Frucht als wurm- und harntreibendes Mittel, das auch leicht Abortus veranlassen soll. — Von **Leucojum vernum L.**, Frühlingsknotenblume, Sommertürchen, grosses Schneeglöckchen, gebrauchte man sonst die Wurzel als **Radix Narcissi-Leucoji s. Leucoji bulbosi s. Leucoji albi**, als äusserlich erweichendes und zertheilendes Mittel. — **Haemanthus coccineus L.** benutzt man auf dem Cap als Brechmittel, und **Haem. toxicarius Ait.** dient den Indianern zum Vergiften der Pfeile. — Von **Narcissus Pseudo-Narcissus L.**, gemeine oder gelbe Narcisse, war die Zwiebel als Brechen erregend gebräuchlich; die Blüthen, **Flores Narcissi**, hat man als ein krampfwidriges Mittel und gegen Keuchhusten, Hysterie und krampfige Leiden, sogar gegen Fallsucht, angewendet. — Von **Narcissus poëticus L.**, weisse Narcisse, wurde die Wurzel, **Radix Narcissi**, als Brechmittel und äusserlich zum Auflegen auf Wunden, Geschwüre, bei Verbrennungen u. s. w. gebraucht. — **Narcissus odorus L.**, **Narc. incomparabilis Curt.** **N. Tazetta L.** u. A. haben gleiche Kräfte. — Von **Pancratium maritimum**, Meerstrands-Gilge, im Sande der Küste des Mittelmeeres wachsend, wird die schleimige, bitter und ekelhaft schmeckende Zwiebel als **Radix Scillae minoris s. Hemerocallidis valentinae s. Pancratii monspessulani**, gleich der Meerzwiebel als Brechmittel angewendet. — Von **Sternbergia lutea Ker.** [Amaryllis lutea L.], gelbe Sternbergie, wurde die bittere u. scharfe Wurzel, **Radix Lilio-Narcissi**, als ein äusserliches erweichendes Mittel gebraucht. — Von **Lilium candidum L.**, weisse Lilie, und **Lilium peregrinum Mill.**, übergiesst man die weissen Blumenblätter mit Baumöl u. wird dieses gegen Brandschäden u. Verwundungen gebraucht; die Staubfäden, **Antherae**, hat man gegen Epilepsie empfohlen; früher wendete man auch die grünen Stengelblätter bei Verbrennungen und zu Umschlägen auf Wunden u. Geschwüre, ingleichen die Zwiebel zur Reifung bei Abscessen an. — Von **Lilium Martagon L.**, Türkenbund-Lilie, Gold- oder Krull-Lilie, gebrauchte man sonst die Zwiebel, **Radix Martagon**, innerlich als ein harntreibendes und die Menstruation beförderndes Mittel u. äusserlich bei Hautkrankheiten und Geschwüren. — Von **Petilium imperiale Rchb.** [Fritillaria imperialis L.], Kronen-Schachblume, Kaiserkrone, war ehedem die unangenehm, fast betäubend riechende, scharfe u. giftige Zwiebel **Radix Coronae imperialis**, officinell, — Von **Erythronium Dens canis L.**, Zahnlilie, Hundszahn, stand die Zwiebel, **Radix Dentis canis**, ehedem als ein vorzügliches Aphrodisiakum im Rufe. — Von **Gagea lutea Schult.** [Ornithogalum sylvaticum Pers., Orn. luteum β. L.], **Gag. arvensis Schult.** [Ornithogalum arvense Pers.] u. **Gag. stenopetala Rchb.** [Ornithogalum pratense Pers., Orn. stenopetalum Fries.], Gelbstern, Sternblume, wendete man die Wurzel, **Radix Ornithogali**, innerlich bei krampfartigem Zucken der Kinder und äusserlich gegen um sich fressende Geschwüre an. — Von **Ornithogalum umbellatum L.**, doldiger Milchstern, war die schleimige u. schwach bitterliche Zwiebel, **Radix Ornithogali vulgaris**, zum Auflegen auf Geschwüre und Schwäre gebräuchlich. Gleiche Anwendung hatten die Zwiebeln von **Ornithogali narbonnense** u. **pyrenaicum L.** als **Radix Ornithogali majoris**. — **Asphodelus ramosus L.** und **Asph. albus Willdw.**, lieferten sonst ihre knolligen Wurzeln Goldwurzel, als **Radix Asphodeli albi s. vera** und **Asph. luteus L.**, gelber Affodill, als **Radix Asphodeli lutei**. — Von **Anthericum ramosum L. u. Anth. Liliago L.**, gebrauchte man sonst das Kraut, die Blumen und Samen, **Herba, Flores et Semen**, vom ersten als **Phalangii ramosi**, von letzterem als **Phal. non ramosi** gegen Stiche und Bisse giftiger Thiere, der Scorpionen, Spinnen und gegen andere Gifte. — Von **Narthecium ossifragum Huds.**, gemeine Aehrenlilie, benutzte man sonst die Blätter, **Herba Graminis ossifragi**, als Wundmittel. — Von **Asparagus officinalis L.**, Spargel, war sonst die Wurzel, **Radix Asparagi**, als ein auflösendes, blutreinigendes u. harntreibendes Mittel officinell, und gehörte zu den 5 grösseren eröffnenden Wurzeln, **Radices quinque aperientes majores**. — Von **Asparagus acutifolius L.**, kamen sonst die Wurzeln und Samen als **Radix et Semen Corrudae** vor. — Von **Dracaena Draco L.**, gemeiner Drachenbaum, ist das aus dem Stamme hervortretende Harz eine Sorte des Drachenblutes, **Sanguis draconis**, das in schön hochrothen kuchenförmigen Stücken, **S. Dr. in placentis**, vorkommt, deren Pulver feurich scharlachroth ist. — Von **Polygonatum officinale All.** [Convallaria Polygonatum L.], gemeine Weisswurz, und **Polygonatum multiflorum** [Convallaria multiflora L.], vielblüthige Maiblume, wurden die Wurzelstöcke, als Salomonssiegel, **Radix Sigilli Salomonis s. Geniculatae s. Genicelli**, als ein schleimiges, schmerzlinderndes, zertheilendes Mittel bei Wunden, Quetschungen u. Entzündungen angewendet. — Von **Muscari moschatum Desf.** [Hyacinthus Muscari L.], fand die bittere, Ekel und Erbrechen erregende Zwiebel sonst als **Radix Muscari** Anwendung. — Von **Agave americana L.**, amerikanische Agave, hundertjährige Aloë, wurde ehedem die Wurzel als Mageywurzel, als ein harntreibendes Mittel und gegen Syphilis angewendet. — Von **Hemerocallis flava L.**, waren sonst die Blüthen als **Flores Lilio-Asphodeli** officinell. — **Juncus effusus L.**, Flattersimse, Flatterbinse, auch **Juncus conglomeratus L.** und **Juncus glaucus Ehrh.**, vorzüglich erstere, sollen als harntreibendes Mittel gegen Stein- und Nierenbeschwerden heilkräftig sein. — Von **Luzula vernalis DeC.** [Luzula pilosa Gaud., Juncus pilosus L.], ist die Wurzel als vorzüglich diuretisch wirkend gegen Nierenkrankheit und Steinbeschwerden empfohlen worden. Von gleicher Wirkung sind wohl auch **Luzula albida DeC. u. Lux. maxima DeC.** — Von **Bambusa arundinacea Willdw.** [Arundo Bambos L.], gemeines Bambusrohr, waren früherhin die in den Gelenkknoten älterer Halme sich gebildeten steinigen Ablagerungen, der Bambuszucker, **Tabasheer, Tabaxir, Tabakir**, gebräuchlich, wie sie es im Oriente noch sind und als krampfstillend und tonisch gegen viele Krankheiten dienen. Sie bestehen aus Kieselerde mit etwas Kali, Kalk und vegetabilischen Stoffen. — Von **Richardia aethiopica Kunth.** [Calla aethiopica L.], äthiopischer Aronsstab, wurde ehemals die Wurzel als **Radix Ari aethiopici** angewendet. — Von **Calla palustris L.**, Sumpfschlangenkraut, war die Wurzel, **Radix Dracunculi aquatici s. Dr. palustris**, als reizend-scharfes und schweisstreibendes Mittel gegen die Folgen des Bisses giftiger Schlangen gebräuchlich. — **Bursera gummifera Jacq.**, liefert das Chibouharz. [Abbildung der deutschen Gewächse s. Lincke etc.])

Digynia (Zweiweibige).

(Hier ist zu bemerken: **Oryza sativa L.**, gemeiner Reis, dessen von den Spelzen befreite Früchte, der Reis, **Semen Oryzae**, ein leicht verdauliches Nahrungsmittel für Wiedergenesende sind. Die schleimige Abkochung oder den Reisschleim, wendet man als einhüllendes und reizmilderndes Getränk in entzündlichen Krankheiten und Fiebern, so wie als stopfendes Mittel bei Durchfällen und Ruhren an. Der Reis besteht fast ganz aus Stärkmehl und enthält nur noch wenig kleberartigen Stoff).

Trigynia (Dreiweibige).

Familie: **Simsenlilien**: Juncaceae. — *Gruppe*: **Veratreae.**

Gattung: **Veratrum L.**, Germer.

Polygamisch. Blüthenhülle 6blättrig, abstehend. Staubgefässe am Blüthenboden stehend. Griffel kurz. Balgkapseln vielsamig.

Taf. XXI. **Veratrum album L.**, weisser Germer, weisse Nieswurz.

Blätter gefaltet, die untersten elliptisch; Rispe zusammengesetzt, sparrig: Aestchen zottig; alle Blüthen gestielt; Deckblätter fast so lang als die Blüthenstielchen.

Wächst auf Wiesen der Alpen und Voralpen und anderer

Gebirge im mittlern Europa. Der fast cylindrische, gleichsam abgebissene, schief in den Boden dringende Wurzelstock ist nur einfach und dicht mit langen, dicken, fleischigen Fasern besetzt. Der 1—4' hohe, an seinem Grunde bis gegen $\frac{3}{4}$ Zoll dicke, aufrechte, stielrunde, hohle, einfache, kahle Stengel ist fast durchgehends von den anliegenden Blattstielen bedeckt und trägt eine zottig-haarige Blüthenrispe. Die untern, den Stengel scheidig umfassenden Blätter sind 4—6'' lang und 2—3'' breit, rippig und langsfältig, stumpf, oberseits schön gesättigt grün, unterseits blässer; die immer höher stehenden werden allmälig schmäler, ellanzettlich u. spitziger; die obersten fast sitzenden sind schmal lanzettlich. Die Oberseite sämmtlicher Blätter ist fast ganz kahl, die Unterseite aber etwas zottig, mit kurzen, weisslichen Haaren besetzt. Die 1—$1\frac{1}{2}$' lange, vielblüthige Rispe hat genaherte, abstehende Aeste mit zusammengesetzten Trauben, nur die Rispenspitze besteht aus einer einzigen Traube. Am Grunde der kurzen Blüthenstielchen steht ein kleines eirundes und spitziges Deckblättchen, am Grunde jedes Astes aber ein dergleichen grösseres. Die gelblichweissen, unterseits grünen Blüthen sind 8''' breit; die Perigonzipfel länglich, spitzlich, weit abstehend, am Rande schwach gezähnelt. Staubgefässe kürzer als die Perigonzipfel. Die braunen, an den Innennähten aufspringenden Kapseln enthalten in jedem der 3 Fächer einige längliche, flache, stumpfe, Samen. — Von dieser Pflanze, so wie von ***Veratrum Lobelianum Bernh.***, sind die von den Zasern befreiten Wurzelstöcke, ***Radix Hellebori albi***, officinell. Sie sind ziemlich konisch-walzenförmig, zaserlos, $1\frac{1}{2}$—3'' lang, am obern dicksten Theile etwa 1'' dick, aussen grau- od. schwärzlichbraun, an den zahlreichen Narben der Wurzelzasern weiss, innen weisslich, ins Grauliche oder Bräunliche ziehend; auf dem Querdurchschnitte eine dünne, nach innen dunkler begrenzte Rindenschicht zeigend. Bisweilen finden sich die Wurzelstocke von ***Veratrum nigrum L.***, schwarzer Germer, diese sind aber innen mehr gelblich. Die Hauptbestandtheile derselben sind nächst vielem Starkemehl, ein eigenthümlicher krystallisirbarer Stoff, das Jervin, u. ein noch nicht krystallisirt dargestellter Stoff, das Veratrin. Diese fast geruchlosen, pulverisirt aber Niesen erregenden Wurzelstöcke wendete man sonst häufig an bei Nerven- u. Gemüthskrankheiten, bei Verschleimungen und Stockungen in den Unterleibseingeweiden und zwar bei Hypochondrie, Wassersucht, jetzt bedient man sich ihrer fast nur noch äusserlich in langwierigen Hautkrankheiten, Flechten, Krätze, bei um sich fressenden Geschwüren, so wie in der Thierheilkunst zur Vertreibung des Ungeziefers u. zur Erzeugung u. Unterhaltung ableitender Geschwüre. Als Gegenmittel bei vorfallenden Vergiftungszufällen gelten: Tamarinden, Cremor Tartari, einhüllende und demulcirende Mittel und schwarzer Kaffee.

a. Eine sehr verkleinerte Pflanze. — b. Eine blühende Stengelspitze. — c. Ein Stengelblatt. — A. Ein Blatt der Bluthenhülle. — B. Eine Blume, von der die Blüthenhülle weggenommen wurde, die Geschlechtstheile zeigend. — C. Ein Staubgefäss. — D. Das Pistill. — d. Eine geschlossene und e. eine aufgesprungene Frucht. — f. Eine quer u. g. senkrecht durchschnittene Frucht. — h. Ein Samen. — E. Derselbe, vergr. und senkrecht, so wie F. quer durchschnitten.

Taf. XXII. **Veratrum Sabadilla Retz.**, mexikanischer Germer, Läusesamen-Germer.

Blätter fast alle grundständig, länglich-elliptisch, nervig; meistens sehr einfach, traubig; Blüthen kurzgestielt, überhängend.

Wächst ausdauernd auf den Antillen, soll auch in Mexiko vorkommen. Der einfache Stengel endet in eine einseitswendige Traube oder bisweilen in eine wenig ästige traubige Rispe, mit einseitswendigen Träubchen, ist kahl, gerillt und mit einigen wenigen entfernt stehenden, länglich lanzettlichen, am Grunde nur wenig scheidigen Blättern besetzt, die weit kleiner sind, als die gedrängt stehenden, grundständigen, kurzgescheideten, $\frac{1}{2}$—1' langen u. 3—$3\frac{1}{2}$'' breiten Blätter. Die Spindel u. die wenigen Aeste der Rispe sind kahl. Die Blüthen haben im Durchmesser ungefähr $\frac{1}{2}$'' und sind dunkel-purpurbraun; die Perigonzipfel elliptisch, ganzrandig, weit abstehend, länger als die Blüthenstielchen; die Staubgefässe kürzer als die Perigonzipfel, u. die Deckblättchen so lang als die Blüthenstielchen. Die 3fächerigen Kapseln enthalten in jedem Fache 3 Samen. — Früher hielt man diese Pflanze für die alleinige Mutterpflanze des nach Europa gebrachten Sabadillsamens, ***Semen Sabadillae***, es ist jedoch zweifelhaft, ob er davon abstammt. In Westindien werden die Früchte u. Samen dieser Art angewendet, wie von folgender.

a. Der Untertheil einer Pflanze. — b. Eine Blüthenrispe. — A. Eine Zwitter- und B. eine männliche Blüthe. — c. Früchte. — C. Eine quer durchschnittene Frucht. — A. Samen.

Taf. XXI. **Veratrum officinale Schlchtd. et Cham.**, gebräuchlicher Germer. (***Sabadilla officinarum Brandt.***, ***Sabad. officinalis Fr. Nees.***, ***Helonias officinale Don.***, ***Schoenocaulon officinale Asa Gray***, ***Asagraea officinalis Lindl.***)

Wurzel zwiebelförmig; Blätter wurzelständig, linealisch, lang zugespitzt, kielartig zusammengeschlagen, kahl; Stengel (Schaft) nackt und kahl, am Ende eine einfache Blüthentraube tragend; Blüthenhüllblätter linealisch, kürzer als die Staubgefässe.

Wächst, meistentheils Rasen bildend, auf grasreichen Stellen am östlichen Abhange der Anden in Mexiko. Aus dem untern Ende des eirundlänglichen, zwiebelartigen, mit Schalen umgebenen Wurzelstocke entspringen zahlreiche Wurzelzasern. Die den Grasblättern gleichen Blätter sind sämmtlich grundständig, glatt, kahl, oberseits rinnig, auf dem Rücken gekielt, schlaff, 3—4' lang. Aus ihrer Mitte entspringt der aufrechte, ganz einfache, 4—6' hohe, in eine $\frac{1}{2}$—$1\frac{1}{2}$' lange, gedrungene Traube sich endigende Schaft. Die etwa 1''' langen Blüthenstielchen werden von gleichlangen, eirunden, stumpfen Deckblättchen gestützt. Die untersten Blüthen in der Traube sind meist vollkommen zwitterig, die obern dagegen blos mit Staubgefässen versehen. Das gelbliche, ausgebreitete Perigon halt 3—4''' im Durchmesser. Die Zipfel desselben sind linealisch, stumpf, dicklich, die 3 innern etwas breiter, u. werden von den Staubgefässen überragt. Die Früchte und Samen gleichen denen von voriger u. geben den bei uns gebräuchlichen Sabadillsamen oder mexikanischen Läusesamen, ***Semen Sabadillae s. Sabadilli***. Die aus den 3 getrennten Fächern bestehenden Kapseln sind 4—6''' lang u. 2—4''' breit, blassbräunlich, ins Röthliche od. Gelbliche ziehend, fast stets mit dem 1—2''' langen gekrümmten Stielchen versehen u. am Grunde von vertrockneten Resten der Blüthe umgeben; die auf dem Rücken gewölbten ellipsoidischen einzelnen Fächer haben gewöhnlich noch den kurzen, zurückgekrümmten Griffel u. sind theils leer, theils mit Samen erfüllt. Die Samen sind länglich, meist etwas gekrümmt, an einem Ende verdünnt oder flach zusammengedrückt, mitunter auch gleichsam schief abgestutzt, dunkelbraun oder schwarz, feingerunzelt, schwach glänzend, u. bestehen aus einer dünnen, lederigen, einen festen, fast hornartigen, graulichweissen Kern umschliessenden Haut. Die Kapseltheile haben einen schwachen u. die Samen gar keinen Geruch. Die erstern sind geschmacklos, die letztern aber haben einen widerlich bittern, brennendscharfen, lange anhaltenden Geschmack. Sie enthalten das scharfe Veratrin (***Veratrinum, Veratrina, Veratrium***), u. man brauchte sie als ein kräftig drastisch purgirendes Mittel gegen Eingeweidewürmer und vorzüglich zur Vertreibung des Bandwurms. Ihre Wirkung kann aber leicht schädlich werden. Jetzt werden sie nur noch meist äusserlich in Salbenform oder als Streupulver zur Vertilgung von Ungeziefer bei Menschen u. Thieren angewendet, welche Anwendung aber auch Vorsicht erheischt.

a. Eine sehr verkleinerte Pflanze, an welcher bei * der Blüthenstengel durchschnitten ward. — b. Der Grundtheil (die zwiebelförmige Wurzel) der Pflanze. — c. Die Blüthentraube. — A. Eine Zwitter- und B. eine männliche Blüthe. — C. Ein Staubgefäss mit einem Blatte der Blüthenhülle. — d. Eine Fruchttraube. — e. Eine Blattspitze. — f. Ein Stück eines Blattes von dessen Grunde. — g. Samen. — D. Ein vergr. Deckblatt.

Gruppe: **Colchiceae.**

Gattung: **Colchicum L.**, Zeitlose.

Blüthenhülle trichterförmig, mit sehr langer wurzelständiger Röhre u. 6theiligem Saum. Staubgefässe am Grunde der Blüthenhüllzipfel stehend, 6. Fruchtknoten zur Blüthezeit in der Wurzel verborgen, 3 sehr lange Griffel tragend. Balgkapseln 3, bis zur Hälfte verwachsen.

Colchicum autumnale L., Herbstzeitlose, Wiesensafran, Herbst- Licht- od. Uchtblume.

Blatter erweitert-rinnig, lanzettlich, aufrecht; Zipfel der Blüthenhülle lanzettlich.

Wächst ausdauernd im südlichen und mittlern Europa stellenweise häufig auf feuchten Wiesen und blüht im September bis October. Die rundlich eiförmige, 1—1½'' lange Zwiebel ist auf der einen Seite fast eben, innen knollenartig-dicht (*Bulbo-tuber*), weisslich und aussen von einigen trocknen, häutigen, dunkelbraunen Schalen bedeckt. Die Brustzwiebel für das nächste Jahr entwickelt sich an der flachen Seite. Aus der Zwiebel kommen im Herbste 1—2, seltner auch 3, auf einem kurzen, tief in derselben verborgenen Schafte sitzende, unten von einer häutigen, dünnen, weissen Scheide umgebene Blüthen hintereinander hervor. Die etwas vertieften, länglichen, spitzlichen, blassrosenrothen od. lila gefärbten 6 Zipfel des Perigons, von denen die 3 innern etwas kürzer u. schmäler sind, vereinigen sich in eine 5—7'' lange, weissliche, 3seitige Röhre. Die 6 ungleich langen, paarweis am Grunde der Perigonzipfel eingefügten Staubgefässe tragen auf den mässig langen Staubfäden fast pfeilförmige Antheren. Die länglichen Fruchtknoten, die während des Winters in der Zwiebel verborgen bleiben, haben sehr lange Griffel, so dass sie die erst oberhalb der Perigonröhre eingefügten Staubgefässe, aber nie die Perigonzipfel, überragen. Die rinnigen Narben laufen an den Griffeln etwas herab. Im folgenden Frühlinge verlängert sich das kleine Stielchen, welches die Blüthen trug, beträchtlich, u. tritt als Schaft aus dem Boden hervor; an ihm entwickeln sich 3—4 am Grunde in einander gescheidete, 6—10'' lange und gegen 1'' breite, länglich-eiförmige, glatte und glänzende Blätter, und zwischen diesen 2 od. 3 länglich-eiförmige, 1'' lange u. ½'' dicke, anfangs grüne, zuletzt braune runzelige, aus 3, zuletzt an ihrer Spitze auseinander tretenden Fächern bestehende Hülsenkapseln. Die zahlreichen Samen sind an der Innennaht der Kapselfächer befestigt, rundlich, etwas eckig, braun. — Gebräuchlich sind die Zeitlosen-Zwiebeln, *Bulbus* s. *Radix Colchici*, die Samen u. Blüthen, *Semen et Flores Colchici*, und zwar Wurzel u. Samen als ein sehr kräftig erregend auf die Unterleibsorgane und deren Aussonderungen, in grössern Gaben drastisch und sogar giftig, in kleinern besonders auf die Nieren harntreibend wirkendes Mittel, bei Stockungen im Darmkanale, bei Hypochondrie, Gelb- u. Wassersucht, bei langwierigen Rheumatismen u. Gicht. Die Wurzeln, welche gegen das Ende der Fruchtreife, im Frühlinge und bei der Blüthezeit im Herbste gegraben u. nur frisch od. höchstens gut aufbewahrt, während eines Jahres angewendet werden dürfen, riechen im frischen Zustande unangenehm, etwas rettigartig u. schmecken süsslich bitter, dann scharf u. kratzend, lange anhaltend. Die Samen schmecken ekelhaft sehr bitter u. scharf kratzend anhaltend. Die Wurzeln, besonders die nach der Fruchtreife, anfangs Sommers, gesammelten, so wie der Samen, enthalten einen eigenthümlichen Stoff, das Colchicin. Als Gegenmittel bei etwaigen Vergiftungszufällen dienen Milch, Oel u. viel lauwarmes Getränk, später Essig und Pflanzensäuren.

(**Colchicum variegatum L.,** gescheckte Zeitlose, in Südeuropa wachsend, gibt die Hermodacteln, **Radix Hermodactyli.**)

a. Eine Wurzel (Zwiebelknolle, Bulbotuber) mit einer Blüthenknospe und einer bei * durchschnittenen Blüthe, bei 1 den jungen Zustand der Blüthe, bei 2 den ältern darstellend. — b. Früchte mit den Blättern. — c. Der aufgeschnittene und ausgebreitete Saum der Blüthenhülle, um die Anheftung der Staubgefässe zu zeigen. — A. und B. Staubgefässe von verschiedenen Seiten. — d. Darstellung des Pistills, wie es am Grunde in der Wurzel befestigt ist. — e. Eine quer durchschnittene Frucht. — A. Samen. — C. Ein Samen, vergr. — D. Derselbe senkrecht und E. quer durchschnitten.

(Zu dieser Ordnung gehört ferner noch: **Rumex obtusifolius L.,** stumpfblättriger Ampfer, welcher, sowie **Rumex crispus L., R. nemorosus Schrad., R. sanguineus L.** und **R. Nemolapathum Ehrh.**, die Grindwurzel, **Radix Lapathi acuti s. Oxylapathi,** liefert, die als ein zusammenziehend bitteres und tonisch und erregend auf den Darmkanal, so wie secundär auf die Thätigkeit der Haut wirkendes Mittel sonst häufig gegen jede Art der chronischen Hautausschläge angewendet wurde. — Von **Rumex alpinus L.,** Alpenampfer, Alpen-Grindwurz, Mönchsrhabarber, auf den europäischen Alpen u. dem Kaukasus wachsend, diente die grosse, bitter und säuerlich herb schmeckende Wurzel, Mönchsrhabarber, **Radix Rhabarbari monachorum,** als Purgirmittel, und wird noch jetzt in vielen Gegenden statt der Rhabarber angewendet. — Von **Rumex aquaticus L., R. maximus Schreb.** u. **R. Hydrolapathum Huds.**, wurden die adstringirend-bittere Wurzel und die Blätter, **Radix et Herba Britanicae s. Lapathi aquatici s. Hydrolapathi,** so wie von **Rumex patientia L.,** Garten- od. Gemüseampfer, die Wurzel, **Radix Patientiae,** gegen faulige Krankheiten, Scorbut, böse Geschwüre, Ausschlagskrankheiten gebraucht. — Von **Rumex Acetosa L.,** gemeiner od. Sauer-Ampfer, waren sonst **Radix, Herba et Semen Acetosae officinalis s. pratensis** officinell. Das frische Kraut dieser Pflanze, so wie das von **Rumex Acetosella L.,** kleiner Sauerampfer, wendete man sonst häufig zur Sauerkleesalzbereitung an; 100 Pfund Blätter gaben 8 Pfund Sauerkleesalz. — Von **Rumex scutatus L.,** französischer Sauerampfer, gebrauchte man die Blätter als **Herba Acetosae rotundifoliae s. romanae.** [Abbildung dieser deutschen Gewächse siehe Lincke etc.]).

Polygynia (Vielweibige).

(Hier ist zu bemerken: **Alisma Plantago L.,** Froschlöffel, Froschwegerich, Wasserwegerich, von welchem sonst der mit zahlreichen Fasern besetzte Wurzelstock nebst dem Kraute als **Radix et Herba Plantaginis aquaticae** officinell war u. welcher vor einiger Zeit wieder als ein Specificum gegen Wasserscheu vom Bisse toller Hunde herrührend, empfohlen worden ist, das sich aber nicht bewährt hat. [Abbild. s. Lincke etc.]).

VII. Cl. Heptandria (Siebenmännige).

Monogynia (Einweibige).

Fam.: **Sapindaceen:** SAPINDACEAE. — *Gruppe:* **Sapindeae DeC.**

Gattung: **Aesculus L.,** Rosskastanie.

Kelch fast glockenförmig, 5spaltig. Blumenblätter 4 oder 5, abstehend. Staubgefässe 7, niedergebogen-aufsteigend. Kapseln stachelig.

Taf. XXII. **Aesculus Hippocastanum L.,** gemeine Rosskastanie.

Blätter siebenzählig-gefingert; Blättchen verkehrt-eirund-keilförmig, zugespitzt, doppelt kerbig-gesägt. Blumenblätter 5, die beiden obersten aufsteigend, elliptisch, die 3 untern niedergebogen u. rundlich.

Das Vaterland dieses in Europa häufig angepflanzten Baumes ist Tibet u. Afghanistan. Der gerade, dicke, 50—80' hohe Stamm ist mit einer grossen, regelmässigen, pyramidalen Laubkrone versehen. — Die Rinde des Stammes ist dunkelbraun u. rissig, die der jüngern Aeste glatt u. graulich. Die grossen Knospen sind mit einer braunen, klebrigen, glänzenden Feuchtigkeit überzogen. Am Ende der langen Blattstiele stehen 7 unstielte, verkehrt-eirund-keilförmige, kurz- und plötzlich zugespitzte, doppelt-kerbig-gesägte, kahle Blättchen, von denen das mittelste am grössten ist und die beiden äussersten oder untersten viel kleiner sind; im Frühlinge sind die jungen Blättchen und jungen Triebe mit einem flockigen, rostbraunen, abwischbaren Filze bedeckt. — Die endständigen, steifen, pyramidalen Blüthensträusse erscheinen mit den Blättern gleichzeitig, entwickeln sich aber etwas später erst vollständig und enthalten Zwitter- und männliche Blumen untermischt. Die 5 Kelchzipfel sind sehr stumpf. Die benagelten Blumenblätter haben einen faltig-welligen Rand, sind feingewimpert, weiss und am Grunde der Platte bei den Zwitterblüthen rosenroth, bei den männlichen Blüthen gelbgefleckt. Die grosse, lederige, bestachelte Kapsel ist 3fächerig (doch sind häufig 1 oder 2 Fächer verkümmert), 2klappig und enthält 1 bis 3 Samen von schön kastanienbrauner Farbe und mit einem sehr grossen, matten, leberbraunem Keimfleck oder Nabel. Sie enthalten keinen Eiweisskörper, einen gekrümmten und umgedrehten Embryo mit kegelförmigem, gekrümmtem, gegen den Nabel gewendetem Würzelchen, einem grossen Knöspchen (*Plumula*) und sehr dick-zusammengewachsenen Kotyledonen, die beim Keimen unter der Erde bleiben. — Die Rinde der jüngern Aeste, *Cortex Hippocastani* s. *Castaneae equinae*, welche bitter-zusammenziehend schmeckt und angenehm riecht und eisengrünenden u. bittern Extractivstoff enthält, wird als Surrogat der China empfohlen. Die gleichfalls Gerbstoff und bittern Extractivstoff nebst vielem Stärkmehl enthaltenden, süsslich-herbe und bitter schmeckenden Samen *Semina* v. *Nuces Hippocastani*, Rosskastanien, hat man, und zwar geröstet, ebenfalls als Surrogat der China und gegen Durchfälle, Blut- u. Schleimflüsse empfohlen; sie werden auch bei manchen Krankheiten der Hausthiere gebraucht.

a. Eine Blüthenrispe nebst einem Blatte. — b. Eins der untern u. c. eins der obern Blumenblätter. — d. Eine Zwitter- und e. eine männliche Blüthe ohne die Blumenblätter. — f. Das Pistill einer Zwitterblüthe. — A. Dasselbe, vergr. — B. u. C. Staubbeutel von vorn und hinten. — g. Eine aufgesprungene Kapsel. — h. Ein der Länge nach durchschnittener Same.

VIII. Cl. Octandria (Achtmännige).

Monogynia (Einweibige).

Familie: **Terebinthaceen:** TEREBINTHACEAE.

Gattung: **Amyris L.,** Amyris.

Bluthen zwitterig. Kelch 4zahnig. Blumenblatter 4. Staubgefasse 8. Fruchtknoten einem verdickten scheibenförmigen Gynophorum aufsitzend, einfachrig, mit sitzender Narbe. Steinfrucht mit papierartiger einsamiger Kernschale.

Taf. XXIII. **Amyris Plumieri DeC.,** Plumier's Amyris.

Blätter unpaarig-gefiedert: Blättchen 3 oder 5, gestielt, eiförmig, zugespitzt, fast gesägt, unterseits zottig.

Ein Baum oder Strauch Westindiens. Die Rinde des Stammes und der stärkeren Aeste ist glatt und grau. Die Blättchen der 3- oder 5zählig-gefiederten Blätter sind lederartig, schwach kerbig-gesägt. Die Bluthenrispen stehen in den Blattachseln u. an den Enden der Aeste. Die Steinfrüchte sind kugelförmig. Das aus der Rinde schwitzende Harz ist das westindische Elemi, *Elemi occidentale* s. *Resina Elemi.* Früher wurde dieses Gewächs für die einzige Mutterpflanze des Elemi angesehen.

a. Ein blühender Zweig. — b. Blume. — c. Steinfrucht. — d. Samen.

Familie: **Seideln:** THYMELAEACEAE.

Gattung: **Daphne L.,** Seidelbast.

Zwitterig. Bluthenhulle meist gefärbt, trichterig, abfallend: Saum 4theilig Staubgefasse 8, eingeschlossen. Griffel endständig, sehr kurz. Narbe kopfförmig. Steinfrucht beerenartig, einsamig.

Taf. XXIII. **Daphne Mezereum L.,** gemeiner Seidelbast, Zundel, Kellerhals, Kellersalz.

Blatter verkehrt-eiförmig-lanzettlich, spitzig, kahl, jährig (abfallend); Bluthen fruhzeitig, seitlich an den Aesten zu 3 sitzend, eine Aehre bildend.

Wächst in Gebirgswäldern des mittleru u. nördlichen Europa als ein niedriger, nur 2—4′ hoher Strauch, dessen Blüthen vor den Blättern im Februar und April erscheinen. Die Aeste sind ruthenförmig, kahl, zähe und mit einer glatten, graulich- oder gelblich-braunen Rinde bedeckt. Die Blätter entspringen über den Blüthen u. stehen anfangs gedrangt, später aber durch das Wachsen des Zweigs entfernter u. sind 2—3″ lang, oberseits hellgrün, unterseits meergrunlich. Das rosenrothe od. seltner weisse Perigon ist 5—6‴ lang u. hat 4 eirunde spitzige Zipfel; es verbreitet einen angenehmen, starken u. betäubenden Geruch. Die erbsengrossen Beeren sind insgesammt hochroth, bei der weissbluhenden Abanderung gelblich. Die im Winter od. zeitig im Frühjahre von den Stämmen u. stärkern Aesten als Seidelbastrinde, *Cortex Mezerei*, gesammelte Rinde besteht aus dünnen, biegsamen, zollbreiten und mehr als 1′ langen bandförmigen Streifen, ist aussen graulich-rothbraun, von einer dünnen hautartigen, sich leicht ablösenden Oberhaut bekleidet u. hat unter der gelbgrünlichen Rindenschicht eine gelblichweisse, sehr feinfaserige, auf der innern Oberseite schwach atlasglänzende grünliche Bastschicht; sie hat keinen bemerkbaren Geruch, aber einen äusserst scharfen u. brennenden Geschmack, und enthält vorwaltend ein scharfes Weichharz. Nur selten wird sie innerlich als Aufguss od. Abkochung gegen veraltete syphilitische, gichtische und scrophulöse Krankheiten angewendet, häufiger dagegen äusserlich, in Essig eingeweicht, zum Röthen der Haut und zum Blasenziehen. Mit dem durch Ausziehen mittelst heissen Alkohols erhaltenen scharfen Harze wird eine Salbe, *Unguentum Mezerei*, bereitet. Auch die Wurzel, *Radix Mezerei*, und Beeren, *Baccae Coccognidii*, sind officinell.

(Von **Daphne Laureola L.,** lorbeerblättriger Seidelbast, hat die Rinde, **Cortex Laureolae**, im südlichen Europa gleiche Anwendung wie **Cort. Mezerei.** — Auch von **Daphne alpina L.** hat die Rinde gleiche Anwendung wie von vorigem. — Von **Daphne Gnidium L.,** rispenblüthiger od. italienischer Seidelbast, wurden früher die Beeren als Kellersalz od. Kellerhalskörner, **Semina Coccognidii s. Grana Gnidii** vorzüglich gegen Ruhren, Wassersucht u. Keuchhusten angewendet. [Abbild. s. Lincke etc.]).

A. Eine blühende Astspitze. — B. Eine Blätter und Früchte tragende Astspitze. — A. Eine der Länge nach aufgeschnittene Blüthenhülle, um das Pistill und die Staubgefässe zu zeigen. — B. Ein Staubgefäss. — C. Das Pistill. — D. Dasselbe senkrecht durchschnitten, um die Anheftung des Eichens zu zeigen. — a. Eine Steinfrucht. — b. Dieselbe senkrecht durchschnitten mit dem Steinkern. — E. Dieselbe, vergr. — c. Ein Steinkern. — F. Derselbe, vergr. u. senkrecht durchschnitten, um die Lage des Embryo's zu zeigen.

(In diese Ordnung gehören ferner noch: **Tropaeolum majus L.,** grosse Kapuziner-Kresse, gebrauchte man sonst als **Herba et Flores Nasturtii indici s. Cardamines majoris**, als antiscorbutisches Mittel. — Von **Epilobium angustifolium L.,** schmalblättriges Weidenröschen, St. Antonskraut, waren sonst die Wurzel und Blätter, **Radix et Herba Lysimachiae Chamaenerion**, als erweichende und zertheilende Mittel gebräuchlich. — Von **Oenothera biennis L.,** gemeine Nachtkerze, Garten-Rhapontika, Rapunzel, wendete man früherhin die Wurzel, **Radix Onagrae s. Oenotherae s. Rapunculi**, als eröffnendes und reinigendes Heilmittel nebst den Blättern an. — Von **Terminalia Bellirica Roxb.** stammen die Früchte, die **Myrobalani belliricі** und die **Myrob. indici s. nigri** (die unreifen und durch Insectenstiche verletzten Früchte); von **Terminalia Chebula Roxb.,** die **Myrobalani Chebulae s. Chebuli**, und von **Terminalia citrina Roxb.** die **Myrobalani citrini s. citrinae s. flavae.** — Von **Lawsonia inermis L.,** einem ägyptischen Strauche, erhält man die ächte Alkannawurzel, **Radix Alkannae [Alhennae] verae s. orientalis.** — Von **Icica Icicariba DeC.,** Elemibaum, einem Baume Brasiliens, soll das brasilianische oder westindische Elemiharz stammen, das zu einigen harzigen Pflastern verwendet wird. — **Icica Caranna Kunth.,** in den Ländern am Orinoko wachsend, soll die Stammpflanze des Carannaharzes, **Resina Caranna,** sein. — **Icica Tacamahaca Kunth.,** soll eine Sorte **Tacamahaca** liefern. — Von **Elaphrium tomentosum Jacq.** [Fagara octandra L.], leitete man eine Sorte des Takamahakharzes, **Resina Tacamahaca,** ab, dessen man sich häufig früherhin zu Pflastern und Raucherungen bediente. — **Hedwigia balsamifera Sw.,** ein Baum Westindiens u. Brasiliens, liefert das auf den Antillen Schweinsharz genannte, flüssige, scharf-aromatische Harz. — Von **Acer saccharinum L.** u. **Acer nigrum Michx.,** sowie von **Acer rubrum Pseudo-Platanus** u. **platanoides L.,** erhält man Ahornzucker. — Von **Acer tartaricum L.** hat man die Flügel der Früchte, **Samarae Aceris tartarici**, gegen Wechselfieber empfohlen. — Von **Chlora perfoliata L.,** Bitterling, war das Kraut als **Herba Centaurei lutei** officinell. — Von **Vaccinium Myrtillus L.,** gemeine Heidel-, Schwarz od. Blaubeere, dienen die Beeren, **Baccae Myrtillorum**, als zusammenziehendes Mittel bei Durchfällen. — Von **Vaccinium Vitis Idaea L.,** rothe Heidelbeere, Preusselbeere, Krosseln od. Grosseln, wurden sonst die Beeren, **Baccae Vitis Idaeae**, zu einem Syrup eingesotten und dieser als Kuhlungsmittel zum Getränk in hitzigen Fiebern verordnet. Die Blätter, **Folia Vitis Idaeae**, welche nicht selten den Blättern der Bärentraube [Folia Uvae ursi] untergeschoben werden, sich aber von ihnen dadurch unterscheiden, dass sie auf der untern Seite anstatt eingedruckt-netzadrig, mit vielen eingedruckten Punkten besetzt sind, wurden gegen Stein und chronischen Husten gerühmt. — **Vaccinium uliginosum L.,** soll narkotisch-giftige Beeren haben. — Von **Oxycoccos palustris Pers.** [Vaccinium Oxycoccos L.], waren sonst die an Citronensäure reichen Beeren, **Baccae Oxycocros**, officinell. — Von **Calluna vulgaris Salisb.** [Erica vulgaris L.], waren sonst die beblätterten Zweige, als **Herba Ericae**, besonders gegen Steinkrankheiten gebräuchlich. [Abbild. d. deutschen Gewächse s. Lincke.])

Trigynia (Dreiweibige).

(Bemerkenswerth sind: **Fagopyrum esculentum Mnch.** [Polygonum Fagopyrum. L.], Buchweizen, Heidekorn, von dem man das Samenmehl, **Farina Fagopyri** zu erweichenden und zertheilenden Umschlägen anwendet. — Von **Polygonum Bistorta L.,** Natter- oder Schlangenwurz, ist der Wurzelstock, **Radix Bistortae**, als ein kräftiges adstringirendes Mittel bei Durchfällen, Blutflüssen, Schleimflüssen der Geschlechtstheile und zur Befestigung der Zähne, die durch erschlafftes Zahnfleisch beweglich geworden waren, angewendet. — Von **Polygonum amphibium L.** gebrauchte man sonst das Kraut als **Herba Persicariae acidae**, u. von **Polyg. Persicaria L.** als **Herba Persicariae mitis.** — Von **Polygonum Hydropiper L.,** Wasserpfeffer, wendete man die Blätter als **Herba Hydropiperis s. Persicariae urentis** gegen Stockungen im Darmkanale und daraus entspringende Gelb- und Wassersucht u. s. w. an. — **Polygonum aviculare L.,** Vögelknöterich, Angerkraut, lieferte sonst die **Herba Centumnodiae s. Polygoni s. Sanguinariae**, als ein gelind zusammenziehendes Mittel bei Durchfällen, Blutflüssen und Wunden. — Von **Coccoloba uvifera L.,** ächte Seetraube, einem Baume Westindiens und des benachbarten Festlandes von Südamerika, soll man durch Auskochen der Theile des Baumes das westindische oder amerikanische Kino, **Kino occidentale s. americanum**, erhalten. Bisweilen kommt es auch als **Extractum Ratanhiae falsum** vor und besteht in unebenen, rothbraunen, verschieden grossen, zusammenziehend und bitter schmeckenden und den Speichel stark braunroth färbenden Stücken. — Von **Sapindus Saponaria L.,** gemeiner Seifenbaum, einem Baume Westindiens u. Südamerikas, werden sonst die süsslich-bitter u. kratzend schmeckenden Früchte als Nuculae Saponariae bei Blut- u. Schleimflüssen, Bleichsucht u. dgl. angewendet. — **Paullinia sorbilis Mart.**, wird in Brasilien zur Bereitung einer harten, schweren, einen eigenthümlichen Stoff, das Guarin, enthaltenden Pasta, der Guarana, als magenstärkendes Mittel benutzt. [Abbild. der deutschen Gewächse s. Lincke etc.])

Tetragynia (Vierweibige).

(Hier sind zu bemerken: **Paris quadrifolia L.**, vierblättrige Einbeere, Wolfsbeere, Steinbeere, Sauauge, lieferte ehemals die Wurzel, Blätter und Beeren, **Radix, Herba et Baccae Paridis s. Solani quadrifolii s. Uvae versae**, als drastisch purgirende und brechenerregende Mittel. Jetzt wird in der Homöopathie der aus der ganzen frischen blühenden Pflanze ausgepresste Saft und die damit bereitete Tinctur als wirksam bei angehender Luftröhrenschwindsucht, aber auch als ein kräftiges schweisstreibendes Mittel gerühmt. — Von **Adoxa Moschatellina L.**, Bisamkraut, war sonst die Wurzel, **Radix Moschatellinae** officinalis. [Abbild. siehe Lincke etc.])

IX. Cl. Emneandria (Neunmännige).

Monogynia (Einweibige).

Familie: **Lindengewächse**: TILIACEAE.

Gattung: **Dryobalanops Gaertn.**, Kampferölbaum.

Kelch 5spaltig, alle Zipfel zu breiten, zurückgeschlagenen Flügeln auswachsend. Blumenblätter 5. Staubgefässe .... ? Kapsel dreiklappig, einsamig.

Taf. XXIII. **Dryobalanops Camphora Colebr.**, Kampferölbaum von Sumatra.

Ein oft über 100′ hoher Baum auf Sumatra u. Borneo, dessen Stamm über 5′ im Umfange dick wird. Die Aeste sind bräunlich u. kahl. Blätter wechselständig, doch die untersten jedes Zweigtriebes fast gegenständig, kurz gestielt, eiförmig, lang- u. stumpf-zugespitzt, 3—7″ lang, 1—2″ breit, ganzrandig, stark fiedernervig, kahl. Nebenblätter paarig, pfriemenförmig, hinfällig. Blüthen achselständig, übrigens aber fast noch unbekannt, weshalb dessen Stelle im Linné'schen Systeme noch nicht gewiss ermittelt ist. (Er soll nach Einigen in *Polyandria Monogynia* gehören). Kapsel gegen 2″ lang, eiförmig, kurzgespitzt, holzig, faserig, feingestreift, längsfurchig, braun, am Grunde von der vergrösserten halbkugelrundlichen Röhre des Kelchs umgeben, von welcher noch die 5 grossen, länglich-spatelförmigen, stumpfen, $2\frac{1}{2}$—3″ langen, steifen, etwas zurückgebogenen, flügelartigen, braunen Zipfel ausgehen. Die eiförmigen Samen riechen stark terpentinartig. — Im Innern der Stämme ist in eigenen Behältern oder Höhlungen bei jungen viel ölförmiger, bei alten Bäumen viel ausgebildeter, fester Kampfer von ausgezeichneter Güte enthalten, den man in Ostindien als Kampfer von Sumatra u. Borneo-Kampfer weit höher schätzt, u. den die Chinesen u. Japanesen um einen 10mal höhern Preis bezahlen, als den gemeinen von *Camphora officinarum C. Bauh.* stammenden Kampfer. Seine Vorzüge, die er in Betracht des letztern besitzt, sind nach vorheriger Reinigung: seine Bestandtheile sind inniger gemischt und mit einander verbunden, er verflüchtigt sich weit weniger an der Luft u. beim Raffiniren od. Reinigen verbreitet er einen veilchenähnlichen feinen Geruch, er wirkt zwar langsamer, aber auch gleichmässiger u. anhaltender. Man sammelt ihn, indem man in die ältern Stämme, in einer Höhe von 12—18″, durch Beilhiebe beträchtliche Einschnitte macht, aus denen nun das Kampferöl herausfliesst, das man in Gefässen von Bambusrohr aufsammelt u. in dieser Gestalt oder sublimirt als festen Kampfer anwendet. Wenn aber kein Kampferöl herausfliesst, so fällt man den ganzen Stamm u. zerspaltet ihn, wo sich dann in den Höhlungen der feste Kampfer oft in armsdicken Klumpen, im Ganzen aber in einem Stamme 10—20 Pfund vorfindet.

a. Eine blättertragende Zweigspitze. — b. Eine Kapsel mit dem bleibenden Kelche. — c. Eine Kapsel, von welcher eine Klappe entfernt worden ist, in dem durchschnittenen Kelche. — d. Ein querdurchschnittener Samen. — e. Der Embryo mit entfalteten Samenlappen.

Familie: **Lorbeergewächse**: LAURINEAE. — *Gruppe:* **Laureae Rchb.**

Gattung: **Laurus Tournef.**, Lorbeer.

Blüthen zweihäusig. Blüthenhülle 4theilig, abfallend. Männl. Blüthe: Staubgefässe 12, sämmtlich fruchtbar; Staubfäden gewöhnlich in der Mitte beiderseits eine gestielte Drüse tragend, seltner ohne dergleichen; Staubbeutel länglich, 2fächrig; kein Ansatz zu einem Pistille. Weibliche Blüthe: Vollständiges Pistill mit 2 oder 4 Staubgefässrudimenten. Beere nackt.

Nur eine Art enthaltend:

Taf. XXIII. **Laurus nobilis L.**, edler Lorbeer.

Blätter lanzettlich, lederartig, etwas wellig, aderig.

Wächst in den meisten um das Mittelmeer herumliegenden Ländern als ein immergrüner, 10—15′ hoher Strauch od. auch 20—25′ hoher Baum. Seine Aeste stehen steif aufrecht u. sind glatt u. kahl. Die wechselständigen Blätter stehen auf kurzen Stielen, sind länglich-lanzettlich an beiden Enden zugespitzt, am Rande mehr oder weniger wellig, starr lederartig, fiedernervig, unterseits fein netzaderig, am schmal-knorpelig-gesäumten Rande etwas umgebogen. Die Blüthen stehen zu 3—6 in kurzgestielten, büschelförmigen Dolden in den Blattwinkeln. Die Dolden sind am Grunde von 4 rundlichen, stark vertieften, bräunlichen, schuppenförmigen Deckblättern gleichwie von einer Hülle umgeben. Die Zipfel des gelblich-weissen Perigons sind verkehrt-eirund, stumpf, vertieft, beiderseits weichhaarig. Die eiförmig-ellipsoidischen spitzlichen Beeren sind 6—7‴ lang u. schwarzblau. Die Beeren, *Baccae Lauri*, welche im getrockneten Zustande fast braunschwarz, netzartig-gerunzelt u. etwas glänzend sind, einen bräunlichen Samen enthalten u. stark, eigenthümlich gewürzhaft riechen u. brennend gewürzig-bitter schmecken, wurden früher als tonisch-erregendes, blähungstreibendes u. erhitzendes Mittel bei krampfhaften Zufällen des Magens u. der Blase und gegen hartnäckige Wechselfieber, jetzt aber nur noch äusserlich, so wie das durch Kochen u. Auspressen daraus erhaltene fette Lorbeeröl, *Oleum laurinum expressum*, bei chronischen Hautkrankheiten u. schmerzhaften Nervenleiden angewendet. Vorwaltende Bestandtheile sind ein ätherisches u. ein fettes Oel u. ein flüchtiger, krystallinischer, scharfbitterer Stoff, Laurin. Die nur jetzt noch als Küchengewürz dienenden Lorbeerblätter, *Folia Lauri*, gebrauchte man sonst als ein magenstärkendes u. blähungtreibendes Mittel

a. Eine blühende Zweigspitze eines männlichen Baumes. — A. Zwei aus einer Knospe hervorkommende Blüthenstiele, von denen jedoch der eine zum grössten Theile weggeschnitten worden ist, auch von dem andern wurden 4 von den, aus der 4blättrigen Hülle doldenartig hervorkommenden, Blüthenstielchen weggeschnitten und nur eines mit einer männlichen Blüthe stehen gelassen. — B. Zwei Staubgefässe mit gestielten Drüsen und noch geschlossenen Staubbeutelfächern. — C. Ein drüsenloses Staubgefäss, an welchem die Klappen des Staubbeutels sich geöffnet haben. — b. Eine weibliche Blume. — D. Dieselbe, vergr., ein Pistill mit 4 Staminodien enthaltend. — E. Das Pistill. — c. Eine Beere. — d. Der Samen derselben. — e. Ein Samen, von welchem die obere Hälfte der Samenschale und f. die ganze Samenschale weggenommen worden ist. — g. Die beiden Samenlappen quer durchschnitten. — h. Ein Samenlappen von der innern ebenen Fläche gesehen.

Gattung: **Cinnamomum Burm.**, Zimmtbaum.

Blüthenhülle 6spaltig; Saum halb abfallend. Staubgefässe 9; die 3 innern beiderseits mit 2 sitzenden Staminodien. Staubbeutel 4fächrig. Beere unten von der mit der Basis des Saums stehenbleibenden, verhärteten, abgestutzt-6spaltigen Blüthenhülle umgeben.

Taf. XXIV. **Cinnamomum zeylanicum Blum.**, ceilanischer oder ächter Zimmtbaum. (*Laurus Cinnamomum L.*).

Aeste fast 4kantig, kahl; Blätter eiförmig od. eirundlänglich, in eine stumpfe Spitze vorgezogen, dreifach-benervt und 3nervig, unterseits netzaderig, kahl, die obern Blätter kleiner; Rispen end- u. achselständig, gestielt; Blüthen grau-seidenhaarig; Zipfel der Blüthenhülle länglich, in der Mitte abfallend.

Ein auf Ceylon einheimischer u. daselbst, so wie auf Java, in Ost- u. Westindien, Südamerika und einigen Inseln zwischen den Wendekreisen kultivirter, 20—30′ hoher Baum. Die kurz gestielten Blätter stehen wagrecht ab od. sind etwas abwärts gebogen, meist gegenständig, selten etwas auseinandergerückt u. dadurch wechselständig, in der Jugend schön roth, später glänzend-dunkelgrün. Die meist wiederholt 3gabeligen Rispen stehen in den Blattachseln u. am Gipfel der Aeste u. sind länger als das Blatt, aus dessen Achsel sie entspringen. Das weissliche, innen gelblichweisse, ins Grünliche ziehende Perigon hat 3‴ im Durchmesser u. ovale, stumpfe, $1\frac{1}{4}$‴ lange, einerseits dichtflaumige Zipfel. Die ellipsoidische, kurzstachelspitzige Beere ist 7—9‴ lang u. zuletzt braunschwarz. Es lassen sich 3 Hauptformen unterscheiden: *V. α. vulgare Hayn.*, gemeiner Zimmt, mit eirunden od. eirund-länglichen, stumpfen oder in eine kurze und stumpfe Spitze verschmälerten Blättern; *V. β. cordifolium Hayn.*, herzblättriger Zimmt, mit breit eirunden, am Grunde schwachherzförmigen, stumpfen od. in eine kurze u. stumpfe Spitze verschmälerten Blättern, u. *V. γ. Cassia Nees ab Esenb.* (*Laurus Cassia L.*), mit länglichen, in eine lange, stumpfe Spitze verschmälerten, am Grunde spitzigen Blättern. — Die beiden ersten Abänderungen, welche man auf Ceylon u. Java kultivirt, geben die von der Oberhaut und Borkenschicht befreite innere Rinde jüngerer, gewöhnlich 3jähriger Aeste als ächten od. feinen Zimmt oder Kanehl, *Cinnamomum verum s. acutum* od. *Cortex Cinnamomi veri s. acuti s. officinalis*, die von der Dicke eines starken Papiers ist und zu fingersdicken u. 2—3′ langen u. längern Röhren dicht zusammengerollt u. deshalb auch *Cinnamomum longum verum* genannt wird. Man hat 2 Sorten im Handel, *Canehl Ceylon* od. *Cinnamomum ceylanicum* u. *Canehl Java* od. *Cinnam. javanicum*, von denen die erstere feiner, auch etwas heller zimmtbraun ist u. weniger stechend schmeckt als die zweite. Die vorwaltenden Bestandtheile dieses angenehm gewürzhaft riechenden u. süsslich gewürzig, erwärmend, nur wenig stechend schmeckenden, ächten Zimmts sind ein schweres äther. Oel u. eisengrünender Gerbestoff. Man wendet den Zimmt als ein erregendes u. stärkendes, vorzüglich auf den Unterleib u. das Gefäss u. Nervensystem wirkendes Mittel an. Aus den Wurzeln u. alten Stämmen bereitet man in Indien durch Destillation einen feinen Kampfer, aus den Blättern ein nelkenartig riechendes äther. Oel u. aus den Früchten ein wachholderähnlich riechendes talgartiges Oel. — Von der 3ten Abänderung kommt die schwach zimmtartig, etwas zusammenziehend u. schleimig schmeckende Rinde als Mutterzimmt od. Holzkassie, *Cassia lignea s. Xylocassia*, in dicken Röhren u. platten Stücken im Handel vor.

(Von **Cinnamomum aromaticum N. ab E.**, gewürzhafter Zimmtbaum, Kassien-Zimmtbaum, einem in China u. Cochinchina wachsenden Baume, bringt man die schwach zimmtartig riechende, zimmtartig, doch stechend und später zusammenziehend schmeckende und etwas Speichelzufluss erregende, von der Oberhaut u. Borkenschicht gereinigte, auf der Aussenfläche erhabene Längsfasern zeigende Rinde als Zimmtkassie oder chinesischer Zimmt, **Cassia cinnamomea s. Cinnamomum indicum s. chinense**, in einfachen oder doppelt eingerollten Röhren, so wie auch in neuerer Zeit die ungeschälte, reichlich mit Flechten besetzte Rinde als **Cassia vera** in den Handel. — Von **Cinnamomum sulphuratum Nees.**, in Ostindie wachsend, und von **Cinn. Tamala Nees.**, sammelt man die Blätter, **Folia Malabathri s. Indi**; von letzterm Baume sollen auch theilweise **Cassia lignea s. Xylocassia**, ingleichen die Zimmtblüthen, **Flores Cassiae s. Clavelli Cinnamomi**, abstammen. — **Cinnamomum Culilawan Blum.**, ein Baum auf den Molucken und Sundainseln, liefert die Culilabanrinde, **Cortex Culilawan s. Culitlawang.** — Von **Cinnamomum Sintoc Blum.** wird auf den Inseln des indischen Archipels die Sintocrinde, **Cortex Sintoc**, gesammelt.

a. Eine blühende Zweigspitze. — A. Eine noch nicht völlig geöffnete Blume. — B. Zwei Zipfel der Blüthenhülle. — C. Eine Blüthenhülle dicht über dem Grunde losgetrennt, senkrecht aufgeschnitten und ausgebreitet, um die Staubgefässe zu zeigen. — D. Ein Staubgefäss der äussern Reihe. — E. Ein Staubgefäss der innern Reihe mit 2 drüsigen Anhängen oder Staminodien. — F. Ein Staubgefässrudiment (Staminodium) der innersten Reihe. — G. Das Pistill. — b. Eine Beere von dem bleibenden Theile der Blüthenhülle unterstützt, und c. dieselbe von diesem Theile befreit. — d. Der Samen, dessen Schale quer durchschnitten und zur Hälfte weggenommen ward, um die beiden Samenlappen zu zeigen. — e. Ein Samenlappen von der innern Seite.

Gattung: **Camphora Nees ab Esenb.**, Kampferbaum.

Blüthenhülle 6spaltig, mit abfallendem Saum. Staubgefässe 9; gestielte Staminodien zu beiden Seiten der innersten Staubgefässe; Staubbeutel 4fächerig. Beere von der verhärteten, abgestutzten, ganzrandigen Röhre der Blüthenhülle umgeben.

Taf. XXIV. **Camphora officinarum C. Bauh.**, gebräuchlicher od. wahrer Kampferbaum. (*Laurus Camphora L.*)

Blätter eirund oder eirundlich-lanzettlich, 3fach benervt, lederartig, oberseits spiegelnd, in den Aderwinkeln drüsig; Rispen achsel- u. endständig, doldentraubig, deckblattlos; Blüthen aussen kahl.

Ein in China einheimischer u. daselbst wie in Japan kultivirter, gegen 30′ hoher Baum, mit weit ausgebreiteten, etwas schlaffen Aesten. Die gewöhnlich wechselständigen, bisweilen fast gegenständigen Blätter haben lange Blattstiele, an denen sie meist niederhängen. Die kleinen schlanken Rispen haben 2—3-blüthige Aestchen. Das gelblichweisse, etwa 2‴ im Durchmesser haltende Perigon hat ovale, stumpfe, kaum 1‴ lange, dicht flaumhaarige Zipfel. Die Beere ist kugelrundlich, erbsengross, schwarzroth u. glänzend. — Durch Auskochen mit Wasser od. durch eine Art trockner Destillation des kleingeschnittenen Holzes der Stämme, der Aeste u. vorzüglich der Wurzel, erhält man heutzutage in China u. Japan den aus kleinen schmutziggrauen Körnern bestehenden Rohkampfer, *Camphora cruda*, welcher erst in Europa einer Sublimation unterworfen od. auch in neuester Zeit schon gereinigt in Thierblasen von China ausgeführt wird u. ein eigenthümlich durchdringend riechendes u. scharf gewürzhaft bitterlich, später kühlend schmeckendes festes ätherisches Oel ist. Er wirkt kräftig, flüchtig-erregend u. belebend, vorzüglich auf das Gehirn u. Rückenmark, u. auf die Hautthätigkeit, deshalb schweisstreibend, auf das Harn- u. Geschlechtssystem deprimirend, die Milch-, Harn- u. Sperma-Absonderung, so wie zu grosse Erregbarkeit mindernd, u. wird in verschiedenen Krankheiten sowohl innerlich, als äusserlich angewendet. Gegen Wirkung narkotischer Gifte u. durch Canthariden hervorgerufene Störung der Harnaussonderung ist er ein vorzügliches Mittel.

a. Ein blühender Ast. — b. Eine Blüthe. — A. Dieselbe vergr. u. B. ausgebreitet und stärker vergr. — C. Ein einzelner Zipfel der Blüthenhülle sehr vergr. von der Innenseite. — D. Ein Staubgefäss der äussern Reihe. — E. Ein Staubgefäss der innern Reihe mit den nierförmigen Drüsenkörperchen zu beiden Seiten. — F. Ein Staubgefässrudiment (Staminodium) der innern Reihe. — G. Das Pistill. — H. Die stärker vergrösserte Narbe. — c. Beeren. — d. Die bleibende, kreiselförmige Basis der Blüthenhülle, von welcher die Beere c. weggenommen wurde. — J. Eine querdurchschnittene vergrösserte Beere.

Gattung: **Nectandra Rottb.**, Pichurimbohnenbaum.

Blüthen zwitterig. Blüthenhülle 6theilig, radförmig; von den hinfälligen Zipfeln sind die 3 äussern etwas breiter. Staubgefässe 9, Staubbeutel eiförmig, fast sitzend: die 4 Fächer in einem Bogen von der Spitze des Staubbeutels abstehend, gestellt; die Fächer der 3 innern Staubgefässe auswärts gekehrt; die Staubfäden derselben hinten am Grunde zwei gepaarte, kugelige, sitzende Drüsen tragend. Staubgefässrudimente (Staminodia) entweder zahnförmig und am Grunde zweidrüsig oder drüsenlos u. dann ein kleines ovales Knöpfchen tragend. Griffel sehr kurz mit einer kleinen abgestutzten Narbe. Beere der zu einem ganzen abgestutzten Becherchen veränderten Röhre der Blüthenhülle mehr oder weniger eingesenkt.

Nees v. Esenbeck unterscheidet 2 Untergattungen: *a*) mit 2drüsigen und *b*) mit nackten Staminodien, zu welcher letztern die folgende Art gehört.

Taf. XXIV. **Nectandra Puchury major Nees. et Mart.**, Gross-Pichurimbohnenbaum. (*Ocotea Puchury major Mart.*)

Aestchen kahl; Blätter länglich und elliptisch schmal zugespitzt, lederig-papierartig, gleichfarbig, kahl, netzaderig; Hauptblüthenstiele achselständig; Becherchen der Frucht sehr gross u. schwammig.

Ein Baum Brasiliens, der ein weiches poröses Holz u. eine dicke, süsslich-nelkenartig riechende u. scharf gewürzhaft schmeckende Rinde hat. Die Aeste stehen aufrecht ab u. sind kahl. Die Blätter sind am Grunde spitzig, lederartig u. glänzend. Die

Blüthenstiele sind doppelt kürzer als die Blätter, aber die Blüthen unbekannt. Die in dem grossen schwammigen, aus dem Perigon entstandenen Fruchtbecher sitzende Beere ist elliptisch, fast 2'' lang.

Nectandra Puchury minor Mart., Klein-Pichurimbohnenbaum. (*Ocotea Puchury minor Mart.*)

Aestchen graufilzig; Blätter wechselständig, länglich-elliptisch, langzugespitzt, am Grunde spitzig, nervig, lederartig, unterseits feinfilzig; Beere kurz-ellipsoidisch; die bleibende, sich vergrösernde Perigonröhre halbkugelig, gestutzt, aussen gefurcht, höckerig, flaumhaarig.

Ein gleichfalls in Brasilien wachsender u. dem vorigen sehr ähnlicher Baum, dessen ältere Zweige gleichfalls kahl werden. Die Rinde hat frisch einen dem Sassafrasholze ähnlichen Geruch, der aber beim Trocknen sich verliert. Die kurzgestielte Beere ist nur 1'' lang. — Die gewöhnlich getrennten, meist ungleichen, auf der einen äussern Seite stark gewölbten, auf der andern innern seichter oder tiefer ausgehöhlten u. meist schwärzlich-braunen, aussen auch bisweilen röthlich-grauen Keimlappen oder Kotyledonen des Samens sollen vom ersten Baume die grossen, länglichen, 16—20''' langen Pichurimbohnen, *Fabae Pichurim* s. *Pechurim majores*, u. vom zweiten Baume, die kleinen, rundlichen, nur 10—12''' langen Pichurimbohnen, *Fabae Pichurim* s. *Pechurim minores*, sein. Sie riechen u. schmecken den Muskatennüssen gleich, werden auch statt dieser in manchen Gegenden als Gewürz an die Speisen benutzt. Früher wurden sie mehr als jetzt als ein kräftigendes u. erregendes, schwach zusammenziehendes Mitttel gegen Durchfälle, Ruhren u. langwierigen weissen Fluss angewendet.

a. Ein um die Hälfte verkleinerter Zweig mit Blüthen. — b. und c. Grosse Pichurimbohnen des Handels von der gewölbten Seite und d. eine dergleichen, an welcher man auch die flache oder vertiefte Seite sieht, mit der Grube, in welcher der Embryo lag. — e. Ein mit seiner Schale bekleideter Samen von **Nectandra Puchury minor Nees et Mart.** — f. Ein anderer dergl. Samen ohne Schale, an welchem man die Ungleichheit hinsichtlich der Grösse und Form der beiden Samenlappen sehen kann. — g. h. i. Samenlappen von verschiedener Form, wie sie im Handel als kleine Pichurimbohnen sich vorfinden.

Gattung: **Sassafras Nees. ab Esenb.**, Sassafrasbaum.

Blüthen 2häusig. Blüthenhülle 6theilig, mit häutigen abfallenden Zipfeln und stehenbleibender Basis. Staubgefässe 9 (seltner 12) in dreifacher Reihe, die 3 innersten beiderseits mit 2 dicken freien Drüsen: Staubbeutel 4fächerig, sämmtlich nach innen aufspringend; in den weiblichen Blüthen befinden sich 9 oder 6 unfruchtbare Staubgefässe. Beere auf dem verdickten und fleischigen Blüthenstiele aufsitzend und am Grunde von der gelappten papierartigen Basis der Blüthenhülle umgeben.

Taf. XXIV. **Sassafras officinale Nees ab Esenb.**, gebräuchlicher Sassafrasbaum. (*Laurus Sassafras Lin.*).

Blätter eiförmig oder oval, stumpflich, ganz oder 2-bis 3lappig, unterseits flaumhaarig, später kahl.

Ein 20—40' hoher Baum der südlichen u. mittlern vereinigten Staaten Nordamerika's, mit einem ½—2' dicken Stamme. Die wechselständigen Blätter sind in der Jugend oberseits weichhaarig, unterseits grau-seidenhaarig, späterhin kahler werdend u. endlich kahl. Die grössern Blätter sind meist gelappt u. ungleich od. unsymmetrisch an ihren Seiten, die Buchten gerundet, die Lappen zugespitzt, die kleinern dagegen ungelappt. Die Blattstiele finden sich ¼ bis über 1' lang. Die Blüthenstiele sind etwas zottig. Das gelblichgrüne Perigon hat längliche stumpfe Zipfel. Die 4—5''' langen Beeren sind ellipsoidisch, dunkelblau u. stehen auf ziemlich langen, vorn keulig verdickten purpurrothen kahlen Fruchtstielen. — Das Holz, vorzüglich das der Wurzel, Sassafrasholz, *Lignum Sassafras*, welches, vorzüglich beim Raspeln u. Sägen, eigenthümlich süsslich-gewürzhaft, zwar nicht stark, aber dennoch eindringend riecht u. aromatisch, etwas süsslich, nach Fenchel schmeckt, kommt in mehr oder weniger langen, gekrümmten u. gebogenen oder gar knorrigen, ½'' durchmessenden, innen weichen, grobfaserigen, blass bräunröthlichen, holzigen, aussen mit einer helleren oder dunkleren, gelb- oder rothbraunen Rinde, wenigstens theilweise bekleideten Stücken, im Handel vor. Der wirksame Bestandtheil ist ein schweres äther. Oel, von dem man aus 16 Unzen ungefähr ½ Loth erhält. Man wendet das Sassafrasholz an als ein stark erregendes, vorzüglich Schweiss u. Harn treibendes Mittel bei Scropheln, Syphilis, Gicht und Rheuma, bei Verschleimungen u. durch Stockungen im Darmkanale entstandenen Wassersuchten. Auch macht es einen Bestandtheil der sogenannten Holztränke, *Species ad Decoctum Lignorum* aus.

a. Eine Zweigspitze mit Blättern und Früchten. — b. Ein blühendes Zweiglein eines männlichen Stammes. — A. Eine männliche Blüthe mit 6 fruchtbaren und 3 unfruchtbaren Staubgefässen, so wie mit 6theiliger Blüthenhülle. — B. Eine stärker vergr. männliche Blüthe mit 8 fruchtbaren und 4 unfruchtbaren Staubgefässen, so wie mit 5-theiliger Blüthenhülle. — D. Ein Theil eines fruchtbaren Staubgefässes mit geschlossenen, und E. ein solcher mit geöffneten Fächern des Staubbeutels. — F. Unfruchtbare Staubgefässe (Staminodia). — c. Ein blühendes Zweiglein eines weiblichen Stammes. — C. Eine weibliche Blüthe mit 6theiliger Blüthenhülle, einem Pistill und 6 Staubgefässrudimenten. — G. Das Pistill einer weiblichen Blüthe, stark vergrössert. — H. Ein Deckblatt (**Bractea**). — I. und I. Abschnitte der Blüthenhülle. — d. Eine Beere, welche auf dem verdickten Blüthenstiele sitzt. — e. Ein Blüthenstiel ohne die Beere und f. die einzelne Beere. — g. Dieselbe der Länge nach durchschnitten. — h. Ein Samen. — K. Ein Samen, dessen Schale ringsum durchschnitten und der Obertheil derselben weggenommen worden ist. — L. Ein Samen, von seiner Schale befreit. — M. Derselbe senkrecht und N. quer durschnitten.

(In diese Ordnung gehört ferner noch: **Persea caryophyllata Mart.**, ein Baum der Urwälder Brasiliens, dessen Rinde als Nelkenzimmt, **Cassia caryophyllata**, vorkommt. — Von **Anacardium occidentale Herm.**, Anacardie, Caschunuss, galten die Nüsse als westindische Elephantenläuse, **Semina Anacardii occidentalis**, als ein sogen. nerven- und hirnstärkendes Mittel, und wurden auch in einigen Brust- u. Unterleibskrankheiten, so wie bei chronischen Durchfällen angewendet. Den sich unter der Fruchtschale befindlichen schwarzen, leicht entzündlichen, ölartigen und ätzenden Saft gebraucht man zu epipastischen Salben und zum Wegbeizen der Warzen.

Trigynia (Dreiweibige).

Familie: **Portulakgewächse:** PORTULACACEAE.

Gruppe: **Polygoneae.**

Gattung: **Rheum L.**, Rhabarber.

Blüthendecke (Perigonium) 6blätterig, am Grunde verbunden, gefärbt. (Richtiger 3 Kelch und 3 Blumenblätter.) Staubgefässe 9. Griffel 3. — Nüsschen (Karyopsen) 3kantig, geflügelt.

Taf. XXV. **Rheum australe Don.**, südliche Rhabarber. (**Rheum Emodi Wallr.**)

Blätter herzförmig rundlich, stumpf, ganzrandig, etwas wellig, beiderseits flaumig-schärflich; Blattstiele stielrundlich, gefurcht, oberseits flach und gerandet.

Wächst auf dem Himalaya von Nepaul bis zur Tartarei, 9—10,000' über dem Meere. Die grosse Wurzel ist mehrköpfig, ästig, aussen braun, innen schön gelb u. treibt einen 4—5' hohen, aufrechten, gefurchten, schön dunkel-purpurrothen Stengel. Die Wurzelblätter sind 1½—2' lang u. wenig schmäler, mit rothen Adern durchzogen. Die dunkelrothen kleinen Blüthen stehen in rispenständigen Trauben. Man hielt vor kurzem noch diese Pflanze für die Stammpflanze der ächten Rhabarber, es scheint aber erwiesen zu sein, dass es die folgende Art ist.

a. Eine blühende Zweigspitze. — b. Eine Wurzel, quer durchschnitten. — c. Ein Stück eines Wurzelastes. — A. Eine noch geschlossene Blume. — B. Eine offene ausgebreitete Blume. — C. D. E. Staubgefässe. — F. Pistill. — G. Der Fruchknoten quer durchschnitten. — d. Eine Frucht. — H. Dieselbe, vergr. und K. quer-, so wie L. senkrecht durchschnitten. — M. Der Embryo. — N. Ein Stück des Blattrandes, stark vergr.

Taf. XXV. **Rheum palmatum L.**, handblättrige Rhabarber.

Blätter herzförmig-handförmig-vielspaltig, gebuchtet gezähnt, beiderseits schärflich-kurzhaarig; Lappen zugespitzt, Blattstiele stielrundlich, oberseits gerinnt, unterseits glatt, kahl.

Eine ausdauernde Pflanze auf der Hochebene in Mittelasien, in der Tartarei, Tibet u. Nepaul. Die Wurzel ist grösser u. stärker als die der vorigen Art u. treibt einen 4—8' hohen, ästigen, hellgrünen Stengel. Die 1—2' langen u. fast eben so breiten Blätter stehen auf 1½' langen Stielen u. haben 5—7 lange, bis zur Mitte reichende, in seitliche kleinere spitzige Läppchen gespaltene Lappen. Die gelblichweissen Blüthen stehen in sehr grossen Rispen und sind äusserst zahlreich. Die Perigonblätter sind länglich-oval u. stumpf. Die Karyopsen sind rothbraun. — Von dieser Pflanze soll nach der Annahme der meisten Autoren, die ächte Rhabarber, ***Radix Rhei*** s. ***Rhabarbari***, erhalten werden. Sie gelangt aus China entweder auf dem Landwege über Kiachta nach Russland u. Europa, oder durch überseeischen Handel treibende Nationen. Die russische oder moskowitische Rhabarber, ***Rheum rossicum s moscoviticum***, ist die beste, indem die russische Regierung, welche contractlich eine Quantität davon jährlich erhält, jedes Stück durch Anbohren prüft. Die über das Meer gekommene oder die chinesische oder indische Rhabarber, ***Rheum indicum s. chinense***, steht jener zwar an Güte nicht nach, gewohnlich ist sie aber nicht vollständig geschält, auch finden sich leichte u. verdorbene Stucke darunter. Die gute Rhabarber besteht aus mässig grossen, rundlichen oder unregelmässig eckigen, gewöhnlich mit einem Bohrloche versehenen, aussen hochgelb bestäubten, innen weissen, roth u. bräunlich fein geaderten oder marmorirten, dichten, auf der Bruchfläche uneben u. mit Wasser befeuchtet feurig dunkel- oder dottergelb erscheinenden, eigenthümlich unangenehm riechenden, widerlich bitter, etwas herbe u. süsslich schmeckenden, beim Kauen etwas zwischen den Zahnen knirschenden u. den Speichel gelb färbenden Stucken. Durchaus verwerflich sind wurmstichige, schwärzlich gefleckte, schwammige, feuchte, leichte, von aussen braune, inwendig nicht rosenroth u. weiss marmorirte Stücke. Die Bestandtheile der Rhabarber sind ausser einem vorwaltenden eigenthümlichen, kräftig purgirenden, harzigen Stoffe, das Rhabarbarin oder Rhein, ein gelber Färbstoff, eisengrünender Gerbstoff, Gallussäure, Zucker, Gummi, ein fettes u. ein flüchtiges Oel u. kleesaurer u. äpfelsaurer Kalk. Sie wirkt kräftig auf die Verdauungsorgane, erhöht deren Thätigkeit, vermehrt u. verbessert die Absonderungen, ist in kleinen Gaben stärkend, u. kann selbst gegen Durchfälle u. Ruhren erfolgreich angewendet werden, in stärkern Gaben dagegen wirkt sie eröffnend und stark purgirend.

(**Rheum undulatum L.**, welligblättrige Rhabarber, auf den Gebirgen Mittelasiens wachsend, liefert gleichfalls Rhabarber. Sie wird in Frankreich im Grossen angebaut und die Wurzel als französische Rhabarber, **Rheum gallicum**, vorzüglich bei armen Leuten verwendet. — **Rheum hybridum Murr.**, **Rh. compactum L.** und **Rh. tartaricum L.**, liefern gleichfalls Rhabarber; von der letztern stammt wahrscheinlich die bucharische Rhabarber, **Rheum bucharicum**, ab. — Von **Rheum leucorrhizum Sievers** [Rheum nanum Pallas], stammt die sogenannte weisse, fade, schleimig, kaum rhabarberähnlich schmeckende Rhabarber ab. — Von **Rheum Rhaponticum L.**, Rhapontik, welche in Kleinasien und im südlichen Sibirien einheimisch ist und auch in Ungarn und Frankreich, so wie in einigen Gegenden Deutschlands gebaut wird, erhält man die Rhapontikwurzel, **Radix Rhapontici veri**, die ähnlich aber schwächer wirkt als die Rhabarber und vorzüglich in der Thierheilkunst angewendet wird).

a. Eine blühende Zweigspitze. — A. Eine ausgebreitete Blume. — B. C. D. Staubgefässe, bei C. mit aufgesprungenem Staubbeutel. — E. Das Pistill. — b. Eine Frucht. — F. Dieselbe, vergr. — c. Samen. — G. Derselbe quer durchschnitten. — d. Embryo. — e. Eins der obersten Stengelblätter. — f. Ein Wurzelblatt, sehr verkleinert.

Hexagynia (Sechsweibige).

(Zu bemerken ist: **Butomus umbellatus L.**, doldige Wasserviole, von der ehedem die Wurzeln u. Samen, **Radix et Semen Junci floridi**, als kühlende, erweichende oder auflösende Mittel officinell waren).

X. Cl. Decandria (Zehnmännige).

Monogynia (Einweibige).

Familie: **Cassiaceen:** Cassiaceae. — *Gruppe:* **Caesalpinieae R. Br.**

Gattung: **Cassia L.**, Cassie.

Kelchblätter 5, am Grunde schwach verbunden, abfallend. Blumenblätter 5, ungleich. Staubgefässe 10, ungleich: 3 untere länger, niedergebogen, 4 mittlere kurz und gerade, die 3 obersten meist unfruchtbar; Staubbeutel an der Spitze sich öffnend. Hülse verschieden.

Taf. XXV. **Cassia Fistula L.**, Röhren-Cassie. (***Cathartocarpus Fistula Pers.***, ***Bactyrilobium Fistula Willdw.***)

Blätter gleichpaarig-gefiedert: Blättchen in 4—7 Paaren, eirund-länglich, zugespitzt; Trauben schlaff, ohne Deckblätter; Hülsen stielrund, ziemlich gerade, stumpflich, glatt, holzig, geschlossen bleibend, durch Querscheidewände vielfächerig: die Fächer mit Mark erfüllt.

Ein ursprünglich in Ostindien einheimischer, nach Aegypten u. Amerika verpflanzter, 30—45' hoher Baum. Die Blätter sind $1\frac{1}{2}$' lang, die Blättchen 3—6" lang, $1\frac{1}{2}$—3" breit. Die untern mehr eiförmig, die obern mehr länglich. Die achselständigen hängenden schlaffen Trauben sind 1—2' lang u. tragen grosse gelbe Blüthen. Die sämmtlich fruchtbaren Staubgefässe haben verschiedene Gestalt, die 3 untern sind länger als die Blumenblätter, doppelt gekrümmt mit 2ritzig aufspringenden Staubbeuteln, die übrigen sind weit kleiner u. ihre Beutel springen durch 2 Löcher auf. Die hängenden, walzenrunden Früchte sind 1—2' lange, $\frac{3}{4}$—1" dicke, dunkel-rothbraune, Fachhülsen, deren Fächer durch feste Scheidewände gebildet werden, einen Samen enthalten u. mit einem schwarzbraunen, zähe-süsslich-säuerlichem Marke erfüllt sind. Diese Fachhülsen sind, jedoch noch selten, als Röhren- oder Purgirkassie, ***Fructus Cassiae fistulae s. Cassia fistula s. fistularis***, u. besonders deren süsslich-gewürzhaft schmeckendes u. Purgiren erregendes Mark, als ***Pulpa Cassiae*** gebräuchlich.

a. Eine Blüthentraube. — b. Der Obertheil eines Blattes, 2 Blättchenpaare enthaltend. — c. Ein Untertheil und die Spitze einer Hülse; an der Spitze ist ein Stück der Klappe entfernt, damit man die Querscheidewände, die Samen und das Mark sehen könne. — d. Samen, von der obern und untern Seite, und e. quer durchschnitten. — f. Das entblösste Eiweiss mit der Spalte, durch welche der Rand der Samenlappen hervortritt. — A. Der Embryo mit den Samenlappen. — B. Der Embryo, von welchem die Samenlappen weggeschnitten wurden, stärker vergr.

Taf. XXV. **Cassia lanceolata Forsk.**, lanzettblättrige Cassie.

Blätter gleichpaarig-gefiedert: Blättchen 3—5paarig, sehr kurz gestielt, fast lederig, eilanzettlich, kurz stachelspitzig, schwach weichhaarig; Blattstiele kleindrüsig; Hülsen etwas sichelig-oval, in der Mitte beiderseits aufgetrieben.

Ein niedriger, nur $1\frac{1}{2}$' hoher, vielästiger Strauch Oberägyptens u. Nubiens. Die gefiederten Blätter sind 2—4" lang, die Blättchen 6—15''' lang u. 3—4''' breit. Die achselständigen Trauben tragen 8—12 blassgelbe, dunkelgeaderte Blüthen. Die Hülsen werden 1—$1\frac{1}{2}$" lang u. 7—9''' breit u. sind am Rande oliven-grünlich, in der Mitte, wo sie über den Samen sich befinden, dunkelbraun. — Von diesem Strauche erhält man den grossten Theil der alexandrinischen u. tripolitanischen Sennesblätter, ***Folia Sennae alexandrinae et tripolitanae***, in 2 Sorten. Die erste besteht blos aus den Blättern dieses Strauches, vermischt mit bisweilen $\frac{1}{5}$ der Blätter von ***Solenostemma Argel Hayn.***, die zweite grösstentheils aus den Blättern dieser Cassie u. denen von ***Cassia obovata Collad.*** u. von ***Cassia obtusata Hayn.*** ohne Beimischung von Argelblätter. Verfälschungen kommen vor (besonders bei den kleinen Sennesblättern, ***Folia Sennae parvae***) mit den Blättern von dem Gerberstrauche (***Coriaria myrtifolia L.***), welche aber 3, unmittelbar aus dem Blattstiele entspringende u. sich durch die Länge des Blattes erstreckende Hauptrippen haben, beträchtlich dicker sind, leichter brechen, mehr grau als grün u. auf ihrer Oberfläche etwas marmorirt sind, u. scharf adstringirend schmecken, so wie mit den Blättern von ***Colutea arborescens L.***, welche umgekehrt eirund, an der Spitze zurückgedrückt, od. auch ausgerandet u. daher oft fast umgekehrt-herzförmig, an der Basis fast keilförmig, nicht fast zugerundet u. gleichseitig sind. Bestandtheile der alexandrinischen Sennesblätter sind: grünes Pflanzenharz, fettes Oel, flüchtiges Oel, Eiweiss, Kathartin (Sennastoff), gelber Farbestoff, Schleim, Aepfelsäure, äpfels. u. weinsteins. Kalk u. essigs. Kali. Man bedient sich derselben insgemein als ein gelindes Abführungsmittel u. bei verschiedenen

Krankheiten, sucht aber vor ihrer Anwendung gern die beigemengten Blattstiele (*Folia Sennae sine stipitibus*) aus, welche Leibschmerzen u. Bauchgrimmen verursachen sollen. Sonst waren auch die Hülsen, *Folliculi* s. *Fructus Sennae*, als Laxirmittel gebräuchlich.

a. Ein Zweig mit Blüthen und Früchten. — 1. 2. 3. 4. u. 5. Einzelne Blättchen von verschiedener Gestalt u. Grösse. — A. Der untere Theil eines gemeinschaftlichen Blattstieles. — B. Ein Theil desselben mit einer und C. mit 4 Drüsen, welche zwischen der Anheftung der Blüthenpaare liegen. — D. Die 4 Drüsen vom letzteren. — D. Die 4 Drüsen vom letztern Blattstiele noch stärker vergr. — b. Eins der untern, c. eins der mittlern und d. das obere Blumenblatt. e. Eine aufgesprungene Kapsel. — f. Samen. — E. Derselbe, vergr. und F. quer-, sowie G. senkrecht durchschnitten. — H. Der Embryo. — g. Eine blühende Stengelspitze von **Solenostemma Arghel Hayn.**

Taf. XXVI. **Cassia acutifolia Delil.**, spitzblätterige Cassie.

Blätter gleichpaarig-gefiedert : Blättchen in 5, 7 od. 9 Paaren, kurzgestielt, hautartig, lanzettlich, zugespitzt und stachelspitzig, fast kahl; Blattstiel kleindrusig; Hülsen schwach-sichelig-länglich, in der Mitte beiderseits aufgetrieben.

Wächst häufig von Oberägypten durch Arabien bis nach Ostindien u. westlich von Aegypten bis zum Senegal als ein dem vorigen ähnlicher niedriger Strauch. Die Stengel werden höher als bei voriger Art u. sind rundlich-eckig; die doppelt längern Blätter werden 1—2'' lang u. 3—5''' breit u. sind nicht lederig, sondern hautartig, auch fast kahl. Die Hülsen sind eben so breit als vorige, aber länger. Dieser Strauch liefert die indischen, arabischen od. mocharschen Sennesblätter, *Folia Sennae indicae s. arabicae* s. *de Mocca* s. *de Mecca*. Eine reine, vorzügliche, aus lauter langen u. ganzen Blättern bestehende Sorte sind die *Folia Sennae Tenevillae*.

a. Ein verkleinerter fruchttragender Zweig. — A. Der untere Theil des gemeinschaftlichen Blattstiels. — B. Ein Theil desselben mit den Drüsen, welche zwischen jedem Paar der Blättchen sich befinden. — b. Eine schmälere geschlossene Hülse und c. eine breitere u. geöffnete. — d. Samen. — C. Derselbe, vergr., u. D. von anderer Form, E. quer und F. senkrecht durchschnitten. — G. Der Embryo.

Taf. XXVI. **Cassia obtusata Hayn.**, gestumpftblättrige Cassie.

Blätter gleichpaarig gefiedert : Blättchen in 4—7 Paaren, drüsenartig-gestielt, länglich, verkehrt-eirund, gestumpft oder zurückgedrückt, sehr kurz stachelspitzig; Hülsen stark sichelförmig, auf beiden Seiten kammartig-aufgetrieben.

Ein niedriger Strauch Aegyptens; ist der *Cassia obovata Collad.* fast durchaus ähnlich u. wird von den meisten Botanikern für eine Abänderung derselben gehalten. *Cassia obovata Collad.* ist ein kleiner, 1—1½' hoher Strauch Aegyptens u. Arabiens, mit runden Stengeln u. Aesten, 3—4'' langen Blättern u. 6—10''' langen u. 3—5''' breiten Blättchen. Die in den obern Blattachseln stehenden Trauben tragen 12—20 gelbe Blüthen. Die Hülsen sind 14—20''' lang u. 8—9''' breit u. haben eine kammartige unterbrochene Leiste in der Mitte. Die Blätter beider Arten finden sich in geringer Menge unter den tripolitanischen Sennesblättern, *Folia Sennae tripolitanae*.

(Von **Cassia Absus L.**, einem in Aegypten, Mittelafrika und Indien wachsenden 1jährigem Kraute, wurden die Samen als Chichmsamen, **Semen Cismae s. Cassiae Absus**, gegen Augenentzündungen angewendet. — **Cassia marylandica L.** soll in ihrem Vaterlande Nordamerika ein Surrogat der Senne sein).

a. Ein verkleinerter Zweig mit Blüthen u. Früchten — b. Blüthen am Grunde eines Traubenstiels. — c. Die beiden Klappen einer Hülse von der Innenseite. — d. Das oberste, e. eines der beiden seitlichen und f. eines der beiden untern Blumenblätter. — g. Ein Samen. — A. Derselbe, vergr. und B. quer-, so wie C. senkrecht durchschnitten. — D. Der Embryo. — E. Der Grundtheil des gemeinschaftlichen Blattstiels. — F. Ein Theil des gemeinschaftlichen Blattstiels mit den 4 Drüsen, welche zwischen jedem Blättchenpaare sich befinden.

Gruppe: **Sophoreae DeC.**

Gattung: **Myroxylon L. fil.**, Balsamholzbaum.

Kelch 5zähnig. Blumenblätter 5, sehr ungleich, das oberste am grössten, eine Fahne (Wimpel) bildend. Fruchtknoten gestielt, 2—6eiig. Hülse geschlossen bleibend, 1—2samig, am Grunde häutig geflügelt.

Taf. XXVI. **Myroxylon peruiferum L. fil.**, peruanischer Balsamholzbaum. (*Myrospermum peruiferum DeC.*

Aestchen kahl; Blätter ausdauernd, kahl, unpaarig-gefiedert: Blättchen oval oder länglich, stumpf od. ausgerandet, lederartig; Hülsenflügel auf einer Seite sehr dick.

Ein 30—40' hoher Baum in den niedrigen, sonnigen Gegenden von Neugranada, Peru, Columbia u. Mexiko. Der dicke, aufrechte Stamm hat wagrecht abstehende, mit einer groben, festen, harzreichen, grauen, hellbraunen, warzig-punktirten Rinde bedeckte Aeste. Die wechselständigen gefiederten Blätter tragen 7—11 wechselständige Blättchen von 1—2'' Länge u. ½—1'' Breite. Die 3—6'' langen Blüthentrauben enthalten 8—25 Blüthen u. entspringen seitlich zwischen den Blättern u. an den Enden der Zweige; die Traubenstiele nebst den Blüthenstielchen sind hell rostbraun weichbehaart. Der unterständige, weitglokkige Kelch ist sehr fein behaart u. mit 5 kurzen, deutlichen, nach dem Verblühen abfallenden Zähnen versehen. Die weisse Blumenkrone hat 5 benagelte Blätter, von denen 4 linealisch und klein sind; das 5te fähnchenartige ist weit grösser, fast kreisrund u vorn ausgerandet. Die 10 freien Staubgefässe sind nebst den Blumenblättern in der Kelchröhre befestigt. Der langgestielte Fruchtknoten enthält in seinem Fache 2 Eichen, von denen eins verkümmert, so dass die Hülse nur einsamig ist. Diese ist länglich messerförmig gestaltet, sehr ungleichseitig, fast halbherzförmig, 3—4'' lang, gegen 1'' breit u. kahl. Von diesem Baume, so wie von *Myroxylon punctatum Klotzsch.*, punktirblätteriger Balsamholzbaum, einem 50—60' hohen Baume der Urwalder von Pozuzo, Muña u. Cuchero, im Flussgebiete des Marañon u. in Peru, u. von *Myroxylon toluiferum Kunth.*, (*Toluifera Balsamum L.*, *Myrospermum toluiferum Rich.*), tolutanischer Balsamholzbaum, Tolubalsambaum in Columbia auf Bergen bei Tolu, Turbako u. am Magdalenen-strome wachsend, ingleichen von *Myroxylon pubescens Kunth*, stammt der schwarze Peru- oder peruvianische Balsam, *Balsamum peruvianum nigrum* s. *indicum nigrum* s. *Balsam. de Peru*, den man nach Einigen durch Auskochen der Rinde des Stammes u. der Aeste mit Wasser, nach Andern durch Auschwelen (ähnlich dem bei der Theerbereitung) gewinnen soll, u. der als Erregungsmittel für das Gefäss- u. Nervensystem, besonders bei Schleimflüssen, Nervenleiden, Lähmungen, Rheumatismen, Gicht, Kolik u. Brustleiden, innerlich in Emulsionen, Pillen u. Tropfen, äusserlich aber in Salben, Einreibungen u. Einspritzungen bei schlaffen Wunden, Geschwüren, Knochenciterungen, wunden Brustwarzen u. s. w. angewendet wird. Der weisse Perubalsam oder indische Balsam, *Balsamum peruvianum album* s. *indicum album*, ist der freiwillig aus dem Stamme hervorfliessende, an der Luft eintrocknende Balsam, welcher jetzt nur noch meist in Kürbisschalen od. eigenem Bastgeflechte eingetrocknet, als trockner indischer od. peruvianischer Balsam, trockner Opobalsam, *Balsamum indicum* s. *peruvianum album siccum* s. *Opobalsamum siccum*, in dem Handel vorkommt u. als ein feines Räucherungsmittel dient. Auch soll der Tolu-Balsam, *Balsamum tolutanum* s. *de Tolu*, *Opobalsamum de Tolu*, nach Vielen derselbe Körper von gleicher Abstammung sein

a. Ein blühender Zweig. — b. Der Kelch. — c. Eine Blume von der Seite und A. eine dergl. vergr. von vorn. — d. Das oberste fahnenartige Blumenblatt. — e. Eins der 4 andern Blumenblätter. — B. Dasselbe, vergr. — C. Ein Staubgefäss von vorn und D. von hinten. — f. Eine Blattspitze von **Myroxylon toluiferum Kunth.**

Familie: **Rautengewächse:** RUTACEAE JUSS. —

Gruppe: **Rutariae Rchb.**

Gattung: **Dictamnus L.**, Diptam.

Kelch 5theilig, Blumenblätter 5, ungleich, 4 nach oben abstehend, das 5. abwärts gerichtet. Staubgefässe 10, drüsig, nebst dem Griffel niedergebogen aufsteigend. Kapseln 5, am Grunde verwachsen, 1- bis 3samig.

Taf. XXVI. **Dictamnus albus L.**, weisser oder gemeiner Diptam, Ascher- oder Escherwurz.

Blätter unpaarig-gefiedert; Blättchen 7—11, oval

länglich, klein gesägt; Blattstiel schmalgerandet; Blüthentraube endständig.

Wächst in einer Höhe von 2—3′ auf sonnigen u. steinigen Anhöhen, in trocknen Bergwäldern des mittlern u. südlichen Deutschland u. Südeuropas, u. blüht im Mai u. Juni. Wurzel dick, ästig, weisslich, tief in den Boden dringend. Stengel steif, aufrecht, astlos, rundlich eckig, mit kurzen, abstehenden Haaren u. vielen dunkelröthlichen Drüsen besetzt. Blätter etwas lederartig, sehr schwach behaart, 4—6″ lang; die untersten einfachen länglich-ovalen weit kleiner, die andern unpaarig gefiedert; Blättchen sitzend, gegenständig, 1—2″ lang, die seitlichen oval oder länglich ungleichseitig, das endständige eiförmig od. oval; sämmtlich stumpf u. ausgerandet, ungleich- u. feinkerbig-gesägt. Blüthentraube anfangs überhängend, beim Blühen steif aufrecht, 5—10″ lang, 10—20blüthig; die Blüthenstiele, von denen die untersten meist etwas ästig sind, werden dicht von rothbraunen Drüsen bedeckt. Blüthen nickend auf ½—1″ langen Stielen, weiss od. dunkelrosenroth, mit dunklern Adern durchzogen, stark u. nicht unangenehm riechend. Deckblätter linealisch-lanzettlich. Kelchzipfel od. Kelchblätter länglich, abstehend. Blumenblätter elliptisch-lanzettlich. Kapseln steifhaarig, drüsig, mit 1 oder 2 verkehrt-eiförmigen, schwarzen Samen. Man unterscheidet 2 Varietäten: α. mit undeutlich geflügelten Blattstielen u. rothen Blumen (***Dict. Fraxinella Link.***) u. β. mit deutlich geflügelten Blattstielen u. weissen Blumen (***Dict. albus Link.***). — Die dicke weissliche Wurzelrinde, ***Radix Dictamni*** s. ***Diptamni*** s. ***Fraxinellae***, Specht- od. Aescherwurzel, welche besonders frisch kräftig, nicht unangenehm, etwas harzig riecht, sehr bitter gewürzig-scharf schmeckt u. vorwaltend bittern Extractivstoff, äther. Oel u. Harz enthält, wird als ein tonisch-reizend u. erregend auf die Verdauung wirkendes u. die Menstruation beförderndes Mittel bei Verdauungsschwäche, Stockungen im Unterleibe u. Darmkanale, so wie der Menstruation u. gegen Würmer angewendet.

a. Eine blühende Stengelspitze der Var. α. mit schmalen Blumenblättern. — b. Ein Blatt. — A. und B. Staubbeutel mit der Spitze des Staubfadens. — C. Eine vergr. Drüse der Staubfäden. — c. Eine aus den 5 Kapseln bestehende Frucht. — d. Eine einzelne aufgesprungene Kapsel. — e. Eine Klappe der Kapsel mit der Fachhaut. — f. Die Fachhaut beider Klappen der Kapsel mit den Samen. — g. Ein Samen. — D. derselbe vergr. u. E. senkrecht, so wie F. quer durchschnitten.

Familie: **Terebinthaceen:** Terebinthaceae.

Gattung: **Boswellia Roxb.**, Boswellie.

Blüthen zwitterig. Kelch 5zahnig. Blumenblätter 5. Staubgefässe 10, auf einer schalenförmigen, gekerbten, den Grund des Fruchtknotens umgebenden Scheibe eingefügt. Griffel 1 mit verdickter, 3lappiger Narbe. Kapsel 3fächerig, 3klappig. Samen 3, geflügelt.

Taf. XXVIII. **Boswellia serrata (Colebr.) Stackh.**, gesägtblättrige Boswellie, ind. Weihrauchbaum. (***Boswellia thurifera Roxb.***)

Blätter unpaarig-gefiedert: Blättchen wechselständig, eirund-länglich, stumpf-gesägt, weichhaarig; Trauben einfach, achselständig.

Wächst in den Gebirgen Ostindiens. Die Blätter stehen dicht am Ende der zahlreichen Aeste u. tragen 9—10 Paare abwechselnd sitzender stumpflicher, 1—1½″ langer Blättchen auf dem sehr weichhaarigen Blattstiele. Die kurzgestielten, vielblüthigen Trauben sind kürzer als die Blätter, mit denen sie sich gleichzeitig entwickeln. Die Blüthenstiele u. Kelche sind weichhaarig u. die länglichen stumpfen, aussen weichhaarigen Blumenblätter sind blassroth. Die länglich-prismatische Kapsel ist gewöhnlich 3seitig, seltner 4- u. 5seitig. Die herzförmigen, lang- u. feinzugespitzten Samen erscheinen durch die Flügelhaut eiförmig u. stumpf. Das aus der Rinde schwitzende Schleimharz ist als indischer Weihrauch, ***Olibanum*** s. ***Thus***, ***Gummi-Resina Olibani*** s. ***Olibanum indicum***, officinell, u wurde sonst innerlich bei langwierigen Schleimflüssen der Genitalien angewendet, dient jetzt aber nur äusserlich zu Räucherungen, Pflastern u. s. w. Es enthält 53—56 pCt. Harz, 30—47 Gummi u. 5 citronenartig riechendes äther. Oel, schmeckt bitterlich scharf-gewürzhaft u. unterscheidet sich von einer zweiten Sorte, dem arabischen Weihrauch, ***Olibanum arabicum***, welcher wahrscheinlich von mehren in Kleinasien u. Arabien wachsenden Wachholderarten, wie ***Juniperus Lycia L.***, ***J. thurifera L.***, nach Einigen von ***J. Oxycedrus L.***, ***J. Bermudiana***, ingleichen von ***Amyris Kafal Forsk.***, abstammt, durch seinen schwach-balsamisch-harzigen, durch Erwärmung stärker hervortretenden Geruch, da der arabische Weihrauch dagegen entschieden terpenthinartig riecht. Eine Verfälschung mit gemeinem Fichtenharz ist kenntlich an der dunklern, mehr rothbraunen Farbe u. an dem unangenehmen Harzgeruch beim Streuen auf glühende Kohlen.

a. Eine blühende Zweigspitze. — A. Blume. — B. Eine Frucht u. C. dieselbe quer durchschnitten. — D. Ein Samen.

Familie: **Cassiaceen:** Cassiaceae. — *Gruppe:* **Caesalpinieae R. Br.**

Gattung: **Haematoxylon L.**, Blutholzbaum.

Kelch kurzröhrig: Saum 5theilig, abfallend. Blumenblätter 5, fast gleich Staubgefässe 10, am Grunde behaart. Hülse lanzettlich, 2- bis 3samig, Nähte geschlossen bleibend; Klappen in der Mitte der Länge nach aufspringend. (Nur eine Art enthaltend.)

Taf. XXVII. **Haematoxylon campechianum L.**, westindisches Blutholz, Campecheholz

Ein in Mexiko, an der Campechebai u. jetzt auch auf vielen Inseln Westindiens wachsender, gegen 50′ hoher Baum. Der meist krumme Stamm ist mit einer runzeligen, rissigen, schwarzbraunen Rinde bedeckt u. trägt zahlreiche, weit verbreitete krumme Aeste, die entweder kleine Dornen haben od. dornenlos sind. Die kahlen paarig-gefiederten Blätter haben 6—8 gegenständige, sehr kurz gestielte, verkehrt-eiförmige, zurückgedrückte, 6—9‴ lange, 4—7‴ breite Blättchen. Die vielblüthigen Trauben, welche länger sind als die Blätter, stehen einzeln od. selten auch gepaart in den Blattachseln. Die Kelche sind vor dem Blühen purpurroth, später gelb wie die Blüthen. Die 1½″ lange Hülse ist kaum 4‴ breit, an beiden Enden verschmälert, flach u. dünn, graulich. Der feste, dichte, dunkelrothe, mit einer gelben Splintschicht umgebene Holzkern des Stammes, od. das Campecheholz, Blauholz od. Blutholz, ***Lignum campechianum*** s. ***coeruleum***, wird jetzt nur selten, sonst aber bei Durchfällen, Ruhren, Schleim- u. Blutflüssen angewendet; sehr häufig wird es als Färbemittel gebraucht. Es enthält ein flüchtiges Oel, einen färbenden Stoff (Hämatoxylin), einen eigenthümlichen rothbraunen Gerbestoff, kleberartige Materie, essigsauren Ammoniak, Kali u. Kalk, kleesauren Kalk, salzsaures u. schwefelsaures Kali, Alaunerde, Kieselerde, Mangan- u. Eisenoxyd.

a. Ein blühender Zweig. — A. Eine Blume, von welcher die Blumenblätter entfernt worden sind. — B. Das Pistill der Länge nach durchschnitten. — C. Die Blumenblätter. — b. Eine geschlossene und eine aufgesprungene Hülse.

Familie: **Sapindaceen:** Sapindaceae. — *Gruppe:* **Zygophylleae R. Br.**

Gattung: **Guajacum Plum.**, Pockenholz.

Kelch tief 5theilig. Blumenblätter 5. Staubgefässe 10. Kapsel 5fächrig, aber meist durch Fehlschlagen 2. od. 3fächrig; Fächer einsamig.

Taf. XXVII. **Guajacum officinale L.**, gebräuchliches Pocken- od. Franzosenholz.

Blätter 2- (seltner 3) paarig-gefiedert: Blättchen verkehrt-eirund oder oval, stumpf, ganz kahl; Blüthen langgestielt; Früchte breit-verkehrt-herzförmig, zusammengedrückt, berandet, meist 2fächerig u. 2samig.

Ein fast auf allen westindischen Inseln wachsender immergrüner, etwa 40′ hoher Baum. Der schenkeldicke Stamm ist mit einer harten, graubraunen, glatten Rinde u. die Aeste sind mit einer grauen u. gelbgefleckten, runzeligen Rinde bedeckt. Die Blättchen der 2paarig-gefiederten Blätter stehen an einem 1″ langen, rinnigen Stiele u. sind kaum merklich gestielt, oval, stumpf, 1—1½″ lang, dicklich, lederig, von vielen gedrängten Nerven parallel gestreift, kahl, glänzend Die Blüthen stehen zu 6—10 gegen das Ende der Aestchen gehäuft auf 1—1½″ langen, fein weichhaarigen Stielen. Kelchzipfel oval, stumpf, concav. Blumenblätter doppelt länger, verkehrt-eirund-keilförmig, stumpf, in einen kurzen Nagel verschmälert, blassbellblau. Staubgefässe etwas kürzer als die Blumenblätter, aufrecht. Fruchtknoten kurzgestielt, verkehrt-herzförmig, gewöhnlich zusammengedrückt und 2fächerig, selten mehrfächerig u. dann auch mehreckig, mit einem kurzen, pfriemförmigen Griffel. Kapsel fleischig-lederig, verkehrt-herzförmig, $\frac{1}{2}''$ lang, an den Ecken zusammengedrückt. Samen eiförmig, etwas zusammengedrückt, glatt u. röthlichbraun. Man erhält von diesem Baume, so wie von ***Guajacum jamaicense Tausch.***, jamaikanisches Pockenholz (***Guajacum officinale β. L.***), auf Jamaika wachsend, das Guajak-, Pocken- oder Franzosenholz, ***Lignum Guajacum* s. *Guajaci* s. *Guajaci sancti* s. *Lignum gallicum***, sonst auch häufig Heilig- oder Heiligenholz, ***Lignum sanctum* s. *benedictum* s. *vitae***, welches in dicken, theilweise noch mit Rinde bedeckten Stämmen od. Klötzen mit einem inneren grünlichbraun od. grünlich- u. bläulichgrauen, sehr schweren u. sehr harten u. von einem gelblichen Splinte umgebenen Kerne, zu uns kommt. Es hat nur einen schwachen, beim Reiben u. Verbrennen nicht unangenehm gewürzhaft werdenden Geruch, gewürzhaften, scharfen u. kratzenden Geschmack, ein spec. Gewicht = 1,333, u. ist sehr harzreich (100 Th. enthalten 26 Th. Guajakharz). Man wendet es nur geraspelt als ***Rasura Ligni Guajaci* s. *Lignum Guajacum raspatum***, an. Die weisslich-gelben Stücke erhält man gewöhnlich als Heiligenholz, ***Lignum sanctum***. Häufiger als das Holz wendet man jetzt die harzreichere, scharf, etwas bitterlich u. kratzend schmeckende, unbedeutend u. rindenartig riechende Rinde, ***Cortex Guajaci* s. *Ligni Guajaci***, an. Das Harz, Guajakharz, Guajakgummi, ***Resina Guajaci* s. *Gummi-Resina Guajaci***, fliesst entweder freiwillig od. nach in die Rinde gemachten Einschnitten aus (natürliches Guajakharz, ***Resina Guajaci nativa***), od. wird erhalten, indem man der Länge nach durchbohrte Holzstücke mit dem einen Ende über Feuer legt, wo das Harz dann am andern Ende ausfliesst u. in untergestellten Kalabassen aufgefangen wird, oder endlich, man zieht es auch mittelst Weingeist aus dem geraspelten Holze. Das natürliche Guajakharz besteht aus kugeligen od. länglichen, tropfenähnlichen, schmutzig-dunkelgrünen, auf dem schwach muscheligen Bruche stark glänzenden, schwach, harz- u benzoeartig riechenden u. etwas scharf u. bitterlich kratzend schmeckenden Stücken. Die Stücke der gewöhnlicheren, wahrscheinlich durch das angeführte Verfahren gewonnenen Sorte (***Guajacum in massis***), sind gross, von unbestimmter Form, schwarzgrün oder pistaziengrün, enthalten in den Vertiefungen der ungleichen Oberfläche ein schmutziggelbes oder grünliches Pulver u. schmecken unangenehmer u. anhaltend kratzend. Häufig kommt in dem Handel auch noch eine sehr geringe, unreine, mit Holzspänen untermischte Sorte vor. Das Holz, die Rinde u. das Harz wirken, das erstere schwächer, das letztere stärker, reizend-erregend auf die Verdauungsorgane, auf die Unterleibsgefässe, vorzüglich auf das Pfortadersystem, sowie auch in Folge auf das gesammte Gefässsystem, besonders auf die Lymphgefässe u. die Venen, endlich auch auf die Schleimhäute u. Nieren u. werden deshalb angewendet bei Unterleibsstockungen, Gicht, langwierigem Rheumatismus, bei Stockungen in den Lymphgefässen u. Drüsen, bei veralteter Syphilis, vorzüglich verbunden mit Mercurialkrankheit. Man giebt das geraspelte Holz als Theespecies, ferner das Extract des Holzes u. der Rinde, Tinkturen u. andere Präparate des Harzes.

(**Guajacum sanctum L.**, Heiligenholzbaum, mastixblättriges Pockenholz, soll das ächte Heiligenholz, **Lignum sanctum**, liefern.)

a. Eine blühende Zweigspitze. — b. Blumenblatt. — A. und A. Staubgefässe. — B. Vergr. Pollenkörner. — c. Pistill. — C. Dasselbe, vergr. und D. quer durchschnitten. — E. Eine Frucht. — F. Dieselbe der Länge nach durchschnitten. — G. Ein quer durchschnittener und H. ganzer Samen. — I. Ein Samen der Länge nach durchschnitten. — K. Der Embryo, stark vergr.

Familie: **Rautengewächse**: Rutaceae. — *Gruppe*; **Rutariae Rchb.**

Gattung: **Ruta Tournef.**, Raute.

Kelch 4- oder 5theilig. Blumenblätter 4 *oder* 5, *ausgehöhlt, gleiche Staubgefässe* 8 *oder* 10, *gerade, unter der den Fruchtknoten tragenden Scheibe eingefügt. In der Scheibe* 8 *oder* 10 *Honiggruben. Karpelle (Kapseln) am Grunde zusammengewachsen, nach innen aufspringend.*

Taf XXVII. **Ruta graveolens L.**, gemeine oder starkriechende Raute, Garten- oder Weinraute.

Blätter doppelt-3fach-fiederschnittig: Abschnitte verkehrt-eiförmig-spatelig, die untern länger, die obern zusammenfliessend; Blumenblätter plötzlich in den Nagel verschmälert; Kapseln stumpflappig

Wächst halbstrauchartig an sonnigen u. steinigen Orten in den Gebirgen Südeuropas u. Süddeutschlands, wird auch in den Gärten häufig angepflanzt. Die Höhe ist $1\frac{1}{2}$—$3'$. Aus einer holzigen, ästigen Wurzel entspringt ein aufrechter, gleich von seinem Grunde an ästiger Stengel mit steifen, aufrecht abstehenden Aesten u. Aestchen. Die Blätter sind dicklich u. etwas fleischig, seegrün u. gehen nach oben in einfachere u. endlich in linealische od. fast lanzettliche Deckblätter über. Die Trugdolde ist unregelmässig-gabeltheilig, vielblüthig. Blumenblätter gelb, ins Grünliche ziehend, vertieft, am Rande oft buchtig-kraus, bisweilen gezähnelt. Die abstehenden Staubgefässe bewegen sich, einander ablösend, gegen die Narbe, um das Pollen auszustreuen und gehen dann in ihre erste Lage zurück. Der Fruchtknoten ist dicht mit Drüsen besetzt u. deshalb runzelig. Die Kapsel hat vorstehende abgerundete Lappen u. mehrsamige Fächer. — Die frisch stark, eigenthümlich harzig, wenig angenehm, etwas betäubend riechenden u. bitter etwas beissend, unangenehm gewürzhaft schmeckenden Blätter, Rautenkraut, ***Folia* s. *Herba Rutae* s. *Rutae hortensis***, welche äther. Oel u. bittern Extractivstoff vorwaltend enthalten u. reizend u. krampfstillend auf den Unterleib u. vorzüglich auf den Uterus wirken, wendete man sonst häufiger als jetzt bei Störungen der Menstruation, bei krampf- u. schmerzhaften Unterleibskrankheiten, bei Hysterie, gegen Würmer u. s. w. u. äusserlich bei schlechten Geschwüren, Brand, ödematösen Anschwellungen u. s. w. an. Auch war der Samen, ***Semen Rutae***, früher officinell.

a. Der Obertheil eines blühenden Stengels. — A. Eine 4blättrige Blume mit 8 Staubgefässen. — B. Eine 5blättrige Blume mit 10 Staubgefässen. Die Zahlen zeigen an, in welcher Folge die Staubgefässe sich nach der Narbe hinbewegen. — C. Kelch, Pistill und 2 Staubgefässe in der Stellung, wie sie an der Narbe liegen u. von ihr entfernt sind. — D. Ein Staubgefäss. — E. Das Pistill einer 5blättrigen, 10 männigen Blume. — F. Ein Fach des vergr. Fruchtknotens der Länge nach aufgeschnitten, damit man die Eichen und ihre Verbindung mit dem Griffel sehen kann. — b. Eine 5fächerige ganze und c. durchschnittene Kapsel. — d. Eine 4- und eine 5fächerige Kapsel, querdurchschnitten. — e. Samen. — G. Derselbe, vergrössert und H. quer, so wie I. der Länge nach durchschnitten.

Gruppe: **Simarubeae Rich.**

Gattung: **Simaruba Aubl.**, Simarube.

Blüthen- ein- oder zweihäusig oder polygamisch. Kelch 5theilig. Blumenkrone 5blättrig, offen oder ausgebreitet. Staubgefässe 5 *oder* 10. *Narbe* 3- *oder* 5*lappig, auf dem an der Spitze getheilten Griffel. Steinfrüchte* 3 *oder* 5.

Taf. XXVIII. **Simaruba excelsa DeC.**, hohe Simarube, Bitterholzbaum, Bitteresche. (***Quassia excelsa Swartz.***, ***Quassia polygama Wright.***)

Blätter unpaarig-gefiedert: Blättchen 9—13, *gegenständig, kahl; Blüthen polygamisch*, 5*mannig*, *in rispenförmigen Trugdolden; Steinfrüchte* 3, *verkehrt-eiförmig kugelig.*

Ein in den Wäldern Jamaikas u. der Antillen wachsender Baum von 80—$100'$ Höhe. Der Stamm hat bisweilen $10'$ im Umfange u. ist mit einer aschgrauen, rissigen Rinde bedeckt. Die Blätter sind über $1'$ lang u. die Blättchen $2\frac{1}{2}$—$3\frac{1}{2}''$ lang u. 1—$1\frac{1}{2}''$ breit. Die kurzen, aber ziemlich sparrig-ästigen Rispen haben viele männliche u. zwitterige Blüthen mit sehr kleinen Deckblättern. Die Kelchzipfel sind eiförmig u spitzlich, die Blumenblätter länglich, stumpf u. weiss. Die pfriemförmigen, weichhaarigen Staubfäden stehen auf sehr kleinen, eirunden, zottigen Schüppchen. Gewöhnlich stehen nur 3 Karpelle des Fruchtknotens auf einer walzenförmigen, abgestutzten Scheibe (*Gynobasis*). Die erbsengrossen, schwarzen, verkehrt-eirundlichen Steinfrüchte öffnen sich mit 2 Klappen u. enthalten einen rundlich-eiförmigen Samen. Das unbedeutend riechende, aber stark u. anhaltend bitter, ziemlich unangenehm schmeckende Holz, kommt als jamaikanisches oder dickes Quassienholz, Bitterholz, ***Lignum Quassiae jamaicensis***, in grossen, oft 1′ dicken u. 4—6′ langen, schmutzig-weissen, oft graugestreiften, selten mit Rinde bekleideten Stücken, oft in Verbindung mit den davon abgelösten breiten Rindenstücken vor. Es hat gleiche Wirkungen u. Eigenschaften mit dem surinamischen Quassienholze.

Taf. XXVIII. **Simaruba amara Hayn.**, bittere Simarube. (*Quassia Simaruba Wright.*, *Simaruba officinalis DeC.*)

Blätter paarig-gefiedert: Blättchen 8—14, wechselständig, kahl; Blüthen 2häusig, 10männig, in blattwinkel- und endständigen zusammengesetzten Trauben; Steinfrüchte 5, ellipsoidisch.

Ein hoher Baum in den Wäldern auf Jamaika u. den Antillen. Die Rinde des Stammes u. der Aeste ist glatt, grau u. gelb gefleckt, im Alter grauschwarz, innen weisslich. Die Blätter sind kleiner als bei voriger Art, nur $\frac{1}{2}$—1′ lang, die Blättchen 2—3″ lang, $\frac{3}{4}$—1″ breit, gegen den Grund keilförmig verschmälert, vorn zugerundet u. mit einem aufgesetzten, kurzen, stumpfen Spitzchen versehen, fast lederartig, oberseits dunkelgrün u. glänzend, unterseits blässer. Die Deckblätter sind blattartig, gestielt, länglich-spatelförmig. In den männlichen Blüthen befindet sich als Ansatz zu dem Pistille eine 10kantige, gestutzte, oben flache Scheibe; der Fruchtknoten der weiblichen Blüthe ist von 10 Schuppen umgeben, hat einen stielrunden, oben 5spaltigen Griffel mit ausgebreiteten u. zurückgebogenen Zipfeln u. spitzigen Narben. Die Früchte sind länglich-oval, etwas zusammengedrückt, glatt, schwarz, die Samen schief-länglich. Die Wurzelrinde kommt als *Cortex Simarubae amarae* mit der ächten Simarubarinde vermischt vor, ist aber bitterer, blässer u. auf der Oberfläche mit kleinen gestielten Warzen bedeckt, hat aber übrigens gleiche Eigenschaften mit derselben. Auch von diesem Baume wird das Holz als *Lignum Quassiae jamaicensis* versendet.

[Von **Simaruba gujanensis Rich.** (Simaruba amara Aubl., Simar. officinalis DeC., Quassia Simaruba Lin. fil.), gujanische od. ächte Simarube, einem 60—70′ hohen u. bis 2′ durchmessenden, auf sandigen Stellen in Gujana wachsenden Baume ist die Wurzelrinde als Simarubarinde oder Ruhrrinde, **Cortex Simarubae s. Simarubae verae**, officinell, welche vorwaltend bittern Extractivstoff u. Schleim enthält u. deshalb als tonisch u. einhüllend, vorzüglich auf die Verdauungsorgane u. Schleimhäute wirkend, bei regelwidrigen, auf Erschlaffung und Schwäche beruhenden Schleimsecretionen u. davon abhängigen Krankheiten, als Durchfällen, Ruhren, Schleimflüssen u. s. f. angewendet wird. Auch kommt das Holz bisweilen als jamaikanisches Quassienholz im Handel vor. — Von **Simaruba versicolor St. Hil.** [Quassia versicolor Sprgl.], einem 20′ hohen Bäumchen oder Strauche Brasiliens, wird von den dortigen Aerzten die Rinde als **Cortex Paraibae**, für ein spezifisches Mittel gegen die Folgen des Bisses giftiger Schlangen gehalten, auch zu Waschungen bei hartnäckigen, vorzüglich syphilitischen Hautkrankheiten, und als Wurmmittel angewendet.)

a. Ein blühender Zweig. — b. Eine männliche Blume. — A. Dieselbe, vergr. — c. Zwitterblüthe. — B. Dieselbe, vergr. — C. Eine männliche Blüthe, von welcher Kelch u. Blumenkrone entfernt wurden. — D. Eine Zwitterblüthe, von welcher die Blumenblätter entfernt worden sind. — d. Steinfrüchte. — e. Eine Steinfrucht, quer durchschnitten. — f. Eine Samennuss. — g. Eine blühende weibliche Zweigspitze von **Simaruba amara Hayn.** — E. Eine männliche Blüthe derselb. — h. Die 5 Steinfrüchte derselben von der obern Seite gesehen.

Gattung: **Quassia L.**, Quassienbaum.

Blüthen zwitterig. Kelch 5theilig, gefärbt. Blumenblätter 5, röhrenartig zusammengeneigt. Staubgefässe 10, Griffel ungetheilt. Früchte 5, anfangs steinfruchtartig, zuletzt 2klappig aufspringend, einsamig. (Eine Art enthaltend).

Taf. XXVIII. **Quassia amara L.**, ächter od. bitterer Quassienbaum, Bitterholzbaum.

Ein in den Wäldern von Surinam einheimischer, aber auch in Gujana, im nördlichen Brasilien u. in Westindien cultivirter, 10—15′ hoher, fast das ganze Jahr blühender Strauch od. Bäumchen. Der Stamm ist mit einer ziemlich glatten, gelblich-aschgrauen Rinde bedeckt u. theilt sich in viele stielrunde, braun röthliche, kahle Aeste u. Aestchen. Die langgestielten Blätter stehen zerstreut, sind 6—8″ lang, unpaarig-3—5zählig-gefiedert; der gemeinschaftliche Blattstiel ist am Grunde verdickt, gelenkartig geflügelt, wo die Blättchen beginnen am breitesten u. wie abgestutzt; die Blättchen gegenständig, ungestielt verkehrt-eiförmig-lanzettlich, zugespitzt, fast ganzrandig u. am Rande etwas umgebogen, oberseits hellgrün, unterseits blass u. von einem purpurrothen Mittelnerven durchzogen, $2\frac{1}{2}$—$3\frac{1}{2}$″ lang u. $\frac{3}{4}$—$1\frac{1}{2}$″ breit. Die schönen hochrothen Blüthen stehen am Ende der Aeste in aufrechten, 8—10″ langen Trauben auf purpurrothen Stielen u. sind von kleinen spatelig-lanzettlichen, zurückgebogenen Deckblättern gestützt. Die Kelche sind sehr klein, purpurroth u. die Zipfel eiförmig, stumpf, fein gewimpert. Blumenblätter 1″ lang u. länger, lanzettlich-linealisch, nach vorn allmälig schmäler u. spitzlich, schwach rinnig; sie stehen aufrecht zu einer ziemlich kegelförmigen Röhre zusammengerollt und klaffen nur mit den Spitzen etwas auseinander. Von den aus der Blume etwas hervorstehenden 10 Staubgefässen sind 5 abwechselnd etwas länger u. kürzer; Staubfäden pfriemig-fadenförmig, aus dem Rücken einer verkehrt-eiförmigen zottigen Schuppe entspringend; Antheren oval, am Grunde kurz-2spaltig. Der 5karpellige Fruchtknoten steht auf einer breitern abgestutzten 5kantigen Scheibe (Stempelboden); aus jedem Karpell entspringt 1 Griffel, der nur an seinem Grunde etwas frei, dann aber innig mit den übrigen verwachsen ist u. diese so nur einen einzigen ausmachen, der die Staubgefässe überragt u. in eine stumpfe Narbe endigt. Die Früchte (steinfruchtartige, später mit 2 Klappen aufspringende Karpellen) sind verkehrt-eiförmig, etwas zusammengedrückt, netzaderig-runzelig, schwarz u. enthalten längliche Samen. Das Holz des Stammes und der dikkern Aeste, surinamisches Quassien- oder Bitterholz, *Lignum Quassiae surinamensis s. Lignum Quassiae verum*, so wie die Rinde desselben, Quassienrinde, *Cortex Ligni Quassiae surinamensis*, gehören zu den bittersten, tonischen, erregenden, vorzüglich auf die Verdauungswerkzeuge wirkenden Mitteln u. werden deshalb bei Schwäche derselben u. den dadurch bedingten Krankheiten seltener in Substanz, als Pulver, häufiger als wässeriger oder weiniger Aufguss, od. in Abkochung, so wie in Extracten als *Extractum Quassiae* angewendet. Der Geschmack ist rein bitter, sehr stark u. lange anhaltend u. der Geruch schwach; der vorwaltende Bestandtheil ist ein alkaloidischer bitterer Extractivstoff, Quassienbitter, od. Quassin. Eine vorfallende Verfälschung des Quassienholzes mit dem Holze des Korallensumachs (*Rhus Metopium*) lässt sich theils dadurch entdecken, dass die Rinde dem Holze fester anhängt u. mit schwarzen Harzflecken bedeckt ist, theils dadurch, dass der Aufguss dieses Harzes mit schwefels Eisen einen schwarzen Niederschlag gibt.

a. Eine blühende Stengelspitze. — b. Ein Blumenblatt mit 2 Staubgefässen. — A. Ein Staubgefäss. — B. Ein Staubbeutel von vorn u. C. einer von hinten. — D. Die Schuppen am Grunde der Staubfäden. — E. Der Kelch mit dem Stempelträger, den 5 Fruchtknoten u. dem Grundtheile des Griffels. — F. Der Obertheil des Griffels mit der Narbe. — G. Die in Fig. E. dargestellten Theile senkrecht durchschnitten. — c. Die 5 steinfruchtartigen Kapseln nebst dem Kelche u. Stempelträger. — d. Eine einzelne abgetrennte Kapsel.

Familie: **Heidegewächse**: Ericaceae. — *Gruppe*: **Rhodoraceae Vent.**

Gattung: **Ledum L.**, Porst.

Kelch 5zähnig, Blumenkrone 5blätterig (am Grunde nur wenig zusammenhangend.) Staubgefässe 10 oder 5: Staubbeutel an der Spitze durch 2 Löcher sich öffnend Narbe knopfig 5lappig. Kapsel 5fachrig, 5klappig, vom Grunde aus scheidewandspaltig-aufspringend, vielsamig.

Taf. XXVIII. **Ledum palustre L.**, Sumpfporst, wilder Rosmarin, Mottenkraut.

Blätter linealisch, am Rande umgerollt, unterseits wie an den Aesten rothbraun-filzig; Staubgefässe 10.

Ein niedriger, nur 2—3′ hoher Strauch in sumpfigen Nadelwäldern des nördlichen u. mittlern Europa. Der Stamm theilt sich am Grunde in 2 od. 3 Hauptäste, die in sprossende Zweige ausgehen, so dass immer 3—4 am Ende der Triebe stehen u. die jungen derselben rostbraun filzig sind. Letztere tragen die kurzgestielten, lanzettlich-linealischen, stumpfen, 9—15‴ langen u. $1\frac{1}{2}$—3‴ breiten, drüsigen, oberseits kahlen, unterseits rostroth filzigen, am Rande zurückgerollten Blätter. Die Blüthen stehen auf langen, dünnen, aufrechten Stielen in vielblüthigen Doldentrauben, die am Grunde von ausgehöhlten, etwas zottigen Knospenschuppen umgeben sind. Die 5 Kelchzähne sind eirund, stumpf. Die weissen Blumenkronen haben 5 längliche verkehrte, eirunde Abschnitte. Die am Grunde etwas wimperigen Staubfäden haben nebst dem Griffel die Länge der Blumenkrone. Die 3—4''' lange, länglich-ovale Kapsel bleibt über ein Jahr stehen u. springt vom Grunde an auf. Die kleinen Samen sind von einem häutigen, netzaderigen Mantel (*Arillus*) umgeben. Die getrockneten, stark eigenthümlich bitter-aromatisch schmeckenden u. widrig betäubend riechenden Blätter od. jungen Zweige, das sogenannte Mottenkraut, ***Herba s. Folia Ledi palustris s. Rorismarini silvestris***, werden als narkotisch-scharfes Mittel selten bei Keuchhusten, Halsbräune, Fiebern u. Hautkrankheiten angewendet; man bedient sich ihrer mehr zur Abhaltung u. Vertreibung der Motten u. um betrügerischer Weise das Bier berauschender zu machen.

(Von **Ledum latifolium L.** werden die Blätter in Amerika als Jamer- od. Labrador-Thee benutzt.)

a. Der Untertheil eines Stengels. — b. Eine blühende Astspitze. — A. Die Unterseite eines querdurchschnittenen Blattes. — c. Der Kelch. — d. Ein Blumenblatt. — B. Eine Blume, von welcher die Blumenblätter entfernt wurden. — C. Der Obertheil des Griffels mit der Narbe. — e. Eine Kapsel. — D. Eine aufgesprungene Kapsel. — E. Eine Kapsel, quer durchschnitten. — F. Eine Kapsel, von welcher 4 Klappen hinweggenommen worden sind, so dass man neben einer Klappe die Samenträger sieht. — G. Ein Samenträger mit Samen. — H. Ein Samen mit dem Mantel, stärker vergr. — I. Derselbe, querdurchschnitten.

Gattung: **Rhododendron L.**, Alpbalsam, Alprose.

Kelch 5spaltig oder 5theilig. Blumenkrone trichter- oder radförmig, mit ungleich-5lappigem Saume. Staubgefässe 10, *abwärts geneigt: Staubbeutel ohne Anhängsel, an der Spitze durch 2 Löcher sich öffnend. Kapsel 5-fächrig, 5klappig, scheidewandspaltig, vielsamig.*

Taf. XXVIII. **Rhododendron Chrysanthum L.**, gelbe Alprose, gelbe oder sibirische Schneerose.

Blätter länglich, am Rande umgerollt, unterseits feinnetzaderig u. rostbräunlich; *Doldentrauben doldig, gipfelständig*; *Blumenkronen fast radförmig.*

Ein niedriger, 1—1½' hoher Strauch auf den Gebirgen Sibiriens. Die vielen ausgebreiteten, nur an der Spitze beblätterten Aeste sind häufig zum grössten Theile unter dem hohen Moose versteckt. Die länglichen, fast verkehrt-eiförmigen, 1½—2½'' langen, ½—1'' breiten Blätter haben ein sehr kleines schwieliges Spitzchen u. kurze Stiele; die Oberseite ist grün u. eingedrückt-netzaderig, die Unterseite glatt, gelblichgrün od. rostbraun. 5—10 lange, flaumhaarige Blüthenstiele entspringen nebeneinander, jeder hinter einer häutigen braunen Knospenschuppe. Der sehr kleine Kelch hat 5 eirunde Zähne. Die 1'' lange gelbe, radförmige, glockige Blumenkrone hat 5 verkehrt-eiförmige abstehende Zipfel, von denen die obern, etwas grössern, gegen den Schlund hin getüpfelt sind. Die Kapsel ist länglich, 5seitig, halbfünfklappig, braun. — Gebräuchlich sind die Aestchen mit den Blättern, ***Stipites et Folia Rhododendri chrysanthi***, welche einen schwach rhabarberartigen Geruch u. einen etwas zusammenziehend-bittern u. wenig scharfen Geschmack haben. Sie enthalten vorwaltend bittern Extractivstoff, eisengrünenden Gerbstoff u. Spuren eines der Blausäure ähnlich riechenden äther. Oels. Die Abkochung wirkt schweiss- u. harntreibend, in grösserer Gabe auch Durchfall u. Brechen erregend, u. wird gegen rheumatische u. gichtische Anfälle nur noch selten bei uns angewendet. Eine Verwechselung mit ***Rhododendron maximum L.***, einer Pflanze Sibiriens u. Nordamerikas, u. ***Rhodod. ferrugineum L.***, auf den Alpen Europas u. Mittelasiens wachsend, wird daran kenntlich, dass die Blätter des erstern eirund, stumpf, glänzend, gerippt, am Rande scharf u. zurückgebogen, die des letztern kurz gestielt, lanzettförmig, lederartig hart, oben dunkelgrün glänzend, glatt u. netzförmig geadert, am Rande etwas umgebogen, im Alter aber auf der untern Fläche mit schorfartigen, rostfarbigen u. schwärzlichen Punkten bezeichnet sind.

(Von **Rhododendron ferrugineum L.**, rostfarbige Alpenrose, einem 1—3' hohen ästigen Strauche auf den Alpen Europas u. Mittelasiens, sind die Aestchen mit den Blättern, **Stipites et Folia Rhododendri ferruginei**, officinell, welche, so wie die Blätter und Aestchen von **Rhododendron hirsutum L.**, einem auf den Kalkalpen Europas wachsenden kleinen Strauche, mit dem vorigen gleiche Wirkung haben. Letztere finden sich im Handel bisweilen statt der ersteren vor, sie sind aber am Rande nicht umgerollt, dagegen kleingekerbt u. nebst den jungen Aesten, Blüthenstielen u. Kelchen lang bewimpert.)

a. Ein blühender Stengel nebst dem Obertheile der Wurzel. — A. Ein Staubgefäss von der Seite. — B. Ein Staubbeutel von vorn. — b. Das Pistill. — C. Der Fruchtknoten. — D. Die Narbe mit dem Obertheile des Griffels, vergr. — c. Eine aufgesprungene Kapsel. — E. Eine Kapsel, quer durchschnitten. — d. Samen. — F. u. G. Samen, vom Mantel umgeben, vergr. — H. Derselbe senkrecht und I. quer durchschnitten.

Gruppe: **Ericariae Rchb.** *Unterabtheilung*: **Andromedeae Rchb.**

Gattung: **Arctostaphylos Adans.**, Bärentraube.

Kelch 5theilig. Blumenkrone urnenförmig, mit 5spaltigem zurückgeschlagenem Saum. Staubgefässe 10: *Staubbeutel am Rücken 2spornig. Beere glatt, mit 5 einsamigen Steinkernen.*

Taf. XXIX. **Arctost. officinalis Wimm. et Grab.**, gebräuchliche Bärentraube. (*Arbutus Uva ursi L.*)

Stengel gestreckt; Blätter verkehrt-eiförmig-länglich, ganzrandig, lederig, unterseits netzaderig; Trauben endständig, übergeneigt.

Ein niedriger Strauch in Nadelwäldern u. Heiden des nördlichen Europa u. Nordamerika. Aus einer Wurzel entspringen mehre ästige, allseitig niederliegende u. am Grunde wurzelnde, oft 1—3' lang werdende u. durch ihre aufsteigenden beblätterten Aestchen Rasen bildende Stengel. Die etwas dicht stehenden Blätter sind verkehrt-eiförmig-länglich, vorn entweder stumpf oder schwach ausgerandet, am Grunde in den kurzen flaumigen Stiel verschmälert, dick-lederig, jung flaumig-wimperig, später kahl, auf der Oberseite stärker als auf der Unterseite eingedrückt-netzaderig, oben dunkelgrün, glänzend, unten blassgrün. 5—10 Blumen stehen in kurzen, fast büschelförmigen, nickenden Trauben. Die gegen 3''' langen urnenförmigen, bisweilen fleischrothen, doch gewöhnlich röthlich-weissen Blumenkronen sind am Grunde fast durchsichtig, am Schlunde eingeschnürt u. am kurzen Saume mit 5 abgerundeten, zurückgeschlagenen Zähnen versehen. Die 10 Staubfäden sind über dem Grunde bauchig-verdickt u. behaart, von halber Länge der Blumenkrone; die dunkel- fast schwarzrothen nickenden Antheren tragen neben den Oeffnungen 2 borstliche, hakig-gebogene weisse Sporne. Der 5-seitige Griffel verdickt sich nach oben. Die erbsengrosse Beere wird scharlach- u. später fast schwärzlich-roth. Die 5 länglich-eirundlichen, 3seitigen Samen sind an ihrem gewölbten Rücken gerieft. — Die geruchlosen u. zusammenziehend-bitterlich schmeckenden Bärentraubenblätter, ***Folia Uvae ursi***, enthalten vorwaltend Gerbstoff, Gallussäure, Extractivstoff, Harz u. apfelsaure Salze u. werden, als auf die Harnwerkzeuge erregend u. aussondernd wirkend, bei Krankheiten der Nieren u. der Harnblase, bei Blenorrhöen, aber auch bei Harnsteinbildungen, sowie in Nordamerika bes. gegen veraltete Schleimflüsse u. Durchfälle aus Schlaffheit des Darmkanals angewendet. Verfälschungen derselben mit den Blättern der Preusselbeere (*Vaccinium Vitis idaea L.*) u. mit denen des Buxbaums (*Buxus sempervirens*) erkennt man leicht daran, dass die Blätter der erstern meist grösser, am Grunde weniger verschmälert, am Rande ziemlich stark umgerollt, auf der Unterseite vertieft punktirt u. auf der Oberfläche glatt, die der letztern schön grün, oval-spitzlich, weder punktirt, noch geadert u. unangenehm riechend sind.

a. Ein blühender Stengel. — A. Der Kelch mit dem Pistill. — B. Eine Blumenkrone, aufgeschnitten u. ausgebreitet, mit den 10 Staubgefässen. — C. Das Pistill mit der Scheibe (Discus) unter dem Fruchtknoten. — D. Staubgefässe von der Vorder- u. Hinterseite. — E. Das Mittelsäulchen einer Frucht. — b. Eine Beere u. c. dieselbe quer durchschnitten. — F. Ein Samen. — G. Derselbe, stärker vergröss. u. H. quer, so wie I. senkrecht durchschnitten.

Familie: **Sapotaceen**: Sapotaceae. — *Gruppe:* **Styracineen**: Styracineae.

Gattung: **Styrax Tournef.**, Storaxbaum.

Kelch glockig, 5zähnig. Blumenkrone 5theilig. Staubgefässe 10 (6—14) *im Grunde der Blumenkronenröhre angeheftet u. fast ringförmig an ihrem Grunde verwachsen. Kapsel* (*trockne Steinfrucht*) *lederig, einfächerig, unregelmässig aufspringend, ein-* (*selten* 2- *bis* 3) *samig. Samen gross, hart, nussähnlich.*

Taf. XXIX. **Styrax officinalis L.**, gebräuchlicher Storaxbaum.

Blätter rundlich-oval, unterseits durch sternförmige Haare dünn-weisslich-filzig, Trauben einfach, wenigblüthig, gipfelständig, abwärts geneigt.

Ein 20—30' hoher Baum od. Strauch im Orient u. in Südeuropa. Blätter $1\frac{1}{2}$—$2\frac{1}{4}$'' lang, 1—$1\frac{1}{2}$'' breit, auf 3—5''' langen Stielen, oval oder verkehrt-eiförmig, stumpf od. stumpflich gespitzt, oberseits kahl, grün u. glänzend, unterseits weissgraulich ins Blaugrüne ziehend. Trauben einzeln am Ende der Aeste, wenigblüthig, überhängend, mit weissen wohlriechenden Blüthen. Kelch gegen 3''' lang, glockig, weissfilzig. Blumenkrone 10''' lang, aussen filzig; die kurze Röhre trägt 5 oder auch 7 ausgebreitete, längliche, stumpfe Zipfel. Die 10—14 Staubgefässe sind kürzer als das Pistill u. die Blumenkrone. Steinfrucht ziemlich kugelrund, oft etwas kurzspitzig, regelmässig aufspringend. Nussschale etwas grubig od. furchig, 1—2fächerig. Samen verkehrt-eiförmig, weisslich. Das durch Einschnitte in die Rinde ausfliessende Harz ist der Styrax od. Storax, von dem 2 Sorten in den Handel kommen, 1) nämlich seltner der Mandel-Storax, ***Storax amygdaloides*** vel ***in massis s. calamita***, bestehend aus trocknen, brüchigen, braunen Massen, in denen gelblichweisse grössere Körner eingebettet liegen, u. 2) der gemeine Storax, ***Styrax vulgaris*** sive ***Scobs styracina***, bestehend aus mit Storax, wohlriechenden Harzen u. andern Dingen getränkten Sägespänen. Der Storax wurde sonst gegen Brustkrankheiten, vorzüglich gegen schleimige Lungensucht angewendet, jetzt nur noch gewöhnlich zu Räucherungen benutzt.

a. Ein Ast mit Blumen u. Blättern. — b. Die Blumenkrone, aufgeschnitten u. ausgebreitet, um die Einfügung der Staubgefässe zu zeigen. — c. Eine Kapsel oder saftlose Steinfrucht. — d. Dieselbe, aufgesprungen. — e. Dieselbe, nachdem die Nuss herausgefallen ist. — f. Die Nuss u. g. dieselbe der Länge nach getrennt. — h. Der Samen mit der äussern Haut, welche bisweilen auch an der Nussschale hängen bleibt. — i. Der Samen ohne die äussere Haut, u. k. derselbe quer, so wie l. senkrecht durchschnitten. — m. Der Embryo.

Gattung: **Benzoin Hayn.**, Benzoebaum.

Kelch bleibend, undeutlich 4- oder 5zähnig. Blumenkrone trichterförmig, mit 4- od. 5theiligem Saum. Staubgefässe 10: Staubbeutel linealisch, einfächrig, an dem obern Theil der Staubfäden der Länge nach angewachsen. Steinfrucht mit einer nicht aufspringenden einsamigen (selten 2- od. 3samigen) Nuss.

Taf. XXIX. **Benzoin officinale Hayn.**, ächter Benzoebaum. ***(Styrax Benzoin Dryand.)***

Blätter eirund-länglich, lang zugespitzt, unterseits dünnweissfilzig; Trauben zusammengesetzt, ziemlich von der Länge der Blätter.

Ein auf Sumatra, Borneo u. Java wachsender Baum mit kastanienbraunen, kahlen Aesten u. fein-rostbraun-filzigen Zweigen. Blätter 4—6'' lang, $1\frac{3}{4}$—$2\frac{1}{2}$'' breit, auf 4—6''' langen, filzigen Stielen, oberseits dunkelgrün, unterseits kurz-weissfilzig u. auf den hervortretenden Adern rostbraunfilzig. Die weissen Blüthen stehen in traubigen Rispen. Sämmtliche Blüthenstiele, die elliptisch-länglichen, hinfälligen Deckblätter u. die Kelche sind weissfilzig; auch die weissen, 8''' langen Blumenkronen sind aussen filzig. Die 8 od. 10 Staubgefässe haben die Länge der Blume; an der obern Hälfte der weichhaarigen Staubfäden befinden sich die schmallinealischen Antheren. Der zottig-filzige, einfächerige Fruchtknoten hat einen langen fadenförmigen Griffel mit spitziger Narbe. Die holzige, niedergedrückt-kugelige, runzliche, weisslichbraune Frucht hat einen nussartigen, röthlichbraunen Samen mit ochergelbem Kerne, der an der Seite mit einem grossen silberweissen Flecken versehen ist. Der, durch in den Stamm u. die dickern Aeste gemachte Einschnitte, ausfliessende Balsam gibt erhärtet die Benzoë od. den wohlriechenden Asand, ***Resina s. Gummi-Resina Benzoës, Asa dulcis***, welche in 3 Sorten im Handel vorkommt. Die feinste besteht aus grössern u. kleinern gelben od. weisslichen Körnern od. andern auf dem Bruche milchweiss u. glänzend erscheinenden Stücken. Die zweite Sorte oder Mandelbenzoë, ***Benzoë amygdalina***, besteht aus zusammengebackenen Stücken u. Körnern voriger Sorte, zwischen denen eine bräunliche oder röthlichgelbe, gestaltlose Masse befindlich ist. Die dritte Sorte oder die gemeine Benzoë, ***Benzoë vulgaris*** oder ***Benzoë in massis***, enthält nur wenige weisse Körner, dagegen die braune Masse dazwischen in überwiegender Menge. Dieses reizende, stark angenehm riechende u. süsslich stark balsamisch schmeckende Schleimharz, welches aus etwa 20 pCt. Benzoësäure, aus einem gelben, in Aether löslichen, u. einem braunen, in Aether unlöslichen Harze besteht, wird nur äusserlich als Tinktur od. zu Räucherungen verwendet. Der Benzoësäure bedient man sich bei Blenorrhöen u. Leiden der Schleimhäute, bei Lungenlähmungen u. Stockungen im Pfortader- u Uterinsysteme.

a. Ein blühender Zweig. — b. Eine Blume. — A. Eine aufgeschnittene u. ausgebreitete Blumenkrone, um die Staubgefässe zu zeigen. — B. Ein Staubgefäss, stärker vergr. — C Das Pistill. — D. Ein senkrecht durchschnittener Fruchtknoten. — c. Eine Steinfrucht. d. Dieselbe quer durchschnitten, die Nuss enthaltend, u. e. ohne die Nuss. — f. Eine Nuss. — g. Eine Nuss, an welcher die Nussschale quer durchschnitten und zur Hälfte weggenommen ward, um den Samen sichtbar zu machen. — h. Ein Samen. — i. Derselbe senkrecht durchschnitten, so dass der Schnitt dem Embryo parallel ging. — k. Ein gleichfalls durchschnittener Samen, wo der Schnitt durch den Embryo geführt wurde.

Familie: **Cassiaceen**: Cassiaceae. — *Gruppe*: **Ceratonieae Rchb.**

Gattung: **Copaifera Lin.**, Copaivabaum.

Kelch 4theilig, abstehend: Zipfel fast gleich. Blumenkrone fehlend. Staubgefässe 10, fast gleich. Hülse gestielt, holzig-lederartig, einsamig. Samen halbbemantelt.

Taf. LXIV. **Copaifera Jacquini Desf.**, Jacquin's Copaivabaum. ***(Copaiva officinalis Jacq.)***

Blätter meist paarig-gefiedert: Blättchen 4—10, fast abwechselnd, gekrümmt-eiförmig, ungleichseitig, stumpf-zugespitzt, durchscheinend-punktirt.

Ein hoher Baum Westindiens u. des nördlichen Columbia. Die zunehmend-gefiederten Blätter haben einen 3—5'' langen Blattstiel u. kurzgestielte, 2—3'' lange, 14—18''' breite, einwärtsgekrümmte, an der Spitze zuweilen auch ausgerandete, etwas lederige, kahle, oben glänzende Blättchen. Die achsel- u. endständigen sparrigen Rispen haben die Länge der Blätter od. sind etwas länger. Die Staubgefässe sind $2\frac{1}{2}$ Mal länger als die abfallenden Kelchzipfel. Der eiförmige, am Rande zottig-weichhaarige Fruchtknoten trägt einen langen Griffel, der anfangs eine Schlinge bildet u. später bogig zurückgekrümmt ist. Die Hülse ist 1'' lang, schief verkehrt-eirund, kurzstachelspitzig, kahl, glatt, röthlichbraun. Der länglich ovale braune Same ist zur Hälfte von einem weisslichen Mantel bedeckt. Durch Einschnitte in den Stamm fliesst eine Art, doch nicht die beste, des officinellen Copaivabalsams, ***Balsamum Copaivae*** aus.

a. Das oberste nur 4zählige Blatt u. eine Blüthenrispe. — b. Ein Aststück mit jährigem Holze u. neuem Triebe. — A. Blume. — B. Kelchzipfel von der Aussenseite. — C. Der breite obere u. ein breiter seitenständiger, so wie D. der schmale untere Kelchzipfel von der Innenseite. — E. Ein noch nicht ganz entwickeltes Staubgefäss. — F. u. G. Staubbeutel mit dem Obertheile des Staubfadens, in verschiedener Richtung. — H. Ein Staubgefäss u. das Pistill, indem die Kelchzipfel u. 9 Staubgefässe weggenommen worden sind. — I. Das Pistill u. K. dasselbe am Fruchtknoten senkrecht durchschnitten. — c. Hülse. — d. Dieselbe geöffnet. — A. Der Samen mit dem Mantel. — B. u. C. Samen ohne Mantel in verschiedenen Richtungen. — D. Die beiden Samenlappen. — E. Ein Samen von der Samenhaut befreit u. von der Seite des Nabels, so wie F. seitwärts gesehen. — G. Ein Samen, querdurchschnitten.

Taf. LXIV. **Copaifera coriacea Mart.**, lederblättriger Copaivabaum.

Blätter paarig-gefiedert; Blättchen 2—3paarig, oval, gleichseitig, ausgerandet, nicht punktirt; Blatt- u. Blüthenstiele fast kahl.

Ein Baum in der Provinz Bahia Brasiliens. Der Stamm hat eine glatte, schwachrissige, schwärzlich-aschgraue Rinde u. zahlreiche, wagrecht abstehende Aeste. Blättchen 8—16''' lang, 6—10''' breit, gegenständig, auf einem 10—16''' langen Blattstiele, stark lederig, am Rande etwas umgebogen, glänzend, unterseits seegrün. Rispen eben so lang oder länger als die Blätter. Die Kelchzipfel sind eirund-länglich, spitzig. Liefert den meisten u. besten brasilianischen Copaivabalsam, welchen man fast nur bei Blenorrhöen der Geschlechtstheile, vornehmlich beim Tripper, anwendet.

(Auch **Copaifera guianensis Desf.** [Gujana], **Martii Hayn.** [Brasilien], **bijuga Hayn.** [Brasilien], **multijuga Hayn.** [Brasilien, in Para und am Rio negro], **nitida Mart.** [Minas Geraës in Brasilien], **Jussieui Hayn.** [Brasilien], **laxa Hayn.** [Minas Geraës in Brasilien], **Langsdorfii Desf.** [St. Paul in Brasilien], **cordifolia Hayn.** [Bahia in Brasilien], **Sellowii Hayn.** [Bahia in Brasilien], **oblongifolia Hayn.** [Minas Geraës in Brasilien], **trapezifolia Hayn.** [Brasilien], **Beyrichii Hayn.** [Brasilien], liefern reichlich guten Copaivabalsam.)

a. Ein blühender Ast. — A. Blume. — B. Ein Kelchzipfel von der Aussenseite. — C. Der breitere u. D. der schmälere Kelchzipfel von der Innenseite. — E. Der Fruchtkn. senkrecht durchschn.— F. Das Pistill.

(In diese Ordnung gehört auch noch: **Moringa pterygosperma Gaertn.** [Moringa oleifera Lam., Guilandina Moringa L., Hyperanthera Moringa Vahl.], ein ostind. Baum, lieferte sonst die scharf bitteren, Brechen- u. Purgiren erregenden, nussartigen, Samen, als Behennüsse, **Nuces Behen s. Glandes unguentariae s. Balani myrepsicae**, die durch Auspressen ein mildes, geruch- u. geschmackloses, nicht ranzig werdendes Oel, Behenöl, **Oleum Behen**, liefern, das man sonst als gelindes Purgirmittel u. äusserlich bei Hautausschlägen anwendete, jetzt aber nur noch zur Bereitung wohlriechender Salben und Oele u. drgl. benutzt. — Von **Baptisia tinctoria R. Br.** [Podalyria tinctoria L.], einem Strauche Nordamerikas, gibt die Wurzel ein vorzügliches, äusserlich bei fauligen und krebsartigen Geschwüren nützliches Antisepticum; er liefert auch einen schlechten Indig. — Von **Bowdichia virgilioides Kunth.** soll nach neueren Forschungen die **Cortex Alcornoque s. Chabarro** kommen. — **Caesalpinia echinata Lam.**, ein südamerikanischer Baum u. **Caesalpinia brasiliensis Sw.** liefern das färbende Fernambukholz, **Lignum Fernambuci.** — **Caesalpinia Sappan L.**, ein Baum Ostindiens, liefert das als Farbemittel dienende Kernholz seines Stammes und seiner Wurzel, das Sappanholz, falsches Santelholz, rothes Brasilienholz, **L. Sappan s. brasiliense s. brasilianum rubrum.** — **Aloëxylum Agallochum Lour.**, ein Baum auf den Bergen Cochinchinas, lieferte sonst die theuerste Sorte des Aloëholzes, **Lignum Aloës s. Agallochi s. Aquilinum s. Xylaloës**, auch **Calambak** od. **Gillam** genannt. — **Aquilaria malaccensis Lam.** (Aquilaria ovata Cav.], ein ostindischer Baum, liefert das Adlerholz, **Lignum Aquilae s. Aspalathi s. Aloës s. Aloëxylon s. Agallochum secundum.** — **Vouapa phaselocarpa Hayn.**, **Hymenaea Courbaril**, **Trachylobium Martianum Hayn.**, **Tr. Hornemannianum** u. **Tr. Lamarckianum Hayn.**, liefern brasilianisches Kopalharz. — **Swietenia Mahagoni L.**, Mahagonibaum, in Südamerika einheimisch, liefert ausser dem Mahagoniholz auch noch die bittere Rinde der dünnen Zweige, Mahagoni- od. Amarantrinde, **Cortex Ligni Mahagoni**, welche als Mittel gegen Wechselfieber u. Durchfälle aus Schwäche gerühmt wurde. Aus den Samen soll man das purgirende Karapatöl gewinnen. — Von **Soymida febrifuga Ad. de Juss.** [Swietenia febrifuga Roxb.] Rothholzbaum, dient die Rinde, **Cortex Soymidae** als fiebervertreibendes Mittel. — **Cedrela Toona Roxb.** [Cedrela febrifuga Bl.], ein Baum Ostindiens, gibt die **Cortex Cedrelae.** — Von **Trichilia moschata Sw.**, einem Baume im britisch. Gujana, soll die Rinde als **Cortex Juriballi s. Euriballi** stammen, die ein noch vortrefflicheres Fiebermittel als die Chinarinde sein u. in grössern Gaben der Rhabarber ähnlich wirken soll. — Von **Chimophila umbellata Nutall.** [Pyrola umbellata L.], doldiges Wintergrün od. Harnkraut, werden die süsslich, später bitterlich-herbe schmeckenden Blätter, als **Herba Pyrolae umbellatae**, wegen ihrer tonisch-diuretischen Wirksamkeit gegen Krankheiten der Harnwerkzeuge empfohlen. [Abb. s. Lincke etc.]. — **Chimophila maculata Pursh.** [Pyrola maculata L.], wird in Nordamerika auf gleiche Weise wie vorige Pflanze benutzt. — Von **Pyrola rotundifolia L.**, rundblättriges Wintergrün od. Birnkraut, waren sonst die Blätter als **Herba Pyrolae s. Pyrolae majoris** u. von **Pyrola minor L.** als **Herba Pyrolae minoris**, innerlich u. äusserlich als ein vorzügliches Wundmittel in Gebrauch. [Abbild. s. Lincke etc.])

Digynia (Zweiweibige).

Familie: **Nelkengewächse:** CARYOPHYLLACEAE. — *Gruppe:* **Caryophylleae.**

Gattung: **Saponaria L.**, Seifenkraut.

Kelch walzig-röhrig, 5zähnig, am Grunde nackt. Blumenblätter 5, genagelt, oberhalb des Nagels mit 2 Anhängen oder Schlundschuppen. Staubgefässe 10. Griffel 2. Kapsel einfächrig, an der Spitze 4zähnig aufspringend. Samen fast nierförmig.

Taf. XXIX. **Saponaria officinalis L.**, gemeines Seifenkraut.

Stengel aufrecht; Blätter länglich-elliptisch oder fast lanzettlich, nervig; Blüthen büschelig-trugdoldig; Kelche walzlich, kahl; Blumenblätter keilförmig, gestutzt, bekränzt.

Wächst ausdauernd an Wegen, Zäunen, im Gebüsch, besonders an Bach- u. Flussufern durch ganz Europa. Die vielköpfige Wurzel kriecht u. treibt nach allen Seiten viele 1—3' lange Ausläufer u. Fasern; sie ist übrigens walzenförmig, federkielbis fingerdick, gegliedert, aussen röthlich od. röthlichbraun, innen weisslich. Die zahlreichen Stengel sind aufrecht oder vom Grunde aufwärts gebogen, 1½—3' hoch, stielrund, an den Gelenken vertieft, durch kleine, besonders nach obenhin bemerkliche Härchen, schärflich, fast einfach u. nur oben in einige kurze Blüthenästchen getheilt, grün oder häufig purpurröthlich überlaufen. Blätter ungestielt, am Grunde durch eine schmale Leiste zusammengewachsen; die untern, zu einem kurzen Stiele verschmälert, 3—4" lang, 15—20''' breit, elliptisch od. ovalelliptisch, die obern 1½—4½" lang, nur 6—15''' breit, u. also schmäler als die untern, mehr lanzettlich; sämmtliche Blätter 3nervig, ziemlich kahl od. mit kurzen Härchen, besonders an den Nerven, unterseits besetzt, grasgrün, am Rande schärflich. Trugdolden 3spaltig, aus 3—9blüthigen Büscheln zusammengesetzt; in den obersten Blattachseln entspringen auch ähnliche Büschel. Deckblätter lanzettlich, zugespitzt, fast häutig. Blüthen kurzgestielt, gross; Kelche 10—12''' lang, schwach weichhaarig, bisweilen fast kahl, grün, oft purpurröthlich überlaufen, mit halbeiförmigen, kurzen, spitzigen oder zugespitzten Zähnen; Blumenblätter gross, blassrosenroth, mit am Ende seicht ausgerandeter Platte, an deren Grunde eine 2theilige, spitzige Schuppe (Kranz, Krönchen, Schlundschuppe) steht; Staubgefässe von der Länge der Blumenblattnägel; auf dem walzenförmigen Fruchtknoten stehen aufrecht 2 Griffel von der Länge der Staubgefässe, mit etwas umgebogenen Enden, an deren inneren Seiten die Narben herablaufen. Die ovallängliche Kapsel öffnet sich mit 4 auswärts gekrümmten Zähnen u. enthält zahlreiche nierförmige, schwarzbraune, auf der Oberfläche schürflich-feinkörnige Samen. Das Kraut, vorzüglich aber die süsslich, hintennach kratzendbitterlich schmeckende Wurzel, ***Herba et Radix Saponariae rubrae***, welche zu den auflösenden, den Stoffwechsel befördernden und gelind eröffnenden Mitteln gehören, wendet man bei Stockungen im Unterleibe, bei Hautkrankheiten u. sogar bei syphilitischen Krankheiten an. Die Wurzel enthält: Wasser 130; kratzenden Extractivstoff (Saponin) 340; schmieriges Harz (Weichharz) 2,5; Gummi mit wenig bassorinartigem Stoffe 330; verhärteten Extractivstoff 2,5; Faserstoff 222,5.

a. Der Grundtheil des Stengels mit einem Stücke der Wurzel. — b. Eine blühende Stengelspitze. — c. Kelch. — d. Der Nagel des Blumenblattes quer durchschnitten, um zu zeigen, dass er vierflügelig ist. — e. Die Staubgefässe. — A. Der Obertheil eines Staubfadens mit dem Staubbeutel. — f. Der Fruchtknoten mit 2 Griffeln. — B. Die Narbe. — g. Eine aufgesprungene Kapsel. — h. Dieselbe, senkrecht durchschnitten. — i. Samen. — C. Ein Samen. — D. Derselbe der Länge nach durchschnitten, dass man den ringförmigen Embryo sieht. — E. Ein Samen quer durchschnitten.

(Hierher gehört ferner noch. **Saxifraga granulata L.**, körniger Steinbrech, deren körnige Wurzelknollen man sonst als **Semina Saxifragae**, für ein harntreib. u. blasensteinzerstör. Mittel hielt. — **Chrysosplenium alternifolium L.** gab sonst das Kraut als **Herba Saxifragae aureae.** — Von **Gypsophila Struthium L.**, einem in Spanien u. im Oriente wachsenden Halbstrauche, stammt die levantische, ägyptische od. spanische Seifenwurzel, **Radix Saponariae levanticae s. aegyptiacae s. hispanicae**, die eben so wie die rothe Seifenwurzel, nur reizender, wirkt und vorzüglich ein gelbes, fettiges Weichharz u. Saponin, nebst Gummi, Zucker, Eiweiss u. s. w. enthält. — Von **Dianthus Caryophyllus L.**, Gartennelke, wendete man sonst die gewürzhaft riechenden Blumenblätter als **Flores Tunicae hortensis s. Caryophylli hortensis s. rubri** gegen Krämpfe, Herzklopfen u. s. w. an. — Von **Dianthus Carthusianorum L.**, Carthäusernelke, waren die Blumen ehedem gleichfalls als **Flores Tunicae sylvestris** officinell. [Abbild. d. deutschen Gewächse s. Lincke etc.])

Trigynia (Dreiweibige).

(Hier ist zu bemerken: **Erythroxylum Coca Lam.**, ein Strauch auf den Bergen von Chinchao und Cuchero in Peru, dessen Blätter bedeutend berauschen. Von den Indianern werden sie in Verbindung mit aus gewissen Gewächsen erhaltener Asche (**Ypta**) als Kaubmittel zur Beförderung des Speichelflusses benutzt. — **Cucubalus bacciferus L.** gab ehedem **Herba Cucuballi s. Viscaginis bacciferae s. Alsines bacciferae.** — Von **Silene inflata Sm.** [Cucubalus Behen L.] war die Wurzel sonst als **Radix Behen nostratis** officinell. — Von **Silene Otites Sm.** [Cucubalus Otites L.] war sonst die ganze Pflanze als **Herba Viscaginis** gegen Wasserscheu officinell. — Von **Stellaria media Vill.** [Alsine media L.], Stern od. Vogelmiere, Mäusegedärme, wurde die ganze Pflanze sonst als **Herba Alsines s. Morsus gallinae**, u. von **Stellaria Holostea L.** als **Herba Graminis floridi**, gegen Schwindsucht, Blutbrechen, Hämorrhoiden, Hautausschläge, so wie äusserlich gegen Augenentzündung, bei Wunden u. Geschwüren angewendet. [Abbild. d. deutsch. Gewächse siehe Lincke etc.])

Pentagynia (Fünfweibige).

Familie: **Sauerkleegewächse:** OXALIDEAE. — *Gruppe:* **Oxaleae Rchb.**

Gattung: **Oxalis L.**, Sauerklee.

Kelch 5blättrig. Blumenblätter 5. Staubgefässe 10, die 5 innern länger, sämmtlich monadelphisch verwachsen. Kapsel 5kantig, 5fächrig, klappenlos, an den Kanten aufspringend.

Taf. XXX. **Oxalis Acetosella L.**, gemeiner Sauerklee.

Schaft einblumig, länger als die Blattstiele der 3zähligen Blätter; Blättchen verkehrt-herzförmig; Wurzel kriechend.

Wächst an feuchten Stellen, in schattigen Wäldern am Grunde der Bäume u. auf deren Wurzeln in Europa. Wurzel faserig. Der Stengel ist zu einem schiefen od. fast wagerechten, fadenförmigen, von fleischigen, eiförmigen, nach oben zu gedrängter stehenden, weisslichen u. röthlichen, kleinen Zacken oder Zähnen gleichenden Schuppen bedeckten Wurzelstocke verkümmert; zwischen diesen Schuppen (verkümmerte Blätter oder Grundtheile der Blattstiele) entspringen feine, braune Wurzelfasern. Die 2—3" langen, dünnen, rinnigen Blattstiele stehen auf einem fleischigen, später als Schuppen stehen bleibenden Grundtheile u. tragen drei ½—1" lange u. etwas breitere, sehr kurzgestielte, verkehrt-herzförmige, 3eckige, ganzrandige, angedrückt-weichhaarige, unterseits oft röthlich angelaufene Blättchen. Der 2—4" lange, fadenförmige Blüthenstiel trägt oberhalb seiner Mitte 2 längliche, an ihrem Grunde verwachsene Deckblättchen u. eine weisse oder blassröthliche, fein purpurroth geaderte, im Grunde gelbe Blüthe. Die 5 Kelchblätter sind länglich, stumpf oder etwas spitzig. Die verkehrt-eirundlänglichen, stumpfen oder kerbig-abgestutzten, bisweilen sogar seicht ausgerandeten Blumenblätter sind 3- bis 4mal länger als der Kelch. Die Kapsel ist eiförmig-länglich, 5kantig u. zugespitzt. In jedem Fache befinden sich 2—3 eiförmige, etwas zusammengedrückte, wellig-gerieſte, röthlich-braune, von einem weissen Mantel umgebene Samen, die, nachdem sich der Samenmantel elastisch zurückgezogen hat, durch denselben an den Nähten der Kapsel hervorgepresst werden. — Sonst bewahrte man die getrockneten Blätter als *Herba Acetosellae s. Lujulae s. Alleluiae s. Trifolii acetosi s. Oxytriphylli*, jetzt werden nur noch die frischen Blätter theils zu Kräutersäften als kühlendes u. erfrischendes Mittel, theils u. besonders mit andern Kleesäure enthaltenden Pflanzen, zur Bereitung des Sauerkleesalzes, *Sal Acetosellae s. Oxalium* angewendet.

(**Oxalis stricta L.**, steifer Sauerklee u. **Ox. corniculata L.**, gehörnter Sauerklee, kommen in ihren Bestandtheilen, Wirkungen und Anwendungsweisen ganz mit **Ox. Acetos.** überein, u. werden als kühlende Mittel bei Entzündungsfiebern u. Gallenkrankheiten, aber auch zum Hervorrufen reichlicherer Harnentleerungen angewendet. [Abb. s. Lincke etc.]. — Von **Ox. tetraphylla Cav. u. Ox. esculenta Hort. berol.**, mexicanische Pflanzen, werden die rübenförmigen, fleischigen Wurzeln gegessen.)

a. Eine Pflanze. — b. Die am Grunde zusammenhängenden Blumenblätter. — A. Die monadelphisch verwachsenen Staubgefässe, ausgebreitet. — B. Ein Staubbeutel. — C. Pistill. — c. Kapsel. — D. Eine aufspringende Kapsel mit den aus ihren Kanten hervordringenden Samen. — E. Eine querdurchschnittene Kapsel. — F. Eine vor dem Aufspringen senkrecht durchschnittene Kapsel mit den noch von dem Samenmantel bedeckten Samen. — d. Ein noch vom Samenmantel umgebener Samen. — G. Derselbe, vergr. — H. Ein von dem Samenmantel befreiter und I. der Länge nach, so wie K. quer durchschnittener Samen.

(Hierher gehören ferner noch: **Umbilicus pendulinus DeC.** [Cotyledon Umbilicus β L.], in Südeuropa wachsend, das ehedem das für harntreibend geltende **Herba Umbilici Veneris s. Cotyledonis** lieferte, welches man auch äusserlich bei Quetschungen anwendete. — **Sedum Anacampseros L.** war als **Herba Anacampserotis** officinell. — Von **Sedum Telephium L.** und **Sed. maximum Pers.** wendete man sonst die Wurzel und die Blätter als **Radix et Herba Telephii s. Crassulae majoris s. Fabariae** innerlich bei Harnstrenge an, jetzt bedient man sich noch äusserlich der etwas gequetschten, frischen Blätter zur Vertreibung von Warzen u. Hühneraugen od. Leichdornen. — Von **Sedum album L.** war ehedem das Kraut, **Herba Sedi minoris s. Sedi albi**, officinell. — Von **Sedum acre L.** sammelte man die ganze Pflanze, besonders die blüthenlosen Stengel als **Herba Sedi acris s. minoris s. vermicularis**, u. benutzte den frischen Saft gegen Blasenkrankheiten aus Schwäche u. Verschleimung. Das trockne und gepulverte Kraut hat man in der idiopathischen Fallsucht empfohlen. Das zerquetschte, frische Kraut dient als reinigender u. kühlender Umschlag bei impetiginösen und andern schlechten Geschwüren. Auch gegen Wechselfieber soll es nicht unwirksam sein. — Von **Lychnis vespertina Sibth.** [Lychnis dioica β L., Lychnis arvensis Roth.], Abendlichtnelke, weisses Marienröschen, falsches Seifenkraut, wendete man sonst die Wurzel als weisse Seifenwurzel, **Radix Saponariae albae**, gleich der rothen Seifenwurzel an. — Von **Lychnis Githago Scop.** [Agrostemma Githago L.], Kornrade, waren sonst die Wurzel und das Kraut, **Radix et Herba Githaginis s. Nigellastri** und die Samen als **Semen Lolii officinarum** officinell. Mit letzteren wird bisweilen auch der Schwarzkümmel verfälscht. — Von **Cerastium arvense L.**, sammelte man sonst die Blüthen als **Flores Auriculae muris albae s. Holostei caryophyllei.** [Abbild. der deutsch. Gewächse s. Lincke etc.])

Decagynia (Zehnweibige).

(Hier ist zu bemerken: **Phytolacca decandra L.**, deren Blätter und Beeren sonst als **Herba et Baccae Phytolaccae s. Solani racemosi**, gebräuchlich waren. Die Blätter empfahl man als specifisch gegen Krebs. Mit den reifen Früchten soll in Frankreich der Wein gefärbt werden.)

XI. Cl. Dodecandria (Zwölfmännige).

Monogynia (Einweibige).

Familie: **Osterluzeien:** ARISTOLOCHIACEAE. — *Gruppe:* **Aristolochieae.**

Gattung: **Asarum Tournef.**, Haselwurz.

Blüthenhülle aufrecht, glockig, 3spaltig. Staubgefässe 12: Staubfäden über die Staubbeutel hinaus verlängert, frei. Narbe 6lappig-strahlenförmig. Kapsel lederartig, 6fächerig, nicht aufspringend: Fächer wenigsamig.

Taf. XXX. **Asarum europaeum L.**, gemeine oder gebräuchliche Haselwurz.

Stengel kriechend; Blätter zu zwei (gepaart), langgestielt, nierenförmig, sehr stumpf oder flach zugerundet u. ausgerandet; Blüthenstiele einzeln, zwischenblattständig; Blüthenhülle aufrecht, etwas rauhhaarig, mit einwärts gebogenen Zipfeln.

Wächst ausdauernd in Laubwäldern unter dem Gebüsch, vorzüglich in bergigen Gegenden in fast ganz Europa. Der federkieldicke Wurzelstock kriecht wagerecht unter dem Boden hin, ist mehr oder weniger deutlich gegliedert, ästig u. hier und da mit langen u. ästigen Wurzelfasern besetzt. Er treibt sehr kurze, mit einigen eirunden häutigen Schuppen besetzte Stengel, die an ihrem Ende zwei Blätter und zwischen diesen eine einzelne Blüthe tragen. Die Blätter sind ganzrandig oder nur schwach randschweifig, etwas lederartig, oberseits dunkelgrün u. glänzend, unterseits blässer u. matt, oft röthlich oder braun überlaufen. Das Perigon (Blüthenhülle) ist nur 5—6''' lang, fast lederartig, aussen trüb blassgrün, braun überlaufen, innen dunkel blutroth. Gebräuchlich ist der stark, etwas nach Baldrian riechende u. sehr scharf aromatisch schmeckende Wurzelstock für sich als Haselwurz, *Radix Asari*, oder auch mit den Blättern zugleich, Haselkraut mit Wurzel, *Herba Asari cum radice*. Man wandte die Haselwurz früher häufig als Brechmittel an, u. sie dürfte besonders bei Stockungen u. Verstopfungen im Unterleibe, bei Wassersucht u. s. w. von Nutzen sein, jetzt wird sie aber nur selten noch, ausser in der Thierheilkunde, gebraucht. Das pulverisirte Kraut u. die Wurzel dienten als ein sehr kräftiges Niesemittel. Die Wurzeln enthalten ein äther., kampherartiges Oel, den Haselwurzelkampher, nebst einem fetten Oele, Schleim, Ulmin u. citron- u. apfelsauren Kalk.

a. Eine blühende u. blättertragende Spitze des kriechenden u. wurzelnden Stengels. — A. Eine Blume, von welcher die Blüthenhülle entfernt wurde, so dass man die Staubgefässe und das Pistill sehen kann. — B. Ein Staubgefäss, vergr. — b. Die reife, von der Blüthenhülle umgebene Kapsel. — C. Dieselbe querdurchschnitten u. vergr. c. Ein Samen. — D. Derselbe vergr., u. E. quer, so wie F. senkrecht durchschnitten.

Familie: **Guttagewächse:** GUTTIFERAE.

Gattung: **Garcinia L.**, Garcinie.

Kelch 4blättrig, stehenbleibend. Blumenblätter 4. Griffel fehlend; Narbe 4- oder 8lappig. Beere saftreich, 4- oder 8fächerig.

Taf. XXX. **Garcinia Cambogia Desr.**, gelbsaftige Garcinie. (*Cambogia Gutta L.*)

Blätter lanzettlich-länglich oder elliptisch-lanzettlich, spitzig, lederartig, schwach geadert; Blüthen endständig, einzeln, fast sitzend; Staubgefässe in den weiblichen Blü-

then 16, unverwachsen; *Narbe 8- oder 10lappig, Beere 8- oder 10riefig, 8- oder 10fächrig, 8- oder 10samig.*

Ein grosser Baum Ostindiens. Der Stamm misst bisweilen gegen 10′ u darüber im Umfange u. trägt einen dichten grossen Wipfel. Die kurz-gestielten Blätter sind 3—6″ lang u. 1—2½″ breit, dick u. steif. Die röthlichgelben Blüthen stehen auf kurzen Stielen. Die gelbe, fast kugelrunde Beere hat die Grösse eines kleinen Apfels u. ist, einer Melone ähnlich, 8- od 10-riefig. Die Samen sind von einem gelben, saftigen, breiigen Mantel umgeben. — Man leitet fast allgemein von diesem Baume die gewöhnlichste, am häufigsten nach Europa kommende Sorte des Gummigutt, *Gummi Guttae, Gummi Cambogiae, Gummi Gambae s. Gutta Gamba, Gutti*, ab, welches geruchlos ist, unangenehm, scharf kratzend schmeckt u. 80—90 pCt. gelbes Harz u. 10—20 pCt. Gummi enthält. Es gehört zu den drastisch-scharfen Mitteln u. wird in einer Dosis von 2—12 Gran bei Atonie des Unterleibes, Stockungen im Pfortadersysteme u. damit zusammenhängender Wassersucht u. besonders gegen Bandwürmer angewendet Es ist der erhärtete gelbe, aus den abgebrochenen Zweigen od. aus Einschnitten in die Rinde fliessende Milchsaft, den man auch als Malerfarbe sehr häufig braucht.

(**Garcinia zeylanica Roxb.**, ceylonischer Gummiguttbaum od. Garcinie, so wie **Garcinia Morella Desr.**, kleinbeerige Garcinie, in Ceylon einheimische Bäume, geben das ceylanische Gummigutt, **Gummi Guttae ceylanicum.** — **Garcinia Kydia Roxb.**, genabelte Garcinie, ein grosser Baum in Hinterindien und auf den Andamanischen Inseln, liefert eine schlechtere Sorte des Gummigutt. — Von **Garcinia cochinchinensis Chois.** [Stalagmites cochinchinensis Don.], birnfrüchtige Garcinie, einem Baume in Siam, Cochinchina und auf den Molukken, soll das Siamesische Gummigutt, **Gummi Guttae verum s. siamicum** stammen. — **Garcinia pictoria Roxb.**, soll nach Roxburgh's Vermuthung die Stammpflanze des Gummigutt sein.)

a. Ein stark verkleinerter blüthentragender Zweig. — A. Eine Blume, aus welcher das Pistill entfernt worden ist. — B. Das Pistill. — C. Dasselbe quer u. D. senkrecht durchschnitten. — b. Die reife Beere. — c. Dieselbe quer durchschnitten. — d. Ein Samen.

Gattung: **Canella Brown.**, Kanellbaum.

Kelch 3lappig. Blumenblätter 5. Staubgefässe zu einer krugförmigen Röhre verwachsen, mit 10—12 Staubbeuteln. Fruchtknoten frei mit einem Griffel u. 3 Narben. Beere 3fächrig, mit 2samigen Fächern.

Taf. XXX. **Canella alba Murr.**, weisser Kanellbaum, weisser Zimmtbaum (*Winterana Canella L.*)

Blätter verkehrt-eirund-länglich, am Grunde etwas keilförmig, stumpf, lederig, unterseits weisslich-blaugrün; *Blüthen in gipfelständigen Doldentrauben mit 15 Staubbeuteln.*

Ein 20—30′ hoher immergrüner Baum Westindiens. Die zerstreut stehenden, kurzgestielten Blätter sind gegen 3—4″ lang, bis über 1″ breit, am Rande etwas zurückgebogen, durchscheinend punktirt, oberseits dunkelgrün u. glänzend, unterseits seegrün. Die kleinen purpurröthlichen oder violetten, wohlriechenden Blüthen stehen in wenigblüthigen Trugdolden, von kleinen Deckblättern unterstützt. Die Staubfäden sind zu einer krugförmigen Röhre verwachsen, welche die Länge der Blumenkrone u. gleiche Farbe mit dieser hat. Die Beere ist fast kugelrund, gespitzt, 3-, 2- u. 1fächerig, erbsengross, schwarz. Samen rundlich-nierförmig. Die Rinde der Aeste ist der weisse Zimmt, die weisse Kanellrinde, falsche Wintersrinde, *Cortex Canellae albae, Cortex Winteranus spurius, Costus dulcis s. Costus corticosus*, welche stark u. angenehm u. besonders bei Zerstossen u. Zerreiben sehr stark nelken- u. zimmtartig riecht, anfangs bitterlich, dann brennend scharf, gewürznelken- u. pfefferartig schmeckt u. vorwaltend ein scharf-aromatisches äther. Oel u. bittern Extractivstoff, ferner ein Harz, eine Art Mannazucker (Canellin), Gummi, Eiweiss, Stärkmehl enthält. Ihre Wirkung ist reizend u. flüchtig erregend, so wie etwas tonisch, besonders auf die Organe der Verdauung, weshalb man sie gegen Verdauungsschwäche u. Blutflüsse aus dem Uterus anwendet. Von der Wintersrinde, mit der sie gar nicht selten verwechselt wird, unterscheidet sie sich durch geringere Dicke, durch die hellere Farbe u. die fehlende Oberhaut. Häufig hat man sie auch mit *Radix Costi* verwechselt u. statt dieser gegeben.

(Von **Canella laurifolia Lodd.**, lorbeerblättriger Kanellbaum, soll noch häufiger die weisse Kanellrinde, **Cortex Canellae albae** gesammelt werden. — Von **Canella axillaris Nees et Mart.** ist die Rinde als **Cortex Paratudo s. Paratudo** von Brasilien nach Europa gebracht worden.

a. Ein blühender Zweig. — b. Eine ausgebreitete Blume. — A. Dieselbe, vergr. — B. Die krugförmige Staubgefässröhre (urnenförmiges Honiggefäss) mit den Staubbeuteln. — C. Dieselbe der Länge nach aufgeschnitten u. ausgebreitet. — D. Der Kelch nebst dem Pistill. — c. Eine reife Beere. — d. Dieselbe querdurchschnitten, ein ausgebildetes Fach u. zwei verkümmerte Fächer zeigend. — e. Dieselbe der Länge nach aufgeschnitten und 2 Samen in dem vollkommenen Fache enthaltend. — f. Zwei Samen. — g. Ein Samen quer durchschnitten. — h. Ein Samen ohne Samenhaut. — E. Ein der Länge nach durchschnittener Samen, den Embryo zeigend. — F. Der Embryo.

(Hierher gehören ferner noch: **Stalagmites cambogioides Murr.**, von welcher das Gummi Guttae kommen sollte; dieses Gewächs scheint aber gar nicht zu existiren. — Von **Hebradendron cambogioides** soll nach Graham das Gummigutt kommen. — **Xanthochymus pictorius Roxb.** soll nach Royle's Vermuthung die Stammpflanze des Gummigutt sein. — Von **Portulaca oleracea L.**, gemeiner Portulak, waren sonst das Kraut und die Samen, **Herba et Semen Portulacae**, officinell u. letztere gehörten zu den sogenannten 4 kleinen kühlenden Samen, **Semina quatuor frigida minora.** — Von **Lythrum Salicaria L.**, rother od. gemeiner Weidrich, wendete man sonst das Kraut mit den Blüthen als **Herba Lysimachiae purpureae**, gegen langwierige Durchfälle aus Schwäche, gegen Blutspucken etc. an. [Abbild. d. deutschen Gewächse s. Lincke etc.])

Digynia (Zweiweibige).

(Hier ist zu bemerken: **Agrimonia Eupatoria L.**, gemeiner Odermennig, Ackermennig, Leberklette, dessen Kraut sonst als **Herba Agrimoniae s. Lappulae hepaticae s. Eupatorii veterum s. Hepatorii**, bei Erschlaffung u. Trägheit der Verdauungsorgane, bei Harnkrankheiten, bei Durchfällen und Lungengeschwüren und äusserlich als Wundmittel und gegen Krätze angewendet wurde. [Abbild. s. Lincke etc.])

Trigynia (Dreiweibige).

Familie: **Rautengewächse**: Rutaceae. — *Gruppe:* **Euphorbiaceae Juss.**

Gattung: **Euphorbia L.**, Wolfsmilch.

Hülle androgynisch, 4- od. 5spaltig, mit den Zipfeln abwechselnd 4 oder 5 drüsig-fleischige Anhänge tragend. Blüthen einhäusig. Männliche Blüthen: 12 od. mehr einzelne Staubgefässe innerhalb der Hülle, auf dem Blüthenstielchen gliedrig-eingelenkt; Antheren 2knöpfig, mit getrennten Fächern. — Weibliche Blüthe: ein 3fächriges, gestieltes, in der Mitte der Hülle stehendes Pistill. Springkapsel 3knöpfig, in ihre zweiklappigen Knöpfe elastisch zerspringend.

Taf. XXXI. **Euphorbia canariensis L.**, canarische Wolfsmilch.

Stamm unten holzig, ästig; Aeste fleischig, 4- oder 5-kantig, blattlos, stachelig; Stacheln gepaart, kurz, widerhakig; Blüthendöldchen am Gipfel der Aeste auf den Kanten, meist zu 3 bei einander sitzend; Hülle krugförmig, mit quer-länglichen, abgestutzten, purpurrothen Drüsenanhängen; weibliche Blüthe sehr kurz gestielt, in der Hülle eingeschlossen.

Ein 5—8′ hoher Strauch der kanarischen Inseln. Der am Grunde holzige, unregelmässig-eckige u. graue Stamm hat zahlreiche, aufrechte, fast gleichhohe, 1½—2″ dicke, 4- selten 5-kantige, grüne, kahle Aeste; die Kanten sind mit vielen kleinen, runden, braunschwieligen Erhabenheiten besetzt, aus denen gepaarte, kurze, oft gekrümmte braune Stacheln entspringen, die später wieder verloren gehen u. an dem Stamme u. alten Aesten nicht mehr vorhanden sind Die Blüthendoldchen stehen an den Astenden zwischen und über den Stacheln, meist zu 2 oder 3 gestellt, auf sehr kurzen Stielen, zu beiden Seiten ein kurzes, eirundes Deckblatt tragend. Die krugförmige u. geschlossene Hülle hat 5, seltner 6 einwärts geschlagene, gezähnte Zipfel u. eben so viele nach aussen gekehrte, querlängliche, sehr stumpfe, fleischig-drüsige, purpurrothe Anhänge. Im Grunde der Hülle sind fast haarförmig-geschlitzte, spreublattartige Organe befestigt. Auf den kurzen Staubfäden stehen purpurrothe Antheren. Der eirundliche, abgerundet-3kantige Fruchtknoten ist an seinem Grunde von einem kleinen, ringförmigen Kelche umgeben. —

Der nach Verletzungen reichlich ausfliessende u. am Stamme u. den Aesten getrocknete u. erhärtete Saft ist vorzüglich das jetzt im Handel in rundlich-eckigen, erbsen- bis bohnengrossen, gewöhnlich zerbrochenen u. durchlöcherten, schmutzig-gelblichen oder bräunlichen, anfangs gering, später aber heftig brennend u. scharf schmeckenden Stücken vorkommende **Euphorbium** oder **Euphorbienharz**, ***Euphorbium*** s. ***Gummi*** v. ***Gummi-Resina Euphorbii***, welches vorwaltend ein scharfes Hartharz u. äpfelsaure Salze, ausser diesen auch Kautschuk, Cerin, Myricin u. Phytocolla enthält. Es wirkt innerlich sehr scharf, drastisch purgirend, äusserlich die Haut röthend, Blasen ziehend u. ätzend u. wurde ehedem innerlich bei Atonie der Verdauungswerkzeuge, hartnäckigen Verstopfungen, Wassersucht u. dgl. gebraucht. Jetzt wendet man es nur noch äusserlich als ein reizendes, die Haut entzündendes u. Blasen ziehendes Mittel (als Bestandtheil des *Emplastrum vesicatorium perpetuum* u. *Empl. ischiaticum*) u. als *Tinctura Euphorbii* bei cariösen Geschwüren an. Von den Thierärzten wird es noch häufig innerlich verordnet.

a. Eine blühende Zweigspitze. — b. 3 Blüthendoldchen. — A. Ein Theil der Hülle ausgebreitet, mit 6 männlichen Blüthen (Staubgefässen) zwischen Deckblättchen. — B. Ein einzelner Hüllenabschnitt mit dem Drüsenanhange. — C. Ein zerschlitztes Deckblättchen, deren sich in der Hülle zwischen den männlichen Blüthen befinden. — D. Ein Fruchtknoten mit der kelchartigen Einfassung am Grunde. — c. Ein sehr stark verkleinertes vollständiges Exemplar.

Taf. XXXI. **Euphorbia officinarum L.**, gebräuchliche Wolfsmilch.

Stamm unten holzig, übrigens fleischig, meist einfach, vielkantig, blattlos, stachelig; Stacheln gepaart, kurz; Blüthendoldchen am Gipfel auf den Kanten einzeln, sitzend; Hülle krugförmig, mit rundlichen, sehr stumpfen gelben Drüsenanhängen; weibliche Blüthe langgestielt, aus der Hülle ganz hervortretend.

Wächst im mittlern u. südlichen Afrika. Aus einer fleischig-holzigen, länglichen, dicken, nach unten ästigen Wurzel entspringt ein 3—4' hoher, aufrechter, armsdicker Stamm, der von 10—18 tiefen Längsfurchen durchzogen ist, wodurch eben so viele hervorspringende Kanten gebildet werden, auf denen gepaarte, steife, gerade od. gekrümmte weissliche Stacheln auf kleinen eirunden Knötchen oder Warzen entspringen. Bisweilen treibt auch der, gewöhnlich einfache, Stengel nach allen Seiten hin aufrechte od. abstehende, eben so wie er gestaltete Aeste. Die grünlichgelben Blüthendolden kommen auf den Kanten am Gipfel des Stengels u. der Aeste einzeln hervor. Auch von dieser Art wird in Afrika viel Euphorbium gesammelt u. nach Europa gebracht.

(Von **Euphorbia antiquorum L.**, Wolfsmilch der Alten, einem 6—12' hohen Strauche Aegyptens, Arabiens und Ostindiens, wird eben so wie von den beiden vorigen Arten das Euphorbium gesammelt. — **Euphorbia helioscopia L.**, sonnenwendige Wolfsmilch, gab sonst als **Herba Esulae** v. **Tithymali** ein Purgirmittel ab. — Von **Euphorbia palustris L.**, Sumpfwolfsmilch, waren sonst die viel scharfen Milchsaft enthaltende und emetisch-purgirende Wurzel und Wurzelrinde, **Radix et Cortex radicis Esulae majoris** officinell und jetzt noch braucht man den frischen Saft zum Wegbeizen der Warzen. — **Euphorbia Peplus L.**, Gartenwolfsmilch, gab sonst als **Herba Esulae rotundifolia** ein Purgirmittel ab. — Von **Euphorbia Lathyris L.**, kreuzblättrige Wolfsmilch, Springkraut, Maulwurfskraut, erhielt man die ehedem officinellen, anfangs milde ölig, dann aber scharf kratzend schmeckenden u. heftig purgirenden kleinen Spring- od. Purgirkörner, **Semen Cataputiae minoris s. Tithymali latifolii s. Lathyridis majoris**, deren ausgepresstes Oel man als Ersatzmittel des Krotonöls empfohlen hat. Mit der durch Zerquetschen des Krautes und der Stengel erhaltenen Milch reinigen in manchen Gegenden die Landleute Geschwüre der Hausthiere, besonders der Rinder u. Pferde. — Von **Euphorbia Esula L.**, gemeine Wolfs- oder Eselsmilch, so wie von **Euphorbia Gerardiana Jacq.**, gebrauchte man sonst die Wurzel, Wurzelrinde und das Kraut, **Radix, Cortex radicis et Herba Esulae s. Tithymali**, als Purgirmittel. — Von **Euphorbia Cyparissias L.**, Cypressenwolfsmilch, Hundemilch, waren sonst die Wurzel und deren Rinde als **Radix et Cortex radicis Esulae minoris**, so wie das Kraut als **Herba Euphorbiae cupressinae** officinell. [Abbild. d. deutschen Arten s. Lincke.])

Eine stark verkleinerte blühende Pflanze.

(Aus dieser Ordnung sind ferner noch zu bemerken: **Reseda Luteola L.**, Wau-Resede, Färberwau, Gelbkraut, von der früher die rettigartig riechende Wurzel und das beinahe geruchlose, aber anhaltend bitter schmeckende u. zum Gelbfärben dienende Kraut, **Radix et Herba Luteolae**, als schweiss- u. harntreibendes Mittel gebräuchlich war. — **Reseda lutea L.**, gelbe Resede, gab die Wurzel als **Radix Resedae**. [Abbild. s. Lincke etc.])

Dodecagynia (Zwölfweibige).

(Hier ist zu bemerken: **Sempervivum tectorum L.**, das in seinen Blättern das **Herba Sempervivi s. Sedi majoris** gab und noch jetzt legt man die saftigen Blätter auf Hühneraugen und Leichdorne. [Abbild. s. Lincke etc.])

XII. Cl. Icosandria (Zwanzigmännige).

Monogynia (Einweibige).

Familie: **Myrtaceen**: MYRTACEAE.

Gattung: **Pimenta Nees ab Esenb.**, Piment.

Kelch fast kugelig; Saum 4- bis 5theilig. Blumenblätter 4—5. Staubgefässe zahlreich. Beere 1- bis 3fächrig, 1- bis 3samig. Samen fast kugelig. Würzelchen des Embryo verlängert, spiralig-zusammengerollt; Samenlappen sehr kurz, fast verwachsen, central.

Taf. XXXI. **Pimenta aromatica Kostel.**, gewürzhafter Piment, Neugewürz, Nelkenpfefferbeere. (*Myrtus Pimenta L., Eugenia Pimenta DeC.*)

Aestchen 4kantig-zusammengedrückt, sammt den Blüthenstielchen etwas weichhaarig; Blätter länglich oder oval, lederig, kahl, durchscheinend-punktirt, glänzend; Blüthenstiele achsel- u. endständig, 3spaltig-rispig, kürzer als die Blätter; Früchte rundlich.

Ein 20—30' hoher Baum Westindiens. Der aufrechte, gegen 1' dicke Stamm hat eine glatte Rinde u. sehr zahlreiche stielrunde Aeste, von denen die jüngsten 4kantig u. kahl sind. Die gestielten 3—4'' langen, 1—2'' breiten kahlen Blätter sind oberseits dunkelgrün u. glänzend, unterseits blässer. Rispen doldentraubig, dicht, durch kleine weisse, in den Gabelspalten sitzende u. kurzgestielte endständige Blüthen. Kelch flaumhaarig, mit 4 ausgebreiteten eirunden, stumpfen Zipfeln. Blumenblätter 4, rundlich, etwas ausgehöhlt, feingezähnt u. durchscheinend-punktirt, von der Länge der Staubgefässe. Beere rundlich, schwarzbraun, erbsengross, 2-fächerig. Samen 1 od 2; entweder rundlich, wenn ein einzelner, oder auf der einen Seite gewölbt, auf der andern flach, wenn 2 in der Beere vorhanden, braun. — Die sehr gewürzhaften unreifen Beeren werden als Piment, englisches oder Neu-Gewürz, Nelken- oder Jamaika-Pfeffer, ***Pimenta, Semen Amomi*** v. ***Piper Jamaicense***, jetzt weniger in der Medicin, als vielmehr u. vorzüglich als Gewürz an die Speisen verwendet. Sie enthalten vorwaltend viel eines scharfen äther. u. eines fetten Oels, ferner Extractiv- u. Gerbstoff, Harz, Gummi u. Zucker.

a. Eine blühende Zweigspitze. — A. Geschlossene Blüthen (Blüthenknospen). — B. Kelch und Pistill einer geöffneten Blume, von welcher die Blumenblätter und Staubgefässe weggenommen worden sind. — b. Ein Blumenblatt. — C. Dasselbe, vergr. — c. Ein Staubgefäss. — D. Dasselbe, vergr. — E. Der Fruchtknoten quer durchschnitten. — d. Eine Beere. — e. Dieselbe quer durchschnitten. — f. Ein Samen, und F. derselbe vergr., so wie G. senkrecht durchschnitten, woran man auf der Oberfläche des Embryo die Oelbehälter als Punkte bemerkt. — H. Der Embryo aus dem Samen abgesondert.

Gattung: **Caryophyllus Tournef.**, Gewürznelkenbaum.

Kelchröhre walzenförmig, Saum 4theilig. Blumenblätter 4, an der Spitze mützenförmig-zusammenhängend. Staubgefässe unverwachsen, zahlreich, jedoch in 4 Abtheilungen. Beere 1- bis 2fächrig, 1- bis 2samig. Samenlappen fleischig, dick.

Taf. XXXI. **Caryophyllus aromaticus L.**, ächter Gewürznelkenbaum, Nägleinbaum. (*Eugenia caryophyllata Th.*)

Blätter länglich-lanzettlich, an beiden Enden zugespitzt; Trugdolden vielblüthig.

Ein ursprünglich auf den Molukken einheimischer u. daselbst, so wie auf den Maskarenhas, in Ost- u. Westindien, in Gujana u. Brasilien kultivirter, 20—30' hoher, 100—150 Jahre alt werdender Baum, dessen Stamm jedoch gewöhnlich nur 4—6' hoch wird, indem derselbe sodann sich vielfach zu einem pyramidalen Wipfel verästet. Die Rinde ist ziemlich glatt und kahl. Die gestielten Blätter stehen abwechselnd od. kreuzweis einander gegenüber, sind 3—4'' lang, 1—1½'' breit, ganz kahl, fest, jung bräunlich-roth, später oberseits dunkelgrün u. stark firnissartig glänzend, unterseits gelblichgrün. Trugdolden gestielt, am Ende der Aestchen 3theilig, 18—27blüthig. Blüthenstiele u. Blüthenstielchen kurz, gegliedert u. an den Gliederungen mit gegenständigen, hinfälligen Deckblättchen besetzt. Kelch braunroth, mit 4 eirundlichen, spitzigen, aufrechtabstehenden Zipfeln. Blumenblätter ziemlich klein, rundlich, vertieft, blassröthlichweiss. Fruchtknoten 2fächrig, etwa 20 Eichen in jedem Fache enthaltend, mit pfriemigem, am Grunde von einem viereckigen Walle umgebenem Griffel mit einfacher spitzlicher Narbe. Die Beere ist länglich-bauchig, 1½'' lang, dunkelbraun, genabelt u. vom Kelche gekrönt, lederartig, nur 1—2samig; der Same, wenn er einzeln, walzenförmig, u. wenn sie zu 2 vorhanden, halbwalzenförmig. Die Blüthenknospen mit dem lederartigen Kelche sind die häufig als Gewürz angewendeten Gewürznelken, Gewürznäglein od. Nelken, *Caryophylli aromatici*, welche zu den kräftigsten, reizenden u. die Verdauung stärkenden Gewürzen gehören und bei Leiden des Magens u. Darmkanals angewendet werden. Ihre Einsammlung geschieht, wenn die Blumenkrone als ein kleines kugelrundes Köpfchen auf der ½'' langen Kelchröhre steht, worauf man sie etliche Tage in den Rauch bringt u. dann vollständig an der Sonne trocknet, wodurch sie die sogenannte nelkenbraune Farbe erhalten. Man erhält von 9-, 10—12jährigen Bäumen jährlich 400—500 Pfund, ja ältere Bäume geben oft 1100 Pfd. Die ostindischen od. Amboina-Nelken sind vorzüglicher als die von Cayenne. Ihre vorwaltenden Bestandtheile sind: ein schweres ätherisches Oel, das sogenannte Nelkenöl, *Oleum Caryophyllorum*, ferner Harz, Gummi, Extraktiv- u. Gerbstoff. Das Nelkenöl; welches äusserlich bei Lähmungen, bei cariösen, schmerzenden Zähnen angewendet, auch zu Balsamen u. Tinkturen zugesetzt wird, gewinnt man in Ostindien aus den zerbrochenen Nelken, aus den Blüthenstielen, aber auch aus guten Nelken durch Destillation. Die so benutzten Nelken kommen dann als feuchte Nelken in den Handel, u. bisweilen findet man durch mehrmaliges Destilliren ihres Oeles gänzlich beraubte Nelken unter andere gemischt vor. Ehedem waren auch die reifen, wenig äther. Oel enthaltenden Früchte als Mutternelken, *Anthophylli*, gebräuchlich; sie sind dunkelschwärzlichbraun, dicker u. saftiger als die Gewürznelken, tragen keine Blumenkrone u. die 4 Kelchzähne haben sich hakenförmig gegen einander geneigt.

a. Eine blühende Zweigspitze. — b. Ein Kelch mit dem Pistill; Staubgefässe u. Blumenblätter wurden entfernt. — c. Ein Blumenblatt. — A. Dasselbe, vergr. — B. Der Obertheil eines Kelchs, von dessen Saume ein Zipfel weggeschnitten ist; Blumenblätter u. 3 Abtheilungen der Staubgefässe wurden entfernt, so dass man nur noch eine Abtheilung der Staubgefässe u. den 4eckigen Wall sieht, welcher den Griffel umgibt. — C. Ein Kelch nebst dem Fruchtknoten senkrecht u. D. quer durchschnitten. — E. Ein Eichen, stark vergr. — d. Die Frucht. — F. Eine zweifächrige u. G. eine einfächerige Frucht quer durchschnitten. — H. Der Samen. — I. Der Embryo von der einen u. K. von der andern Seite. — L. Die beiden Samenlappen von einander getrennt, um das Würzelchen zu zeigen.

Familie: **Weidrichgewächse**: LYTHRARIEAE. — *Gruppe*: **Granateae Rchbch. (Don.)**

Gattung: **Punica Tournef.**, Granatbaum.

Kelch 5- bis 10-, meistens 6spaltig. Blumenkrone 5- bis 10-, meistens 6blättrig. Frucht kürbisartig, mehrfächrig, von dem bleibenden Kelche gekrönt. Samen von einer beerenartigen Samendecke (Mantel) eingeschlossen.

Taf. XXXII. **Punica Granatum L.**, ächter Granatbaum.

Baumartig; Blätter länglich-lanzettlich u. verkehrt eiförmig-länglich.

Das Vaterland dieses 15 bis 20' hohen Baumes soll das nördliche Afrika gewesen sein, jetzt wird er aber in ganz Südeuropa, in der Levante und im ganzen Oriente bis nach Ostindien hin häufig cultivirt. Der aufrechte Stamm ist öfters sehr unregelmässig u. stark verästet, so dass er nicht selten auch sogar strauchartig erscheint. Die Rinde des Stammes u. der alten Aeste ist braun, ins Graue ziehend, an den jungen Aesten röthlich. Blätter kurzgestielt, gegenständig, zuweilen fast büschelartig genähert, länglich-lanzettlich, die untern breiter, verkehrt-eirund-länglich, spitzlich, stumpf od. auch ausgerandet, 1½—2½'' lang, 5—10''' breit, kahl und glänzend. Blüthen an den Enden der Aestchen sehr kurz gestielt, einzeln oder einige beisammen, gross. Kelch glänzend u. dunkelscharlachroth; Zipfel meist 6, doch auch 5 oder 8, dick, fleischig-lederig, eiförmig oder halblanzettlich, vorn in ein kleines fleischiges Höckerchen endigend. Blumenzipfel so viel als Kelchzipfel, gross, verkehrt-eiförmig, etwas wogig-gebogen, schön scharlachroth. Staubgefässe kürzer als der Kelch, auf rothen Staubfäden gelbe Staubbeutel. Der etwas gekrümmte Griffel ist kaum so lang als die Staubgefässe u. trägt eine niedergedrückte knopfige Narbe. Die etwas niedergedrückt-kugeligen Früchte halten 3—4, nicht selten sogar bis 6'' im Durchmesser, sind durch die Kelchröhre u. die aufrechten Kelchzipfel schön gekrönt, hart-lederartig, grünroth, hochroth od. blutroth; zwischen den schöngelbrothen u. häutigen Scheidewänden befinden sich die sehr zahlreichen Samen dicht beisammen, so dass sie den Raum der Frucht ganz ausfüllen. Die Samen sind eirundlich-länglich u. unregelmässig-eckig, fleischroth, fast durchsichtig u. glänzend. — Die Rinde der Frucht, od. die Granatschalen, *Cortex Granatorum s. Psidii s. Malicorii*, welche sehr herbe schmeckt, wird in Pulver od. Abkochung als tonisch-adstringirendes Mittel u. besonders gegen Wechselfieber angewendet. Die Granatblumen, *Flores Granatorum s. Balaustiorum*, werden jetzt selten noch in Abkochung als Mund- u. Gurgelwasser u. zu adstringirenden Klystiren, so wie innerlich als Ptisane bei langwierigen Durchfällen benutzt. Die Granatwurzelrinde, *Cortex radicis Granati s. Mali punicae*, welche in 2—4'' langen u. ¾—1'' breiten, ziemlich dünnen, gebogenen, aussen gelbgrauen u. schmutzig grünen, gefleckten oder graubräunlichen, u. innen blassgelblichen Stücken vorkommt, bitterlich-herbe schmeckt, den Speichel gelb färbt u. Gerbstoff, Gallussäure, Harz u. ausser noch einigen andern eigenthümlichen krystallinischen Stoff, Granatin, enthält, wird als ein sehr gutes Mittel gegen Bandwürmer gerühmt. Sie wird aber häufig mit der Rinde des Sauerdorns (*Berberis vulgaris L.*) u. des Buxbaums (*Buxus sempervirens L.*) verfälscht. Früher waren auch die Granatsamen gebräuchlich.

a. Ein blühender Zweig. — b. Ein senkrecht durchschnittener Kelch. — A. Ein senkrecht durchschnittener Fruchtknoten. — B. C. D. Querdurchschnitte eines Fruchtknotens in verschiedener Höhe, wodurch die später entstehenden Fruchtgestocke in ihrer Andeutung erkannt werden. — E. Ein Staubbeutel mit dem Obertheil des Staubfadens von hinten u. F. von vorn. — G. Die Narbe mit dem Obertheil des Griffels. — c. Frucht, sehr verkl. — d. Eine Frucht senkrecht, e. in der Mitte quer u. f. über dem Grunde quer durchschnitten. — g. Mit dem beerenartigen Mantel umgebene Samen, von denen einer noch die Nabelschnur hat. — h. Vom Mantel entblösste Samen. — H. Derselbe senkrecht durchschnitten. — I. Der Embryo. — K. Derselbe quer u. L. senkrecht durchschnitten.

Familie: **Amygdalaceen**: AMYGDALACEAE.

Gattung: **Amygdalus Tournef.**, Mandelbaum.

Kelch röhrig oder glockig, 5spaltig. Blumenblätter 5. Staubgefässe 20—30. Steinfrucht flaumig-sammtartig, saftlos, faserig, unregelmässig zerreissend. Kernschale mit kleinen Löcherchen versehen oder glatt.

Taf. XXXII. **Amygdalus communis L.**, gemeiner Mandelbaum.

Blätter länglich-lanzettlich, drüsig-gesägt; Blüthen gepaart; Steinfrüchte oval-zusammengedrückt.

Das Vaterland dieses Baumes mittler Grösse ist der Orient u. Nordafrika; jetzt wird er in Südeuropa in verschiedenen Abänderungen cultivirt u. findet sich fast ganz verwildert vor. Blätter 3—4'' lang, ½—1'' breit, auf 6—15'' langen, nach oben meist mit 4 oder mehr Drüsen versehenen Blattstielen. Blüthen paarig, sitzend oder sehr kurz gestielt, aus besonderen Knospen u. früher als die Blätter hervorkommend u. in solcher Menge, dass sie die Aeste ganz verhüllen. Blumenblätter gross, blassrosenroth, eiförmig kurzbenagelt. Kelch fast glockenförmig, mit abstehenden, eirundlänglichen, sehr stumpfen Zipfeln. Staubgefässe meist gegen 30. Griffel so lang wie die Staubgefässe u. kürzer als die Blumenblätter, mit einer schwach nierförmigen Narbe, auf einem länglich-eiförmigen, mit einer Furche an der Kante versehenen zottigen Fruchtknoten. Steinfrucht eiförmig od. oval, von den Seiten etwas zusammengedrückt, zugespitzt, lederartig-trockenfleischig, graugrün, weichfilzig. Kernschale ziemlich runzelig, durch kleine Löcher punktirt, an einer Kante stumpf, an den andern geschärft-kielig, sehr hart od. leicht zerbrechlich

(Knack od. Krach-Mandeln), einen od. seltner zwei bräunlich-gelbe Samen enthaltend. Die wichtigsten Hauptvarietäten sind: *var. α dulcis DeC.*, Süssmandelbaum, *var. β amara DeC.*, Bittermandelbaum, *var. γ. fragilis DeC.*, Krachmandelbaum, *var. δ. macrocarpa DeC.*, grossfrüchtiger Mandelbaum, *var. ε. persicina DeC.*, Pfirsich-Mandelbaum. — Die süssen Mandeln, ***Amygdalae dulces***, welche 50 pCt. eines milden, angenehmen, fetten, bloss aus Elain bestehenden Oeles, nebst Eiweissstoff, Gummi u. Schleimzucker enthalten, werden zu Samenmilch, zu einem kühlenden Getränke u. s. w. benutzt, auch wird das fette Oel, ***Oleum Amygdalarum***, daraus gepresst u. solches noch frisch entweder für sich, als auch zur Bereitung falscher od. Oelemulsionen, zu Salben u. Linimenten angewendet. Der Rückstand der ausgepressten Mandeln, oder die Mandelkleie, ***Furfur Amygdalarum***, benutzt man zu erweichenden Umschlägen u. als Waschmittel zum Geschmeidigmachen der Haut. — Die bittern Mandeln, ***Amygdalae amarae***, welche, ausser den Bestandtheilen der süssen Mandeln noch ein äther., mit Blausäure innigst verbundenes Oel u., nach den Untersuchungen Robiquet's, auch noch einen eigenthümlichen bittern, krystallinischen Stoff, das Amygdalin, enthalten, benutzt man entweder für sich genossen gegen Wechselfieber, auch gegen den Bandwurm, oder zur Bereitung eines destillirten Wassers, ***Aqua Amygdalarum amar. concentrata***, das man vielfach statt des Kirschlorbeerwassers empfohlen hat. Das äusserst giftige ätherische Oel, ***Oleum aether. Amygdal. amar.***, hat man in der Gabe von Morgens u. Abends 1 Tropfen zu Einreibungen beim Brustkrebs empfohlen.

a. Eine blühende Astspitze der Varietät β **amara**. — b. Eine Zweigspitze mit einer Frucht und ausgebildeten Blättern. — A. Die Hälfte eines senkrecht durchschnittenen Kelchs mit Staubgefässen u. dem Pistill von der Aussenseite, u. B. die andere Hälfte von der Innenseite. C. Das Pistill. — D. Die Narbe. — E. Ein Staubbeutel von vorn u. F. von hinten. — c. Eine Steinfrucht senkrecht durchschnitten. — d. Die Innenseite einer Kernschale mit dem Samen. — e. Ein Samen senkrecht u. f. quer durchschnitten.

Gattung: **Prunus Tournef.**, Pflaumenbaum.

Steinfrucht fleischig, ganz kahl, bereift, nicht aufspringend: Kernschale zusammengedrückt, an beiden Enden spitzig, an den Nähten fast gefurcht, sonst ziemlich glatt.

Taf. XXXII. **Prunus domestica L.**, gemeiner Pflaumenbaum, Zwetschenbaum.

Aeste unbewehrt, auch die jungsten kahl; Blätter oval-elliptisch, gesägt, unterseits (jung) weichhaarig; Blüthenstiele einzeln oder gepaart, weichhaarig oder kahl, Steinfrüchte länglich-oval.

Das Vaterland ist Südeuropa u. der Orient; wird in zahlreichen Abänderungen kultivirt. Die Blätter sind jung auf beiden Seiten, späterhin nur auf der Unterseite weichhaarig; sie entwickeln sich gewöhnlich mit den Bluthen gleichzeitig. Der glockenförmige Kelch hat längliche, stumpfe, feingesägte u. bewimperte Zipfel. Die länglichen Blumenblätter sind grünlich-weiss. Die ovalen, eirunden oder verkehrt-eirunden Früchte haben eine schwarzblaue, violette, rothe, gelbe od. grunliche Färbung; die gewöhnlichste ist die schwarzblaue, mit einem bläulich-weissen Reifs überzogen, wobei das Fruchtfleisch gelb erscheint. — Die Früchte, ***Fructus Prunorum***, besonders die durch Hitze getrockneten od. gebackenen Pflaumen und das Pflaumenmus, ***Pulpa Prunorum***, dienen als gelinde eröffnende u. auflösende Mittel besonders bei Fieberkrankheiten.

(Von **Prunus spinosa L.**, Schlehdorn, Schwarzdorn, Heckdorn, sind die bitterlich-herb schmeckenden Blüthen u. die sehr herbe schmeckenden Früchte, **Flores et Fructus Acaciae nostratis s. germanicae**, gebräuchlich, u. die ersteren dienen als auflösend und gelind abführend zu Theeaufgüssen gegen Leukorrhöen u. Urinbeschwerden. Aus den Früchten bereitet man den **Succus Acaciae nostratis s. germanicae s. Prunorum silvestrium**, welchen man gegen Durchfälle, weissen Fluss u. zu Gurgelwässern bei Halsentzündungen anwendet. Sonst wurde auch die bittere zusammenziehende Rinde u. die Wurzel, **Cortex et Radix Acaciae nostratis**, erstere vorzüglich gegen Wechselfieber, letztere gegen Asthma u. Steinbeschwerden gerühmt. [Abbild. s. Lincke etc.])

a. Ein blühender Zweig. — b. Ein Fruchtzweiglein. — A. Ein Theil des Kelchs mit 5 Staubgefässen. — c. u. d. Blumenblätter. — E. Ein Staubbeutel von vorn u. F. von hinten. — G. Das Pistill. — H. Die Narbe. — e. Eine der Länge nach durchschnittene Steinfrucht (Pflaume). — f. Der Steinkern oder die Kernschale. — g. Die Innenseite der Kernschale. — h. Ein Samen u. i. derselbe quer, so wie k. senkrecht durchschnitten.

Gattung: **Cerasus Juss.**, Kirschbaum.

Steinfrucht rundlich oder am Grunde genabelt, fleischig, ganz kahl, unbereift, nicht aufspringend: Kernschale fast kugelig, glatt.

Taf. XXXII. **Cerasus acida Gaertn.**, Sauerkirschbaum. (*Prunus Cerasus L.*)

Aeste ruthenförmig, meist hängend; Blätter elliptisch, zugespitzt, flach, ganz kahl, glänzend, drüsig-gesägt, Blattstiele drüsenlos; Blüthendolden einzeln mit einigen kleinen Blättern

Vaterland Kleinasien, wird jetzt allgemein in Europa kultivirt, findet sich auch hier und da verwildert. Er ist niedriger als der Pflaumenbaum. Die Aeste sind dünner, länger, gewöhnlich herabhängend. Die Blätter kleiner, mehr lederartig, unbehaart, glänzend, seichter gesägt. Die Knospenschuppen, welche die sitzenden oder kurzgestielten Blüthendolden umgeben, stehen aufrecht, nie ausgebreitet, u. die innersten derselben sind so vollkommen blattartig, dass sie sich nur durch ihre weit geringere Grösse von den übrigen Blättern unterscheiden. Die niedergedrückt-kugelrundlichen Früchte sind schwärzlich oder roth u. schmecken sauer. Hinsichtlich der Früchte werden 2 Hauptvarietäten unterschieden, die kurzgestielten u. einen ungefärbten Saft enthaltenden Amarellen oder Glaskirschen (*Cerasus acida*) u. die langgestielten, einen färbenden Saft enthaltenden Weichseln oder Morellen (*Cerasus austera*). — Die schwarzrothen Früchte, ***Fructus Cerasorum acidorum*** u. vorzüglich der daraus gewonnene ***Syrupus Cerasorum***, dienen als Korrigens übelschmeckender Arzneien, so wie als Kühlungsmittel u. zu erfrischenden Getränken. Die Fruchtseltner Blüthenstiele, ***Stipites Cerasorum***, wendet man wie die jungen Blätter als Hausmittel bei Katarrhen, seltner auch als harntreibendes u. beruhigendes Mittel an.

a. Eine blühende Astspitze. — b. Ein Fruchtästchen. — c. Ein Theil des Kelchs mit 6 Staubgefässen. — d. Zwei Blumenblätter. — e. Das Pistill. — A. Ein Staubbeutel mit der Spitze des Staubfadens von vorn u. B. von hinten. — C. Die Narbe. — f. Eine senkrecht durchschnittene Steinfrucht (Kirsche). — g. Der Steinkern. — h. Die Innenseite einer Kernschale. — i. Samen u. k. derselbe quer, so wie l. senkrecht durchschnitten.

Taf. XXXIII **Cerasus Lauro-Cerasus De C.**, Lorbeer-Kirschbaum oder Kirsch-Lorbeer. (*Prunus Lauro-Cerasus L.*)

Blätter länglich, stumpf-zugespitzt, entfernt- und klein-gesägt, lederig, kahl, spiegelnd, unterseits zur Seite der Mittelrippe 2- oder 4drüsig; Blüthentrauben aufrecht, kaum von der Länge der Blätter; Steinfrüchte eiförmig.

Ein 8—12' hoher, aus Kleinasien stammender, jetzt auch in Südeuropa verwildert sich vorfindender Strauch. Die lederigen Blätter sind 4—6'' lang, $1\frac{1}{4}$—$2\frac{1}{4}$'' breit, steif, sehr glatt u. stark glänzend. Die reichblüthigen Trauben stehen in den Blattachseln. Die eiförmigen, etwas zugespitzten, schwarzen Früchte werden etwa so gross wie nicht zu kleine Kirschen. — Die auffallend nach bittern Mandeln riechenden u. schmeckenden u. ein blausäurehaltiges ätherisches Oel enthaltenden Blätter, ***Folia Lauro-Cerasi***, werden im Juni gesammelt u. noch frisch zur Bereitung des Kirschlorbeerwassers, ***Aqua Lauro-Cerasi***, verwendet, welches zur Beruhigung und Herabstimmung der Nerventhätigkeit und zu grosser Reizbarkeit gleich der Blausäure angewendet wird u. sich auch bei zu grosser Gefässthätigkeit, bei Congestionen nach Kopf u. Brust und selbst bei entzundlichen Krankheiten nützlich erweist, ingleichen innerich u. äusserlich gegen Flechten u. andere Hautübel, Drüsenverhärtungen u. Krebs empfohlen hat. Die Gabe ist 10—25 Tropfen.

(Von **Cerasus avium Mönch.** [Prunus avium L.], Süsskirschbaum, Vogelkirschbaum, Zwiesel- oder Kasbeere, werden die Früchte u. zwar die schwarzen Herzkirschen od. seltner die kleinen Vogelkirschen, **Fructus Cerasorum nigrorum**, zur Destillation des etwas Weniges von Blausäure enthaltenden Kirschwassers,

Aqua Cerasorum nigrorum, verwendet. Sonst brauchte man auch das aus Ritzen u. Wunden der Stämme ausfliessende Kirschgummi, **Gummi Cerasorum**. — Von **Cerasus Mahaleb Mill.** [Prunus Mahaleb L.], Mahaleb-Kirschbaum, Steinweichsel, waren ehemals die bitter schmeckenden Beeren u. die viel Blausäure enthaltenden Samen, Morgalpsamen, Mogaleb, gegen Steinkrankheiten in Anwendung. Das wohlriechende Holz, Luzien- oder Gregoriusholz, **Lignum Sanctae Luciae s. St. Gregorii**, wurde für ein Mittel gegen Hundswuth und für ein schweisstreibendes Mittel gehalten. — Von **Cerasus Padus DeC.** [Prunus Padus L.], Traubenkirschbaum, Ahlbeere, Schiessbeere, Faulbaum, wird die unangenehm, etwas bittermandelartig riechende u. herbe, sehr bitter schmeckende, junge Rinde, **Cortex Pruni Padi**, als schweiss- u. harntreibendes Mittel bei Rheumatismen, Gicht, Wechselfieber, Syphilis u. Hautausschlägen angewendet. [Abbildung. s. Linke etc.])

a. Der obere Theil eines Stengels mit einer Blüthentraube. — A. Ein halber Kelch mit Staubgefässen. — B. Blumenblatt. — C. Ein Staubbeutel von vorn u. D. von hinten. — b. Das Pistill. — c. Eine Steinfrucht. — d. Dieselbe der Lange nach durchschnitten. — e. Die Kernschale. — f. Die Innenseite derselben. — g. Ein Samen senkrecht u. h. quer durchschnitten.

(In dieser Ordnung sind noch zu bemerken: **Myrtus communis L.**, gemeine Myrte, ein 4—8' hoher, häufig kultivirter Strauch der Länder ums Mittelmeer, dessen gewürzhaft u. bitterlich-zusammenziehend schmeckende Blätter u. Früchte, **Folia et Baccae Myrti**, früher als tonisch-reizendes Mittel bei Durchfällen, Schleim- u. Blutflüssen, gegen Wassersucht u. s. w. angewendet wurden. — Von **Myrcia pimentoides DeC.**, einem Baume der caraibischen Inseln, sollen dessen Früchte mit dem Piment od. Nelkenpfeffer verwechselt werden. — Von **Jambosa vulgaris DeC.** [Eugenia Jambos L.], gemeine Jambuse, einem Baume Ostindiens, sind die scharfen, gewürzhaften, etwas zusammenziehend wirkenden Samen gegen leichte Durchfälle, besonders bei den Homöopathen in Anwendung. — Von **Eucalyptus resinifera Sm.**, harzige Schönmütze, einem Baume Neuhollands, wurde der aus dessen verletzter Rinde ausfliessende, röthliche, schleimharzige, sehr zusammenziehende Saft verhärtet als neuholländisches oder Botanybay-Kino, **Kino Novae Hollandiae s. Kino australe**, sonst häufig nach Europa gebracht. — Von **Syzygium caryophylleum Gaertn.**, nelkengewürzige Mützenblume, einem Baume auf Ceylon, wurde früherhin die gewürzhaft, etwas gewürznelkenartig riechende u. schmeckende Rinde, **Cortex Cassiae caryophyllatae s. Cassia caryophyllata**, als aromatisches Heilmittel angewendet. — Von **Persica vulgaris DeC.** [Amygdalus persica L.], gemeiner Pfirsichbaum, waren früherhin die Blätter, Blüthen und Samen, **Folia, Flores et Semina Persicorum**, officinell. Die mit den bittern Mandeln übereinkommenden Samen werden zur Bereitung des **Persico-Liqueurs** angewendet. Die frischen, gerieben stark wie bittere Mandeln riechenden Blätter u. die Blüthen dienten als ein harntreibendes u. gelindes Abführmittel gegen Würmer, Stockungen im Darmkanale, daher entstehender Wassersucht, auch gegen Hautausschläge, ferner gegen Nierensteine u. Krankheiten der Harnwerkzeuge. — Von **Armeniaca vulgaris Lam.**, Aprikosenbaum, haben die Samenkerne gleiche Bestandtheile u. Eigenschaften mit den süssen Mandeln.)

Digynia (Zweiweibige).

(In dieser Ordnung ist zu bemerken: **Crataegus Oxyacantha L.** [Mespilus Oxyacantha Gaertn.], gemeiner Weissdorn, Mehlfässchenstrauch, dessen Blätter, Blumen u. Früchte, **Folia, Flores et Baccae Spinae albae s. Oxyacanthae**, als gelind adstringirendes Mittel angewendet wurden. [Abbild. s. Linke etc.])

Trigynia (Dreiweibige).

(Hierher gehören: **Sorbus Aria Crantz.** [Crataegus Aria L.], deren Früchte als Arolsbeeren oder Mehlbirnen, **Baccae Sorbi alpinae**, so wie die von **Sorbus torminalis** [Crataegus torminalis L.], als Elsebeeren, Darmbeeren, **Baccae Sorbi torminalis**, bei Brustkrankheit, Durchfällen u. Ruhren gebraucht wurden. — Von **Sorbus Aucuparia L.** [Pyrus Aucuparia Gaertn.], gemeine Eberesche, dienten die herbe, sauer u. unangenehm schmeckenden Früchte, Ebsch- od. Speierlingsbeeren, **Baccae Sorbi Aucupariae**, als Ekel u. Brechen erregendes, aber auch Harn treibendes Mittel. — Von **Sorbus domestica L.** [Pyrus domestica Sm.], zahme Eberesche, waren die Früchte sonst als **Baccae Sorbi domesticae s. sativae**, gegen Durchfälle u. Ruhren im Gebrauche. [Abbild. s. Linke etc.])

Pentagynia (Fünfweibige).

Familie: **Rosaceen**: Rosaceae.

Gattung: **Cydonia Tournef.**, Quittenbaum.

Kelchsaum 5theilig: Zipfel blattartig, gesägt. Blumenblätter 5. Griffel 5. Apfelfrucht 5fächrig: Fächer knorpelig, vielsamig Samen aussen schleimig.

Taf. XXXIII. **Cydonia vulgaris Pers.**, ächter Quittenbaum, Quittenapfel- od. Quittenbirnbaum. (*Pyrus Cydonia L.*)

Blätter eiförmig, ganzrandig, unterseits gleich den Kelchen filzig.

Ein im südlichen Europa einheimischer, nicht selten in den Gärten kultivirter, im mittlern Europa in Gebüschen u Zäunen verwilderter, 12—15' hober Baum od. Strauch. Von den abstehenden Aesten sind die jüngern weissfilzig. Blätter kurzgestielt, eirund od. länglich-oval, bisweilen am Grunde etwas herzförmig od. auch verkehrt eiförmig, vorn stumpf oder nur kurz zugespitzt, 2—3½'' lang u. 1½ bis 2½'' breit, im jungen Zustande auf der Oberseite flockig-weichhaarig, später kahl, unterseits stets graulich-filzig. Nebenblätter eiförmig, drüsig, gezähnelt. Blüthen einzeln, am Ende der Triebe auf kurzen Stielen. Kelchröhre dichtfilzig: Kelchzipfel zurückgeschlagen, ei rund-länglich, spitzig, kleingesägt, unterseits drüsig. Blumenkrone gegen 2'' im Durchmesser; Blumenblätter weisslich-rosenroth, verkehrt-eiförmig-rundlich, zurückgedrückt, am Grunde bärtig. Früchte gross, rundlich u. apfelartig oder länglich u. ziemlich birnförmig, citrongelb, anfangs durchaus, späterhin nur stellenweis von einem lockern graulichen Filze bedeckt. Die braunrothen, eirund-länglichen, breitgedrückten Samen sind von einem schleimigen Marke umgeben. — Aus den eigenthümlich angenehm riechenden, aber herb oder zusammenziehend-süsslich oder säuerlich schmeckenden Früchten, den Quitten, *Cotonea v. Cydonia v. Fructus Cydoniae*, bereitet man Syrup, Conserve u. s. w., u. wendet solche als kühlende, einhüllende, aber zugleich als etwas adstringirende Mittel an. Aus den in ihrer Schale eine grosse Menge Schleim enthaltenden Samen, Quittenkerne, *Semen Cydoniorum*, wird der bei Augenentzündungen angewendete Quittenschleim bereitet.

a. Eine blühende Zweigspitze. — b. Ein Kelch mit den 5 Griffeln u. 3 Staubgefässen, indem die Blumenblätter u. übrigen zahlreichen Staubgefässe entfernt wurden. — c. Blumenblatt. — A. A. A. Staubgefässe in verschiedener Stellung. — B. Die Narbe nebst dem Obertheil eines Griffels. — c*. Eine Frucht, Quittenapfel, u. d. dieselbe senkrecht, so wie e. quer durchschnitten. — A. Ein Samen, B. derselbe quer u. C. senkrecht durchschnitten.

Gattung: **Pyrus L.**, Kernobstbaum.

Kelchsaum 5theilig, verwelkend. Blumenblätter 5. Griffel 5 (seltner 2 od. 3). Apfelfrucht geschlossen, meist 5fächrig: Fächer knorpelig-pergamentartig, zweisamig. Samen aussen nicht schleimig.

Taf. XXXIII. **Pyrus Malus L.**, Apfelbaum.

Blätter eiförmig, spitz oder kurz zugespitzt stumpf gesägt (oder gekerbt), kahl oder unterseits weichfilzig; Blüthen fast doldig, kurzgestielt.

Findet sich wild in den Wäldern durch ganz Europa und wird häufig in zahlreichen Abänderungen kultivirt. Die Blätter sind breit-eiförmig, od. eirund-länglich, kerbig-gesägt, mit einwärts gebogenen, ein Drüschen tragenden Sägezähnen, 2—3mal länger als die Blattstiele, entweder nebst den Blüthenstielen u. Kelchen weichhaarig-filzig od. gleich diesen schon im jungen Zustande kahl. Blüthen zu 3—6 doldig beisammen, aussen rosenroth, innen weiss. Kelch kreiselförmig, mit lanzettlichen zugespitzten Zipfeln. Früchte kugelrundlich-niedergedrückt, an beiden Enden trichterförmig vertieft. — Ehedem wendete man die Rinde des wilden Apfelbaumes, *Cortex Mali sylvestris*, gegen Wechselfieber an, jetzt sind nur noch die säuerlichen Früchte, *Poma acidula*, und zwar vorzüglich die Borsterfer u. Reinetten-Aepfel, *Poma Borsdorfiana et renetia*, zur Bereitung des äpfelsauren Eisenextracts u. der äpfelsauren Eisentinktur im Gebrauche.

(Vom wilden Birnbaume, **Pyrus communis L.**, wurden die sehr herben u. adstringirenden Früchte, Holzbirnen, **Fructus Pyri sylvestris**, besonders bei Durchfällen angewendet.)

a. Eine blühende Zweigspitze. — b. Blumenblätter. — c. Ein Kelch nebst den 5 Pistillen u. 4 Staubgefässen, indem die Blumenblätter u. die übrigen zahlreichen Staubgefässe weggenommen wurden. — d. Ein quer u. e. ein senkrecht durchschnittener Apfel. — A. Ein Samen, B. derselbe quer u. C. senkrecht durchschnitten.

(In diese Ordnung gehören noch: **Mespilus germanica L.**, Mispelstrauch, lieferte sonst die Mispeln u. deren Samen, **Fructus et Semen Mespili**, gegen Durchfälle. — **Mesembryanthemum crystallinum L.**, Eispflanze, am Vorgebirge der guten Hoffnung wachsend, ist als ein specifisches Mittel gegen Verschleimung der Unterleibsorgane u. gegen Urinbeschwerden empfohlen worden. — Von **Spiraea Aruncus L.**, Waldspierstaude, Waldgaisbart waren sonst die Wurzel, Blätter u. Blüthen als **Radix, Folia et Flores Barbae caprae**, u. v. **Spiraea Filipendula L.**, knollige Spierstaude, rother Steinbrech, Filipendelwurz, als **Radix, Herba et Flores Filipendulae s. Saxifragae rubrae**, als tonische, gelind zusammenziehende Mittel in Fiebern gebräuchlich. — Von **Spiraea Ulmaria L.**, Ulmen- oder Sumpfspierstaude, gebrauchte man sonst die Wurzel, Blätter u. Blüthen, **Radix, Herba et Flores Ulmariae s. Reginae prati, v. Barbae s. Barbulae caprinae**, als adstringirende Mittel. — **Gillenia trifoliata Mnch.** [Spiraea trifoliata L.], u. **Gillenia stipulacea Nutt.** [Spiraea stipulata Mühlb., Willdw.], nordamerikanische Stauden, haben Brechen erregende Wurzeln. [Abbildung. der deutschen Gewächse s. Linke etc.])

Polygynia (Vielweibige).

Familie: **Rosaceen**: Rosaceae.

Gattung: **Rosa Tournef.**, Rose.

Kelchröhre krugförmig, die Fruchtknoten enthaltend; Saum 5theilig. Blumenblätter 5. Staubgefässe zahlreich. Pistille zahlreich, die Narben aus dem Kelchschlunde hervorragend. — Nüsschen zahlreich, von der beerenartig-fleischig gewordenen Kelchröhre umschlossen.

Taf. XXXIII. **Rosa centifolia L.**, Centifolie oder hundertblättrige Rose.

Stacheln zahlreich, fast gerade, am Grunde nur wenig verbreitert. Blätter unpaarig-fiederschnittig: Abschnitte kurzgestielt, eiförmig oder elliptisch-oval, unterseits weichhaarig, am Rande einfach gesägt und drüsig; Blattstiele, Blüthenstiele u. Kelche drüsig-borstig, klebrig; Kelchzipfel fiederspaltig, abstehend; Fruchtkelche eirund, breiig.

Das Vaterland dieses häufig in vielen Spielarten kultivirten Strauches ist wahrscheinlich der Orient; in den Wäldern am Kaukasus soll die einfache 5blättrige Rose vorkommen. Die kahlen Aeste sind mit zahlreichen, am Grunde breitern, nur wenig zurückgebogenen Stacheln besetzt. Die drüsig-borstigen, fast stachellosen Blattstiele tragen 5 oder 7 kurzgestielte Blättchen (Blattabschnitte) und an den Seiten angewachsene Nebenblätter mit einer freien, lanzettlichen Spitze. Die Blumen stehen zu 2 bis 3 auf ziemlich langen, mit rothen Drüsen besetzten Stielen, die nebst den Kelchen klebrig sind. Die verkehrt-eiförmige Kelchröhre hat 5 eilanzettliche, langzugespitzte, ganze oder fiederspaltige Zipfel mit linealischen Lappen. Die Blumenblätter haben die eigentliche rosenrothe Färbung, jedoch bald blässer, bald dunkler. Die rothen Fruchtkelche stehen aufrecht. — Die anfangs süsslich, später bitterlich-herbe schmeckenden Blumenblätter der Centifolie, ***Flores Rosarum pallidarum s. incarnatarum***, welche adstringirend u. reizend wirken, werden entweder getrocknet oder eingesalzen zur Bereitung des Rosenwassers, Rosenhonigs, Rosenessigs, der Rosenconserve u. s. w. verwendet. Das Rosenwasser braucht man zu Augenwässern, den Rosenhonig zu Gurgelwässern u. gegen Schwämmchen der Kinder.

a. Eine blühende Zweigspitze. — b. Ein junger Stengeltrieb. — c. Eine einfache oder nicht gefüllte Blüthe. — A. Randzähne einer Blattspitze. — d. Ein senkrecht durchschnittener Kelch. — B. Staubgefässe von vorn u. von hinten und C. mit Staubbeutel nach der Pollenentleerung. — e. Pistill. — D. Dasselbe, vergr.

Taf. XXXIV. **Rosa gallica L.**, französische od. Apothekerrose, Essigrose.

Stacheln ungleich, die grössern etwas sichelig, die kleinern borstenförmig, mit vielen Drüsenborsten untermischt; Blätter unpaarig-fiederschnittig; Abschnitte länglich-elliptisch, am Grunde schwach herzförmig, etwas lederartig, einfach-gesägt und drüsig; Blüthenstiele u. Kelche drüsig-borstig; Früchte fast kugelig.

Wächst auf sonnigen Bergen im südlichen Europa u. wird in zahlreichen Spielarten kultivirt. Die aus der kriechenden Wurzel entspringenden jungen Stengel sind mit vielen rothen Drüsenborsten u. dünnen, fast geraden, so wie mit grössern schwachgekrümmten Stacheln besetzt; an den alten Stengeln u. Aesten stehen die Stacheln weit einzelner. Im Uebrigen gleicht diese Art der vorigen viel, nur haben die Blätter eine festere Consistenz, die Blumenblätter sind meist dunkelroth, die Kelchröhre ist dünner u. länger, die Kelchzipfel schlagen sich später zurück u. die rundlichen Fruchtkelche sind mehr lederartig. — Die stärker adstringirenden Blumenblätter, ***Flores Rosarum rubrorum***, benutzt man wie die der vorigen Art, doch meist zu Rosenessig, auch setzt man sie den Räucherpulvern zu. Sie müssen getrocknet eine dunkle, sammtartige Purpurfarbe, einen recht angenehmen Geruch u. stark zusammenziehenden Geschmack haben.

a. Ein blühender Zweig mit einfacher oder ungefüllter Blüthe. — A. Randzähne einer Blattspitze. — b. Ein senkrecht durchschnittener Kelch. — B. Staubgefässe von vorn u. hinten. — C. Ein Staubgefäss nach der Pollenentleerung. — c. Die Kelchröhre der Länge nach durchschnitten, um den wandständigen Fruchtboden zu zeigen. — d. Pistill. — D. Dasselbe, vergr. — e. Ein Fruchtkelch, u. f. derselbe senkrecht durchschnitten. — A. Früchte oder Nüsschen. — B. Eine Frucht quer und C. senkrecht durchschnitten. — E. Der Embryo, vergrössert.

Taf. XXXIV. **Rosa moschata Mill.**, Bisam-Rose.

Stacheln zerstreut, zurückgekrümmt; Blattstiele drüsig-weichhaarig u. stachelig; Blätter unpaarig-fiederschnittig: Abschnitte eiförmig u. eirundlich-länglich, zugespitzt, einfach-gesägt, glänzend, fast kahl, unterseits seegrünlich; Doldentrauben vielblüthig; Blüthenstiele u. Kelche schwach filzig-weichhaarig.

Ein 8—12' hoher Strauch oder auch bis 30' hoher Baum des nördlichen Afrika, Kleinasiens und überhaupt des südlichen Asiens; wird in Nordafrika, Persien u. im Oriente, in Südasien u. in China kultivirt. Die Aeste sind mit einzelnen, starken, am Grunde verdickten u. zusammengedrückten Stacheln u. gegen ihre Spitze hin mit Drüsenborsten besetzt. Die gefiederten Blätter tragen 7 od. 5 ganz kahle Abschnitte od. Blättchen. Die linealischen, zugespitzten Nebenblätter sind nach vorn gezähnt. Blüthen sehr zahlreich beisammen, weiss, auf drüsenhaarigen Stielen. Kelchröhre verkehrt-eiförmig, mit schmallanzettlichen, ganz oder halb fiederspaltigen, am Rande drüsigen Zipfeln. Griffel unter einander verbunden. Dieser sehr stark riechende Strauch liefert das ätherische Rosenöl, ***Oleum Rosarum turcicum***, das man durch eine mehr oder weniger vorsichtige Destillation gewinnt; 600 Pfd. Rosenblätter sollen nicht viel über eine Unze Rosenöl geben. Das chinesische enthält zugleich etwas fettes Oel, da es mittelst Sesamsamen, die man befeuchtet hat, u. zwischen welche die Rosenblätter gelegt werden, bereitet wird. Das ächte Rosenöl muss vollkommen ätherisch erscheinen, u. auf reines Papier gebracht, nach Erwärmung desselben durchaus keinen Flecken zurücklassen u. noch bei 8° Wärme krystallinisch erscheinen.

(**Rosa damascena Mill.** [Rosa bifera Red.], aus Syrien, gibt die **Flores Rosae damascenae**, welche man wie die Centifolie benutzt. — **Rosa canina L.**, Hundsrose, Hagbuttenrose, Hagrose, lieferte ehedem die Wurzelrinde und die Blumenblätter, **Cortex radicis et Flores Rosae sylvestris**, sowie die Früchte oder Hagbutten, Hahnebutten, und deren Samen, **Fructus et Semen Cynosbati**. Das Mark aus den reifen Kelchen, **Pulpa Rosae caninae s. Baccarum Cynosbati expressa**, ist zusammenziehend. Die moosartig bewachsenen, mit grünen und rothen verworrenen Haaren besetzten, schwammigen, durch den Stich der Rosenwespen, (Cynips Rosae L. u. Cynips Brandtii Ratzeb.) entstandenen Auswüchse, wurden als Schlafäpfel, Schlafkunzen, Rosenschwämme, Bedeguar s. Spongia Cynosbati, sonst gegen Wassersucht, Diarrhöen, Ruhren, Fieber u. s. w. angewendet, u. sollten schon Schlaf erzeugen, wenn sie unter die Kopfkissen der Kinder gelegt wurden. [Abbild. s. Linke.])

a. Ein Theil einer blühenden Zweigspitze. — b. Ein Kelch senkrecht durchschnitten. — A. Ein Theil eines Kelchzipfels. — B. Ein senkrecht durchschnittener Kelch ohne Zipfel, den Fruchtboden mit den Pistillen, die zu einer Säule vereinigt sind, so wie den mit dem Kelche verwachsenen Discus (Ruhepolster), welcher die Blumenblätter u. Staubgefässe trägt, nebst einem Staubgefässe darstellend. — C. Ein Staubgefäss von vorn, D. von hinten u. E. nach der Pollenentleerung. — F. Pistill.

Gattung: **Rubus L.**, Brom- u. Himbeerstrauch.

Kelch 5theilig, ohne Deckblättchen. Blumenblätter 5. Staubgefässe u. Pistille zahlreich. Griffel fast endständig, abfallend. Steinfrüchtchen zahlreich, zu einer falschen Beere gehäuft u. verwachsen, von dem saftlosen, kegelförmigen Fruchtboden gemeinschaftlich abfallend.

Taf. XXXIV. **Rubus Idaeus L.**, ächter Himbeerstrauch.

Stengel stielrund, schwach bereift, mit feinen Stacheln besetzt; Blätter unterseits weissfilzig, an den jungen, noch unfruchtbaren Trieben 5—7zählig-fiederschnittig, an den zweijährigen fruchtbaren 3zählig-geschnitten; Blüthenstiele doldentraubig, filzig; Blumenblätter fast keilförmig, aufrecht, hinfällig.

Ein in Gebüschen, Laub- u. Nadelwäldern Europa's und Nordasiens gemeiner u. in den Gärten in verschiedenen Abänderungen kultivirter, 3—6' hoher Strauch. Die Wurzel kriecht weit unter dem Boden hin u. treibt überall Stengel hervor. Die Blätter der unfruchtbaren Aeste sind 5- — 7zählig, gefiedert; die Blättchen tief gesägt. Die Früchte sind gemeinhin schön licht-karminroth, aber auch gelbroth, gelb u. fast weiss u. mit sehr feinen Haaren besetzt, u. dienen als Himbeeren, ***Fructus s. Baccae Rubi Idaei***, zur Bereitung des ***Syrupus Rubi Idaei***, des ***Aqua*** u. ***Acetum Rubi Idaei***, welche man als kühlendes Getränk in entzündlichen Krankheiten u. bei hitzigen Fiebern anwendet.

a. Eine blühende Zweigspitze. — b. Fruchtzweiglein. — c. Eine Blume ohne Blumenblätter. — A. Ein Blumenblatt. — A. Ein Staubgefäss von vorn u. hinten. — B. Fruchtboden mit den Pistillen. — d. Ein Kelch mit dem kegelförmigen Fruchtboden, von dem eine reife Frucht abgefallen ist. — B. Ein einzelnes Steinfrüchtchen, der Länge nach durchschnitten. — C. Ein Nüsschen od. Samen. — C. Derselbe vergrössert. u. D. senkrecht, so wie E. quer durchschnitten.

Taf. XXXIV. **Rubus fruticosus L.**, Brombeerstrauch.

Stengel fünfeckig, gefurcht, kahl; Stacheln zerstreut; Blätter 5- oder 3zählig-schnittig: Abschnitte oval od. verkehrt-eirund-länglich, zugespitzt, unterseits weissfilzig; Rispen zusammengesetzt, verlängert; Fruchtkelch zurückgeschlagen.

Ein häufig in trocknen Wäldern, sonnigen Stellen u. Hekken wachsender Strauch Europa's u. Nordasiens. Die Wurzel treibt zahlreiche Stengel, von denen die unfruchtbaren 10—15' u. darüber lang werden, herabgebogen oder niederliegend, u. die fruchttragenden mehr aufgerichtet sind. Die jungen Triebe wie die älteren holzigen Stengel sind mit zahlreichen lanzettlichen Stacheln besetzt, die eine breite Basis haben. Von den 5 oder 3 Blattabschnitten ist das äusserste lang- u. die übrigen kurzgestielt, die Blattstiele mit gekrümmten Stacheln besetzt. Die Rispenstiele sind filzig-weichhaarig u. entweder unbewehrt, od. mit einzelnen kleinen Stacheln versehen. Die weissfilzigen Kelche haben eiförmige, zugespitzte Zipfel. Die verkehrt-eirunden Blumenblätter stehen ausgebreitet u. sind weiss od. blassrosenroth. Die Früchte haben anfangs eine rothe, später eine schwarze, stark glänzende Farbe u. werden reif als Brombeeren, ***Baccae Rubi fruticosi*** s. ***vulgaris*** s. ***nigri***, ***Mora Rubi***, zur Bereitung eines Zuckersaftes, ***Syrupus Rubi fruticosi***, der in den nördlichen Gegenden, wo die Maulbeeren (***Mora***) nicht reif werden, die Stelle des Maulbeersyrups vertritt.

(Von **Rubus arcticus L.**, nordische Himbeere oder Brombeere, einem Strauche des nördlichsten Europa, Sibiriens u. Canadas, sind die weit gewürzhaftern u. wohlschmeckendern Beeren als die Himbeeren in Nordeuropa als **Baccae nordlandicae**, so wie die von **Rubus Chamaemorus L.**, Torfbeere, Maltebeere, als **Baccae Chamaemori** officinell. [Abbild. s. Linke etc.])

a. Eine blühende Zweigspitze. — b. Eine Blume, von welcher die Blätter weggenommen worden. — c. Blumenblatt. — A. Ein Staubgefäss von vorn u. B. von hinten. — A. Der Fruchtboden mit den Pistillen. — C. Ein einzelnes Pistill. — d. Der Fruchtboden mit dem bleibenden zurückgeschlagenen Kelche. — e. Eine Zweigspitze mit reifen Früchten. — B. Ein einzelnes Steinfrüchtchen durchschnitten. — C. Samen. — D. Derselbe, vergr. u. E. quer, so wie F. senkrecht durchschnitten.

Gattung: **Tormentilla Tournef.**, Tormentille.

Kelch 4theilig, mit 4 angewachsenen Deckblättchen. Blumenblätter 4. Staubgefässe zahlreich. Pistille zahlreich, mit abfallendem Griffel. Nüsschen (Karyopsen) klein, runzelig, auf trocknem Fruchtboden.

Taf. XXXV. **Tormentilla erecta L.**, gemeine Tormentille, Ruhrwurz oder Blutwurz, Siebenfingerkraut. (*Potentilla Tormentilla Schrank.*)

Stengel aufsteigend oder aufrecht, bisweilen fast gestreckt; Blätter 3schnittig, die stengelständigen sitzend; Nebenblätter fingerspaltig; Blüthenstiele einzeln achselständig.

Wächst ausdauernd auf feuchten u. torfigen Wiesen durch ganz Deutschland. Wurzelstock walzlich-knotig schief, dick mit starken Fasern besetzt, schwarzbraun, innen gelblichweiss u. auf dem Querschnitte mit einem röthlichen fünfstrahligen Sterne gezeichnet. Mehre, bisweilen sogar zahlreiche Stengel kommen aus einer Wurzel hervor, sind 6—12'' lang, dünn, geschlängelt, weissroth, gewöhnlich in einem Kreise ausgebreitet u. aufsteigend, häufig auch aufrecht. Wurzelblätter langgestielt, gewöhnlich 5zählig-geschnitten, doch auch nur 3zählig od. 3lappig. Die stengelständigen Blätter sitzend, stets 3zählig-geschnitten mit verkehrt-eiförmigen, länglich- oder lanzettlich-keilförmigen, gegen den Grund ganzrandigen, übrigens eingeschnitten-gesägten Abschnitten. Die 3—7theiligen sitzenden Nebenblätter haben lanzettliche Lappen. Die kleinen schöngelben Blumen stehen auf aufrechten Stielen. Die 4 Deckblättchen zwischen den Kelchzipfeln sind lanzettlich. Die schwachrunzeligen Früchtchen stehen auf einem behaarten Fruchtboden. — Der getrocknete, geruchlose, auf einem neuen Durchschnitte schwach-rosenartig riechende, stark herbe-zusammenziehend schmeckende Wurzelstock wird als Ruhrwurzel, ***Radix Tormentillae s. Heptaphylli***, im Aufgusse oder Extracte gegen Durchfälle u. Ruhr, Schleim- u. Blutflüsse angewendet. Er besteht aus 17 pCt. eisengrünendem Gerbestoff, 18 pCt. Tormentillroth, Stärkmehl mit etwas Extractivstoff, Harz u. Wachs.

a. Eine Wurzel nebst 2 Stengeln u. einem Wurzelblatte, welche an den mit Sternchen (***) bezeichneten Stellen an einander gehören, von der gewöhnlichen Form mit aufrechten Stengeln. — b. Eine Stengelspitze von der Abänderung mit gestrecktem Stengel u. kleinen Blumen. — A. Eine Blume, von welcher 3 Blumenblätter weggenommen sind, so dass man die 4 Kelchtheile u. 3 von den Deckblättern sehen kann. B. Ein Kelchzipfel u. ein Deckblättchen nebst 4 Staubgefässen. — C. Der Obertheil eines Staubfadens mit dem Staubbeutel. — A. Ein senkrecht durchschnittener Fruchtboden mit den Pistillen. — D. Ein einzelnes Pistill. — B. Eine Frucht. — E. Dieselbe vergr. und F. senkrecht, so wie G. quer durchschnitten.

Gattung: **Geum L.**, Nelkenwurz.

Kelch 5theilig, mit 5 angewachsenen Deckblättchen. Blumenblätter 5. Staubgefässe zahlreich. Pistille zahlreich, lang geschnabelt; Griffel auf dem Schnabel eingelenkt, abfallend. — Fruchtboden kegelförmig walzig, schwammig. Nüsschen (Karyopsen) spindelförmig, in eine lange hakige Granne endigend.

Taf. XXXV. **Geum urbanum L.**, ächte Nelken- oder Benediktwurz, Garaffel- oder Karniffelwurz.

Wurzelblätter leierförmig-fiederschnittig; Stengelblätter 3schnittig; Blüthen aufrecht; Blumenblätter verkehrt-eirund, ausgebreitet, Fruchtkelch zurückgeschlagen; Fruchtschnabel unten fein behaart, viermal länger als der Griffel.

Findet sich ziemlich häufig durch ganz Europa in Laubwäldern, Gebüsch, Hecken u. unter Weidenbäumen in u. an den Dörfern. Der kurze, meist schiefe, unten wie abgebissene, innen röthliche, aussen braune Wurzelstock ist mit zahlreichen, langen u. starken Fasern besetzt. Der Stengel ist 1—3' hoch, nach oben ästig. Die langgestielten Wurzelblätter werden $2\frac{1}{2}$—4'' lang, sind fast kahl oder behaart; die Abschnitte sind ungleich u. kerbig-gezähnt, der endständige ist rundlich, stets 3-lappig, unter ihm befinden sich noch 2 oder 3 Paar an Grösse abnehmende verkehrt-eiförmige u. einige kleine Abschnitte. Die untern stengelständigen Blätter haben höchstens 5 Abschnitte, die obern sind kürzer gestielt, nur 3spaltig, die obersten endlich einfach, aber durch die stengelumfassenden Nebenblätter, die Blattabschnitten ziemlich gleichen, scheinbar sitzend-3lappig. Die kleinen gelben Blüthen stehen auf langen, zottig-weichhaarigen Stielen. Zwischen den eirund-länglichen 5 Kelchzipfeln stehen 5 viel kleinere lineälische Deckblätter. Die Karyopsen sind steifhaarig. — Die bitterlich-herbe schmeckende u. schwach nelkenähnlich riechende Wurzel, Nelkenwurzel, Benediktwurz, ***Radix Caryophyllatae***, wird als ein vortreffliches bitter-adstringirendes, etwas aromatisches Mittel gegen Atonie der Unterleibs- u. Geschlechtsorgane, daher bei Schleim- u. Blutflüssen, so wie gegen Durchfälle, Wechselfieber, typhöse u. Faulfieber angewendet. Die Gabe ist als Pulver zu $\frac{1}{2}$—1 Drachme; das Extract zu 10—15 Gran. Sie enthält eisenbläuenden Gerbestoff mit Harz, Extractivstoff u. äther. Oel, u. muss vorsichtig getrocknet u. gut aufbewahrt werden. Eine Verwechselung mit der viel längern u braunern Wurzel des Wassergeroffels, Wasserbenedictenkrautes (*Geum rivale*), lässt sich leicht an dem gänzlichen Mangel des gewürzhaften Geruches erkennen.

(Von **Geum rivale L.**, Wassernelkenwurz, war sonst die Wurzel, **Radix Caryophyllatae aquaticae**, gebräuchlich. [Abbild. s. Linke etc.])

a. Der Untertheil einer Wurzel. — b. Der Untertheil eines Stengels über der Wurzel abgeschnitten. — c. Eine blühende u. d. eine fruchttragende Stengelspitze. — A. Eine Blume, von welcher die Blumenblätter weggenommen wurden. — B. Ein Blumenblatt. — A. Staubgefässe von vorn u. hinten. — B. Ein einzelnes Pistill. — e. Der zurückgeschlagene Fruchtkelch mit dem kegelförmig-walzigen Fruchtboden, auf dem nur noch 3 Früchtchen sich befinden. — C. Eine Frucht mit der Granne. — D. Dieselbe der Länge nach und E. quer durchschnitten.

(In diese Ordnung gehören noch: **Brayera anthelmintica Kunth.**, deren Blüthen in der Türkei gegen den Bandwurm angewendet werden. — **Fragaria vesca L.**, gemeine Erdbeere, Walderdbeere, lieferte sonst ausser ihren wohlschmeckenden Beeren, **Baccae Fragariae**, die man gegen Gicht, Unterleibsstockungen, Schwindsucht u. besonders gegen Nieren- u. Blasensteine anwendete, auch die gelind zusammenziehende Wurzel u. Blätter, **Radix et Herba Fragariae**, welche letzten getrocknet im Aufgusse ähnlich wie der grüne Thee schmecken. — **Potentilla Anserina L.**, Gänsefingerkraut, lieferte sonst **Radix et Herba Anserinae s. Argentinae s. Argentarinae**, als gelind-tonische u. zusammenziehende Mittel, u. **Potentilla reptans L.**, kriechendes Fünffingerkraut, die **Radix et Herba Pentaphylli s. Quinquefolii**, die mit voriger gleiche Anwendung gegen Durchfälle u. s. w. fand. — **Potentilla rupestris L.** lieferte **Radix Quinquefolii fragiferi**. — **Comarum palustre L.**, Sumpf-Siebenfingerkraut, Blutauge, gab sonst **Radix et Herba Pentaphylli s. Heptaphylli aquatici**, von gleicher Wirkung wie vorhergehende Arten. [Abbild. d. deutsch. Gewächse siehe Linke etc.])

XIII. Cl. Polyandria (Vielmännige).

Monogynia (Einweibige).

Familie: **Mohngewächse:** Papaveraceae Juss. — *Gruppe:* **Papavereae Rchb.. Papaveraceae Autor.**

Gattung: **Chelidonium (Tournef.) L.**, Schöllkraut.

Kelch 2blättrig, hinfällig. Blumenblätter 4. Staubgefässe zahlreich. Narbe 2lappig. Kapsel schotenförmig, 2klappig; die Klappen vom Grunde nach der Spitze hin aufspringend. Samenträger eine rahmenartige Scheidewand darstellend. Samen nabelwulstig.

Taf. XXXV. **Chelidonium majus L.**, grosses Schöllkraut, Gilbkraut, Goldwurz.

Blätter fiederschnittig: Abschnitte rundlich, buchtig-gezähnt, herablaufend; Blüthenstiele doldig; Blumenblätter ganz.

Wächst ausdauernd in ganz Europa an schattigen Stellen, Hecken, Gebüschen, an Mauern, auf Schutt u. s. w. Die mehrköpfige Wurzel ist kurz-kegelförmig, nach unten ästig u. viele Fasern treibend, hell-orangegelb mit schwärzlichen Häutchen besetzt. Die $1\frac{1}{2}$—3′ hohen Stengel sind gabeltheilig u. oben ästig, an den Gelenken stark verdickt, so wie daselbst stärker mit weissen, langen Haaren besetzt. Die grundständigen Blätter haben ziemlich lange, fast 3kantige Stiele, die stengelständigen dagegen sind kurzgestielt oder fast sitzend, sämmtlich im Umrisse oval-länglich, in 5 oder 3, fast gegenständige Paare, etwas gestielter, eiförmiger, stumpfgelappter, am Grunde ungleicher Abschnitte getheilt, mit einzelnen Haaren besetzt, oberseits mattgrün, unterseits weisslichgrün. Dolden langgestielt, meist 5- oder 6strahlig; die Strahlen am Grunde von kleinen eirunden weisslichen Deckblättern unterstützt. Kelchblätter verkehrt-eiförmig, ausgehöhlt, mit einzelnen Haaren besetzt. Blumenblätter verkehrt-eiförmig, gelb. Kapseln gegen 2″ lang, linealisch, stielrundlich, durch die Samen wulstig, durch die zusammengedrückte Narbe geschnäbelt. Samen braun, am Nabel mit einer weissen Wulst versehen. — Das Kraut, seltner die Wurzel, *Herba et Radix Chelidonii majoris*, welche frisch unangenehm riechen u. sehr scharf bitter schmecken, enthalten, wie die ganze Pflanze überhaupt, einen hochgelben Milchsaft, der auch in grösserer Menge narkotisch wirkt. Diesen Milchsaft presst man aus dem frischen Kraute sammt der Wurzel heraus u. dickt ihn zum Extracte ein, welches man, in einer Dosis von 3—20 Gran täglich, als ein Auflösungsmittel bei Verstopfungen des Unterleibes u. daraus entspringenden Krankheiten, früher auch häufiger bei veralteter Syphilis, Wassersucht u. sogar gegen Gelbsucht anwendet. Der frische Saft ist so scharf, dass man durch Bestreichen mit demselben Warzen vertreiben kann.

a. Wurzel nebst den Untertheilen von 6 Stengeln. — b. Stengelspitze. — A. Blüthenknospe. — B. Die 2 Kelchblätter. — c. Ein Blumenblatt. — A. Staubgefäss. — B. Pistill. — d. Die geöffnete Frucht mit den Samen, nebst daneben stehender Fruchtklappe. — C. Ein Samen. — C. Derselbe vergr. u. D. quer, so wie E. senkrecht durchschnitten. — F. Die querdurchschnittene Frucht. — G. Ein Querdurchschnitt der Wurzel, so wie H. des Stengels.

Gattung: **Papaver Tournef.**, Mohn.

Kelch 2blättrig, hinfällig. Blumenblätter 4. Staubgefässe zahlreich. — Narbe sitzend, strahlig. Kapsel einfächrig (halbvielfächrig), unter der Narbe durch Löcher sich öffnend, vielsamig.

Taf. XXXV. **Papaver somniferum L.**, schlafbringender Mohn, Magsamen, Oelsamen, auch Gartenmohn.

Seegrün; Blätter länglich, ungleich-gezähnt, die obern ganz, am Grunde herzförmig, stengelumfassend, die untern buchtig, am Grunde verschmälert; Staubfäden nach oben verbreitert; Kapseln fast kugelig, kahl.

Das Vaterland dieser einjährigen Pflanze ist der Orient und Südeuropa, man kultivirt sie aber im Grossen u. hat zahlreiche Abänderungen davon, auch kommt sie hier und da verwildert vor. Hauptsächlich kann man 2 Abänderungen unterscheiden, die viele Botaniker für besondere Arten halten, nämlich: Var. α. *P. somniferum L.*, Kapseln fast kugelig: Löcherdeckel unter der Narbe horizontal abstehend u. deshalb die Löcher offen: Scheidewände dem Mittelpunkte sich nähernd. Stengel 2—4′ hoch; Blumen lilla, roth u. weiss, in zahlreichen Nüancen, am Grunde der Blumenblätter ein deutlicher od. verloschener schwarzer Flecken. Samen hechtblau. — Var. β. *P. officinale Gmel.*, Kapseln mehr eiförmig: Löcherdeckel aufwärts gebogen, deshalb die Löcher geschlossen: Scheidewände vom Mittelpunkte weit entfernt. Stengel 4—6′ hoch; Blumen weiss, am Grunde der Blumenblätter ein violetter Flecken. Samen weiss oder bläulich-grau. — Wurzel spindelig, faserig-ästig, weiss. Stengel steif-aufrecht, stielrund, nach oben mit einigen aufrechten Aesten u. daselbst mit einzelnen Borsten besetzt od. kahl wie die ganze Pflanze u. seegrün bereift. Die Blätter sind ziemlich gross u. die Sägezähne endigen, jedoch nur bei wildgewachsenen Pflanzen (*Pap. setigerum DeC.*), in eine Borste. Kelchblätter eiförmig-oval, tief-ausgehöhlt, randhäutig, kahl oder seltner etwas borstig. Blumenblätter rundlich, doch fast breiter als lang, gegen den Grund schwach keilförmig-verschmälert. Kapseln gross, von der grossen, schildförmigen, etwas vertieften, 8—16strahligen, sitzenden Narbe gekrönt, unter derselben in kleinen Löchern mit Deckklappen sich öffnend oder ziemlich geschlossen bleibend. Samen äusserst zahlreich (gegen 3000 in einer Kapsel). — Gebräuchlich sind die unreifen Kapseln, Mohnköpfe, *Capita* v. *Capsulae Papaveris*, u. die Samen, *Semen Papaveris albi et nigri s. coerulei*. Die weissen Samen der Var. β. benutzt man vorzüglich zu Samenmilch, u. aus den Mohnsamen überhaupt wird durch Auspressen eine Menge eines reinen, fetten Oeles, das Mohnöl, *Oleum Papaveris*, gewonnen. Das Kraut, u. besonders die unreifen Mohnköpfe enthalten viel eines weissen Milchsaftes, der getrocknet der Mohnsaft oder das *Opium* ist, was man häufig in Persien, in der Levante, in Aegypten u. Ostindien dadurch gewinnt, dass man die noch unreifen Kapseln ritzt, wodurch der Milchsaft hervorquillt, an der Luft u. Sonne trocknet u. dann des Abends oder Morgens abgekratzt wird, od. man presst auch die unreifen Kapseln aus, oder kocht endlich dieselben nebst den Blättern, wodurch schlechtere Opiumsorten entstehen. Die vorzüglichsten Sorten Opium sind: 1) das armenische, levantische oder smyrnaische Opium, *Opium levanticum s. smyrnaeum*, welches aus unregelmässig runden, etwas zusammengedrückten, 1—2 Pfd. schweren, harten, spröden u. röthlichbraunen, aber im Innern oft etwas weicher, auf der Bruchfläche dunkel-röthlichbraunen u. etwas glänzenden Stücken besteht; 2) das ägyptische, thebaische od. türkische Opium, *Opium aegyptiacum s. thebaicum s. turcicum*, welches flache, runde, 3—4″ im Durchmesser haltende, aussen mehr braune u. im Innern dunkelbraune, auf der Bruchfläche matte u. erst an der Luft glänzend werdende Brode bildet; 3) das ostindische Opium, *Opium indicum*, was selten in den europäischen Handel gelangt u. aus länglichen, flachen, kaum 1 Unze schweren, schwarzbraunen, ziemlich weichen Massen besteht. Die beiden ersten Sorten sind in Mohnblätter eingewickelt, u. die erste auch mit den Samen einer Ampferart, *Rumex orientalis Bernh.*, bestreut, die dritte Sorte dagegen ist nicht eingewickelt. Die beiden ersten riechen stark, eigenthümlich unangenehm u. betäubend, doch Geruch u. Geschmack der zweiten Sorte geringer. Die dritte Sorte riecht unangenehmer u. schmeckt stechend, sehr bitter u. ekelhaft. Auch hat man noch ein griechisches Opium, welches in kleinen, etwa 3 Unzen schweren, im Bruche ziemlich trockenen, sehr reinen, gelbbraunen, schwach wachsglänzenden Kuchen besteht, die in Mohnblätter eingewickelt sind u. keinen Rumexsamen enthalten; ferner ein persisches Opium, das in cylindrischen, 4½″ langen, 5—6‴ dicken, im Innern gleichförmigen, röthlichen, in ein glänzendes, weisses oder blaues, auf der dem Opium zugekehrten Seite mit arabischen Charakteren bedecktes Papier eingewickelten Stangen vorkommt. Auch in Europa hat man Versuche gemacht, Opium zu gewinnen. Die Hauptbestandtheile des Opiums sind: ein narkotisches Alkaloid, das Morphium, mit Mekonsäure verbunden, u. ein davon ganz verschiedenes nicht narkotisches Subalkaloid, das Narcotin od. Opian, ferner das kräftige Codeïn, endlich fettes Oel, braunes Weichharz, Kautschuk u. Extractivstoff. Die Anwendung des Opiums geschieht in zahlreichen chronischen, auf eine Verstimmung des Nervensystems beruhenden Krankheiten, also auch bei Krampfkrankheiten, aber auch ferner bei Kachexien, Durchfällen u. Ruhren, so wie gegen Vergiftungen mit metallischen Substanzen. — Die unreifen Mohnköpfe, welche eben so wie der Mohnsaft, aber schwächer wirken, werden unrechter Weise zum Schlaferzeugen der Kinder gebraucht.

a. Der Untertheil und b. die Spitze eines Stengels. — c. Eine Blüthenknospe, von welcher das eine der beiden Kelchblätter entfernt u. daneben gestellt wurde. — d. Ein Pistill nebst 2 Staubgefässen. — A. Staubgefäss. — e. Eine Kapsel, an der obern Hälfte senkrecht durchschnitten. — f. Samen. — B. Ein Samen, vergr., u. C. senkrecht, so wie D. quer durchnitten.

Taf. XXXVI. **Papaver Rhoeas L.**, Feld- oder Klatzsch-Mohn, Kornrose, Klatzschrose.

Stengel u. Blüthenstiele abstehend-rauhhaarig; Blätter einfach- oder doppelt-fiedertheilig, mit länglich-lanzettlichen, eingeschnitten-gezähnten Zipfeln; Staubfäden pfriemförmig; Kapseln verkehrt-eiförmig, am Grunde abgerundet, kahl; die Läppchen der Narbe am Rande sich deckend.

Eine einjährige, sehr häufig auf Feldern in Europa, Asien u. Afrika wachsende Pflanze. Die Wurzel ist dünn, spindelig, ästig. Stengel aufrecht, 1—3′ hoch, mehrästig, überall mit wagrecht-abstehenden, am Grunde dickern, langen borstenartigen Haaren besetzt. Von den einfach- oder doppelt-fiedertheiligen, mit borstenartigen Haaren besetzten Blättern sind die untern gestielt, länglich, die obern sitzend, weit kürzer u. breiter; die ungleichen u. groben Randzähne gehen in lange Borsten aus. Die langen Blüthenstiele sind wie die eirundlänglichen, tief ausgehöhlten Kelchblätter abstehend-borstenhaarig. Die grossen rundlichen, fast nagellosen, scharlachrothen Blumenblätter haben am Grunde einen dunkelrothen oder schwärzlich-violetten, verwachsenen Flecken. In den Gärten zieht man verschiedene Farbenabänderungen. Staubgefässe schwärzlich lilaroth. Narbe 6—16strahlig, mit am Rande sich deckenden Läppchen. Kapsel verkehrt-eirund oder etwas mehr länglich, stets am obern Ende fast abgestutzt, am untern abgerundet, mit graulich-schwarzen Samen. — Die frisch schwach opiumähnlich riechenden und schleimig-bitterlich schmeckenden, scharlachrothen Blumenblätter, *Flores s. Petalae Papaveris Rhoeados s. Pap. erratici s. Flores Rhoeados v. Cynorrhodi*, wirken einhüllend, reizmindernd u. schmerzstillend, u. man wendet sie jetzt nur zu Gurgelwässern an u. um dem Brustthee ein gutes Ansehen zu geben. Eine Verwechselung mit den kleinern Blumenblättern von *Papaver dubium L.* ist nicht zu vermeiden, bringt auch weiter keinen Nachtheil, u. mit denen von *Papaver Argemone L.* ist leicht dadurch zu erkennen, dass diese kleiner u. von schmutzig-dunkelrother Farbe sind.

a. Der Untertheil u. b. der Gipfel eines Stengels. — c. Eine Blüthenknospe mit einem davon entfernten Kelchblatte. — A. Das Pistill nebst 2 Staubgefässen. — A. Ein Staubgefäss mit geschlossenem u. B. mit entleertem Staubbeutel. — d. Eine Kapsel. — e. Dieselbe quer durchschnitten. — C. Eine vergrösserte Narbe. — B. Samen. — D. Ein Samen, vergrössert u. E. senkrecht, sowie F. quer durchschnitten.

Familie: **Lindengewächse:** TILIACEAE.

Gattung: **Tilia Tournef.**, Linde.

Kelch 5blättrig, abfallend. Blumenblätter 5. Fruchtknoten 5fächrig mit 2eiigen Fächern. Nuss lederartig, durch Fehlschlagen einfächrig, 1- bis 2samig.

Taf. XXXVI. **Tilia intermedia DeC.**, gemeine Linde. (*Tilia europaea L. var. α., Tilia vulgaris Hayn.*)

Blätter beiderseits kahl, unterseits nur in den Aderwinkeln bärtig, doppelt länger als die Blattstiele; Blüthenstiele vielblüthig; Narben zusammengeneigt, Nüsse birnenförmig, ziemlich glatt, undeutlich 5kantig.

Findet sich häufig in den Wäldern des mittlern u. nördlichen Europa u. an den Landstrassen u. s. w. angepflanzt, und unterscheidet sich von der Spätlinde (*Tilia parvifolia Ehrh.*), der sie sehr ähnlich ist, dadurch, dass sie schneller wächst, 14 Tage früher blüht; dass die Aeste weniger weit ausgebreitet stehen; dass die Blätter oberhalb weniger dunkel- u. unten graugrün sind; dass die Blattstiele verhältnissmässig kurzer u. die Blumen wohlriechend, Kelch u. Blumenkrone dunkler gelb sind; dass die Strahlen der Narbe nicht divergiren, u. dass endlich das Nüsschen regelmässig u. nicht schief erscheint. Die Lindenblüthen, *Flores Tiliae s. Tiliae europaeae*, welche frisch kräftig angenehm riechen u. fade u. süsslich-schleimig schmecken, wirken vorzüglich gelind schweisstreibend, gelind reizend u. krampfstillend u. werden gewöhnlich entweder für sich allein oder mit andern Theespecies als Theeaufguss bei leichten katarrhalischen u. rheumatischen Anfällen angewendet. Gewöhnlich werden sie mit den weissgelben Deckblättern gesammelt, was aber nicht geschehen sollte, indem solche schwächer u. anders wirken. Das Lindenholz wird zur Bereitung der officinellen Lindenkohle, *Carbo Tiliae*, benutzt, deren man sich pulverisirt als Zahnpulver bedient. Sonst wurden auch die Blätter u. die sehr schleimhaltige innere Rinde, *Folia et Cortex interior Tiliae*, angewendet.

(Von **Tilia grandifolia Ehrh.** [Tilia platyphyllos Scop., T. europaea var. β, δ, ε, L., T. pauciflora Hayn.], grossblättrige Linde, Sommer- oder Frühlinde, Wasser- oder holländische Linde, so wie von **Tilia parvifolia Ehrh.** [Tilia sylvestris Desf., T. microphylla Vent., T. europaea var. γ. L.], kleinblättrige Linde, Stein- oder Berglinde, Spät- od. Winterlinde, haben die sämmtlichen Theile, die bei der vorigen Art angezeigt sind, auch eine gleiche Anwendung. — Von **Tilia argentea Desf.** [Tilia alba Waldst. et Kit., T. tomentosa Mnch.], werden die weit mehr Schleim enthaltenden Blüthen im südöstlichen Europa eben so benutzt, wie die der vorigen Arten. [Abbild. s. Linke etc.])

a. Ein blühender Zweig. — A. Eine Blüthe, von welcher die Blumenblätter entfernt sind. — B. Ein Blumenblatt. — C. Pistill. — b. Eine Nuss. — D. Dieselbe quer durchschnitten. — A. Ein Samen. E. Derselbe quer u. F. der Länge nach durchschnitten.

Familie: **Theegewächse:** THEACEAE.

Gattung: **Thea L.**, Theestrauch.

Kelch 5—6blättrig; Blumenkrone 6—9blättrig; Kapsel 3knöpfig, 3fächrig, 3samig, Scheidewände aus dem Rande der Klappen.

Taf. XXXVI. **Thea chinensis Sims.**, chinesischer Theestrauch.

Blätter lanzettlich, elliptisch-länglich oder verkehrt-eirund-länglich, sägerandig; Blüthen fast einzeln in den Blattachseln; Kapseln überhängend.

Von diesem **20—30'** hohen, in China und Japan wachsenden und daselbst in der Cultur nur **5—6'** hoch gehaltenem Strauche kennt man mehrere Abarten, die von manchen Botanikern als eigene Arten angesehen werden: **α. *Thea viridis L.***, grüner Theestrauch, mit verschieden gebogenen Aesten, flachen, wenigstens dreimal so langen als breiten, verkehrt-eirund-lanzettlichen oder verkehrt eirund-länglichen Blättern mit geraden Blattstielen, etwas grössern, häufig 8—9blättrigen Blumen und mehr niedergedrückten Früchten. **β. *Thea Bohea L.***, brauner Theestrauch, mit aufwärts gebogenen und deshalb unten fast buckeligen Blattstielen, mit nur zweimal so langen als breiten, unebenen Blättern, die mehr in's Verkehrt-eirunde gehen, mit meist 6blättrigen Blumen und fast dreilappig-birnförmigen Früchten (***Syn.: Thea Bohea α laxa Ait.***); und **γ. *Thea stricta Hayn.***, straffer Theestrauch, mit geraden, steifen Aesten, mit schmalen, steifen und noch kürzern Blättern auf geraden Blattstielen, mit meist kleinern, 6blättrigen Blumen und mit dreilappig-birnförmigen Früchten. — Der chinesische Theestrauch hat viele gerade oder auch verschieden gebogene Aeste. Die Blätter ändern, wie oben angegeben, in der Form, doch ebenso auch in der Grösse von 2—6'' Länge und 9—20''' Breite; sie sind lederig, immergrün, glänzend, und stehen auf kurzen halbrunden Stielen; in der Jugend sind sie etwas weichhaarig, später ganz kahl. Die kurzgestielten Blüthen stehen einzeln an den Enden der Aeste oder zu 2 und 3 in den obern Blattachseln; sie sind weiss, schwach, aber angenehm riechend, 10—12''' breit. Kelchblätter eirund, grün oder auch bisweilen braungerandet. Blumenblätter gewöhnlich 6, bisweilen 5, 7, 8 oder 9, in 2 Reihen, bei 9 in 3 Reihen oder Kreise gestellt; die äusseren verkehrt-eiförmig, zugerundet, die innern länger, fast rhombisch-eiförmig zugerundet. Die zahlreichen Staubgefässe sind kürzer als die Blumenblätter; auf den fadenförmig-pfriemlichen Staubfäden stehen grosse, rundlich-herzförmige, zweifächerige, gelbe Staubbeutel. Der eirundliche, zottig-behaarte Fruchtknoten hat einen dreispaltigen kahlen Griffel mit einfachen stumpfen Narben. Die Kapsel ist rundlich-dreilappig, ziemlich birnförmig, kahl, glatt oder etwas chagrinirt, grünlich-braun; sie hat gewöhnlich 3, doch auch nicht selten 2 oder 4 Fächer, von denen jedes Fach 2 Samen enthält; häufig ist nur ein Fach ausgebildet, und die andern sind verkümmert. Die grossen rundlichen, oben mit einer stumpfen Kante versehenen Samen sind braun, am Nabel ochergelb, nussartig, mit einer holzigen Schale bedeckt. — Die Blätter dieses Strauches sind der grüne oder braune Thee. Die verschiedenen Theesorten entstehen sowohl durch die Verschiedenheit der Theesträucher, des Bodens, der Gegend, des Alters der Blätter und der Sträucher, der Einsammlungszeit und besonders durch das verschiedene Verfahren beim Trocknen der Blätter. Der grüne Thee, ***Thé vert***, ist mehr oder weniger graugrün, und riecht stärker und angenehmer als der schwarze Thee. Die beste Sorte grünen Thees ist der Kaiserthee (Thé impérial), Bing-hing, Theeblüthe, ***Thea caesarea***, s. ***Flos Theae***. Die vorzüglichste, in Europa's Handel vorkommende grüne Theesorte ist der Haysan, aus kleinen, schmalen, einfach und der Länge nach gerollten Blättern bestehend. Der Perlthee (Tchi-Thee) ist gleichfalls eine feine, aus, zu runden Körnern doppelt zusammengerollten Blättern bestehende Sorte. Der Schiesspulverthee (Thé poudre à canon, oder Aljofar ist fast nur durch die grössere Kleinheit der Körner, die nur etwa die Grösse der groben Schiesspulverkörner haben, unterschieden. Der Schulang-Thee oder Tschulan ist eine geschätzte, dem Haysan sehr ähnliche Sorte. Der Haysanskin, Haysans-Utschin, eine geringere Theesorte, ist dem Haysan ähnlich, aber blässer, und besteht aus unregelmässig- und ungleich-grob- und schlecht-gerollten Blättern. Der Siglo, Songlo ist gleichfalls eine schlechtere Sorte, und enthält grosse, grobe, schlecht-gerollte, grüne und gelbe Blätter. Ausser diesen hat man bisweilen auch noch andere grüne Theesorten im Handel. — Von dem braunen oder schwarzen Thee ist die gewöhnlichste aber nur geringe Sorte der Thee-Bou, Bouithee oder Bohea, welcher aus grossen, mehr zusammengeschrumpften als zusammengerollten, schwärzlichbraunen oder auch schmutzig-gelbbraunen Blättern besteht, und dessen beste Untersorte Toa-Kysan heisst. Der Peccothee, Peccao ist dem Theebou ziemlich gleich, er riecht aber feiner, und die mehr schwärzlichen als braunen Blätter sind dichter, der Länge nach gerollt u. an den Spitzen mit feinen weisslichen Haaren versehen, oft finden sich auch sehr junge, feinen silberhaarigen Fäden gleichende Blätter darunter. Eine noch bessere, gutgerollte Sorte ist der Sutchang, Saotschan oder Ziou-Zioung. Noch vorzüglicher ist der Padre, Patri-Souchang, Patri-Ziou-Zioung, der nur sehr wenig gedrehte, grosse, breite, gelblichbraune Blätter enthält. Ausser diesen Sorten kommen in Europa noch vor: *Congo* od. *Congso*, *Caper-Congo*, *Pootchang*, *Campu* od. *Cunifu* od. *Kampoe*. Unter dem Namen Caravanenthee ist solcher, meist schwarzer Thee begriffen, der durch Russland oder die Türkei zu uns kommt u. daher der Seeluft nicht ausgesetzt gewesen ist. — Der grüne Thee enthält nach Frank: 34 eisenbläuenden Gerbstoff, 6 Gummi, 5 Kleber, flüchtige Theile u. Faser. Oudry entdeckte darin das ***Théin***. — Der Thee wirkt gelind-adstringirend, aber dabei zugleich eigenthümlich reizend auf das Nerven- u. Gefässsystem, u. ist gegen rheumatische u. gichtische Leiden, gegen Gries- u. Steinkrankheit, u. vorzüglich auch zur Verminderung der Dickleibigkeit empfohlen worden. Durch häufigen u. lange fortgesetzten Genuss als Getränk wird die Reizbarkeit des Nervensystems ungemein gesteigert, die Verdauung aber gestört u. geschwächt, u. dadurch Disposition zu Schleimflüssen u. Kachexien ausgebildet.

a. Eine blühende Zweigspitze der Var. **α. Th. viridis**. — b. Ein äusseres u. c. ein inneres Blumenblatt. — d. Die zu einem Bündel verwachsenen Staubgefässe. — A. Pistill. — B. Ein Fruchtknoten, quer durchschnitten. — C. Eine aufgesprungene Frucht. — D. Eine Nuss aus der steinfruchtartigen Kapsel. — E. Dieselbe, perpendiculär durchschnitten. — F. Ein Samen. — G. Derselbe senkrecht und H. quer durchschnitten. — A. Der Embryo mit dem Samenlappen. — I. Derselbe etwas vergr. u. von der andern Seite. — K. Derselbe stark vergr. u. so durchschnitten, dass der Schnitt durch die Samenlappen geht. — e. u. f. Verschiedene unausgebildete, getrocknete Früchte, wie solche bisweilen unter dem Thee sich vorfinden. — Var. **β. Thea Bohea L.** 1. Eine aufgesprungene Kapsel vergr. — 2. Eine Nuss. — 3. Dieselbe senkrecht durchschnitten u. vergr. — 4. Ein Samen. — 5. Derselbe quer u. 6. senkrecht durchschnitten. — 7. Ein Embryo, von dem die Samenlappen abgeschnitten worden sind. — 8. Ein vergr. Embryo mit den Samenlappen. — 9. Ein Kelch mit dem Pistill in natürl. Grösse. — Var. **γ. Th. stricta Hayn.** α. Eine aufgesprungene Kapsel. — β. Ein Embryo mit den Samenlappen. — γ. Derselbe in einer andern Lage u. δ. derselbe stark vergr. und so durchschnitten, dass der Schnitt durch beide Samenlappen geht.

(In diese Ordnung gehören noch: **Capparis spinosa L.**, Kappernstrauch, dessen Blüthenknospen, mit Essig eingemacht, als Kappern gegessen werden u. von dem sonst die bittere Wurzelrinde, **Cortex radicis Capparidis** als eröffnendes, kräftig auflösendes u. harntreibendes Mittel gebräuchlich war. — Von **Actaea spicata L.**, gemeines Christophskraut, Christophswurz, Wolfswurz, wurde ehedem die Wurzel als **Radix Christophorianae s. Aconiti racemosi**, innerlich gegen Kropf, Asthma u. s. w. und äusserlich bei Hautkrankheiten gebraucht, findet auch noch jetzt in der Thierheilkunst Anwendung u. wird bisweilen statt der schwarzen Nieswurz (Radix Hellebori nigri) gesammelt. — Von **Sanguinaria canadensis L.**, canadisches Blutkraut, wird die bitter u. scharf schmeckende Wurzel, **Radix Sanguinariae**, welche ein Alkaloid, das Sanguinarin, enthält, in Amerika ähnlich wie die Digitalis purpurea L. gebraucht. — **Glaucium luteum Scop.** [Chelidonium Glaucium L., Glaucium flavum DeC.], gelber Hornmohn, **Glaucium fulvum Sm.**, ziegelrother Hornmohn u. **Glaucium corniculatum Pers.** [Glaucium phoeniceum Sm.], lieferten sonst das Kraut, **Herba Chelidonii Glauci s. Papaveris corniculati**, welches dem Schöllkraute ähnlich wirkt. — **Vateria indica L.**, ein Baum Malabars, liefert eine Sorte des ostindischen Kopals. — **Shorea robusta Roxb.**, ein über 30' hoher Baum im nördlichen Ostindien, liefert das Dammarharz. — Von **Dipterocarpus laevis Ham.**, einem Baume Bengalen's u. der ostindisch. Halbinsel, dient der harzige Saft oder Balsam in Ostindien als **Wood-oil** häufig als äusserliches Arzneimittel u. zur Bereitung eines vortrefflichen Firnisses. — Von **Helianthemum vulgare Gaertn.** [Cistus Helianthemum L., Helianthemum variabile Spach.], Sonnen- oder Goldröschen, Haideschmuck, brauchte man ehedem das Kraut, **Herba Helianthemi s. Chamaecisti vulgaris**, als gelind-zusammenziehendes u. als Wundmittel. — Von **Cistus creticus L.**, cretische Cistrose, einem 2—5' hohen Strauche auf der Insel Candia, Sicilien, in Calabrien, Griechenland, Kleinasien und Syrien, sondern die Aeste u. Blätter ein wohlriechendes Harz, das Ladanumharz, **Resina s. Gummi Ladanum s. Labdanum**, ab, das in verschiedenen Sorten als Räucherungsmittel im Handel vorkommt. Die gewöhnliche Sorte ist das **Ladanum in tortis**, bestehend in platten oder spiralförmig gewundenen, grauschwarzen Stücken, bisweilen hat es Stangenform u. heisst dann **Ladanum in baculis**. — Von **Cistus Cyprius Lam.**, cyprische Cistrose, einem 4—6' hohen Strauche auf der Insel Cypern, sammelt man in Cypern eine gute Sorte Ladanharz, **Resina Ladani in massis s. Ladanum cyprium**. — Von **Cistus ladaniferus L.**, Ladan-Cistrose, u. **Cistus Ledon Lam.**, Ledon-Cistrose, Sträucher Südfrankreichs, Spaniens u. Portugals, gewinnt man durch Auskochen der Zweige eine schlechtere Sorte Ladanharz, das **Ladanum in baculis**. — Von **Bixa Orellana L.**, gemeiner

Orlean- oder Rukubaum, giebt der in den Kapseln befindliche Teig, durch Waschen, Gähren u. späteres Kochen, den Orlean oder Rukn, **Terra Orellana s. Urucu**, der jetzt als Farbe und besonders zum Färben von Pflastern u. Salben u. dergl. dient, früher aber auch als abführendes, magenstärkendes u. blutstillendes Mittel, vorzüglich aber bei Ruhren, gegen Steinbeschwerden und gegen Fieber angewendet wurde. — Von **Nymphaea alba L.**, weisse Seerose, Seeblume, und von **Nuphar luteum Sibth. et Sm.** (Nymphaea lutea L.), waren früher die Wurzel, Blumen u. Samen als schleimige, kühlende u. zusammenziehende Mittel gebräuchlich. — Von **Calophyllum Inophyllum L.**, grosses Schönblatt, u. v. **Calophyllum Blatagor Roxb.**, einem gegen 100' hohen Baume im südlichen Theile Ostindiens, kam früherhin das Harz als ostindisches Takamahak, **Tacamahaca orientalis s. sublilis s. T. in testis s. Resina Tacamahacae orientalis.** — Von **Calophyllum Tacamahaca Willdw.**, einem Baume auf Madagaskar u. den Maskarenhas-Inseln, kam sonst der Marien- oder grüne Balsam oder das bourbonische Takamahak, **Balsamum Sinae Mariae, Baume Marie, Baume vert. Tacamahaca bourbonensis.** — Von **Podophyllum peltatum L.** soll die Wurzel, besonders mit Quecksilber, ein sicheres Abführungsmittel sein. (Abbildung, der deutschen Gewächse s. Linke etc.)

Digynia (Zweiweibige).

Familie: **Ranunkelgewächse:** Ranunculaceae. — *Gruppe:* **Paeonieae DeC.**

Gattung: **Paeonia Tournef.**, Gichtrose.

Kelch 5blättrig, ungleich, blattartig, bleibend. Blumenblätter 5—10, flach. Staubgefässe zahlreich. Fruchtknoten 2—5, am Grunde von einer fleischigen Scheibe umgeben. Narben sitzend, wellig gebogen. Hülsenkapseln 2—5, vielsamig.

Taf. XXXVI. **Paeonia officinalis L.**, gebräuchliche Gicht- oder Pfingstrose, Päonie, Königsblume.

Blätter 2—3fach fiederschnittig: Abschnitte länglich-lanzettlich, oberseits glänzend, unterseits kahl od. schwach behaart u. blaugrünlich, der Endabschnitt halbdreispaltig; reife Hülsenkapseln aufrecht-abstehend, an der Spitze zurückgebogen.

Wächst ausdauernd in den Bergwäldern Südeuropas, auf Waldwiesen in Kärnthen, Baiern, in der Schweiz. In den Gärten kultivirt man sehr häufig die kahlblättrige Abänderung mit gefüllten Blumen (*Paeonia festiva Tausch.*). Die Wurzelfasern sind stellenweis, oft perlschnurartig, mit länglichen, walzenrundlichen, braunen, innen weissen, knolligen Anschwellungen versehen. Aus einer Wurzel entspringen meist mehrere stielrunde, mit einer Längsfurche bezeichnete u. dadurch undeutlich-eckige, einfache oder verästete, 2—2½' hohe Stengel, die am untersten Grunde mit 2 oder 3 eiförmigen, grossen, häutigen Schuppen umgeben u. daselbst röthlich sind. Die grossen Blätter stehen auf langen stielrundlichen, rinnigen Stielen, u. sind 3fach-3schnittig; die seitlichen Abschnitte länglich-lanzettlich, stumpflich, meist ganz oder ungetheilt, die endständigen ganz- oder halb-3theilig; die obern Blätter sind kürzer gestielt, nur doppelt-3schnittig, oder 3schnittig mit fiedertheiligen Abschnitten; die obersten sind weit kleiner, nur fiedertheilig oder 3theilig; sämmtliche Blätter sind oberseits dunkler grün, etwas glänzend, unterseits matt- oder bläulichgrün, ganz kahl od. mit zerstreuten Härchen besetzt. Die 3—5'' im Durchmesser haltenden Blüthen stehen einzeln am Ende der Aestchen. Von den sammtartig behaarten Kelchblättern sind nicht selten die beiden äussersten od. eins derselben zu länglichen Deckblättern verändert. Die 5—8 Blumenblätter sind verkehrt-eirund, abgerundet oder an der Spitze etwas eingedrückt, ganzrandig od. schwach gekerbt, dunkelkarmin- oder blutroth; in den Gärten trifft man verschiedene Farbenänderungen durch purpur- u. rosenroth bis zum Weiss. Auf den zahlreichen, fadenförmig-pfriemlichen, hellpurpurrothen Staubfäden stehen längliche, 4seitige, 2fächerige, gelbe Antheren. Gewöhnlich sind 2 oder 3, selten 4 oder nur ein einziger Fruchtknoten vorhanden; es sind dieselben länglich-eirund, etwas zusammengedrückt, zottig-sammtartig; sie tragen schneckenförmig-zurückgerollte, zusammengedrückte, purpurrothe Narben; im jungen Zustande stehen sie gerade aufrecht, später u. bei der Reife nach auswärts gebogen. Balgkapseln bauchig, länglich, etwas zusammengedrückt, aussen sammtartig-zottig, innen glänzend roth. Die zahlreichen, eiförmig-rundlichen, glatten, schwarzen, glänzenden Samen stehen am innern Winkel in 2 Reihen befestigt u. sind wechselsweis unvollkommen. — Man sammelt die Wurzel, Blumenblätter u. Samen, ***Radix, Flores et Semina Paeoniae.*** Die Wurzel, welche einen sich durchs Trocknen bedeutend mindernden süsslich-bittern u. widrig-scharfen Geschmack hat u. frisch einen flüchtig narkotisch-scharfen Stoff enthält, der durchs Trocknen verloren geht, so dass nur bitterer Extractivstoff, etwas Gerbstoff, Stärkmehl u. Zucker übrig bleibt, wendete man früherhin häufiger als jetzt bei verschiedenen Krampfkrankheiten, besonders gegen die sogenannten Gichter (daher der Name Gichtrose), und sogar gegen Epilepsie, ferner gegen Menostasien, Asthma, Rheumatalgie u. s. w. an. Die Blumenblätter, auch ***Flores Rosae benedictae s. regiae*** genannt, haben gleiche, nur schwächere u. adstringirendere Wirkung. Die schleimigen Samen sind geruch- u. fast geschmacklos, enthalten etwas fettes Oel, u. sollten gleichfalls krampfstillend u. nervenstärkend sein, und werden noch von Abergläubischen, auf Schnuren gereiht, den Kindern zur Erleichterung des Zahnens um den Hals gehängt.

(**Paeonia peregrina DeC.** u. **Paeonia Retz.** u. s. m. besitzen ähnliche Eigenschaften wie vorige Art.)

a. Ein Theil der Wurzel. — b. Eine Stengelspitze mit einer Blume. — c. Reife aufgesprungene Hülsenkapseln. — d. Die beiden Pistille, an einem der Fruchtknoten senkrecht durchschnitten. — e. Ein quer durchschnittener Fruchtknoten. — f. Staubgefäss. — A. Samen. — B. Derselbe quer u. C. der Länge nach durchschnitten.

Trigynia (Dreiweibige).

Familie: **Ranunkelgewächse:** Ranunculaceae. — *Gruppe:* **Helleboreae DeC.**

Gattung: **Aconitum Tournef.**, Eisenhut, Sturmhut.

Kelch gefärbt, blumenblattartig, unregelmässig, 5blättrig: das obere Kelchblatt (Cassis, Haube) helm- oder haubenförmig. Blumenblätter 2 od. 5, die beiden obern (Klappen oder Honiggefässe Lin.) langgestielt, kappenförmig u. gespornt, unter der Haube verborgen, die 3 übrigen klein, linealisch od. fehlend. Hülsenkapseln 3 od. 5, vielsamig.

Taf. XXXVII. **Aconitum Stoerkianum Rchb.**, Störk's Eisenhut. (*Aconitum Napellus Stoerk., Acon. Cammarum L.?, Acon. intermedium DeC.*)

Obere Blumenblätter auf einem oberwärts bogigem Nagel schief geneigt, mit einem hakenförmigen Sporn; Staubfäden behaart; die jungen Hülsenkapseln einwärts-gekrümmt, zusammenneigend; Samen geschärft-3kantig, auf dem Rücken geschärft-runzelig-faltig.

Wächst fast durch ganz Europa in Bergwäldern, in Deutschland, besonders in Oesterreich u. Krain, in Böhmen, Schlesien, am Unterharz, in Thüringen, auf dem Untersberge bei Salzburg; wird auch in den Gärten kultivirt. Die ausdauernde bräunliche Wurzel hat die Grösse einer Wallnuss, ist häufig aber auch kleiner, rettig- od. rundlich-rübenförmig, langgeschwänzt u. mit vielen Seitenfasern versehen, die von einem braunen Filze bekleidet werden; an einer Wurzel bilden sich jährlich gewöhnlich 2 neue solcher Rüben, welche sich später trennen u. nur durch die mit einander verwebten Fasern in Verbindung bleiben. Der Stengel wird 2—3', bei Gartenpflanzen auf 5—6' hoch; ist aufrecht, steif, stielrund, federkieldick, reich beblättert, kahl, am obern Ende einige Blüthenäste treibend. Die untern Blätter sind langgestielt u. von den obern fast sitzenden durch grössere Theilung verschieden; die untern sind im Umrisse rundlich, 2—4'' im Durchmesser, am Grunde herzförmig, fast 3schnittig, die seitlichen Abschnitte wiederum tief 2theilig, wodurch das Blatt fast 5schnittig erscheint, jeder der 5 Abschnitte im Umrisse rautenförmig, gegen die Basis stark keilförmig verschmälert (der mittlere Abschnitt deutlich-gestielt), wiederholt 3spaltig u. eingeschnitten, mit zugespitzten Zipfeln; je höher am Stengel die Blätter stehen, desto weniger werden der Einschnitte, so dass die obersten sitzenden nur 3theilig sind u. allmälig in die Deckblätter übergehen. Die Blüthen stehen eigentlich in einer schlaffen kurzen Traube, aber die untersten Blüthenstiele sind meist etwas verästet, wenigstens 2blüthig; die etwa zolllangen kahlen Blüthenstiele am Grunde abstehend, dann aber aufsteigend, an ihrem Ende zu einem Blüthenboden verdickt u. daselbst 2 kurze lanzettliche Deckblätter tragend. Auf trocknem Boden gewachsene Pflanzen haben einen kleinern u. gedrängtern Blüthenstand, kleinere Stengel u. Blätter; auf üppigem Boden gewachsene dagegen haben einen schlaffern, mehr ästigen und reichhaltigern, rispenförmigern Blüthenstand, dunklere u. grössere Blüthen u. Blätter. Die Blüthen (Kelchblätter) sind von der Länge der Blätter, veilchenblau, bei einer Abänderung auch weiss mit veilchenblauen Rändern. Das oberste Kelchblatt oder die Haube ist mehr als halbkugelig-gewölbt, wenig zusammengedrückt u. vorn (an der Stirn) flach eingedrückt; die beiden mittlern oder seitlichen Kelchblätter sind fast rund u. schief, muschelförmig, der Aussenrand ist umgerollt u. der Oberrand von der Haube bedeckt; die untern sind elliptisch, stumpf; alle innen behaart, aussen kahl. Die beiden obern Blumenblätter (Honiggefässe) liegen dem Rücken der Haube an u. sind nach vorn umgebogen, dass die Honigkappen unter dem Scheitel der Haube liegen; die Honigkappen (Platten der Blumenblätter) haben einen kurzen kopfförmigen, nach oben umgebogenen Sporn, erweitern sich in eine Tute, die in eine zurückgerollte, verkehrt-herzförmige Lippe übergeht; die Nägel u. die Honigkappen sind blassblau, der Sporn ist dunkel schwarzblau. Die Staubfäden der 20—30 Staubgefässe sind vorn dünner u. behaart; sie tragen rundliche, schwarze Staubbeutel mit weissem Blüthenstaube. Die grünen Pistille stehen zu 3 oder 5 u. haben kurze blaue Griffel, die nach dem Verblühen u. auch im reifen Zustande zusammengeneigt bleiben. Die braunen Balgkapseln enthalten kurz-pyramidenförmige, netzartig-gerunzelte, schwarzbraune Samen. — Die Blätter, ***Herba Aconiti* s. *Napelli* s. *Aconiti Napelli***, welche widrig riechen u. scharfbitterlich schmecken, vorwaltend Aconitin u. Gerbstoff enthalten, u. kräftig-reizend auf den Darmkanal, ferner die Thätigkeit der Haut u. Harnwerkzeuge erhöhend, schweiss- u. harntreibend u. überhaupt auf das lymphatische System wirken, wendet man am häufigsten gegen Gicht, Rheumatalgien, veraltete Syphilis und bei Drüsengeschwülsten, aber auch bei Hautausschlägen, Geschwüren, Harnbeschwerden, angehender Lungensucht, chronischen Blutflüssen u. andern Leiden an. Aeusserlich gebraucht, röthen sie die Haut, ziehen Blasen u. ätzen. Gegenmittel gegen Vergiftungen sind besonders Brechmittel u. Pflanzensäuren.

(Von **Aconitum Napellus Dodon. et Veterum** [Acon. variabile Napellus Hayn.], Napell-Eisenhut der Alten, **Aconitum neubergense** [Clus.] **DeC.** [Acon. variabile neubergense Hayn., Acon. Napellus Lin., Acon. neomontanum Wulf.], Neuberger Eisenhut, so wie von den blaublühenden Arten der Abtheilung Napelloidea, welche Blumen mit hinfälligem Kelche, mit gewölbtem Helme u. Früchte, die im unentwickelten Zustande [nach der Blüthe] von einander abstehen, enthält, ingleichen von der Abtheilung Cammaroidea, mit Blumen, deren Helm oft noch höher gewölbt ist und deren junge Früchte gegen einander geneigt sind, werden gleichfalls die Blätter als **Herba Aconiti** gesammelt. — **Aconitum Anthora L.** gab früher die scharf narkotisch giftige Wurzel, **Radix Anthorae**, die man für ein Gegengift des **Ranunculus Thora L.** hielt. [Abbild. s. Linke etc.])

a. Eine blühende Stengelspitze. — b. Wurzel. — c. Eine Blume und d. senkrechter Durchschnitt derselben. — A. Staubgefässe. — e. Reife Kapseln. — A. Samen. — f. Eine Hälfte eines untern Stengelblattes.

(In dieser Ordnung sind noch zu bemerken: **Delphinium Staphisagria L.**, scharfer Rittersporn, Stephanskraut, Läusekraut, eine Pflanze des südlichen Europa, deren beim Zerreiben etwas unangenehm riechende u. äusserst scharf u. bitter schmeckende Samen Stephanskörner, Läusekörner, **Semina s. Grana Staphisagriae v. Staphidis agriae v. Pedicularis**, welche ein scharfes Alkaloid, Delphinin, enthalten u. brechenerregend u. purgirend, äusserlich reizend, die Haut röthend, wirken, man sonst als Purgir- u. ein vorzügliches Wurmmittel anwendete, jetzt aber nur noch äusserlich gegen Ungeziefer [Läusepulver, Läusesalbe] u. bisweilen bei Ausschlagskrankheiten gebraucht. — Von **Delphinium Consolida L.**, Feld-Rittersporn, waren sonst die Extractivstoff u. Gerbstoff haltigen schönen Blüthen u. die Samen als **Flores et Semen Consolidae regalis s. Calcatripae** officinell, und zwar die ersteren, welche jetzt nur noch den Species und Räucherpulvern ihrer Farbe halber zugefügt werden, als ein harn- und wurmtreibendes Mittel. Die Samen werden noch bisweilen in Tinktur gegen Krampfhusten angewendet. [Abbild. s. Linke etc.])

Tetragynia (Vierweibige).

(Hier ist zu bemerken: **Drimys Winteri Forst.** [Wintera aromatica Murr.], Winters Gewürzrindenbaum, Winters Rindenbaum, deren stark u. angenehm gewürzhaft riechende u. brennend scharf gewürzhaft, stechend zimmt-, nelken- u. pfefferartig schmeckende Rinde, Wintersrinde, magellanische Rinde, **Cortex Winteranus**, welche vorwaltend äther. Oel u. scharfes Harz, dann Extractiv- u. Gerbstoff u. s. w. enthält, als sehr kräftig tonisch-reizend wirkend, bei Magenschwäche, Scorbut, Fieber u. ähnlichen Leiden gute Dienste leistet. — Von **Cimicifuga Serpentaria Pursh.** [Actaea racemosa L.] wird in Nordamerika die Wurzel, **Radix Actaeae racemosae s. Christophorianae americanae s. Cimicifugae Serpentariae**, vorzüglich gegen Lungenschwindsucht u. ähnliche Krankheiten, ferner gegen Wassersucht u. Unterleibsschäden gerühmt. — **Cimicifuga foetida L.** war sonst als **Herba Cimicifugae** officinell. Es bewirkt heftiges Erbrechen und Abführen.)

Pentagynia (Fünfweibige).

(Hier ist zu bemerken: **Aquilegia vulgaris L.**, Akelei, Aglei, deren Wurzel, Blätter, Blüthen u. Samen, **Radix, Herba, Flores et Semen Aquilegiae s. Chelidonii medii**, sonst officinell waren. Wurzel u. Kraut, welche etwas scharf sind, gebrauchte man sonst gegen Gelbsucht u. Scorbut. Die Blätter sollen narkotisch-scharf-giftig u. die Samen vorzüglich bei Ausschlagskrankheiten der Kinder nützlich sein. Die blauen u. violetten Blüthen kann man statt der **Flores Violae** zum Veilchensyrup benutzen. — Von **Nigella sativa L.**, ächter Schwarzkümmel, schwarzer oder römischer Coriander, Nardensamen, wurden sonst die beim Zerreiben gewürzhaft, doch nicht angenehm riechenden u. gewürzhaft-beissend schmeckenden Samen als Schwarzkümmel oder schwarzer Coriander, **Semen Nigellae s. Melanthii**, als eröffnendes, reizendes, die Harnaussonderung beförderndes Mittel angewendet, werden aber nur jetzt noch bei Thierkrankheiten gebraucht. Bisweilen sollen sie mit den Samen der Kornrade [Lychnis Githago Lam.] u. des Stechapfels [Datura Stramonium L.], so wie mit dem minder kräftigen Samen von **Nigella damascena L.**, damascener oder türkischer Schwarzkümmel, Gretchen im Grünen, Gretchen im Busch, Braut in Haaren, u. von **Nigella arvensis L.**, wilder Feldschwarzkümmel, Ackernigelle, verwechselt worden sein. [Abbild. s. Linke etc.])

Polygynia (Vielweibige).

Familie: **Ranunkelgewächse:** RANUNCULACEAE. — *Gruppe:* **Illicieae DeC.**

Gattung: **Illicium L.**, Sternanis.

Kelch 3- od. 6blättrig, fast blumenblattartig, gefärbt. Blumenkrone 9- od. mehrblättrig. Karpelle (6—12 *od* 18) *sternförmig gestellt, an der oberen Naht aufspringend, einsamig.*

Taf. XXXVII. **Illicium anisatum L.**, gebräuchlicher Sternanis, Badianenbaum.

Blätter lanzettlich, Blumenblätter 27—30, gelblichweiss, die äussern länglich, die innern linealisch-pfriemförmig.

Ein immergrüner Strauch oder 20—25' hoher Baum in China u. Japan. Stamm aufrecht, mit ästiger Krone. Aestchen blattlos, meist 3- oder 4theilig, am Ende verdickt u. von Neuem in kleinere, nur am Ende Blätter tragende Aestchen sich theilend. Die kurzgestielten, elliptisch-lanzettlichen, zugespitzten, 3—4'' langen, 1—1½'' breiten, lederartigen, immergrünen Blätter stehen am Ende der Zweige meist zu 5 genähert. Nebenblätter länglich-lanzettlich, weisslich, bald abfallend. Die kurzgestielten Blüthen entspringen einzeln aus mehreren gehäuften Knospen. Erst nach dem Verblühen werden die Blüthenstiele fast 2'' lang. Kelchblätter 3, 5 oder 6, eiförmig, abgerundet, concav, hinfällig. Die äusseren Blumenblätter länglich, stumpf, concav, die innern ganz schmal u. zugespitzt, sämmtlich gelbweiss. Staubgefässe meist 19 oder 20, doch auch bis 30. Fruchtknoten meist 8, bisweilen auch 7 od. 6, länglich an der Basis erweitert, nach innen zusammengedrückt, mit der Basis dem abgestutzt-kegelförmigen Fruchtboden aufsitzend, aufrecht mit hakenförmigen Griffeln u. länglichen Narben. Fruchtkarpelle meist 8, doch auch 7, 9 oder 10, am Grunde sternförmig mit dem Fruchtboden vereinigt, fast eirund, zusammengedrückt, am freien Ende dreieckig u. schwach hakenförmig nach oben gebogen, äusserlich runzelig, innerhalb glatt u. glänzend, einfächrig, einsamig, am obern Rande der ganzen Länge nach aufspringend. Der äussere Theil jedes einzelnen Karpells besteht aus einer röthlichbraunen, korkartigen, lockern, sehr aromatischen Rinde, die innere Schicht dagegen ist holzig, gelblich-rothbraun, glänzend. Samen eiförmig-länglich, schwach zusammengedrückt, glatt, gelblich-lederbraun, glänzend, am obern Rande durch die vorspringende Rhaphe gekielt, am Nabelrande abgestutzt u. mit einer ziemlich 3eckigen, von einer ringförmigen Wulst umgebenen Nabelgrube versehen, unter welcher ein Grübchen liegt, in dem sich die Micropyla befindet. Der Samen hat 3 Häute, eine äussere feste hornartige, eine mittlere häutige braune u. eine innere, sehr zarte dünne, gleichfalls braune; der weisse Eiweisskörper hat die Gestalt des Samens u. enthält den sehr kleinen, rundlich-spatelförmigen Embryo in einer Höhle am innern untern Winkel. — Die angenehm-gewürzhaft anisartig riechenden u. schmeckenden Früchte oder der Sternanis, *Semen Anisi stellati s. Anisi sinensis s. Badiani s. Badiani stellati v. moscovitici*, enthalten ein äther. Oel, *Oleum aether. Anisi stellati*, ein grünes fettes Oel, Harz, Gerb- u. Extractivstoff, Gummi, äpfelsauren Kalk u. s. w., wirken tonisch-reizend, blähungswidrig u. werden am gewöhnlichsten im Aufguss mit andern *Speciebus* gegeben u. vorzüglich zum Brustthee gesetzt, auch bereitet man einen Liqueur (*Anisette de Bordeaux*) daraus. Sonst gebrauchte man auch die Rinde, *Cortex Badiani s. Anisi stellati s. Lavola*.

a. Ein blühender Ast. — b. Eine Blume von oben. — c. Ein Kelchblatt. — d. Ein äusseres Blumenblatt aus einer Knospe. — A. Auf dem Fruchtboden sitzende Pistille nebst 3 Staubgefässen. — B. Staubgefässe von der Aussen- u. Innenseite, C. von der Seitenfläche, D. an den Staubbeuteln quer durchschnitten. — E. Der Fruchtboden, von dem mehrere Pistille entfernt sind, um die konische Erhöhung in der Mitte (Fruchtträger) zu zeigen. — F. Ein Fruchtboden mit der konischen Erhöhung bei 3 u. einem kleinen Säulchen bei 1. — G. Ein Pistill. — H. Dasselbe am Fruchtknoten senkrecht durchschnitten. — e. Eine reife Frucht von oben. — f. Dieselbe von unten. — g. Zwei am Fruchtträger sitzende Kapseln von der Seite gesehen. — h. Eine der Länge nach durchschnittene Kapsel mit einem Samen. — I. Ein Samen von der Seite u. K. vom Nabelende gesehen. — L. Ein stärker vergr. Samen von der äussern Haut entblösst. — M. Ein noch mehr vergr. Längsdurchschnitt desselben. — i. Die Endknospe eines Astes mit den darunter befindlichen Blattnarben. — k. Ein Astende mit einer Endknospe u. 4 blattwinkelständigen Knospen. — l. Eine blattwinkelständige Knospe über der Blattnarbe. — m. Blattnarbe.

Gruppe: **Anemoneae De C.**

Gattung: **Pulsatilla Tournef.**, Küchenschelle.

Hülle 3blättrig, von der Blüthe entfernt. Kelchblätter 6, gefärbt, blumenblattartig. Blumenkrone fehlend. Staubgefässe zahlreich. Kammerfrüchte durch den bleibenden Griffel federig-geschwänzt.

Taf. XXXVII. **Pulsatilla pratensis Mill.**, Wiesen-Küchenschelle, richtiger Kühschelle, Wind- od. Osterblume, Wiesenanemone, Beisswurz (*Anemone pratensis L.*).

Blüthe nickend; Kelchblätter glockig-zusammengeneigt, an der Spitze zurückgekrümmt.

Wächst ausdauernd auf sonnigen u. sandigen Hügeln, Triften u. kurzgrasigen Wiesen im mittlern u. nördlichen Europa, wo sie bereits im April blüht. Die entweder schief od. ziemlich senkrecht in die Erde dringende Wurzel ist fingerslang u. fingersdick, ästigfaserig, schwarzbraun, oben geschopft. Die Blüthen, welche sich etwas früher als die 5—7 Blätter entwickeln, stehen auf 2—6″ langen, späterhin noch bis zu 1′ Höhe u. darüber erwachsenden, stielrunden u. zottig-haarigen Schäften, welche etwas entfernt unterhalb der Blüthe, die aus 3 zusammengewachsenen Blättern bestehende Hülle tragen. Die Hüllblätter sind sehr langzottig, fingerig-vieltheilig u. fast fiederspaltig, mit linealischen Zipfeln. Die sämmtlich aus der Wurzel entspringenden Blätter sind an ihrem Grunde von mehreren eirund-länglichen, zugespitzten, zottig-seidenhaarigen Blattstielscheiden umgeben; in der Jugend sind sie stark zottig, später bloss haarig, langgestielt, fiederschnittig, mit doppelt fiedertheiligen Abschnitten u. schmalen linealischen, spitzigen, ganzrandigen Zipfeln. Der an der Stelle der Hülle aus dem Schafte entspringende Blüthenstiel richtet sich nach dem Verblühen auf u. wächst etwa noch 2—3″ länger. Kelchblätter länglich-elliptisch, an der Spitze stumpf, ausgerandet u. zurückgebogen od. gerollt, dunkelviolett, aussen von silberglänzenden weissen Haaren stark zottig. Von den zahlreichen Staubgefässen, die fast die Länge des glockigen Theils des Kelches erreichen, verändern die äussern sich zu gestielten Drüsen. Kammerfrüchte lanzettlich, sehr langgeschwänzt u. zottig. — Das Kraut, Pulsatillenkraut, *Herba Pulsatillae s. Pulsatillae nigricantis s. P. minoris*, wird jetzt nur selten bei Syphilis, Gicht, Amaurose u. s. w. angewendet, dagegen in der Homöopathie häufig verordnet. Das frische Kraut besitzt viel flüchtige Schärfe u. enthält vorwaltend Pulsatillenkampher (Anemonin, eine Verbindung äther. Oeles mit Anemonsäure) u. eisengrünenden Gerbstoff.

(**Pulsatilla vulgaris Mill.** [*Anemone Pulsatilla L.*], gemeine Küchenschelle, grosse Osterblume, lieferte früher **Radix et Herba Pulsatillae vulgaris s. Puls. coeruleae s. Nolae culinariae**, bei gleicher Anwendung wie vorige. — **Pulsatilla patens Mill.** [*Anemone patens L.*], ist gleichfalls eine sehr scharfe Art.)

a. Eine blühende Pflanze. — b. Der Obertheil eines fruchttragenden Stengels, bei b. die Hülle, bei c. die Früchte. — d. Eine senkrecht durchschnittene Blüthe ohne die Kelchblätter. — A. Staubgefäss. — B. Ein Staubgefäss mit aufgesprungenem Staubbeutel. — e. Ein Pistill. — C. Eine reife Frucht u. D. dieselbe perpendikulär, sowie E. quer durchschnitten.

Gruppe: **Clematideae De C.**

Gattung: **Clematis Tournef.**, Waldrebe.

Kelchblätter (Blumenblätter Lin.) 4, 6 od. 8, gefärbt, blumenblattartig. Blumenblätter fehlend. Karpelle zahlreich, durch den bleibenden Griffel geschwänzt.

Taf. XXXVII. **Clematis erecta All.**, aufrechte Waldrebe, Brennkraut (*Clematis recta L.*).

Stengel aufrecht; Blätter fiederschnittig, Abschnitte eirund, zugespitzt; Blüthen rispenständig; Kelchblätter länglich-spatelig, kahl, am Rande aussen flaumhaarig.

Wächst auf Hügeln, sonnigen Waldstellen, im Gebüsch im mittlern u. südlichen Europa u. in Sibirien. Wurzel ausdauernd, ästig, starkfaserig, vielköpfig, viele aufrechte, 2—5′ hohe, fast einfache, kahle, nach oben zu flaumhaarige Stengel treibend, die ihrer Schwäche halber bei grösserer Höhe sich legen od. an benachbarte Gegenstände, Gebüsche u. s. w. lehnen. Blätter gegenständig, gestielt, abstehend od. ausgesperrt, fiederschnittig; Abschnitte 5—9, gegenständig, 1½—3″ lang, 8—20‴ breit, auf 4—6‴ langen, gekrümmten Stielen, herzeiförmig, meist ungetheilt, selten 2lappig, oberseits kahl u. dunkelgrün, unterseits seegrünlich u. mit einzelnen Härchen besetzt. Rispe wiederholt 3theilig, trugdoldig, vielblüthig, mit gegenständigen, fiedertheiligen od. linealisch-borstlichen Deckblättern. Kelchblätter meist 4, weiss. Kammerfrüchte eiförmig, bräunlich, am Rande verdickt, schwach weichhaarig od. kahl, mit einem langen, geschlängelten, weisszottigen Schwanze. Alle Theile, vorzüglich im frischen Zustande, enthalten einen ätzenden, brennendscharfen, auf der Haut Blasen ziehenden Saft. — Die Blätter, *Herba Clematidis erectae s. Flammulae Jovis*, empfiehlt man bei veralteter Syphilis, Knochengeschwülsten, Geschwüren, feuchtem Brustkrebs, Gicht, Ausschlagskrankheiten frisch u. getrocknet, innerlich u. äusserlich.

(Von **Clematis Vitalba L.**, kletternde od. gemeine Waldrebe, Hagseilrebe, sammelt man die jungen Stengel, Wurzel u. Blätter, **Stipites, Radix et Herba Clematidis sylvestris s. Clematidis Vitalbae**, zu gleichem Zwecke.)

a. Eine blühende Stengelspitze. — A. Pistill. — A. Dasselbe vergr. — B. Staubgefäss. — B. Dasselbe vergr. — b. Früchte. — C. Ein Karpell quer durchschn. — D. Dasselbe perpendikulär durchschn.

Gruppe: **Helleboreae De C.**

Gattung: **Helleborus L.**, Nieswurz.

Kelch 5blättrig, bleibend, zuweilen gefärbt u. blumenblattartig. Blumenblätter 8—10, röhrig, zweilippig, sehr kurz. Hülsenkapseln 3—10, lederig. Samen in doppelter Reihe am Innenrande.

Taf. XXXVIII. **Helleborus niger L.**, schwarze Nieswurz, Christwurz, Weihnachts-Blume oder Rose.

Blätter wurzelständig, fussförmig, lederig; Blüthenstiel (Schaft) 1 bis 2blüthig, mit 2 bis 3 ovalen Deckblättern.

Wächst auf den Alpen Deutschlands (besonders in Ober-Oesterreich, Salzburg, Steiermark) u. der Schweiz, auf den Apenninen u. Pyrenäen. Der unterirdische Stamm (Wurzelstock) ist 2—3″ lang u. dabei höchstens von der Dicke eines kleinen Fingers, ziemlich gerade, seltner etwas schlangenartig gebogen, mit ringförmigen Absätzen, schwarzbraun, inwendig weiss, ringsum mit vielen einfachen, sehr langen, fleischigen, senkrecht in den Boden dringenden Fasern versehen; durchs Alter verdickt sich dieser Stamm, er wird knorriger, ästig, vielköpfig u. treibt aus jeder seiner zahlreichen Knospen ein Blatt u. einen Blüthenschaft hervor. Das Blatt steht auf einem dicken, rinnigen und gerieften, am Grunde scheidenartig-erweiterten Stiele; die sehr lederige u. steife, kahle u. glänzende Blattfläche ist fussförmig zerschnitten; die mittlern Abschnitte sind gleichsam in einen kurzen Stiel verschmälert u. nur die äussern vollkommen sitzend; 2½—5'' lang, ¾—2'' breit, entweder verkehrt-eiförmig-länglich, od. länglich-keilförmig od. auch länglich-lanzettlich, doch stets gegen den Grund stärker verschmälert als nach vorn, grösstentheils ganzrandig, meist erst oberhalb der Mitte, gegen die Spitze hin sägezähnig, vorn stumpflich od. spitzig, ungleichseitig. Schaft aufrecht, 4—8'' lang, dick, stielrund, meistens ebenso wie der Blattstiel fein purpurroth punktirt od. gefleckt und am Grunde von wenigen, häutig-lederartigen Scheiden umgeben; an dem obern runzeligen Ende befindet sich gewöhnlich nur eine übergebogene Blüthe, unter welcher ein oder 2 eiförmige, concave Deckblätter stehen; bisweilen entspringt aber auch aus der Achsel eines dritten, noch tiefer stehenden Deckblattes eine zweite Blüthe von 2 besonderen Deckblättchen unterstützt. Die Blüthen sind gross, oft gegen 2'' breit. Die 5 bleibenden Kelchblätter sind gewöhnlich bei der ersten Blüthe rosenroth, oder ziehen ins Fleischrothe, bei der zweiten dagegen sind sie weiss u. nur aussen rosenroth überlaufen, übrigens rundlich, stumpf, concav u. ausgebreitet. Gewöhnlich befinden sich 12—15 Blumenblätter kreisständig in einer Blüthe; sie sind klein, röhrig-tutenförmig, kurzgestielt, an der Mündung oft 2-, seltner 1lippig, gelblichgrün, im Grunde Honig absondernd. Die zahlreichen Staubgefässe (80—90) sind viel länger als die Blumenblätter u. halb so lang als die Kelchblätter; die gelben, rundlich-elliptischen, plattgedrückten Antheren stehen auf einem fadenförmigen, kahlen, weissen Staubfaden. 5—9 schieflängliche Fruchtknoten sind in einen pfriemförmigen Griffel verlängert, der eine fast nierförmige Narbe trägt u. stehen auf einem kegelförmigen Fruchtknoten. Die 5—9, am Grunde verwachsenen Balgkapseln stehen ausgebreitet, sind schief länglich, schwach zusammengedrückt, der Quere nach gefurcht, an beiden Nähten gekielt u. laufen in einen pfriemförmigen, etwas zurückgebogenen Schnabel aus; sie springen an der innern Naht der Länge nach auf u. tragen daselbst mehrere eiförmige, bräunliche Samen, die mit einer deutlichen wulstförmigen Nabellinie versehen sind. — Die schwach unangenehm riechende u. anfangs süsslich, später kratzend u. endlich scharf schmeckende Wurzel, ***Radix Hellebori nigri s. Melampodii s. Veratri nigri***, welche vorwaltend bittern Extractivstoff u. ein scharfes Weichharz enthält, auch bei einer geringen Gabe kräftig-reizend u. umstimmend für den Darmkanal u. das Lymphgefässsystem, bei einer grössern Gabe drastisch-purgirend u. brechenerregend wirkt, wird bei Trägheit u. Schwäche der Unterleibsorgane, bei Stokkungen im Pfortadersysteme, bei Gelbsucht, Wassersucht, gegen Würmer u. vorzüglich auch bei solchen Geisteskrankheiten angewendet, die durch materielle Ursachen, als Stockungen im Darmkanal u. s. w. bedingt sind. Eine Verwechselung mit der Wurzel von ***Helleborus viridis*** ist schwer zu erkennen, auch gerade nicht nachtheilig. Häufig fällt eine Verwechselung mit der Wurzel von ***Actaea spicata L.*** vor, die stärkern Wurzelfasern derselben zeigen auf dem Querdurchschnitte die Form eines Kreuzes. Die verwechselte Wurzel von ***Helleborus foetidus*** ist grösser, 5—10'' lang, mehrköpfig, spindelig-ästig u. mit vielen starken u. verästeten Fasern besetzt. Die Verwechselungen mit den Wurzeln von ***Adonis vernalis L.***, von ***Trollius europaeus L.*** u. von ***Astrantia major L.*** sind leicht erkennbar, da allen der der Nieswurz eigne unterirdische Stamm fehlt.

(**Helleborus orientalis L.** [Helleborus officinalis Salisb.], orientalische Nieswurz, in Griechenland u. Kleinasien wachsend, ist wahrscheinlich der Ἑλλίβορος μέλας des Hippokrates u. Dioskorides. — Von **Helleborus viridis L.**, grüne Nieswurz, soll die Wurzel, **Radix Helleborus viridis**, noch kräftiger wirken als die echte Nieswurzel. — Von **Helleborus foetidus L.**, stinkende Nieswurz, wurden ehemals das Kraut u. die Wurzel, **Herba et Radix Hellebori foetidi s. Helleborastri**, welche unangenehm riechen, bitterscharf schmecken u. drastisch-purgirend wirken, vorzüglich bei Wurmkrankheiten u. hartnäckigen Unterleibsstockungen angewendet. [Abbild. s. Linke etc.])

a. Ein an der Wurzel durchschnittenes Exemplar. — b. Wurzel. — c. Eine Blume, von welcher die weissen Kelchblätter, die Blumenblätter bis auf eins bei 1 u. die zahlreichen Staubgefässe bis auf drei bei 2 weggenommen worden; bei 3 stehen die fünf Pistille. — A. Ein Staubbeutel. — B. Ein Pistill am Griffel quer- u. am Fruchtknoten senkrecht durchschnitten. — d. Reife Kapseln mit dem bleibenden Kelche. — A. Ein Samen. — C. Derselbe vergr., D. perpendikulär u. E. quer durchschnitten.

(In diese Ordnung gehören ferner noch: **Liriodendron Tulipifera L.**, virginischer Tulpenbaum, ein Baum Nordamerika's, dessen bitter, stechend gewürzhaft, etwas herbe schmeckende Rinde der Wurzel u. der jüngern Zweige, **Cortex Liriodendri s. Cortex Tulipiferae**, in Amerika häufig statt der Chinarinde od. der Cascarillrinde angewendet wird u. ausser bitterm Extractivstoff vorzüglich einen krystallinisch-harzigen, sublimirbaren, bittern Stoff, Liriodendrin, enthält. — Von **Anemone nemorosa L.**, Hain- od. Busch-Anemone, weisses Waldhähnchen, war früher die Wurzel als **Radix et Herba Ranunculi albi s. Ranunculi nemorosi** officinell. — **Anemone ranunculoides L.** hat mit voriger gleiche Eigenschaften. — Von **Hepatica triloba Chaix.** [Anemone Hepatica L., Hepatica nobilis Mach.], Leberblume, Herz- od. Leberkraut, waren früher die Blätter als **Herba Hepaticae nobilis s. Trifolii aurei** officinell. — **Thalictrum flavum L.**, gelbe Wiesenraute, Feld-Rhabarber, lieferte sonst die bitter u. etwas scharf schmeckende u. stuhl- u. harntreibende Wurzel als **Radix Thalictri s. Rhabarbari pauperum s. Pseudo-Rhabarbari**. — Von **Adonis vernalis L.**, Frühlings-Adonis, wird die Wurzel häufig mit der echten schwarzen Nieswurz verwechselt, sie ist aber dadurch unterschieden, dass sie getrocknet ganz schwarz ist u. aus einem dicken, länglichen, aber kurzen, ästigen, vielköpfigen Wurzelstocke besteht, von dem aus nach allen Seiten hin zahlreiche, einfache, 2—6'' lange Fasern entspringen. Sie schmeckt scharf-bitter u. erregt heftiges Purgiren u. Erbrechen. — Von **Adonis aestivalis L.**, Adonisröschen, Feuerröschen, wurden sonst die Blüthen u. Samen als **Flores et Semen Adonidis** bei Verschleimungen, Harnleiden u. sogar bei Steinkrankheiten angewendet. — Von **Ranunculus Thora L.**, einer äusserst scharfen Giftpflanze, soll der Saft, in Wunden gebracht, tödtlich wirken, u. **Aconitum Anthora L.** das Gegenmittel sein. — Von **Ranunculus Lingua L.**, grosser od. Sumpfhahnenfuss, Speerkraut, war sonst die brennend-scharfe Wurzel u. das Kraut als **Radix et Herba Flammulae majoris s. Ranunculi flammei majoris** gebräuchlich. — **Ranunculus Flammula L.**, kleiner Sumpfhahnenfuss, kleines Speerkraut, war ehemals als **Herba Flammulae minoris s. Ranunculi flammei minoris** officinell. — **Ranunculus sceleratus L.**, Wasserhahnenfuss, Frosch-Pfeffer, Frosch-Eppig, Knakkenknie, wurde sonst als **Herba Ranunculi palustris s. R. aquatici** aufbewahrt u. wird jetzt in der Homöopathie angewendet. — **Ranunculus acris L.**, scharfer Hahnenfuss, Wiesen- od. Waldhähnchen, Butterblume, enthält sehr viel Schärfe u. war sonst als **Herba Ranunculi pratensis s. acris** officinell, der Saft wird auch noch jetzt in manchen Gegenden als ableitendes, blasenziehendes Mittel, zum Einreiben in die Haut, gebraucht. — Von **Ranunculus bulbosus L.**, knolliger od. Rübenhahnenfuss, war sonst die Wurzel u. der untere, knollig verdickte Stengeltheil als **Radix Ranunculi bulbosi** officinell. Die im Mai gesammelte Pflanze giebt ein homöopathisches Heilmittel ab. — Von **Ficaria ranunculoides Mach.** [Ranunculus Ficaria L.], Feigwarzen- od. Scharbockskraut, kleines Schöllkraut, wendete man sonst die Wurzel u. das Kraut, **Radix et Herba Chelidonii minoris**, als schleimauflösende Mittel in mehreren Brustkrankheiten, bei Hämorrhoidalleiden u. gegen Scorbut an. Die Blätter werden im Frühjahr in manchen Gegenden als Salat oder Gemüse gegessen. — Von **Eranthis hyemalis Salisb.** [Helleborus hyemalis L.], war ehedem die bitterlich-scharfe Wurzel als **Radix Hellebori hyemalis** officinell. — Von **Caltha palustris L.** gebrauchte man ehedem die Blätter u. Blüthen, **Herba et Flores Calthae palustris**. [Abbild. d. deutschen Gewächse s. Linke etc.])

XIV. Cl. Didynamia (Zweimächtige).

Gymnospermia (Nacktsamige).

Familie: **Lippenblüthler:** LABIATAE. — *Gruppe:* **Trachyschizocarpicae.**

Gattung: **Teucrium L.**, Gamander.

Kelch glocken- od. eiförmig, etwas ungleich-5zähnig oder 5spaltig. Die Oberlippe der Blumenkrone verkürzt, tief gespalten u. daher nur aus 2 Läppchen od. Zähnen bestehend, zwischen denen die Staubgefässe hervorragen; die Unterlippe abstehend, 3lappig. Staubbeutel gleichförmig. Karyopsen netzaderig-runzelig.

Taf. XXXVIII. **Teucrium Scordium L.**, lauchduftender Gamander, Lachenknoblauch.

Blätter sitzend, länglich, gezähnt-gesägt, flaumhaarig; Blüthen achselständig, meist zu zweien.

Wächst ausdauernd an Gräben u. auf feuchten, sumpfigen Wiesen in vielen Gegenden Europa's. Die gegliederte, an den

Gelenken faserige Wurzel kriecht wagerecht. Der Stengel wird ½—1½' lang u. treibt am Grunde viele Ausläufer; er ist aufsteigend, zottig-weichhaarig, einfach oder abstehend-ästig. Blätter 10—18''' lang, 5—7''' breit, oft auch grösser, grob- u. ungleich-gesägt. Kelche zottig-weichhaarig wie der Stengel u. die Blüthenstiele. Blumenkrone rosenroth. — Die frisch etwas knoblauchartig riechenden u. sehr bitter, etwas gewürzig schmeckenden, blühenden beblätterten Stengeloberteile, *Herba Scordii*, sind ein reizendes, schweisstreibendes, stärkendes u. wurmwidriges Mittel, sollen aber auch vorzüglich fäulnisswidrig wirken; werden aber nur noch äusserlich u. im Aufgusse zu Gurgelwässern angewendet.

a. Der Untertheil eines Stengels mit einem Theile der kriechenden Wurzel. — b. Das blühende Stengelende. — A. Eine Blume von der Seite, nur wenig vergr. — B. Das Pistill. — C. Die Spitze eines Staubfadens mit dem Staubbeutel. — A. Ein Fruchtkelch. — B. Die 4 Karyopsen. — D. Dieselben vergr. — E. Eine einzelne Karyopse u. F. dieselbe quer durchschnitten.

Taf. XXXVIII. **Teucrium Marum L.**, Katzengamander, Katzenkraut, Amber- oder Mastixkraut.

Stengel strauchig, aufrecht, ästig, filzig; Blätter gestielt, eiförmig od. eirund-länglich, spitzlich, unterseits weissfilzig. Trauben ährenförmig, einseitswendig.

Ein in den um das mittelländische Meer herumliegenden Ländern auf sonnigen, trocknen, steinigen u. felsigen Plätzen wachsender kleiner Strauch. Der sehr ästige Stengel wird nur ½—1' hoch. Die gegenständigen Aeste sind undeutlich 4eckig und filzig bestäubt. Die 4—6''' langen u. 2—3''' breiten Blätter sind am Rande umgerollt, oben graugrün, unten weiss. Die bauchig-glockenförmigen Kelche stehen auf kurzen Stielen u. haben eiförmige, fein zugespitzte Zähne. Blumenkrone rosenroth; die beiden Zipfel der Oberlippe sichelförmig u. lang zugespitzt; die seitlichen Zipfel der Unterlippe eiförmig, klein, der mittlere rundlich u. viel grösser. Die ganze Pflanze hat einen durchdringenden, eigenthümlichen, gewürzhaft-stechend kampherartigen, die Katzen anlockenden Geruch. — Die beblätterten Aeste, *Herba v. Summitates Mari veri s. syriaci*, sind eins der stärksten flüchtigen Reizmittel, das bei Atonie der Lungen u. Gehirnerschütterungen, so wie bei Krämpfen Hysterischer u. Hypochondrischer angewendet, auch den Niespulvern zugesetzt wird.

(*Teucrium Botrys L.* gab sonst *Herba Botryos chamaedryoidis*. — *Teucrium Chamaedris L.*, gemeiner od. echter Gamander, gab *Herba Chamaedryos v. Trixaginis*. — *Teucr. Scorodonia L.* wurde in Südeuropa als *Herba Teucrii flavi* angewendet. — *Teucr. creticum L.* lieferte *Herba v. Summitates Polii cretici s. Stoechadis* [illegible]. — *Teucr. montanum L.* gab *Herba v. Summitates Polii montani v. Polii germanorum*. — *Teucrium Polium L.*, Berg-Poley, lieferte *Herba v. Summitates Polii montani gallorum*. — *Teucr. capitatum L.* lieferte *Herba v. Summitates Polii* [illegible] *anglorum*. — *Teucr. aureum Schreb.* u. *T. flavescens Schreb.* waren als *Herba Polii lutei* officinell. [Abbild. d. deutschen Gewächse s. Linke etc.])

a. Eine blühende Stengelspitze. — b. Eine Blume von der Seite. — A. Eine an der Vorderseite (durch die Unterlippe) der Länge nach aufgeschnittene Blume. — A. Ein Fruchtkelch. — B. Die Karyopsen. — B. Eine derselben vergr. u. C. quer durchschnitten.

Gruppe: **Leioschizocarpieae**.

Gattung: **Hyssopus Tournef.**, Isop.

Kelch röhrig, gestreift, 5zähnig. Blumenkrone 2lippig: Oberlippe kurz, gerade, ausgerandet, Unterlippe 3lappig, meist flach, die Seitenlappen aufsteigend, der Mittellappen grösser, verkehrt-herzförmig, fast 2lappig, fein gekerbt, Staubgefässe vorragend, gerade, auseinanderstehend.

Taf. XXXVIII. **Hyssopus officinalis L.**, gebräuchlicher Isop.

Blätter lanzettlich-linealisch; Wirtel vielblüthig, aus gegenständigen, kurzgestielten Trugdolden bestehend, welche an den Enden der Stengel u. der Aeste einseitswendige, traubenförmige Rispen bilden.

Wächst ausdauernd auf sonnigen Hügeln u. Bergen des südlichen Europa u. wird häufig in Gärten kultivirt. Der 1—2' hohe Stengel ist am Grunde holzig u. fast rund, ästig, nach oben krautig, 4seitig u. durch kurze Härchen wie bestäubt. Die kurzgestielten oder sitzenden Blätter sind 8—16''' lang, 1—4''' breit, spitzlich od. fast stumpf, fast kahl, nur äusserst kurz behaart. In den untern Blattachseln entstehen unvollkommene Blätterästchen. Die Blumenwirtel bestehen aus deutlich gestielten, 7—9blüthigen Trugdolden. Die schmal-linealischen Deckblätter endigen in einer Borste. Der kurzhaarige, gleichsam bestäubte Kelch hat eilanzettliche, fein zugespitzte Zähne, von denen die beiden untersten etwas mehr von einander abstehen. Die kornblumenblaue, rosenrothe oder bisweilen weisse Blumenkrone hat eine Unterlippe, deren seitliche Zipfel klein, schief-eirund u. stumpf sind, der mittlere Zipfel aber in 2 zurückgekrümmt-ausgesperrte stumpfe Zipfelchen gespalten ist. — Die stark gewürzig riechenden u. bitterlich gewürzhaft, etwas kampherartig schmeckenden, beblätterten blühenden Aeste, *Herba Hyssopi*, werden vorzüglich als tonisch-erregendes Mittel im Aufguss bei Schwäche der Verdauungsorgane u. der Lungenschleimhaut, bei Brustbeklemmungen u. Rheumatismen, äusserlich aber zu Breiumschlägen, Gurgel- u. Augenwässern u. Kräuterkissen angewendet.

a. Die Wurzel mit dem Grundtheile des Stengels. — b. Eine blühende Stengelspitze. — c. Blume. — A. Die Blumenkrone in der Mitte der Unterlippe der Länge nach durchschnitten. — B. Ein der Länge nach aufgeschnittener Kelch nebst dem Pistill. — C. Ein Staubbeutel sehr stark vergr. — A. Ein Fruchtkelch. — B. Die 4 Karyopsen. — D. Eine derselben vergr. u. E. senkrecht, sowie F. quer durchschnitten.

Gattung: **Lavandula (Tournef.) L.**, Lavendel.

Kelch röhrig, ungleich 5zähnig, nach dem Verblühen durch die zusammenneigenden Zähne geschlossen. Blumenkrone trichterig-präsentirtellerförmig, mit langer, fast walzenförmiger Röhre; die Lippen meist flach, die obere 2spaltig, die untere 3spaltig mit gleichen Zipfeln. Die Staubgefässe sind nebst dem Griffel in der Röhre der Blumenkrone verborgen; die Staubbeutel sind nierenförmig, 1fächerig, nach dem Aufspringen ein kreisrunder, flaches Plättchen darstellend.

Taf. XXXIX. **Lavandula Spica De C.**, breitblättriger Lavendel. (*Lavandula latifolia Vill. Ehrh., Lav. Spica L.*)

Blätter spatelig-lanzettlich; Aehre am Grunde unterbrochen; Deckblätter lanzettlich od. linealisch, fein zugespitzt, trockenhäutig.

Ein 1—4' hoher ästiger Strauch auf sonnigen Bergen u. Hügeln in Südeuropa, vorzüglich in Südfrankreich. Die Aeste sind sehr zahlreich u. steigen auf, sie sind theils sehr kurz, nur beblättert u. unfruchtbar, theils lang u. schlank, 4seitig, dünnfilzig, unten beblättert, dann eine Strecke lang nackt u. oben die Blüthenähre tragend. Die Blätter an den ältern kurzen und unfruchtbaren Aesten sind spatelig, oft gegen 6''' breit u. in einen Blattstiel verschmälert, am Rande ziemlich eben; die an den jährigen Aesten dagegen lanzettlich-lineal u. am Rande stark zurückgerollt. Die Aehren sind dicht u. der Wirtel steht nur wenig von den übrigen entfernt. Die Deckblätter sind lanzettlich, ins Linealische übergehend. Die Kelche sind sammtartig-pulverig, selten gefärbt u. nur wenig kürzer als die Blumenkrone. — Von dieser Art, so wie von *Lavandula vera DeC.* [Lavandula angustifolia Ehrh., Lav. Spica α L.], gemeiner Lavendel, der bei uns häufig in den Gärten angebaut wird, sind das Kraut u. die Blumen (od. vielmehr Kelche), *Herba et Flores Lav.*, officinell. *Lavandula Spica De C.* liefert die deutschen Lavendelblumen, *Flores Lavandulae germanicae v. latifoliae v. maris*, welche eine bläuliche od. bläulichgraue od. mehr weissliche Farbe haben, u. das in Südfrankreich daraus bereitete Spiköl, *Oleum Spicae*. Von *Lavandula vera De C.* kommen die französischen Lavendelblumen, *Flores Lavandulae gallicae v. angustifoliae v. feminae*, welche sich durch die auffallend blaue Farbe der Kelche sehr unterscheiden u. das daraus bereitete äther. Lavendelöl, *Oleum Lavandulae*. Die stark, angenehm u. eigenthümlich riechenden u. gewürzhaft, etwas kampherartig schmeckenden Lavendelblumen (od. eigentlich Kelche) werden als flüchtig erregendes Mittel nur äusserlich zu Umschlägen, Bähungen u. Bädern u. zwar stets mit andern Mitteln verbunden, besonders bei Nervenschwäche, Ohnmachten, Zittern der Glieder u. Lähmungen angewendet, sowie als Räucherungsmittel benutzt.

(Von **Lavandula Stoechas**, in Südeuropa u. Nordafrika wachsend, waren sonst die kurzen Blüthenähren als **Flores Stoechadis arabicae** officinell.)

a. Der Untertheil eines Stengels. — b. Die blühende Stengelspitze. — A. Der Kelch. — B. Eine aufgeschnittene Blumenkrone. — C. Ein Staubgefäss. — D. Ein der Länge nach aufgeschnittener Kelch, um das Pistill zu zeigen. — E. Ein Pistill stark vergr. — A. Ein Deckblatt von den beiden untersten des Quirls. — F. Eine Karyopse u. G. dieselbe quer durchschnitten.

Gattung: **Mentha Tournef.**, Minze.

Kelch röhrig oder glockig, gleichförmig 5zähnig oder 5spaltig. Blumenkrone röhrig-trichterförmig, ziemlich regelmässig vierspaltig, der obere Zipfel (Oberlippe) etwas breiter u. meist ausgerandet. Staubgefässe gerade, auseinander stehend.

Taf. XXXIX. **Mentha piperita L.**, Pfefferminze.

Blätter gestielt, eirund-länglich, scharf gesägt, kahl; Trugdolden in einer am Grunde unterbrochenen ähren- od. schweifförmigen Rispe genähert; Kelch röhrig: die Zähne desselben pfriemlich, kürzer als die Röhre.

Wächst nur in England wild u. wird jetzt in sehr vielen Ländern kultivirt. Die aufrechten ästigen Stengel werden 1—3′ hoch u. sind mit sehr kleinen, zerstreuten, etwas steifen Härchen, besonders an den Kanten, besetzt, meist dunkelpurpurroth od. purpurbräunlich überlaufen. Die Blätter stehen auf 3—4‴ langen, bewimperten Blattstielen, sind 2—2½″ lang, 8—12‴ breit, kurz zugespitzt, an dem eirunden Grunde ganzrandig, übrigens mit fast zugespitzten Sägezähnen versehen, oberseits kahl u. dunkelgrün, unterseits an den Nerven kurz u. steifhaarig, überall mit glänzend-gelben Drüschen besetzt u. heller grün. Am Ende des Stengels stehen 8—16 Blüthenwirtel beisammen u. bilden so scheinbar eine kegelförmig-spitzige, später verlängerte u. stumpfe Aehre. Die Deckblätter sind fast linealisch, wimperig, von der Länge der Wirtel od. kürzer. Die Kelche sind röhrig-trichterig, 10rippig, kahl, purpur- od. blauroth, reihenweis gelbdrüsig-punktirt, mit aufrecht pfriemigen Zähnen. Die Blumenkrone hat eine weisse Röhre von der Länge des Kelchs u. einen hell bläulich-röthlichen Saum mit stumpfen Zipfeln. Die fast gleichlangen Staubgefässe haben die Länge der Röhre und rundlich-hufeisenförmige Staubbeutel. Der Griffel ragt aus der Blume hervor u. hat zurückgekrümmte Narbenzipfel, von denen der untere länger ist. Die Nüsschen sind oval, röthlich-braun u. chagrinirt. — Die von angebauten Pflanzen vor der Blüthezeit gesammelten, eindringend, flüchtig-gewürzhaft riechenden u. ebenso, hintennach aber erst stark erwärmend u. dann auffallend kühlend schmeckenden Blätter, Pfefferminsenkraut, ***Herba Menthae piperitae***, deren vorwaltende u. wirksame Bestandtheile äther. Oel u. eisengrünender Gerbstoff sind, werden innerlich, besonders im Theeaufguss, als ein kräftiges, flüchtig-erregendes, krampfstillendes u. blähungtreibendes Mittel häufig bei asthenischen u. krampfigen Leiden der Verdauungsorgane, aber auch äusserlich als erregendes, belebendes u. zertheilendes Mittel, sowohl im weinigen als wässerigen Aufgusse zu Umschlägen, Bähungen, Bädern u. s. w. gebraucht u. bilden einen Bestandtheil des ***Acetum aromaticum*** u. der ***Species aromaticae***. Auch das äther. Oel benutzt man auf verschiedene Weise, zu ***Elaeosaccharum***, ***Rotulae M. piper.*** u. s. w.

a. Der Grundtheil u. b. die Spitze eines Stengels. — A. Eine Blume. — B. Eine an dem obern breitern gegenüberstehenden Zipfel der Länge nach durchschnittene Blumenkrone mit den Staubgefässen. — C. Zwei Staubgefässe von verschiedenen Seiten u. stärker vergr. — D. Das Pistill. — E. Zwei Karyopsen von verschiedenen Seiten u. F. eine derselben quer durchschnitten.

Taf. XXXIX. **Mentha crispata Schrad.**, gekrauste Minze. (***Mentha sylvestris ε crispata.***)

Blätter fast sitzend, eirund-länglich, tief u. verlängert-feinspitzig-gesägt, wellig, fast kahl; Blüthen in einer unterbrochenen schweifförmigen Rispe; die Zähne des kahlen Kelches wimperig.

Wächst hier u. da an Flussufern im mittlern Europa wild u. wird als Krauseminze angebaut. Die Blätter sind 15—22‴ lang, 10—14‴ breit, eirund od. elliptisch, kurz u. scharf zugespitzt, am Rande mit zahlreichen ungleichen, verlängerten u. verschieden gekrümmten, scharf zugespitzten Sägezähnen besetzt, übrigens wellig-runzelig, fast kraus, entweder überall kahl oder auf der Unterseite, so wie am Stengel behaart. Blüthenstiele sehr kurz. Die Nebenblätter sind lanzettlich-linealisch, borstenförmig zugespitzt. Die Kelchzähne sind kürzer als die Röhre u. der obere Zipfel der blassröthlich-violetten Blumenkrone ist vorn zurückgedrückt. — Das Kraut benutzt man ähnlich dem der ächten Krauseminze, ***Herba Menthae crispae***, es wirkt aber schwächer als dieses.

a. Der Grundtheil des Stengels mit einem Theile der Wurzel. — b. Eine blühende Stengelspitze. — A. Blume. — B. Eine durch den untern Zipfel der Länge nach aufgeschnittene u. ausgebreitete Blumenkrone nebst den Staubgefässen. — C. Eine Spitze eines Staubfadens mit dem Staubbeutel. — D. Das Pistill.

Taf. XXXIX. **Mentha crispa L.**, krause Minze.

Blätter fast sitzend, herz-eiförmig, wellig u. fast blasig, meistens kahl, eingeschnitten-gesägt, Sägezähne verlängert; Blüthen in einer länglichen kopfförmigen unterbrochenen schweifartigen Rispe.

Diese häufig kultivirte Pflanze wird nirgends wildwachsend angetroffen u. wird deshalb von einigen Botanikern als eine durch Kultur entstandene Monstrosität angesehen. Der Stengel wird 1½—2′ hoch, ist aufrecht, ästig, kurzhaarig. Blätter 1—1½″ lang, 9—15‴ breit, spitzig, die untern stumpf, oberseits kahl, unterseits kurzhaarig, oft auch beiderseits behaart, am Rande mit ungleichen, verschieden hin u. her gebogenen zugespitzten Zähnen, stets sehr runzelig u. kraus; die untern Stengelblätter nicht selten mit fast strahlig vom Grunde ausgehenden Nerven durchzogen. Die Blüthensträusse sind eiförmig, selten fast cylindrisch, oben abgerundet, gewöhnlich kurz, kopfförmig, jedoch bisweilen auch ährenförmig verlängert. Die Blüthenstiele, welche etwa die Länge der Kelchröhre haben, sind kahl u. von linealisch-pfriemlichen Deckblättern unterstützt. Die kurzflaumhaarige od. kahle Kelchröhre ist gewöhnlich nebst den Blüthenstielen purpurbraun überlaufen, mit vielen Drüsen bestreut u. an den Kelchzähnen, die etwa ⅔ der Länge der Kelchröhre haben, kurzhaarig-gewimpert. Die violett-röthlichen Blumenkronen sind entweder grösser u. haben dann hervorragende Staubgefässe, oder sie sind kleiner u. haben Staubgefässe, die kürzer od. nur so lang als der Saum der Blumenkrone sind. — Die vor der Blüthezeit, etwa Anfangs Juni gesammelten, kräftig, eigenthümlich balsamisch-aromatisch riechenden u. gewürzhaft, etwas bitterlich schmeckenden Blätter sind die eigentliche Krauseminze, ***Herba Menthae crispae***, welche gleiche, vorwaltend wirksame Bestandtheile mit der Pfefferminze, als: ein äther. Oel u. eisengrünenden Gerbstoff haben u. erregend, krampfstillend u. blähungtreibend, aber weniger kräftig u. flüchtig wie die Pfefferminze wirken. Man wendet sie, da sie unangenehmer als die Pfefferminze schmeckt, mehr äusserlich an.

(Von den zahlreichen Abänderungen der **Mentha sylvestris Koch.**, wilde Minze, Ross- od. Pferde-Minze, Rossbalsam, sind ausser der oben gedachten Mentha crispata Schrad. noch folgende besonders zu erwähnen: **Mentha sylvestris L.**, von der früherhin das im Beginn der Blüthezeit gesammelte Kraut als **Herba Menthae sylvestris vel equinae v. Herba Menthastri** officinell war; **Mentha viridis L.**, welche sonst das Kraut als **Herba Menthae acutae v. romanae** lieferte, u. **Mentha undulata Willdw.**, von der man das Kraut gleichfalls als **Herba Menthae crispae** sammelt u. anwendet. — Von **Mentha aquatica L.** war sonst das Kraut, Wasserminzenkraut, **Herba Menthae aquaticae v. Balsami palustris**, officinell. — Von **Mentha sativa L.**, zahme od. Frauenminze, wurde das Kraut sonst häufig wie die Krauseminze angewendet. — **Mentha gentilis L.**, Balsamminze, war sonst als **Herba Menthae balsaminae** gebräuchlich. — Von **Mentha arvensis L.**, Ackerminze, gebrauchte man sonst das sehr stark u. unangenehm riechende Kraut, **Herba Menthae equinae v. M. sylvestris v. Calaminthae aquaticae**. — Von **Mentha Pulegium L.** [Pulegium vulgare Mill.], Polei-Minze, gemeiner Polei, sammelt man die gewürzhaft u. angenehm riechenden u. der Pfefferminze ähnlich, anfangs wärmend, hintennach kühlend schmeckenden, sehr kräftigen, flüchtig-erregenden, krampfwidrigen u. blähungtreibenden, behlätterten blühenden Stengel als Herba Pulegii. [Abbild. s. Link e etc.])

a. Der Wurzeltheil mit dem aufsteigenden Stengelgrunde. — b. Eine blühende Stengelspitze. — A. Blume. — B. Eine durch den untern Zipfel der Länge nach aufgeschnittene u. ausgebreitete Blumenkrone nebst den Staubgefässen. — C. Die Spitze eines Staubfadens mit dem Staubbeutel. — D. Das Pistill.

Gattung: **Glechoma L.**, Gundelrebe.

Kelch röhrig, gestreift, 5spaltig. Blumenkrone langröhrig, 2lippig: Oberlippe kurz, gerade, 2spaltig-ausgerandet, Unterlippe 3spaltig, der Mittellappen am grössten, ausgerandet. Staubfäden gerade, die Staubbeutel zweier Staubgefässe genähert u. gemeinschaftlich die Form eines Kreuzes bildend.

Taf. XL. **Glechoma hederaceum L.**, gemeine Gundelrebe, Gundermann, Erdeppig, Erdepheu.

Stengel kriechend, ästig, flaumhaarig, an den Gelenken bärtig; Blätter gestielt, herz-nierförmig, krob gekerbt, schwach flaumhaarig; Blüthen gestielt zu 3—6 (trugdoldig) in den Blattwinkeln; Kelchzähne fein zugespitzt.

Wächst ausdauernd durch ganz Europa in Gebüsch, feuchten Laubwäldern, in Obstgärten u. auf Triften u. Grasplätzen. Der Stengel wird ½—1', oft aber auch weit länger u. kriecht auf dem Boden hin, od. steigt am Fusse der Bäume empor, er ist meist kahl, selten kurzhaarig; an den stets behaarten Gelenkknoten entspringen Wurzelfasern u. aufrechte, entweder Blätter od. Blüthen u. Blätter tragende Aeste. Die Blätter haben je nach dem Boden u. Standorte eine sehr verschiedene Grösse; sie sind gestielt, nierförmig-rundlich, grob u. tief gekerbt, fast kahl, nur am Rande u. an den Stielen kurzbehaart, dunkelgrün, unterseits blässer, aber oft purpurröthlich od. violett überlaufen. Die Zähne der kurzhaarigen Kelche sind pfriemlich zugespitzt. Die blaue Blumenkrone hat eine weissliche, 2—3 mal so lange Röhre als der Kelch u. ist am Schlunde bärtig; die Oberlippe ist verkehrt-herzförmig, fast 4eckig, der mittlere Zipfel der Unterlippe ist gleichfalls sehr erweitert, fast 4eckig, ausgerandet od. verkehrt-herzförmig. — Das stark, etwas balsamisch, eigenthümlich, aber nicht angenehm riechende u. bitterlich, etwas scharf schmeckende Kraut, *Herba Hederae terrestris* v. *Chamaeclemae* v. *Calaminthae humilioris*, wird bei Brustverschleimungen, Stockungen im Darmkanale, leichten Wechselfiebern u. vorzüglich bei Frühjahrskuren, den frischen Kräutersäften zugemischt, angewendet.

a. Ein kriechender, wurzelnder Stengel. — b. Eine blühende Astspitze, welche an der mit einem * bezeichneten Stelle mit voriger Figur zusammen gehört. — A. Der Kelch. — B. Die durch die Unterlippe der Länge nach durchschnittene Blumenkrone nebst den Staubgefässen. — C. Zwei Borsten von den im Schlunde der Blumenkrone befindlichen, sehr stark vergr. — D. Ein Paar der genäherten Staubbeutel nebst den Spitzen der Staubfäden von vorn u. E. von hinten. — F. Ein Pollenkörnchen, sehr stark vergr. — G. Ein aufgeschnittener Kelch mit dem Pistille. — A. Ein Fruchtkelch. — B. Die 4 Karyopsen. — H. Dieselben vergr. — I. Eine einzelne Karyopse u. K. dieselbe quer, so wie L. senkrecht durchschnitten.

Gattung: **Marrubium Tournef.**, Andorn.

Kelch walzenförmig, 10streifig, 5- oder 10zähnig, mit ausgebreitetem Saume u. bärtigem Schlunde. Blumenkrone 2lippig: Oberlippe linealisch, flach, gerade aufsteigend, 2spaltig, Unterlippe 3spaltig, der mittlere Zipfel breiter u. ausgerandet.

Taf XL. **Marrubium vulgare L.**, gemeiner od. weisser Andorn.

Stengel aufrecht, vom Grunde an ästig, weiss-wollig-filzig; Blätter gestielt, eirundlich od. oval, sehr runzelig, ungleich-gekerbt, oben weichhaarig, unten weissfilzig; Blüthen sitzend in achselständigen, sehr dichten Büscheln, Scheinquirle bildend; Kelche 10zähnig, Kelchzähne u. Deckblättchen pfriemförmig, zottig, von der Mitte an kahl, an der Spitze hakenförmig zurückgebogen.

Wächst ausdauernd auf unfruchtbaren steinigen Plätzen, in Sandgruben in Europa, Mittelasien u. Nordamerika. Der Stengel wird 1—2' u. darüber hoch; er ist entweder aufrecht, od. vom Grunde an aufsteigend u. ästig, anfangs fast zottig, später dichtfilzig u. weisslichgrau. Die Blätter sind 1—1½" lang, 8—14''' breit, dicklich, fast kraus, die grundständigen u. untersten Stengelblätter sind langgestielt, rundlich, am Grunde herzförmig, beiderseits mit anliegenden Haaren besetzt u. gekerbt, die übrigen höher am Stengel stehenden eiförmig od. rundlich-oval, stumpf, am Grunde in den Blattstiel verschmälert, unregelmässig-kerbig-gezähnt, oberseits graulich, unterseits weisslich-filzig. Die Blüthen stehen sehr zahlreich (oft 40—50) u. dicht in Wirteln beisammen in allen Blattachseln an der obern Hälfte des Stengels. Die Deckblätter sind linealisch-borstenförmig, wollig-filzig, an der steifen, grannenartigen u. hakig-gebogenen Spitze kahl. Kelche filzig, am Schlunde durch lange aufrechte Zotten bärtig, mit 10 abwechselnd kürzern steifen, borstenförmigen, widerhakigen Zähnen. Die Blumenkronen sind klein u. weiss, durch die tief 2spaltige Oberlippe charakterisirt. — Das kurz vor der Blüthezeit gesammelte Kraut, weisses Andornkraut, *Herba Marrubii* v. *Marrubii albi*, welches frisch, zwischen den Fingern gerieben, eigenthümlich gewürzhaft, etwas moschusartig riecht u. schwach aromatisch, aber bedeutend bitter schmeckt, wendet man als tonisches, auflösendes u. dabei erregendes Mittel, vorzüglich bei Brustverschleimungen, Stockungen im Darmkanal, Atonie des Gefässsystems, Leberverstopfung, Drüsenanschwellungen, Gelbsucht u. Menostasie an.

(Von **Marrubium paniculatum L.** [Marr. peregrinum *Sprgl.*], von **Marrubium creticum Lob.** [Marr. peregrinum Jacq.] u. **Marr. peregrinum L.** wendete man das Kraut als **Herba Marrubii peregrini** in den südeuropäischen Ländern gleich dem von **Marr. vulgare L.** an.)

a. Die Wurzel mit dem Grundtheile der Pflanze. — b. Eine Stengelspitze. — A. Eine Blume. — B. Eine noch stärker vergr., an der Unterseite der Länge nach aufgeschnittene Blume. — C. Staubgefässe von vorn u. von hinten. — D. Das Pistill. — A. Eine einzelne Karyopse. — E. Dieselbe vergr. u. F. quer, so wie G. senkrecht durchschnitten. — H. Der Embryo.

Gattung: **Origanum Tournef.**, Dosten.

Kelch röhrig, 5zähnig, — seltner 2lippig — od. endlich einseitig, mit am Grunde kappenförmig-eingeschlagenem Rande (dann einem obern Deckblatt ähnlich, die Gattung Majorana Tournef., Moench. bildend). Blumenkrone röhrig, 4lappig, kaum 2lippig: die Oberlippe aufrecht, ausgerandet, die Unterlippe 3lappig, mit ziemlich gleichgrossen Lappen.

Taf. XL. **Origanum vulgare L.**, gemeiner Dosten, Wohlgemuth.

Stengel aufrecht, nach oben ästig, wiederholt 3gabelig, zottig; Blätter gestielt, eirund, spitzlich, undeutlich-gesägt od. ganzrandig, zottig-flaumhaarig; Aehren kurz, im Umrisse eiförmig, stielrundlich, in dicht-gedrängte Trugdolden gehäuft, welche gemeinschaftlich eine Art von Rispe darstellen; Deckblätter elliptisch, gefärbt, länger als die röhrigen 5zähnigen Kelche.

Wächst ausdauernd auf sonnigen, unbebauten Stellen, an Wegen, Zäunen, Rainen, in Weinbergen u. Gebirgsgegenden, überhaupt fast in ganz Europa. Der Stengel wird 1½—2' hoch, ist stumpf 4kantig, meist purpurbraun überlaufen, nach oben rispig- u. wiederholt-3gabelig verzweigt. Die Blätter sind oberseits flaumig od. kahl, unterseits wie die Blattstiele mehr oder weniger krausflaumhaarig u. von eingesenkten Drüsen durchscheinend-punktirt. Die gedrungenen 4zeiligen Aehrchen sind ½—1" lang, kurzgestielt u. stehen zu 3 od. 5 am Ende der Zweige, die seitlichen von einem eirunden, meist etwas längern Deckblatte, als der Blüthenstiel lang ist, gestützt. Jede einzelne Blume ist gleichfalls von einem elliptischen, spitzigen, beiderseits drüsenlosen, etwas längern od. doppelt so langen Deckblättchen, als der Kelch lang ist, gestützt. Der Kelch ist entweder dichtflaumhaarig oder weniger haarig bis kahl, stets mit kleinen gelben, harzglänzenden Drüschen bestreut u. im Schlunde mit einem dichten Haarkranze versehen, nebst den Deckblättchen nur oberwärts od. über u. über purpurbräunlich, selten hellgrün. Die Blumen sind dunkler od. blässer carminroth bis weisslich; die Röhre ist fast doppelt länger als der Kelch mit lang hervorragenden Staubgefässen, seltner nur von der Länge des Kelchs mit verkürzten Staubgefässen. Man unterscheidet haupt sächlich nach der Grosse der Aehren 2 Formen: α. *Var. brachystachyum*, kurzähriger g. D., mit kurzen, im Umrisse länglichen Aehren. Sind die Deckblätter, Kelche u. Blumen gefärbt, so ist es die gewöhnlichste Abänderung, sind die erstern grün u. die Blume weisslich, so ist es *Origanum virens Link. et Hoffmsgg.* b. *Var. megastachyum*; grossähriger g. D. mit verlängerten, deutlich 4kantigen Aehren. Zu der Abänderung mit gefärbten Kelchen, Deckblättern u. Blüthen gehört *Origanum creticum L.*, zu der mit grünen Deckblättern und Kelchen u. weisslichen Blumen *Orig. megastachyum* u. *macrostachyum Link.* u. die folgende Art, *Origanum creticum Hayn.* — Man sammelt gewöhnlich die blühenden Stengel u. Astspitzen der Abänderung mit gefärbten Deckblättern, Kelchen u. Blumen als Dostenkraut, *Herba* v. *Summitates Origani s. Origani vulgaris*, u. wendete es als ein aromatisch reizendes Mittel innerlich gewöhnlich in Theeaufguss mit andern aromatischen Kräutern bei Katarrhen, Rheumatismus, Krämpfen, bei unterdrückter Menstruation u. s. w., äusserlich mit andern aromatischen Kräutern zu Bädern, nassen u. trocknen Umschlägen an. Es macht einen Bestandtheil der *Species resolventes* u. *aromaticae* aus.

a. Der Grundtheil eines Stengels. — b. Eine blühende Stengelspitze. — A. Eine Blume mit dem Deckblatte. — B. Der Kelch der Länge nach aufgeschnitten mit dem Pistill. — C. Eine durch die Unterlippe der Länge nach aufgeschnittene Blumenkrone mit den Staubgefässen. — A. Der Fruchtkelch. — B. Die 4 Karyopsen. — E. Ein Fruchtkelch der Länge nach aufgeschnitten u. stark vergr. — F. Eine Karyopse noch stärker vergr. u. G. quer durchschnitten.

Taf. XL. **Origanum creticum Hayn. (L.)**, cretischer Dosten.

Stengel aufrecht, kahl od. steifhaarig-zottig; Blätter kurzgestielt, eirund oder elliptisch, spitzlich, meist ganzrandig, zottig; Aehren verlängert, vierseitig; Deckblätter verkehrt-eirund, spitzig, zottig, grün; Kelche röhrig, 5zähnig.

Ist, wie schon oben bemerkt, eine Abänderung des *Origanum vulgare var. macrostachyum*. Die Aehren oder vielmehr die ganzen blühenden Stengelspitzen kommen oft als spanischer Hopfen, *Herba Origani cretici*, entweder für sich allein, od. mit andern *Origanum* im Handel vor.

a. Die Wurzel nebst dem Untertheile eines Stengels. — b. Eine blühende Stengelspitze. — A. Eine Blume mit dem Deckblatte. — B. Der aufgeschnittene Kelch mit dem Pistill. — C. Die durch die Mitte der Unterlippe der Länge nach aufgeschnittene Blumenkrone mit den Staubgefässen. — A. Die 4 Karyopsen. — D. Dieselben vergr. — E. Eine einzelne Karyopse u. F. dieselbe quer durchschnitten.

Taf. XLI. **Origanum Majorana L.**, Majorandosten, gemeiner Majoran, Meieran, Wurstkraut. (*Majorana hortensis Mnch.*)

Stengel aufrecht, vom Grunde an ästig, flaumhaarig bis filzig; Blätter gestielt, elliptisch oder eirund, stumpf, ganzrandig; Aehren kurz, im Umrisse rundlich-eiförmig, undeutlich-4reihig, ungestielt auf den Gipfeln der Aeste (meist zu 3) gehäuft; Deckblätter dicht anliegend, rundlich-verkehrt-eirund, am Rande weissfilzig, Kelche einseitig, deckblattförmig, ganzrandig.

Ist eine in Nordafrika u. den Ländern Europa's am Mittelmeere einheimische u. bei uns häufig als Küchengewächs kultivirte Pflanze. Die Wurzel ist senkrecht, ästig, sehr faserig, braun, ziemlich fest u. fast holzig. Der Stengel wird 1—1½' hoch, ist undeutlich viereckig, am Grunde braun u. holzig, übrigens aber weichhaarig u. sehr ästig. Die Aeste stehen kreuzweis aufrecht u. nehmen gegen die Spitze hin sehr an Länge ab. Die Blätter sind graulichgrün, umgekehrt-eiförmig, stumpf, ganzrandig, mit einem sehr kurzen, zarten Haarüberzuge bekleidet; die obern sind fast sitzend. Die Blüthen stehen zu zahlreichen, eiförmigen, stumpfen, dichten Aehrchen, die gewöhnlich zu dreien an allen Endspitzen der Aeste u. Aestchen erscheinen, jedes Blüthchen ist von einem Deckblatte unterstützt, das grösser ist als der Kelch, wodurch das Aehrchen das Ansehen eines kleinen Zapfens erhält. Der Kelch ist einblättrig, tutenförmig u. umgiebt die Blumenkronenröhre nur unter der Oberlippe. Die Blumenkrone ist trichterförmig, 2lippig, weiss, die Oberlippe 2spaltig, die Unterlippe 3spaltig. — Die beblätterten blühenden Stengel, *Herba Majoranae*, welche viel äther. Oel, *Oleum Majoranae* (16 Unz. trocknes Kraut ungefähr 2 Drachmen Oel) enthalten, wirken innerlich auflösend u. tonisch, krampfstillend u. schweisstreibend, äusserlich zertheilend, wesshalb man sie, mit andern ätherischen Mitteln verbunden, zu aromatischen Umschlägen, Kräuterkissen, Bähungen, Bädern u. zu einer Salbe anwendet. Innerlich dient ein Theeaufguss od. das *Aqua Majoranae*, selten das sehr erhitzende Oel zu 1—2 Tropfen.

(Von **Origanum smyrnaeum Benth.** [Origanum smyrnaeum et Onitis Lin. sec. Benth., Majorana smyrnaea Nees.], smyrnischer Dosten, cretischer od. spanischer Hopfen, sind die blühenden Stengelspitzen als cretischer Dosten, spanischer Hopfen, **Herba v. Summitates Origani cretici**, gebräuchlich, u. werden, dem gemeinen Dosten gleich wirkend, nur wenig u. meist mit andern aromatischen Kräutern verbunden, angewendet. Der vorwaltend wirksame Bestandtheil ist das ätherische Oel, **Oleum Origani cretici**, das man zuweilen gegen Zahnschmerz von cariösen Zähnen, mittelst Baumwolle auf den hohlen Zahn gebracht, anwendet. — **Origanum Dictamnus L.** gab die sonst gebräuchliche **Herba Dictamni cretici**.

a. Die Wurzel mit den untern Stengeltheilen. — b. Eine blühende Stengelspitze. — A. Ein unteres Deckblatt. — B. Eine Blume mit dem Deckblatte. — C. Der Kelch etwas ausgebreitet u. D. noch stärker vergrössert. — E. Eine Blume durch die Unterlippe hindurch der Länge nach aufgeschnitten u. ausgebreitet, um das Pistill u. die Staubgefässe zu zeigen, stark vergr. — A. Eine einzelne Karyopse. — F. Dieselbe vergr. u. G. quer durchschnitten.

Gattung: **Thymus Scopol.**, Thymian.

Kelch röhrig, 10streifig, 2lippig: Oberlippe zurückgeschlagen, 3zähnig, Unterlippe aufwärts gebogen, 2spaltig oder borstig; Kelchschlund nach dem Verblühen durch Zottenhaare verschlossen. Blumenkrone 2lippig: Oberlippe kürzer, aufrecht, ausgerandet; Unterlippe 3lappig, der Mittellappen breiter, ganz od. ausgerandet. Staubgefässe gerade, auseinanderstehend.

Taf. XLI. **Thymus Serpyllum L.**, Feld-Thymian, Quendel, Feldkümmel.

Stengel niederliegend, kriechend oder sammt den Aesten aufsteigend, kurz u. kraus behaart od. zottig; Blätter länger oder kürzer gestielt, verschieden gestaltet (eirund, oval, länglich bis fast linealisch), stumpf, am Grunde verschmälert u. daselbst meist gewimpert, mit flachem, ungesägtem Rande; Blüthen gestielt, in achselständigen, gegenüberstehenden Büscheln gehäuft, am Ende der Aeste genäherte, dichte, beblätterte, scheinquirliche Köpfe bildend.

Diese halbstrauchige, wohlriechende Pflanze wächst in ungemeinen Abänderungen durch ganz Europa und Nordasien gemein an Wegen, auf Rainen, sonnigen Plätzen, Wiesen, Hügeln u. Bergen. Die Stengel werden ½—1' lang u. oft länger, nicht selten bleiben sie auch weit kürzer; sie haben viele vierkantige, an den Kanten od. auch auf den Seitenflächen mit längern od. kürzern weichen weissen Haaren mehr oder weniger dicht besetzte Aeste, welche bald kleine Büschchen bilden, bald rasenartig, bald endlich langniedergestreckt sind. Die gestielten Blätter werden 2—3''' lang, 1½—2''' breit, sind stumpf od. zugerundet, oft eirund od. rundlich-oval, beiderseits kahl, am Grunde u. am Blattstiele bewimpert, mit der Lupe betrachtet, punktirt. Die Blüthenwirtel zu 3—6 u. mehreren, zum Theil, vorzüglich die untern, entfernt od. die obern kopfförmig genähert. Die Deckblätter sind den übrigen Blättern ähnlich, nur mehr in die Länge gezogen. Die Blumen stehen zu 4—8 in jedem Wirtel. Die aufrecht abstehenden Blüthenstiele sind meist kürzer u. nur selten eben so lang als der Kelch, welcher meist röthlichbraun od. häufig auch violett gefärbt u. etwas borstlich-rauchhaarig ist. Die Kelchzipfel haben die Länge der Kelchröhre, die 3 obern sind lanzettlich, die beiden untern lang u. borstenförmig. Die carmin- od. rosenrothen, seltner weisslichen Blumenkronen sind aussen weichhaarig u. haben zugerundete ganzrandige Zipfel, von denen der oberste ausgerandet ist. Die Staubgefässe sind gewöhnlich in der Röhre verborgen, ragen jedoch zuweilen auch daraus hervor. Die kleinen Karyopsen sind verkehrt-eirund, kaffeebraun. Die zahlreichen Formen können in 2 Hauptabtheilungen gebracht werden: *a) Th. S. latifolium Wallr.*, breitblättriger Quendel, mit rundlichen bis oval-länglichen, oberseits flachen Blättern u. meist nur an den Kanten u. kürzer od. länger behaartem, auf den Seitenflächen mehr od. weniger kahlem Stengel. Hierher gehört *Thym. Chamaedrys Fries.*, der einen aufrechten, weitschweifigen Stengel, Aeste mit 2 Reihen weicher Haare, eiförmige, fast ganz kahle Blätter u. theils kopfförmige, genäherte od. entfernt stehende Blüthenwirtel hat. Ferner gehört hierher die Waldform *Thym. sylvestris Schreb.* u. *Thym. S. humifusus Bernh.* (Th. lanuginosus Schkuhr.), am Boden kriechender Quendel, welcher sich am meisten durch den langgestreckten Habitus unterscheidet, indem der kriechende Stengel stellenweis wurzelt, zottig behaart ist u. nur schlaffe, fadenförmige Aeste treibt; häufig sind die Blätter fast kreisrund od. elliptischspatelig, stets behaart od. bewimpert. — Die zweite Hauptform ist: *b) Thym. angustifolius Wallr.*, schmalblättriger Quendel, mit linealischen od. lineal-länglichen, oberseits rinnig-vertieften Blättern u. überall ziemlich gleichmässig behaartem Stengel. Hierher gehört auch *Th. angustifolius Schreb.* u. *Th. odoratissimus M. Bbst.* — Man sammelt von allen Abänderungen die blühenden u. beblätterten Stengel u. Aeste als Quendel, *Herba Serpylli*, welche kräftig, angenehm gewürzhaft, citronenartig riechen u. gewürzhaft, zusammenziehend-bitterlich schmecken. Die vorzüglichsten Bestandtheile sind äther. Oel (15 Pfd. Kraut geben nach Hagen 4 Scrupel Oel), Gerbestoff u. bitterer Extractivstoff. Das Quendelkraut findet vorzüglich äusserlich als ein flüchtig erregendes Mittel häufig Anwendung, z. B. bei Quetschungen, Verrenkungen, Geschwülsten u. Lähmungen, innerlich dient es als ein Hausmittel in Theeaufguss. Den Quendelgeist, *Spiritus Serpylli*, gebraucht man zum Waschen der krankhaften Stellen. Das Infusum wirkt vortheilhaft, wenn man die entzündeten Augen Neugeborner damit betupft. Häufig kommt das Quendelkraut zu den aromatischen Kräutern, *Species aromaticae*, auch zu den *Species ad foment. Ph. Bor.*

a. Die Abänderung: Var. b. Th. S. Chamaedrys Fries. α. Die Waldform dieser Abänderung: Var. α sylvestris Schreb. — β. Die Abänderung: Var. c. Th. S. humifusus Bernh. od. lanuginosus Schkuhr. — A. Eine Blume. — B. Der Kelch. — C. Die durch die Unterlippe der Länge nach aufgeschnittene u. ausgebreitete Blumenkrone nebst den Staubgefässen. — D. Eins der kürzeren u. eins der längeren Staubgefässe. — E. Das Pistill. — F. eine Karyopse. — G. Dieselbe senkrecht u. H. quer durchschnitten. — A. Eine Stengelspitze von Thymus angustifolius Schreb. — Charact. spec. Stengel fadenförmig, weit kriechend; Zweige reihenweise, aufrecht; Blätter linealisch-lanzettlich, stumpf, nervig, später rinnenartig; Blüthen kopfständig.

Taf. XLI. **Thymus vulgaris L.**, wahrer oder Garten-Thymian, römischer Quendel.

Stengel aufsteigend, sehr ästig; Aeste aufrecht, weisslich-zottig oder filzig; Blätter eirund-länglich, am Rande zurückgerollt, punktirt, unterseits weisslich; Blüthen in achselständigen Trugdolden, welche gipfelständige, unterbrochene, scheinquirliche Aehren bilden.

Dieser 4—8″ hohe, sehr ästige Halbstrauch wächst auf unbebauten, steinigen Plätzen u. Hügeln in Südeuropa u. wird häufig auch in den Gärten zum Gebrauch in der Küche gezogen. Die Wurzel ist reich zaserästig. Die längern Aeste des Stengels liegen am Grunde oft darnieder, wurzeln u. kriechen etwas. Die Blätter sind klein, 3—4‴ lang, dicklich, oberseits kurz- u. dicht-flaumig, mattgrün, beiderseits eingestochen-drüsig-punktirt. Die aufrechten od. abstehenden Blüthenstielchen sind so lang, länger od. kürzer als der glockig-röhrige, drüsig-punktirte, kurzhaarige Kelch, dessen Zähne steifhaarig-bewimpert sind; der Kelchschlund ist vor u. nach dem Blühen durch einen dichten Kranz von Zottenhaaren geschlossen. Die Blumenkronen sind weisslich od. blasslila; die Oberlippe ist tiefausgerandet, die Zipfel der Unterlippe sind zugerundet. Die Staubgefässe ragen aus der Blumenkrone hervor. — Die blühenden u. beblätterten, kräftig-angenehm, gewürzhaft riechenden u. gewürzhaft-erwärmend, etwas kampherartig schmeckenden Aeste, welche als vorzüglich wirksamen Bestandtheil viel äther. Oel, *Oleum Thymi*, enthalten, dienen als *Herba Thymi* wie die übrigen aromatischen Kräuter, als erregendes u. nervenstärkendes Mittel zu Bähungen, Umschlägen u. Bädern u. zu den *Species aromaticae*. Das Oel kommt zum Opodeldok, *Linimentum saponato-camphoratum* u. zu aromatischem Riechessig, *Acidum aceticum aromaticum*.

(Thymus creticus Brot. [Satureja capitata L., Thymus capitatus Link.], ein Strauch der Länder am Mittelmeere, gab sonst die aromatische Herba Thymi cretici. — Thymus Mastichina L., Mastix-Thymian, in Südfrankreich, Spanien u. Nordafrika einheimisch, gibt die angenehm mastixähnlich riechende Herba Mastichinae s. Mast. gallorum v. Mari vulgaris.)

a. Der Grundtheil u. b. Astspitzen eines im Garten gezogenen Exemplars. — α. Die Zweigspitze eines wildgewachsenen Exemplars mit schmalen Blättern. — A. Eine Blume. — B. Eine durch die Unterlippe der Länge nach aufgeschnittene Blumenkrone nebst den Staubgefässen. — C. Ein Staubbeutel. — D. Das Pistill. — E. Ein Fruchtkelch. — c. Eine Karyopse. — F. Dieselbe vergrössert u. G. quer durchschnitten.

Gattung: **Melissa Tournef.**, Melisse.

Kelch röhrig oder glockig, 13nervig, am Schlunde 2lippig: Oberlippe flach, kurz-3zähnig, Unterlippe 2spaltig. Blumenkrone 2lippig: Oberlippe ausgerandet, schwach gewölbt, Unterlippe 3lappig, der Mittellappen zugerundet od. schwach ausgerandet.

Taf. XLI. **Melissa officinalis L.**, gebräuchliche od. Citronen-Melisse.

Stengel aufrecht, ästig, nach oben zottig; Blätter gestielt, eirund-elliptisch, spitz, grobgesägt, flaumhaarig; Blüthen in gegenständigen, einseitswendigen Trugdolden in den Blattachseln.

Wächst ausdauernd in Südeuropa wild, wird bei uns in den Gärten gezogen u. blüht im Juli u. August. Aus der vielköpfigen, sehr ästigen u. faserigen Wurzel entspringen zahlreiche, $1\frac{1}{2}$—3′ hohe, aufrechte, steife, von unten an ästige, 4seitige, kurz drüsenhaarige, nach oben etwas zottige Stengel. Die Blätter sind $1\frac{1}{2}$—$2\frac{1}{2}$″ lang, 1—$1\frac{3}{4}$″ breit, die untersten langgestielt, grobsägezähnig, am Grunde schwach herzförmig, oberseits mit zerstreuten Haaren besetzt, unterseits kahl, die übrigen allmälig kleiner, kürzer gestielt, eiförmig, die obersten am Grunde fast keilförmig-verschmälert, beiderseits weichhaarig. Die Trugdoldchen haben nur 3—5 Blüthchen. Die gestielten lanzettlichen, zugespitzten Deckblätter sind nebst den Kelchen zottig-weichhaarig. Die Kelchoberlippe ist zurückgebogen-abstehend u. ihre Zähne sind kurz begrannt; die Unterlippe ist fast gerade u. hat 2 länger begrannt-zipfelähnliche Zähne. Die kleine, weisse Blumenkrone hat eine rundlich verkehrt-herzförmige Oberlippe u. eine Unterlippe, deren Mittelzipfel rundlich u. ganzrandig ist, deren seitliche Zipfel aber kleiner u. eirund sind. — Das aromatisch, sehr angenehm riechende u. balsamisch u. etwas scharf schmeckende Kraut, *Herba Melissae s. Mel. citratae*, ist vor der Blüthezeit, aber nur von der citronenartig riechenden Abänderung (*M. off. var. β. villosa Benth.*), zu sammeln u. kann 2 bis 3 mal jährlich geschnitten werden. Die vorzüglichen Bestandtheile desselben sind äther. Oel, *Oleum Melissae*, bitterer Extractivstoff u. eisengrünender Gerbestoff. Man wendet es als ein gelind erregendes u. beruhigendes Mittel im Aufgusse bei krampfhaften Beschwerden, leichten Nervenleiden, Blähungs- u. andern Unterleibsbeschwerden, bei Herzklopfen, Bleichsucht u. Verhaltung der Menstruation an. Es bildet einen Bestandtheil des berühmten Karmeliterwassers od. zusammengesetzten Melissengeistes (*Eau de carmes*), dessen man sich als Riechmittel bei Ohnmachten u. zu reizenden Einreibungen bedient. Eine Verwechselung mit der nach Citronen riechenden Varietät der *Nepeta Cataria L.* ist durch deren unterhalb behaarte od. weissfilzige Blätter kennbar.

a. Ein Stück des Grundtheils eines Stengels. — b. Eine Stengelspitze. — A. Ein Deckblatt. — A. Eine Blume. — B. Eine durch die Unterlippe aufgeschnittene u. ausgebreitete Blumenkrone nebst den 4 Staubgefässen. — C. Das Pistill. — B. Ein Fruchtkelch. — C. Die Karyopsen. — D. Eine einzelne Karyopse vergr. u. E. quer, sowie F. senkrecht durchschnitten.

Gattung: **Ocimum Tournef.**, Basilienkraut.

Kelch glockig, 2lippig: Oberlippe flach, rundlich, ganz, der untern 3- bis 4spaltigen aufliegend. Blumenkrone 2lippig, umgekehrt, die nach unten stehende Lippe (eigentlich die Oberlippe) länger, vorgestreckt, ganz; die nach oben gekehrte (*die Unterlippe*) *3- bis 4lappig. Staubgefässe abwärts geneigt; Staubfäden am Grunde mit einem Haarbüschel, Anhängsel oder Zähnchen versehen.*

Taf. XLII. **Ocimum Basilicum L.**, gemeines od. grosses Basilienkraut.

Krautig; Stengel aufrecht, ästig, schwachweichhaarig; Blätter gestielt, eirund-länglich, stumpf, undeutlich-gesägt, kahl; Blüthen gestielt, überhängend, in gegenständigen Büscheln, am Ende der Stengel u. der Aeste unterbrochene Trauben bildend; Kelchzähne gewimpert.

Eine einjährige Pflanze des südlichen Asiens, von der man sehr viele Formen u. Abänderungen hat, die manche Botaniker als eigne Arten aufführen. Sie ändert ab durch Behaartheit, Kahlheit, durch Form, Farbe u. Beschaffenheit der Blätter. So sind z. B. *Oc. hispidum Lam.* u. *pilosum Willd.* behaarte Formen, *Oc. integerrimum Willd.* u. *caryophyllatum* kahle Formen mit kaum sägerandigen Blättern; *Oc. album* hat grosse u. dicke Blätter u. genäherte Blüthenwirtel; *Oc. nigrum Thuin.* hat schwärzlich-violette, krautige Theile, als Stengel, Blätter, Deckblätter u. s. w.; *Oc. bullatum Lam.* hat sehr grosse, blasig- u. blatterartig aufgetriebene Blätter u. s. m. Der meist 1—2' hohe Stengel ist mehr oder weniger ästig. Die langgestielten Blätter sind 15''' bis 3'' lang, ½—2'' breit, eiförmig, am Grunde meist etwas verschmälert, vorn stumpflich od. spitzig, unterseits drüsig-punktirt. Die Trauben sind oft 8—12'' lang, die unteren Wirtel stehen entfernter, die obern näher beisammen. Die gestielten Deckblätter sind etwas länger als die Kelche, die untern eiförmig, die obern elliptisch, zugespitzt, wimperig. Die flache Oberlippe des kurzröhrigen Kelchs ist gewimpert u. gewöhnlich gefärbt, die Unterlippe ist länger u. schmäler, mit 4 ei-länglichen, feinzugespitzten, wimperigen Zipfeln versehen. Die grosse weisse Blumenkrone hat eine sehr breite, nach oben gekehrte Unterlippe mit 4 kurzen abgerundeten, oft gekerbten, seltner fast gefranzten Zipfeln u. eine nach unten gekehrte spatelige, kerbig-gezähnte Oberlippe. Die Staubfäden der beiden kürzern Staubgefässe sind mit einem Anhange versehen. — Die frisch stark, sehr angenehm balsamisch riechenden, gewürzhaft, kühlend, etwas salzig schmeckenden Blätter sammt den Aesten, *Herba Basilici*, enthalten hauptsächlich äther. Oel u. eisengrünenden Gerbstoff u. wirken vorzüglich reizend u. erregend, werden aber jetzt nur äusserlich unter den aromatischen Kräutern angewendet. Man sammelt auch statt ihrer das kleine Basilienkraut (*Ocimum minimum*) ein, dessen Blätter viel kleiner sind, auch einen feinern u. angenehmern Geruch u. Geschmack haben.

a. Die Wurzel mit dem Grundtheile des Stengels. — b. Eine blühende Stengelspitze. — A. Eine Blume. — A. Der Kelch von unten. — B. Eine durch die Unterlippe (weil die Blume umgekehrt ist, eigentlich die Oberlippe) der Länge nach aufgeschnittene u. ausgebreitete Blumenkrone mit den 4 Staubgefässen, von denen die beiden untern die bei C. einzeln dargestellten Anhängsel zeigen. — D. D. Zwei Staubbeutel, einer von vorn, der andere von hinten. — E. Das Pistill, an dem nur noch die Unterlippe des Kelchs sich befindet. — E. Eine in Wasser eingeweichte u. mit Schleim bedeckte Karyopse u. F. dieselbe vergr. — G. Eine Karyopse im trocknen Zustande u. H. dieselbe quer, sowie I. senkrecht durchschnitten.

(In diese Ordnung gehören ferner noch: **Ajuga Chamaepitys Schreb.** [Teucrium Chamaepitys L.], Ackerginsel, Gichtgamander, von dem man sonst das gewürzhafte u. bittere Kraut, **Herba Chamaepityos s. Ivae arthriticae**, als ein tonisches, gelind reizendes, die Hautausdünstung vermehrendes Mittel bei Gicht, Rheumatismus u. chronischen Hautausschlägen anwendete. — Von **Ajuga Iva Schreb.** kam **Herba Ivae moschatae v. Chamaepityos monspeliacae** her. — **Ajuga montana Dill.** [Aj. genevensis L.], so wie **Aj. pyramidalis L.** u. **Aj. reptans L.** lieferten **Herba Buglae v. Consolidae mediae.** — **Scorodonia heteromalla Mnch.** [Teucrium Scorodonia L.], wendete man sonst als **Herba Scorodoniae s. Salviae sylvestris** an. — **Satureja hortensis L.**, gemeines Pfefferkraut oder Bohnenkraut, gemeiner Saturei, war sonst als **Herba Saturejae v. Cunilae sativae** gebräuchlich, wird mehr als Gewürz in der Küche gebraucht, kommt aber auch, so wie **Satureja montana L.**, zu den aromatischen Kräuterkissen. — **Satureja Thymbra** lieferte sonst **Herba Thymi cretici.** — Von **Nepeta Cataria L.**, Katzenminze, Neptenkraut, wurden sonst die Blätter, **Herba Nepetae v. Catariae**, als ein krampfstillendes Mittel, vorzüglich aber gegen Bleichsucht, Hysterie, Verschleimung in den Brustorganen u. im Darmkanale angewendet, werden aber auch noch jetzt in der Homöopathie gebraucht. — Von **Sideritis hirsuta L.** u. **Sideritis hirta Roth.** waren die beblätterten u. blühenden Zweigspitzen als Berufkraut, Gliedkraut, **Herba Sideritidis**, gegen Brustübel gebräuchlich. — Von **Preslia cervina Fresen.** [Mentha cervina L., Pulegium cervinum Mill.], Hirschminze, war sonst das eigenthümlich, sehr kräftig u. eindringend riechende Kraut, **Herba Pulegii cervini**, wie der Polei gebräuchlich. — **Lamium album L.**, weisser Bienensaug od. Taubnessel, lieferte sonst das Kraut u. die Blumen, **Herba et Flores Lamii albi v. Urticae mortuae**, u. es werden jetzt noch die Blumen häufig als ein Hausmittel bei Katarrhen, besonders aber gegen den weissen Fluss angewendet. Als ähnlich wirkend wendete man auch das Kraut von **Lamium maculatum L.** als **Herba Lamii Plinii v. Herba Milzadella**, ferner das von **Lamium purpureum L.** als **Herba Lamii rubri**, so wie von beiden die **Blüthen** an. — **Galeopsis ochroleuca Lam.** [Galeopsis villosa Sm.], grossblumiger oder ochergelber Hohlzahn, zottige Hanfnessel, war früher als **Herba Galeopsidis** gegen Lungenschwindsucht gebräuchlich u. sie wurde in der Jetztzeit anfangs als ein Geheimmittel gegen diese Krankheit unter dem Namen Lieber'scher Thee od. Lieber'sche Auszehrungskräuter wiederum häufig angewendet. — **Galeopsis Tetrahit L.** lieferte sonst **Herba Cannabis sylvestris.** — Von **Betonica officinalis L.** [Stachys Betonica Benth.], waren früherhin die Wurzel, Blätter u. Blüthen, **Radix, Herba et Flores Betonicae**, officinell. — **Stachys recta L.** wurde als **Herba Sideritidis** gebraucht. — **Stachys palustris L.** lieferte **Herba Marrubii aquatici acuti v. Stachydis aquaticae v. Galeopsidis foetidae.** — **Stachys sylvatica L.** gab **Herba Galeopsidis sylvaticae v. Lamii sylvatici foetidi v. Urticae inertis** foetidissimae. — **Stachys germanica L.** lieferte **Herba Stachydis v. Marrubii agrestis.** — Von **Ballota nigra L.**, schwarzer Andorn, wurde sonst das unangenehm riechende, bitter u. etwas herbe schmeckende Kraut, **Herba Marrubii nigri v. Marr. foetidi v. Ballotae**, bei hypochondrischen u. hysterischen Leiden, aber auch äusserlich bei Podagra häufig angewendet. — **Panzeria tomentosa Mnch.** [Ballota lanata L., Leonurus lanatus L.], eine ausdauernde Pflanze des südlichen Sibiriens vom Obi bis zum Baikalgebirge, welche ... riecht, aber stark bitter schmeckt, ist längst in Sibirien als ein kräftiges harntreibendes Mittel bekannt u. wird jetzt als **Herba Ballotae lanatae** in Europa bei Gicht, Rheumatismus u. Wassersucht in Abkochung angewendet. — Von **Leonurus Cardiaca L.**, Wolfstrapp, Herzgespannkraut, wendete man sonst das unangenehm riechende Kraut, **Herba Cardiacae**, gegen Herzklopfen u. Magenleiden an. — **Clinopodium vulgare L.**, gemeine Wirbeldosten, lieferte sonst die angenehm gewürzig riechende **Herba Clinopodii vulgaris.** — **Acinos vulgaris** Pers. [Thymus Acinos L., Acinos thymoides Mönch., Melissa Acinos Benth.], Steinpolei, Bergbasilie, gebrauchte man sonst als **Clinopodii sylvestris v. Ocimi sylvestris v. Acinos.** — **Molucella laevis L.**, glatte Molukke, im Oriente, besonders Syrien u. Palästina einjährig wachsend, lieferte die angenehm melissen- u. melonenartig riechende u. bitterlich, schwach gewürzhaft schmeckende **Herba Molucellae.** — **Calamintha officinalis Mnch.** [Melissa Calamintha L., Thymus Calamintha Scop.], gebrauchte man sonst als **Herba Calaminthae v. Calam. montanae.** — Von **Calamintha grandiflora Mnch.** [Melissa grandiflora L.], wendete man sonst das Kraut, **Herba Calaminthae praestantioris s. grandiflorae** an. — **Calamintha Nepeta Link.** [Melissa Nepeta L.], war früher als **Herba Melissae Nepetae s. Calaminthae Pulegii odore v. Calaminthae agrestis** officinell. — Von **Dracocephalum Moldavica L.**, türkische Melisse, waren u. sind noch in einigen Gegenden die Blätter als **Herba Melissae turcicae v. peregrinae v. Citraginis turcicae v. Cedronellae turcicae** officinell. — **Dracocephalum canariense L.** gab **Herba Melissae canariensis.** — **Cunila mariana L.**, in Pennsylvanien, Maryland u. Virginien einheimisch, ist in Nordamerika als **Herba Cunilae** im Gebrauch u. sehr reich an äther. Oele. — Von **Melittis Melissophyllum L.** u. **Melittis grandiflora Smith.**, Immen- od. Melissenblatt, wurden früher die grossen, getrocknet angenehm, etwas vanilleähnlich, lange anhaltend riechenden Blätter, **Herba Melissophylli v. Melissae Tragi**, als eröffnendes, schweiss- u. harntreibendes Mittel gebraucht. — **Scutellaria galericulata L.**, gemeines Helmkraut, wendete man sonst als **Herba Tertianariae** gegen Wechselfieber an. — **Scutellaria lateriflora L.**, in Kanada u. Karolina einheimisch, empfahl man vor 30 Jahren als ein Vorbauungsmittel gegen Hundswuth. — Von **Prunella vulgaris L.**, gemeine Prunelle, gebrauchte man das bitterliche u. zusammenziehende Kraut, **Herba Prunellae v. Consolidae minoris**, bei Blutflüssen, Halsschmerzen u. s. w. [Abbild. der deutschen Gewächse s. Linke etc.])

Angiospermia (Bedecktsamige).

Familie: **Larvenblüthler:** Personatae.

Gattung: **Linaria Tournef.**, Leinkraut.

Kelch 5theilig. Blumenkrone maskirt (*larvig od. verlarvt, personata*), *am Grunde gespornt, Röhre aufgeblasen, Saum 2lippig, mit 2spaltiger zurückgeschlagener Oberlippe, 3lappiger Unterlippe u. einem am Schlunde vorspringenden Gaumen. Kapsel 2fächerig, bis zur Hälfte 2klappig, mit an der Spitze meist 3zähnigen Klappen, vielsamig.*

Taf. XLII. **Linaria vulgaris Mill.**, gemeines Leinkraut, Frauenflachs, Marienflachs, gelbes Löwenmaul. (*Antirrhinum Linaria L.*)

Stengel nebst den Aesten aufrecht, kahl; Blätter sämmtlich wechselständig, gedrängt, lineal-lanzettlich, spitzig; Traube endständig, fast ährenförmig-gedrungen.

Diese ausdauernde Pflanze findet sich nicht selten auf Hügeln, Feldrainen, an Wegen u. Zäunen in Europa u. Nordamerika.

Die Wurzel ist wagrecht. Gewöhnlich kommen einige Stengel aus einer Wurzel; sie werden 1—2' hoch, sind dünn, steifaufrecht, einfach oder seltner oben etwas ästig, dichtbeblättert u. meist ganz kahl. Die ungestielten Blätter sind 1½—2'' lang, 1—1½''' breit, lineal-lanzettlich, ganzrandig, spitzig, fast 3nervig, kahl, unterseits seegrünlich. Trauben endständig, mit aufrechten, gedrängten, grossen gelben Blüthen mit röthlich gelbem Saume der Unterlippe. Die linealischen spitzigen Deckblätter sind etwas länger als die Blüthenstielchen. Die ovale Kapsel enthält viele kreisrunde, flache, breitgesäumte, schwarze Samen. — Die Obertheile des Stengels mit Blättern u. Blüthen, *Herba Linariae*, welche etwas scharf sind u. sogar für giftig gehalten wurden, wendete man als harntreibendes u. eröffnendes Mittel bei Wassersucht, Gelbsucht, Hautkrankheiten, Scrofeln, Rhachitis u. s. w. an, braucht sie jetzt aber nur noch äusserlich zu erweichenden, schmerzstillenden Umschlägen, zu einer Salbe, *Unguentum de Linaria*, vorzüglich bei Hämorrhoiden u. zu Bädern bei rhachitischen Kindern. Die Blumen, mit denen der Königskerze, *Flores Verbasci*, gemischt, hat man gegen chronische Hautausschläge als Theeaufguss empfohlen.

(**Linaria Cymbalaria Mill.** [Antirrhinum Cymbalaria L.], Zympelkraut, brauchte man als **Herba Cymbalariae** bei Wunden, gegen Schleimflüsse der Genitalien u. Harnruhr. Obgleich das Pflänzchen nicht gefährlich giftig ist, so soll doch der ausgepresste Saft der berüchtigten Aqua Tophana beigemischt worden sein. — Von **Linaria Elatine Mill.** [Antirrhinum Elatine L.] war das bittere Kraut, **Herba Elatines**, gebräuchlich. — Von **Linaria spuria Willdw.** sammelte man **Herba Elatines folio subrotundo**. [Abbild. s. Linke etc.])

a. Der Untertheil eines Stengels. — b. Eine blühende Stengelspitze. — A. Eine Blume, von welcher die Unterlippe weggeschnitten wurde. — B. Der am Schlunde der Blumenkrone vorspringende Gaumen. — A. Ein Staubbeutel. — C. Der Kelch. — D. Das Pistill. E. Die Narbe. — E. Eine geschlossene u. F. eine aufgesprungene Kapsel. — C. Dieselbe vergrössert u. D. quer, so wie E. senkrecht durchschnitten, um den mittelständigen Samenträger zu zeigen. — G. Samen. — F. Einer derselben vergr. u. G. senkrecht, so wie H. quer durchschnitten.

Gattung: **Digitalis Tournef.**, Fingerhut.

Kelch 5theilig. Blumenkrone röhrig-glockenförmig, mit unregelmässig- fast 2lippigem, 4- od. 5lappigem Saume. Staubgefässe 4, mit 2lappigen Staubbeuteln. Kapsel 2fächerig, scheidewandspaltig-2klappig, vielsamig.

Taf. XLII. **Digitalis purpurea L.**, rother Fingerhut.

Blätter länglich, gekerbt, runzelig, oberseits weichhaarig, unterseits filzig-zottig; Kelchzipfel eirund-elliptisch, kurz zugespitzt, von der Länge der Blüthenstielchen; Lappen des Blumenkronensaums stumpf, der oberste ungetheilt.

Diese 2jährige scharfe Giftpflanze wächst auf sonnigen und belaubten Bergen im südlichen u. mittlern Europa und blüht im Juni bis August. Aus der weisslichen, ästigen u. mit vielen Fasern besetzten Wurzel entspringt ein aufrechter, 2—3' hoher, oft auch höherer stielrunder, meist einfacher od. nur am Grunde etwas ästiger, weichhaarig-filziger Stengel. Die ½—1' langen, 3—6'' breiten, eiförmigen, stumpfen, am Grunde in einen breiten u. langen Blattstiel verschmälerten Blätter sind am Rande doppelt-gekerbt und etwas wellig, aderig-runzelig, oberseits flaumhaarig u. graulichgrün, unterseits weisslichgrau u. fast filzig. Sie sind am Stengel nach oben allmälig kleiner u. kürzer gestielt, länglicher, spitziger u. gezähnt-gekerbt; die obersten ungestielten sind länglich-lanzettlich, fast ganzrandig. Die langen einseitswendigen Trauben stehen am Ende des Stengels u. der Aeste. Die lanzettlichen oder eirund-lanzettlichen, zugespitzten, ganzrandigen Deckblätter haben meist die Länge der fast filzigen Blüthenstielchen. Die Kelchzipfel sind oval-länglich, spitzig. Die gegen 2'' lange Blumenkrone ist düster purpur-rosenroth, innen behaart u. auf der untern Seite weiss mit purpurrothen Flecken; bei einer in Gärten, wo dieses Gewächs häufig zur Zierde kultivirt wird, verkommenden Abänderung sind auch die Blumenkronen ganz weiss. Die niedergebogenen Staubgefässe haben 2 rundliche, an dem einen Ende weit von einander weichende Antherenfächer. Der eirund-längliche, zugespitzte Fruchtknoten trägt auf dem langen Griffel eine Narbe mit 2 spitzigen Zipfeln. Die weichhaarige, 2fächrige, klappige Kapsel enthält zahlreiche gelbbraune, ovale, mit einer Längsfurche versehene, an beiden Enden eingedrückte Samen. Die der Vorschrift gemäss nur von der wildwachsenden Pflanze u. bei trocknem Wetter gesammelten Blätter, welche einen unangenehmen, ekelhaften, scharf-bitterlichen Geschmack u. gequetscht einen eigenen widrigen Geruch, der beim Trocknen verloren geht, haben, u. einen scharf narkotischen, bittern Extractivstoff, das Digitalin, mit Gummi, Harz, saurem, kleesaurem u. weinsteinsaurem Kali verbunden, enthalten, müssen im Schatten getrocknet u. sorgfältig, nach Buchner zerkleinert in verstopften Flaschen vor der Sonne geschützt, auch nicht über ein Jahr aufbewahrt werden. In kleinern Gaben wirkt das Kraut mässig auf die Drüsen, Lymphgefässe u. Absonderungsorgane u. vermehrt besonders die Urin- u. Schleimabsonderung. In grösseren Gaben bewirkt es leicht Verdauungsbeschwerden, Uebelkeit u. Kolikschmerzen. Zu grosse Gaben wirken narkotisch-giftig u. haben schlimmsten Falles den Tod durch Apoplexie zur Folge. Man wendet es an besonders bei verschiedenen Krankheiten des lymphatischen u. Nervensystems, als bei Scropheln, Wassersucht, Congestionen nach dem Herzen u. der Brust, nach dem Kopfe, bei Blutflüssen, chronischen Entzündungen, Keuchhusten, krampfigem Asthma u. s. w. entweder in Pulvern od. seltner in Aufgüssen u. Abkochungen. Die Gabe des Pulvers ist von 1—2 Gran am zweckmässigsten in Verbindung mit Kalomel. Das Extract giebt man in gleicher Gabe, die einfache Tinktur aber von 10—12 Tropfen. Bisweilen soll eine Verwechselung der Fingerhutblätter vorkommen 1) mit den Blättern des Wollkrautes (*Verbascum Thapsus L.*), diese sind aber dicker, beiderseits wollig, viel weicher anzufühlen u. weisslich od. graugrün; 2) mit den Blättern des Beinwells (*Symphytum officinale L.*), welche aber scharf anzufühlen, am Rande ungekerbt u. mit kleinen Borsten besetzt sind; u. endlich 3) mit den Blättern von *Conyza squarrosa*, die aber stumpfer, mehr ganzrandig, beiderseits mit steifen, abwärts stehenden Haaren besetzt u. rauh anzufühlen, auch beiderseits gleich gefärbt sind.

(**Digitalis Thapsi L.**, eine in Südfrankreich, Oberitalien, Spanien u. Portugal wachsende Pflanze, wendet man in jenen Ländern ebenso wie vorige Art an.)

a. Der Untertheil einer Pflanze. — b. Eine blühende Stengelspitze. — c. Der Kelch mit dem Pistille. — d. Die der Länge nach aufgeschnittene u. ausgebreitete Blumenkrone nebst den 4 didynamischen Staubgefässen. — A. Der Obertheil eines Staubgefässes mit geschlossenen u. B. mit aufgesprungenen Staubbeuteln. — e. Eine vom Kelche umgebene reife Kapsel. — f. Eine vom Kelche befreite junge Kapsel quer durchschnitten. — g. Eine aufgesprungene reife Kapsel. — h. Der mittelständige Samenträger. — A. Samen. — C. Einer derselben vergr. u. D. quer, so wie E. senkrecht durchschnitten.

(In dieser Ordnung sind noch zu bemerken: **Orobanche Epithymum De C.**, Quendel-Sommerwurz, und einige verwandte Arten der Gattung **Orobanche**, von denen die Wurzel und Blüthen, **Radix et Flores Orobanches**, gebräuchlich waren; die bittere und zusammenziehende Wurzel wurde gegen Blähungen, Bauchschmerzen u. auch als Wundmittel, die Blüthen dagegen bei Nervenleiden, Krampf der Kinder u. s. w. angewendet. — **Lathraea Squamaria L.**, gemeine Schuppenwurz, lieferte den langen unterirdischen Stengel als **Radix Squamariae vel Dentariae majoris**, den man gegen Leibschmerzen, Epilepsie u. Krämpfe bei Kindern gebrauchte. — **Euphrasia officinalis L.**, officineller Augentrost, sammelte man zur Blüthezeit [in der zweiten Hälfte des Sommers] als **Herba Euphrasiae**, u. wendete sie vorzüglich bei Augenleiden, aber auch bei Magenschwäche, träger Verdauung, Stokkungen im Unterleibe, Gelbsucht u. s. w. an. — **Odontites rubra Pers.** [Odontites verna et serotina Pers., Bartsia Odontites Huds., Euphrasia Odontites L.] gebrauchte man sonst als **Herba Euphrasiae rubrae s. Odontitidis** bei Zahnschmerzen (daher der Name), aber auch bei zu reichlicher Menstruation. — **Rhinanthus major Ehrh.** u. **R. minor Ehrh.** [beide von Linné als **Rhinanthus Crista galli** vereinigt], Klappertopf, Pfennigkraut, Vasenblume, lieferten das geruchlose u. etwas herbe, salzig u. bitterlich schmeckende Kraut, **Herba Cristae galli**. — Von **Melampyrum arvense L.**, Wachtelweizen, Akker-Kuhweizen, sammelte man die Samen, **Semen Melampyri**, u. brauchte deren Mehl als ein vorzüglich zur Zertheilung wirksames Mittel; das Kraut rühmte man gegen alte Geschwüre. — Von **Verbena officinalis L.**, gemeines Eisenkraut, Eisenhart, hielt man die geruchlosen, bitterlich u. etwas zusammenziehend schmeckenden Blätter, **Herba Verbenae**, nicht nur für ein heilsames Universalmittel, sondern dichtete ihnen sogar auch Zauberkräfte an, jetzt bedienen sich die Landleute derselben kaum noch bei Wunden u. Geschwüren. — Von **Aloysia citriodora Orteg.** [Verbena triphyllos L'Herit.], einem Strauche in Peru, Chili u. Buenos Ayres, werden die sehr angenehm citronenartig riechenden Blätter, **Folia Aloysiae**, in Südamerika u. in einigen südeuropäischen Ländern als flüchtig reizendes Mittel im Theeaufguss bei Erkältungen u. s. w. gebraucht. — Von **Pedicularis palustris L.**, Sumpfläusekraut, Sumpfrodel, u. **Pedicularis sylvatica L.**, beides sehr scharfe Giftgewächse, sammelte man sonst fast die ganze Pflanze als Herba Pedicularidis aquaticae vel Fistulariae u. benutzte sie äusserlich bei unreinen Geschwüren u. zur Tödtung von Ungeziefer bei Menschen u. Thieren, selten innerlich bei zu starker Menstruation, bei Krankheiten der Harnwerkzeuge. — Von **Antirrhinum majus L.**, grosses Löwenmaul, grosser Dorant, Kalbsnase, gebrauchte man sonst das etwas scharfe Kraut, **Herba Antirrhini vel Orontii majoris, vel Capitis vitulli**, so wie von **Antirrhinum Orontium L.**, Feldlöwenmaul, kleiner Dorant, die ganze Pflanze, **Herba Orontii**, als ein zertheilendes u. harntreibendes Mittel. — Von **Scrofularia nodosa L.**, gemeine Braun- oder Knotenwurz, wendete man sonst die Wurzel u. das Kraut, **Radix et Herba Scrofulariae foetidae vel Scr. vulgaris**, so wie von **Scrofularia aquatica L.**, Wasserbraunwurz, das Kraut, **Herba Scrofulariae aquaticae vel Betonicae aquaticae**, bei Scrofeln, Hautkrankheiten, Geschwülsten, Auswüchsen, Auftreibungen u. s. w. an. — **Linnaea borealis Gron.** wird in Schweden als Arznei angewendet. — Von **Sesamum orientale L.**, einer aus Ostindien stammenden, jetzt in allen heissen u. warmen Gegenden häufig kultivirten Oelpflanze, aus deren Samen schon die Babylonier u. alten Aegypter ihr Oel gewannen, waren sonst die Samen u. das nicht leicht ranzig werdende Oel, **Semen et Oleum Sesami**, auch in den europäischen Apotheken officinell. Das süss u. angenehm schmeckende Oel wird gegessen und als Arznei u. kosmetisches Mittel, so wie das schlechtere zum Brennen gebraucht. — Von **Vitex Agnus castus L.**, gemeine Mullen, Keuschlammstrauch, wendete man die Früchte sonst als **Semina Agni casti** ebenso wie die Blätter gegen Amenorrhöe, zur Beförderung der Austreibung der Nachgeburt, aber auch als Gewürz, um die Verdauung zu stärken u. zu unterstützen, ferner als harn- u. schweisstreibendes Mittel u. endlich gegen Wechselfieber u. Durchfälle an. Von den Homöopathen werden sie noch gebraucht. — Von **Melianthus major L.**, einem am Vorgebirge der guten Hoffnung wachsenden, 5—7' hohen Strauche, sammeln die Colonisten den beim Schütteln des Strauches regenartig aus den Blüthen herausträufelnden blassrothen, sehr angenehm süss u. schleimig schmeckenden Saft u. geniessen ihn wie Honig u. gebrauchen ihn als Arznei. Dasselbe gilt auch von **Melianthus minor L.**, nur ist der Honig schwärzlicher u. widrig riechend. [Abbildung der deutschen Gewächse s. Linke etc.])

XV. Cl. Tetradynamia (Viermächtige).

Siliculosae (Schötchentragende).

Familie: **Kreuzblüthler:** Cruciferae Juss.

Gattung: **Cochlearia Tournef.**, Löffelkraut.

Kelch abstehend. Schötchen rundlich, fast kugelig, Klappen mit einer Mittelrippe. Staubfäden zahnlos, gerade. Samen rauh, gekörnelt: Samenlappen parallel an einander liegend.

Taf. XLII. **Cochlearia officinalis L.**, gebräuchliches Löffelkraut.

Wurzelblätter langgestielt, breit-eirund, am Grunde schwach-herzförmig, die stengelständigen sitzend, tiefherzförmig, stengelumfassend, eiförmig-länglich, eckig-gezähnt; Schötchen eirund-kugelig.

Eine am Meeresstrande des nördlichen u. südlichen Europa u. um Salinen wachsende 2jährige, im Mai bis August blühende Pflanze. Die Wurzel ist lang, walzig-spindelig, federkielsdick, am Ende etwas ästig, weisslich. Stengel aufrecht, ½—1' hoch, einfach od. meist am Grunde einige aufsteigende, ästige Nebenstengel treibend. Wurzelblätter zahlreich, ½—1'' lang u. eben so breit oder noch breiter, auf 1—4'' langen Stielen; die untern Stengelblätter kurzgestielt, eiförmig, stumpf, beiderseits 1—3 stumpfe Zähne tragend, die übrigen herzförmig-stengelumfassend. Blüthen in Doldentrauben, die sich in lange Fruchttrauben ausdehnen. Kelchblätter oval, stumpf, am Rande weisshäutig. Blumenblätter mehr als zweimal länger als die Kelche, verkehrt-eiförmig. Schötchen eirundlich-kugelig, durch den Griffel stachelspitzig, auf abstehenden Stielchen; Klappen mit einem Rückennerven. Samen 6—10, rothbraun. — Das zwischen den Fingern geriebene beissend - scharf riechende u. schmeckende frische Kraut, ***Herba recens Cochleariae***, welches man als Salat geniesst, ist ein vorzügliches antiscorbutisches Mittel u. wird bei Unterleibsstockungen, Scorbut u. s. w. angewendet, dient auch zur Bereitung der ***Conserva*** (1 Th. Kraut u. 3 Th. Zucker) u. ***Spiritus Cochleariae***, welchen letzteren man zur Stärkung u. Belebung des Zahnfleisches, um den Mund damit auszuspülen, anwendet. Bisweilen soll eine Verfälschung mit den Blättern des Feigwarzenkrautes (***Ranunculus Ficaria L.***) vorfallen, diese haben aber eine mehr herz-, nierenförmige, rundliche Gestalt, sind ungleich, in der Mitte oft mit einem schwarzen Flecke bezeichnet u. schmecken mehr unangenehm bitter als kressenartig.

a. Der Untertheil eines Stengels nebst der Wurzel. — b. Stengelspitze. — A. Blüthe. — B. Die Geschlechtsorgane. — C. Blumenblatt. — D. Kelchblatt. — A. Schötchen. — B. Dasselbe von anderer Seite, von welchem die Klappe C. entfernt worden ist. — E. Eine Scheidewand mit 4 Samen. — D. Samen. — F. Derselbe vergrössert u. G. senkrecht, so wie H. quer durchschnitten.

Gattung: **Armoracia Rupp.**, Meerrettig.

Kelch offen oder abstehend. Schötchen rundlich: Klappen hochgewölbt, fast halbkugelig, ohne Mittelrippe. Staubfäden zahnlos, gerade. Samen punktirt: Samenlappen parallel an einander liegend.

Taf. XLIII. **Armoracia rusticana Fl. Wett.**, gemeiner Meerrettig, Kren. (***Cochlearia Armoracia L.***, ***Armoracia sativa Hell.***)

Wurzelblätter eirund od. oval-länglich, eingeschnitten-stumpf-gezähnt, Stengelblätter fiederspaltig, oberste lanzettlich, ganzrandig.

Wächst ausdauernd auf feuchten Wiesen, an Gräben und Flussufern, wird aber auch häufig angebaut. Die dicke (bisweilen armsdicke) stielrunde Wurzel dringt tief senkrecht in den Boden, treibt unten Aeste u. Ausläufer, von denen später wieder mehrere Wurzelköpfe entspringen. Stengel aufrecht, 1½—3' hoch, rundlich - eckig, röhrig, nach oben in mehrere aufrechte Blüthenäste getheilt u. wie die ganze Pflanze kahl. Wurzelblätter 1—2' lang, 3—6'' breit, langgestielt, eirund-länglich, am Grunde ungleich-fastherzförmig, grob- u. ungleich-gekerbt, mit einem dicken Mittelnerven; Stengelblätter weit kleiner, untere kürzer gestielt bis nach oben endlich sitzend, breiter od. schmäler lanzettlich, theils ganz, theils fiederspaltig, mit linealischen, stumpfen, ganzrandigen od. gezähnten Zipfeln, die obersten lanzettlich, stets ungetheilt u. meist ganzrandig. Trauben zahlreich, zusammen eine grosse doldentraubige Rispe bildend. Kelchblättchen ei-länglich, vertieft, am Rande weisshäutig. Blumenblätter fast 3mal länger als der Kelch, verkehrt-eiförmig, weiss. Die Schötchen bilden sich selten aus, sind klein, durch den kurzen Griffel mit knopfiger Narbe gespitzt, 6—8samig. — Die frische Wurzel, ***Radix recens Amoraciae*** sive ***Raphani rusticani***, welche ein von einem flüchtigen Oele herrührendes, eigenthümliches, scharfes Princip in grosser Menge enthält, wird als ein reizend auf die Schleimhaut des Magens u. Darmkanals wirkendes u. die Absonderung des Urins beförderndes Mittel bei träger Verdauung, Verschleimung des Darmkanals, der Urinwerkzeuge, der Brust, bei Wassersuchten, Steinkrankheiten, Scorbut u. s. w. angewendet, auch häufig äusserlich kleingerieben zum Röthen der Haut gebraucht.

a. Eine Stengelspitze. — A. Eine Blüthe. — A. Geschlechtsorgane. — B. Ein Blumenblatt. — C. Ein Kelchblatt. — B. Ein reifes Schötchen. — C. Dasselbe, von dem die Klappe D. entfernt wurde. — D. Eine Scheidewand mit 4 Samen. — E. Ein Samen. — E. Derselbe vergr. u. F. quer, so wie G. senkrecht durchschnitten. — b. Ein Theil der Wurzel. — c. Ein Wurzelblatt. — d. Ein mittleres Stengelblatt.

(In dieser Ordnung sind noch zu bemerken: **Isatis tinctoria L.**, Färber-Waid, eine im Oriente, in Süd- u. Mitteleuropa wachsende, des blauen Farbestoffs halber häufig im Grossen angebaut werdende, 2jährige Pflanze, von der sonst die scharf rettigartig riechenden u. schmeckenden Blätter, **Folia sive Herba Glasti vel Isatidis**, besonders äusserlich bei Wunden, Geschwüren, Blutungen u. innerlich gegen Krankheiten der Milz angewendet wurden. — Von **Senebiera Coronopus Poir.** [Cochlearia Coronopus L.], wendete man das stark kressenartig riechende u. schmeckende Kraut, d. h. die ganze Pflanze, **Herba Coronopi sive Nasturtii verrucosi**, wie das Löffelkraut, aber auch, zu Asche verbrannt, als berühmtes Geheimmittel gegen Blasensteine an. — Von **Thlaspi arvense L.**, von **Thlaspi perfoliatum L.**, von **Lepidium campestre R. Br.** [Thlaspi campestre L.] u. einigen andern Pflanzen der Familie Kreuzblüthler wendete man sonst die Samen, **Semen Thlaspeos**, als harntreibendes u. den Auswurf beförderndes Mittel an. — **Capsella Bursa pastoris L.** [Thlaspi Bursa pastoris L.], gemeines Hirtentäschel, Täschelkraut, gebrauchte man früherhin als **Herba Bursae pastoris** gegen Blutflüsse u. Ruhren. — Von **Lepidium sativum L.**, Gartenkresse, welche frisch als Salat gegessen wird, waren ehedem Kraut u. Samen, **Herba et Semen Nasturtii hortensis**, gebräuchlich. — Von **Lepidium latifolium L.**, breitblättrige Kresse, grössere

Pfefferkraut, wurden früher die Wurzel u. das Kraut, Radix et Herba Lepidii, gegen Scorbut, Unterleibsstockungen, Wassersucht, aber auch gegen Fieber u. [illegible]. Von Lunaria rediviva L., Mondkraut, Silberblatt od. Atlasblume, waren die kressenartig riechenden u. schmeckenden Samen als Semen Violae lunariae sive Lunariae graecae officinell. — Von Camelina sativa Crantz., gemeiner Leindotter, Dotterkraut, Dötter, kleiner Oelsamen, welcher häufig als eine [illegible] Oelpflanze angebaut wird, waren früherhin das Kraut u. die Samen, Herba et Semen Camelinae sive Sesami vulgaris, gebräuchlich und man wendete ersteres gegen Augenentzündungen in Umschlägen an. Das Samenöl dient, ausser zu technischen Zwecken, auch als erweichendes, einhüllendes u. schmerzlinderndes Mittel, so wie auch gegen Hautkrankheiten. — Von Cakile maritima Scop., gemeiner Meersenf, war früherhin das Kraut, Herba Cakiles sive Eruçae maritimae s. Raphani marini, als ein antiscorbutisches, harntreibendes u. auflösendes Mittel officinell. (Abbild. d. deutsch. Gewächse s. Linke etc.)

Siliquosae (Schotentragende).

Familie: Kreuzblüthler: Cruciferae Juss.

Gattung: Sinapis L., Senf.

Kelch offen. Schote stielrundlich, wulstig, Klappen 3- bis 5nervig, mit geschnabeltem Griffel. Samen kugelig, einreihig. Samenlappen rinnig-gefaltet.

Taf. XLIII. **Sinapis alba L.**, weisser Senf. (*Leucosinapis officinalis Nees ab Esenb.*)

Schoten wulstig, steifbehaart, abstehend: Klappen 5nervig, kürzer als der zweischneidige Schnabel; Blätter leierartig-fiederspaltig, stumpf, grob gesägt.

Wächst jährig unter den Saaten im südl. Europa u. zerstreut auch im mittlern, wird aber in vielen Gegenden kultivirt u. verwildert dann leicht. Die Wurzel ist dünn-spindelförmig u. ästig. Der aufrechte, 1½—3' hohe Stengel ist einfach, häufig etwas ästig, unten mit zurückgebogenen Borsten besetzt, übrigens kahl. Blätter gestielt, 2—4'' lang, 1—2'' u. darüber breit, in 5—9 eiförmige oder längliche, fast buchtige od. ausgeschweift-gezähnte, stumpfe Lappen getheilt, von denen die obersten mit dem grössern Endlappen zusammenfliessen, beiderseits mit zerstreuten, kurzen Borstchen besetzt oder seltner kahl; die obersten Blätter sind kleiner, fast 3lappig. Die anfangs ziemlich flachen Doldentrauben verlängern sich später zu sehr langen Trauben. Die citrongelben Blüthen stehen auf abstehenden, kantigen, feinborstenhaarigen Stielchen. Kelchblätter linealisch, rinnig, wenig länger als die Nägel der verkehrt-eiförmigen Blumenblätter. Schoten 15—18''' lang, gegen 3''' breit, durch die Samen holperig-aufgetrieben, dicht mit abstehenden, steifen, weissen Borsten besetzt, in den 2schneidigen, etwas gekrümmten, grossen Schnabel ausgehend. — Der Samen oder der weisse od. englische Senf, *Semen Sinapis albae s. Sinapis citrinae s. Erucae s. Erucae albae*, welcher aber minder scharf ist als der des schwarzen Senfs, reizt gleich diesem den Magen u. den Nervenplexus des Unterleibes u. befördert die Secretionen der Schleimhäute u. in grösseren Gaben auch die Urinabsonderung, weshalb man ihn häufig als ein die Verdauung beförderndes Mittel bei Mahlzeiten geniesst. Die ganzen unzerstossenen Körner hat man bei Unterleibsleiden, Wechselfieber u. Wassersucht angewendet. Häufiger gebraucht man ihn äusserlich als Senfteig, *Sinapismus*, zur Hervorbringung von Röthe auf der Haut, um dadurch zu reizen od. abzuleiten. Auch dient er häufig als Zusatz zu ableitenden Fussbädern. Das ausgepresste Oel, wovon er gegen 36 pCt. enthält, dient als Nahrungsmittel u. als Brennöl. Aether. Oel soll der weisse Senf nicht geben.

A. Der Untertheil eines Stengels nebst Samenblättern u. Wurzel. — b. Eine Stengelspitze. — A. Blüthe. — B. Dieselbe noch stärker vergr. ohne Blumenblätter, damit man die Honigdrüsen sehen könne. — C. Eine von den zwischen den kürzeren Staubgefässen u. dem Pistille u. D. eine von den zwischen den längeren Staubgefässen u. dem Kelche befindlichen Drüsen stark vergr. — A. Eine aufgesprungene reife Schote. — E. Ein Theil einer quer durchschnittenen Schote. — F. Samen. — G. Derselbe quer durchschnitten.

Taf. XLIII. **Sinapis nigra L.**, schwarzer Senf. (*Brassica nigra Koch., Brassica sinapioides Roth.*)

Schoten aufrecht, fast angedrückt; kahl, 4kantig; Blätter sämmtlich gestielt, die untersten leierförmig, die obersten linealisch.

Wächst jährig auf Feldern u. an Flussufern im mittlern u. südlichen Europa u. wird auch hier u. da angebaut. Die dünne, ästige Wurzel treibt einen 1½—3' hohen, nach oben ästigen u. kahlen, unten aber etwas rauhhaarigen Stengel. Die untern u. mittlern 2—4'' langen u. 1½—2'' breiten Blätter sind leierförmig-fiedertheilig u. ungleich gezähnt; die 2 oder 4 Seitenlappen sind klein, der endständige jedoch sehr gross, eiförmig, stumpf u. kurz gelappt; die obern Blätter sind kleiner, kürzer gestielt, länglich, am Grunde keilförmig u. wenig gezähnt, die obersten linealisch u. ganzrandig, herabhängend od. abstehend. Die Trauben sind vor dem Aufblühen doldentraubig, später sehr verlängert u. ruthenförmig. — Die ölreichen Samen, schwarzer Senf, *Semen Sinapis s. Sinapis nigrae s. Sinapeos s. Erucae nigrae*, welche schärfer sind, als die vom weissen Senf, haben gleiche Wirkung u. Anwendung als dieser. Sie enthalten einen eigenthümlichen, schwefel- u. stickstoffhaltigen, krystallisirbaren Stoff (Sulphosinapin), der durch Destillation mit Alkalien od. Säuren in ein scharfes flüchtiges Oel zersetzt wird, welches Schwefelblausäure enthält, bestehen aber noch ausserdem aus fettem Oele, Gummi, einem gelben Farbestoff u. phosphorsaurem Kalk. Das aus dem schwarzen Senf destillirte und sehr concentrirte Senfwasser soll nach Ebermaier als äusserliches Reizungsmittel den Senfteigen wesentlich vorzuziehen und als Belebungsmittel der Haut in der *Cholera asiatica* von sehr groser Wichtigkeit sein. Von Fontenelle ist es gegen die Krätze empfohlen worden. Das gelbe englische Senfmehl bereitet man aus schwarzen Senfsamen, indem die Samen erst zwischen Walzen zerquetscht u. dann im Mörser zu Pulver zerstossen werden, welches man dann durch Siebe von verschiedener Feinheit sieht, wobei ein schwärzlicher Rückstand bleibt.

A. Die oberste Spitze eines Stengels, bei * durchschnitten. — B. Ein unteres leierförmiges Blatt. — A. Eine Blüthe. — B. Eine stärker vergr. Blüthe, von welcher die Blumenblätter weggenommen werden, damit man die Geschlechtsorgane u. Drüsen sehen könne. — C. Eine von den zwischen den längern Staubgefässen u. dem Kelche befindlichen Drüsen. — D. Eine von den zwischen den kürzeren Staubgefässen u. dem Pistille liegenden Drüsen. — C. Schoten. — D. Eine aufgesprungene Schote. — E. Eine querdurchschnittene Schote. — F. Ein Samen. — G. Derselbe quer durchschnitten.

Gattung: Brassica L., Kohl.

Kelch aufrecht (meist angedrückt). 2 Drüsen unter den Klappen und 2 unter den Samenleisten. Schoten rundlich, pfriemenspitzig, Klappen (bei der Reife) mehrrippig. Samen einreihig, kugelig. Samenlappen rinnig-gefaltet.

Taf. XLIII. **Brassica Rapa L.**, weisse Rübe, Wasserrübe, Turnips, Rübsen, Reps od. Raps.

Unterste Blätter steif behaart, dunkelgrün, folgende kahl u. bläulich bereift, leierartig, stumpflappig, oberste Blätter herzförmig, umfassend. Blüthentrauben gegipfelt; Kelch später ausgebreitet-abstehend; Staubgefässe aufsteigend; Schoten fast aufrecht.

Das Vaterland dieses überall angebauten 2- oder 1jährigen Gewächses ist unbekannt. Die dünne, spindelförmige Wurzel wird durch Kultur sehr fleischig, länglich u. rübenförmig, aber auch rundlich oder von oben her niedergedrückt; sie ist weiss, röthlich, gelblich od. braunschwärzlich. Die 2—3' hohen Stengel sind einfach od. nach oben ästig. Die grundständigen Blätter, welche bald absterben, liegen dem Boden angedrückt, sind leierförmig u. gezähnt, beiderseits mit zerstreuten Borsten besetzt u. dunkelgrasgrün, die übrigen weissgrün, bereift u. kahl, mit dem herzförmigen Grunde den Stengel umfassend, die untern gleichfalls leierförmig, die mittlern länglich, ganz u. gezähnt, die obern ganzrandig. Die gelben Blüthen bilden anfangs eine ziemlich dichte, fast ebenständige, sich später verlängernde Doldentraube. Kelchblättchen fast wagrecht abstehend, länger als die Nägel der Blumenblätter. Schoten stielrundlich, etwas gedrückt, wulstig, 1½—2'' lang. Samen rundlich, braun. — Man unterscheidet vorzüglich 2 Abänderungen, nämlich die zwei jährige als **Rübs, Winterrübs, Wintersaat, Oelsaat**, und die einjährige als **Sommerreps, Sommerrübs, Sommersaat**. — Die fleischige grosse **Wurzel** od. die **weisse Rübe**, ***Radix Rapae***, wird als ein auflösendes, antiscorbutisches Heilmittel, aber auch als ein leicht verdauliches Gemüse benutzt. In letzter Hinsicht eignet sich besonders die **Teltower Rübe**, eine Spielart mit kleiner Wurzel. Der ausgepresste Saft wird bei katarrhalischen Hals- u. Brustleiden empfohlen. Aus den Samen dieser Art, so wie von ***Brassica Napus***, presst man ein fettes Oel aus.

(**Brassica oleracea L.**, **Garten-** od. **Gemüse-Kohl**, wird in vielen Abänderungen kultivirt, die alle gesunde Speisen abgeben, welche aber von Leuten mit schwachem Magen u. schlechter Verdauung, so wie von zu Blähungen geneigten nicht gut vertragen werden. Die gewöhnlichsten Abänderungen sind der **Grün-** oder **Braunkohl**, der **Wirsing** oder **Welschkohl**, der **Kopfkohl** oder das sogen. **Kraut**, der **Kohlrabi**, **Kohlrabe** oder **Kohlrübe**, der **Blumenkohl** oder **Karfiol** und der **Spargelkohl** oder **Broccoli**.)

a. Blühende Stengelspitze. — b. Ein junges Samenpflänzchen. — c. Blumenblatt. — A. Blume ohne Blumenblätter, damit man den Kelch, die Geschlechtsorgane u. die Drüsen sehen könne. — B. Dieselbe von einer andern Seite u. ohne den Kelch. — d. Eine unreife u. e. eine reife Schote, von der bei f. die Klappe entfernt wurde. — C. C. C. Samen von verschiedenen Seiten. — g. u. h. Wurzeln von verschiedenen Abänderungen, u. zwar g. der Obertheil einer weissen- oder Wasserrübe, u. h. eine Teltower Rübe.

(In diese Ordnung gehören noch folgende: **Raphanus sativus L.**, **Rettig**, **Gartenrettig**, welcher seiner rettigförmigen Wurzel wegen in versch. Abänderungen, wie z. B. als schwarzer u. weisser, Sommer- u. Winterrettig, Radieschen u. s. w. kultivirt wird, lieferte ehedem die **Samen**, **Semen Raphani nigri s. hortensis**, welche man als auflösendes, schweiss- u. harntreibendes Mittel bei Stockungen im Unterleibe, bei zu reichlicher Schleimabsonderung in den Athmungs- u. Verdauungsorganen, sowie in den Harnwerkzeugen, besonders bei Leucorrhöe gebrauchte. Auch der ausgepresste Saft der Wurzel hatte gleiche Anwendung; er ist mit Zucker vermischt ein gutes Mittel gegen Heiserkeit. — Von **Raphanistrum arvense Wallr.** [Raphanus Raphanistrum L.], **Heidenrettig**, **Hederich**, wendete man die **Samen**, **Semen Rapistri**, ganz wie die schwarzen Senfsamen an. Früherhin glaubte man, dass der Genuss dieser Samen die Kriebelkrankheit erzeuge u. nannte diese deshalb **Raphania** und die Pflanze selbst „**Kriebelrettig**." — Von **Cardamine amara L.**, **Bitterkresse**, gebrauchte man sonst das **Kraut**, **Herba Nasturtii majoris amarae s. Cardamines amarae**, das man auch nicht selten statt der Brunnenkresse sammelt. — Von **Cardamine pratensis L.**, **Wiesenschaumkraut**, **Wiesenkresse**, wendete man ehedem das **Kraut** u. die **Blüthen**, **Herba et Flores Nasturtii pratensis s. Cardamines pratensis**, an und empfahl die letzteren vorzüglich gegen Krampfkrankheiten. — Von **Dentaria bulbifera L.**, **zwiebeltragende Zahnwurz**, gebrauchte man sonst die **Wurzel**, **Radix Dentariae minoris v. Antidysentericae**, gegen Kolik u. Ruhr. — Von **Cheiranthus Cheiri L.**, **Goldlack**, **gelber Veil**, waren ehedem die stark- u. wohlriechenden **Blüthen**, **Flores Cheiri**, als ein Mittel besonders gegen Stockungen im Unterleibe und Gelbsucht officinell. — Von **Barbarea vulgaris R. Br.** [Erysimum Barbarea L., Sisymbrium Barbarea Crantz.], **gemeines Barbenkraut**, wurde sonst das kressenartig riechende und schmeckende **Kraut**, **Herba Barbareae**, als ein eröffnendes, schweiss- und harntreibendes, antiseptisches Mittel angewendet. — Von **Nasturtium officinale R. Br.** [Sisymbrium Nasturtium L.], **gebräuchliche Brunnenkresse**, wird das scharf-kressenartig schmeckende **frische Kraut**, **Brunnenkresse**, **Herba recens Nasturtii aquatici**, als antiscorbutisches Mittel und besonders der ausgepresste Saft von 2—4 Unzen bei Frühlingskuren gebraucht. — Von **Alliaria officinalis Andrz.** [Erysimum Alliaria L., Sisymbrium Alliaria Scop.], **Knoblauchskraut**, wendete man sonst das **Kraut** u. die **Samen**, **Herba et Semen Alliariae**, als eröffnende, schweiss- u. harntreibende, antiseptische Mittel an. — Von **Hesperis matronalis L.**, **gemeine Nachtviole**, **Frauenveil**, **Winter-Viole**, rühmte man sonst das kressenartig riechende und schmeckende **Kraut** und den scharfen **Samen**, **Herba et Semen Hesperidis s. Violae matronalis s. Violae damascenae**, gegen veralteten Schleimhusten und andere Brustkrankheiten als den Auswurf befördernde, aber auch als schweiss- und harntreibende Mittel. — Von **Sisymbrium officinale Scop.** [Erysimum officinale L., Kluhia officinalis Andrz., Chamaeplium officinale Wallr., Velarum officinale Reichb.], **gemeine Rauke**, **wilder Senf**, **gelbes Eisenkraut**, rühmte man sonst das **Kraut** und den **Samen**, **Herba et Semen Erysimi**, als ein auflösendes, harntreibendes und den Auswurf beförderndes Mittel und brauchte den **Syrupus Erysimi** gegen Heiserkeit. Letzteren benutzen auch heutzutage noch häufig die Sänger und beziehen ihn vorzüglich aus Frankreich, wo das Kraut „Herbe aux chantres" genannt wird. — Von **Sisymbrium amphibium L.** [Nasturtium amphibium R. Br.], **Wasserrettig**, waren ehedem die **Wurzel** und das **Kraut**, **Radix et Herba Raphani aquatici**, officinell. — Von **Sisymbrium Sophia L.**, **Sophienkraut**, wendete man sonst das scharf und beissend schmeckende **Kraut** und den **Samen**, **Herba et Semen Sophiae chirurgorum**, als schweiss- und harntreibende Mittel gegen Ruhr und äusserlich bei Wunden und Geschwüren an. — Von **Eruca sativa Lam.**, **gemeine Ruke** oder **Rauke**, **Raukekohl**, gebrauchte man ehedem die **Samen** als **Semen Erucae**. Sie kommen den Senfsamen nahe. [Abbild. s. Linke etc.])

XVI. Cl. Monadelphia (Einbrüderige).

Triandria (Dreimännige).

Familie: **Cassiaceen**: Cassiaceae Rchb. — *Gruppe*: **Caesalpineae R. Brown.**

Gattung: **Tamarindus Tournef.**, Tamarinde.

Kelch 4spaltig, der unterste Zipfel breiter, an der Spitze 2zähnig. Blumenblätter 3, mit den obern Kelchzipfeln abwechselnd, das mittlere kappenförmig. Staubgefässe 9 od. 10, nur 2 oder 3 davon fruchtbar u. monadelphisch, die übrigen sehr kurz, ohne Staubbeutel. Hülse gestielt, länglich, geschlossen bleibend: die Klappen markig. (Nur eine Art enthaltend.)

Taf. XLIV. **Tamarindus indica L.**, **indische Tamarinde**.

Ein ursprünglich in Südasien u. Mittelafrika einheimischer, jetzt aber in allen heissen Ländern kultivirter grosser Baum, dessen hoher Stamm einen ausgebreiteten, dicht belaubten Wipfel trägt. Die paarig-gefiederten Blätter sind 4—6" lang u. bestehen aus 10—18 Paaren von lineal-länglichen, ganzrandigen, vorn abgerundeten od. zurückgedrückten, am Grunde ungleichen, 8—12‴ langen, 2—4‴ breiten Blättchen, die nur bei schönem, trocknem Wetter am Tage ausgebreitet, gewöhnlich aber zusammen geneigt stehen. Die seiten- u. endständigen Trauben haben 6—10, etwas überhängende, wohlriechende Blüthen, mit sehr hinfälligen, gegenständigen, eiförmigen Deckblättern. Staubgefässe u. Pistill aufwärts gebogen. Hülsen hängend, 3—6" lang, 8—12‴ breit, stielrundlich, zusammengedrückt, gekrümmt, graubraun, wenigsamig; die Klappen enthalten zwischen der brüchigen Aussenrinde u. der glatten innern Fruchthaut ein fleischiges schwarzbraunes, säuerliches, von verästeten Gefässbündeln durchzogenes Mark. Wir erhalten die von der äussern zerbrechlichen Schale befreiten **Früchte** als **Tamarinden**, ***Tamarindi s. Fructus Tamarindorum***, zu einer dicken Masse zusammengedrückt, so dass nebst dem Musse die innere hautartige Schale u. die Samenkerne sich vorfinden. Sie führen gelinde ab u. werden entweder in Wasser aufgelöst, od. es wird mittelst Zucker das **Tamarindenmark**, ***Pulpa Tamarindorum***, daraus bereitet u. dieses in Auflösungen od. Latwergen unzenweise gegeben. Häufiger benutzt man es, um Schnupftabaken einen weinsäuerlichen Geruch u. eine reizende Eigenschaft mitzutheilen. In den Tropenländern werden die Hülsen als Obst genossen u. daraus kühlende Getränke bereitet. Die **levantischen** od. **ostindischen schwarzen Tamarinden** sind vorzüglicher als die **westindischen braunen**.

a. Ein sehr verkl. Blüthenzweig u. b. ein Stück desselben etwas vergr. von der Var. α. orientalis. — c. Ein Blüthenästchen von der Var. β. occidentalis. — A. Die Staubgefässe u. das Pistill, nachdem Kelch u. Blumenkrone entfernt worden sind. — B. Die Röhre des Kelchs aufgeschnitten, um zu zeigen, wie das Stielchen, welches den Fruchtknoten (Gynophorum) trägt, mit derselben verwachsen ist. — d. u. e. Zwei Hülsen von verschiedener Gestalt. — f. Die kleinere dieser Hülsen an der einen Seite von der Aussenwand entblösst, so dass man die Gefässbündel im Marke, u. wo dieses ausgeschnitten worden ist, auch den Samen auf der Innenseite der andern Klappe liegen sieht. — C. Der Samen. — D. Derselbe von der Samenschale entblösst u. E. quer, so wie F. senkrecht durchschnitten. — G. Der Embryo. — D. Die eine Hälfte des Knöspchens (Plumula) des Embryo stark vergr.

Pentandria (Fünfmännige).

(In dieser Ordnung ist zu bemerken: **Erodium moschatum Ait.** [Geranium moschatum L.], **Muskatkraut**, in den Ländern am Mittelmeere wachsend, welches stark moschusähnlich riecht und sonst als **Herba Moschatae s. Acus moscatae** als schweisstreibendes u. herzstärkendes Mittel angewendet wurde.)

Decandria (Zehnmännige).

Familie: **Storchschnabelgewächse:** Geraniaceae. — *Gruppe:* **Buettneriaceae Rb. Br.**

Gattung: **Theobroma L.,** Cacaobaum.

Kelch 5blättrig, gefärbt. Blumenblätter 5, am Grunde gewölbartig verbreitert, an der Spitze in eine spatelige Platte vorgezogen. Staubgefässe 10, am Grunde zu einer krugförmigen Röhre (Becher) verwachsen, bestehend aus 5, zwei Staubbeutel tragenden u. 5 mit diesen abwechselnden unfruchtbaren Staubfäden. Kapsel geschlossen bleibend (beerenartig). Samen in einen butterartigen Brei gebettet.

Taf. XLIV. **Theobroma Cacao L.,** ächter Cacaobaum. (*Cacao sativa Lam., Cacao Theobroma Tussac.*)

Blätter länglich, lang zugespitzt, ganzrandig, beiderseits kahl u. gleichfarbig.

Ein gewöhnlich 12—20', bisweilen bis 40' hoher Baum Südamerika's, woselbst er, so wie in Westindien, Ostindien u. Afrika, häufig kultivirt wird. Blätter 8—15'' lang, 3—4'' breit, auf fast 1'' langen, an beiden Enden verdickten Stielen hängend, länglich, am Grunde abgerundet, nach vorn allmälig zugespitzt oder etwas verbreitert u. dann plötzlich zugespitzt. Nebenblätter linealisch-pfriemförmig, abfallend. Blüthenstiele gehäuft, fadenförmig, hängend, einblüthig. Kelchblätter eilanzettlich, zugespitzt, feingezähnt, abstehend, rosenroth. Blumenblätter etwas kürzer als der Kelch, am Grunde des Nagels sehr breit, kahnförmig vertieft, über diesem breiten Theile fadenförmig, dann in eine breite, verkehrt-eiförmige, spitzige u. gezähnte Platte übergehend, citronengelb u. röthlich geadert. Staubgefässe rosenroth, linealisch-pfriemförmig, am Grunde zu einer urnenförmigen Röhre verwachsen; 5 Staubfäden sind ohne Antheren, mit diesen wechseln 5 mit 2 Antheren versehene ab, von diesen 5 fruchtbaren besteht ein jeder Staubfaden aus zweien, die der Länge nach mit einander verwachsen sind, daher tragen sie 2 Antheren; die antherenlosen Staubfäden sind 3mal länger als die fruchtbaren u. aufrecht, jene dagegen nach aussen gekrümmt. Der eirund-längliche, 10furchige Fruchtknoten trägt einen fadenförmigen, am Ende 5spaltigen Griffel. Die eiförmig-längliche Frucht ist am Grunde etwas verdünnt, am Ende stumpf od. zitzenförmig, 6—8'' lang, gegen u. über 3'' dick, 5eckig, 10furchig, schmutzig-röthlich-citrongelb, kahl; unter der holzig-lederartigen Rinde enthält sie einen fleischigen, weisslichen Brei u. in diesem zahlreiche Samen, der Quere nach in Reihen liegend. Die Samen sind eirund-länglich, zusammengedrückt, ungleich, ½—1'' lang, aussen röthlichbraun, innen dunkelbraun. — Die Samen od. die Cacaobohnen, *Semen s. Nuculae s. Fabae Cacao s. Fabae mexicanae*, sind roh fast geruchlos, durchs Erhitzen od. Rösten aber erhalten sie einen angenehm-gewürzhaften Geruch u. bitterlich-fettigen, angenehmen, etwas gewürzhaften Geschmack, enthalten vorwaltend (50—56 pCt.) ein festes, fettes Oel u. einen bittern, dem Coffein ähnlichen Extractivstoff, ferner Eiweiss, Schleim, Stärkmehl u. s. w. u. wirken vorzüglich nährend u. einhüllend, aber zugleich auch etwas reizend. Man sammelt in den Anpflanzungen jährlich 2mal, 1) vom Februar bis zum Juni u. 2) vom August bis December, von den wildgewachsenen Bäumen aber nur einmal, die vollkommen reifen Früchte, zerbricht sie, sondert das stark anhängende Mark von den Samen ab u. legt diese noch ganz frisch in Haufen unter ein Schirmdach, worauf von den noch anhängenden markigen Theilen bald lebhafte Gährung eintritt, nach deren Beendigung in 4—5 Tagen die Bohnen braun gefärbt erscheinen, welche man dann auf Horden ausbreitet u. an der Sonne trocknet. Im Handel kommen mehrere Sorten von Cacaobohnen vor, die von verschiedenen Spielarten des ächten Cacaobaumes, od. auch von andern Arten abstammen, und nach den Ländern, aus denen sie kommen, benannt werden, als: 1) Carakischer Cacao, *Cacao caraque s. de Caraquas*, der rein fettig u. angenehm bitterlich schmeckt u. mehr Oel enthält als die andern; 2) brasilianischer od. Maranhon-Cacao, *Cacao brasiliensis s. de Maragnon s. Marignon*, die schlechteste Sorte, der bitter u. etwas herbe schmeckt u. am häufigsten zur Chocoladenbereitung verwandt wird; 3) Insel-Cacao, *Cacao des iles* u. davon ferner Martinik'scher, *Cacao de Martinique*, Hayti'scher, *Cacao de St. Domingo* u. s. w., welcher auch angenehm bitter, wie Nr. 1., aber nicht so fein schmeckt. Die beste, aber nicht nach Europa kommende Sorte ist der Cacao von Esmaraldas, aus kleinen, dunkel-orangenrothen Körnern u. der Sacounzo-Cacao, aus kleinen, fast goldgelben Körnern bestehend. Werden die Samen geröstet, von ihrer Schale befreit, zerstossen u. auf erhitzten Steinen oder Mörsern mit Zucker zusammengerieben, so erhält man die Chocolade, *Cacao tabulata*, die man häufig jetzt als fast tägliches Getränk verwendet, aber als Unterstützungs- u. Heilmittel mit verschiedenen Dingen, als: Stärk- oder Reissmehl, Salep, isländischem Moos u. s. w. mischt. Das fette, nicht ranzig werdende, feste Oel od. die Cacao-Butter, *Butyrum s. Oleum Cacao*, ist ein erweichendes, einhüllendes u. Reiz minderndes Mittel u. wird innerlich bei Reizung des Darmkanals u. langwierigen, schmerzhaften Durchfällen, Steinbeschwerden u. s. w. angewendet, äusserlich aber zu Einreibungen, bei aufgesprungenen Lippen, spröder Haut u. zu Seife (Cacaoseife) verarbeitet, als Schönheitsmittel zur Erhaltung einer zarten Haut benutzt.

(Von **Theobroma bicolor Humbl. et Bonpl.,** zweifarbiger Cacaobaum, einem in Columbien u. Brasilien einheimischen Baume, benutzt man die Samen, welche sich im Handel nicht selten unter den Caracas-Cacao gemischt finden, gleicherweise wie den ächten Cacao, sie sind aber kleiner u. schmecken weniger gut. — Auch von **Theobr. guianense Willdw.,** einem Baume Guiana's, u. von **Theobr. speciosum Willdw., Th. subincanum Mart.** u. **Th. sylvestre Mart.,** Bäumen Brasiliens, benutzt man die Samen als Nahrungsmittel.)

a. Ein älterer, fruchttragender Zweig, aus dem ein junger, blüthentragender Zweig hervorgetreten ist. — A. Eine offene Blume. — B. Ein Blumenblatt. — C. Eine Blume, von welcher die Blumenblätter weggenommen wurden. — D. Die Staubgefässröhre aufgeschnitten u. ausgebreitet, dass man den Fruchtknoten, von welchem die Griffel getrennt worden sind, sehen kann. — b. Ein Theil einer der Länge nach durchschnittenen Frucht. — c. u. c. Samen, wie sie im Handel vorkommen. — d. Ein von der Schale befreiter Samen. — e. Derselbe der Länge nach getrennt, dass man den Embryo liegen sieht.

(Bemerkenswerth in dieser Ordnung sind noch: **Geranium Robertianum L.,** Roberts- oder Ruprechtskraut, von dem ehemals das Kraut, **Herba Robertianae s. Ruperti s. Geranii Robertiani,** bei Durchfällen, Blutflüssen u. s. w. diente. Gleiche Anwendung hatten **Geranium columbinum L., Geranium rotundifolium L., Ger. pusillum L.** u. **Ger. molle L.** als **Herba Geranii columbini.** — **Geranium pratense L.** gebrauchte man sonst als **Herba Geranii batrachioidis** sowohl innerlich, als äusserlich bei Wunden, Geschwüren u. Abscessen. — Von **Geranium sanguineum L.** wendete man die Wurzel u. das Kraut, **Radix et Herba Sanguinariae,** gegen Schleim- u. Blutflüsse u. bei Wunden an. [Abbild. s. Linke etc.])

Polyandria (Vielmännige).

Familie: **Malvengewächse:** Malvaceae Juss. — *Gruppe:* **Malveae Rchb.**

Gattung: **Malva Tournef.,** Malve.

Kelch 5spaltig. Hülle 3blättrig. Mehrere Karpelle in einen dichten Wirtel um die Mittelsäule gestellt.

Taf. XLIV. **Malva sylvestris L.,** grosse Wald- od. Ross-Malve, Käsepappel oder Hanfpappel.

Stengel aufstrebend od. fast aufrecht; Blattstiele rauhhaarig; Blätter 5- bis 7lappig, Blüthenstiele gehäuft, rauhhaarig, vor dem Blühen u. nach dem Verblühen aufrecht; Blumenblätter viel länger als der Kelch; Karpelle netzartig-runzelig, kahl.

Wächst zweijährig überall durch ganz Europa an Wegen, auf Schutt u. wüsten Plätzen, an Mauern u. Häusern in den Dörfern. Die tief in den Boden dringende Wurzel ist etwas fleischig, ziemlich unverästet, aber mit vielen Fasern besetzt. Der Stengel bald etwas gestreckt, bald aufsteigend, bald fast aufrecht, 1½—4' hoch; gleich am Grunde entspringen meist mehrere, zum Theil niedergestreckt liegende u. nur mit ihrem Obertheil aufsteigende Nebenstengel; die Stengel u. Nebenstengel sind ästig, stielrund, mit einzelnen, auf einem Knöllchen stehenden, steifen Haaren besetzt, die nach den Enden der Aeste zu häufiger u. länger sind. Blätter sehr lang gestielt, nierförmig-rundlich, 2—5″ im Durchmesser, die obersten oft weit kleiner als die untersten, mit 5—7 kurzen, stumpfen od. an den obersten Blättern etwas spitzigen, fast kerbig-gezähnten Lappen, auf beiden Flächen etwas weichhaarig od. fast kahl. Nebenblätter eiförmig od. eirund-länglich, spitzig, gewimpert. Blüthen zu mehreren (3—6) beisammen in den Blattachseln; Blüthenstiele aufrecht, kürzer als die Blattstiele u. gleich diesen haarig-scharf. Hüllenblätter 3, lanzettlich, spitzig od. länglich, behaart. Kelch 5spaltig, behaart, mit 3eckigen, spitzigen Zipfeln. Blumenblätter fast 1‴ lang, weit länger (3mal so lang) als der Kelch, verkehrt-tief-herzförmig, blass-purpurroth mit dunkelpurpurrothen Streifen. Die Karpelle des Fruchtknotens stehen zu 10—11 beisammen, ihre Griffel sind unten zu einer Walze verbunden, nach oben fadenförmig, wo an der innern Seite die Narben herablaufen. Die netzartig-runzeligen Früchte, zwischen deren Runzeln grubige Zwischenräume stehen, befinden sich dichtstrahlig um ein durch den Fruchtträger od. die Mittelsäule gebildetes Feld gestellt, in dessen Mitte sich ein kurzer Kegel erhebt, um den herum bei der Fruchtreife eine Vertiefung befindlich ist. Samen fast nierförmig, braun. — Die schleimig, wenig bitterlich schmeckenden Wurzeln, Blätter u. Blumen, ***Radix, Herba et Flores Malvae vulgaris* s. *sylvestris***, wirken erweichend, einhüllend u. reizabstumpfend. Die Blüthen (Rossmalvenblumen) benutzt man in Brust- u. Halskrankheiten zu Thee u. Gurgelwässern, die Blätter u. die Wurzeln zu Klystieren u. erweichenden Umschlägen. — Eine Verwechselung mit der aus Südeuropa u. Nordafrika stammenden ***Malva mauritiana L.*** ist gleichgültig. Diese ist einjährig, hat einen aufrechten Stengel, stumpf 6lappige Blätter, Blüthenstiele, welche nach der Blüthezeit abstehen, Blumenblätter, die etwa 3mal so lang als der Kelch sind u. netzaderige Karpelle.

a. Eine blühende Stengelspitze. — b. Eine Blume. — A. Kelch u. Hülle. — A. Ein geschlossener u. B. ein aufgesprungener Staubbeutel. — C. Pistille. — c. Eine noch nicht ganz reife Frucht. — D. Die Mittelsäule mit der Hälfte der Karpelle. — E. Ein einzelnes Karpell. — F. Samen. — G. Derselbe quer durchschnitten. — **Malva mauritiana L.** α. Die oberste Stengelspitze. — β. Kelch nebst Hülle. — γ. Frucht.

Taf. XLIV. **Malva rotundifolia L.**, rundblättrige Malve, Käse- od. Gänsepappel. (***Malva vulgaris* Tragus *Fries.***)

Stengel gestreckt, aufstrebend; Blätter herzförmig-rundlich, 5 bis 7lappig, doppelt kerbig-gezähnt; Blüthenstiele gehäuft, nach dem Verblühen abwärts geneigt, weichhaarig; Blumenblätter zweimal länger als der Kelch; Früchtchen unberandet, glatt, weichhaarig.

Wächst 2jährig überall auf wüsten Stellen, auf Schutt, an Wegen, Häusern u. Mauern. Die lange, spindelförmig-ästige Wurzel treibt einen kürzern u. aufrechten u. mehrere 1—2′ lange, niedergestreckte, mit den Spitzen aufsteigende Nebenstengel; die stielrunden Stengel, sowie die Blatt- u. Blüthenstiele, sind durch einfache od. 2theilige, aus einem Knötchen entspringende steife Härchen schärflich; der Kelch ist dichter mit dergleichen Härchen besetzt. Blätter abwechselnd, sehr lang gestielt, am Grunde tief-herzförmig, rundlich, undeutlich 5—7lappig, zwischen den Lappen gefaltet, die untern stumpfer, die obern spitziger, ungleich-gekerbt. Nebenblätter eirund-lanzettlich-spitzig. Die Blüthen zu mehreren (3—6) in den Blattachseln, auf zolllangen Stielen, die weit kürzer als die Blattstiele sind, aufrecht-abstehend; vor dem Blühen, noch mehr aber nach dem Verblühen, sind die Stiele niedergebogen u. an der Spitze so nach oben gekrümmt, dass die Früchte wagrecht stehen. Hüllblättchen aufrecht, linealisch-lanzettlich, spitzig. Die Zipfel des Kelchs eiförmig, zugespitzt, 3mal länger als die 5‴ langen, länglich-verkehrt-eiförmigen, vorn durch eine breite Bucht tief ausgerandeten, blass-rosenrothen, mit 3 oder 5 feinen, dunkelrothen Streifen versehenen, beiderseits am Nagel schwachbärtigen Blumenblätter. Die unreife, von den Kelchzipfeln ganz bedeckte Frucht hat in der Mitte eine flache Scheibe mit einem kleinen Spitzchen, die so hoch u. so breit ist, als der durch die Früchtchen gebildete Ring u. sich erst bei der Reife schüsselförmig vertieft. Die reifen Früchtchen sind kaum berandet u. glatt od. nur mit kaum bemerklichen Runzeln versehen. Durch die Früchte u. Früchtchen ist diese Art unterschieden von

Malva borealis Wallmann., nördliche Malve.

Stengel niedergestreckt, aufstrebend; Blätter herzrund, 5—7lappig, fast gleichförmig gezähnt; Blüthenstiele gehäuft, nach dem Verblühen zurückgelegt; Blumenblätter von der Länge des Kelchs, seicht ausgerandet; Früchtchen berandet, netzaderig od. grubig-runzelig.

Diese 1jährige Pflanze ist seltner als die vorige u. findet sich mehr im nördlichen Deutschland u. Europa. Der ***Malva rotundifolia*** ist sie sehr ähnlich u. fast nur durch die kleinern Blumenblätter u. durch die Früchte von ihr unterschieden. — Von beiden Arten werden ohne Unterschied die geruchlosen u. fade, schleimig-krautartig riechenden Blätter u. seltner die Blüthen, ***Herba et Flores Malvae* s. *Malvae vulgaris* s. *Malvae minoris***, gesammelt u. besonders zu Umschlägen bei Vereiterungen, entzündlichen Anschwellungen, aber auch zu Gurgelwässern, Bähungen, Einspritzungen, jedoch meist mit andern Mitteln verbunden, angewendet.

(Von **Malva Alcea L.**, Siegmarsmalve, Siegmarskraut, gebrauchte man sonst die Blätter u. die Wurzel, ***Herba et Radix Alceae***, in gleicher Weise wie von vorigen Arten. [Abbild. s. Linke etc.])

a. Ein Stengel. — A. Das Mittelsäulchen mit der Hälfte der Karpelle. — B. Ein einzelnes Karpell. — C. Dasselbe quer durchschnitten. — D. Samen. — E. Blättchen des Kelchs u. der Hülle. — F. Randzähne des Blattes. — **Malva borealis Wallm.** b. Der Obertheil eines Stengels. — G. Das Mittelsäulchen mit mehreren Karpellen. — H. Ein einzelnes Karpell. — I. Samen. — K. Derselbe quer durchschnitten. — L. Blättchen des Kelchs u. der Hülle. — M. Randzähne des Blattes.

Gattung: **Althaea Tournef.**, Eibisch.

Kelch 5spaltig. Hülle* (*äusserer Kelch*) *6- od. 9spaltig. Mehrere Karpelle in einen dichten Wirtel um die Mittelsäule* (*Fruchtträger*) *gestellt.

Taf. XLV. **Althaea officinalis L.**, gebräuchlicher Eibisch, Althee.

Stengel aufrecht, filzig; Blätter beiderseits weichfilzig, ungleich-gekerbt, herz- od. eiförmig, die untern 5lappig; die obern 3lappig oder ganz.

Wächst perennirend durch ganz Mitteleuropa, vorzüglich auf salzhaltigem Boden, auf feuchten Stellen, an Gräben, am Meeresstrande, an Wegen; wird auch in Franken im Grossen kultivirt. Die Wurzel ist vielköpfig, dick, fleischig, weiss; sie dringt schief in den Boden od. geht fast auch wagrecht u. hat dann mehrere senkrechte, fusslange, fingerdicke Aeste. Der aufrechte Stengel wird 2—4′ hoch, ist stielrund, einfach od. ästig u. wie die meisten übrigen Theile der Pflanze grau-sammtartig-filzig. Blätter gestielt, abwechselnd, am Grunde 5nervig, überdies mit starken Adern durchzogen u. zwischen den Adern stumpf gefaltet, auf beiden Flächen mit einem aus einfachen u. büscheligen Haaren zusammengesetzten Filze dicht bedeckt, so dass sie sich ganz sammetartig-weich anfühlen; die untern herzförmig-rundlich, kurz zugespitzt, schwach-5lappig u. ungleich-gekerbt; die mittlern u. obern eiförmig, spitzig od. eirund-rautenförmig, zugespitzt, ebenfalls ungleich, aber spitzig gekerbt, in der Mitte mit 2 stärker vorspringenden, gegen den Grund hin mit 2 kleinern Seitenlappen. Nebenblätter lanzett-pfriemlich-2spaltig. Die Blüthen halten gegen 1½″ im Durchmesser. Die Hülle oder der äussere Kelch ist 9spaltig u. die Zipfel sind lanzettlich, zugespitzt. Der eigentliche oder innere Kelch ist länger, 5spaltig u. die Zipfel sind eiförmig u. gleichfalls zugespitzt. Die blassrosenrothen Blumenblätter sind verkehrt-eiförmig od. keilförmig, gegen 8‴ lang, breit- aber schwach ausgerandet; der Nagel ist an seinem Grunde beiderseits gebärtet. Staubfäden schwach-weichhaarig u. hellviolett. Karpelle des Fruchtknotens meist 10, mit eben so vielen, zur Hälfte verwachsenen, nach oben fadenförmigen u. auswärts gekrümmten Griffeln, an deren innern Seiten die bleichfleischrothen Narben herablaufen. Früchte filzig, mit fast nierenförmigen Samen. Die ganze Pflanze ist schleimig, besonders aber die fade, schleimig schmeckende, im Herbste zu sammelnde Wurzel, *Radix Althaeae s. Bismalvae s. Ibisci s. Malvavisci*, welche ausser Schleim auch Zucker, etwas Kleber u. Satzmehl, ein fettes, grünliches, in Weingeist lösliches Oel, einige Salze u. das in Hexaëdern krystallisirende Althäin (Asparagin, Asparamid, Agedoil) enthält u. ein einhüllendes u. besänftigendes Mittel ist. Sie macht einen Hauptbestandtheil der *Species pectorales* aus. *Syrupus* u. *Pasta Althaeae* gebraucht man in leichten Brustkrankheiten, besonders bei Kindern. Das *Unguentum de Althaea* ist erweichend u. erschlaffend u. wird häufig zum Bedecken der wunden Stellen von Vesicatorien angewendet. Die Auszüge dürfen wegen ihrer Gährungsfähigkeit nicht auf lange Zeit vorhaltend bereitet werden. Auch die Blätter, seltner die Blüthen u. Samen, *Herba, Flores et Semina Althaeae s. Bismalvae*, braucht man zu schleimigen Theetränken.

a. Eine blühende Stengelspitze. — b. Ein Wurzelblatt. — c. Der Kelch mit der Hülle. — A. Staubbeutel. — B. Pistille. — C. Eine Narbe. — d. Die Mittelsäule mit der Hälfte der Karpelle. — e. Vom Kelche umgebene reife Karpelle. — f. Vom Kelche befreite reife Karpelle. — D. Ein einzelnes Karpell. — E. Dasselbe quer durchschn. — F. Ein Samen. — G. Derselbe quer durchschnitten.

Taf. XLV. **Althaea rosea Cav.**, Rosen-Eibisch, Stock-Malve, Stockrose, Pappelrose, Malve, Baummalve, Halsrose, Herbstrose. (*Alcea rosea* L.)

Stengel steif-aufrecht (schnurgerade), rauhhaarig; Blätter herzförmig: 5—7eckig, runzelig, etwas rauh, filzig; Blüthen in den Blattachseln fast sitzend, die obersten fast ährenförmig gestellt; Hülle 6spaltig; Früchtchen behaart, auf dem Rücken mit 2 flügelartigen, strahlig-gefurchten Rändern.

Das Vaterland dieser jetzt überall in Europa zur Zierde mit gefüllten u. verschiedenfarbigen Blumen in den Gärten gezogenen, zweijährigen Pflanze ist der Orient. Wurzel spindelförmig, ästig, weiss. Stengel schnurgerade-aufrecht, 5—9′ hoch, stielrund, einfach od. mit wenigen aufrechten Aesten, mit steifen Sternhaaren besetzt. Die grössern, auf beiden Seiten sternförmig-rauhhaarigen Blätter sind verschieden gestaltet; die untersten herzrundlich, schwach 5—7lappig, die obersten oft nur 3lappig u. am Grunde nicht abgerundet. Die Nebenblätter sind in 3—5 schmal-lanzettliche, zugespitzte Zipfel gespalten. Blüthen gegen 4″ u. darüber im Durchmesser. Hülle u. Kelch zottig, mit eiförmigen od. eirund-länglichen, zugespitzten Zipfeln. Blumenblätter verkehrt-eirund-keilförmig, mehr oder weniger ausgerandet, bisweilen verkehrt-herzförmig. Der Fruchtträger, um welchen die runzeligen Früchtchen strahlenförmig gedrängt stehen, hat einen strahlig-gezähnten Rand u. ein kegelförmig erhöhtes, filziges Mittelfeld. Die Samen sind fast nierförmig, an einem Ende spitzig u. braun. — Gebräuchlich sind nur die dunkelrothen, geruchlosen, süsslich-schleimig, schwach salzig-zusammenziehend schmeckenden u. vorwaltend Schleim u. violettrothen, farbigen Extractivstoff enthaltenden Malven od. Pappelblüthen, Stock-, Pappel- od. Halsrosen, *Flores Malvae arboreae s. hortensis s. roseae*. Man wendet sie vorzüglich im Aufguss u. Abkochung zu Brustthee u. zu Gurgelwässern bei leichten Halskrankheiten an.

a. Eine blühende Stengelspitze. — b. Ein Wurzelblatt. — c. Der Kelch nebst der Hülle. — d. Die drüsenartige Basis, an welcher die Blumenblätter angewachsen sind. — A. Ein noch geschlossener Staubbeutel. — B. Ein aufgesprungener Staubbeutel. — C. Ein Pollenkörnchen stark vergr. — e. Pistille. — D. Eine Narbe. — f. Die vom Kelche bedeckten Früchte. — g. Die Mittelsäule (Fruchtträger) mit der Hälfte der Karpelle. — h. Ein einzelnes Karpell oder Kapsel. — E. Ein Karpell quer durchschnitten. — A. Ein Samen. — F. Derselbe durchschnitten.

Familie: **Mimosaceen:** Mimosaceae. — *Gattung:* **Acacia Tournef.**, Akazie.

Blüthen polygamisch. Kelch 4- od. 5zähnig. Blumenblätter 4 od. 5, frei oder am Grunde verwachsen. Staubgefässe zahlreich u. monadelphisch. Hülse marklos, 2klappig, vielsamig.

Taf. XLV. **Acacia Catechu Willdw.**, Katechu-Akazie.

Dornen gepaart, später umgebogen; Blätter gleichpaarig-doppelt-gefiedert: Fiedern 10paarig: Blättchen 40—50paarig, linealisch, weichhaarig; Blattstiele am Grunde mit einzelnen, und 2—3 Drüsen zwischen den letzten Fiedern; Aehren bauchig-walzig, zu 2—3 in den Blattachseln.

Ein grosser Baum in Bengalen u. Coromandel. Stamm aufrecht, oft missgestaltet, vielästig. Blätter ½—1′ lang, mit abnehmenden Fiedern; Blättchen sitzend, 2—3‴ lang. Blüthenähren 2″ u. darüber lang, gelb. Hülse lineal-lanzettlich, gerade, flach, an beiden Enden zugespitzt, querstreifig, gerandet, 3—4″ lang u. bräunlich. — Durch Auskochen u. Eindicken des geraspelten u. vom Splinte befreiten Holzes erhält man eine Sorte Katechu (vom Indischen *Cate*, der Baum u. *Cha*, der Saft), *Catechu* vel *Terra Catechu* v. *Terra japonica*, die aber jetzt selten nach Europa zu kommen scheint.

a. Eine blühende Zweigspitze. — b. Ein Aststück mit Dornen. — A. Eine Blüthenähre, von deren Spindel viele Blüthen entfernt wurden. — A. Eine aufgeschnittene u. ausgebreitete Blüthe. — c. Die aufgesprungene, 2klappige Hülse.

Taf. XLV. **Acacia Seyal Delil.**, Seyal-Akazie.

Dornen gepaart, gerade, länger als die Blätter; Blätter gleichpaarig-doppelt-gefiedert: Fiedern 2—4paarig; Blättchen 8—12paarig, länglich-linealisch, kahl, zwischen dem obersten, so wie unter dem untersten Paare eine Drüse; Blüthenköpfchen kugelig, gehäuft, achselständig; Hülsen linealisch-sichelig, zusammengedrückt, holperig (torulosae), *spitzig, kahl.*

Ein in Oberägypten, Libien, Nubien u. Dongala wachsender Strauch od. 15—20′ hoher Baum mit zahlreichen abstehenden Aesten. Die pfriemförmigen, 1—2″ langen weisslichen Dornen sind am Grunde verwachsen. Die Blätter sind 1—1½″ lang u. haben kurzgestielte, kaum 3‴ lange, stumpfe Blättchen. Die 4″ langen, 3‴ breiten Hülsen sind gerippt-streifig, dunkel-rostbraun. — Von den Beduinen wird davon viel von der Rinde ausgeschiedenes *Gummi arabicum s. Mimosae* gesammelt.

a. Ein blühender Zweig, verkleinert. — A. Ein Stück desselben in natürl. Grösse. — B. Eine unentfaltete Blume. — A. Dieselbe vergrössert. — B. Eine entfaltete männliche Blume. — C. Dieselbe vom Kelche befreit u. aufgeschnitten. — D. Spitzen von Staubgefässen. — b. Ein Aestchen mit 3 Hülsen, von denen eine bei c. geöffnet wurde, um das Innere einer Klappe zu zeigen. — E. Ein Stückchen einer Klappe mit einem Samen. — F. Ein Samen quer u. G. senkrecht durchschnitten.

Taf. XLVI. **Acacia vera Willdw.**, wahre Akazie.

Dornen gepaart, fast gerade; Aestchen kahl; Blätter kahl, gleichpaarig-doppelt-gefiedert: Fiedern 2paarig, zwischen jedem Paar eine Drüse: Blättchen 8—10paarig, länglich-linealisch; Blüthenköpfchen kugelig, zu 2—5 in den Blattachseln gehäuft; Hülsen zusammengedrückt-perlschnurartig, kahl.

Ein in der nördlichen Hälfte Afrika's u. Senegambiens bis Aegypten wachsender Baum mittlerer Grösse, mit vielbeugigen, rothbraunen Aesten u. pfriemlichen, 4—8‴ langen rothbraunen Dornen. Die Hülsen werden gegen 4″ lang. — Von diesem Baume sammelt man gleichfalls *Gummi Mimosae;* auch wurde sonst aus den unreifen Hülsen ein tonisches, adstringirendes Extract, *Succus Acaciae verae s. Acaciae aegyptiacae* bereitet.

a. Ein blühender Zweig, verkl. — A. Ein Theil desselben in natürlicher Grösse. — A. Zwitterblüthe. — B. Die aufgeschnittene Blumenkrone mit den Staubgefässen u. dem Pistill. — C. Ein Staubgefäss von vorn u. von hinten. — D. Das Pistill. — E. Der Obertheil des Griffels mit der Narbe stark vergr. — F. Eine unvollkommene

Blume vergr. — b. Die Spitze einer perlschnurförmig-zusammengedrückten Hülse. — G. Ein Samen u. H. derselbe quer durchschn.

Taf. XLVI. **Acacia arabica Willdw.**, arabische Akazie.

Dornen gepaart**, gerade; **Aestchen weichhaarig; Blätter weichhaarig, gleichpaarig-doppelt-gefiedert: Fiedern** 4—5**paarig, zwischen dem ersten u. zwischen dem letzten Paare eine Drüse: Blättchen** 10—20**paarig, länglich-linealisch; Blüthenköpfchen kugelig, zu** 3—5 **in den Blattachseln; Hülsen zusammengedrückt-perlschnurartig, weisslich-filzig.

Ein von Oberägypten an, durch Arabien bis nach Ostindien wachsender grosser Baum, dessen Stamm im Durchmesser häufig über 1' stark wird. Die weisslichen Dornen sind 1—2'' lang. Die Hauptblattstiele sind 3'', die Blättchen nur 3''' lang. Die Blüthenstiele tragen etwas über der Mitte eine kleine 2—3-theilige Hülle. Die Hülsen werden 6—8'' lang u. dienen als ***Bablah*** od. ***Babolah*** zum Schwarzfärben, auch wurde ehemals aus den unreifen Hülsen der ***Succus Acaciae verae***, den man als ein adstringirendes, tonisches Mittel gegen langwierige Durchfälle u. Blutflüsse anwendete, bereitet. Jetzt wird nur noch von diesem Baume ***Gummi Mimosae*** gesammelt, es soll aber nur eine schlechtere Sorte sein. — Ausser den vorbeschriebenen letzten 3 Akazienarten liefern auch noch ***Acacia tortilis Forsk.***, in Oberägypten, Lybien, Nubien, Arabien wachsend, ***Ac. Ehrenbergiana Hayn.***, ein Strauch Lybiens, Nubiens u. Dongala's, ***Ac. gummifera Willdw.***, im nordöstl. Afrika einheimisch, ***Ac. nilotica Nees.***, in Arabien u. Aegypten wachsend u. andere Arten dieser Gattung das Mimosen-Gummi, ***Gummi arabicum***, von dem man im Handel folgende Sorten unterscheidet: 1) arabisches Gummi, ***Gummi arabicum***, aus den Häfen des mittelländ. Meeres zu uns kommend u. meist aus zerbrechlichen u. bereits zerbrochenen Stücken bestehend; 2) das barbarische Gummi, ***Gummi barbaricum***, kleine, dichte, längliche, gelbe oder etwas braune, wenig durchsichtige, ziemlich leicht zerbrechliche Stücke bildend; 3) das Geddagummi, ***Gummi Gedda***, aus grössern, mehr rundlichen, nicht so leicht zerbrechlichen, bräunlichrothen Stücken bestehend u. 4) das Senegalgummi, ***Gummi Senegal*** s. ***senegalense***, vom Senegal über Bordeaux zu uns kommend u. aus grossen, rundlichen, weisslichen, gelben od. röthlichen, sehr schwer zerbrechenden, auf dem Bruche flachmuscheligen Stücken bestehend. Das Mimosengummi wendet man, gleich andern Schleimen, als ein einhüllendes u. besänftigendes Mittel od. zum Ersatz anderer Nahrungsmittel bei Hungerkuren an. Auch wird es häufig als einhüllendes Vehikel scharfer Arzneien u. zur Bildung von Pillenmassen u. Emulsionen benutzt. Aeusserlich braucht man es zum Schützen gereizter Flächen, zum Stillen von Blutungen u. bei wunden Brustwarzen. Es ist ein Hauptbestandtheil mehrerer Brustmittel u. besonders nützlich gegen Husten u. Katarrh. Es kommt zur ***Pasta de Althaea***, weisse Reglise, zur ***Pasta Liquiritiae***, braune Reglise, zum ***Pulvis gummosus Ph. Bor.*** u. s. w. Auch wird die ***Mucilago Gummi arabici*** (1 Th. Gummi u. 4 Th. Wasser) häufig angewendet.

(**Acacia Karoo Hayne**, ein Baum des Vorgebirges der guten Hoffnung, liefert gleichfalls Gummi, das aber nur in seinem Vaterlande verbraucht wird. — **Acacia decurrens Willdw.**, ein Baum Neuhollands, soll gleichfalls eine Art Gummi liefern. — Von **Acacia Verek Guill. et Per.**, nördlich vom Senegal häufig wachsend, soll vorzüglich das Senegalgummi, **Gummi Senegal**, gesammelt werden. — Von **Acacia virginalis Pohl.** [Inga cochliocarpa Mart., Mimosa cochliocarpa Gomez.], wird die dicke, rissige, aussen röthlichgraue, innen schwarzrothe, sehr faserige Rinde als **Cortex adstringens brasiliensis**, od. wenn die Borke fehlt, auch als **Cortex Barbatimao** nach Europa gebracht, aber nur wenig angewendet. — **Acacia adstringens Mart.**, ein Baum Brasiliens, soll eine ganz ähnliche Rinde liefern. — Von **Acacia Jurema Mart.**, einem Baume Brasiliens, leitet man die adstringirende u. unangenehm bittere Jurema-Rinde, **Cortex Juremae**, ab.)

a. Eine blühende Astspitze, verkl. — A. Ein Theil eines blühenden Astes, fast in natürl. Grösse. — A. Ein Blüthenkopf, von dem viele Blüthen entfernt u. nur eine Zwitter- u. eine männliche Blüthe übrig gelassen wurden. — B. Eine Zwitterblüthe senkrecht durchschnitten u. vom Kelche befreit. — C. Der Obertheil eines Staubfadens mit dem Staubbeutel von hinten, D. derselbe von vorn. — E. Eine unvollkommene Blume. — b. Die Hülse am Grunde geöffnet. — B. Ein Samen, C. derselbe quer u. D. senkrecht durchschnitten. — F. Der Embryo, von dem die Samenlappen entfernt wurden, von verschiedenen Seiten.

(In dieser Ordnung sind ferner noch zu bemerken: **Malope malacoides L.**, die in den Ländern am Mittelmeere, wo sie wächst, gleiche Anwendung wie die Malvenarten findet. — **Gossypium herbaceum L.**, krautartige Baumwollenstaude, eine in Aegypten u. im Oriente einheimische, jetzt auch häufig in vielen andern warmen Gegenden kultivirte, 1- od. 2jährige Pflanze, liefert die Baumwolle, **Gossypium s. Lana gossypina**, welche in der Kapsel die Samen umgiebt u. die man als Brennkegel od. Moxa, zum Auflegen auf Brandstellen, auf die Brüste der Frauen beim Entwöhnen, ferner zum Träger von Arzneikörpern, z. B. bei hohlen Zähnen u. s. w. benutzt. Die ölreichen Samen, **Semen Gossypii s. Bombacis**, gebrauchte man sonst als Milch u. Samen absondernde Mittel u. in den Ländern, wo sie frisch zu haben sind, dienen sie noch gleich dem Leinsamen od. Hanf zu Samenmilch od. Emulsionen. — **Gossypium arboreum L.**, **G. indicum Lam.**, **G. religiosum L.**, **G. barbadense L.** etc. liefern gleichfalls Baumwolle. — Von **Adansonia digitata L.**, Baobab, Affenbrodbaum, der grösste Baum seinem Umfange nach, im tropischen Afrika einheimisch, aber jetzt auch in Ost- u. Westindien verbreitet, werden die gepulverten Blätter (Lalo) von den Eingebornen täglich den Speisen beigemischt. Blüthen, Blätter und Fruchtmark werden auch als Arznei gebraucht. — **Bombax pentandrum L.** u. **Bombax Ceiba L.** liefern die ost- u. westindische Seidenbaumwolle. — Von **Abelmoschus moschatus Mnch.** [Hibiscus Abelmoschus L.], Bisamkraut, in Aegypten u. Ostindien einheimisch, wendete man sonst die sehr kräftig moschusähnlich riechenden Samen als Bisamkörner, **Semen Abelmoschi s. Alceae aegyptiacae s. Grana moschata**, vorzüglich als krampfstillendes Mittel an. — Von **Barringtonia speciosa L. fil.** wendet man die betäubenden Samen zum Fischfange an.)

XVII. Cl. Diadelphia (Zweibrüderige).

Hexandria (Sechsmännige).

Familie: **Mohngewächse:** PAPAVERACEAE JUSS. — *Gruppe:* **Fumarieae.**

Gattung: **Fumaria Tournef.**, Erdraute, Erdrauch.

Kelch** 2**blättrig. Blumenblätter** 4, **das obere am Grunde gespornt. Staubgefässe** 6, **diadelphisch. Nüsschen vor der Reife steinfruchtartig, fast kugelig, einsamig. Samen ohne Nabelwulst.

Taf. XLVI. **Fumaria officinalis L.**, gebräuchliche Erdraute, gebräuchlicher oder gemeiner Erdrauch, Taubenkropf.

Aufrecht, später weitschweifig-ästig; Blätter mehrfach-fiederschnittig. Abschnitte nach vorn etwas verbreitert; fruchttragende Trauben schlaff; Nüsschen breit-rundlich.

Wächst 1jährig fast in allen Erdgegenden auf Feldern, bebauetem Boden, auf Schutt. Wurzel dünn, gebogen, mit Fasern besetzt. Stengel ½—bis 1½' hoch, kantig, wie die ganze Pflanze seegrün bereift, gewöhnlich schon vom Grunde an in abstehende, späterhin nach allen Seiten ausgebreitete Aeste getheilt. Blätter 3fach- od. doppelt-fiederschnittig: Abschnitte 2—3spaltig, gegen den Grund hin keilförmig, mit länglichen od. verkehrt-eirundlich-länglichen, spitzlichen Lappen. Trauben achsel- u. endständig, aufrecht, vielblüthig. Blüthen klein, rosen- od. purpurroth. Deckblätter länger als die Blüthenstielchen, später aber kürzer als dieselben, lanzettlich, spitz; die beiden unter der Blüthe befindlichen eilanzettlich, spitzig, wimperig-gesägt. Kelchblätter länglich, nach vorn spatelig-erweitert, das obere grösser u. am Grunde in einen kurzen dicken, zugerundeten Sporn verlängert. Blumenblätter länglich-spatelig, spitzig, an den Spitzen zusammenhängend. Staubgefässbündel unten hautartig u. erweitert, oben 3spaltig, 3 Antheren tragend. — Griffel von der Länge der Staubgefässe, mit stumpf-3zähniger Narbe. Früchte kugelig, von oben etwas zusammengedrückt, um die Spitze herum fast eingedrückt. — Officinell ist die ganze Pflanze mit der Blüthe als ***Herba Fumariae***. Sie ist fast geruchlos, schmeckt aber unangenehm stark u. bitter, so wie zugleich etwas salzig, enthält viel Eiweissstoff, bittern Extractivstoff u. salzsaures Kali, wirkt auflösend u. eröffnend u. wird bei Stockungen im Unterleibe, wo Atonie u. Neigung zu Zersetzungen vorhanden ist, sonst auch bei Eingeweideverhärtungen, Gelbsucht u. gegen impetiginöse u. herpetische Ausschläge angewendet. Den frisch ausgepressten Saft giebt man bei Frühlingskuren bis zu ½ Unze.

A. Der Untertheil eines Stengels nebst der Wurzel. — B. Ein Stengelgipfel. — A. Eine Blume. — B. Dieselbe stärker vergr. und der Länge nach durchschnitten. — C. Ein Staubgefässbündel. — D. Ein Staubbeutel. — E. Das Pistill. — F. Die Narbe stärker vergr. — C. Eine Frucht. — G. Dieselbe vergr. u. H. quer, so wie I. senkrecht durchschnitten.

(Zu bemerken sind in dieser Ordnung noch: **Corydalis cava Schweig. et Koert.** [Fumaria bulbosa et cava L., Corydalis bulbosa Pers.], Hohlwurz, Helmwurz, deren etwas scharfe, bittere u. zusammenziehende hohle Wurzelknollen sonst als **Radix Aristolochiae cavae** officinell waren u. ein Alkaloid, das Corydalin, enthalten. — **Corydalis solida Smith.** [Coryd. digitata Pers., Corydal. Halleri Willdw., Fumaria bulbosa γ. L.] u. **Corydalis fabacea Pers.** [Fumaria bulbosa β. L.], (lieferten sonst **Radix Aristolochiae fabaceae**. [Abbild. s. Linke etc.])

Octandria (Achtmännige).

Familie: **Polygalaceen:** Polygalaceae.

Gattung: **Polygala Tournef.,** Kreuzblume.

Kelch 5blättrig, bleibend: die beiden innern Kelchblätter gefärbt u. grösser, flügelförmig. Blumenblätter 3 od. 5; das untere kahnförmig. Staubgefässe 8, in 2 Bündel verwachsen. Kapsel zusammengedrückt, 2fächerig, 2samig. Samen nabelwulstig.

Taf. XLVI. **Polygala amara L.,** bittere Kreuzblume.

Unterste (Wurzel-) Blätter am grössten, rosettig, länglich (fast breit-lanzettlich); die beiden innern Kelchblätter verkehrt-eirund-elliptisch, länger als die verkehrt-herzförmig-längliche Kapsel.

Ein auf feuchten u. trocknen Wiesen, mehr in Gebirgsgegenden, als in Ebenen durch Mittel- u. Nordeuropa wachsende kleine niedliche Pflanze. Aus der dünnen, fast fadenförmigen, mehr od. weniger zaserästigen Wurzel entspringen mehrere blühende, kahle Stengel, die wie alle übrigen Theile aufsteigen, 2 bis 6'' hoch werden u. einfach od. wenig ästig sind. Die grundständigen u. untersten stengelständigen Blätter sind rosettig-gehäuft, verkehrt-eiförmig od. spatelförmig-länglich, vorn abgerundet od. stumpf, ½—1'' lang, 2½—7''' breit; die übrigen höhern Stengelblätter sind länglich od. lineallänglich, stumpf od. spitzlich u. werden nach oben kleiner. Die blassblauen Blüthen stehen am Ende der Stengel u. der aufrecht abstehenden Zweige in ziemlich schlaffen Trauben. Die innern Kelchblätter werden nach dem Verblühen, nachdem sie vorher bläulich waren, grünlich u. haben die halbe od. ganze Breite der rundlich- od. keilig-verkehrt-herzförmigen Kapsel u. sind bald kürzer, bald eben so lang, bald länger als diese. — Man sammelt die ganze blühende Pflanze sammt der Wurzel als bitteres Kreuzblumenkraut, *Herba Polygalae amarae*. Dieses geruchlose, stark, rein bitter schmeckende Kraut wird als ein gelind reizendes u. stärkendes, vorzüglich die Absonderungen der Schleimhäute u. Nieren beförderndes Mittel bei verschiedenen Brustkrankheiten, besonders bei Schleimschwindsucht u. beim Blutspeien angewendet. Verwechselungen kommen vor mit *Polygala vulgaris L.*, welche sich aber leicht durch ihren grössern, aufsteigenden (nicht aufrechten) Stengel, durch die schmalen, lanzettförmigen Wurzelblätter u. den Mangel des bittern Geschmacks unterscheidet. *Polygala uliginosa Reich.* besitzt zwar auch, wiewohl schwächern, bittern Geschmack, ist aber zarter, die Wurzelblätter sind rundlich, ganz stumpf, oft ausgerandet, auch die Blüthen sind kleiner.

A. Ein Theil eines Exemplars mit grösseren u. B. eines andern mit kleinern Blüthen. — A. Eine offene Blume, an welcher das flügelartige Kelchblatt zurückgeschlagen ward, um die Blumenkrone zu zeigen; am Grunde des Blüthenstiels befinden sich die Deckblättchen. — B. Die Fruchtkapsel mit dem bleibenden Kelche, dessen flügelartiges Blatt zurückgeschlagen wurde. — C. Samen. — D. Grundtheil eines Samens. — E. Ein Samen quer durchschnitten.

Taf. XLVII. **Polygala Senega L.,** Senega-Kreuzblume, Senegapflanze, Klapperschlangenwurzel.

Stengel mehrere, aufrecht, einfach, stielrund; Blätter eirund- od. elliptisch-lanzettlich, die obersten zugespitzt; Trauben endständig, fast ährig; die beiden innern Kelchblätter (Flügel) rundlich, schmäler als die rundlich-ovale, ausgerandete Kapsel; das untere Blumenblatt undeutlich gekämmt.

Wächst ausdauernd in den Gebirgswäldern Nordamerikas. Die strohhalm- bis federkieldicke Wurzel ist in wenige starke Aeste getheilt. Meist entspringen mehrere etwas schlaffe, aufrechte od. schiefe, 9—16'' hohe, einfache, kraus-flaumhaarige Stengel aus einer Wurzel. Die abwechselnden Blätter stehen sämmtlich auseinander gerückt; die untersten sind klein, schuppenförmig, oval, die folgenden, bis gegen die Mitte des Stengels stehenden schmal-länglich u. die obern grössten sind breit-lanzettlich, an beiden Enden verschmälert, am Rande schärflich, 1—3'' lang, ½ bis fast 1'' breit. Die endständige, 1—2½'' lange Blüthenähre ist etwas nickend, schlaff u. nicht sehr reichblüthig. Die 1½—2''' langen Blüthen sind weiss, rosenröthlich u. grünlich; die Kelchflügel sind breit-eirund bis fast kreisrund, federnervig, die Gabelenden der Nerven nicht zu Maschen vereinigt; die Unterlippe der Blumenkrone ist kammförmig getheilt. Die Kapseln sind kreisrund, vorn eingedrückt. — Diese Pflanze u. vielleicht noch eine ähnliche, rosenroth blühende Art liefert die Senega- od. Klapperschlangenwurzel, *Radix Senegae s. Polygalae virginianae*, welche in 2—3'' langen, verschieden gekrümmten u. gewundenen, wenig ästigen u. schwachfaserigen, graubraunen Stücken vorkommt, die oben gewöhnlich einen knorrigen Wurzelkopf tragen; die eine Seite der Wurzeläste ist gewöhnlich gewölbt, gliederartig-höckerig u. runzelig, die entgegenstehende Seite dagegen in eine kielartige, vorspringende Längskante zugeschärft. Sie besitzt einen schwachen Geruch, erregt aber beim Zerstossen heftiges Niesen, hat einen schwach-bitterlichen, reizenden, speichelerregenden u. lange im Schlunde bleibenden Geschmack, u. ihr wirksamer Bestandtheil soll ein scharf kratzender, in Wasser unlöslicher Stoff, das Senegin, sein. Als wirksames reizend-auflösendes, die Absonderung der Schleimhäute u. die Thätigkeit der Lymphgefässe, so wie den Stoffwechsel beförderndes Mittel wendet man sie bei manchen entzündungslosen Lungenleiden, bei Schleimflüssen des Unterleibes, bei Wassersuchten, Gicht u. andern Krankheiten an. Man giebt das Pulver von 10—20 Gran, doch aber selten, da es leicht Erbrechen u. Durchfall erregt, gewöhnlicher die Abkochung von 3—8 Drachmen.

(Von **Polygala vulgaris L.,** gemeine Kreuzblume, Himmelfahrtsblümchen, sammelte man die Wurzel nebst den untern Theilen der Stengel als gemeine Kreuzblumenwurzel, **Radix s. Radix cum Herba Polygalae vulgaris**, welche, wie die ganze Pflanze, keine eigentliche Bitterkeit, aber in ihrer Rinde einen reizenden, Speichel erregenden Geschmack besitzt u. als ein wirksames Mittel bei verschiedenen Lungenkrankheiten empfohlen wird, auch früherhin als **Polygala amara** gesammelt worden ist. — **Polygala comosa Schkhr.** besitzt gleiche Eigenschaften. — **Polygala major Jacq.,** grosse Kreuzblume, im südl. Europa, in Oesterreich, Mähren, Ungarn u. s. w. wachsend, kommt gleichfalls mit den untern Stengeltheilen als ungarische od. grosse Kreuzblumenwurzel, **Radix Polygalae hungaricae s. Pol. majoris**, im Handel vor u. soll **Pol. vulgaris** in ihren Eigenschaften u. Wirkungen noch übertreffen. [Abbild. s. Linke etc.])

a. Der Untertheil einer Pflanze mit 3 Stengeln. — b. Die Spitze eines Stengels. — A. Blume. — A. Eine Blume, an welcher das innere Kelchblatt (Flügel) zurückgeschlagen worden ist. — B. Die Blumenkrone von der Seite. — C. Die obern Blumenblätter. — D. Das untere Blumenblatt mit dem Kamme von der Seite. — E. Dasselbe ausgebreitet, um die verwachsenen Staubgefässe zu zeigen. — F. Die Staubgefässe stärker vergr. — B. Der Kelch mit einer reifen Kapsel. — G. Derselbe vergr. von der breiten u. H. von der schmalen Seite. — I. Eine Kapsel von der breiten Seite, um die von der Spitze herablaufenden Gefässe zu zeigen. — C. Ein Samen. — K. Derselbe von der Seite u. L. von vorn.

Decandria (Zehnmännige).

Familie: **Schmetterlingsblüthige:** Papilionaceae.

— *Gruppe:* **Hedysareae De C.**

Gattung: **Andira Lam.,** Kohlbaum.

Kelch glockig-kreiselförmig, 5zähnig, mit fast gleichen Zähnen. Blumenblätter 5. Fahne rundlich, länger als das Schiffchen. Staubgefässe diadelphisch: $\frac{9}{1}$. Hülse gestielt, steinfruchtartig, fast rundlich, hart, in 2 Klappen theilbar, einsamig.

Taf. XLVII. **Andira retusa Kunth.**, stumpfblättriger Kohlbaum, surinamischer Wurmrindenbaum. (*Geoffroea retusa Lam.*)

Blätter gefiedert: Blättchen 5—6paarig, länglich-eirund, eingedrückt od. seicht ausgerandet, kahl u. glänzend; Rispen gipfelständig; Kelch glockig, kahl.

Ein mittelmässiger Baum mit einer glatten Rinde in Surinam u. Cayenne. Die gemeinschaftlichen Blattstiele tragen 9—13 kurz gestielte, lederige Blättchen. Die karminrothen Blüthen stehen in grossen aufrechten Rispen, die aus mehreren steifen Trauben zusammengesetzt sind. Die Hülse ist oval, fast steinfruchtartig. — Die Rinde, surinamische Wurmrinde, *Cortex Geoffroeae surinamensis*, welche in flachen od. nur wenig rinnigen, $\frac{1}{2}$—1′ langen, 1—2″ breiten, aussen häufig mit einer weisslichen Flechtenkruste bedeckten Stücken besteht, eine dunkel- od. rothbraune Borke, einen gelblichen od. graubraunen bis schwärzlichgrauen, aus groben, schichtweis sich durchkreuzenden Fasern gebildeten Bast hat, ziemlich geruchlos ist, schwach aber widerlich bitter schmeckt, enthält vorwaltend einen eigenthümlichen krystallisirbaren Stoff, Surinamin, und eisengrünenden Gerbstoff u. ist ein kräftig u. heftig wirkendes Wurmmittel, wird aber nur selten bei uns angewendet.

(Von **Andira inermis Kunth.** [Geoffroea inermis Sw.], einem Baume mittlerer Grösse in den Wäldern mehrerer Antillen-Inseln u. in Guiana, kommt die jamaikanische Wurmrinde, **Cortex Geoffroeae jamaicensis s. Cortex Cabbagii**, welche einen grüngelblichen Bast und eine dergleichen Rinde hat, schwach riecht u. mässig bitter schmeckt, auch gleichfalls einen eigenthümlichen krystallisirbaren Stoff, Jamaicin od. Cabbagin, u. einen gelben extractiven Farbstoff enthält u. in Amerika, selten noch bei uns in Dekokt gegen Würmer Anwendung findet.)

a. Der vom Ende eines Zweiges getrennte Blüthenstand. — b. Ein Blatt. — c. d. d. u. e. Blätter der Blumenkrone u. zwar c. das Fähnchen, d. u. d. die Flügel, e. die beiden Blätter des Schiffchens [oder Kiels]. — f. Der Kelch mit den Geschlechtsorganen. — g. Der Kelch senkrecht durchschnitten, um das Pistill ganz sichtbar zu machen. — h. Die steinfruchtartige Hülse der Länge nach durchschnitten.

Gruppe: **Genisteae Brown.**

Gattung: **Ononis L.**, Hauhechel.

Kelch glockig-5spaltig: Zipfel linealisch. Staubgefässe 10, monadelphisch. Hülse aufgetrieben, wenigsamig.

Taf. XLVII. **Ononis spinosa L.**, dornige Hauhechel, Ochsenbrech, Weiberkrieg.

Stengel aufrecht, weitschweifig, sammt den dornigen Aestchen ein- od. zweireihig-weichhaarig-zottig; Blätter 3zählig u. einzählig: Blättchen länglich, am Grunde keilförmig, gesägt; Blüthen einzeln, achselständig; Hülsen länger als der Kelch, 3samig

Eine an Wegen, auf Feldern u. Weideplätzen in Europa gemeine halbstrauchige Pflanze. Wurzel ausdauernd, holzig, tief in den Boden dringend, mehrköpfig, nach unten verästet, röthlichbraun. Der Stengel ist 1—2′ lang, aufsteigend, vom Grunde an ästig, fast holzig, braunroth, auf einer od. auf 2 Seiten mit kurzen weichen Haaren besetzt, übrigens fast kahl u. etwas klebrig. Die Aeste u. Aestchen endigen in dornige Spitzen, die mit den verkümmerten Blättchen, die als häutige Schüppchen erscheinen, besetzt sind od. einen kürzern Dorn zur Seite haben. Die Blätter auf den zusammengewachsenen, halbeirunden Nebenblättern fast sitzend u. nebst diesen mehr od. weniger drüsig. Fahne u. Schiffchen rosenroth, mit purpurrothen Streifen; Flügel od. Segel blassroth bis weisslich. Kelch u. Hülsen drüsig-zottig, die letztern meist 1samig. — Von dieser Pflanze, sowie von *Ononis repens L.*, kriechende Hauhechel, sammelt man im Frühjahre besonders die Wurzel u. auch das Kraut, *Radix et Herba Ononidis s. Restae bovis*. Sie ist geruchlos, schmeckt schleimig-süsslich, etwas bitterlich, enthält ausser einer ansehnlichen Menge Harz auch noch eine krystallisirbare Substanz, das Ononin, u. gehört zu den gelind-purgirenden, harntreibenden u. besonders auf die Nieren wirkenden Mitteln, weshalb man sie gegen Steinbeschwerden u. bei Drüsenverhärtungen, besonders im Mesenterium, empfiehlt. Man rechnete sie zu den *Radices quinque aperientes minores*. Die Gabe ist zum Dekokt 2—3 Drachmen, als Pulver 20—40 Gran mehrmals täglich.

a. Der Obertheil einer Wurzel mit den Grundtheilen der aufsteigenden Stengel. — b. Eine blühende Stengelspitze. — A. Ein Kelch nebst den Geschlechtsorganen, nach entfernten Blumenblättern. — c. Eine Blume mit dem Kelche. — d. Der Wimpel od. das Fahnchen (das oberste Blumenblatt). — e. Ein Flügel (seitliches Blumenblatt). — f. Das Schiffchen od. der Kiel (die beiden untersten Blumenblätter). — A. u. B. Staubgefässe, deren Staubfaden an der Spitze verdickt ist, von verschiedenen Seiten u. C. ein Staubgefäss, dessen Staubfaden an der Spitze keulenförmig u. stachelspitzig ist. — D. Pollenkörner im trocknen u. E. im aufgeweichten Zustande stark vergr. — F. Das Pistill. — G. Der Fruchtknoten der Länge nach durchschnitten. — H. Ein drüsentragendes Haar des Fruchtknotens stark vergr. — I. Die Narbe stark vergr. — g. Hülse. — h. Dieselbe in die beiden Klappen aufgesprungen. — C. Ein Samen. — K. Ders. vergr., L. quer u. M. senkrecht durchschnitten.

Gruppe: **Loteae De C.** — *Abtheilung*: **Astragaleae Adans.**

Gattung: **Melilotus Tournef.**, Steinklee.

Kelch röhrig-glockig, 5zähnig. Blumenkrone abfallend: Schiffchen einfach, Flügel kürzer als die Fahne. Staubgefässe diadelphisch. Hülse länger als der Kelch, lederig, aufgetrieben, unvollkommen aufspringend, 1- bis 3samig.

Taf. XLVII. **Melilotus officinalis (Desr.) Willdw.**, gebräuchlicher Stein- od. Melilotenklee.

Stengel aufrecht, ästig, gefurcht; Blätter dreizählig; Blättchen oval-länglich, fast abgestutzt, buchtig-gezähnt od. gesägt; Nebenblätter borstenförmig, ganzrandig; Blüthentraube locker; Blumenkrone: Flügel so lang wie die Fahne u. das Schiffchen; Hülsen schief-oval, grubig-runzelig, 2samig. Samen mit Höckern.

Wächst 2jährig durch ganz Europa in Gebüschen, an Zäunen, Waldrändern, Gräben, Flussufern, Wegen, auf Dämmen, Schutthaufen und Mauern. Wurzel weiss, ziemlich spindelförmig-ästig u. dringt tief in den Boden ein. Der rundlich-eckige, röhrige Stengel wird 2—6′ hoch u. ist mehr od. weniger ästig. An den untersten gestielten Blättern sind die Blättchen $\frac{3}{4}$—1″ lang u. $\frac{1}{4}$—$\frac{1}{2}$″ breit, verkehrt-eirund, gegen den Grund keilförmig, über demselben bis zur abgestutzten Spitze mehr od. weniger entfernt- u. stachelspitzig-gezähnelt-gesägt; an den mittlern Blättern oval-länglich, an den obern schmäler länglich-lanzettlich. Nebenblätter lang pfriemenförmig, ganzrandig. Von den zahlreichen verlängerten lockern Trauben sind die untern ziemlich abstehend, die obern aber aufgerichtet. Der fast glockenförmige Kelch hat pfriemlich-borstige, gerade, aufrechte Zähne. Die Flügel der gelben Blumenkrone haben die Länge der ovalen ausgerandeten Fahne u. sind mit dem gleichlangen Schiffchen am Grunde schwach verbunden. Die schief-verkehrt-eiförmigen Hülsen sind zugespitzt, an den Rändern zusammengedrückt, kahl od. schwach behaart, runzelig, schwärzlich; sie enthalten 2 od. auch nur einen ungleich-herzförmigen, olivengrünen, fein punktirten Samen. — Man sammelt die obern blühenden Stengel- und Zweigspitzen, *Summitates s. Flores Meliloti*, welche getrocknet stark eigenthümlich riechen, bitterlich-schleimig, etwas scharf-aromatisch schmecken u. Schleim, ätherisches Oel u. Benzoesäure enthalten, auch gelinde reizend u. auflösend sind. Sonst wurde der Melilotenklee innerlich als ein krampfstillendes Mittel gegen Kolik, Blähungen, Nachwehen u. den weissen Fluss angewendet, jetzt bedient man sich desselben nur noch äusserlich zu erweichenden u. lindernden Umschlägen u. Pflastern.

(Ausser vorbenannter Pflanze können gleicherweise **Melilotus arvensis Wallr.** [Mel. Petitpierreana Willdw., Trifolium Mel. Petitpierreanum Hayne., Trifolium Mel. officinalis Sturm.] u. **Mel. alba Desr.** [Melilotus vulgaris Willdw., Trifolium Mel. vulgaris Hayne., Mel. leucantha Koch.], welche gleichwohl schwächer riechen, angewendet werden. Dagegen sind beim Einsammeln Mel. Kochiana Willdw. u. Mel. dentata Willdw., welche geruchlos sind, zu vermeiden. — Mel. coerulea Lam. [Trigonella coerulea De C.], welches sehr stark u. eigenthümlich riecht, war sonst als Herba Trifolii s. Loti odorati gebräuchlich u. macht einen Bestandtheil des grünen Kräuterkäses, Schabziegerkäses, aus. [Abbild. s. Linke etc.])

a. Der Obertheil einer Wurzel mit einer Stengelbasis. — b. Eine Stengelspitze. — A. Der Kelch mit den Geschlechtsorganen. — B. C. D. Blumenblätter u. zwar: B. Fähnchen, C. ein Flügel, D. Schiffchen od. Kiel. — E. Ein Staubbeutel mit dem obern Theile eines Staubfadens. — F. Das Pistill am Fruchtknoten der Länge nach durchschnitten. — g. Hülse. — G. Dieselbe vergr. u. H. in ihre beiden Klappen getrennt. — h. Samen, I. dergl. vergr. u. K. quer, sowie L. senkr. durchschnitten.

Gattung: **Trigonella L.**, Kuhhornklee.

Kelch 5eckig, 5spaltig. Blumenkrone: Fahne u. Flügel etwas abstehend, Schiffchen sehr klein. Staubgefässe diadelphisch. Hülse linealisch od. sichelig, zusammengedrückt, geschnabelt, vielsamig.

Taf. XLVIII. **Trigonella Foenum graecum L.**, gemeiner Kuhhorn- od. Bockshornklee, Griechisch-Heu.

Stengel aufrecht, einfach; Blätter 3zählig. Blättchen verkehrt-eiförmig od. keilförmig, stachelspitzig, gezähnelt, kahl; Blüthen sitzend, fast einzeln; Hülsen verlängert-schwertförmig, 2—3mal so lang als der Schnabel.

Wächst einjährig in Südeuropa, Kleinasien u. Nordafrika. Der $\frac{1}{2}$ —$1\frac{1}{2}$' hohe, stielrunde Stengel ist unten fast kahl, nach oben schwach weichhaarig, einfach od. wenig ästig. Die blassgelben Blüthen stehen einzeln od. gepaart in den obern Blattachseln u. hinterlassen 3—5'' lange, etwas über 2''' breite, steife, bogig-gekrümmte, kahle od. runzelige, zugespitzte, mehrsamige Hülsen. Die fast rhombischen, zusammengedrückten, bräunlich-gelben Samen haben 2 schiefe, zum Nabel verlaufende Furchen. Sie riechen stark u. unangenehm, schmecken schleimig-bitterlich, enthalten ein fettes u. wenig äther. Oel, gehören zu den erweichenden, Abscesse zeitigenden u. einhüllenden Mitteln u. wurden sonst bei Katarrhen u. katarrhalischen Drüsenanschwellungen des Halses angewendet. Jetzt gebraucht man das Mehl nur noch äusserlich zu Breiumschlägen, bedient sich desselben auch in der Thierheilkunde als ein Mittel gegen den Rotz.

a. Die Wurzel mit dem Untertheile eines Stengels. — b. Eine Stengelspitze. — A. Der Kelch. — B. C. C. D. Blumenblätter und zwar: B. Fähnchen od. Wimpel, C. u. C. Flügel od. Segel, D. Schiffchen od. Kiel. — E. Geschlechtsorgane. — F. Pistill. — c. Eine quer durchschnittene Hülse. — G. Samen. — H. Derselbe quer durchschnitten.

Gattung: **Astragalus Tournef.**, Traganth.

Kelch 5zähnig. Schiffchen der Blumenkrone stumpf. Staubgefässe diadelphisch. Hülse durch die einwärts eingeschlagene untere Naht 2fächrig oder halbzweifächrig.

Taf. XLVIII. **Astragalus verus Oliv.**, wahrer Traganth.

Strauchig; Blätter paarig-gefiedert: Blättchen in 8—10 Paaren, linealisch, spitz, kurzhaarig; Blüthen zu 2 bis 5 in den Blattachseln sitzend; Kelch filzig, stumpf-5zähnig.

Ein in der Levante, also in Kleinasien, Armenien und im nördlichen Persien wachsender, 2—3' hoher Strauch. Die zahlreichen Aeste sind nach oben zu dicht mit den verhärteten Blattstielen u. Nebenblättern ziegeldachartig dicht besetzt. Die zahlreichen Blätter sind 15—18''' lang, die sehr schmalen linealisch-lanzettlichen Blättchen blos 4—5'''. Der Hauptblattstiel endigt in eine Dornspitze, trägt am Grunde 2 seidenzottige, lang zugespitzte Nebenblätter, die später fast kahl werden; er bleibt nur mit dem Grundtheile stehen. Die sitzenden Blüthen sind durch ein filziges Deckblatt gestützt. Vorzüglich von diesem Strauche wird das in der warmen Jahreszeit von selbst aus der Rinde des Stammes u. der Aeste schwitzende Traganthgummi, *Gummi Tragacanthae*, gesammelt. Im Handel kennt man 2 Sorten, die ihren Namen nach den Bezugsorten Morea u. Smyrna haben, sich aber nicht unterscheiden lassen. Der erhärtete Schleim besteht in dünnen langen Fäden od. in dergleichen kurzen, verschiedenartig u. wurmförmig zusammengedrehten, od. in schmalen od. breitern, dünnern oder dickern bandförmigen Streifen, od. auch in breiten, flachen, gestreiften, muschelähnlichen od. ganz unregelmässig geformten Stücken von gelblich-weisser, bräunlichgelber bis brauner Farbe, die keinen Glanz, Geruch u. nur einen schleimigen Geschmack haben. Die dünnen, langen, weissen Fäden werden als beste Sorte ausgelesen, dann die dünnen kurzen Fäden, die schmalen, kurzen, bandförmigen, so wie die zusammengedrehten u. wurmförmigen Stücke (Vermicelle genannt); man liest sie gewöhnlich aus Morea-Traganth. Die grossen, breiten, flachen, dünnern u. dickern Stücke, welche concentrisch-bogenförmige, erhabene Streifen zeigen, so wie die muschelförmigen bezeichnet man mit dem Namen Smyrna-Traganth, obgleich man jetzt auch aus Morea dergleichen bringt. Von diesen Hauptformen werden nun noch mehrere durch Färbung u. sonstige Güte bestimmte Sorten gebildet. Der Traganth löst sich nicht im Wasser auf, sondern bildet nur einen gallertartigen Schleim, da er aus Bassorin, Acacin u. Stärkmehl besteht. Man braucht ihn ähnlicherweise wie das Mimosengummi, *Gummi arabicum*, er ist aber nährender u. einhüllender. Meist dient er als Vehikel, um Pillenmassen Consistenz zu geben, um Mundsäfte u. andere Mittel schleimiger zu machen. Eine grosse Anwendung findet er in den Künsten u. Gewerben, besonders zur Bereitung von Farbentäfelchen od. Tuschen.

a. Ein Ast. — A. Blüthe. — B. Blatt mit den am Blattstiele angewachsenen Nebenblättern.

Taf. XLVIII. **Astragalus gummifer Labil.**, gummigebender Traganth.

Strauchig; Blätter paarig-gefiedert: Blättchen in 4 bis 6 Paaren, linealisch-länglich, kahl; Blüthen zu 3—5 in den Blattachseln sitzend; Kelche 5spaltig, sammt den Hülsen wollig-zottig.

Ein in Syrien, vorzüglich am Libanon wachsender Strauch, der dem vorigen sehr ähnlich ist, sich aber leicht durch die in der Diagnose gegebenen Unterschiede erkennen lässt. Die Aeste, die bei jenem dachziegelig-schuppig sind, haben keine Schuppen, sondern Dornen, weil die ganzen dornigen Blattstiele u. nicht blos deren Grund stehen bleiben. Die Blüthen bilden, weil sie in allen Blattachseln gehäuft sitzen, eine schopfige Aehre. — Auch von diesem Strauche soll der in grössern Stücken von unbestimmbarer Gestalt, weiss u. gelbbraun daran ausschwitzende Traganth gesammelt werden. Nach Anderer Meinung soll das angeblich aus Ostindien kommende *Gummi Kutira*, Kutiragummi, davon abstammen, welches wie unser Kirschgummi oder das schlechte Senegalgummi aussieht, ähnliche Eigenschaften wie der Traganth besitzt, aber kein Stärkmehl enthält und nur in einigen Gewerben u. zum Verfälschen des Traganths angewendet wird.

(Von **Astragalus aristatus Herit.**, granniger Traganth, in mehreren Gegenden Südeuropas einheimisch, vorzüglich in Morea häufig wachsend u. angebaut, kommt wohl der meiste Morea-Traganth, der vorzüglich in bedeutender Menge von Patras ausgeführt wird. Eresios schon nennt ihn Τραγάκανθα ἐν Ἀρκαδίᾳ zum Unterschiede vom kretischen Τραγάκανθα ἐν Κρήτῃ. — Von **Astragalus exscapus L.**, [Astragaloides syphilitica Mnch.], stengelloser Traganth, in Mitteleuropa wachsend, gebrauchte man eine Zeit lang die Wurzel, **Radix Astragali exscapi**, als ein Heilmittel gegen die Syphilis. — Von **Astragalus glycyphyllos L.**, in Europa u. Nordasien einheimisch, gebrauchte man ehedem die süssschmeckenden Blätter u. die Samen, **Herba et Semen Glycyrrhizae sylvestris**, vorzüglich gegen Harnstrenge. — Von **Astragalus baeticus L.**, spanischer Traganth od. Kaffeewicke, benutzte man die Samen eine Zeit lang als Kaffeesurrogat.)

a. Ein blühender Stengeltheil, nebst b. einem Stücke des Stammes, aus dem Traganth schwitzt. — A. Ein Blatt. — B. Eine Blume mit dem Deckblatte. — C. Das Deckblatt abgesondert. — D. Der Kelch mit den Geschlechtsorganen. — E. F. F. u. G. Blumenblätter, u. zwar: E. das Fähnchen, F. F. die Flügel, G. das Schiffchen. — H. Das Pistill. — I. Der Fruchtknoten der Länge nach u. K. quer durchschnitten.

Gattung: **Glycyrrhizá Tournef.,** Süssholz.

Kelch röhrig, 5spaltig, 2lippig (4/1): die beiden obern Zähne bis zur Mitte verwachsen. Blumenkrone: Fahne eilanzettlich, gerade, die Flügel u. das Schiffchen bergend. Staubgefässe diadelphisch. Hülse oval od. länglich, zusammengedrückt, 1—4samig.

Taf. XLVIII. **Glyzyrrhiza glabra L.,** gemeines Süssholz.

Blätter unpaarig-gefiedert: Blättchen eirundlich-länglich, stumpf oder zurückgedrückt; Nebenblätter fast fehlend; Blüthentrauben ährenförmig, gestielt, kürzer als die Blätter, schlaff. Hülsen kahl, 3—4samig.

Ein in ganz Südeuropa, besonders in Südfrankreich u. Spanien einheimisches, aber auch in einigen Gegenden Deutschlands kultivirtes Staudengewächs. Die Wurzel ist fast gleichmässig stielrund, fingersdick, ästig, hellbraun, innen gelb, saftig, dringt tief in den Boden, kriecht daselbst fort u. treibt stellenweise nur wenige Fasern. Die ästigen, aufrechten Stengel werden 3—5′ hoch, sind unten stielrund, nach oben etwas eckig. Die Blätter sind 5—9″ lang, 9—13zählig-gefiedert; die Blättchen 1—2″ lang, ½—1″ breit, kahl, unterseits dicht drüsig-punktirt u. deshalb klebrig. Die sehr kleinen u. hinfälligen Nebenblätter sind pfriemig. Die gestielten, 3—5″ langen Aehren sind anfangs gedrängt-blüthig, später ziemlich locker u. endlich fast traubig, lila-röthliche Blüthen tragend. Die Hülsen sind länglich, stachelspitzig u. braun. — Die Wurzel, das Süssholz, ***Radix* s. *Lignum Liquiritiae* s. *Glyzyrrhizae***, kommt in langen, fingersdicken, biegsamen, faserigen, noch mit der graubraunen Rinde bedeckten u. inwendig gelben Stücken als spanisches Süssholz im Handel vor, enthält süssen Extractivstoff (Glycyrrhizin), Stärkemehl u. einen harzigen, kratzend schmeckenden Extractivstoff. Man bereitet, besonders in Spanien, daraus das als spanischer Saft, ***Succus* s. *Extractum Liquiritiae* s. *Succus hispanicus***, bekannte, trockene, dunkelbraune Extract, das, sowie die Wurzel, gewöhnlich als Corrigens übelschmeckender Arzneien angewendet wird. Wurzel u. Extract wirken aber auch vorzüglich auf die Absonderung der Schleimhäute u. werden deshalb bei Krankheiten der Athmungsorgane, besonders der Lungen u. bei vielen katarrhalischen Affectionen, Husten u. s. w., den Auswurf befördernd, nützlich. Die Wurzel macht einen Bestandtheil aller ***Species pectorales*** aus. Das als Handelswaare vorkommende gepulverte Süssholz ist nicht selten verfälscht u. zwar mit Schüttgelb, ja sogar auch mit Kalk, der mit chromsaurem Bleioxyde gefärbt ist.

a. Der obere Theil einer Wurzel mit einigen Stengelbasen. — b. Stengelspitze. — A. Kelch mit Deckblättchen u. Blumenkrone. — B. Kelch. — C. D. D. E. Blumenblätter u. zwar: C. Fähnchen od. Wimpel, D u. D. Flügel od. Segel, E. Schiffchen od. Kiel. — F. Geschlechtsorgane. — G. Das Pistill am Fruchtknoten der Länge nach durchschnitten. — c. Hülsen. — d. Eine Hülse in die beiden Klappen getrennt. — A. Samen, B. derselbe senkrecht u. C. quer durchschnitten.

Taf. XLIX. **Glyzyrrhiza echinata L.,** igelstacheliges Sussholz.

Blätter unpaarig-gefiedert: Blättchen elliptisch und elliptisch-lanzettlich, stachelspitzig, kahl; Nebenblätter länglich-lanzettlich; Bluthentrauben kopfförmig, kurz gestielt: Hülsen oval, borstig-igelstachelig, 2samig.

Wächst ausdauernd im östlichen Südeuropa, vorzüglich in Russland, wo man diese Pflanze auch kultivirt. Sie ist fast kahl u. auch sehr wenig klebrig. Die Wurzel wird weit stärker als bei voriger Art, ist faseriger u. innen blasser gelb. Die rundlichen Blüthenköpfchen sind weit kürzer als die Blätter. Vorzüglich unterscheidend sind die borstig-igelstacheligen Hülsen.— Die Wurzel kommt im Handel als russisches Süssholz, in 1—1½″ dicken, 3—4′ langen, wenig ästigen, knotigen, hellgelben, von der äussern Rinde befreiten Stücken vor u. hat gleiche Anwendung wie die Wurzel der vorigen Art.

a. Stengelspitze. — b. Obertheil der Wurzel mit 4 Stengelbasen. — A. Eine Blume vergr. — B. Kelch. — C. D. E. Blumenblätter und zwar: C. Fähnchen od. Wimpel. D. ein Flügel od. Segel, E. Schiffchen od. Kiel. — F. Geschlechtsorgane. — G. Das Pistill am Fruchtknoten der Länge nach durchschnitten. — A. Eine Hülse. — B. Dieselbe geöffnet. — C. Samen, D. derselbe quer, so wie E. senkrecht durchschnitten.

Gruppe: **Loteae De C.** — *Abtheilung:* **Fabaceae Reichb.**

Gattung: **Phaseolus L.,** Bohne.

Kelch 2lippig: Oberlippe 2zähnig; Unterlippe 3spaltig. Schiffchen nebst den diadelphischen Staubgefässen u. dem Griffel spiralig zusammengedreht. Hülse zusammengedrückt od. walzenförmig, vielsamig.

Taf. XLIX. **Phaseolus vulgaris L.,** gemeine Bohne.

Stengel windend, fast kahl; Blätter gefiedert-dreizählig: Blättchen eiförmig, zugespitzt; Trauben gestielt, kürzer als die Blätter; Blüthenstielchen gepaart; Hülsen hängend, glatt, gerade, etwas schwertförmig, aus der obern Naht geschnabelt.

Ursprünglich in Ostindien einheimisch, wird aber in vielfachen Abänderungen in ganz Europa u. in den andern Erdtheilen kultivirt. Der sich windende Stengel wird oft 12—16′ hoch u. höher. An den lang gestielten Blättern stehen kurzgestielte Blättchen u. am Grunde der Blättchenstielchen 2 lanzettliche Nebenblätter; das endständige Blättchen ist rhombisch- od. deltaförmig-eirund, die seitlichen sind sehr ungleichseitig u. schiefeirund. Die Trauben tragen 5—8 weisse od. gelblichweisse, seltner lilarothe od. violette Blüthen. Die Hülsen sind gegen 6—7″ lang, gerade od. etwas sichelförmig. Die 5—6 Samen einer Hülse sind sehr verschieden gefärbt, entweder einfarbig weiss, braun, schwarz u. s. w. od. gescheckt od. gebändert. — Die Samen der weisssamigen Abänderung wurden als weisse Bohnen, ***Semina Phaseoli* s. *Fabae albae***, sonst bei Nierenentzündungen angewendet, jetzt braucht man sie nur noch zu erweichenden u. zertheilenden Umschlägen. Sie enthalten viel Stärkmehl, Gliadin, Schleimzucker, einen gummösen Stoff u. s. w. u. wer den häufig als eine gut nährende, jedoch etwas schwer verdauliche u. Blähungen erregende Speise gegessen. Die noch nicht reifen, grünen, jungen Hülsen werden als Gemüse häufig genossen.

(Von **Phaseolus nanus L.,** Zwerg- od. Buschbohne, ist die Benutzung ganz dieselbe wie die voriger Art. — Von **Phaseolus multiflorus Willdw.,** Feuer- od. türkische Bohne, werden nicht die Samen, sondern nur die jungen Hülsen gegessen.)

a. Die Spitze des windenden Stengels mit dem Blüthenstand u. einem Blatte. — A. Ein Nebenblättchen. — B. der Kelch. — C. Die Fahne. — D. Ein Flügel. — E. Das Schiffchen nebst den Geschlechtsorganen schneckenförmig gedreht. — F. Die Geschlechtsorgane. — G. Das Pistill. — b. Die aufgesprungene Hülse. — c. Ein Samen. — H. Ein der Länge nach getheilter Same od. der Embryo mit einem Samenlappen. — I. Ein Samen quer durchschnitten. — A. Der Embryo.

(In diese Ordnung gehören ferner noch: **Geoffroya vermifuga Mart.** u. **Geoffroya spinulosa Mart.**, Bäume Brasiliens, von denen die Samen, **Semina Angelin**, in Amerika als Wurmmittel angewendet werden, auch bisweilen bei uns in den Handel kommen. — Von **Drepanocarpus senegalensis Nees.**, senegalischer Schneckenfruchtbaum, am Senegal in Afrika wachsend, erhält man den durch Einschnitte in die Rinde hervorfliessenden u. erhärteten Saft als echtes od. afrikanisches Kino, **Kino s. Gummi Kino verum, africanum s. gambiense**, aus kleinen, unregelmässigen, scharfkantigen, starkglänzenden, röthlich-schwarzbraunen, an den Kanten u. in dünnen Plättchen rubinroth durchscheinenden, sich leicht zerreiben lassenden u. ein braunrothes Pulver gebenden Stücken bestehend, das geruchlos ist, rein adstringirend schmeckt u. vorwaltend eisengrünenden Gerbstoff enthält. Man wendet es als kräftiges tonisches adstringirendes Mittel innerlich bei Durchfällen, Schleim- u. Blutflüssen, äusserlich auch bei schlaffen Geschwüren, Blutungen u. dgl. an. — Von **Spartianthus junceus Link.** [*Spartium junceum L.*], binsenartiger Besenginster, gebrauchte man sonst die harntreibenden u. Brechen u. Durchfall erregenden Samen u. krautigen Zweigspitzen als **Semen et Herba Genistae hispanicae s. Gen. junceae.** — **Spartium scoparium L.** [Genista scoparia Lam., Cytisus Scoparius Lnk.], gemeine Pfriemen od. Besenkraut, lieferte sonst die jungen Aeste, die Blüthen u. die Samen, **Herba, Flores et Semen Spartii s. Genistae scopariae s. G. angulosae**, Blätter u. Blüthen erregen Durchfall. Die bittern Samen enthalten Cathartin. — Von **Genista tinctoria L.,** *Färbeginster, Färbekraut*, Gilbkraut od. gelbe Scharte, waren sonst die, getrocknet geruchlosen u. schleimig, schwach bitterlich, kaum etwas scharf schmeckenden Blätter u. blühenden Astspitzen, **Herba et Summita-**

tae **Genistae tinctoriae s. Cytiso-Genistae,** als schweiss- u. harntreibendes u. die Schleimabsonderung beförd. Mittel in Gebrauch. In neuerer Zeit empfahl man sie als ein Mittel gegen Wasserscheu; ihre Wirksamkeit hat sich aber nicht bestätigt. — **Genista sagittalis L.** lieferte sonst die krautigen u. blühenden Aeste als **Herba et Summitates Genistellae.** — Von **Cytisus Laburnum L.,** gemeiner Bohnenbaum, Goldregen, hielt man sonst die Blätter u. Samen, **Folia et Semen Laburni,** für zertheilend u. auflösend. Die ekelhaft bitter schmeckenden Hülsen enthalten das emetisch-purgirende Cytisin. — **Anthyllis Vulneraria L.** rühmte man ehedem als **Herba Anthyllidis s. Vulnerariae** sehr als Wundmittel. — Von **Lupinus albus L.** benutzte man sonst die Samen, Feigbohnen, **Semen Lupini,** als Nahrungsmittel und zu Breiumschlägen bei Geschwüren u. Hautausschlägen so wie die bittere Abkochung gegen Würmer. — Von **Trifolium pratense L.,** gemeiner Klee, Wiesenklee, sammelte man sonst das Kraut, die Blüthen u. Samen, **Herba, Flores et Semen Trifolii pratensis s. purpurei s. Loti Herbae silvestris** u. hielt sie für etwas laxirend. Von **Trifolium repens L.** gebrauchte man ehedem gleichfalls die Blüthen, **Flores Trifolii albi.** — **Trifolium arvense L.** war in früherer Zeit als **Herba et Flores Lagopi** officinell u. das *Λαγώπους* des Hippokrates u. Dioskorides. Es soll im Theeaufguss bei Durchfallen u. Ruhren sehr gute Dienste leisten. — Von **Lotus corniculatus L.** Hornklee, gelber Honig- od. Schotenklee, Pantoffelchen, wendete man sonst das Kraut u. die Blüthen, **Herba et Flores Loti sylvestris s. Trifolii corniculati,** als ein zusammenziehendes Wundmittel an. — Von **Galega officinalis L.,** gemeine Geis- od. Pockenraute, gebrauchte man sonst das schleimig-bitterlich schmeckende Kraut, **Herba Galegae s. Rutae Caprariae,** als ein schweiss-, harn- u. wurmtreibendes Mittel, sowie besonders bei Hautkrankheiten. — Von **Galega toxicaria Sw.** [Thephrosia toxicaria Pers.], werden die betäubenden Samen in Brasilien u. von **Galega piscatoria Ait.** [Thephrosia piscatoria Pers.], auf den Südseeinseln zum Fischfange benutzt. — **Robinia Pseudo-Acacia L.,** weisse Akazie, hat eine purgirende Rinde. — Von **Colutea arborescens L.,** gemeiner Blasenstrauch, waren sonst die ovalen und fast verkehrt-eiförmigen, am Grunde stumpfen u. vorn ausgerandeten, purgirenden Blättchen, **Folia Coluteae vesicariae v. Sennae germanicae,** officinell u. sollen ehedem sogar zur Verfälschung der ächten Sennesblätter gebraucht worden sein. — Von **Ervum Lens L.,** gemeine Linse, gebrauchte man die nährenden Samen in Abkochung als harntreibendes Mittel u. bei hitzigen Hautausschlägen, besonders bei Blattern u. Masern, so wie das Mehl derselben zu erweichenden Breiumschlägen. Einen aus Linsenmehl u. Bier gekochten Brei rühmt man bei Knochengeschwüren. Linsen wie Kaffee gebrannt u. gekocht u. täglich 3mal eine Portion davon getrunken, soll ein vorzügliches Mittel gegen beginnende Wassersucht sein. — Von **Ervum Ervilia L.** [Ervilia sativa Link.] waren die Samen als Ervensamen, **Semina Erviliae,** gegen Lungenverschleimungen officinell. — Von **Faba vulgaris Mnch.** [Vicia Faba L.], Buff-Bohne, Sau- od. Pferdebohne, waren sonst die Stengel, Blüthen u. Samen, **Stipites, Flores et Semina Fabarum,** officinell. — Das aus der Asche der Stengel ausgelaugte Salz wird gegen Drüsenverhärtungen gerühmt, das destillirte Wasser der Blüthen galt für ein Schönheitsmittel u. die Samen hielt man für ein gutes harntreibendes Mittel; die aus dem Mehle bereiteten erweichenden u. zertheilenden Umschläge mit Honig verbunden dienten gegen Krebsgeschwüre. Die Samen sind, besonders im reifen Zustande, eine schwer verdauliche Speise. — Von **Vicia sativa L.,** Futterwicke, wendete man die Samen, **Semina Viciae,** gegen Durchfälle, Ruhren u. hitzige Exantheme an. — Von **Cicer arietinum L.,** Kicher, Kichererbse, waren die Samen, **Semina Ciceris,** officinell, u. man brauchte das Mehl derselben zu erweichenden u. zertheilenden Breiumschlägen u. mit Honig gegen Krebsgeschwüre u. wendete die Abkochung als harntreibendes Mittel an. — **Pisum sativum L.,** gemeine Erbse, jetzt überall angebaut u. in vielen Abänderungen, z. B. als Zuckererbse, Zuckerschote, in Gärten gezogen, lieferte sonst die Samen, **Semina Pisi,** die gleiche Anwendung wie die Bohnen, Linsen u. Wicken hatten u. als Erbsen sowohl unreif als reif genossen werden. — Von **Lathyrus tuberosus L.** [Lathyrus arvensis Riv.], Acker- od. Erdnuss, Erdeichel, Erdmandel, gebrauchte man die Wurzelknollen, **Glandes terrestres,** gegen Diarrhöen u. Ruhren u. isst sie so wie die von **Orobus tuberosus L.** in mehreren Gegenden als Erdeicheln. — Von **Orobus vernus L.** waren sonst die Samen, **Semina Galegae nemorensis,** officinell. — Von **Onobrychis sativa Lam.** [Hedysarum Onobrychis L.], im Grossen als Viehfutter kultivirt, gebrauchte man das Kraut, **Herba Onobrychis,** vorzüglich bei Harnstrenge u. Harnverhaltung. — **Hedysarum canadense L.** gab **Herba Hedysari triphylli.** — **Hedysarum Alhagi L.** [Alhagi Maurorum Tourn.], ein Strauch Aegyptens, Syriens u. Arabiens, schwitzt Manna aus. — Von **Dipteryx odorata Willdw.** [Baryosma Tongo Gaertn.], einem gegen u. über 80' hohen Baume der Wälder Gujana's, erhält man die angenehm gewürzhaft riechenden u. aromatisch-brennend schmeckenden Samen als Tongo- oder Tonkabohnen, **Fabae vel Semina Tongo vel Tonca,** welche nebst vielem fetten Oele den Tonkakampher od. Coumarin enthalten und in Amerika als reizendes u. schweisstreibendes Mittel angewendet, in Europa aber dem Schnupftabake einen angenehmen Geruch zu ertheilen benutzt werden. — **Arachis hypogaea L.,** Erdeichel, Erdpistazie, liefert für die Tropenländer roh u. geröstet essbare Früchte. — **Ornithopus perpusillus L.** gab sonst **Herba et Semen pedis avis.** — Von **Bonaveria Securidaca Scop.** [Coronilla Securidaca L., Securidaca vera Clus., Securidaca legitima Gaertn., Securigera Coronilla De C.], sammelte man die Samen, **Semina Securidacae.** — Von **Coronilla Emerus L.** sammelte man sonst die abführenden Blätter, **Folia Coluteae scorpioidis.** — **Pterocarpus santalinus L. fil.,** ein auf den Gebirgen in Ostindien u. auf Ceylon wachsender grosser Baum, liefert das rothe Santel- od. Sandelholz, **Lignum Santali rubrum s. santalinum rubrum,** das in dunkelbraunen, ins Violette ziehenden, inwendig theils blutrothen (Kaliaturholz), theils hochrothen, ziemlich schweren, faserigen Stücken nach Europa gelangt u. zum Rothfärben u. Rothbeizen gebraucht wird, auch einen Bestandtheil mancher Zahnpulver ausmacht. — **Pterocarpus indicus Willdw.,** ein Baum der ostindischen Inseln u. **Pterocarpus Marsupium Roxb.,** ein Baum in Koromandel, liefern durch Einschnitte in die Rinde einen adstringirenden, im trocknen Zustande dem Kino gleichenden Saft, der vielleicht auch als ostindisches Kino in den Handel gelangt. — **Pterocarpus Draco L.,** ein grosser Baum Westindiens, soll das nicht mehr nach Europa gebracht werdende amerikanische Drachenblut liefern. — Von **Abrus precatorius L.,** Paternostererbse, einem windenden Strauche Südasiens u. Mittelafrikas, wird die ganze Pflanze, welche dieselben Kräfte wie die Süssholzwurzel hat, in Afrika u. Ostindien ganz wie diese angewandt. Die scharlachrothen, mit einem schwarzen Flecken versehenen Samen reiht man zu Rosenkränzen an od. braucht sie zu mancherlei Schmucksachen. — Von **Butea frondosa Roxb.,** einem mässigen Baume auf den Bergen Ostindiens, kommt der nach der Verwundung aus der Rinde fliessende, stark adstringirende, schön rothe u. an der Sonne getrocknete Saft als asiatisches od. ostindisches Kino, **Kino orientale vel asiaticum,** in den Handel. Es ist von dem ächten Kino durch den Gehalt an eisenbläuendem Gerbstoff unterschieden. — Von **Mucuna urens De C.** [Dolichos urens Jacq.], einer westindischen u. südamerikanischen Schlingpflanze, sowie von **Mucuna pruriens De C.** [Dolichos pruriens L., Stizolobium pruriens Pers.], einer ostindischen, aber auch auf den Antillen wachsenden Schlingpflanze, wurden die Brennborsten der Hülsen als **Setae Siliquae hirsutae s. Stizolobii,** mit Zuckersaft od. einem andern dicklichen Safte gemischt, innerlich gegen Würmer gebraucht. — Aus **Indigofera tinctoria L., Indigofera Anil L. u. Indigofera argentea L.,** in beiden Indien angebaute Pflanzen, bereitet man die blaue, kostbare Farbe, den Indig. [Abbild. der deutschen Gewächse s. Links etc.])

XVIII. Cl. Polyadelphia (Vielbrüderige).

Icosandria (Zwanzigmännige).

Familie: **Orangengewächse:** Hesperideae. —
Gruppe: **Aurantieae** (*Aurantiaceae Juss.*).

Gattung: **Citrus Lin.,** Agrume, Orange.

Kelch 3- od. 5spaltig. Blumenblätter 5—8. Staubgefässe (20—60) am Grunde in mehrere Bündel verwachsen. Frucht beerenartig, 7—12fächrig, mit vielsamigen, saftig-breiigen Fächern.

Taf. XLIX. **Citrus medica L.,** gemeiner Citronenbaum.

Blattstiel ungeflügelt; Früchte ellipsoidisch, genabelt.

Ein in Südasien einheimischer, jetzt aber sowohl in Asien, als auch in allen wärmern Gegenden der Erde kultivirt werdender, 30—50' hoher Baum. Die Blätter sind 3—4'' lang, über 1'' breit, ausdauernd, oval od. elliptisch, stumpf oder etwas zugespitzt, doch stets etwas ausgerandet, mehr od. weniger schwach kerbig-gesägt, oberseits hell- u. glänzend-grün, unterseits blässer u. matt, dicht mit durchscheinenden drüsigen Punkten durchsetzt. Die angenehm u. stark riechenden Blüthen stehen einzeln in den obern Blattachseln u. zu 6—10 fast doldentraubig-gehäuft am Ende der Aestchen, sind weiss u. aussen meist purpurröthlich angeflogen. Die dicklich-linealisch-länglichen, etwas vertieften Blumenblätter sind dicht mit Oeldrüsen durchsetzt. Die am Grunde wie breitgedrückten Staubfäden hängen daselbst untereinander verschieden zusammen, so dass mehrere unregelmässige, in der Reihe stehende Bündel gebildet werden. Die gegen 4'' langen, ovalen, rundlich-ovalen, od. ziemlich länglich-ovalen Früchte sind besonders an der Spitze, aber auch am Grunde mit einer gleichsam vorgezogenen Erhöhung versehen u. mit einer citronengelben, reich öldrüsigen Rinde bekleidet, meist 10—12fächerig. In jedem Fache befinden sich 2—6 verkehrt-eiförmige, nicht selten etwas kantige Samen am innern Fachwinkel, also achsenständig angeheftet. — Nach Risso sind hinsichtlich der Früchteverschiedenheit 4 Hauptgruppen von zahlreichen Abänderungen anzunehmen: 1) *Citrus medica α Cedra.* Blüthen aussen purpurröthlich; Früchte gewöhnlich höckerig, dickrindig, einen säuerlichen Saft enthaltend. Aechte Citronen od. Cedrate. 2) *Citr. med. β. Limonum* Blüthen aussen purpurröthlich; Früchte gewöhnlich glatt, dünnrindig, einen sehr sauern Saft enthaltend. Limonen od. Sauercitronen. Die Früchte dieser Abänderungen, welche ziemlich fest sind, sich länger halten u. daher am besten zum Transport geeignet sind, versendet man gewöhnlich unter dem Namen Citronen nach Deutschland u. dem Norden. 3) *Citr. med. γ. Lumia.* Blüthen aussen röthlich; Früchte gewöhnlich mehr rundlich, einen süssen Saft enthaltend. Süsse Citronen. 4) *Citr. med. δ. Limetta.* Blüthen ganz weiss; Früchte eiförmig od. rundlich, einen säuerlich-süsslichen od. faden od. auch bitterlichen Saft enthaltend. Limetten. — Von den Früchten (in Deutschland sind gewöhnlich die Limonen officinell), *Fructus s. Mala s. Poma Citri*, werden nur die Citronenschalen, *Cortices Citri s. Limonum* u. der Saft, Citronen- od. Limonensaft, angewendet. Die Citronenschalen, welche man von der innern weissen markigen Schicht befreit, so dass nur die äussere gelbe u. drüsige Rindenschicht, *Flavedo Citri s. Flavedo corticum Citri*, bleibt, riechen stark angenehm gewürzhaft u. schmecken gewürzhaft, enthalten vorwaltend äther. Oel u. bittern Extractivstoff, wirken deshalb mild-tonisch-bitter u. flüchtig-erregend u. reizend, weshalb sie bei Verdauungsschwäche Anwendung finden. Die frischen Citronenschalen mit Zucker abgerieben, geben den *Elaeosaccharum Citri*. Der eigenthümlich sauer riechende u. stark angenehm, rein sauer schmeckende Citronensaft enthält freie Citronensäure nebst etwas Aepfelsäure u. Schleim, wirkt kühlend, eröffnend u. wird besonders als fäulnisswidriges Mittel bei gastrischen, biliösen u. faulichten Fiebern, Gallenkrankheiten u. Scorbut, vorzüglich als Unterstützungsmittel u. zu erfrischenden Getränken, so wie als Gegenmittel gegen narkotische Vergiftungen benutzt. Schweisstreibend wirkt er im Thee od. als Punsch. — Aus den Oeldrüsen der frischen Fruchtschalen erhält man durch mechanische Operationen, besonders durch Aufritzen der Früchte, ein blasses, fast weissgelbes, trübes, ziemlich dünnflüssiges, nach einigen Jahren erst dicker werdendes, angenehm citronenartig riechendes u. bitterlich, den Citronenschalen ähnlich schmeckendes äther. Oel von 0,8609 spec. Gewicht, das Cedroöl od. Citronenöl, *Oleum s. Essentia de Cedro.* Durch Destillation frischer Citronenschalen erhält man ein wasserhelles, stark citronenartig riechendes, bitter schmeckendes u. durchs Alter bitterer werdendes anderes äther. Oel, das man gewöhnlich Citronenöl, *Oleum Citri s. Oleum Corticum Citri destillatum*, nennt. Von den Limetten (*Var. δ.*) erhält man ein dem Bergamottöl ähnliches, aber noch feiner riechendes, brennend-bitter u. lange nachhaltend, etwas kampherartig schmeckendes äther. Oel von 0,931 spec. Gew., das Limettöl, *Oleum Limettae.* Auch das schwach gelbliche, durchsichtig-helle, wie Citronen u. Pomeranzen riechende u. bitterlich-kampherartig schmeckende Cedratöl, Cedraöl, *Oleum de Cedrat*, von 0,869 spec. Gewicht, obwohl es nicht selten aus einem Gemisch von Citronen- u. Pomeranzenschalen erhalten werden mag, ist hierher zu rechnen. Alle diese Citronenöle verwendet man häufig als Parfüm, besonders zu Haarpomaden, um die Haare gesund zu erhalten u. ihr Wachsthum zu befördern. — Aus den ächten Citronen (*Var. α.*) wird theilweise die Citronate od. *Succata, Confectio carnis Citri*, bereitet. — Sonst gebrauchte man auch die tonisch u. krampfstillend wirkenden Citronenblätter, *Folia Citri*, wendet sie aber jetzt kaum noch u. nur zu aromatischen Bädern an. Auch gebrauchte man sonst die sehr bittern, tonisch wirkenden Samen, *Semen Citri.*

a. Ein blüthentragender Zweig. — A. Eine Blüthe ohne Blumenblätter. — B. Ein Blumenblatt von der Innen- u. C. von der Aussenseite. — D. Das Pistill. — A. Ein Staubgefässbündel. — B. Ein Staubbeutel von vorn u. einer von hinten nebst dem Ende des Staubfadens noch mehr vergr. — b. Eine Frucht der Länge nach u. c. eine quer durchschnitten. — E. Ein Samen. — F. Ein Samen von der äussern Haut entblösst. — G. Derselbe quer durchschnitten. — H. Der Embryo.

Taf. XLIX. **Citrus Aurantium L.**, Pomeranzenbaum.

Blattstiel geflügelt. Blätter eirund-länglich; Kelche flach-napfförmig. Früchte kugelrundlich, ungenabelt.

Ein ursprünglich in China u. auf den Inseln des indischen u. stillen Oceans einheimischer, jetzt aber in allen wärmern Ländern der Erde kultivirter, 12—30′ hoher u. noch höherer Baum. Die jungen fast 3eckigen Aestchen sind an wildgewachsenen Bäumen mit ziemlich langen Dornen besetzt, welche an kultivirten entweder gänzlich fehlen od. nur sehr kurz sind. Die 3—5″ langen Blätter stehen eingelenkt auf breitflügelrandigen, verkehrt-herzförmig-keiligen Stielen u. ändern in der Form vom Ovaleliptischen bis zum Breitlanzettlichen, sind spitzig od. zugespitzt u. gewöhnlich an der Spitze etwas ausgerandet, ziemlich deutlich kerbig-gesägt, lederig, durchscheinend-punktirt, oberseits schön u. saftig-grünglänzend, unterseits blässer u. matt. Die Blüthen stehen in den obern Blattachseln einzeln u. an den Enden der Aestchen zu 3—8 doldentraubig vereinigt, riechen stark u. äusserst angenehm, sind weiss, aussen selten röthlich überlaufen, mit zahlreichen Oeldrüsen durchsetzt. Staubgefässe wie bei voriger Art. Früchte kugelrundlich, 2—5″ im Durchmesser haltend, orange- od. pomeranzengelb, 8—12fächerig. In jedem Fache 2—5 verkehrt-eiförmige od. längliche, gelbliche Samen am innern Fachwinkel befestigt. — Es lassen sich folgende Hauptgruppen der zahlreichen Abänderungen unterscheiden: 1) *Citr. Aur. α. amara.* Blattstiele breit-flügelrandig; Früchte kugelrundlich, einen bittern Saft enthaltend. Bittere Orangen od. Pomeranzen. 2) *Citr. Aur. β. dulcis.* Blattstiele gerandet-geflügelt; Früchte kugelrundlich od. eirund, einen süssen Saft enthaltend. Süsse Orangen od. Pomeranzen, wozu auch die Apfelsine, *Citrus sinensis Pers.*, gehört. 3) *Citr. Aur. γ. Bergamia.* Blattstiele gerandet-geflügelt; Früchte kugelrundlich, zusammengedrückt od. etwas birnförmig. Bergamotten. — Von sämmtlichen od. einzelnen Abänderungen benutzt man die Blätter, Blüthen, unreifen u. reifen Früchte, sowie Schalen u. Säfte der reifen Früchte. Die angenehm aromatisch, etwas balsamisch riechenden, aromatisch-bitterlich schmeckenden Blätter, *Folia Aurantium s. Aurantiorum s. Aurantii*, enthalten ein eigenthümliches, aromatisches, äther. Oel mit bitterm Extractivstoff, wirken tonisch, beruhigend u. krampfstillend. Ein Aufguss der frischen Blätter ist magenstärkend u. belebend. Den Aufguss der getrockneten Blätter rühmt man als ein vorzügliches Beruhigungs- u. Stärkungsmittel bei Krämpfen, besonders des Darmkanales. Die gewürzhaft-bitterlich schmeckenden, einen eigenthümlichen, kräftigen Wohlgeruch besitzenden Orangeblüthen, Oranien- od. Pomeranzenblüthen, *Flores Naphae s. Aurantiorum*, benutzt man als angenehm gewürzhaften Zusatz zu Morsellen, dem Orangezucker u. vorzüglich zur Bereitung des Pomeranzenblüthwassers, *Aqua Florum Naphae.* Das in ihnen enthaltene eigenthümliche äther. Oel od. Orangeblüthöl, Neroliöl, *Oleum Neroli s. Naphae s. Florum Naphae, Essentia Neroli*, ist frisch fast wasserhell, wird aber später röthlichgelb u. hat denselben Geruch wie die Blüthen, jedoch weit concentrirter u. wird nur als Parfüm benutzt. Die erbsen- bis kirschengrossen, etwas gewürzhaft, zugleich erwärmend u. herbe schmeckenden unreifen Früchte od. unreife od. grüne Pomeranzen, *Fructus Aurantiorum immaturi, Poma s. Mala Aurantiorum viridia*; *Aurantia curasaviensia, Poma curasavia, Baccae Aurantiae etc.*, enthalten ausser Hesperidin, gleich den Pomeranzenschalen auch bittern Extractivstoff, äther. Oel u. wahrscheinlich auch Gerbstoff u. werden als Stärkungsmittel bei schlechter Verdauung u. Schleimflüssen der Genitalien, bei Wechselfiebern u. nervösen Nervenkrankheiten des Unterleibes angewendet. Die Schalen der reifen Früchte, *Cortex Aurantiorum s. Pomorum Aurantiorum*, deren beste Sorte man Curassaoschalen, *Cert. Aurant. curasaviensium*, nennt u. von denen man die weissliche, schwammige, fast geschmacklose Schicht der Innenseite abtrennt u. nur das stark gewürzhaft-bitter u. erwärmend schmeckende, so gewürzhaft-bitterlich riechende Aeussere behält, wirken tonisch u. flüchtig erregend auf die Unterleibsorgane, die geschwächte Verdauung stärkend. Man setzt sie gern zu 1—2 Scrupel zu rein bittern od. adstringirenden Mitteln, od. giebt sie in wässerigen od. weinigen Aufgüssen od. Latwergen. Die eingemachten Schalen nützen als reizendes u. stärkendes Mittel bei Appetitlosigkeit. Auch bereitet man in den Officinen daraus verschiedene Präparate. Destillirt man getrocknete Pomeranzenschalen mit Wasser, so erhält man das Pomeranzenschalenöl, *Oleum corticum Aurantiorum destillatum*, von 0,840—0,845 spec. Gewicht, das frisch wasserhell ist, später aber gelblich u. dicklich wird. Aber auch aus der Schale frischer Pomeranzen erhält man durch mechanische Hülfsmittel ein schwach gelbliches, frisch trübes, später durchsichtigeres, dickeres u. etwas Bodensatz absetzendes äther. Oel von 0,888 spec. Gewicht, die Pomeranzen- od. Orangenessenz od. das Portugalöl, *Oleum corticum Aurantiorum*, *Essentia de Portugallo*, welche hinsichtlich des Geruchs das Mittel zwischen dem vorigen u. dem äther. Bergamottöl od. der Bergamottenessenz, *Oleum s. Essentia Bergamottae*, hält, das aus den frischen Schalen reifer Bergamottenfrüchte gleichfalls auf mechanische Weise gewonnen wird, gelblich od. gelblichgrün, anfangs ziemlich trübe u. dünnflüssig ist, aber später, nach Absetzung einigen Bodensatzes, ganz hell u. dicklich wird, eigenthümlich angenehm riecht u. bitterlich schmeckt. Sein spec. Gewicht ist nach Lewis 0,888, nach Martius 0,8737. — Die Apfelsinen sind wohlschmeckend u. angenehm kühlend u. in hitzigen Krankheiten ein herrliches Erquickungsmittel.

(Von Citrus decumana L., Pompelmus, einem ursprünglich in Ostindien einheimischen Baume, benutzt man die kugelrundlichen od. etwas birnförmigen, nicht selten 10—12 Pfd. schwer u. schwerer werdenden Früchte, welche unter der sehr dicken, glatten, öldrüsigen Schale ein dickes u. schwammiges Fleisch u. einen nicht sehr wässerigen, mild, aber nicht besonders angenehm schmeckenden Saftbrei enthalten, vorzüglich zur Bereitung des Citronats od. der Succado, Citronata s. Succada s. Confectio carnis Citri.)

a. Ein blüthentragender Zweig. — A. Eine Blüthe ohne die Blumenblätter. — B. Ein Blumenblatt von der innen- u. C. von der Aussenseite. — A. Ein Staubgefässbündel. — B. Ein Staubbeutel von vorn u. einer von hinten nebst dem Ende des Staubfadens noch mehr vergr. — C. Das Pistill. — b. Die Frucht der Länge nach u. c. quer durchschnitten. — d. Eine unreife Frucht mit dem Kelche. — D. Ein Samen mit 2 u. E. einer mit 3 Embryonen. — F. Ein Samen mit 2 Embryonen von der äussern Haut entblösst u. quer durchschnitten, um die Samenlappen u. die Nabelschnur zu zeigen, nebst dem abgeschnittenen Stück des Samens, das auch von der innern Samenhaut entblösst ist, welche bei G. dargestellt wird. — H. Ein Samen mit 3 Embryonen, zergliedert wie voriger. — I. Die innere Samenhaut desselben.

Familie: **Myrtaceen:** Myrtaceae.

Gattung: **Melaleuca L.,** Cajeputbaum.

Kelchröhre halbkugelig, Saum 5theilig, abfallend. Blumenblätter 5. Staubgefässe zahlreich, in 5 Bündel verwachsen: Staubbeutel aufliegend. Kapsel von der Kelchröhre eingeschlossen, 3fächerig, vielsamig.

Taf. L. **Melaleuca Cajeputi Roxbg.,** ächter Cajeputbaum.

Blätter abwechselnd, elliptisch-lanzettlich, etwas sichelförmig, spitzig, 3—5nervig, jung seidenhaarig; Blüthen ährig, etwas entfernt; Kelche u. Aestchen weichhaarig.

Ein Baum von mittlerer Höhe auf den Molukken, Celebes u. Borneo. Der oft krumme, schenkeldicke Stamm ist am untern Theile schwärzlich, nach oben u. an den Aesten mit einer weissen, der unserer Birke ähnlichen Rinde bedeckt, daher der Gattungsname *Melaleuca* (von μέλας, schwarz, u. λευκός, weiss), sowie *Leucadendron* (von λευκός, weiss, u. δένδρον, der Baum). An den ausgebreiteten gabeltheiligen Aesten entspringen hängende Aestchen nach Art der Hängebirken, von denen die jüngsten anliegend-weichhaarig sind. Die meist vertikal stehenden, kurzgestielten Blätter sind 3—5" lang, ½—¾" breit, bisweilen etwas sichelförmig, später ganz kahl. Die Blüthenähren stehen anfangs ziemlich an den Enden der Aestchen, da diese aber fortwachsen, später seitlich. Hinter jedem Deckblatte stehen 3 Blüthen. Der bauchige, glockenförmige, seidenhaarige Kelch hat eirunde stumpfe, später abfallende Zipfel. Die rundlichen, vertieften, kurzgenagelten weissen Blumenblätter sind länger als der Kelch. 30—40 Staubgefässe sind zu 5 Bündeln verwachsen. Der fadenförmige Griffel, welcher die Staubgefässe überragt, hat eine stumpfe, undeutlich-3lappige Narbe. Die häutige Kapsel ist mit der dicken holzigen Kelchröhre verwachsen u. kann daher nur an der nicht überwachsenen Spitze entspringen; sie enthält zahlreiche keilförmig-eckige, bräunliche Samen. — Mittelst Destillation der Blätter, Zweige u. Früchte erhält man auf Borneo u. Banda ein blassgrünliches, sehr dünnflüssiges u. stark, aber nicht angenehm gewürzhaft riechendes u. scharf, kampherartig, später kühlend schmeckendes äther. Oel, das Cajeputöl, *Oleum Cajeputi s. Cajeputi s. Cajuput s. Wittnebianum*, welches anhaltender u. weniger erhitzend wirken soll, als andere äther. Oele. Man wendet es gern an bei Krampfkrankheiten, besonders des Unterleibes, z. B. bei Kolik, Hysterie, Hypochondrie, Brustkrämpfen u. gegen das Millar'sche Asthma. Auch ist es sehr nützlich gegen Eingeweidewürmer befunden worden. Innerlich ist die Gabe 1—10 Tropfen auf Zucker od. in Emulsionen. Äusserlich dient es zu Einreibungen gelähmter Theile bei Krämpfen u. örtlichen Nervenleiden. Gegen die *Cholera asiatica* ist es besonders gerühmt worden.

(Früher hielt man Melaleuca Leucadendron Willd. für den Baum, der das Cajeputöl liefern sollte.)

a. Ein blühender Zweig. — b. Ein Zweig mit Fruchtkapseln. — A. Eine Blume. — B. Ein Blumenblatt nebst einem Staubgefässbündel. — C. Ein geöffneter Kelch nebst dem Pistill. — D. Kelch u. Fruchtknoten quer, u. E. dieselben der Länge nach durchschnitten. — A. Eine Fruchtkapsel. — F. Eine aufgesprungene Fruchtkapsel, welche die Samen bereits ausgestreut hat.

Polyandria (Vielmännige).

Familie: **Hartheugewächse:** Hypericineae.

Gattung: **Hypericum L.,** Hartheu, Johanniskraut.

Kelch 5blättrig od. 5theilig. Blumenblätter 5. Staubgefässe zahlreich, zu 3 oder 5 Bündeln verwachsen. Griffel 3 oder 5. Kapsel 3- oder 5fächrig, 3- od. 5klappig.

Taf. L. **Hypericum perforatum L.,** gemeines Hartheu, Johannisblut, Konradskraut.

Stengel aufrecht, fast zweischneidig; Blätter ovallänglich, durchscheinend-punktirt; Blüthen trugdoldenständig; Kelchblätter lanzettlich, sehr spitzig, ganzrandig.

Eine ziemlich häufig in trocknen Gräben, an Wegen, Zäunen, Hecken, Gebüschen, lichten Waldstellen u. in Bergwäldern durch ganz Europa, in Nordasien u. in Nordafrika wachsende, ausdauernde, hart-krautartige Pflanze. Die holzige Wurzel ist ästig, faserig u. schwärzlich-braun. Aus ihr entwickeln sich meist einige aufrechte od. am Grunde etwas gebogen aufsteigende, 1—2½' hohe, ziemlich stielrunde, jedoch an 2 gegenüberstehenden Stellen mit Leisten so belegte Stengel, dass sie fast 2schneidig sind. Im Uebrigen sind sie ziemlich fest u. hart (daher der Name), nebst den übrigen Theilen kahl, gewöhnlich gelb od. röthlich überlaufen, nicht selten einzeln schwarz-punktirt u. von unten bis gegen die Mitte mit zahlreichen gegenüberstehenden Aesten, die nur Blätter tragen u. gegen die Spitze meist mit mehreren Blüthenästen besetzt. Blätter sitzend od. fast unmerklich gestielt, eirund-länglich, oval-länglich od. sogar länglich-lineallisch, ½—1" lang, 2—4''' breit; an den Blätterästen oft weit kleiner, stumpf, ganzrandig, nicht selten auch an den Rändern umgebogen, ganz nahe am Rande, vorzüglich an der Spitze mehr od. weniger schwarz punktirt. Trugdolde 3theilig, meist mit steifen Aesten, entweder nur wenigblüthig od. sehr zusammengesetzt, fast rispig u. dann vielblüthig. Blüthen bisweilen gegen 1" im Durchmesser. Kelchzipfel ausgebreitet, lanzettlich, spitzig, ganz. Blumenblätter länglich, verkehrt-eiförmig od. etwas rhombisch, stumpf, goldgelb u. am Rande schwarzpunktirt. Staubgefässe zahlreich, meist über 80, oft gegen 100 in 3 Bündel verwachsen mit haarförmigen, gewöhnlich ungleich langen Staubfäden u. rundlichen, an der Spitze mit einer rothen Drüse versehenen Staubbeuteln. Auf den abstehenden Griffeln stehen einfache, stumpfe, rothe Narben. Kapsel eiförmig, stumpf-3eckig, 3fächerig, 3klappig. Samen klein, braun, punktirt. — Officinell ist das Kraut od. vielmehr die blühenden Stengelspitzen, od. auch die Blüthen allein, ***Herba, Summitates et Flores Hyperici.*** Reibt man die frischen blühenden Stengelspitzen zwischen den Fingern, so riechen dieselben etwas gewürzhaft-harzig, fast balsamisch u. färben die Finger roth. Sie schmecken etwas scharf u. enthalten einen rothen, harzigen Farbestoff (Hypericonroth) von saurer Natur. Früherhin wurden sie als stärkendes, fiebervertreibendes, wurm- u. harntreibendes Mittel, so wie gegen Gicht, Durchfälle, bei Blutflüssen, Blutungen, Wunden u. bei Quetschungen angewendet, jetzt braucht man gewöhnlich nur das durch Kochen bereitete ***Oleum Hyperici.*** In ganz frühern Zeiten hielt man das in der Johannisnacht gesammelte Johanniskraut für eins der besten Bannungsmittel der Hexen, Gespenster u. bösen Geister.

e. Eine blühende Stengelspitze. — A. Der Kelch. — B. Ein Blumenblatt. — C. Eine Blüthe ohne Blumenblätter, mit Staubgefässen u. dem Pistill. — A. Staubbeutel von vorn u. hinten. — B. Das Pistill. — C. Ein Griffel mit einer Narbe. — F. Eine Kapsel. — D. Dieselbe aufgesprungen. — E. Dieselbe quer durchschnitten. — D. Dieselbe vergr. — G. Samen. — E. Ein Samen vergr. u. F. senkrecht, G. quer durchschnitten. — H. Derselbe von der Samenhaut befreit. — I. Der Embryo. — K. Ein Stück vom Untertheil des Stengels. — L. Der Grundtheil eines Blattes mit den durchscheinenden Punkten.

[In diese Ordnung gehören ferner noch: **Androsaemum officinale All.** [Hypericum Androsaemum L.], von dem ehemals die Blätter und die Blüthen, **Herba et Flores Androsaemi**, wie **Hypericum perforatum L.** officinell waren. — **Vismia sessilifolia Pers., Vismia latifolia Chois., Vismia gujanensis Pers.**, sämmtlich in Gujana u. dem wärmeren Südamerika einheimisch, enthalten in allen ihren Theilen einen gelben Saft, der zu einem Schleimharz erhärtet das **Gummi Guttae americanum** liefert.)

XIX. Cl. Syngenesia (Beutelverwachsene).

Polygamia aequalis (Gleich-Vielehige).

Familie: **Verwachsenbeutelige**: Synantherae. (**Vereinigtblüthige**: Compositae Auct.) — *Gruppe*: **Gleichblumige**: Homoianthae. — *Unterabtheilung*: **Zungenblumige**: Liguliflorae.

Gattung: **Lactuca Tournef.**, Lattig.

Körbchen wenigblüthig. Hüllkelch walzig, ziegeldachig. Blüthenboden nackt. Früchte flach-zusammengedrückt, mit langem fadenförmigen Schnabel. Fruchtkrone (durch den Schnabel) gestielt, haarig, vielreihig.

Taf. L. **Lactuca virosa L.**, Gift-Lattich.

Blätter wagrecht, länglich-verkehrt-eiförmig, am Grunde pfeilförmig, stachelspitzig gezähnt, am Kiele (d. i. auf der Unterseite der Mittelrippe) weich-stachelig, die untern Blätter gebuchtet, die obern pfeilig-lanzettlich.

Diese einjährige, im Juli bis August blühende Pflanze wächst auf Schutt u. wüsten Plätzen, sowie an Mauern im südlichen Europa u. einigen Gegenden Mitteleuropas. Aus der senkrechten ästigen Wurzel entspringt ein steifer, schnurgerader Stengel, der unten einfach u. mit borstigen Stacheln besetzt, oben aber ganz glatt u. kahl, sowie seegrün bereift u. sehr ästig ist. Die untersten grundständigen Blätter sind an ihrem Grunde fast zu einem Blattstiele verschmälert, verkehrt-eiförmig-länglich, abgerundet od. stumpf, buchtig- u. ungleich-gezähnt, unterseits meergrün u. an der Mittelrippe mit pfriemförmigen biegsamen Dornen besetzt. Die sitzenden Stengelblätter umfassen mit ihrem pfeilförmigen Grunde den Stengel u. nehmen allmälig je weiter sie oben am Stengel sitzen, an Grösse ab; die untern sind den grundständigen gleicher gestaltet, die obern werden länglicher, oft fiederspaltig u. die obersten u. kleinsten lanzettlich, ganzrandig u. spitzig. Die Körbchen stehen an den Enden der Aestchen traubig u. doldentraubig, aus der Achsel herzförmiger Deckblätter entspringend. Der Hüllkelch ist walzenförmig, späterhin mehr kegelförmig, aus eilanzettlichen, stumpfen Blättchen gebildet, von denen die innern länglich-lanzettlich, viel grösser u. spitzig, sämmtlich aber am Rande weisshäutig sind. Die kleinen Blüthchen sind blass schwefelgelb, die Kernkapseln oval, schwarz. — Die stark u. widerlich, betäubend, opiumähnlich riechenden u. scharf u. bitter schmeckenden, am vortheilhaftesten kurz vor der Blüthezeit gesammelten Blätter, ***Herba Lactucae virosae***, welche einen flüchtigen narkotischen Stoff, bittern Extractivstoff, Kautschuk, Harz, Wachs, Schleim, Eiweiss, eine eigenthümliche Säure (Lactuksäure) u. Salze enthalten, wirken in der gebräuchlichen Extractform stark auflösend u. eröffnend u. finden vorzüglich bei Trägheit u. Stockungen im Darmkanal und den davon abhängigen Krankheiten, Gelb- u. Wassersucht, Wechselfieber, Stickhusten, aber auch bei krampfigen Brustleiden und gegen Gicht Anwendung.

(Von **Lactuca sativa L.**, Gartenlattig, Salat, waren früherhin die Samen, **Semina Lactucae**, gebräuchlich, sie gehörten zu den 4 kleinen kühlenden Samen, **Semina quatuor frigida minora.** Der etwas narkotisch wirkende, dem Opium verwandte Milchsaft wird eingedickt unter dem Namen **Lactucarium** (Thridax) als ein beruhigendes, schmerzstillendes, schlafbringendes u. dabei niemals erhitzendes Mittel benutzt. Die beste Sorte, welche man durch Einschnitte in die Stengel erhält, heisst **Lactucarium genuinum optimum**; eine zweite, aus dem ausgepressten u. abgedampften Safte der abgeschälten Rinde des Stengels erhaltene Sorte nennt man **Lactucarium venale Parisiense**; eine dritte Sorte, od. das **Extractum s. Succus inspissatus Lactucae sativae**, gewinnt man durch Auspressen der ganzen Pflanze u. Eindicken des Saftes. — Von **Lactuca Scariola L.**, Giftlattig, wilder Lattig, sammelte man das Kraut, **Herba Lactucae sylvestris v. Scariolae**, welches ähnlich wie das von **Lactuca virosa**, aber schwächer wirkt. [Abbildung siehe Linke etc.])

a. Der Grundtheil eines Stengels. — b. Eine blühende Stengelspitze. — A. Ein Blüthchen. — A. Dasselbe vergr. — B. Die Staubbeutelröhre. — C. Das Pistill. — B. Eine Frucht. — D. Dieselbe vergr. u. E. quer, so wie G. senkrecht durchschnitten. — E. Eine Borste der Fruchtkrone stark vergr.

Gattung: **Taraxacum Hall.**, Pfaffenröhrchen.

Körbchen vielblüthig. Hüllkelch doppelt; die Schuppen des äussern angedrückt, abstehend od. zurückgebogen, die des innern einreihig, aufrecht, sämmtliche oft mit schwieligen Spitzen. Blüthenboden nackt. Früchte länglich, gestreift, lang geschnabelt. Fruchtkrone (durch den Schnabel) gestielt, haarig, federig, vielreihig.

Taf. L. **Taraxacum officinale Roth.**, gebräuchliches Pfaffenröhrchen, Löwenzahn. (***Leontodon Taraxacum L., Taraxacum Dens Leonis Desf., Hedypnois Taraxacum Scop.***)

Blätter schrotsägeförmig, fast kahl; Lappen 3eckig, spitzig, gezähnt; äussere Blättchen des Hüllkelchs zurückgeschlagen, lineal-lanzettlich; Früchte nach oben zu schuppig-weichstachelig.

Wächst ausdauernd überall auf Grasplätzen, Triften, an Wegen, auf Schutt u. Mauern durch ganz Europa. Die Wurzel ist spindelförmig, später mehrköpfig, aussen hellbraun, innen weiss, 6—9″ lang u. enthält viel eines weissen Milchsaftes. Aus ihr entspringen zahlreiche, sich auf dem Boden rosettig ausbreitende längliche, mehr oder weniger tief-schrotsägeförmig-gespaltene, im Ganzen sehr verschieden gestaltete Blätter. Aus dieser Blätterrosette entspringen stielrunde, hohle, rabenkieldicke, nackte, aber flockig-haarige, oft ½—1′ hohe Stengel, die am Ende ein einzelnes Körbchen tragen, welches zahlreiche gelbe Blüthen enthält. — Man sammelt entweder zeitig im Frühjahre, im April, od. im October die Wurzel u. Blätter, presst aus ihnen den Milchsaft u. dickt ihn entweder zur Honigconsistenz (***Mellago Taraxaci***) od. zum Extract (***Extractum Taraxaci***) ein, welches kräftig auflösend auf Unterleibsstockungen, die Säftemasse verändernd, expectorirend, gelind eröffnend u. stärkend u. dabei nicht erhitzend wirkt u. bei Stockungen der Eingeweide u. Gefässe des Unterleibes u. Pfortadersystems, bei Wasser- und Gelbsucht, chronischen Leberkrankheiten, Hypochondrie u. Hysterie, zu stärkender Nachkur von gastrischen u. Wechselfiebern, besonders wenn letztere mit Stockungen im Unterleibe verbunden sind, bei Verschleimungen, Brustbeschwerden, Rheumatismen u. Hautkrankheit angewendet wird. Die Gabe des Mellago ist zu 3—6 Drachmen in Auflösungen mit weinsteinsaurem Kali, Baldrian u. s. w. Den frisch ausgepressten Saft verordnet man in

Frühlingskuren für sich täglich zu 4—6 Unzen od. in Vermischung mit andern Kräutersäften; auch rühmt man den frischen Milchsaft gegen Hornhautflecken. Der besonders in der Rinde der Wurzel reichliche, bittere Milchsaft besteht aus bitterem Extractivstoff, Harz, Cautschuk, Schleimzucker, freier Säure, Wasser u. mehreren Salzen.

a. Eine blühende Pflanze mit dem obern durchschnittenen Theile der Wurzel. — b. Der untere durchschnittene Theil der Wurzel. — c. Eine Blüthenknospe, an der sich bereits die äussern Blättchen des Hüllkelchs zurückgeschlagen haben. — d. Ein aufgeblühtes Körbchen von oben u. e. von der Seite. — f. Der Hüllkelch nebst dem Blüthenboden, auf welchem noch ein einzelnes Blüthchen zu sehen. — A. Dieses Blüthchen. — g. Ein Hüllkelch mit sämmtlichen Früchten. — h. Derselbe mit einer einzigen Frucht, um den nun gewölbten Blüthenboden zu zeigen. — B. Ein Früchtchen stark vergr. — C. Dasselbe der Länge nach u. D. quer durchschnitten.

Unterabtheilung: **Röhrenblumige:** Tubuliflorae.

Gattung: **Lappa Tournef.**, Klette.

Körbchen** (Calathidium, Köpfchen, Capitulum De C.) **homogamisch. Blätter des ziegeldachigen Hüllkelchs** (Anthodium, Hülle, Involucrum) **pfriemig, an der Spitze hornig u. hakig-gebogen. Blüthenboden spreublättrig-borstig. Blüthchen zwitterig, sämmtlich röhrig. Fruchtkrone kurz, vielreihig, die einzelnen Borsten sehr hinfällig u. nicht am Grunde verbunden.

Taf. LI. **Lappa major Gaertn.**, grosse Klette (*Arctium Lappa var. α. Lin.*)

Hüllkelche kahl.

Wächst 2jährig überall an Zäunen, im Gebüsch, in Wäldern u. wüsten Stellen in Europa u. Nordamerika. Die Wurzel ist fleischig, 1—2' lang, daumensdick, senkrecht in den Boden dringend, wenigästig, aussen rothbraun, innen weiss. Sie treibt einen 4—6' hohen, gefurchten, oft roth überlaufenen, flaumhaarigen u. rauhen, nach oben ästigen Stengel. Die am Grunde herzförmigen, eirunden, oft auch etwas länglichen, vorn meist abgerundeten, etwas welligen u. stachelspitzig-gezähnelten, oben rauhen, unten dünnfilzigen Blätter gehen zuweilen keilförmig in den Blattstiel über; die untersten sind sehr gross, 1' u. drüber lang u. stehen auf langen (oft gegen 1' langen), eckigen, oben rinnigen Blattstielen; die obersten sind am kleinsten u. nur kurz gestielt. Die Körbchen stehen doldentraubig am Ende jedes Astes. Die Hüllblättchen (Blättchen des Hüllkelchs) sind schmal lanzettlich, pfriemig-zugespitzt u. an der grannenartigen Spitze hakenförmig einwärtsgebogen. Aus den röthlich-lillafarbigen Blüthchen ragen die blauen Staubbeutel hervor. Die Fruchtkrone ist kürzer als die längliche Kernkapsel. — Gewöhnlich unterscheidet man eine in allen Theilen kleinere, der folgenden verwandte Abänderung *var. β. minor* als eigne Art: *Lappa minor De C.* (*Arctium minus Schkuhr*).

Taf. LI. **Lappa tomentosa All.**, filzige Klette.

Hüllkelche spinnenwebig-filzig.

Wächst mit voriger an gleichen Stellen, ist kleiner als diese, gewöhnlich nur 3—4' hoch, hat stärker filzige Blätter u. die kleinern Körbchen stehen in gedrängtern Doldentrauben. Die Blättchen des Hüllkelchs sind von feinen weissen Fäden spinngewebeartig umwoben. Die Blüthchen sind kürzer, die Röhren der Blumenkrone nur so lang als der Saum. Die Fruchtkrone hat nur den vierten Theil der Länge der Kernkapsel. — Von dieser u. der vorigen Pflanze, so wie von *Lappa minor De C.* ist die Wurzel als Klettenwurzel, *Radix Bardanae*, officinell. Sie ist geruchlos, schmeckt süsslich-schleimig, später bitterlich, enthält viel Inulin, bittern Extractivstoff, Schleimzucker u. etwas Tannin u. wird als auflösendes, schweiss- u. harntreibendes Mittel in Verbindung mit andern Arzneien bei impetiginösen Hautleiden, bei Rheumatismen, Gicht, Scropheln u. Steinbeschwerden angewendet. Aeusserlich gebraucht man die Abkochung zu Umschlägen auf brandige u. scrophulöse Geschwüre; die frischen Blätter u. deren ausgepresster Saft dienen bei Verbrennungen u. eiternden Stellen. Die Wurzel mit Bier abgekocht u. mit dieser Abkochung den Kopf gewaschen, soll das Ausfallen der Haare mindern u. frischen Haarwuchs befördern.

a. Der Obertheil der Wurzel von **Lappa major Gaertn.** mit dem Stengelgrunde. — b. Ein blühendes Aestchen. — A. Ein Blättchen des Hüllkelchs u. B. eine randständige Borste dieses Blättchens stark vergr. u. zwar von der Var. *β.* **minor** (Arctium minus Schkhr.). — C. Ein Blättchen des Hüllkelchs u. D. eine randständige Borste desselben von der Var. *α* **major** (Arctium majus Schkhr.). — E. Ein einzelnes Röhrenblüthchen. — F. Die Staubgefässe, aus den Blüthchen genommen, die zu einer Röhre verwachsenen Staubbeutel durch einen Längsschnitt getrennt u. ausgebreitet. — A. Ein fruchttragendes Köpfchen senkrecht durchschnitten, so dass man 6 Früchte auf dem Fruchtboden stehen sehen kann. — G. Ein Spreublättchen, wie sie zwischen den Blüthen u. Früchtchen auf dem Fruchtboden stehen, im frischen u. H. im trocknen Zustande, stark vergr. — M. Eine Frucht (Achenie, Achaenium). — I. Dieselbe vergr. u. K. quer, sowie L. senkrecht durchschnitten. — M. Eine gefiederte Borste der Fruchtkrone. — **Lappa tomentosa All.** c. Eine blühende Zweigspitze.

(In diese Ordnung gehören ferner noch: **Tragopogon pratensis L.**, Wiesenbocksbart, dessen stark weissmilchende Wurzel sonst als **Radix Tragopogonis v. Barbae s. Barbulae hirci** officinell war u. ähnlich, aber schwächer als Radix Taraxaci wirkt. — Von **Scorzonera hispanica L.**, spanische Scorzonere, Schwarzwurzel, war früher die Wurzel als **Radix Scorzonerae** gebräuchlich; jetzt bedient man sich ihrer nur noch zum Küchengebrauch u. als Zusatz zum Kaffee. — **Sonchus oleraceus L.**, gemeine Gänsedistel, gebrauchte man sonst als **Herba Sonchi**, welches ähnlich als Taraxacum wirkt. — **Hieracium Pilosella L.**, Mäuseöhrchen, gab sonst **Herba, Flores et Radix Pilosellae v. Auriculae muris.** — **Hieracium murorum L.**, Mauerhabichtskraut, gelbes Lungenkraut, lieferte **Herba Pulmonariae gallicae v. Auriculae muris majoris.** — Von **Hypochoeris glabra L.**, kahles Ferkelkraut, sammelte man das Kraut als **Herba Hyoseridis.** — Von **Achyrophorus radicatus Scop.** [Hypochoeris radicata L.], ästiges Ferkelkraut, waren sonst **Herba et Flores Costi vulgaris v. Hieracii macrorrhizi** u. von **Achyrophorus maculatus Scop.** [Hypochoeris maculata L.], geflecktes Ferkelkraut, **Herba et Flores Costi nostratis** officinell. — **Lampsana communis L.**, gemeiner Rainkohl, lieferte ehedem das Kraut, **Herba Lampsanae v. Lapsanae**, als erweichendes, kühlendes u. auflösendes, innerlich wie äusserlich angewendetes Mittel. — **Zacintha verrucosa Gaertn.** [Lapsana Zacintha L.], gab **Herba et Semen Zacinthae v. Cichorii verrucarii.** — Von **Cichorium Intybus L.**, gemeine Cichorie, waren sonst die Wurzel, das Kraut, die Blüthen u. die Früchte officinell. Wurzel u. Kraut schmecken bitter. Die Wurzel der kultivirten Pflanze dient als Kaffeesurrogat. Die Früchte gehören zu den 4 kleinen kühlenden Samen, **Semina quatuor frigida minora.** — Von **Serratula tinctoria L.**, färbende Scharte, war sonst die Wurzel u. das Kraut, **Radix et Herba Serratulae**, meist äusserlich bei Geschwüren u. Hämorrhoiden in Anwendung. Die Blätter benutzt man zum Gelbfärben. — Von **Cirsium arvense Scop.** [Serratula arvensis L.], Ackerdistel, galten sonst die Blätter, **Herba Cardui haemorrhoidalis**, als auflösendes u. eröffnendes Mittel bei Hämorrhoidalbeschwerden. — Von **Silybum marianum Gaertn.** [Carduus marianus L.], Marien-, Frauen- od. Silberdistel, waren sonst die Wurzel, Blätter u. Früchte, **Radix, Herba et Semen Cardui Mariae**, officinell. Wurzel u. Kraut sind bitter u. wirken auflösend u. eröffnend. Die schleimigen u. öhaltigen Früchte benutzte man als einhüllendes u. erweichendes Mittel in Brustkrankheiten. — Von **Onopordon Acanthium L.**, gemeine Krebsdistel, wendete man sonst die Wurzel u. das frische Kraut, **Radix et Herba recens Cardui tomentosi v. Spinae albae v. Onopordi**, in verschiedenen Krankheiten u. den Saft des letztern vorzüglich gegen Krebs, krebsartige Geschwüre u. chronische Hautkrankheiten an. — Von **Carlina acaulis L.**, stengellose Eberwurz, wurde die Wurzel, **Radix Carlinae v. Cardopatiae v. Chamaeleontis**, welche vorwaltend ein bitteres u. brennend-gewürzhaftes, schweres äther. Oel u. etwas Harz enthält, sonst häufiger als jetzt als ein kräftig u. reizend auf den Unterleib wirkendes u. sogar Durchfall u. Brechen erregendes, ferner Schweiss, Harn u. Würmer treibendes, die unterdrückte od. stockende Menstruation beförderndes u. sogar krampfwidriges Mittel in sehr vielen Krankheiten angewendet. — **Carlina acanthifolia All.** vertritt in Frankreich u. Südeuropa die Stelle der Vorigen. — Von **Carlina vulgaris L.**, gemeine Eberwurz, wendete man die Wurzel u. das Kraut, **Radix et Herba Carlinae sylvestris v. Heracanthae**, ähnlicherweise wie von Carlina acaulis an. — Von **Carthamus tinctorius L.**, ächter Saflor, falscher Safran, benutzte man die Blüthchen od. den Saflor, **Flores Carthami**, welche 2 Färbestoffe, einen rothen harzigen u. einen gelben extractivstoffartigen enthalten, häufig als Färbematerial. Ehedem wendete man auch die öligen u. bittern Früchte als Purgirmittel an. — Von **Bidens tripartita L.**, gemeiner Zweizahn, Wasserhanf, war sonst das Kraut, **Herba Verbesinae s. Cannabis aquaticae**, officinell, welches wie das von **Bidens cernua L.** [Coreopsis Bidens L., Bidens minima L.] als Surrogat des theuren Spilanthus empfohlen wurde. — Von **Mikania Guaco Humb. et Bonpl.**, giftwidrige Mikanie, Guako, einer ausdauernden Pflanze am Magdalenenflusse in Columbien, mit einem gegen 30' hohen, an Bäumen emporkletternden knotigen Stengel, kamen diese seit 1836 sammt den eiförmigen Blättern unter dem Namen Guaco als ein Mittel gegen die Cholera asiatica (das sich aber nicht bewährt hat) nach Europa. — Von **Eupatorium cannabinum L.**, hanfartige Wasserdosten, Wasserhanf, waren die Wurzeln u. das Kraut, **Radix et Herba Eupatorii v. Cannabinae**

aquaticae s. St. Cunigundae, früherhin officinell. Man empfiehlt neuerdings wieder die Wurzeln, welche vorzüglich äther. Oel, Harz, einen bittern u. scharfen Extractivstoff, das Eupatorin, enthalten, als auflösend, in grösserer Gabe auch Purgiren u. Erbrechen erregend wirkend, bei Trägheit des Darmkanals, bei Stockungen in demselben, bei Gelbsucht u. Bauchwassersucht. — **Eupatorium perfoliatum Willdw.** ward von Amerika aus gegen den Grind empfohlen. — Von **Linosyris vulgaris Cass.** [Chrysocoma Linosyris L., Crinitaria Linosyris Less.], Golden-Leinkraut, deutsches Goldhaar, waren waren sonst die aromatisch-bitterlichen Blüthenspitzen als **Herba et Flores Heliochrysi** gebräuchlich. — Von **Santolina Chamaecyparissus L.**, zypressenartige Santoline, wird das kräftig aromatisch riechende u. bitter schmeckende Kraut als **Herba Santolinae** v. **Abrotani montani s. foeminae**, als erregendes, krampfstillendes u. wurmtreibendes Mittel in Südeuropa angewendet. (Abbildung der deutschen Gewächse s. Linke etc.])

Polygamia superflua (Ueberflüssig-Vielehige).

Familie: **Verwachsenbeutelige**: Synanthereae. (**Vereinigtblüthige**: Compositae Autor.) — *Gruppe*: **Randweibige**: Amphigynanthae. — *Unterabtheilung*: **Röhrenblumige**: Tubuliflorae.

Gattung: **Tanacetum Tournef.**, Rainfarn.

Körbchen homo- od. heterogamisch, mit einer Reihe weiblicher Blüthen am Rande. Blüthenboden nackt. Früchtchen eckig; an der Spitze mit einem kleinen kronenartigen Rande versehen, der entweder gleich oder auf einer Seite deutlicher ist.

Taf. LI. **Tanacetum vulgare L.**, gemeiner Rainfarn od. Wurmkraut.

Blätter doppelt- und einfach-fiedertheilig; Lappen länglich, gesägt od. eingeschnitten, kahl; Doldentraube zusammengesetzt.

Wächst ausdauernd häufig auf trocknen u. feuchten Wiesen, auf Rainen u. an Gräben in ganz Europa. Aus der ästigen, vielköpfigen Wurzel entspringen mehre 2—4′ hohe, starre, einfache od. nach oben ästige Stengel. Die saftgrünen Blätter sind beiderseits drüsig-punktirt, doppelt-fiederspaltig, mit stachelspitzigen, eingeschnitten-gesägten Zipfelchen; die untersten stehen auf Stielen, die obern sitzen halbstengelumfassend. Die gelben Blüthenkörbchen bilden eine fast gleichhohe Doldentraube. Die Blättchen des Hüllkelchs stehen dichtgedrängt, sind etwas flaumig, länglich, spitzig, grün u. oft braun berandet, die innern an der trockenhäutigen Spitze etwas zerschlitzt. Die dichtgedrängten gelben Röhrenblüthchen bilden eine flach gewölbte Scheibe. Die weiblichen Blüthchen haben einen 3spaltigen Saum der Blumenkrone. Die Kernkapseln sind länglich-verkehrt-eiförmig, meist 5rippig u. tragen eine sehr kurze randartige Fruchtkrone. — Officinell sind die stark, unangenehm aromatisch riechenden u. sehr bitter, scharf gewürzhaft schmeckenden Blätter (das Rainfarnkraut) u. Blüthen, *Herba et Flores Tanaceti*; ehedem waren es auch die Früchte, *Semen Tanaceti*. Kraut u. Blumen enthalten ein gelbes, flüchtiges Oel, bittern Extractiv- u. Gerbestoff, Gummi, Wachs, Weichharz u. apfelsaure Salze. Die Blüthen sind reicher an äther. Oel, das Kraut und die Früchte reicher an Bitterstoff. Kraut u. Blüthen sind kräftig bitter-tonische u. flüchtig-erregende, vorzüglich auf die Verdauungsorgane wirkende Mittel u. werden nicht nur als sehr wirksam gegen Würmer, sondern auch sehr bei atonischen u. krampfhaften Unterleibsbeschwerden, bei Gicht u. Wechselfieber empfohlen. Man giebt das Pulver skrupelweise, den Aufguss von 1 Unze. Das aus den Blüthen u. Blättern bereitete äther. Oel, Rainfarnöl, *Oleum (aethereum) Tanaceti*, dient nicht nur zu krampfstillenden u. reizenden Salben, sondern auch innerlich in einelnen Tropfen gegen Würmer u. s. w.

(Von **Tanacetum Balsamita L.** [Balsamita vulgaris Willdw., Balsamita suaveolens Pers., Pyrethrum Balsamita De C.], Morgen- od. Marienblatt, Balsamkraut, wurden früherhin die kräftigen u. heilsamen Blätter u. Blumen, **Herba et Summitates Balsamitae v. Tanaceti hortensis v. Menthae saracenicae s. romanae**, ähnlich wie der Rainfarn angewendet.)

a. Der Obertheil einer Wurzel. — b. Eine blühende Stengelspitze. — A. Ein Blättchen des Hüllkelchs u. A. dasselbe vergr. — B. Ein Blüthenboden mit einer weiblichen Rand- u. zwitterigen Scheibenblüthe nebst 2 Blättchen des Hüllkelchs. — B. Ein Zwitterblüthchen der Scheibe u. C. ein weibliches Blüthchen des Randes. — D. Die Staubgefässe. — E. Das Pistill einer Zwitterblüthe. — F. Das Früchtchen einer solchen Blüthe u. G. dasselbe senkrecht, so wie H. quer durchschn.

Gattung: **Artemisia Tournef.**, Beifuss.

Körbchen meist heterogamisch, am Rande in einer Reihe weibliche Blüthen, die übrigen zwitterig od. (seltner) durch Fehlschlagen männlich, noch seltner auch sämmtliche Blüthen zwitterig. Blumenkronen stielrundlich. Blüthenboden ohne Spreublätter, aber nicht immer nackt. Früchtchen verkehrt-eiförmig, ohne Flügel und Fruchtkronen.

Abtheilung A. **Absinthium.**

Blüthchen am Rande weiblich, die übrigen zwitterig; Blüthenboden zottig.

Taf. LI. **Artemisia Absinthium L.**, Wermuth-Beifuss, gemeiner Wermuth. (***Absinthium vulgare Gaertn., Absinthium officinale Rich.***)

Krautig; Blätter weisgrau-seidenhaarig, mehrfach-fiederspaltig und ganz; Lappen länglich-lanzettlich, stumpf; Trauben achselständig; Körbchen fast kugelig, hängend.

Wächst ausdauernd an Mauern, auf Ruinen, Schutt u. wüsten Plätzen durch ganz Europa u. wird häufig kultivirt. Die schiefe Wurzel ist sehr ästig u. mit langen Fasern besetzt. Aus ihr entspringen mehrere aufrechte, rispig-ästige Stengel, welche wie die Blätter grauseidenartig-filzig sind. Die Blätter sind gestielt, nur die obersten sitzend, fiederig-zerschnitten mit doppelt fiederspaltigen Abschnitten u. eingeschnittenen od. fast ganzen Lappen; bei den obern Blättern sind die Abschnitte nur einfach-fiederspaltig, die noch höher stehenden überhaupt nur einfach-fiederspaltig, dann 3theilig u. die obersten ganz, länglich u. stumpf, nur zuweilen spitzig. Die Blüthentrauben entspringen aus allen obern Blattachseln, stehen etwas ab u. sind entweder einfach od. aus kleinen Träubchen zusammengesetzt. Die Blüthenkörbchen stehen auf kurzen überhängenden Stielen. Die grauseidigen Blättchen des Hüllkelchs sind aussen lanzettlich, innen eirund u. sehr trockenhäutig. Die Blüthchen haben anfangs eine gelbe u. später dunklere Farbe; die 14 od. 16 randständigen weiblichen Blüthchen haben einen 2spaltigen Saum der Blumenkrone. Die kleinen Kernkapseln sind verkehrt-eiförmig und braun. — Die stark gewürzhaft, nicht unangenehm riechenden u. stark gewürzig-bitter schmeckenden Blätter u. blühenden Zweigspitzen, *Herba et Summitates Absinthii*, welche vorwaltend einen sehr bittern Extractivstoff (Wermuthbitter, Absinthiin), Harz, äther. Oel, Satzmehl u. eine eigenthümliche Säure enthalten, kräftig bitter-tonisch, etwas flüchtig-erregend, vorzüglich auf den Magen u. Darmkanal wirken, werden häufig bei geschwächten Verdauungsorganen, Durchfällen, Wechselfiebern, Wurmkrankheiten, sowie bei allgemeiner Erschlaffung u. Schwäche der Muskeln u. zur Stärkung bei Genesenden, innerlich in Aufguss u. zuweilen auch in Abkochung, u. äusserlich zu Bähungen u. s. w. angewendet. Das äther. Oel beweist sich heilsam bei Krampfkoliken u. Hysterie. Auch bereitet man ein *Oleum coctum Absinthii* u. mischt das Kraut zu den *Spec. resolv. ext. Ph. Bor.*

(In der Abtheilung Absinthium ist noch zu bemerken: **Artemisia Mutellina Vill.**, Alpenbeifuss, auf den höchsten Alpen von Salzburg bis nach Italien wachsend, welche kräftig aromatische u. wenig bittere Pflanze, nebst **Artemisia glacialis L.**, **Art. rupestris L.**, **Art. valesiaca Willdw.**, **Art. spicata Jacq.**, **Art. coerulescens L.**, ein häufig gebrauchtes Hausmittel ist, u. sonst auch als **Herba Genippi v. Genippi albi v. Absinthii alpini**, officinell war.)

a. Der Obertheil einer Wurzel mit dem Grundtheile eines Stengels. — b. Eine blühende Stengelspitze. — A. Ein äusseres u. B. ein inneres Blättchen des Hüllkelchs. — C. Ein Blüthenkörbchen, von welchem alle Theile entfernt wurden, um den zottigen Blüthenboden, auf welchem am Rande ein weibliches u. in der Mitte ein zwitteriges Blüthchen stehen gelassen wurde, zu zeigen. — D. Ein Zwitterblüthchen der Scheibe. — E. Die Staubgefässe. — F. Die Spitze des Griffels mit der Narbe aus derselben Blüthe. — G. Ein weibliches Randblüthchen. — A. Ein Früchtchen. — H. Dasselbe vergr. und I. senkrecht, sowie K. quer durchschnitten.

Abtheilung B. **Abrotanum.**

Blüthchen am Rande weiblich, die übrigen zwitterig; Blüthenboden nackt.

Taf. LI. **Artemisia glomerata Sieb.**, geknäuelter Beifuss, barbarischer Wurmsamen-Beifuss. (*Artemisia Sieberi Bess.*)

Strauchig; Aeste sparrig; Blätter sehr klein, handförmig-3—5spaltig, filzig. Zipfel kurz, linealisch, stumpf; Körbchen zu 2—3 gehäuft, sitzend, eirund, filzig.

Ein Strauch in Palästina, mit aufrechten, 1—2' hohen, rispig-ästigen Stengeln, die mit einer feinen, abwischbaren Wolle bedeckt sind; die Aeste sind rispig, abstehend u. haben vorn aufsteigende Aestchen, an welchen die sehr kleinen Blüthenkörbchen theils einzeln, theils auf kurzen Seitenzweigen gehäuft sitzen. Der Blätter sind nur wenige vorhanden u. diese sind klein, flaumig-filzig, zuletzt kahler werdend, 3—6theilig, mit linealischen stumpfen Zipfeln; die blüthenständigen Blätter sind sehr klein, ganz u. schuppenförmig; sämmtliche Blätter sind am Mittelnerven verdickt u. am Rande gleichfalls wulstig. Die kugelig-eiförmigen Blüthenkörbchen sitzen entweder einzeln od. gehäuft u. haben nur wenige Blüthchen. Die Blättchen des Hüllkelchs sind fast staubig-filzig u. drüsig, stumpf, die äussern rundlich, die innern oval. — Diese Pflanze liefert in den mit Stückchen von Aesten u. Blättern untermengten Blüthenkelchen den barbarischen od. afrikanischen Wurm-, oder Zittwersamen, **Semen Cinae** s. ***Cinae barbaricum*** v. ***africanum*** v. ***indicum***, welcher gerieben sehr stark aromatisch riecht u. kampherartig scharf u. bitter schmeckt u. ein scharfes äther. Oel, bittern Extractivstoff u. eine eigenthümliche, geruch- u. geschmacklose krystallinische Substanz (Santonin), Harz, Gummi, Ulmin u. einige Salze enthält. Man unterscheidet davon 3 Untersorten, die aber sämmtlich nach den neuern Pharmakopöen nicht in Gebrauch gezogen werden sollen: 1) die gelblichgraue, welche am gewöhnlichsten vorkommt und wahrscheinlich von der vorbeschriebenen Pflanze stammt; 2) die weissgraue, deren Mutterpflanze unbekannt ist, aber der vorigen sehr ähnlich sein muss, od. wohl gar dieselbe, nur in einem bessern u. jüngern Zustand ist; 3) die braune, welche seltner vorkommt, grösstentheils aus aufgeblühten, walzig-keulenförmigen, graulich-braunen Körbchen besteht, schwächer riecht als die beiden ersten Sorten u. wahrscheinlich von ***Artemisia Lercheana Stechmann.***, Lerche'scher Beifuss, einem gegen 2' hohen Halbstrauche in Taurien u. im ganzen südwestlichen asiatischen Russland bis Persien, stammt. Die Anwendung des barbarischen Wurmsamens ist die des levantischen, vorzüglich gegen Würmer bei Kindern; auch nützt er bei Verdauungsschwäche, wenn gleichzeitig nervöse Symptome auftreten.

A. Ein Stückchen vom Grunde eines Stengels. — **B.** Eine blüthentragende Stengelspitze. — **A.** Eine Zweigspitze mit Blüthenkörbchen. — **ß.** Der Blüthenboden mit 3 Schuppen des Hüllkelchs von oben gesehen. — **C.** Eine der äussern Schuppen des Hüllkelchs von der Aussen- u. **D.** von der Innenseite. — **E.** Eine der innern Schuppen des Hüllkelchs u. **F.** dieselbe noch stärker vergr. — **G.** Ein Blatt vergr.

Taf. LI. **Artemisia Vahliana Kostelezky**, Vahl'scher Beifuss, levantischer Wurmsamen-Beifuss. (*Artemisia Contra Vahl. herb.* [*non Lin.*].)

Strauchig, ästig, spinnwebartig-filzig; Blätter sehr klein, handförmig-gefiedert-zerschnitten, kahl, graugrün; Aehren unterbrochen, blattlos, an der Spitze des Stengels rispenartig gestellt; Körbchen büschelförmig-angehäuft; Hüllkelch oval-länglich, drüsig.

Ein in Persien u. vielleicht auch in andern Ländern des Orients einheimischer Strauch. Die langen Aeste tragen an ihrer Spitze zahlreiche kurze abstehende Blüthenästchen u. sind mit dünner, leicht abwischbarer weisser Wolle bedeckt. Die Blätter stehen nur am obern Theile des Stengels u. der Aeste fast büschelförmig beisammen; sie sind 2—3''' lang, eben so breit, am Ende in 5 sehr kurze u. schmale Lappen getheilt, an jeder Seite unten noch einen etwas längern eingeschnittenen od. gezähnten Lappen tragend, kahl, graugrün, unter der Loupe drüsig erscheinend. Die Blüthenkörbchen sind sehr klein u. bilden an jedem Aestchen eine unterbrochene blattlose Aehre. Die 10—15 Blättchen des Hüllkelchs sind oval, stumpf, glatt, etwas gewölbt, am Rücken mit gelben Drüsen besetzt, am Rande durchscheinend. In der Mitte jedes Köpfchens stehen 3—4 Zwitterblüthchen u. am Rande nur 1 od. 2 weibliche Blüthen. — Diese Pflanze, so wie ***Artemisia pauciflora Stechmann.***, armblüthiger Beifuss, ein im asiatischen Russland, in den Gouvernements Saratow u. Pensa, vorzüglich an der Wolga in der Umgegend von Sarepta wachsender Halbstrauch, soll in den ungeöffneten Blüthenköpfchen den levantischen Wurmsamen, ***Semen Cinae*** s. ***Santonici levanticum***, geben, von dem 2 Untersorten unterschieden werden: 1) Aleppischer Wurmsame, ***Semen Cinae halepense***, besteht aus $1\frac{1}{2}$—$2\frac{1}{2}'''$ langen, $\frac{2}{3}$—$1'''$ dicken, in Menge braungrünlich erscheinenden Blüthenkörbchen, die durch die stark hervortretenden Nerven der ziegeldachig liegenden Blättchen des Hüllkelchs etwas kantig sind. Unter der Loupe erkennt man auf den Hüllkelchblättchen harzige braune Drüschen mehr oder weniger zahlreich stehend, u. am Grunde u. an den Rändern feine Wollhärchen. Diese Sorte stammt von ***Artemisia Vahliana Kost.*** 2) Russischer Wurmsame, ***Semen Cinae rossicum*** s. ***moscoviticum***, besteht aus festgeschlossenen kleinern Blüthenkörbchen, die kaum 1—2''' lang u. $\frac{1}{2}$—$\frac{2}{3}'''$ dick und gelbgrünlich u. gleichfalls etwas kantig sind; unter starker Loupenvergrösserung erscheinen die Hüllkelchblättchen gelblich-feindrüsig-punktirt u. oft stellenweis mit feinen Wollhärchen besetzt. Diese wahrscheinlich von ***Artemisia pauciflora Stechm.*** abstammende Sorte kommt jetzt gewöhnl., wo nicht ausschliesslich als levantischer Wurmsame vor. Der Wurmsame wirkt auf die Verdauung tonisch-erregend u. kräftig wurmtreibend u. wird vorzüglich bei Wurmkrankheiten der Kinder u. andern davon abhängigen Leiden des Unterleibes u. gestörter Verdauung, vorzüglich bei krampfhaften Zuständen angewendet.

(Auch **Artemisia Judaica L.**, in Palästina u. Arabien einheimisch, **Artemisia Santonica L.**, **Artem. palmata Lam.** u. **Artem. odoratissima Desf.** sollen Wurm- oder Zittwersamen liefern.)

C. Der Untertheil eines Stengels. — **D.** Eine blüthentragende Stengelspitze. — **E.** Ein Blüthenkörbchen, wie sie sich unter dem levantischen Wurmsamen befinden. — **H.** u. **I.** Vergr. Blüthenkörbchen. — **K.** Schuppen des Hüllkelchs von der Aussen- u. **L.** von der Innenseite. — **F.** Ein Blatt. — **M.** Eine stark vergr. Blumenkrone. — **N.** Ein vergr. Blatt.

Taf. LII. **Artemisia Abrotanum L.**, Stabwurz-Beifuss, Eberraute, Eberreis.

Halbstrauchig; Blätter fast kahl, die untern doppelt-, die obern einfach-fiederig-zerschnitten; Abschnitte sehr schmal linealisch; Körbchen fast kugelig, achselständig, überhängend; Hüllkelch halbkugelig, weichhaarig.

Ein häufig auf sonnigen Bergen u. Hügeln in Südeuropa u. im Oriente wachsender u. bei uns häufig angepflanzter Halbstrauch. Die Stengel sind 2—3' hoch, am Grunde holzig u. stark ästig, dann aber auch ihrer ganzen Länge nach mit zahlreichen kurzen, aufrechten Aesten besetzt, so dass durch die zahlreichen u. dichtstehenden Blätter ein dichter grüner Busch gebildet wird. Die Blätter sind graugrün u. erscheinen unter der Loupe gleichsam bestäubt, schwach filzig; späterhin werden sie aber fast kahl u. grün; sie sind gestielt, die untersten meist mit 3 fast gegenständigen Abschnitten auf jeder Seite versehen; jeder von diesen Abschnitten ist in 5—9 schmal-linealische, fädliche, stumpfe Kappen fiederig zerschnitten; nach oben zu sind die Blätter immer einfacher zerschnitten u. die obersten oft ganz, linealisch-fädlich. Die zahlreich vorhandenen kleinen Blüthenkörbchen entspringen einzeln aus jeder Blattachsel, bilden an jedem Aestchen einseitswendige Trauben u. diese zusammen eine ruthenförmige, straffe, reichbeblätterte Rispe. Die Blättchen des Hüllkelchs sind gewölbt, stumpf, am Rande breithäutig u. durchscheinend, aussen graulich-weichhaarig; die äussern sind eirund-lich-länglich, die innern oval. Von den grünlich-gelben Blüthchen sind 3—7 innere Zwitter u. 14—18 äussere weiblich. — Die Blätter u. blühenden Astgipfel, Eberrautenkraut, Stab- od. Stabwurzkraut, ***Herba et Summitates Abrotani***, welche kräftig gewürzig, etwas citronartig riechen u. gewürzhaft, wenig bitter schmecken, vorwaltend äther. Oel (16 Pfd. frisches Kraut geben kaum 3 Drachmen), bittern Extractiv- u. Gerbstoff enthalten, ähnlich wie Wermuth, aber erregender u. wenig tonisch wirken, werden in Pulverform u. Aufguss innerlich bei Schwäche der Verdauungswerkzeuge, bei Wurmkrankheiten u. Hysterie, äusserlich zu Umschlägen angewendet.

a. Der Untertheil u. b. die Spitze eines Stengels. — A. Ein unteres u. B. ein oberes Blatt. — C. u. D. Schuppen des Hüllkelchs. — E. Ein Blüthenboden, auf dem nur ein Rand- u. ein Scheibenblüthchen befindlich. — F. Das zwitterige Scheibenblüthchen noch stärker vergr. — G. Die Staubgefässröhre aus demselben noch mehr vergr. — H. Der Obertheil des Griffels mit der Narbe aus demselben Zwitterblüthchen. — I. Ein weibliches Randblüthchen.

Taf. LII. **Artemisia vulgaris L.**, gemeiner od. Gänse-Beifuss.

Krautig; Blätter unterseits weisslich-filzig, die untern doppelt-, die obern einfach-fiedertheilig; Zipfel lanzettlich, spitzig, fast gezähnt, die obersten Blätter linealisch-lanzettlich; Körbchen filzig, eiförmig, fast sitzend, aufrecht, in ährenförmigen Rispen.

Wächst ausdauernd gemein auf Rainen, an Hecken, Bach- u. Flussufern, auf Schutt u. Ruinen in Europa, Nordasien und Nordamerika. Die fast senkrecht in den Boden dringende Pfahlwurzel ist etwa fingersdick, fast holzig, ästig, sprossend u. mit vielen langen weissen Fasern besetzt. Sie treibt mehrere aufrechte, 3—6' hohe, stielrundlich-eckige, grüne od. rothbraun überlaufene, kahle od. etwas filzig-flaumhaarige, innen markige Stengel mit abstehenden Aesten. Die Wurzelblätter sind gestielt, herzförmig, stumpf, 3—5lappig, gezähnt, die untersten Stengelblätter gleichfalls gestielt, die übrigen sitzend, fast fiederartig-zerschnitten, mit fiederspaltigen Abschnitten u. lanzettlichen zugespitzten, etwas eingeschnitten-gesägten, an den obern Blättern ganzrandigen Zipfeln; die höher stehenden Blätter sind nur einfach-fiedertheilig u. die obersten ganz u. ganzrandig-zugespitzt; alle oberseits dunkelgrün u. kahl, unterseits weissgrau-filzig. Die Blüthenkörbchen stehen in kurzen traubigen Aehren u. entspringen aus den Achseln kleiner Blätter; sie bilden zusammen eine langgezogene Rispe. Von den etwas zottig-wolligen Blättchen des Hüllkelchs sind die äussern schmäler, länglich und stumpf, die innern oval u. von einem breiten durchscheinenden Rande umgeben. Die 5—7 in der Mitte stehenden Zwitterblüthchen sind schmutzig-röthlich, mit aufrechten Saumzipfeln versehen, die beiden Narben bilden einen 6strahligen Stern; die 7—9 äussern gelben weiblichen Blüthchen haben einen kurzen 2spaltigen Saum der Blumenkrone. Die Kernkapsel ist länglich-verkehrt-eiförmig. — Sonst gebrauchte man das Kraut u. die blühenden Zweigspitzen, ***Herba et Summitates Artemisiae***, welche schwach u. nicht unangenehm riechen u. bitterlich schmecken, gegen Urinbeschwerden, jetzt aber noch meist als Gewürz an manche Speisen, besonders Braten u. Fleisch. Die getrocknet längsrunzelige, aussen graubraune, innen weisse, von einem holzigen Gefässstrange durchzogene Wurzel, ***Radix Artemisiae albae*** v. ***rubrae***, welche eigenthümlich unangenehm riecht u. süsslich, etwas widerlich scharf u. reizend schmeckt u. vorwaltend äther. Oel, scharfes Weichharz, Schleimzucker, gummigen Extractivstoff u. Gerbestoff enthält, wendet man als schweisstreibendes u. vorzüglich krampfstillendes Mittel häufig gegen Epilepsie, Veitstanz u. ähnliche Krankheiten, namentlich bei Kindern an. Von den Wurzeln, die im Frühlinge u. Herbste zu graben sind, dürfen nur die Fasern od. die äussern rindigen Theile ohne den Gefässstrang genommen, u. das von der frischgetrockneten Wurzel bereitete, in gut verschlossenen Gefässen sorgfältig zu verwahrende Pulver angewendet werden. Bei der Epilepsie giebt man einen gehäuft vollen Theelöffel des Pulvers entweder gleich vor od. nach dem Anfalle mit erwärmtem Biere. Früherhin brauchte man auch die alten abgestorbenen Wurzeltheile als Beifusskohlen, ***Carbones Artemisiae rubrae.***

(**Artemisia pontica L.**, römischer Beifuss od. Wermuth, lieferte sonst die Blätter u. Zweigspitzen, **Herba et Summitates Absinthii pontici v. romani**, welche milder wie Wermuth u. reizender wirken. — Aus dem filzigen Ueberzuge der Blätter von **Artemisia indica Willdw.**, **chinensis Willdw.**, **lanata Willdw.** sollen in Japan u. China die Moxa od. sogen. Brennecylinder od. Brennkegel bereitet werden.)

a. Der Obertheil einer Wurzel mit dem Grundtheile eines Stengels. — b. Eine blühende Stengelspitze. — A. Eine Schuppe des Hüllkelchs u. A. Dieselbe vergr. — B. Ein Blüthenboden, auf welchem ein zwitteriges Scheiben- u. ein weibliches Randblüthchen stehen gelassen u. die übrigen Blüthen nebst dem Hüllkelche entfernt worden sind. — C. Ein zwitteriges Scheibenblüthchen. — D. Die Staubgefässröhre desselben stärker vergr. — E. Die Spitze des Griffels nebst der Narbe aus derselben Blüthe. — F. Eine weibliche Randblüthe. — G. Eine Frucht u. H. dieselbe quer, sowie I. senkrecht durchschnitten.

Abtheilung C. **Seriphidia.**

Blüthchen sämmtlich gleichförmig u. Zwitter; Blüthenlager nackt.

(In diese Abtheilung gehören: **Artemisia vallesiaca All.**, Walliser Beifuss, auf den Alpen Südeuropas wachsend, welcher sehr gewürzhaft u. etwas bitter ist u. zu den bei Artemisia **Mutellina** erwähnten Genepikräutern gehört. — Von **Artemisia maritima L.**, Meerstrandsbeifuss, einer am Seestrande des mittlern u. südlichen Europa wachsenden, kräftig gewürzig, dem Katzenkraute, Teucrium Marum, ähnlich riechenden u. bitter schmeckenden Pflanze, gebrauchte man das Kraut, **Herba** v. **Summitates Absinthii maritimi**, in mehreren Ländern. [Abbild. s. Linke etc.].

Abtheilung D. **Oligosporus.**

Blüthchen am Rande weiblich, die übrigen Zwitter mit fehlschlagenden Fruchtknoten; Blüthenlager nackt.

(Hierher gehören: **Artemisia Dracunculus L.** [Oligosporus condimentarius Cassin.], Dragun-Beifuss, Estragon, aus dem nördlichen u. mittlern Asien stammend, bei uns nicht selten als vorzügliches Gewürz des Salats u. anderer Speisen kultivirt, von dem früherhin das anfangs etwas kühlend, gewürzhaft, später beissend u. erhitzend, süsslich, dem Anis ähnlich schmeckende, vorwaltend äther. Oel, ein scharfes Harz u. etwas Extractivstoff enthaltende u. vorzüglich kräftig reizend auf die Unterleibsorgane wirkende Kraut, **Herba Dracunculi hortensis**, officinell war. Auch ist der **Vinaigre d'Estragon** zu bemerken. — Von **Artemisia campestris L.**, Feld-Beifuss, wendete man sonst die Zweigspitzen, **Herba Artemisiae rubrae**, so wie die vom gemeinen Beifuss an. [Abbild. s. Linke etc.])

Unterabtheilung: **Strahlblumige:** RADIATAE.

Gattung: **Tussilago Tournef.**, Huflattig.

Hüllkelch walzlich, die Blättchen desselben in einer Reihe. Blüthenkörbchen heterogamisch, strahlend. Die Strahlblüthchen weiblich, sehr schmal bandförmig, vielreihig; die wenigen Scheibenblüthchen männlich, röhrig-5zähnig. Blüthenlager nackt. Fruchtkrone haarig.

Nur eine Art:

Taf. LII. **Tussilago Farfara L.**, gemeiner Huflattig, Brustlattig, Rosshuf.

Wächst ausdauernd gemein in Europa u. Nordasien auf lehmigem Boden, auf nassen Stellen u. an Gräben. Die Pfahlwurzel ist einfach od. ästig, weisslich u. treibt mehrere lange Fasern u neben diesen seitlich unterirdische Sprossen od. Ausläufer. Im ersten Frühlinge kommen die schaftartigen, mit braunen Schuppen besetzten, einfachen, stielrunden, hohlen, flockig-weisslich-wolligen Stengel hervor, die nach der Blüthezeit sich um das Doppelte u. Dreifache verlängern. Die Blätter des Hüllkelchs liegen dachziegelartig, sind länglich, linealisch-stumpf, meist purpurröthlichbraun. In der Scheibe des Körbchens stehen etwa 20 trichterförmige männliche Blüthen mit 5theiligem Saume der Blumenkrone, am Rande dagegen mehr als 200 weibliche Blüthen mit einem schmalen bandförmigen Saume. Die Kernkapseln sind ochergelb u. tragen eine lange weisse seidenhaarige Fruchtkrone. Die Blätter, welche weit später erscheinen sind grundständig, haben einen am Grunde scheidenartig erweiterten Blattstiel, sind gross, rundlich-eckig, am Grunde durch einen spitzen Winkel tief herzförmig, mit abstehenden Grundlappen, am röthlichen Rande eckig-gezähnt, oberseits grün und kahl, unterseits im jungen Zustande weissfilzig, ausgewachsen nur graulich u. dicht weichhaarig. — Die geruchlosen, etwas herb-bitterlich, schleimig schmeckenden Blätter u. Blüthen, *Herba s. Folia et Flores Tussilaginis s. Farfarae*, welche vorwaltend Schleim, etwas eisengrünenden Gerbstoff nebst etwas bittern Extractivstoff enthalten, gebraucht man innerlich als einhüllendes, die Schleimabsonderung beförderndes Mittel im Aufguss u. Abkochung, jedoch selten für sich, sondern meist mit andern ähnlichen Mitteln verbunden (*Species pectorales*), vorzüglich bei Brustleiden, chronischen Katarrhen der Lungen u. s. w., so wie äusserlich als ein erweichendes Mittel in Verbindung mit andern Substanzen zu Umschlägen; sie sind auch häufig ein Hausmittel. Die Blätter sollen im Mai gesammelt werden.

* a. Der obere Theil des Wurzelstocks mit den Blüthenstengeln. — b. Der obere Theil des Wurzelstocks mit den Blättern. — c. Ein Hüllkelch mit zurückgebogenen Blättchen u. mit dem Blüthenboden, auf welchem ein männliches Scheibenblüthchen u. 2 weibliche Strahlblüthchen stehen gelassen wurden. — A. Ein männliches Scheibenblüthchen. — B. Der Griffel mit der unfruchtbaren Narbe aus demselben, u. C. diese Narbe noch stärker vergr. — D. Ein weibliches bandförmiges Strahlenblüthchen. — E. Ein Früchtchen, u. F. dasselbe quer, sowie G. senkrecht durchschnitten.

Gattung: **Inula (Lin.) Gaertn.,** Alant.

Hüllkelch ziegeldachig. Körbchen heterogamisch, strahlend. Strahlblumen bandförmig, weiblich; Scheibenblumen röhrig-fünfzähnig, zwitterig. Staubbeutel am Grunde zweiborstig. Blüthenboden nackt. Früchte 4kantig-zusammengedrückt. Fruchtkrone gleichförmig, einreihig, haarig.

Taf. LII. **Inula Helenium L.,** wahrer od. Brust-Alant, Olant, Glockenwurz.

Stengel aufrecht, zottig; Blätter gezähnt, runzelig, unterseits sammtartig-filzig, die grundständigen gestielt, elliptisch-länglich, die stengelständigen herzeiförmig, stengelumfassend; äussere Blättchen des Hüllkelchs eiförmig.

Wächst ausdauernd auf feuchten Wiesen, an Gräben und Ufern im nördlichen Deutschland, Frankreich u. in England, wird aber zum Arzneigebrauche in manchen Gegenden kultivirt. Die Pfahlwurzel dringt senkrecht in den Boden ein, ist ein bis mehrere Zoll dick, oben vielköpfig u. zuweilen faustgross, querrunzelig, ästig u. mit zerstreuten starken Wurzelfasern besetzt. Der starre Stengel wird 4—6 u. mehr Fuss hoch, ist stielrund u. furchig-gerieft. Die Wurzelblätter sind gross, mit ihren Stielen oft über 2—3' lang. 6—9'' breit, die Blätter am Stengel werden nach oben zu allmälig kleiner; die Wurzelblätter sind eirund-länglich u. laufen in den Blattstiel herab, od. sie sind verkehrt-eiförmig-länglich, stumpf od. spitz, oberseits grün und kurzhaarig, unterseits graufilzig, am Rande mit vielen grössern u. kleinen stumpflichen Zähnen dicht besetzt; die Stengelblätter am Grunde stets etwas verschmälert, die obersten fast alle herzförmig-stengelumfassend, spitzig. Die Blüthenkörbchen stehen einzeln am Ende des Stengels u. auf den kurzen Blüthenästen u. halten gegen 3'' im Durchmesser. Die Blättchen des Hüllkelchs sind gross u. blattartig, aus dem eiförmigen Grunde lanzettlich, spitzig, graufilzig, fast gezähnt, ausgebreitet abstehend, die mittlern lanzettlich, stumpf, sparrig, die innern weit schmäler, lanzettlich-spatelförmig, ganz trocken u. bräunlich. Die Blüthchen sind sämmtlich schön gelb u. die Rand- od. Strahlblüthchen ansehnlich. Kernkapsel stark verlängert-länglich, 6seitig, gestreift, mit einer haarigen scharfen Fruchtkrone, die länger ist als die Frucht. — Die nicht unangenehm, veilchenähnlich riechende u. gewürzigbitter, widrig, etwas scharf u. lange anhaltend schmeckende Wurzel, Alantwurzel, *Radix Enulae v. Helenii v. Enulae campanae v. Inulae*, deren vorwaltende Bestandtheile ein krystallisirbares äther. Oel (Alantkampher), scharfes Weichharz, bitterer Extractivstoff u. ein eigenthümliches Satzmehl (Inulin) sind u. die tonisch-erregend, vorzüglich auf die Schleimhäute wirkt u. deren Absonderungen vermehrt, wird bei Lungenentzündungen, bei Verschleimungen des Magens u. Darmkanals in Pulver, Aufguss u. Abkochung, äusserlich auch bei Hautausschlägen angewendet.

(Von **Inula germanica L.** war sonst das etwas gewürzhaft u. eigenthümlich, aber nicht angenehm riechende Kraut, **Herba Inulae germanicae v. palatinae**, u. von **Inula salicina L.** die gewürzige Wurze als **Radix Bubonii lutei** officinell. [Abbild. s. Linke etc.])

a. Eine blühende Stengelspitze. — b. Der Obertheil der Pfahlwurzel. — c. Ein grundständiges Blatt. — d. Ein senkrecht durchschnittener Fruchtknoten mit vier Blättchen des Hüllkelchs, wie sie von aussen nach innen zu gestaltet sind, nebst einem Früchtchen auf der Mitte der Scheibe. — e. Ein zwitteriges Scheibenblüthchen. — A. Dasselbe vergr. — B. Die senkrecht aufgeschnittene u. ausgebreitete Staubgefässröhre aus demselben, stärker vergr. — f. Ein weibliches Strahlblüthchen. — C. Der Untertheil eines quer durchschnittenen Früchtchens. — D. Ein Früchtchen, von dessen Fruchtkrone nur eine Borste stehen gelassen worden ist. — E. Ein Stück des Fruchtbodens stark vergr.

Gattung: **Arnica (Rupp.) L.,** Wohlverleih.

Blättchen des Hüllkelchs gleichförmig, in zwei Reihen. Blüthenkörbchen heterogamisch, strahlend. Strahlblumen weiblich, bandförmig, mit meist unentwickelten Staubgefässen, Scheibenblumen zwitterig, röhrig, 5zähnig. Griffel bei den Zwitterblüthen mit weit herabgehenden Flaumhaare an seinen beiden abgestutzten oder an der Spitze kurzkegeligen Zipfeln. Blüthenlager feingrubig, zwischen den Grübchen weichhaarig. Früchtchen ungeschnabelt, stielrundlich. Fruchtkrone gleichförmig, borstig, einreihig.

Taf. LIII. **Arnica montana L.,** Berg-Wohlverleih, ächter Wohlverleih, Fallkraut.

Grundständige Blätter oval-länglich, stumpf, nervig, weichhaarig-zottig; stengelständige in ein oder zwei entfernten Paaren; Stengel ein oder drei Blüthenkörbchen tragend.

Wächst ausdauernd auf Gebirgs- u. Alpenwiesen, aber auch hier u. da im mittlern u. nördlichen Europa auf trocknen und nassen Wiesen der Ebene. Die Pfahlwurzel dringt schief in den Boden, ist von der Dicke einer starken Gänse- od. Schwanfeder od. auch etwas dicker, an der Spitze wie abgebissen, dunkel- od. heller braun, innen weisslich, an der untern Seite viele lange, einfache, gelbbräunliche Fasern treibend. Der aufrechte Stengel wird 1—2' hoch, ist stielrund, gerillt, ganz einfach od. er treibt gegen die Spitze hin 2 gegenständige, sehr selten auch 2 mal 2 gegenständige blattlose Blüthenäste, ist übrigens noch weichhaarig-zottig u. durch eingestreute Drüsenhaare etwas klebrig. Meist 4, doch auch oft nur 2 grundständige Blätter sind rosettig ausgebreitet, 2—5'' lang, $\frac{3}{4}$—2'' breit, bald oval, bald länglich u. dann am untern Ende stärker als am obern verschmälert, 3—5nervig, ganzrandig, oberseits mit einzelnen kurzen Zottenhaaren besetzt, unterseits kahl u. glatt. Die viel kleinern Stengelblätter sitzen u. sind am Grunde verwachsen; das untere Paar ist eirundlich-länglich od. lanzettlich, spitzig, steht oft den grundständigen Blättern sehr nahe u. ist ihnen dann fast gleich; wenn ein oberes Paar vorhanden ist, so sind die Blätter schmal lanzettlich, gewöhnlich gegenständig, bisweilen auch wechselständig. Die ansehnlichen, gegen 2'' im Durchmesser haltenden, dunkelgoldgelben Blüthenkörbchen nicken etwas. Die 12—20 Blättchen des Hüllkelchs sind lanzettlich, spitz od. zugespitzt, aussen zottig u. drüsig-weichhaarig-wimperig, grün und gewöhnlich nach vorn purpurröthlich-braun überlaufen. Die zahlreichen röhrigen Scheibenblüthchen haben eine rauhhaarige Blumenkronenröhre. Bei den 10—20 Strahlblüthchen ist die Blumenkronenröhre kurz u. gleichfalls rauhhaarig; der Saum aber bandförmig, breit-lineallisch, vorn etwas zusammengezogen, abgestutzt-3zähnig; diese Strahlblüthchen haben zuweilen 5 od. 3 freie, an ihren Antheren nicht verwachsene Staubgefässe. Die Kernkapseln sind schwarzbraun, mit steifen kurzen Härchen reihenweise besetzt. — Gebräuchlich sind die aus dem Körbchen gerupften Blüthchen, die bezaserte Pfahlwurzel u. die Blätter, *Flores, Radix et Herba Arnicae*. Die Blumen besitzen frisch einen stark gewürzhaften Geruch, der sich beim Trocknen theilweise verliert, erregen aber beim

Zerreiben, der zerbrochenen feinen Härchen der Fruchtknoten halber, leicht Niesen. Sie schmecken bitterlich-gewürzhaft und ebenfalls der feinen Härchen halber etwas scharf u kratzend. Die **Wurzel** riecht eigenthümlich etwas dumpfig gewürzhaft u. schmeckt scharf-gewürzhaft, nur wenig bitter u. lange anhaltend, u. erregt auch beim Zerstossen Niesen. Die **Blätter** riechen u. schmecken ebenso wie die Wurzel, jedoch weit schwächer. Vorzüglich wirksame Bestandtheile sind ein scharfes Weichharz u. äther. Oel, die Blüthen enthalten noch überdies einen scharf u. ekelhaft-bittern Extractivstoff u. die Wurzel Gerbstoff. Die Wirkung der Wurzel u. Blüthen, weniger der Blätter, ist kräftig erregend auf das Gefässsystem u. auf die Schleim- und serösen Häute, den Stoffwechsel in ihnen befördernd, ferner reizend auf das ganze Nervensystem u. die Wurzel aussserdem noch zugleich tonisch-zusammenziehend auf den Darmkanal. Sie finden deshalb Anwendung bei Wechselfiebern, bei nervösen, mit Schwäche u. Lähmung verbundenen Fiebern, bei asthenischen Leiden der Lunge u. des Darmkanals, bei Lähmungen durch Schlagflüsse, bei Blut- u. Schleimflüssen, bei gichtischen u. rheumatischen Leiden, bei kalten Geschwülsten, Quetschungen u. Extravasaten. Aeusserlich benutzt man die Blüthen zu Bähungen bei Kontusionen, mit Blut unterlaufenen Stellen, Wunden, bei typhösen Unterleibsentzündungen u. s. w., auch werden mehrere Präparate damit bereitet. Die Blätter wendet man seltner an. Das Pulver der Blüthen giebt man von 3—10 Gran, das der Wurzel von 5—20 Gran. Im Aufguss giebt man 2 Drachmen bis ½ Unze bis 1 Unze auf eine Mixtur.

a. Der Untertheil eines Stengels nebst der Wurzel. — b. Die blüthentragende Stengelspitze. — A. Ein Hüllkelch. — A. Ein Blättchen des Hüllkelchs von der inneren Fläche gesehen. — B. Ein Haar desselben weit stärker vergr. — C. Ein Zwitterblüthchen der Scheibe. — D. Ein weibliches Strahlenblüthchen. — E. Ein Theil desselben noch stärker vergr.; man sieht an der aufgeschnittenen Röhre der Blumenkrone, von welcher der bandförmige Theil weggeschnitten ward, die unvollkommenen Staubgefässe, deren Staubbeutel auch unter einander verwachsen sind, deutlicher. — B. Ein Blüthenboden, auf welchem nur ein einziges Früchtchen stehen gelassen, nachdem alles Uebrige entfernt worden ist. — F. Ein Blüthen- od. Fruchtboden vergr. und G. ein Theil desselben noch stärker vergr. — H. Eine Frucht, von welcher die Fruchtkrone bis auf ein Haar derselben weggeschnitten worden ist. — I. Der Untertheil eines quer durchschn. Früchtchens.

Gattung: **Pyrethrum Gaertn.**, Bertramwurz.

Blüthenkörbchen heterogamisch, strahlend. Strahlblüthchen einreihig, weiblich, bandförmig (äusserst selten auch fehlend); Scheibenblüthchen zwitterig, röhrig-5zähnig. Hüllkelch ziegeldachig, glockenförmig; Schuppen desselben am Rande trockenhäutig, raschelnd. Blüthenboden eben oder gewölbt, nackt, nur selten (wenn er eben ist) spreublättrig. Früchtchen eckig, mit kronenförmiger Fruchtkrone.

Taf. LIII. **Pyrethrum Parthenium Smith.**, gemeine Bertramwurz, **Metram**, **Mutterkraut**. (***Chrysanthemum Parthenium Pers.***, ***Matricaria Parthenium L.***)

Kahl; Stengel aufrecht, ästig; Blätter gestielt, fast doppelt-fiederschnittig: Abschnitte länglich, stumpf, eingeschnitten-gesägt, die obersten zusammenfliessend; Körbchen doldentraubig gestellt; Schuppen des Hüllkelchs länglich, am Rande weisshäutig, an der Spitze ausgenagt-gewimpert, stumpf; Fruchtkrone kurz-gezähnt.

Eine wahrscheinlich in Südeuropa u. im Oriente einheimische, jetzt auch in Mitteleuropa in Gärten gebaute und sich hier u. da verwildert findende ausdauernde Pflanze. Aus der schief in den Boden dringenden, mit vielen langen Zasern besetzten Wurzel entspringen gewöhnlich einige aufrechte oder am Grunde aufsteigende, 1—3' hohe, stielrundlich-eckige, gefurchte, unten kahle, oben weichhaarige u. ästige Stengel mit doldentraubigen Aesten. Die gestielten breiten Blätter sind fiedertheilig, mit eingeschnittenen od. fast fiederspaltigen Lappen u. theils ganzrandigen, theils an der äussern Seite eingeschnitten-gesägten Läppchen. Die obersten Stengelblätter sind nur einfach-fiederspaltig. Jedes Blüthenkörbchen steht auf einem langen, oben verdickten Stiele, von denen 3—5 eine Doldentraube bilden. Die Blättchen des Hüllkelchs sind linealisch-länglich, gekielt, spitzig, weichhaarig; die innern derselben haben eine durchscheinende, zerrissen wimperige Haut an der Spitze. Die Scheibenblüthchen sind citrongelb, die Strahlblüthchen weiss, länglich-verkehrt-eiförmig, stumpf-3zähnig mit einem kürzern Mittelzahne. Die Kernkapseln sind länglich, 6seitig, 12streifig, etwas gekrümmt, kahl u. tragen eine randartige 6zähnige Fruchtkrone. — Die **Blätter** mit den **Blüthenkörbchen**, ***Herba (cum floribus) Matricariae*** v. ***Pyrethri***, welche stark gewürzhaft, kamillenähnlich, doch nicht so angenehm riechen, widrig-gewürzhaft, stark bitter schmecken u. vorwaltend ein grünliches äther. Oel u. bittern Extractivstoff, im Vergleiche mit der Kamille weniger von ersterem u. mehr von letzterem enthalten, wirken stark erregend, tonisch u. krampfstillend u. werden innerlich bei krampfhaften Krankheiten der Unterleibsorgane, vorzüglich auch zur Beförderung der Menstruation u. Lochien (daher der Name Mutterkraut), ferner bei Hysterie, Eingeweidewürmern, Schwäche der Verdauungswerkzeuge u. gegen Wechselfieber u. äusserlich zu Bähungen u. s. w. angewendet.

a. Der Obertheil einer Wurzel. — b. Eine blühende Zweigspitze. — A. Ein zwitteriges Scheibenblüthchen. — B. Ein weibliches Strahlenblüthchen. — A. Der Blüthenboden mit den Schuppen des Hüllkelchs. — C. Der Blüthen- oder Fruchtboden, an welchem nur einige Schuppen des Hüllkelchs u. ein Früchtchen befindlich sind; das Uebrige ward entfernt. — B. Ein Früchtchen. — D. Dasselbe vergr. u. E. quer-, so wie F. senkrecht durchschnitten.

Gattung: **Matricaria (Vaill.) L.**, Mutterkraut.

Hüllkelch ziegeldachig. Blüthenkörbchen heterogamisch; Strahlblüthchen einreihig, weiblich, Scheibenblüthchen röhrig-4—5zähnig, mit stielrundlicher Röhre, zwitterig. Blüthenboden ei-kegelförmig, nackt, innen hohl. Früchtchen gleichförmig, eckig, ungeflügelt. Fruchtkrone fast fehlend, oder sehr selten kronenförmig.

Taf. LIII. **Matricaria Chamomilla L.**, Kamillen Mutterkraut, ächte od. gemeine Kamillen, Helmerchen.

Stengel ästig, weitschweifig, zahlreiche Blüthenkörbchen tragend; Blätter kahl, doppelt-fiederig-zerschnitten: Abschnitte schmal-linealisch, fast fadenförmig; Blättchen des Hüllkelchs stumpf; Blüthenlager hohl.

Eine einjährige Pflanze, welche in vielen Gegenden Europas auf Aeckern, zwischen den Saaten, auf Schutt, wüsten Stellen u. Mauern häufig, in andern dagegen, z. B. in England, Frankreich u. der pyrenäischen Halbinsel seltener ist. Aus der dünn-spindelförmigen, ästigen, weissen Wurzel entspringt ein aufrechter, gewöhnlich etwas über 1' hoher, oft blos oben, zuweilen auch vom Grund auf ästiger, rundlich-eckiger, kahler Stengel. Die sitzenden Blätter sind im Hauptumrisse länglich, die untersten 3fach-, die mittlern doppelt- u. die obersten einfach-fiederig-zerschnitten, mit sehr schmalen abstehenden Abschnitten. Die Blüthenkörbchen stehen einzeln an den Spitzen der Aeste, haben 8—10''' Breite u. bilden gemeinschaftlich gewöhnlich eine mässig grosse Doldentraube. Der Hüllkelch ist flach-glockenförmig u. von linealisch-länglichen, am Rande u. an der Spitze weisshäutigen Blättchen gebildet. Die Scheibenblüthchen stehen dicht u. bilden eine halbkugelige Wölbung; sie sind sehr klein, röhrig-trichterförmig, gelb. Die 10—13 Strahlenblüthchen haben einen weissen bandförmigen, länglichen, vorn 3kerbigen Saum, welcher während des Blühens wagrecht absteht, nach dem Verblühen aber nach unten zurückgeschlagen, gleichsam hängt. Die Kernkapseln sind länglich, 6eckig, gerippt, blass bräunlichgelb u. haben blos einen undeutlichen Rand zur Fruchtkrone. — Man sammelt in den Monaten Juni u. Juli, wo möglich an trocknen Tagen Nachmittags, die eigenthümlich, stark gewürzhaft riechenden u. nicht unangenehm gewürzhaft-bitter schmeckenden **Blüthenkörbchen**, ***Flores Chamomillae*** v. ***Chamom. vulgaris*** v. ***Chamaemeli***, welche vorwaltend dunkelblaues, dickflüssiges äther. Oel u. bittern Extractivstoff mit Harz u. Gummi enthalten. Sie wirken flüchtig-erregend auf das Gefäss- u. Nervensystem, krampfstillend, blähungs- u. schweisstreibend u. werden am meisten bei Krämpfen des Unterleibes u. Uterus, bei Kolik, Leibschmerzen, bei Durchfällen nach Erkältungen u. dgl., bei rosenartigen u. rheumatischen Entzündungen, Zahnschmerzen, schmerzenden ödematösen Geschwüren, alten Fussgeschwüren u. dgl. angewendet. Aeusserlich giebt man sie in Pulver, häufig in Aufgüssen, äusserlich zu trocknen u. feuchten Bähungen, zu Bädern und in Klystiren. Kamillenthee befördert die Wirkungen von Brechmitteln u. erleichtert das Erbrechen. Es giebt eine ziemliche Anzahl von Präparaten der Kamillenblumen, von denen das schön dunkelblaue äther. Oel als Vorbauungsmittel gegen die Cholera asiatica gerühmt wird. Auch giebt man solches von 2—6 Tropfen bei hohen Graden der Hysterie u. Hypochondrie. Das Extract, welches mehr die bittern als die flüchtigen Bestandtheile enthält u. gelinde auflösend u. abführend, so wie magenstärkend wirkt, ist bei Stockungen im Unterleibe, bei Kachexien mit abweichender Nerventhätigkeit, bei Gelbsucht, Gicht u. s. w. an seiner Stelle. — Verwechselungen der Kamillenblumen können leicht vorfallen mit einigen andern Blumen sehr ähnlicher Composeen, z. B. mit denen von ***Pyrethrum Parthenium***, ***Matricaria inodora***, ***Anthemis arvensis***, ***Maruta foetida*** u. s. w., welche sich aber leicht entweder durch ihren mangelnden oder verschiedenen Geruch beim Reiben zwischen den Fingern zu erkennen geben. Das sicherste Erkennungsmittel aber ist, wenn man einen senkrechten Schnitt durch das Blüthenlager macht, da nur das der Kamillen hohl, bei den übrigen aber mit feinem weissen Marke erfüllt u. bei den Arten von Anthemis noch überdies mit Spreublättchen besetzt ist.

(**Matricaria inodora L.** [Chrysanthemum inodorum L., Pyrethrum inodorum Smith.], wilde Kamille, welche auf denselben Stellen wie vorige wächst, pflegt vor allen andern durch ihre Blüthenkörbchen mit denen der ächten Kamille verwechselt zu werden. Sie ist völlig od. fast kahl, hat einen meist seiner ganzen Lage nach ästigen Stengel mit weitschweifigen untern Aesten u. doppelt- od. 3fach-fiedertheilige Blätter mit linealisch-fädlichen Abschnitten. Die Blüthenkörbchen stehen einzeln od. zu mehreren an den Enden der Aeste u. haben linealisch-längliche, stumpfliche, weisse od. braun-randhäutige Hüllkelchblättchen. Die weissen Strahlblüthchen sind 3mal so lang als der Hüllkelch. Die Kernkapseln tragen eine kurze Fruchtkrone. [Abbild. s. Linke etc.])

a. Eine Wurzel mit dem Untertheile des Stengels. — b. Ein Theil einer blühenden Stengelspitze. — c. Ein unteres Stengelblatt. — A. Der Hüllkelch mit dem Blüthenboden. — B. Derselbe senkrecht durchschnitten, um die Höhlung des Blüthenbodens zu zeigen. — C. Ein zwitteriges Scheibenblüthchen. — D. Die an den Staubbeuteln verwachsenen Staubgefässe desselben stärker vergr. — E. Das Pistill aus derselben Blüthe. — F. Ein weibliches Strahlenblüthchen. — G. Ein Früchtchen u. H. dasselbe quer durchschnitten.

Gattung: **Anthemis L.**, Kamille.

Hüllkelch ziegeldachig, mit Blättchen in wenig Reihen. Blüthenkörbchen heterogamisch. Strahlblüthchen einreihig, bandförmig, weiblich; Scheibenblüthchen röhrig fünfzähnig, zwitterig; die Röhre bei sämmtlichen Blüthchen flach zusammengedrückt, fast ohne Anhängsel. Blüthenboden gewölbt od. kegelförmig, spreublättrig. Früchtchen kahl, ungeflügelt, eckig; Fruchtnabel grundständig. Fruchtkrone sehr kurz, kronenförmig, schwielig, dick und ganz, oder fast fehlend.

Taf. LIII. **Anthemis nobilis L.**, edle oder römische Kamille.

Stengel fast gestreckt, aufsteigend, weichhaarig, wenig Blüthenkörbchen tragend; Blätter dreifach-fiederig-zerschnitten, fast kahl: Abschnitte linealisch-pfriemenförmig; die blüthentragenden Aeste an der Spitze nackt, ein einzelnes Körbchen tragend; Schuppen des Hüllkelchs stumpf, am Rande wasserhell-durchscheinend; Spreublättchen des Blüthenbodens lanzettlich, nachenförmig, grannenlos, wenig kürzer als die Blüthchen, am Rande spärlich ausgenagt.

Wächst ausdauernd auf trocknen rasigen Hügeln u. sandigem Boden in Südeuropa wild und wird in mehreren Gegenden Mitteleuropas, besonders in Deutschland, im Grossen angebaut, da man die Blüthen häufig, vorzüglich in England, zum Bierbrauen benutzt. Die Wurzel dringt schief in den Boden u. ist mit vielen senkrechten Wurzelfasern besetzt; aus ihr entspringen mehrere Stengel, die bei einer Länge von 6—12″ zur Hälfte und drüber niederliegen u. zum Theil wurzeln, weshalb sie oft dichte Rasen bilden; nur die Gipfel u. Stengel der Aeste erheben sich; sie sind übrigens stielrund, gerillt, unten kahl u. oben flaumig. Die sitzenden Blätter sind genähert u. abstehend, durch einen zarten, weichhaarigen Ueberzug graulich-grün, bisweilen aber, wenn diese Härchen grösstentheils fehlen, auch grün; sie sind 3fach-fiederig-zerschnitten, die Abschnitte sehr kurz, linealisch-pfriemlich. Die Blüthenkörbchen stehen einzeln auf den Zweiggipfeln auf gegen 3′ langen, weichhaarigen, nach oben etwas verdickten Stielen. Die Blättchen des Hüllkelchs sind flaumig, eirundlich-länglich, am Rande und an der stumpfen Spitze weisshäutig u durchscheinend. Die gelben Scheibenblüthchen haben einen aufrechten 5spaltigen Blumenkronensaum. Die 12—18 Strahlblüthchen dagegen haben einen reinweissen, linealisch-lanzettlichen, am Grunde verschmälerten, an der Spitze stumpf-3-zähnigen Saum, der länger ist als der Hüllkelch. Die Kernkapseln sind verkehrt-eiförmig u. auf einer Seite 3rippig u. tragen eine sehr kurze kronenförmige, etwas schwielige u. dicke Fruchtkrone. — Die im Monate Juli von den im Grossen angebauten Pflanzen zu sammelnden u. gewöhnlich ganz oder halb gefüllten getrockneten Blüthenkörbchen, ***Flores Chamomillae romanae***, haben einen stark aromatischen, etwas an Kamille erinnernden, sehr mit dem Geruche der Hopfenzapfen verwandten Geruch u. einen gewürzhaften, sehr bittern Geschmack u. enthalten vorwaltend ein (aus frischen Blumen gewonnen, etwas bläuliches, aus getrockneten Blumen dagegen grünlich-gelbes) äther. Oel u. bittern Extractivstoff. Im Allgemeinen wirken sie der ächten Kamille ähnlich, sie erregen aber leichter Erbrechen, Leibschmerz u. Magenbeschwerden u. werden bei uns selten u. nur da angewendet, wo man eine grössere Aufregung des Darmkanals beabsichtigt, ohne der krampfstillenden u. besänftigenden Wirkung der gemeinen Kamille zu bedürfen. In England u. Frankreich aber benutzt man sie in allen den Fällen, wo in Deutschland jene kräftigere angewendet wird.

(Von **Anthemis tinctoria L.**, Färber-Kamille, waren sonst das Kraut u. die Blüthenkörbchen als **Herba et Flores Buphthalmi vulgaris** officinell u. wurden als tonisches u. reizendes Mittel angewendet. Die letzteren gebraucht man auch zum Gelbfärben. [Abbildung s. Linke etc.])

a. Die Wurzel mit den Grundtheilen des Stengels. — b. Eine blühende Astspitze. — A. Eine Schuppe des Hüllkelchs. — B. Ein zwitteriges Scheibenblüthchen. — C. Das Pistill aus demselben. — D. Der Obertheil der Blumenkrone (der 5zähnige Saum) senkrecht aufgeschnitten, damit man den Obertheil des Pistills u. die Staubgefässröhre sehen kann. — E. Ein weibliches Strahlblüthchen u. F. dasselbe etwas stärker vergr., nachdem der breiterere bandförmige Theil weggeschnitten worden ist. — G. u. H. Früchtchen von verschiedenen Seiten gesehen. — I. Ein Früchtchen quer u. K. senkrecht durchschnitten. — L. Ein senkrecht durchschnittener, mit Spreublättchen besetzter Blüthenboden. — M. Ein sehr stark vergr. Spreublättchen.

Gattung: **Anacyclus Pers.**, Ringblume.

Hüllkelch ziegeldachig. Blüthenkörbchen heterogamisch; Strahlblüthchen weiblich-unfruchtbar, bandförmig; Scheibenblüthchen zwitterig, röhrig-5zähnig; Blumenkronenröhren flach zusammengedrückt, zweiflügelig. Blüthenboden kegelförmig od. gewölbt, spreublättrig. Früchtchen breit-zusammengedrückt, zweiflügelig, ganz nackt. Fruchtkrone fehlend.

Taf. LIV. **Anacyclus officinarum Hayn.**, gemeine od. gebräuchliche Ringblume, gebauete od. thüringische od. deutsche Bertramwurz, Speichelwurz.

Wurzel einjährig; Stengel aufrecht, gewöhnlich nur ein Blüthenkörbchen an seiner Spitze tragend; Blätter fiederig-zerschnitten: Abschnitte fiederspaltig, mit linealischen ganzen oder 2—3spaltigen Zipfeln.

Das Vaterland dieser in einigen Gegenden Deutschlands, besonders bei Magdeburg u. in Thüringen kultivirten 1jährigen Pflanze ist unbekannt. Die senkrecht in den Boden dringende Wurzel ist spindelförmig, 6—9″ lang, 3—4‴ dick, ziemlich einfach u. nur einzelne Aeste u. Fasern treibend. Der Stengel wird ½—1′ hoch; ist stielrund u. vom Grunde an mit einzelnen einfachen Aesten besetzt, die an ihrer Spitze ein einzelnes Blüthenkörbchen tragen. Die oben beschriebenen Blätter sind etwas behaart u. die Blattstiele laufen etwas am Stengel herab. Die Blüthenkörbchen haben 1½'' im Durchmesser u. schwach weichhaarige Blättchen des Hüllkelchs, von denen die äussern länglich zugespitzt u. am durchscheinenden Rande sehr fein wimperig-gesägt, die innersten dagegen verkehrt-eiförmig sind. Durch die citrongelben Röhrchenblüthen der Scheibe, welche einen zurückgeschlagenen Saum haben, ist die Scheibe stark gewölbt. Die weissen, unterseits röthlich gestreiften Strahlblumen haben einen länglichen spatelförmigen, vorn 3zähnigen Saum, an welchem der mittlere Zahn sehr kurz ist. Die verkehrt-eirunde Kernkapsel ist an 2 gegenständigen Seiten so geflügelt, dass die Flügel an der Spitze zahnartig hervorstehen; die äussern sind übrigens sehr breit u. durchsichtig, die innern nur schmal und undurchsichtig geflügelt. Der gewölbte Blüthenboden ist mit verkehrt-eirunden, spatelförmigen, stumpfgespitzten, über die Blüthen hinausragenden Spreublättchen besetzt. — Die Wurzel ist als gemeine oder deutsche Bertramwurzel, ***Radix Pyrethri vulgaris s. germanici***, gewöhnlich nur Bertramwurzel, ***Radix Pyrethri***, genannt, officinell. Sie hat wenig Geruch, aber einen beissend-scharfen, lange anhaltenden u. viel Speichelzufluss erregenden Geschmack, enthält vorwaltend einen scharfen harzartigen Stoff, äther. Oel u. ein scharfes fettes Oel, wirkt kräftig scharf-reizend u. bringt, auf die Haut gelegt, Röthe derselben u. Blasen hervor. Früherhin wurde sie innerlich gegen lähmungsartige Leiden u. Faulfieber, sowie gegen faulige Entzündungen, bei nervösen u. gastrischen Fiebern u. bei veralteten Rheumatismen angewendet, jetzt aber nur noch äusserlich bei asthenischen Halsentzündungen als Gurgelwasser, bei Zungenlähmung u. Schmerzen von hohlen Zähnen gebraucht.

a. Der Obertheil einer Wurzel mit dem Grundtheile des Stengels. — b. Der zu a. gehörige Untertheil der Wurzel. — c. Der Stengel. — A. Eine äussere, B. eine mittlere u. C. eine innere Schuppe des Hüllkelchs. — D. Ein zwitteriges Scheibenblüthchen. — A. Dasselbe vergr. — B. Die Staubgefässröhre aus diesem Blüthchen stärker vergr. — C. Das Pistill desselben gleichfalls stark vergr. — E. Ein weibliches Blüthchen des Strahls von der Ober- u. F. von der Unterseite betrachtet. — D. Das Pistill aus einer weiblichen Strahlblüthe stark vergr. — G. Ein Früchtchen. — E. Dasselbe vergr. u. F. quer, so wie G. senkrecht durchschnitten. — H. Ein senkrechter Durchschnitt eines Fruchtbodens mit Spreublättchen besetzt. — I. Ein einzelnes Spreublättchen.

Taf. LIV. **Anacyclus Pyrethrum Link.**, römische Ringblume, dicke od. römische Bertram- od. Speichelwurzel.

Stengel niedergestreckt, an den Spitzen aufsteigend, mehrere Blüthenkörbchen tragend; Blätter fast drei- od. zweifach-fiederig-zerschnitten, kahl, mit linealisch-pfriemförmigen Abschnitten; Blättchen des Hüllkelchs länglich, stumpf, kahl.

Wächst ausdauernd in den Ländern am Mittelmeere. Die spindelförmige, fleischige, mit wenig Fasern besetzte Wurzel wird im Alter walzenförmig u. fast 1'' dick, ist aussen dunkelbraun u. innen weisslichgelb. Aus ihr entspringen mehrere niederliegende, nur mit den Gipfeln aufwärts gebogene, gegen 1' lange, einfache oder wenig ästige Stengel. Die gestielten grundständigen Blätter stehen gehäuft beisammen, sind 6—8'' lang, 4fach-fiederig-zerschnitten. Die grossen Blüthenkörbchen stehen einzeln an den Stengel- u. Astenden. Die Blättchen des Hüllkelchs liegen dicht angedrückt u. haben einen schmalen häutigen Rand. Die weissen Randblüthchen sind unterseits purpurroth, die Scheibenblüthchen gelb. Die Kernkapseln sind greulichweiss, zusammengedrückt, oben breiter u. abgestutzt. Die Spreublättchen sind gross, stumpf u. vertieft. — Die Wurzel ist als römische Bertramwurzel, ***Radix Pyrethri romani***, officinell. Sie hat gleiche Eigenschaften wie die Wurzel voriger Art, wird auch in den Ländern Südeuropas in gleicher Weise wie diese angewendet.

a. Eine Pflanze, von welcher einige Stengel u. die Wurzelspitze weggeschnitten worden sind. — A. Ein Blättchen des Hüllkelchs. — B. Ein weibliches Blüthchen des Strahls u. C. ein Zwitterblüthchen der Scheibe. — D. Eine Staubgefässröhre u. E. ein Pistill aus einem zwitterigen Scheibenblüthchen. — F. Ein Früchtchen u. G. dasselbe quer durchschnitten.

Gattung: **Achillea (Vaill.) L.**, Garbe od. Schafgarbe.

Hüllkelch ziegeldachig, eirundlich-länglich. Blüthenkörbchen heterogamisch, vielblüthig, mit 4—6 weiblichen, bandförmigen Blüthchen im Strahl und röhrig-fünfzähnigen zwitterigen Scheibenblüthchen, sämmtlich mit flach zusammengedrückter Röhre der Blumenkrone. Blüthenlager klein, mit länglichen, wasserhell durchscheinenden Spreublättchen. Früchtchen länglich, kahl, flach, zusammengedrückt, ungeflügelt, aber an den beiden Seiten mit einem erhabenen Nerven belegt; Fruchtnabel grundständig.

Taf. LIV. **Achillea Millefolium L.**, gemeine Garbe, Schafgarbe, Sichelkraut.

Stengel aufrecht, fast zottig, einfach oder an der Spitze ästig; Blätter doppelt-fiedertheilig, vielspaltig, fast kahl oder weichhaarig: Zipfel linealisch, eingeschnitten-gesägt, fast aufrecht, stachelspitzig; Doldentraube zusammengesetzt.

Wächst ausdauernd häufig auf Wiesen, Triften u. Grasplätzen, an Wegen u. auf Rainen in Europa u. Nordamerika. Die schiefe Wurzel treibt viele Fasern u. Sprossen u. einen aufrechten od. unten aufsteigenden, gerillten, ½—2' hohen, steifen, kahlen od. weichhaarigen u. sogar zottigen, einfachen od. oben ästigen Stengel. Die Blätter sind im Gesammtumrisse mehr od. weniger breit-linealisch, die untersten gestielt, die obern sitzend; die untern doppelt- od. 3fach-fiedertheilig, die obern blos einfach-fiedertheilig; die Lappen sind fiederspaltig, linealisch-länglich, feinspitzig od. pfriemig zugespitzt. Sämmtliche Blätter sind entweder kahl od. einzeln behaart, od. weichhaarig od. sogar zottig. Die Aeste der Doldentraube stehen gleich hoch, ziemlich dicht. Die Körbchenstiele sind weichhaarig oder fast graufilzig. Der eiförmige Hüllkelch hat eirund-längliche, stumpfe, gelblich-grüne behaarte Blättchen mit einem oft braun gefärbten trockenhäutigen Rande. Die Blüthchen sind entweder, u. zwar am häufigsten, weiss, od. rosenroth od. purpurröthlich. Am Rande des Körbchens stehen meist 5 Strahlblüthchen mit rundlich-verkehrt-eirunden, vorn 3kerbigen Säumen der Blumenkronen. Die Kernkapseln sind länglich, oben etwas breiter u. graulich-gelb. Auf dem kegelförmig erhabenen Blüthenboden stehen längliche, vertiefte, zugespitzte Spreublättchen. — Officinell sind die Blätter u. Blüthenkörbchen, ***Herba et Flores*** v. ***Summitates Millefolii***. Die Blätter schmecken schwach gewürzhaft u. etwas herbe u. bitter. Die Blumen, von denen man die röthliche Abänderung für wirksamer hält, riechen kräftig aromatisch, doch nicht angenehm, schmecken gewürzig, zusammenziehend, bitterlich u. enthalten vorwaltend ein (dunkelblaues, bisweilen auch grünes od. gelbes) äther. Oel, bittern Extractivstoff u. eisengrünenden Gerbestoff. Sie wirken kräftigend für den Unterleib u. die Schleimhäute u. zugleich etwas krampfstillend, weshalb man sie bei Verdauungsschwäche, bei Magen-, Eingeweide- u. Lungenverschleimung, Hypochondrie, bei Schleim- u. passiven Blutflüssen, bei unterdrückter Menstruation u. s. w. anwendet. Man giebt sie in Aufguss u. Abkochung von 1 Unze auf 6 Unzen Colatur, gewöhnlich mit andern Heilmitteln verbunden, das Extract zu 1 Drachme in Pillen u. Mixturen. Der aus den frischen Blättern gepresste Saft soll äusserlich bei aufgezogenen Brustwarzen dienlich sein. 12 Unzen Kraut geben 5 Unzen wässeriges Extract.

(**Achillea nobilis L.**, Edelgarbe, schmeckt kräftiger gewürzhaft als vorige Art u. findet dort, wo sie wächst, gleiche Anwendung wie diese. — **Achillea Ageratum L.**, gab sonst **Summitates Agerati s. Eupatorii Mesuës**. [Abbild. s. Linke etc.])

a. Der Obertheil eines Stengels. — b. Ein unteres Stengelblatt. — A. Eine Schuppe des Hüllkelchs. — B. Ein zwitteriges Scheibenblüthchen. — C. Ein weibliches Randblüthchen. — D. Die Staubgefässröhre, E. das Pistill aus einer Zwitterblüthe. — F. Ein senkrecht durchschnittener Blüthenboden mit Spreublättchen. — G. Ein einzelnes Spreublättchen, stärker vergr. — H. Ein Früchtchen. — I. Dasselbe quer u. K. senkrecht durchschnitten.

(In diese Ordnung gehören ferner noch: **Antennaria dioica Gaert.** [Gnaphalium dioicum L.], gemeines Katzenpfötchen, rothes Mauseöhrchen, deren Blüthenkörbchen man sonst als **Flores Gnaphalii v. Pilosellae albae v. Pedis Cati** bei Lungenleiden, langwierigen Husten, aber auch bei Durchfall u. Ruhr anwendete. — Von **Antennaria margaritacea R. Br.** [Gnaphalium margaritaceum L.], gebraucht man in Nordamerika das Kraut, **Herba Gnaphalii margaritacei**, bei Schleim- u. Blutflüssen, Durchfällen u. Ruhren u. äusserlich bei Geschwülsten u. Quetschungen. — **Helichrysum arenarium De C.** [Gnaphalium arenarium L.], Sand-Immortelle, Immerschön, Fuhrmannsblümchen, wendete man sonst die Blüthenkörbchen **H. Flores stoechadis citrinae** gegen Unterleibsstockungen, Leberleiden, Gelbsucht u. s. w. an. — Von **Conyza squarrosa L.** [Inula Conyza De C.], gemeine Dürrwurz, gebrauchte man sonst die Blätter als **Herba Conyzae majoris**. — Von **Erigeron acris L.**, scharfes Berufkraut, blaue Dürrwurzel, sammelte man früherhin die ganze Pflanze als **Conyzae coeruleae v. minoris** u. gebrauchte sie vorzüglich gegen unterdrückte Menstruation, gegen Dysurie u. verschiedene Brust- u. Unterleibskrankheiten. — Von **Petasites vulgaris Desf.** [Tussilago Petasites L.], gemeine Pestwurz, grosser Huflattig, Wasserklette, stand sonst die Wurzel, **Radix Petasitidis**, gegen viele Leiden u. sogar gegen die Pest im Rufe. — Von **Petasites albus Hall.** [Tussilago alba L.], wendet man die Blätter wie die vom Huflattig, Tussilago Farfara L., unter dem Namen **Herba Cacaliae tomentosae** an. — Von **Senecio Jacobaea L.**, Jakobskraut, gebrauchte man sonst das geruchlose, unangenehm bitter u. ziemlich unangenehm scharf schmeckende Kraut, **Herba Jacobaeae**, bei Bräune, gegen Ruhr, chronischen Husten u. äusserlich zum Erweichen u. Zertheilen. — Von **Senecio sarracenicus L.**, heidnisch Wundkraut, galt früher das Kraut, **Herba Consolidae sarracenicae**, für ein sehr gutes Wundkraut und ward auch bei Unterleibsstockungen, so wie als harntreibendes Mittel angewendet. — Von **Senecio vulgaris L.**, gemeines Kreuzkraut, Gold- od. Grindkraut, gebrauchte man sonst das geruchlose, krautig, bitterlich und etwas salzig schmeckende Kraut, **Herba Senecionis v. Carduncelli v. Erigeri**, äusserlich als ein erweichendes, zertheilendes u. zeitigendes Mittel, so wie innerlich bei Kolik, gegen Würmer u. um die Menstruation zu befördern; vor einiger Zeit empfahl man es wieder gegen hysterische Krämpfe. — **Aster Amellus L.** gab sonst **Radix et Herba Asteris attici**. — Von **Solidago virga aurea L.**, gemeine Goldruthe, heidnisch Wundkraut, gebrauchte man sonst die Blätter u. blühenden Zweigspitzen, **Herba et Summitates Solidaginis s. Virgae aureae s. Consolidae sarracenicae**, gegen viele Krankheiten u. rühmte sie vorzüglich bei Steinbeschwerden u. andern Krankheiten der Harnwerkzeuge. — Von **Pulicaria vulgaris Gaertn.** [Inula Pulicaria L.], gemeines Flöhkraut, Christinenkraut, gebrauchte man sonst das Kraut, **Herba Pulicariae v. Conyzae minoris**, gegen Durchfälle u. s. w. Ihr Geruch soll die Flöhe vertreiben. — Von **Pulicaria dysenterica Gaertn.** [Inula dysenterica L.], Ruhrelant, wendete man sonst das Kraut u. vorzüglich die Wurzel, **Herba et Radix Arnicae suedensis v. Conyzae mediae**, welche etwas scharf schmecken, bei Durchfällen, Ruhren, Schleim- u. Blutflüssen an. — Von **Doronicum Pardalianches L.**, gemeine Gemswurz, galt die Wurzel, **Radix Doronici**, für ein kräftiges giftwidriges u. auch giftig wirkendes Mittel, daher die Namen „Pantherwürger" u. Pardalianches [*Ἀκόνιτον παρδαλιαγχές Diosc.*]. — Von **Bellis perennis L.**, gemeine Massliebe, Tausendschön, Gänseblümchen, Margarethchen, gebrauchte man sonst die Blätter u. Blüthen, **Herba et Flores Bellidis minoris s. Symphyti minimi**, in verschiedenen Krankheiten. — Von **Tagetes erecta L. u. Tagetes patula L.**, gemeine Sammtblume, Studentenblume, einer aus Mexiko stammenden Sommerpflanze, wurden die Blüthen u. zugleich die Blätter sonst unter dem Namen Afrikanen, **Flores africani**, gegen vielerlei Krankheiten angewendet. — **Spilanthus oleraceus L.**, in Südamerika einheimisch, hat man in Italien u. Frankreich gegen Scorbut u. verschiedene Augenkrankheiten empfohlen. — Von **Spilanthus Acmella L.**, wahre Fleckblume, einem Sommergewächs in Ostind. u. mehreren Inseln des indischen Oceans, gebrauchte man früher die Blätter und die Früchte, **Herba et Semen Acmellae**, als harn- u. steintreibendes Mittel, aber auch besonders gegen Zahnschmerzen. Die ganze Pflanze hat einen anfänglich bitterlich-balsamischen, später sehr scharfen Geschmack, so dass beim Kauen Speichelzufluss im Munde entsteht. — Von **Leucanthemum vulgare Lam.** [Chrysanthemum Leucanthemum L.], grosse Massliebe, grosse Marienblume, Johannisblume, waren ehedem die Blätter u. Blumen, **Herba et Flores Bellidis majoris**, officinell. — Von **Maruta foetida Cass.** [Anthemis Cotula L.], Hunds- od. stinkende Kamille, wurden ehedem die Blüthenkörbchen u. zuweilen auch das Kraut, **Flores et Herba Cotulae foetidae**, ähnlich wie die Kamillen angewendet. — Von **Ptarmica vulgaris DeC.** [Achillea Ptarmica L.], Bertramgarbe, weisser Dorant, waren ehedem die Wurzel u. die blühenden Stengelspitzen als **Radix, Herba et Summitates Ptarmicae**, welche aromatisch-scharf schmekken, officinell. Die Wurzel ist scharf, erregt Speichelfluss und wirkt fast eben so kräftig, wie die ächte Bertramwurzel. — **Ptarmica nana De C.** [Achillea nana L.], Zwerggarbe, **Ptarmica moschata De C.** [Achillea moschata L.], Bisamgarbe u. **Ptarmica atrata De C.** [Achillea atrata L.], schwarzkörbige Garbe, werden von den Alpenbewohnern als sogenannte Genipi- od. Genepi-Kräuter hochgeschätzt. [Abbild. der vorstehenden deutschen Pflanzen s. Linke ete.])

Polygamia frustranea (Vergeblich-Vielehige).

Familie: **Verwachsenbeutelige:** Synanthereae. (**Vereinigtblüthige:** Compositae Autor.) — *Gruppe:* **Randleerblumige:** Amphicenianthae. — *Unterabtheilung:* **Lippenblumige:** Labiatiflorae.

Gattung: **Cnicus (Vaill.) Gaertn.**, Heildistel.

Körbchen heterogamisch, am Rande geschlechtslose, auf der Scheibe Zwitterblüthen. Staubfäden fleischwarzig. Früchtchen walzlich mit einem seitlichen Fruchtnabel am Grunde. Borsten der Fruchtkrone in doppelter Reihe, die äussern grösser und am Grunde von einem zähnigen Rande umgeben.

Nur eine Art:

Taf. LIV. **Cnicus benedictus Gaertn.**, ächte Heildistel oder Cardobenedikte. (*Centaurea benedicta L.*)

Ein in Südeuropa u. Kleinasien einheimisches Sommergewächs. Die Wurzel ist weiss u. faserig-ästig. Der aufrechte Stengel wird gegen 2' hoch, ist eckig, röthlich u. röhrig, weisswollig u. flockig-filzig. Die Blätter sind länglich (4—8" lang u. 1—2" breit), grob netzaderig u. weniger als die Aeste flokkig, die untersten in einen Blattstiel verschmälert herablaufend fiederspaltig, mit abstehenden, buchtig-gezähnten Lappen u. weichdornigen Zähnen; die obern Blätter sind sitzend od. halbstengelumfassend, werden allmälig nach oben hin schmäler, gewöhnlich nur buchtig u. doppelt-gezähnt, mit weichdornigen Zähnen. Die Körbchen sitzen einzeln an den Enden der Aeste u. werden durch die blüthenständigen Blätter fast verhüllt. Der Hüllkelch ist gegen 1" lang, einförmig u. von einer zähen klebrigen Wolle spinnengewebartig überwoben. Die grünlich-gelben Hüllblättchen sind am Rande häutig, die untersten derselben länglich, stumpf, unbedornt, die übrigen nach innen zu immer länger bedornt u. die innersten od. obersten mit einem langen gefiederten Dorn bewaffnet. Die gelben Blüthen sind zum grössten Theil zwitterig, schmal trichterförmig mit einem spitzig 5spaltigen Saum; am Rande stehen nur 4—6 kleinere, fadenförmig-röhrige weibliche Blüthen mit einem etwas erweiterten und nur 3spaltigem Saume. Die Kernkapsel ist gegen 6''' lang, etwas gekrümmt, gelblich-grau, am Grunde schief abgestutzt und vertieft genabelt; die Fruchtkrone ist doppelt, aussen von einem kurzen, häutigen, 10zähnigen Rande umgeben; die äussere Reihe bilden 10 steife Borsten, welche fast so lang als die Frucht sind; die innere Reihe besteht wiederum aus 10 steifen, aber nur zum vierten Theil so langen drüsigen Borsten. — Man sammelt beim Beginn der Blüthezeit entweder blos die Blätter, oder dieselben sammt den Stengeln als Kardobenediktenkraut, *Herba Cardui benedicti*, vorzüglich von auf sandigem u. magerem, aber der Einwirkung des Sonnenlichts sehr ausgesetztem Boden gewachsenen Pflanzen. Sonst benutzte man auch die Früchte, *Semina Cardui benedicti*. Das Kraut, welches frisch unangenehm riecht, getrocknet aber geruchlos ist u. sehr bitter, etwas reizend schmeckt, enthält als wirksamen Bestandtheil bittern Extractivstoff u. wird als ein kräftig bittertonisches u. auflösendes Mittel vorzüglich in Aufguss u. Abkochung, nur selten in Pulverform bei Schwäche u. Stockungen in den Unterleibsorganen, bei verschiedenen Lungenleiden u. bei Wechselfiebern angewendet. Die concentrirte Abkochung schmeckt widrig-bitter, riecht ekelhaft u. bewirkt daher leicht Ekel u. Erbrechen. Es verliert beim Trocknen bis $\frac{4}{5}$ an Feuchtigkeit. 8 Pfd. getrocknetes Kraut geben 30 Unzen wässriges Extract.

a. Eine blühende Astspitze. — b. Eine Blattspitze. — A. Blüthenkörbchen. — B. Ein äusseres u. C. ein inneres Blättchen des Hüllkelchs. — D. Ein Zwitterblüthchen. — A. Die Staubgefässröhre stark vergr. — B. Die Spitze des Pistills mit der Narbe gleichfalls stark vergr. — E. Ein fruchttragendes Körbchen senkrecht durchschnitten. — F. Früchtchen u. G. dasselbe quer durchschnitten. — C. Der obere Theil eines senkrecht durchschnittenen Früchtchens, um die Fruchtkrone deutlich zu zeigen; es ist blos die innere Reihe der Borsten, welche mit kurzen knöpfchentragenden Haaren besetzt sind, u. von der äussern Reihe der Borsten, welche weit länger sind, nur eine Borste stehen gelassen worden. — D. Ein Stück der Fruchtkrone noch stärker vergr.; man sieht eine innere Borste vollständig die Basis einer äussern Borste u. einen Zahn, wie sie sich am Rande der Fruchtkrone befinden.

(In diese Ordnung gehören ferner noch: **Helianthus annuus L.**, Sonnenrose, Sonnenblume, aus Mexiko stammend, von der man die ölreichen Früchte benutzt, um daraus ein mildes Oel zu pressen. — **Centaurea Jacea L.**, gemeine Flockenblume, lieferte sonst die bittere, etwas zusammenziehende Wurzel, das Kraut u. die Blüthen, **Radix, Herba et Flores Jaceae nigrae s. Carthami sylvestris.** — **Centaurea Cyanus L.**, blaue Flockenblume, Kornblume, liefert die schön blauen grossen Randblüthen, **Flores Cyani s. Batisecului**, die man wegen ihrer bleibenden blauen Farbe den Räucherpulvern zur Zierde beimischt. Sonst schrieb man ihnen harntreibende u. andere Heilkräfte zu. — Von **Centaurea Calcitrapa L.** [Calcitrapa Hippophaestum Gaertn.], gebrauchte man sonst das bittere Kraut, **Herba Cardui stellati s. Calcitrapi**, gleich dem Kardobenedictenkraut. — Von **Centaurea Behen L.** [Serratula Behen De C.], Behenflockenblume, brauchte man sonst die lange weissliche, bitter u. etwas scharf schmeckende Wurzel als weisse Behenwurzel, **Radix Behen albi**, als ein giftwidriges u. das Gedächtniss stärkendes Mittel. Im Oriente wendet man sie noch an. — Von **Centaurea Centaurium L.** wurde sonst die gewürzig-bittere Wurzel, **Radix Centaurii majoris**, als magenstärkendes Mittel u. gegen langwierigen Husten, Asthma u. s. w. angewendet. — **Centaurea moschata L.** [Centaurea stricta Waldstet. K.] gab **Flores Cyani majoris**. [Abbild. der deutschen Pflanzen s. Linke etc.])

Polygamia necessaria (Nothwendig-Vielehige).

Familie: **Verwachsenbeutelige**: SYNANTHEREAE. — **(Vereinigtblüthige**: COMPOSITAE AUTOR.) — *Gruppe:* **Randweibige**: AMPHIGYNANTHAE. — *Unterabtheilung:* **Strahlblumige**: RADIATAE.

Gattung: **Calendula (Neck.) L.**, Ringelblume.

Hüllkelch mit 2 Reihen der Blättchen. Blüthenkörbchen heterogamisch, strahlend; Strahlblüthchen fruchtbar, weiblich; Scheibenblüthchen zwitterig, aber mit unfruchtbaren Pistillen, Blüthenboden nackt. Früchtchen nach einwärts bogig, geschnabelt, od. verschieden geründert u. igel- od. weichstachelig.

Taf. LV. **Calendula officinalis L.**, gemeine oder gebräuchliche Ringelblume, Todtenblume.

Blätter weichhaarig, die untern ganz, spatelig, die obern am Grunde herzförmig-stengelumfassend, lanzettlich, entfernt gezähnt, oft undeutlich ausgeschweift; die Früchtchen sämmtlich eingebogen, kahnförmig, am Rücken weichstachelig, die am Rande stehenden nur wenig grösser, an der Innenseite mit einem Kamme u. einwärts gebogenen Flügeln versehen, so wie an der Spitze wenig vorgezogen.

Eine einjährige Pflanze im Orient u. südlichen Europa, welche sehr häufig u. überall in Gärten u. auf Gottesäckern kultivirt wird. Die lange weissliche Wurzel ist entweder einfach u. faserig, od. ästigfaserig. Der aufrechte Stengel wird 1—2' hoch, ist vom Grunde an ästig, ziemlich stielrund, etwas kantig und schwach haarig; die langen Aeste stehen weit ab. Die etwas saftig-fleischigen Blätter sind auf beiden Seiten entweder weichod. fast rauhhaarig, die untern verkehrt-eiförmig, spatelig, die obern verkehrt-eiförmig, lanzettlich od. länglich-lanzettlich, ganzrandig od. einzeln u. fein gezähnt, nicht selten auch undeutlich ausgeschweift. Die ansehnlichen, gegen 2'' im Durchmesser haltenden Körbchen haben einen flach-halbkugeligen Hüllkelch, welcher aus 20—25 lineal-lanzettlichen, spitzen, kurzhaarigen Blättchen gebildet wird. Die 20—25 bandförmigen weiblichen Randblüthchen stehen in mehreren Reihen, sind ½'' lang und 1½—2''' breit, hellgelb, dunkelgelb od. orangeroth, glänzend, vorn 3zähnig, die männlichen Scheibenblüthchen sind trichterig, 5spaltig, gelb bis bräunlich. Die Kernkapseln sind ungleich gross u. verschieden gestaltet, die äussern fast dreiseitig, stark geflügelt, mit einwärts gebogenen Flügeln, am Rücken weichstachelig, gefurcht; die mittlern sind kürzer ungeflügelt, unten einwärts gekrümmt, oben fast gerade; die innersten sind kleiner, schwach geflügelt u. stark einwärtsgekrümmt. — Die Blätter mit den noch geschlossenen Blumenkörbchen, *Herba Calendulae*, welche frisch stark u. unangenehm balsamisch-harzig riechen u. bitterlich, schwach salzig u. etwas zusammenziehend schmecken (getrocknet aber weit schwächer riechen u. schmecken), enthalten vorzüglich einen kleberartigen Stoff (das Calendulin), einen bittern Extractivstoff u. Harz, wirken eröffnend, auflösend, harn- u. schweisstreibend u. wurden sonst gegen Drüsenkrankheiten, Stockungen im Unterleibe u. davon abhängigen Krankheiten, Gelbsucht, Amenorrhöe u. s. w. gebraucht. Jetzt wird nur besonders das frische Kraut äusserlich bei bösartigen Geschwüren, Krebs u. s. w. u. das weingeistige Extract äusserlich in Salbenform u. innerlich bei chronischem Erbrechen angewendet. Sonst schrieb man auch den blühenden Blumenkörbchen u. den ausgezupften Blüthen, *Flores Calendulae*, bedeutende Heilkräfte zu u. brauchte sie sogar gegen die Pest. Die getrockneten u. zubereiteten Strahlblüthchen mischt man betrügerischer Weise unter den Safran, sowie unter die Wohlverleihblüthen (*Flores Arnicae*).

a. Ein blühender Ast. — A. Ein Blatt des Hüllkelchs. — A. Ein unfruchtbares Zwitterblüthchen aus der Mitte der Scheibe. — B. Dasselbe vergr. — B. Ein fruchtbares Zwitterblüthchen aus dem Rande der Scheibe. — C. Dasselbe vergr. — D. Die Narbe aus einem solchen Blüthchen stärker vergr. — C. Ein weibliches Blüthchen des Strahls. — D. Ein verkümmertes Früchtchen aus der Mitte der Scheibe. — E. Dasselbe vergr. — F. u. G. Früchtchen aus dem Innern des Randes der Scheibe. — H. Ein Früchtchen aus dem Aeussern des Randes der Scheibe. — F. Dasselbe quer durchschnitten u. vergr. — I. Ein Früchtchen des Strahls von der Seite, K. vom Rükken u. L. von der Innenseite gesehen. — G. Ein solches quer durchschnitten u. vergrössert.

Polygamia segregata (Abgesondert-Vielehige).

(In dieser Ordnung ist zu bemerken: **Echinops sphaerocephalus L.**, gemeine Kugeldistel, von der man sonst die Blätter, **Herba Echinopsis**, als ein auflösendes u. eröffnendes Mittel anwendete.)

XX. Cl. Gynandria (Weibermännige).

Monandria (Einmännige).

Familie: **Orchidaceen**: ORCHIDACEAE. — *Gruppe:* **Orchideen**: ORCHIDEAE.

Gattung: **Orchis L.**, Ragwurz, Knabenkraut.

Blüthenhülle 6blättrig, gewölbartig oder helmförmig; Lippe gespornt, ganz od. 3- (bis 4-) lappig. Säulchen sehr kurz. Staubbeutel länger als das Säulchen. Pollenmassen gestielt, 2theilig, mit drüsigen Haltern (Retinacula). Fruchtknoten gedreht.

Taf. LV. **Orchis militaris L.**, grauliche oder helmblättrige Ragwurz, graues Knabenkraut.

Knollen ungetheilt; Blätter länglich-oval; Zipfel der Blüthenhülle zu einem eilanzettförmigen Helm zusammenschliessend, unterwärts zusammengewachsen; Lippe pinselig-punktirt, 3theilig, die seitlichen Zipfel linealisch, der mittlere linealisch, an der Spitze verbreitert, daselbst 2spaltig, mit einem zwischen den eiförmigen, fast abgeschnittenen, ausgebissen-gekerbten Lappen liegenden borstenförmigen Zahne; Sporn mehr als doppelt kürzer als der Fruchtknoten; Deckblätter häutig, einnervig, vielmal kürzer als der Fruchtknoten.

Wächst durch einen grossen Theil von Europa auf sonnigen, trocknen Wiesen, an Waldrändern in gutem Boden, zumal in Kalkboden. Sie hat 2 grosse, länglichrunde, zuweilen gegen 2'' lange Knollen. Der Stengel wird 8'' bis gegen 2' hoch (wenn einige Arten, als: *Orchis fusca Jacq.*, *Orchis Simia Lam.*, *O. galeata Lam.*, *O. variegata All.*, *O. moravica Jacq.*, hierher gezogen werden), ist gewöhnlich mit 3 oder 5 Blättern besetzt u. oberwärts nackt. Die auf der Oberseite grünen Blätter sind unterseits blass, aber glänzend; sie entwickeln beim Trocknen einen vanillenartigen angenehmen Geruch. Die kurzen Blüthenähren enthalten gedrängtstehende zahlreiche Blumen. Die den eiförmigen Helm bildenden Perigonzipfel sind aussen graulich-rosenroth od. rein blass-purpur- od. karminroth bis dunkel-bräunlich purpurroth, zuweilen auch grünlich mit dunkel-purpurrothen Punkten bestreut. Die Honiglippe ist hellpurpurroth, in der Mitte weiss, mit lebhaft purpurrothen bärtigen Punkten bestreut oder in seltenen Fällen auch bloss ganz roth. Die Honiglippe ändert in ihrer Gestalt verschieden ab, weshalb man die darnach, so wie nach der Tracht von manchen Botanikern unterschiedenen, bereits oben angeführten Arten hierher zieht. — Von dieser Pflanze, so wie von ***Orchis mascula L.***, männliche Ragwurz, ***Orchis Morio L.***, Triften-Ragwurz, kleines Knabenkraut, ***Orchis ustulata L.***, Zwerg-Ragwurz, ***Orchis pyramidalis L.*** (***Anacamptis pyramidalis***), ***Orchis laxiflora Lam.***, liefern vorzüglich in Deutschland in ihren länglich-runden Wurzelknollen den Salep, ***Radix Salep s. Salap.*** Diese Knollen werden nach dem Verblühen gesammelt, die zusammengefallenen od. etwas verschrumpften (die den Blüthenstengel getrieben haben) von den prallen (die im nächsten Jahre den Stengel treiben würden) gesondert, diese letztern einige Secunden mit kochendem Wasser gebrüht, auf dünne Fäden gereiht u. möglichst schnell, vorzüglich in Trockenöfen getrocknet. Getrocknet sind sie schmutziggelblich, graulich od. etwas bräunlich, hart u. hornähnlich, schwellen in warmem Wasser langsam an u. bilden endlich eine schlüpfrige, fast geruch- u. geschmacklose, schleimige, einen bassorinähnlichen Schleim u. wenig Stärkmehl enthaltende Flüssigkeit. 1 Theil Pulver macht 48 Theile Wasser zu einem sehr dicken Schleime. Man unterscheidet im Handel 2 Sorten Salep, nämlich 1) den deutschen, den man vorzüglich in Frankreich sammelt, auch daselbst kultivirt u. der grösstentheils aus rundlichen Knollen besteht, so wie 2) den sogenannten persischen, asiatischen, levantischen u. auch indischen Salep, der aus dem Oriente, vorzüglich aus Kleinasien u. Persien stammt, heller, grösser, schöner u. stärker durchscheinend ist. Wahrscheinlich sammelt man die letztere Sorte von verschiedenen dort einheimischen Arten ***Orchis*** und ***Ophrys.*** Der Salep findet als ein etwas nährendes, einhüllendes, reiz- u. schmerzlinderndes Mittel gewöhnlich bei Kindern Anwendung, die schwächlich u. atrophisch sind, an Durchfall, Ruhr od. Entzündungszuständen in den Verdauungs- u. Athmungswerkzeugen u. s. w. leiden. Man giebt den Salep mit Wasser, Milch od. Fleischbrühe zu einem guten Schleime gekocht.

a. Der Untertheil einer Pflanze nebst der knolligen Wurzel. — b. Eine blühende Stengelspitze. — A. Eine Blume von der Seite. — A. Eine Blume von vorn mit ausgebreitetem Helm. — B. Das Säulchen der Lippe mit dem Staubbeutel.

Taf. LV. **Orchis maculata L.**, gefleckte Ragwurz, geflecktes Knabenkraut.

Knollen handförmig; Stengel nicht hohl, meistens 10blättrig, die obern Blätter verkleinert, deckblattförmig, das oberste von der Aehre weit entfernt, die mittlern lanzettlich, nach beiden Enden verschmälert, die untersten länglich; Deckblätter 3nervig u. aderig, die mittlern so lang als der Fruchtknoten, die untersten länger als derselbe; die seitenständigen Blättchen der Blüthenhülle abstehend; Lippe 3lappig; Sporn kegel-walzenförmig, hinabsteigend, kürzer als der Fruchtknoten.

Wächst ziemlich häufig in lichten, trocknen Laubwäldern u. auf Wiesen in der Ebene bis in die Voralpen hinauf durch ganz Europa u. einen Theil von Nordasien u. blüht im Juni u. Juli. Die breitgedrückten beiden Knollen sind in 3—4 lange u. spitzige Zipfel getheilt. Die Stengel sind 10—18″ hoch, schlank u. tragen eine pyramidale Blüthenähre. Die Blätter sind gewöhnlich mit zahlreichen purpurbraunen Flecken bezeichnet, selten ganz grün u. glänzend. Die Blüthen haben eine blassröthlich-weisse Farbe u. die Honiglippe ist mit feinen purpurrothen Linien u. Punkten bezeichnet; seltner ist sie gleichfalls weiss. — Die handförmigen Knollen dieser Pflanze, sowie von ***Orchis latifolia L.***, breitblättrige Ragwurz, und von ***Orchis majalis Rchb.***, Maien-Ragwurz, geben gleichfalls deutschen Salep u. werden zuweilen ***Radices palmatae*** genannt, sie sind eben so nährend, einhüllend u. schleimig wie der Salep der vorigen Arten.

a. Der Untertheil einer Pflanze mit den handförmigen Knollen. — b. Eine blühende Stengelspitze. — A. Der Fruchtknoten nebst dem Säulchen u. Lippe.

Gattung: **Vanilla Swartz.**, Vanille.

Blüthenhülle (Perigon) auf dem Fruchtknoten eingelenkt, abstehend; Saum ausgebreitet-6theilig: die 3 äusseren u. die beiden seitlichen innern Zipfel gleichgestaltet, die Honiglippe blumenblattartig, mit dem Befruchtungssäulchen verwachsen, röhrig-zusammengerollt od. unterwärts kappenförmig-eingerollt, ungespornt. Befruchtungssäule verlängert, ungeflügelt. Anthere gipfelständig, dekkelförmig, 2fächrig, Pollenmassen 2, ungestielt, 2lappig, körnerig. Fruchtknoten verlängert, fast walzenförmig. Kapsel verlängert-schotenförmig, fleischig mit weichen, zuletzt breiartig gewordenen Samenträgern.

Taf. LV. **Vanilla aromatica Swartz.**, gewürzige Vanille. (***Epidendron Vanilla L.***)

Blätter elliptisch-länglich, spitzig od. zugespitzt, dick, lederig-fleischig, längsrippig; Deckblätter länglich-eirund, die 5 schmälern Zipfel der Blüthenhülle wellig; Honiglippe fast so lang als die übrigen Zipfel, röhrig-zusammengerollt, in einen eirunden spitzigen welligen Saum endigend; Früchte 2furchig.

Wächst strauchartig in den feuchten Wäldern der Länder der heissen Zone, in Südamerika, vorzüglich in Peru u. Mexiko, auf Jamaika u. Cuba u. klettert, indem fadenförmige Luftwurzeln an der Rinde sich festhalten, bis in die Gipfel der höchsten Bäume. Die scheiden- u. stiellosen Blätter sitzen den Stengel halbumfassend u. sind an beiden Enden verschmälert. Die Blüthenähren entspringen in den Blattwinkeln u. tragen auf der hin u. her gebogenen Spindel 5—10 Blüthen. Da die langen, sitzenden Fruchtknoten Blüthenstielen gleichen, so glaubt man eine Blüthentraube vor sich zu haben. Die blattartigen, etwas zurückgekrümmten Deckblätter sind $\frac{1}{2}$—1″ lang. Die ausgebreiteten Perigonzipfel geben der Blume einen Durchmesser von 5—6″; die 5 gleichen Zipfel sind gewöhnlich an der Spitze zurückgerollt, unterseits grün, oberseits weiss; die milchweisse Honiglippe ist auf der Innenseite mit 2 gelben, roth eingefassten Bandstreifen bemalt. Die fast walzenförmigen, wenig gekrümmten Kapseln sind 8″ bis 1′ lang, etwa von der Dicke eines kleinen Fingers, an beiden Enden etwas dünner, braun, meist nur 2klappig-aufspringend, mit einem etwas breiartigen Fleische u. den in dieses eingebetteten kleinen, rundlich-eirunden, linsenförmig-zusammengedrückten, schwarzen, stark glänzenden Samen ganz erfüllt. — Von dieser Pflanze, so wie von ***Vanilla planifolia Andr.***, flachblättrige Vanille, in Westindien und Mexiko in 2 Abänderungen vorkommend (deren eine von Schiede ***Vanilla sativa***, die andere ***Vanilla silvestris***, u. von den von den Spaniern abstammenden Mexikanern die erste ***Baynilla mansa*** u. die andere ***Baynilla cimarrona*** genannt wird), sammelt man die ziemlich reifen od. völlig reifen Früchte, die man, nachdem man sie im Schatten hat abwelken lassen, an der Sonne getrocknet als Vanille, ***Vanilla s. Siliqua Vanillae, Baniglia s. Vaniglia, Araci aromatici***, in den Handel bringt. Sie sind 6—10″ lang, an den verdünnten Enden etwas gekrümmt, längsrunzelig-furchig, dunkel, fast schwarzbraun, oft ins Rothbraune ziehend, oft hier u. da mit kleinen weissen nadelförmigen Krystallen (Vanillekampher oder ein Stearopten, sonst für Benzoësäure gehalten) bedeckt, innen breiig und mit kleinen glänzend schwarzen Samen erfüllt, riechen angenehm, fein gewürzig u. schmecken mildbalsamisch gewürzhaft. Die längern, etwa 8—10″ langen Früchte hält man für die bessern. Die Vanille soll ein erregendes, belebendes, besonders auf die Verdauungswerkzeuge u. sehr auf die Geschlechtstheile wirkendes Mittel sein, die Geburt u. das Abstossen der Nachgeburt befördern, unterdrückte Catamenien wieder herstellen, Urin treiben u. die Samenabsonderung befördern, sie wird aber jetzt fast nur als Korrigens, z. B. als Zusatz zur Chinarinde in Substanz angewendet, häufiger aber als Gewürz der Chocolade u. drgl. beigegeben.

a. Ein blühender Zweig. — b. Die Honiglippe. — c. Dieselbe ausgebreitet. — d. u. d. Das Staubgefäss. — e. Eine reife Frucht. — f. Dieselbe an ihrem vordern Ende quer durchschnitten. — A. Samen.

(In dieser Ordnung sind ferner zu bemerken: **Platanthera bifolia Rich.** [Orchis bifolia L.], Bisamknabenkraut, von welcher die Wurzel, **Radix Satyrii s. Orchidis**, als ein harntreibendes Mittel angewendet wurde. — **Spiranthes autumnalis Rich.** gab **Radix Triorchidis albae.** — **Epipactis latifolia Sw.** lieferte **Herba Helleborines.** [Abbild. s. Linke etc.])

Hexandria (Sechsmännige).

Familie: **Osterluzeien:** ARISTOLOCHIACEAE. — *Gruppe:* **Aristolochieae.**

Gattung: **Aristolochia Tournef.,** Osterluzei.

Blüthenhülle röhrig, gerade od. gekrümmt, am Grunde bauchig; Saum sehr verschieden, meist ein- od. zweilippig. Staubgefässe (oder richtiger Staubbeutel) 12, an den Seiten des säulenförmigen Griffels unter der Narbe (sitzend) angewachsen. Narbe sternförmig, 6lappig. Kapsel 6fächrig, fachspaltig-6klappig.

Taf. LVI. **Aristolochia Serpentaria L.,** Schlangenwurz-Osterluzei, virginische Schlangenwurz.

Wurzel aus einem kurzen Wurzelstocke faserig; Stengel einfach oder nur etwas ästig, hin- u. hergebogen, aufrecht oder aufsteigend; Blätter herzförmig-eirund, zugespitzt und wie der Stengel flaumhaarig; Blüthenstiele grundständig, ein- od. wenigblüthig; Blüthenhüllröhre gekrümmt: Lippe fast 3lappig, stumpf.

Wächst ausdauernd in den Gebirgswäldern der südlichern vereinigten Staaten von Nordamerika, vorzüglich in Karolina und Virginien. Der kleine knorrige Wurzelstock ist dicht mit langen, fadenförmigen, ästigen Fasern besetzt u. treibt nach oben mehrere $\frac{1}{2}$—1′ hohe Stengel, welche unten mit einigen kleinen Schuppen besetzt sind. Die $1\frac{1}{2}$—3″ langen, $\frac{3}{4}$—$1\frac{1}{2}$″ breiten Blätter haben am Grunde 2 zugerundete Lappen. Die etwa 1″ langen Blüthenstiele sind abwärts gekrümmt, mit schuppenförmigen Deckblättern besetzt u. tragen 1 od. 3 bräunlichrothe Blüthen. Die Perigon- od. Blüthenhüllröhre ist etwa $\frac{1}{2}$″ lang unterhalb des Saums in einem Winkel aufwärts gebogen u. trägt einen stumpf-3eckigen Saum. Die Kapsel ist kugelig u. mit 6 Kanten belegt. — Von dieser Pflanze und von *Aristolochia officinalis Fr. Nees* [Arist. Serpentaria Barton.], officinelle Osterluzei, so wie wahrscheinlich auch von noch andern verwandten Arten, erhält man die virginische Schlangenwurzel, *Radix Serpentariae virginianae*, welche ziemlich stark gewürzhaft, etwas kampherartig riecht, gewürzig, kühlend, anhaltend bitter schmeckt u. als ein kräftig erregendes, harn- u. schweisstreibendes Mittel, vorzüglich in Schleim-, Faul-, Nerven- u. Wechselfiebern, ferner bei Hautausschlägen mit nervösem Charakter, beim Brande mit sehr gesunkener Reizbarkeit u. drgl. angewendet wird. Man giebt sie in Pulverform von 10 Gran bis 1 Skrupel täglich mehrere Male od. im Aufguss von $\frac{1}{2}$—$1\frac{1}{2}$ Unze auf 6 Unzen Wasser od. Wein. Sie muss gut eingeschlossen aufbewahrt werden. Die amerikanischen Indianer bedienen sich des Krautes gegen die Folgen des Bisses giftiger Schlangen.

(Auch die Wurzeln einiger anderen europäischen Arten wirken auf ähnliche Weise, aber geringer, sind aber nur noch in den Gegenden, in welchen sie wachsen, gebräuchlich. Hierher gehören: **Aristolochia Clematitis L.,** gemeine Osterluzei, von der die Wurzel und das Kraut, **Radix et Herba Aristolochiae vulgaris s. tenuis,** officinell waren. — Von **Aristolochia rotunda L.,** runde Osterluzei, sowie von **Ar. pallida Waldst. et Kit.** erhielt man die knollenförmige, fast kugelrundliche u. höckerige braune, ekelhaft bitter schmeckende Wurzel, **Radix Aristolochiae rotundae.** — Von **Aristolochia longa L.,** lange Osterluzei, war die walzlich-spindelförmige, fingersdicke u. etwa 3″ lange Wurzel als **Radix Aristolochiae longae** officinell. — Von **Aristolochia Maurorum L.,** syrische Osterluzei, war die längliche Wurzel als **Radix Aristolochiae Maurorum,** doch nur seltner, gebräuchlich. — Von **Aristolochia trilobata L.,** dreilappige Osterluzei, einem westindischen Schlingstrauche, kamen früher die sehr wirksamen Stengel als **Stipites Aristolochiae trilobatae** nach Europa, welche in Westindien noch häufig angewendet werden. — Von **Aristolochia Pistolochia L.,** gekerbte Osterluzei, war die ziemlich angenehm gewürzhaft riechende u. bitter, etwas scharf schmeckende Wurzel als **Radix Aristolochiae polyrrhizae s. Pistolochiae** officinell. — Von **Aristolochia cymbifera Mart.,** nachenförmige Osterluzei, ist vor einiger Zeit die grosse, dicke u. höckerige, mit mehreren 1—2′ langen u. 4—6″ lange Fasern habenden Aesten versehene Wurzel als **Radix Milhomens** (in Brasilien **Raiz de mil Homens,** Tausend-Mannwurzel genannt) nach Europa gebracht worden u. soll noch kräftiger als die virginische Schlangenwurzel wirken. Man sammelt sie auch noch von mehreren andern brasilianischen Arten, als: **Ar. brasiliensis Mart., Ar. galeata Mart., Ar. macroura Gomez.** u. **Ar. labiosa Ker.** — Von **Aristolochia anguicida L.** soll der Wurzelsaft, den Schlangen mit Speichel eingeflösst, solche einige Stunden lang unschädlich machen.)

a. Der Untertheil einer blühenden u. fruchtragenden Pflanze. — A. Eine Blume. — b. Ein Exemplar der Abänderung **Aristolochia officinalis Nees ab Es.** — c. Ein an seinem Grunde mit Oehrchen versehenes Blatt einer andern Abänderung. — A. d. d. Früchte. — B. Eine quer durchschnittene Frucht. — C. Ein Samen. — D. Derselbe vergr. u. C. von der Rückseite gesehen.

XXI. Cl. Monoecia (Einhäusige).

Monandria (Einmännige).

(In diese Ordnung gehören: **Artocarpus integrifolia L.,** in Südasien, welcher Baum einen, Federharz enthaltenden Milchsaft liefert. — **Cynomorium coccineum L.,** rother Hundskolben, Hundsruthe, auf Sicilien, Malta u. an der Nordküste von Afrika wachsend, dient in seiner Heimath gegen Blutflüsse u. Durchfälle, gegen Mundfäule u. bösartige Geschwüre u. war früher als **Fungus melitensis** auch in andern Ländern Europas officinell.

Diandria (Zweimännige).

(Hierher gehören: **Lemna minor L., Lemna gibba L.** u. **Lemna polyrrhiza L.,** welche unter dem Namen **Herba Lentis palustris** als kühlendes Mittel bei gichtischer Entzündung u. Gelbsucht empfohlen waren. [Abbild. s. Linke etc.])

Triandria (Dreimännige).

Familie: **Cypergräser:** CYPEROIDEAE JUSS. — *Gruppe:* **Caricinae Rchb.**

Gattung: **Carex L.,** Riedgras.

Aehren einhäusig, selten zweihäusig, endständig und achsel- od. seitenständig. Männliche Blüthen: 3 Staubgefässe hinter einem schuppenförmigen Deckblatte. Weibliche Blüthen: 2 Deckblättchen bilden einen kleinen Schlauch um das Pistill mit einer durchbohrten, oft 2-zähnigen Mündung u. sind von einem schuppenförmigen Deckblatte gestutzt. Narben 3 od. 2 (Vignea Pal. B.). Falsche Schlauchfrucht plattgedrückt.

Taf. LVI. **Carex arenaria L.,** Sandriedgras, Sandsegge.

Wurzelstock kriechend; Halm 3kantig, oberwärts auf den Kanten scharf; Aehren gehäuft, untere weiblich, obere männlich, mittlere unten weiblich und an der Spitze männlich; falsche Schlauchfrüchte eirund-zusammengedrückt, fast geflügelt, wimperig-gesägt, an der Spitze zweispaltig.

Wächst ausdauernd nicht nur durch ganz Europa am Seestrande, wie im Norden so in West u. Süd, sondern auch vorzüglich im nördlichen Deutschland streckenweit auf sandigen Stellen im Binnenlande. Der halmartige gegliederte Wurzelstock kriecht of mehrere Fuss weit oberhalb u. unterhalb des Bodens umher, ist ästig, an den Gelenken bezasert u. daselbst mit schwärzlich-braunen, mehr od. weniger zerschlitzten, trockenhäutigen Scheiden besetzt. Die aufrechten od. aufsteigenden, $\frac{1}{2}$—1′

u. 1½′ hohen Halme sind am Grunde blattscheidig-3kantig, oberwärts auf den Kanten scharf u. blattlos. Die linealischen grundständigen Blätter erreichen etwa die Höhe des Halms, sie sind nach der Spitze hin allmälig verschmälert u. am Rande schärflich. Die gipfelständige Aehre ist zusammengesetzt, länglich od. fast eiförmig, gedrungen od. unterwärts unterbrochen, 1—2″ u. darüber lang. Die Aehrchen sind während der Blüthezeit in ihrem Umrisse mehr lanzettlich, spitzig, bei der Fruchtreife mehr eiförmig, 4—6‴ lang; die untern Aehrchen sind weiblich, die obern männlich u. die mittlern unten weiblich u. oben männlich. Die Deckblätter der, 3 Staubgefässe enthaltenden männlichen Blüthen sind länglich-eirund, zugespitzt, hellbraun, mit grünem Kielnerven u. weisslichem Hautrande. Die beiden Deckblättchen der weiblichen Blüthen, welche das mit 2 Narben versehene Pistill schlauchartig umgeben, sind eirund, flach-convex, in einen 2spaltigen Schnabel verschmälert, 7—9-nervig, hellbraun, von ihrer Mitte an mit einem verbreiterten, feingesägt-schärflichen, an dem Schnabel hinaufziehenden grünen Flügel eingefasst. — Der kriechende halmartige Wurzelstock ist als Sandriedgraswurzel, deutsche Sassaparille, rothe od. grosse Queckenwurzel, ***Radix Caricis arenariae s. Sassaparillae germanicae s. Graminis rubri v. majoris***, gebräuchlich. Sie hat die Dicke eines dünnen Strohhalms, ist getrocknet graulichbraun, fein längsrunzelig, zähe, biegsam u. an den Gelenken mit dunkelbraunen, gewöhnlich faserig-zerschlitzten, scheidigen Schuppen besetzt u. zeigt auf der Querdurchschnittsfläche einen weissen, von einer dünnen braunen Rinde umgebenen Kern; in der Rinde erkennt man durch die Loupe die durchschnittenen, dicht im Kreise nebeneinander stehenden Luftgänge. Der balsamische Geruch der frischen Wurzel verschwindet beim Trocknen, der Geschmack bleibt aber immer balsamisch u. etwas reizend. Sie enthält einen kratzenden u. viel gummigen Extractivstoff, Satzmehl und Spuren eines äther. Oeles, wirkt schweisstreibend u. wird in Abkochungen von 1—2 Unzen auf 2 Pfd. Wasser, zur Hälfte eingekocht, täglich zu trinken, gegen Syphilis u. Merkurialkrankheiten, gegen chronische Hautausschläge, Gicht, Rheumatismen, Steinbeschwerden u. ähnliche Diskrasien mit abnormer Mischung der Säfte od. Stockungen im Lymph- u. Drüsensysteme mit Nutzen angewendet. Statt von dieser Art wird sehr oft auch die Wurzel von ***Carex hirta L.***, kurzhaariges Riedgras, gesammelt. Diese ist rabenkieldick, im Innern dicht, gewöhnlich aussen gar nicht längrunzelig od. nur mit breiten, seichten Furchen versehen, mit faserig zerschlitzten Scheiden besetzt, wie diese Scheiden von graulich-rothbrauner Farbe, glanzlos; auf der Querdurchschnittsfläche sieht man einen blassbräunlichen Mittelkern, um diesen eine dünne, feste, weisse Rindenschicht ohne Luftgänge. Der Geschmack ist nur mehlig, durchaus nicht balsamisch. Auch die Wurzelstöcke von ***Carex intermedia Gooden***, mittleres Riedgras od. Segge, kommen oft im Handel statt der von ***Carex arenaria*** vor, sie sind aber an den Gelenken stärker bezasert u. überall mit feinzaserig zerschlitzten Scheiden besetzt; auf der Querdurchschnittsfläche nimmt man unter der Loupe einen graulichweissen Kern wahr, der von einer hellern weissen, dicken Rinde ohne Luftgänge umgeben ist; der Geschmack ist viel schwächer balsamisch.

a. Eine Pflanze, deren blühende Achren tragender Halm bei * durchschnitten ward. — b. Fruchttragende Achren. — A. Schuppe einer männlichen Achre mit 3 Staubgefässen u. B. ohne diese. — C. Die schlauchartige Blüthenhülle einer weiblichen Blume. — D. Ein Fruchtschlauch. — E. Die obere Hälfte desselben. — F. Frucht, gewöhnlich Samen genannt u. G. dieselbe quer durchschnitten. — H. Querdurchschnitt des kriechenden unterirdischen Halms.

(In dieser Ordnung sind noch zu bemerken: **Emblica officinalis Gaertn.** [Phyllanthus Emblica L.], Amlabaum, Myrobalanenbaum, ein Baum Ostindiens, von dem früher die Früchte, graue Myrobalanen, **Myrobalani emblici**, als Purgirmittel gebräuchlich waren. — **Zea Mays L.**, Mais, Welschkorn, türkischer Weizen, liefert in seinen Samen eins der wichtigsten Nahrungsmittel aller wärmern Gegenden der Erde. Die männlichen Blüthen hat man gegen Harnkrankheiten empfohlen. — Von **Typha latifolia L.**, breitblättriger Rohrkolben, werden die den Fruchtkolben bildenden Wollhaare von den Landleuten mancher Gegenden bei excoriirten Frostbeulen angewendet. [Abbild. s. Linke etc.] — Von **Coix Lacryma L.**, Thränengras, Hiobsthränengras, in China u. Cochinchina einheimisch u. daselbst, sowie in Ostindien u. Afrika als Nahrungsmittel angebaut, werden in China die Früchte für stärkend u. harntreibend gehalten.)

Tetrandria (Viermännige).

Familie: **Nesseln**: Urticaceae Juss. — *Gruppe*: **Artocarpeae R. Brown.**

Gattung: **Morus Tournef.**, Maulbeerbaum.

Blüthen ein- od. zweihäusig, ährig. Männliche Blüthe: Blüthenhülle 4theilig; Staubgefässe 4. Weibliche Blüthe: Blüthenhülle 4theilig; Fruchtknoten zweifächrig mit 2-theiligem Griffel u. 2 Narben. — Nüsse von der fleischig gewordenen Blüthenhülle umgeben u. dadurch steinfruchtartig, dicht gehäuft u. zusammenhängend.

Taf. LVI. **Morus nigra L.**, schwarzfrüchtiger Maulbeerbaum.

Blätter herz-eirund, ganz od. lappig (meist buchtig-5lappig), ungleich-gesägt, oberseits schärflich, unterseits kurzhaarig.

Das Vaterland dieses im südlichen u. mittlern Europa angepflanzten, 25—36′ hohen Baumes ist das mittlere Asien. Der Wipfel desselben ist dichtbelaubt u. die Rinde des Stammes schwärzlich-grau, rauh u. runzelig. Die wechselständigen gestielten Blätter sind häufiger ganz, als bei andern Arten u. meist weniger tief gelappt, wenn sie gelappt sind; dabei ungleich-grobgesägt, oberseits dunkelgrün, unterseits graugrün. Die häutigen hinfälligen Nebenblätter sind lanzettlich. Die Blüthen finden sich getrennt auf einem u. auf verschiedenen Stämmen. Die männlichen Kätzchen sind eiförmig-walzlich, ½—1″ lang, die weiblichen eiförmig od. fast kugelrundlich, ¼—½″ lang, fast sitzend, die daraus entstehenden Haufenfrüchte sind ellipsoidisch bis walzenförmig, von der Grösse kleiner Pflaumen od. Haselnüsse, schwarz od. blauroth, sehr saftig. — Die reifen Maulbeeren, ***Fructus s. Baccae Mororum s. Mora***, welche süsslich riechen u. säuerlichsüss, schleimig schmecken, dienen zur Bereitung des Maulbeersyrups, ***Syrupus Mororum***, den man als Gemisch unter Wasser zu einem erfrischenden u. fäulnisswidrigen Getränke od. als Zusatz zu andern Mitteln anwendet. Die Blätter von dieser Art, so wie von ***Morus alba L.*** dienen den Seidenraupen zur Nahrung.

a. Eine blühende weibliche Zweigspitze mit ganzen Blättern. — b. Ein gelapptes Blatt. — c. Eine fruchttragende Zweigspitze mit Früchten in verschiedenen Zuständen der Reife. — A. Eine noch nicht ganz entwickelte u. B. eine ausgebildete männliche Blüthe. — C. Die Blüthenhülle mit dem drüsenartigen Honiggefässe. — A. Ein weiblicher ährenförmiger Blüthenstand, von welchem die vorderste Reihe der Blüthchen entfernt wurde. — D. Eine weibliche Blüthe mit zurückgebogenen Blüthenhüllblättchen. — E. Ein einzelnes reifes Nüsschen von der fleischig gewordenen Kelchhülle befreit. — F. Dasselbe senkrecht u. G. quer durchschnitten. — H. Der Embryo stark vergr.

(In diese Ordnung gehören ferner: **Alnus glutinosa Willdw.** [Betula Alnus L.], Eller od. Erle, deren bittere u. zusammenziehende Rinde, **Cortex Alni**, sonst als Arznei, jetzt aber nur noch zum Gerben u. Schwarzfärben benutzt wird. Die klebrigen jungen Blätter, **Folia Alni**, werden auf Geschwüre u. Geschwülste gelegt u. getrocknet, in Säckchen gesteckt u. erwärmt, gegen Hüftweh u. Lähmungen benutzt. — Von **Buxus sempervirens L.**, gemeiner Buchsbaum, gebrauchte man die Blätter, **Folia Buxi**, als ein gelind abführendes Mittel; das geraspelte, schweisstreibend wirkende Holz, **Lignum Buxi**, wendete man bei langwierigen rheumatischen Beschwerden u. bei Syphilis an. — Von **Urtica dioica L.**, grosse od. zweihäusige Nessel, Brennnessel, gebrauchte man ehemals das Kraut u. die Früchte, **Herba et Semen Urticae majoris**, und zwar das Kraut vorzüglich bei Brustkrankheiten, Blutbrechen, Hämorrhoiden, Gelbsucht u. s. w., die Samen aber als ein schleimiges einhüllendes Mittel. Mit den frischen Nesseln peitscht man gelähmte Glieder, um durch den scharfen Saft der Brennborsten einen eigenen Ausschlag hervorzurufen. Der frisch ausgepresste Saft aus den Blättern wird noch in einigen Gegenden als ein auflösendes und harntreibendes Mittel gebraucht. — Von **Urtica urens L.**, kleine Brennnessel, besitzt das Kraut, **Herba Urticae minoris**, gleiche Kräfte. — Von **Urtica pilulifera L.**, im Orient u. Südeuropa einheimisch, wendete man sonst die schleimig-öligen Früchte als **Semina Urticae romanae** an. — Von **Broussonetia tinctoria Humb.** [Morus tinctoria L.], dient das Holz zum Gelbfärben. — Aus der Rinde von **Broussonetia papyrifera Vent.** [Morus papyrifera L.], bereitet man in Japan u. den Südseeinseln Papier u. Zeuge. [Abbild. d. deutschen Gewächse s. Linke etc.])

Pentandria (Fünfmännige).

(Zu bemerken ist: **Xanthium Strumarium L.**, gemeine Spitz- od. Knopfklette. Hiervon galten sonst das Kraut u. die Früchte, **Herba et Semen Lappae minoris**, für auflösend u. harntreibend. [Abbild. s. Linke etc.])

Hexandria (Sechsmännige).

Familie: **Palmen**: Palmae. — *Gruppe*: **Lepidocaryinae.**

Gattung: **Sagus Rumph.**, Sagopalme.

Einhäusig, androgynisch. Kelch glockenförmig, 3-zähnig. Blumenkrone 3theilig. Staubgefässe 6 — 12. Fruchtknoten mit 3 spitzigen Narben. Beeren trocken, einsamig, würfelförmig-schuppig. Keimling seitenständig.

Taf. LVI. **Sagus Rumphii Willdw.**, ächte Sagopalme.

Stamm grubig; Blätter fiederförmig-zerschnitten: Blätter länglich-linealisch; Kolben mit 2reihigen, wechselständigen Aestchen; Samen rund, doppelt gefurcht.

Wächst auf den Inseln des indischen Archipelagus, vorzüglich auf den Gewürzinseln u. wird häufig kultivirt. Der einfache aufrechte Stamm ist 20—30′ hoch u. wird mehrere Fuss dick, ist anfangs durch die stehenden Blattstielbasen gleichsam bedornt u. wird später, nach dem Abfallen derselben, durch ihre Narben unregelmässig grubig. Die am Stammende eine schöne Krone bildenden Blätter sind gross, 20—24′ lang u. fiederschnittig; die Abschnitte 4½′ lang u. 3—4″ breit; der am Grunde scheidenartig-verbreiterte Blattstiel ist auf seinem gewölbten Rücken mit in mehreren Reihen stehenden, abfälligen Stacheln besetzt, zunächst oberhalb des Grundes 1′ u. an seinem obern Ende noch armsdick. Die 6—10′ langen Blüthenkolben haben 9—10 Aeste, die in sehr zahlreiche Nebenäste sich verzweigen; die letzten Aestchen sind mit schmutzig-röthlichen wollhaarigen Deckschuppen u. kleinen unscheinbaren Blüthen besetzt. Die Früchte haben etwa die Form u. Grösse einer Pflaume, sind aber vorn spitzig u. am Grunde ausgehöhlt, mit braunen, glänzenden, rückwärts ziegeldachig liegenden Schuppen gleichsam gepanzert. — Dieser Baum liefert den grössten Theil des ostindischen Sago's (*Sago*), u. zwar ein Stamm nicht selten gegen 600 Pfd. Er wird erhalten, indem man das Mark des Stammes sorgfältig heraus nimmt, zerkleinert u. es nun durch Schlemmen mit Wasser auf Sieben von den Fasern absondert u. das so erhaltene reine Satzmehl theils getrocknet als Mehl aufbewahrt, theils in noch feuchtem Zustande durch mit vielen kleinen Löchern versehene Gefässe presst u, dadurch kleine Körner erhält, die man trocknet u. so verbraucht od. versendet. Man hat weissen u. braunen Sago, welche verschiedene Färbung durch das Trocknen verursacht werden soll. Er wird als eine leicht verdauliche u. nahrhafte Speise häufig in Suppen verordnet.

(Auch **Sagus farinifera Lam.** u. **Sagus Raphia**, so wie noch mehrere andere Palmenarten liefern Sago.)

a. Die *Sagopalme*. — b. Eine Frucht mit einem Theile des Kolbenästchens. — A. Samen. — B. Derselbe durchschnitten. — C. Derselbe an einer höhern Stelle durchschnitten, um bei D. den Keimling zu zeigen. — E. Keimling.

(In dieser Ordnung sind noch zu bemerken: **Cocos nucifera L.**, wahre Kokospalme, mit einem über 80′ hohen, aber nur 1′ durchmessenden Stamm, ursprünglich in Südasien einheimisch, von der man einzelne Theile, z. B. das Palmöl der Samen, in den Tropenländern als Arzneien anwendet. — Auch **Cocos butyracea L. fil.** u. **Acrocomia sclerocarpa Mart.** enthalten in ihren *Samenkernen* reichlich Oel oder eine butter- od. talgartige Masse.)

Polyandria (Vielmännige).

Familie: **Aroideen**: Aroideae.

Gattung: **Arum L.**, Aron, Aronsstab.

Kolben am Grunde mit Pistillen, in der Mitte mit sitzenden Staubbeuteln, zwischen beiden und auch oberhalb der Staubbeutel mit an der Spitze in ein Haar ausgehenden drüsenartigen Körpern besetzt; der Obertheil des Kolbens nackt.

Taf. LVII. **Arum maculatum L.**, gefleckter oder gemeiner Aron.

Blätter spiess-pfeilförmig, gleichfarbig oder braungefleckt; Kolben gerade, kürzer als die Kolbenscheide, keulenförmig, Keule 2mal kürzer als ihr Stiel.

Wächst ausdauernd in feuchten, schattigen Laubwäldern des mittlern Europa und blüht vom Mai bis Anfang Juni. Der Wurzelstock ist fleischig, eiförmig, von der Grösse einer Hasel- bis Wallnuss, innen weiss, unterseits mit langen dünnen Zasern besetzt. Aus ihr entspringen 2—3 kahle, glänzende Wurzelblätter, die auf walzig-eckigen, am Grunde scheidigen Blattstielen stehen, die von 1 oder 2 kurzen, zarten, häutigen, weisslichen oder bräunlichen Scheiden umgeben sind. Der Schaft od. Kolbenstengel tritt aus der Mitte der Blätter hervor u. ist gewöhnlich etwas kürzer als die Blattstiele. Die Kolbenscheide ist gross, 5—6″ lang, unten bauchig, kaputzenförmig, gerade, zugespitzt, wenig geöffnet, blass und schmutzig-gelblichgrün oder bräunlich. Der Kolben ist etwa halb so lang wie seine Scheide, nur bis zum vierten Theile seiner Höhe mit Blüthen besetzt und an den 3 Vierteln über denselben zu einer ziemlich walzigen, stumpfen, violetten oder braunrothen Keule verdickt. Die oberhalb der Pistille am Kolben beisammenstehenden Staubgefässe bestehen aus fast 4eckigen sitzenden Antheren, oberhalb und unterhalb welcher gelbe, dicke, in borstenartige kurze Fäden auslaufende Drüsen in einigen Reihen sich befinden. Die glatten, eirundlichen Fruchtknoten nehmen den untersten Theil des Kolbens ein und bis zu ihnen fällt nach der Blüthezeit der Obertheil des Kolbens ab. Die reifen scharlachrothen Beeren enthalten gewöhnlich nur einen, doch zuweilen auch 3—5 harte Samen. — Man sammelt, am besten im Herbste, wenn die Blätter und Schäfte vertrocknet sind, die knolligen Wurzelstöcke als Aronswurzel, Magenwurzel, Zehrwurzel, *Radix Ari s. Aronis*, die im frischen Zustande und zerstossen so scharf riechen, dass Thränenerguss erfolgt, auch brennend-scharf schmecken, geschält und getrocknet dagegen geruchlos sind, mehlartig, später nur gering schärflich schmecken und fast nur noch Stärkmehl enthalten. Wegen ihrer Schärfe gebrauchte man sie sonst mehr als jetzt als ein schleimauflösendes, besonders die Absonderung der Schleimhäute und vorzüglich der Lungen beförderndes, ausführendes, magenstärkendes und reizendes Mittel. Jetzt wird sie meistentheils nur noch in der Thierheilkunde und als Volksmittel angewendet. In Kellern, in Sand eingegraben, soll sie ihre Kraft wenigstens ein Jahr behalten. — Am empfehlenswerthesten dürfte eine mit frischen milchsaftigen, zur rechten Zeit gesammelten Wurzeln bereitete Tinktur sein. Bei unvorsichtigem Gebrauche wirkt sie als scharfes Gift. Als Gegenmittel dienen dann fette Oele und Säuren, besonders Essig.

(Von **Arum italicum L.** stammen die französischen od. grossen Aronswurzeln, **Radices Ari gallici** *s.* **Ari majoris**, u. von **Arum Dracunculus L.** die grossen Wurzelstöcke als **Radix Dracunculi** *s.* **Serpentariae majoris**, welche beide ein gleiches Verhalten wie **Arum maculatum** haben. In Amerika soll dessen Stelle **Arum triphyllum** vertreten.)

a. Eine blühende Pflanze. — b. Der Kolben, bei 1. Staubgefässe, 2. Pistille, 3. Drüsen mit dem Haar an der Spitze, 4. Keule. — A. Staubgefäss. — B. Pistill. — C. Dasselbe senkrecht durchschnitten. — c. Früchte auf dem Kolben. — A. Eine einzelne Beere. — B. Dieselbe senkrecht durchschnitten, einen Samen zeigend. — C. Samen. — D. Ein senkrecht durchschnittener Samen u. D. derselbe vergr. — E. Querdurchschnittene Samen von verschiedener Form.

Familie: **Terebinthaceen**: Terebinthaceae Juss. — *Abtheilung*: **Terebinthineae.** — *Unterabtheilung*: **Juglandeae De C.**

Gattung: **Juglans L.**, Wallnussbaum, Nussbaum.

Blüthen einhäusig. — Männl. Blüthen in Kätzchen mit gezähnten Schuppen. Kelch vier- bis 6theilig. Staub-

gefässe 18—36. — *Weibliche Blüthen zu 2 bis 4 gehäuft. Kelchsaum 4theilig. Blumenkrone 4blätterig. Griffel 2, mit dicken, oberseits drusig-blätterigen Narben. Steinfrucht einsamig.*

Taf. XVI. **Juglans regia L.**, gemeiner Wallnussbaum, wälscher Nussbaum.

Blätter unpaarig-gefiedert: Blättchen meist zu 9, oval-länglich, fast ganzrandig, kahl; Früchte fast kugelig.

Stammt ursprünglich aus Persien, wird aber im grössten Theile von Süd- und Mitteleuropa häufig kultivirt. Die Blätter haben meist 7—9 Blättchen, von denen das endständige mit dem Blattstiele nicht artikulirt. Die 3—5″ langen männlichen Kätzchen sind cylindrisch, hängend, grün; die Antheren sind schwarz. Die weiblichen Blüthen stehen meist zu 2—3 beisammen; sie sind grün und haben schmutzig-gelbröthliche Narben. Die reife Frucht ist mit einer grünen Fleischhülle umgeben, welche sich spaltet und von der Nuss löst und letztere fallen lässt. — Die unreifen Früchte, *Nuces Juglandis immaturae*, und die äusserlichen grünen Schalen oder die Fleischhülle der reifen Früchte, *Cortex exterior nucum Juglandum s. Putamen nucum Juglandum viride*, welche stark eigenthümlich, nicht unangenehm gewürzhaft riechen, bitter und herbe schmecken und Extractiv- und Gerbestoff, Stärkemehl, Citron- und Aepfelsäure und klee- und apfelsauren Kalk enthalten, gebraucht man als tonische, etwas scharfe Mittel innerlich und äusserlich bei Verdauungsschwäche, gegen skrophulöse, venerische und andere Geschwüre, gegen chronische Hautkrankheiten, Gicht und veraltete Lustseuche, besonders aber auch gegen Spulwürmer. Man giebt täglich eine Abkochung von 2—4 Dr. oder das Extract von 3—20 Gran auf einmal. Das milde, fette Oel der Samen (Nusskerne), *Oleum nucum Juglandum*, wird wie das Olivenöl angewendet und soll innerlich als Wurmmittel und äusserlich gegen trockne Flechten und andere Hautübel sich wirksam erweisen.

(Von **Juglans cinerea L.**, einem südamerikanischen Baume, wirkt die innere Rinde, besonders die der Wurzel, gelinde abführend.)

a. Ein Ast mit männlichen Kätzchen u. weiblichen Blüthen am Ende zwischen den jungen Blättern. — A. Eine einzelne männliche Blüthe. — B. Eine weibliche Blüthe. — b. Die Steinfrucht. — c. Der von der Schale befreite Steinkern. — d. Ein Steinkern in der Mitte getrennt. — e. Ein Samen von der Seite, f. von unten. — g. Der Embryo u. h. das Federchen (Plumula) des Embryo.

Familie: **Kätzchenblüthler**: Amentaceae. — *Gruppe*: **Fagineae Rchb.** (*Cupuliferae Rich.*)

Gattung: **Quercus Tournef.**, Eiche.

Blüthen einhäusig. — Männliche Kätzchen: locker und schlaff. Blüthenhülle 4—6spaltig, nackt. Staubgefässe 5, 6—10. — Weibliche Blüthen: einzeln, von einer abgestutzten schalenförmigen Hülle umgeben. Blüthenhülle mit dem 3—4fächrigen Fruchtknoten verwachsen, Mündung 6spaltig od. undeutlich gezähnelt, geschlossen. Narben 3—5. Nuss (Eichel) in die schalenförmige Hülle eingesenkt, einsamig.

Taf. LVII. **Quercus sessiliflora Smith.**, gemeine Eiche. (*Quercus Robur Willdw. nec Lin.*), Stein- oder Wintereiche.

Blätter gestielt, länglich, buchtig, kahl, verdorrend (d. h. *im Herbste nicht sobald abfallend*)*: Lappen abgerundet; Nüsse (Eicheln) elliptisch-länglich: Becher halbkugelig, warzig-schuppig, fast ungestielt.*

Ein, sehr grosser, oft 100 bis 120′ hoher Baum vieler Gegenden Europas. Die Rinde junger Stämme und Zweige ist weissgrau, glatt und glänzend, alter Stämme schwärzlich-grau und sehr rissig. Die kurzgestielten Blätter sind etwas lederartig. Die lanzettlich-spatelförmigen Nebenblätter sind gewimpert, trockenhäutig, länger als der Blattstiel und sehr hinfällig. Die Blüthen entwickeln sich zugleich mit den Blättern. Die weiblichen Blüthen sitzen in den Winkeln der obersten Blätter, meist einige beisammen, auf einem kurzen gemeinschaftlichen Blüthenstiele, der bei der Fruchtreife höchstens $\frac{1}{2}$″ lang ist.

a. Eine blühende Zweigspitze, an welcher unten am jüngsten Triebe die schlaffen männlichen Kätzchen u. an der Spitze derselben die weiblichen Blüthen zu sehen sind. — A. Eine einzelne männliche Blüthe, die in schmale lineallsche, mit langen Wimperhaaren besetzte Zipfel getheilte Blüthenhülle zeigend, in welcher nur ein Staubgefäss stehen gelassen wurde, stark vergr. — B. Ein Blüthenstand weiblicher Blüthen. — C. Eine einzelne weibliche Blüthe, stärker vergr. — b. Eine fruchttragende Astspitze, aus einem Becher ist die Nuss genommen worden. — c. Becher. — d. Nuss od. Eichel. — e. Samen. — f. Derselbe querdurchschnitten. — g. Ein Samenlappen von der flachen Innenseite.

Taf. LVII. **Quercus Robur L. (nec Willdw.)**, Stieleiche, Sommer- od. Früh-Eiche. (*Quercus pedunculata Willdw.*)

Blätter kurzgestielt, am Grunde herzförmig, länglich, buchtig, kahl, abfallend: Lappen abgerundet; Nüsse langelliptisch, fast walzlich: Becher halbkugelig, warzig-schuppig, auf einem langen Stiele sitzend.

Wächst häufiger als Vorige und an denselben Orten wie diese. Sie wird oft 160′ hoch und erreicht einen Durchmesser von 6—8′. Die Blätter haben gewöhnlich tiefere Buchten und am Grunde 2 gerundete Lappen, die am innern Rande meist nach unten umgebogen sind; sie und die jüngsten Triebe sind stets kahl. Die weiblichen Blüthen stehen gewöhnlich schon während des Blühens auf einem langen gemeinschaftlichen Stiele, der bei der Fruchtreife $1\frac{1}{2}$—3″ lang ist. Die Eicheln sind gewöhnlich mehr länglich. — Man sammelt gewöhnlich von dieser und der vorigen Eiche, so wie auch von *Quercus pubescens Willdw.*, flaumhaarige od. französische Eiche, und *Quercus Cerris L.*, burgundische od. Zerreiche, die Rinde der mehrjährigen Aeste od. junger Stämme, *Cortex Quercus*. Sie ist getrocknet fast geruchlos oder riecht schwach loharug, vorzüglich wenn man sie befeuchtet, schmeckt herb u. stark zusammenziehend etwas bitter und enthält vorwaltend eisenbläuenden Gerbestoff und etwas Gallussäure. Man wendet sie innerlich und äusserlich als ein tonisch-adstringirendes, roborirendes Mittel gegen Schwäche und Erschlaffung der Muskelfasern, bei Blut- und Schleimflüssen aus Atonie, bei bösartigen Geschwüren, Scropheln, Rhachitis, bei Reconvalescenz, Wechselfiebern u. s. w. an. Die Abkochung wird äusserlich zu Umschlägen und Einspritzungen bei Blenorrhöen der Genitalien, bei Vorfällen des Mastdarms und Uterus, bei brandigen und bösartigen Geschwüren und schlaffen Wunden, zu Bädern besonders bei Scropheln und Rhachitis verwendet. Die Früchte oder Eicheln, *Glandes s. Nuces Quercus*, gebraucht man im gerösteten Zustande (Eichelkaffee), wo sie ein brenzlich aromatisches Oel, viel bitteren Stoff und Stärkmehl enthalten, als ein gelind zusammenziehendes, nährendes, stärkendes und eröffnendes Getränk in Abkochung gegen Unterleibsschwäche, Scropheln, Rhachitis und (mit Cacao und Gewürz) gegen Atrophie der Kinder. — Durch Gallwespenstiche von *Cynips Quercus calycis* in die Fruchtbecher und Früchte von *Querc. Robur* u. *sessiliflora*, so wie mehrerer anderer Eichenarten, entstehen nicht ganz unregelmässige Auswüchse, die als Knoppern in der Färberei benutzt werden.

a. Eine blühende Zweigspitze, die männlichen Kätzchen unten u. die weiblichen Blüthen an den Spitzen der jüngsten Triebe tragend. — A. Eine Blüthenhülle einer männlichen Blume nebst dem Deckblatte, in welcher nur ein Staubgefäss stehen gelassen wurde. — B. Ein Blüthenstand weiblicher Blumen. — C. Eine einzelne weibliche Blume. — b. Eine beblätterte u. fruchttragende Zweigspitze. — c. Ein Fruchtbecher. — d. Eine Nuss od. Eichel. — e. Ein Samen u. f. derselbe quer durchschn. — g. Ein Samenlappen von der flachen Innenseite.

Taf. LVIII. **Quercus infectoria Oliv.**, Galläpfel-Eiche, Färber-Eiche.

Blätter fast herz eirund, länglich, grobgezähnt, kahl;

Nüsse länglich-walzig: Becher kurzgestielt, mit angedrückten Schuppen.

Ein in den Gebirgsgegenden von Kleinasien und Syrien bis nach Persien wachsender, etwa 6′ hoher Strauch oder niedriger Baum mit krummem, verbogenem Stamme. Die kurzgestielten Blätter sind $1\frac{1}{2}$—$2\frac{1}{2}$″ lang, 1—$1\frac{1}{2}$″ breit, stumpf, beiderseits mit 3 od. 4 breiten stachelspitzigen Zähnen versehen und unterseits seegrünlich. Die fast walzenförmigen Eicheln sind über $1\frac{1}{2}$″ lang und sitzen in einem stark vertieften Becher. Diese Eiche soll die besten oder die türkischen oder levantischen Galläpfel, *Gallae turcicae*, liefern. Es sind harte und fast holzige, durch den Stich der Galleichen-Gallwespe (*Cynips Quercus infectoriae Nees*, *Diplolepis Gallae tinctoriae Oliv.*) in die jungen Zweige auf diesen hervorgebrachte Auswüchse. Da nun das Insekt den Stich deshalb macht, um ein Ei zu legen, so befindet sich in dem jungen Auswuchse die Larve oder Made und späterhin die Puppe, aus der die Gallwespe auskriecht, die ein rundes Loch in den Auswuchs frisst, daraus hervorkriecht und davon fliegt. Man unterscheidet im Handel mehrere Sorten der Galläpfel, von denen die schwarzen Galläpfel von Aleppo, ***Gallae nigrae halepense s. de Aleppo***, als die besten angesehen werden. Diese sind fast kugelig, mehr oder weniger höckerig und fein runzelig-rauh, dunkel grünlich-grau und nach Verhältniss schwer. Die Galläpfel gebraucht man sehr häufig zum Färben und zur Tintenbereitung und wendet sie nur selten innerlich bei hartnäckigen Schleimflüssen, bei Wechselfiebern und Vergiftungen mit Brechweinstein, so wie äusserlich in Abkochungen statt der Eichenrinde an. Die Galläpfeltinktur ist ein empfindliches Reagens auf Eisen und thierische Gallerte.

(Auf **Quercus Aegilops L.**, Knoppern- oder Ziegenbarteiche, sollen im Oriente auch Galläpfel erzeugt werden. Sie liefert auch in ihren grossen, 1—$1\frac{1}{2}$″ tiefen, mit dicken abstehenden Schuppen versehenen Fruchtbechern die als Farbematerial dienenden sogenannten Akkerdoppen od. Velanida. — **Quercus Cerris L.** soll die französischen od. istrischen schlechteren Galläpfel liefern. — **Quercus Suber L.**, Korkeiche, in Südeuropa, Nordafrika u. Kleinasien, 30—40′ hoch wachsend, giebt in der rissig-schwammigen Rinde älterer Stämme das sogenannte Pantoffelholz oder den Kork, **Cortex Suberis, Lignum suberinum s. Suber.** Die Früchte, so wie die von **Quercus Ballota Desf.** sollen geniessbar sein. — Auf **Quercus coccifera L.** leben die Kermes-Schildläuse, **Coccus Ilicis Fabr.**, die man früher als Kermeskörner, **Grana Chermes**, zur **Confectio Alchermes** nahm, jetzt aber nur noch zur Färberei dienen. — **Quercus tinctoria Willdw.** giebt das Querzitronholz zum Gelbfärben.)

a. Ein fruchttragender Zweig. — b. Eine Zweigspitze mit männlichen Blüthenkätzchen. — c. Ein Ast mit 2 Galläpfeln. — A. Seitenansicht einer Gallapfelfliege od. Färbereichengallwespe (Cynips Gallae tinctoriae Ratzeb., Diplolepis Gallae tinctoriae Oliv.) u. B. Rückenansicht. — 1. Die Masse der natürlichen Grösse dieses Insekts.

Familie: **Myriaceen:** MYRIACEAE. — *Gruppe:* **Platanene Lestib.** (*Balsamifluae Bl.*)

Gattung: **Liquidambar (Menard.) L.**, Amberbaum.

Einhäusig. Männliche Blüthe: Blüthenhülle 4blättrig, hinfällig; Staubgefässe zahlreich, ein fast kugeliges oder längliches Kätzchen bildend. — Weibliche Blüthe: Hülle 4blättrig, hinfällig; Fruchtknoten 2, verwachsen. — Kapsel 2fächerig, 2klappig, blos an der Scheidewand sich spaltend. Samen an der Rückenwand der Klappen befestigt, geflügelt.

Taf. LVIII. **Liquidambar styraciflua L.**, amerikanischer Amberbaum.

Blätter handförmig-klappig, kahl, unterseits in den Nervenwinkeln bärtig.

Ein an feuchten Stellen, an Bach- u. Flussufern wachsender, 30—60′ hoher Baum der südlichen Staaten Nordamerikas, dessen grosser Wipfel pyramidal ist. Die langgestielten Blätter sind zuweilen auch 7spaltig, 4—6″ durchmessend, oberseits sattgrün und glänzend, unterseits blässer und matt. Die Blüthenkätzchen entwickeln sich gleichzeitig mit den Blättern aus den Endknospen der Zweige; die kugeligen männlichen stehen in Trauben vereinigt, die gleichfalls kugeligen weiblichen aber einzeln auf langen Stielen hängend und sind bei der Fruchtreife über 1″ dick. Die lang-2schnäbeligen, gerieften, graubraunen Kapseln enthalten neben vielen fehlgeschlagenen nur wenige ausgebildete längliche geflügelte Samen. — Von diesem Baume, sowie von ***Liquidambar Altingianum Blum.*** (*Altingia excelsa Noropha*), Altingscher Amberbaum, Rasamala, einem sehr grossen (150—200′ hohen) Baume Südasiens und der Inseln des indischen Meeres, u. ***Liquidambar orientale Mill.*** (*Liq. imberbe Ait*), einem Baume des Orients, erhält man den als flüssigen Storax, ***Styrax liquidus s. Storax liquidus***, in den Handel kommenden, angenehm riechenden und scharf-aromatisch schmeckenden, balsamischen Saft, den man jetzt nur selten und zwar äusserlich als Salbe bei schlecht eiternden Geschwüren, Frostbeulen u. dgl. anwendet, häufiger aber zu Räuchermitteln, zu Räucherkerzen und Ofenlack gebraucht.

a. Ein blühender Zweig mit der aus männlichen Kätzchen zusammengesetzten Traube bei 1. u. den kugeligen weiblichen Kätzchen bei 2. — b. Ein Zweig mit einem ziemlich reifen Fruchtkätzchen. — A. Staubgefässe von verschiedenen Seiten. — B. Eine weibliche Blüthe senkrecht durchschnitten, so dass man die Höhlungen der Fruchtknoten sieht. — c. Ein reifes Fruchtkätzchen. — d. Zwei am Grunde vereinigte Kapseln. — C. Eine aufgesprungene Kapsel. — A. Samen. — D. Derselbe mit der ihn locker umgebenden Haut, vergr. — E. Ein Samen ohne jene Haut senkrecht durchschnitten.

(In diese Ordnung gehören ferner noch: **Caladium Seguinum Vent.** [Arum Seguinum L.], in Westindien an Bächen und Flüssen einheimisch, dessen Wurzel, Blätter u. Stengel daselbst besonders in Bädern u. Fomentationen bei Wassersucht u. hartnäckiger Gicht, aber auch zu Umschlägen bei Verstopfungen im Darmkanale gebraucht werden. In Europa wendet man sie in der Homöopathie an. — Von **Arisarum vulgare Targ.** [Arum Arisarum L.], in Südeuropa u. Nordafrika einheimisch, waren sonst die Wurzelstöcke als **Radix Arisari** gebräuchlich. — Von **Symplocarpus foetidus Salisb.** [Dracontium foetidum L.] wird die sehr scharfe und widerliche Wurzel in Nordamerika unter dem Namen **Rad. Dracontii** bei krampfigem Asthma u. langwierigem Husten angewendet. — Von **Sagittaria sagittifolia**, gemeines Pfeilkraut, gebrauchte man früher die Blätter als **Folia Sagittariae.** — Einige Pfeilkrautarten kultivirt man in verschiedenen Gegenden Asiens ihrer knolligen, mehlreichen u. essbaren Wurzelstöcke wegen. Früher leitete man auch irrthümlich die Arrow-Root, besonders von den in China angebaueten Pfeilkrautarten ab. — Von **Poterium Sanguisorba L.**, gemeine Becherblume, schwarze Bibernell, wurde sonst das frisch etwas herbe u. gewürzhaft, den Gurken ähnlich schmeckende Kraut, **Herba Pimpinellae italicae minoris**, gegen Durchfälle, Ruhren, Blut- u. Schleimflüsse angewendet; jetzt mischt man es nur noch den Salaten u. Suppenkräutern bei. — **Fagus silvatica L.**, Buche, Rothbuche, liefert die Buchnüsse, Buchekkern, **Nuces Fagi**, die ein wohlschmeckendes Oel reichlich enthalten und deshalb sonst zur Bereitung einer Samenmilch gebraucht wurden. Der Genuss der frischen Früchte soll Vergiftungszufälle bewirken. — **Castanea vesca Gaertn.** [Fagus Castanea L.], ächter Kastanien- od. Maronenbaum, lieferte sonst die nährenden u. schmackhaften Früchte od. die Kastanien od. Maronen, **Fructus Castaneae**, in die Apotheken. — Von **Corylus Avellana L.**, Haselnussstrauch, gebrauchte man früherhin das Pollen, das Holz, **Lignum Coryli**, u. vorzüglich die Samen od. die Haselnüsse, **Nuces Avellanae.** Das empyreumatische Oel aus dem Holze sollte gegen Spulwürmer u. die Samen gegen Steinbeschwerden sehr wirksam sein. — Von **Betula alba L.**, gemeine oder weisse Birke, wurden sonst die Rinde und die Blätter, **Cortex et Folia Betulae**, die beide herb u. bitter schmecken, erstere bei Wechselfieber, letztere besonders als harn- u. wurmtreibendes Mittel, sowie gegen Gicht u. Hautausschläge angewendet. Den im Frühling durch Anbohren des Stammes gewonnenen Birkensaft, **Succus Betulae**, aus dem man ein dem Champagner-Wein ähnliches Getränk bereitet, rühmt man gegen Krankheiten der Harnwerkzeuge, chronische Exantheme u. bei scorbutischen Säften. Aus der äussern weissen Rinde wird in Russland mittelst trockner Destillation das starkriechende Birkenöl, **Oleum betulinum s. moscoviticum s. Balsamus lithavicus**, bereitet, das man daselbst als Volksmittel gegen Blenorrhöen der Geschlechtstheile u. gegen Wechselfieber, so wie äusserlich bei Reissen u. Geschwüren anwendet. — Von **Gustavia augusta L.** werden die betäubenden Samen zum Fischfange angewendet. — **Mabea Taquari u. Piriri Aubl.**, in Guiana einheimisch, sowie **Mithridatea quadrifida Willdw.**, auf Madagaskar, haben einen Federharz enthaltenden Milchsaft. — Von **Areca Catechu L.**, gemeine Arekapalme, einem Baume Ostindiens, nimmt man die unreifen Arekanüsse od. Samenkerne der reifen Früchte in der Heimath, verbunden mit den Betelblättern [vom Betelpfeffer, **Chavica Betle Miquel, Piper Betle L.**], zu dem allgemein gebräuchlichen Kaumittel, dem Betel; früherhin leitete man irrthümlich eine Sorte Catechu davon ab. — **Caryota urens L.** liefert Sago. [**Abbild. der deutschen** Pflanzenarten s. Linke etc.])

Monadelphia (Einbrüderige).

Familie: **Zapfenbäume:** Coniferae Juss. — *Gruppe:* **Tannenartige:** Abietinae.

Gattung: **Pinus Tournef.**, Kiefer.

Einhäusig. — Männliche Kätzchen traubig-gehäuft. Staubbeutel mit getrennten Fächern in einen häutigen Kamm endigend. Weibliche Kätzchen einfach, Blüthen (Pistille) gepaart, den Schuppen aufsitzend. Schuppen des Zapfens an der Spitze verdickt und eckig.

Taf. LVIII. **Pinus sylvestris L.**, gemeine Kiefer, Föhre.

Blätter gepaart in einem Scheidchen, steif, lang-linealisch, unterseits convex; Zapfen eirund-kegelförmig, spitzig, überhängend und so lang wie die Blätter; Schuppen an der verdickten Spitze fast keulenartig-viereckig.

Ein in vielen Gegenden des mittlern und nördlichen Europas und Nordasiens sehr grosse Wälder bildender, 80—120′ hoher Baum. Der meist gerade Stamm ist mit einer riesigen, schwammigen, rothbraunen Rinde bedeckt. Von den älteren Aesten löst sich die Oberhaut in dünnen lichtbraunen Häuten ab. Die Blätter (Nadeln) sind 1½—2″ lang, etwas gebogen und gedreht, stechend, oberseits fast rinnig, am Rande scharf. An den jungen walzenförmigen Trieben sind die Blätterpaare von trockenhäutigen gelblichweissen Schuppen eingehüllt und ausserdem noch mit einer braunen wimperigen Schuppe versehen. Die männlichen Kätzchen sind schön gelb, 1—1½″ lang, aus vielen kleineren zusammengesetzt. Die weiblichen Kätzchen stehen meist einzeln oder gepaart an den Enden der jungen Triebe und sind eirund, purpurrothbraun. Hinter jeder Schuppe derselben stehen 2 Blüthen. Die Zapfen sind im ersten Jahre grün und reifen erst im zweiten, worauf im dritten Frühjahre die Früchtchen (Nüsschen) ausfallen. Die holzigen Schuppen der Zapfen sind länglich, etwas dreiseitig, an der verdickten Spitze fast keulenförmig-viereckig. — Man sammelt im ersten Anfange des Frühlings die an den Enden der vorjährigen Triebe stehenden Kiefernknospen oder Fichtensprossen, ***Gemmae* s. *Turiones Pini***, und gebraucht sie als balsamisch-erregendes, schweiss- und harntreibendes und die Absonderungsthätigkeit der Schleimhäute vermehrendes Mittel innerlich und äusserlich gegen Verdauungsschwäche, Wassersucht, chronische Rheumatismen, Syphilis und hartnäckige Ausschlagskrankheiten. Sie können auch statt des Hopfens zum Bierbrauen angewendet werden. Durch Einhauen in den untern Theil des Stammes fliesst aus den Wunden eine durchdringend eigenthümlich riechende und eigenthümlich scharf-aromatisch, etwas bitter schmeckende, schmutziggelbe harzige Flüssigkeit, der gemeine Terpenthin, ***Terebinthina communis***, hervor, der aus einem äther. Oele und dem den Fichten eigenthümlichen Hartharze besteht und meist nur äusserlich zu reizenden Pflastern und Salben gebraucht wird. Das äther. Oel, Kienöl oder Terpenthinöl, ***Oleum Terebinthinae***, wird daraus durch Destillation von dem Hartharze geschieden und innerlich besonders gegen Bandwürmer, Epilepsie, Nervenleiden und Lähmungen überhaupt, bei Leucorrhoen der Genitalien u. s. w., so wie äusserlich als reizend, zertheilend und antiseptisch bei Drüsenanschwellungen u. Drüsenverhärtung, Frostbeulen und andern atonischen Geschwülsten, bei Knochenfrass, fauligen Geschwüren u. bei Verbrennungen, sowohl für sich, als auch verbunden mit andern Dingen zu Einreibungen und Pflastern angewendet. Von dem bei der Destillation bleibenden harzigen Rückstande, dem gekochten Terpenthin, ***Terebinthina cocta***, erhält man durch längere Schmelzung das Kolophon, Geigenharz, ***Colophonium***, welches äusserlich als mechanisches Mittel zum Blutstillen und Verkleben der Wunden, aber auch als Einstreupulver bei Knochenfrass, schlaffen, faulen Geschwüren u. s. w. gebraucht wird. Unterwirft man das Holz, besonders das harzreiche Holz der Wurzel einer trocknen Destillation nach unten (Theerschwelen), so gewinnt man den Theer, ***Pix liquida***, ein schwarzes, dickflüssiges Harz und Holzsäure nebst empyreumatischem Oele. Der Theer findet äusserlich und innerlich, namentlich in Form der Theerräucherungen gegen verschiedene Krankheiten, vorzüglich Lungensucht Anwendung. Auch bedient man sich hier und da eines Aufgusses von Wasser und Theer, Theerwasser oder Pechwasser, ***Aqua picea* s. *Infusum picis empyreumaticae liquidae***. Bei Abdampfung des Theers bleibt das schwarze oder Schiffspech, ***Pix nigra* s. *atra solida* s. *navalis***, zurück, das man innerlich in Pillen bei chronischen Hautkrankheiten und äusserlich zu Salben und Pflastern gebraucht. Wird der Theer einer mehrmals wiederholten Destillation unterworfen, so erhält man das fäulnisswidrige, zusammenziehende und erregende, in grösserer Gabe aber giftig wirkende Kreosot, ***Kreosotum***, das man vorzüglich in 80—85 Theilen destillirtem Wasser aufgelöst (Kreosotwasser, ***Aqua Kreosoti***) als ein erregendes und styptisches Mittel anwendet. Aus der Rinde schwitzt das gelblichweisse Fichtenharz, ***Resina Pini nativa* s. *communis***, aus dem man durch Schmelzen das gemeine gelbe od. weisse Pech, ***Pix communis* s. *alba* s. *flava***, erhält. Das burgundische Pech od. Harz, ***Pix burgundica* s. *Resina Pini burgundica***, wird durch fortgesetztes Kochen des weissen Harzes mit Wasser in offenem Kessel unter stetem Umrühren erhalten und wie das weisse Pech äusserlich zu Pflastern als Reizmittel angewendet. Der durch das Verbrennen des Holzes und Harzes erzeugte Kienruss, ***Fuligo***, dient in Tinktur als Heilmittel bei Hautausschlägen und Trägheit der Unterleibsverrichtungen.

(Von **Pinus rubra Mill.**, Rothkiefer, so wie von vielen andern Fichten u. Tannen, erhält man gleichfalls die angeführten Präparate. — Von **Pinus nigricans Host.**, Schwarzkiefer, Schwarzföhre, in Ungarn, Unterösterreich, Steiermark, Kroatien u. Dalmatien einheimisch, werden dieselben Produkte, vorzüglich gemeiner Terpenthin gewonnen. — **Pinus Pinaster Ait.** [Pinus maritima De C.], französische od. italienische od. Strandkiefer, an den Küsten Südeuropas wachsend, liefert ähnliche Produkte, vorzüglich das aus Frankreich kommende weisse Harz u. Geigenharz u. den französischen Terpenthin oder Terpenthin von Bordeaux. — Von **Pinus Mughus Koch.**, Bergkiefer, welche in 2 Formen vorkommt: 1) **Var. α. uliginosa**, Moorföhre, mit aufrechtem, 20—40′ hohem Stamme u. in den Alpenthälern wachsend, u. 2) **Var. β. Pumilio Koch.** [Pinus Pumilio Haenke], Zwerg-, Krummholz- od. Knieholzkiefer, mit einem am Grunde niederliegenden u. aufsteigenden, von unten an ästigen u. nur gegen 5′ hohen Stamme u. auf hohen Gebirgen wachsend, gewinnt man aus den Knospen u. jungen Trieben der zweiten Form durch eine Destillation mit Wasser ein bräunliches od. grünliches, balsamisch riechendes und schmeckendes äther. Oel, das Krummholzöl, **Oleum templinum.** Dieses, so wie der im Frühlinge aus den Zweiggipfeln freiwillig ausfliessende ungarische Balsam, **Balsamum hungaricum s. carpathicum**, wirkt ähnlich wie das Terpenthinöl. — **Pinus Taeda L.**, Weihrauch-Kiefer, in Nordamerika einheimisch, soll ein hartes, dem Weihrauch, **Olibanum**, ähnliches Harz u. eine gute Sorte Terpenthin liefern. — Von **Pinus Pinea L.**, Pinie, Pinienfichte, einem 40—50′ hohen Baume des südlichsten Europa und Nordafrikas, gebrauchte man sonst die Früchte, Pinien od. Piniolen, **Nuces Pineae**, od. vielmehr deren Samenkerne, welche jetzt nur als Nahrungsmittel dienen, gleich den Mandeln zu Samenmilch. — Von **Pinus Cembra L.**, Zirbelfichte, Zürbe od. Arve, einem 80—120′ hohen Baume der Gebirge des wärmern Europas, wendet man die Samenkerne, Zirbelnüsse, **Nuclei Cembrae**, die häufig genossen werden, gleicherweise wie die Piniolen an. [Abbild. d. deutschen Arten s. Linke etc.])

a. Eine Astspitze mit Blättern, 2 weiblichen Kätzchen u. 2 einjährigen jungen Zapfen. — b. Ein junger Asttrieb mit männlichen Kätzchen u. einem 2jährigen alten Zapfen. — A. Ein Staubbeutel von vorn, B. von hinten u. C. vom Pollen entleert. — D. Pollenmasse stark vergr. — E. Pollenkörner starker vergr. u. F. mit Wasser befeuchtet. — c. Ein weibliches Kätzchen. — G. Eine Schuppe desselben von hinten u. H. von vorn. — I. Dasselbe sehr stark vergr. mit senkrecht durchschnittenem Fruchtknoten. — d. Eine Zapfenschuppe von hinten u. e. von vorn mit 2 geflügelten Früchten. — f. Diese beiden Früchte für sich. — A. Das Nüsschen ohne den Flügel. — g. Der Fruchtflügel ohne das Nüsschen. — K. Ein Nüsschen. — L. Dasselbe quer durchschnitten u. starker vergr., so wie M. dasselbe senkrecht durchschnitten, um den Embryo mit mehreren Samenlappen zu zeigen.

Gattung: **Larix Tournef.**, Lärche.

***Einhäusig. Männliche Kätzchen fast einfach. Weibliche Kätzchen seitlich. Blüthen gepaart, den Schuppen aufsitzend. Schuppen der Zapfen nach vorn verdünnt (nie eckig oder verdickt). Samenlappen* 2 (*nicht mehrere*).**

Taf. LVIII. **Larix europaea De C.**, gemeine Lärche, Lärchenbaum. (***Pinus Larix L.*, *Abies Larix Rich.***)

Blätter jährig, linealisch, schlaff, stumpf; Zapfen eirund-länglich, stumpf: Schuppen am obern Rande zurückgeschlagen, geschlitzt.

Ein 60—100' hoher Baum auf den Alpen u. Voralpen des südlichen u. mittlern Europa. Der starke, sehr gerade Stamm ist mit einer grauen od. braunrothen rissigen Rinde bedeckt. Die abwärts gebogenen Aeste bilden einen pyramidalen Wipfel. Die weichen u. krautigen, beiderseits grasgrünen Blätter stehen zu 20—40 gebüschelt. Die 3—4''' langen, kugelig-eiförmigen, gelben männlichen Blüthen, die kurz vor den Blättern sich entwickeln, stehen auf sehr kurzen geringelten Aestchen und sind an ihrem Grunde von ziegelartig liegenden, rostbraunen, gefransten Schuppen umhüllt. Die weiblichen Kätzchen brechen auf ähnlichen Aesten aus einer Blätterknospe hervor, sind eiförmig, 5—6''' lang, purpurroth. Die Zapfen werden 1½—2'' lang; die Schuppen sind eirund-rautenförmig, unterwärts angedrückt-kurzhaarig, viel grösser als die länglichen, vorn ausgerandeten u. gezähnelten, in der Ausrandung lang-stachelspitzigen, trockenhäutigen Deckblätter. Die Früchte (Nüsschen) sind schief verkehrt-eiförmig, 2''' lang u. mit einem breiten, 3—4''' langen, hellbraunen Flügel versehen. — Er liefert eine feine Terpenthinsorte, den v e n e t i a n i s c h e n od. L ä r c h e n t e r p e n t h i n, *Terebinthina veneta s. laricina*, der durchscheinend, sehr zäh u. klebrig ist, einen citronenähnlichen Terpenthingeruch hat, widerlich-balsamisch u. bitterlich schmeckt u. aus Harz u. äther. Oel besteht. Man erhält ihn, indem man tiefe Bohrlöcher in den untern Theil des Stammes macht, aus denen dann der harzige Saft wie dünner Honig von gelblicher Farbe hervorfliesst. Der venetianische Terpenthin hat die Eigenschaften des gemeinen Terpenthins, ist aber viel reiner u. wird deshalb gewöhnlich innerlich bei Atonie u. Schleimflüssen der Geschlechtstheile, Harnwerkzeuge u. der sämmtlichen Unterleibsorgane, gegen Würmer, Stockungen u. Wassersucht angewendet. Beim Verbrennen der grünen Stämme erhält man aus diesen ein dem arabischen ähnliches röthliches G u m m i, *Gummi Uralense s. Orenburgense.* An den Blättern schwitzt in den südlichen Ländern eine süssliche, aber terpenthinartig schmeckende Art Manna, M a n n a v o n B r i a n ç o n, *Manna laricina s. brigantina*, aus.

a. Eine blühende Astspitze mit den kleinern männlichen u. grössern weiblichen Kätzchen. — A. Ein Staubgefäss von vorn u. B. von hinten. — C. Eins dergl. vom Pollen entleert. — F. Eine weibliche Schuppe von vorn u. G. von hinten. — E. Die innere oder Nebenschuppe von vorn u. stärker vergr., wobei der Fruchtknoten rechts ganz u. links durchschnitten dargestellt ist. — b. Ein Aststück mit Blättern u. Fruchtzapfen. — c. Eine Schuppe des Zapfens mit den beiden Früchten von vorn. — d. Eine solche von hinten.

Gruppe: **Cupressinae Rich.**

Gattung: **Callitris Vent.**, C a l l i t r i s.

Einhäusig. — Männliche Kätzchen einzeln, endständig: Schuppen kreuzweis-gegenständig, schildförmig, unterseits 2—5 Staubbeutel tragend. — Weibliche Kätzchen mit 4 bis 6 Schuppen in 2 Reihen. Pistille zu 3 oder mehrern. Zapfen mit 4 bis 6 holzigen, fast klappig sich öffnenden Schuppen in einfacher Reihe. Nüsschen zweiflügelig.

Taf. LIX. **Callitris quadrivalvis Rich.**, v i e r k l a p p i g e C a l l i t r i s, S a n d a r a k b a u m. (*Thuja articulata Vahl.*)

Aestchen stielrund, geschlängelt; Blätter vierreihig-ziegeldachig, lanzettlich, spitzig, angedrückt, unter der Spitze höckerig; Zapfen abgestumpft-würfelig.

Ein immergrüner, sparrig-ästiger Strauch oder kleiner, nur 15—20' hoher Baum auf Hügeln u. Bergen in Nordafrika. Die Aestchen bestehen aus nach oben verbreiterten, auf beiden Seiten 2rilligen Gliedern, die an ihren Gelenken leicht brechen. Die schuppenförmigen Blätter sind kaum ½''' lang, angedrückt; sie stehen in gleichgestellten 4zähligen Wirteln; die auf den schmalen Kanten der Aestchen sind rinnig-vertieft u. die andern flach, aber sämmtlich auf dem Rücken mit einem drüsigen Höcker versehen. Die Blüthen stehen einzeln an den Enden der jüngsten Aestchen; die männlichen sind walzenförmig-ellipsoidisch, 1½—2''' lang, hellbraun; die weiblichen sind sehr klein u. gelbgrün. Die Zapfen haben einen Längs- u. Querdurchmesser von 6—7''', eine hellröthlichbraune Farbe mit einem hechtblauen Reife überzogen; die Schuppen desselben sind auf der Mitte des Rückens vom Grunde an bis gegen die Mitte kielförmig vertieft, 2 derselben breit herzförmig, jede 3 Früchtchen tragend; die beiden übrigen sind schmäler u. tragen gewöhnlich keine Früchtchen. Die Flügel an den Früchten sind zurückgeschlagen. — Das aus der Rinde des Stammes u. der Aeste freiwillig ausschwitzende Harz ist der S a n d a r a k oder S a n d a r a c h, *Sandaraca, Resina* v. *Gummi Sandaracae*, auch W a c h h o l d e r h a r z, *Resina Juniperi*, genannt, welcher reizend-erregend wirkt u. vorzüglich zu Räucherungen bei schlaffen u. atonischen Geschwülsten, Gichtknoten u. rheumatischen Leiden dient, aber jetzt nicht mehr allgemein angewendet, sondern nur vorzüglich noch zu Firnissen benutzt wird. Er bildet längliche, tropf- u. thränenförmige, blassgelbe, durchscheinende, bis gegen 10''' lange u. gegen 3''' dicke, spröde u. leicht zerbrechliche, auf dem Bruche glasglänzende muschelige, geschmacklose u. erwärmt schwach wachholderartig riechende, mit den Zähnen gedrückt nicht weich werdende, sondern zu einem sandartigen Pulver zerbrechende Stücke, die aus zwei Harzen u. einem äther. Oele bestehen.

a. Ein Ast mit männlichen Kätzchen u. einer Frucht bei b. — A. Ein Aestchen mit einer Zweigspitze, welche am Ende ein männliches Kätzchen trägt. — B. Ein männliches Kätzchen stärker vergr. — C. Eine Schuppe von einem männlichen Kätzchen von oben u. D. von unten gesehen. — E. u. F. Schwach vergrösserte weibliche Kätzchen. — G. Ein geöffneter Zapfen. — H. Ein 2flügeliges Nüsschen.

Familie: **Rautengewächse:** R u t a c e a e J u s s. — *Gruppe:* **Euphorbiaceae Juss.** — *Abtheilung:* **Crotoneae Rchb.**

Gattung: **Croton L.**, K r o t o n.

Blüthen einhäusig, selten zweihäusig. Männliche Blüthe: Kelch 5theilig. Blumenblätter 5, mit 5 Drüsen abwechselnd. Staubgefässe 10—20 oder zahlreich, frei. — Weibliche Blüthe: Kelch 5theilig. Blumenblätter meist fehlend. Drüsen 5. Fruchtknoten frei: Griffel 2 od. 3, mehrtheilig. Kapsel (Springfrucht) 3knöpfig, mit einsamigen 2klappigen Knöpfen.

Taf. LIX. **Croton Eluteria Sw.**, w o h l r i e c h e n d e r K r o t o n.

Blätter eirund-elliptisch, oberseits sparsam, unterseits dicht-sternhaarig-schülferig, schimmernd, Blüthen in achsel- u. endständigen zusammengesetzten ährenförmigen Trauben.

Ein in den Wäldern der westindischen Inseln, vorzüglich auf Jamaika wachsender baumartiger Strauch, dessen Stamm u. ältere Aeste mit einer aussen weissen, innen braunen Rinde bedeckt sind. Die eckigen, etwas zusammengedrückten jüngern Aeste u. Zweige sind gerillt u. rostbraun-weichhaarig. Die eiförmigen od. eiförmig-elliptischen Blätter sind kurz u. stumpf zugespitzt, durchscheinend punktirt, oberseits glänzend grün und mit zerstreuten Schülfern, unterseits dicht mit sternförmigen Schülfern besetzt u. daher schillernd oder schimmernd, 2—3'' lang, 1½—2'' breit u. stehen auf kaum ½'' langen schülferigen Stielen. Die zahlreichen kleinen u. weisslichen Blüthen stehen auf sehr kleinen Stielchen genähert in achsel- u. endständigen, zusammengesetzten, sparrigen Trauben, die nicht so lang als die Blätter sind; die männlichen Blüthen sind zahlreich u. in den obern Theilen der Traube, die wenigen weiblichen u. noch kürzer gestielten am untern Theile derselben befindlich; männliche u. weibliche Blüthen haben Blumenblätter. Kelchzipfel eiförmig, concav, abstehend, silberfarbig-schülferig, am Rande weisslich-zottig. Blumenblätter klein, eiförmig, weiss. Staubgefässe 10—12, am Grunde wollige Fruchtknoten rundlich, rostbraun punktirt; Griffel 2theilig mit ausgesperrten Zipfeln. Frucht rundlich, 3furchig, feinwarzig u. schülferig, erbsengross. — Dieser Strauch soll nach W r i g h t die Stammpflanze der C a s c a r i l l-

oder Schakarillrinde, *Cortex Cascarillae* s. *Chacarillae*, sein, die man früher von *Croton Cascarilla L.* herleitete. Man erhält sie in 3—4″ langen, stark gerollten, häufig aber (da sie leicht bricht) zerbrochenen, schweren, aussen runzeligen, durch viele Querrisse furchigen, mit weissen krustigen Flechten überzogenen, bisweilen auch schwärzlich gefleckten, innen glatten, gelblich- oder röthlichbraunen, auf dem glatten Bruche braunrothen u. etwas glänzenden Stücken, die gerieben oder angebrannt gewürzhaft u. moschusartig riechen, bitter-gewürzhaft, etwas widrig schmecken u. einen bittern Extractivstoff (Cascarillin), ein gelbliches äther. Oel u. ein braunes gewürzhaftes Harz enthalten. Die Cascarillrinde wird als ein kräftiges, tonisches u. flüchtig-reizendes, vorzüglich auf die Verdauungswerkzeuge wirkendes Mittel in Pulverform, Aufguss u. Abkochung, aber auch als Extrakt u. Tinktur gegen Krankheiten aus Schwäche der Verdauung, als Durchfälle, Verschleimung, gegen Würmer, bei asthenischen Fiebern u. s. w. angewendet, häufig aber auch zum Räucherpulver benutzt. — Von den jungen Zweigen soll die kleine, schwache Stückchen bildende *Cortex Elateriae* s. *Cascarilla nova* abstammen. — Wahrscheinlich kommt auch die ebenso riechende u. schmeckende Rinde von *Croton nitens Sw.*, einem in Westindien u. Südamerika wachsenden Strauche, mit im Handel als Cascarille vor.

Ein weiblicher Zweig nach Sloane, Hist. 2. A. 114. fig. 2.

Taf. LIX. **Croton Tiglium L.**, Purgirkroton.

Blätter eirund-länglich, entfernt-gesägt, beiderseits kahl, am Grunde 2drüsig; Trauben einfach, endständig.

Ein kleiner, 15—20′ hoher, oft strauchartiger Baum in Ostindien u. auf den malaischen Inseln. Der Stamm wird oft schenkeldick u. ist krumm, häufig auch theilt er sich vom Grunde an in schlanke kahle Aeste. Die 3—5″ langen u. $1\frac{1}{2}$—2″ breiten Blätter stehen auf gegen 4″ langen dünnen Stielen und tragen an ihrem Grunde 2 rundliche, etwas vertiefte Drüsen. Die kleinen Blüthen stehen in endständigen, aufrechten, 2—3″ langen Trauben; die weit zahlreichern männlichen als weiblichen Blüthen befinden sich über den wenigen weiblichen. Kelchzipfel eiförmig, spitzig, gelblichgrün. Nach Einigen sind die Blüthen sämmtlich ohne Blumenblätter, nach Andern haben sie, besonders die männlichen Blüthen, längliche, stumpfe, starkwimperige, weisse Blumenblätter. In den männlichen Blüthen 15—20 freie, am Grunde zottige Staubgefässe, in den weiblichen ein dicht sternhaarig-filziger Fruchtknoten mit 3 tief 2theiligen Griffeln. Frucht verkehrt-eirund, stumpf-3seitig, gelblich, mit ovallänglichen, schwarzen, glänzenden Samen. — Früher waren das frisch drastisch-purgirend, älter nur gelind abführend u. schweisstreibend wirkende Holz als Purgirholz, *Lignum Pavanae* s. *Panavae* s. *Lignum moluccanum*, u. mehr noch die Samen gebräuchlich, welche letztere geruchlos sind, aber durch Erwärmung einen sehr scharfen Dunst entwickeln, anfangs milde ölig, dann aber scharf, anhaltend kratzend u. brennend schmecken u. ein dickes fettes, mit bitterm u. drastischem, harzigem Stoffe u. Krotonsäure verbundenes, drastisch purgirend u. äusserlich eingerieben ätzend wirkendes Oel, das Krotonöl, *Oleum Crotonis*, enthalten, das man jetzt noch bei hartnäckigen Verstopfungen, bei Verschleimungen, Stockungen u. Atonie des Darmkanals u. daher rührenden Krankheiten, als Gelb- u. Wassersucht, gegen Würmer u. s. w. in kleinen Gaben u. vorsichtig angewendet, auch bisweilen in Klystieren u. zu Einreibungen auf den Unterleib, so wie für sich zur Hervorbringung künstlicher Geschwüre gebraucht. Schon der sechste Theil eines Tropfens bewirkt starke Stuhlausleerungen, 1—2 Tropfen bringen schon heftiges Purgiren hervor. Im Handel soll auch ein künstliches Krotonöl vorkommen, vielleicht Ricinusöl mit Euphorbium digerirt, od. Jalapenharz aufgelöst enthaltend.

(**Croton Pavana Hamilt.**, Pavana-Kroton, ein ostindischer Baum, liefert gleichfalls Purgirholz; wahrscheinlich kommen auch die Samen als **Grana Tiglii** vor u. liefern Krotonöl. Von **Croton Moluccanum L.** wirkt der Samen gleichfalls purgirend, aber milder als der des Croton Tiglium. — Von **Croton Pseudo-China Schlchtd.**, einem kleinen Baume oder Strauche Mexikos, wird daselbst die Rinde, **Quina blanca** od. **Quina Copalche**, welche auch als **Cortex Copalchi** oder **Cortex Copalke** nach Europa gebracht worden ist, wie die Chinarinde gegen Fieber angewendet. — **Croton Draco Schlchtd.**, Drachenblut-Kroton, ein Baum oder Strauch Mexikos, enthält in allen seinen Theilen einen blutrothen Saft, der getrocknet ein vorzügliches Drachenblut, **Sanguis Draconis**, liefert, welches eine sandartige, schwarzbräunliche Pulvermasse bildet, die aus sehr ungleichen, undurchsichtigen, eckigen, glimmerartig-glänzenden Körnern besteht u. bitterlich-zusammenziehend schmeckt. — Auch **Croton hibiscifolius Kunth.**, in Columbien, u. **Croton sanguifluus Kunth.**, am Amazonenflusse, enthalten einen rothen Saft, der als Drachenblut dient).

a. Ein blühender weiblicher Zweig. — A. Männliche Blüthe ausgebreitet. — B. Kelch u. Blumenkrone derselben ohne die Staubgefässe. — C. Dieselbe von der Seite. — D. Kelch der weiblichen Blüthe von der Seite. — E. Derselbe von unten gesehen. — A. Eine weibliche Blüthe. — F. Dieselbe vergr., mit zurückgeschlagenen Kelchzipfeln. — G. Zwei Staubgefässe. — b. Die Frucht. — c. Dieselbe quer durchschnitten, ohne Samen. — d. Ein Samen. — e. Ein Samen halbirt mit dem Embryo. — H. Eine Blattbasis mit den beiden Drüsen. — I. Dieselbe stärker vergr.

Abtheilung: **Euphorbieae Rchb.** — *Unterabtheilung*: **Ricineae Rchb.**

Gattung: **Ricinus Tournef.**, Wunderbaum.

Blüthen einhäusig. Kelch 3- oder 5theilig. Blumenkrone fehlend. Männliche Blüthe: Staubgefässe zahlreich, Staubfäden in mehrere ästige Säulen verwachsen, Antheren 2knöpfig. Weibliche Blüthe: Fruchtknoten mit 3 zweitheiligen Narben. Kapsel (Springfrucht) dreiknöpfig, mit einsamigen, elastisch aufspringenden zweiklappigen Knöpfen.

Taf. LIX. **Ricinus communis L.**, gemeiner Wunderbaum, Christuspalme.

Blätter fast schildförmig, handtheilig; Blüthen in einer am Grunde unterbrochenen Rispe, die männlichen unten, die weiblichen obenstehend; Kapseln meist igelstachelig.

Eine sich in den wärmeren Ländern u. auch in Südeuropa verwildert findende Pflanze des südl. Asiens. In unsern Gärten bleibt sie krautartig, ist 1jährig u. wird 7—8′ hoch; in ihrem Vaterlande u. in den Tropenländern überhaupt dauert sie mehrere Jahre aus, erhält einen am Grunde fast holzigen Stamm u. wird bis gegen 40′ hoch. Die im Durchmesser 5—20″ messenden Blätter haben lange, runde, hohle Stiele, die an ihrem obern Ende 1 oder 2 grosse, niedergedrückte od. schüsselförmige Drüsen u. bisweilen auch noch 2—3 dergleichen weiter unterwärts tragen; die Sägezähne der oben beschriebenen Blattflächen haben einwärts gekrümmte, mit einer Drüse versehene Spitzen. Die grossen, breit-eiförmigen, spitzigen Nebenblätter umfassen das junge Blatt hüllenartig, fallen aber nach seiner Entwickelung ab u. hinterlassen eine ringförmige, wulstige Narbe um den Blattstiel. Die straussartige Blüthenrispe ist fast pyramiden- oder kegelförmig, 4—8″ lang, aus kleinen sitzenden, 4—10blüthigen Trugdolden zusammengesetzt, deren jedes von einem häutigen, abfallenden Deckblättchen unterstützt wird; an der obern Hälfte stehen die weiblichen, an der untern die männlichen Blüthen. Die rundlich-3seitigen, igelstacheligen Springfrüchte sind so gross wie eine Haselnuss od. grösser u. enthalten 3 ovale, bohnenförmige, 4‴ lange, hellaschgraue Samen mit gelben u. braunen Flecken u. Strichelchen — Aus den Samen, den Purgir- oder Brechkörnern, Ricinussamen, *Semen Ricini* s. *Cataputiae majoris*, bereitet man in Westindien durch Auspressen ein fettes, frisch mildes, durch Ranzigwerden scharfes Oel, das Ricinus-, Castor- od. Palmöl, *Oleum Ricini* s. *Oleum Castoris* s. *Palmae Christi*, welches im frischen Zustande gelind abführend, ranzig geworden hingegen drastisch wirkt u. bei hartnäckigen Verstopfungen, gegen Würmer, bei Wassersucht, Kolik, Kindbettfieber u. s. w. gebraucht wird. Als abführendes Mittel ist die Gabe 1—2 Loth. Frisches gutes Oel ist hell, blass weingelb u. schmeckt milde. Von andern fetten Oelen ist es durch die Eigenschaft unterschieden, sich in Weingeist aufzulösen. Durch heisses Auspressen oder zu langes Kochen gewonnenes Oel enthält Schärfe, ist trübe u. wirkt drastisch-purgirend. Man sehe darauf, dass es nicht zu dickflüssig sei. Nach Caventou kommt das *Oleum Ricini* mit *Oleum Crotonis* verfälscht vor.

a. Eine blühende Stengelspitze. — A. Ein ästiges Staubgefässbündel. — B. Ein einzelnes Staubgefäss, stärker vergr. — C. Ein Pistill. — b. Eine Springkapsel. — c. Dieselbe, von welcher ein Knopf entfernt wurde. — d. Ein Knopf von der Innenseite. — e. Ein Samen. — f. Derselbe der Länge nach u. g. quer durchschnitten.

Familie : **Kürbisgewächse** : CUCURBITACEAE.

Gattung: **Cucumis L.**, Gurke.

Blüthen einhäusig. Kelch röhrig-glockig, 5spaltig. Blumenkrone 5theilig. Männl. Blüthe: Staubgefässe 5, in 3 Partien verwachsen (triadelphisch), mit geschlängelten, verwachsenen Staubbeuteln. Weibl. Blüthe: Griffel 3spaltig. Narben dick, zweitheilig. Kürbisfrucht 3fächrig, mit zweimal eingeschlagenen Scheidewänden und vielsamigen Fächern. Samen zusammengedrückt, (meist) scharf berandet.

Taf. LX. **Cucumis Colocynthis L.**, Koloquintengurke, Koloquinte.

Stengel etwas steifhaarig; Blätter herzförmig-eirund, vieltheilig-gelappt, unterseits weisszottig, mit stumpfen Lappen; Kürbisfrucht kugelrund, kahl.

Wächst einjährig im Oriente u. Griechenland. Der ästige, fast steifhaarige Stengel liegt auf den Boden gestreckt. Die Blätter sind langgestielt, eiförmig (im Umrisse), am Grunde herz- oder fast nierförmig, in 5 oder mehrere stumpfe u. buchtig-gezähnte Lappen getheilt, beiderseits steifhaarig. Die Wickelranken sind ästig. Die kurzgestielten Blüthen haben einen rauhhaarigen Kelch mit 5 schmalen pfriemförmigen Zähnen u. eine gelbröthliche, aussen behaarte Blumenkrone, die doppelt so lang ist, als der Kelch; die eiförmigen stumpfen Zipfel derselben endigen in ein kleines Spitzchen. Die gelben Früchte haben die Grösse kleiner u. mittler Aepfel, eine glatte lederige, ziemlich dünne Rinde, ein schwammiges weisses Fleisch u. zahlreiche graulichgelbe Samen. — Officinell sind die geschälten schwammigen, getrockneten u. sehr leichten Früchte als Coloquinten, *Fructus Colocynthidis*, welche äusserst bitter schmecken u. ausser andern einen harzigen Extractivstoff, Colocynthin, enthalten. Sie wirken sehr kräftig auf den Darmkanal, veranlassen Purgiren u. werden bei Stockungen im Unterleibe, Trägheit des Darmkanals, daherrührendem Husten, bei mangelnder Menstruation, Tripper, Lähmung, Melancholie u. Epilepsie am besten in der Tinktur von 4—10 Tropfen angewendet.

(Von **Cucumis sativus L.**, der gemeinen Gurke, welche durch ihren Küchengebrauch hinlänglich bekannt ist, wird der Saft der unreifen Früchte innerlich gegen Schwindsucht angewendet. Die Samen, **Semen Cucumeris**, welche zu den 4 grossen kühlenden Samen, **Semina quatuor frigida majora**, gehören, gebrauchte man sonst zur Bereitung von Emulsionen. — Von **Cucumis Melo L.**, Melone, hatten die Samen, **Semen Melonum**, gleiche Anwendung; so auch von **Cucumis Citrullus Ser.**, Wassermelone, die Samen, **Semina Citrulli v. Anguriae.**)

a. Eine blühende Stengelspitze, bei 1 zwei männliche u. bei 2 eine weibliche Blüthe tragend. — b. Die aufgeschnittene u. ausgebreitete Blumenkrone einer männlichen Blüthe. — c. Eine männliche Blüthe von hinten, um den Kelch zu zeigen. — A. Zwei zu einer Partie verwachsene Staubgefässe, deren 2 in einer männlichen Blüthe u. B. das einzelne 5. Staubgefäss. — d. Die Frucht zum Theil aufgeschnitten. — e. Ein Samen u. f. derselbe quer, so wie C. senkrecht durchschnitten.

Gattung: **Bryonia Tournef.**, Zaunrübe, Zaunrebe.

Blüthen ein- oder zweihäusig. Männl. Blüthen: Kelch 5spaltig mit der 5theiligen, ausgebreiteten Blume verwachsen, so dass nur die Zipfel des Saumes frei sind. Staubgefässe 5, in 3 Partien (triadelphisch) verwachsen, mit hin u. her gebogenen Staubbeuteln. Weibl. Blüthen: Kelch dem Fruchtknoten an- und aufgewachsen, mit nach oben verengerter Röhre; Kelchsaum u. Blumenkrone ähnlich denen der männlichen Blüthen. Griffel 3theilig, Narben fast schildförmig-zweispaltig. Kürbisfrucht beerenartig, vor der Reife 3fächrig, mit zweieiigen Fächern, später durch Fehlschlagen mehrerer Eichen armsamig.

Taf. LX. **Bryonia alba L.**, schwarzfrüchtige od. weisse Zaunrübe, Gichtrübe, Stickwurz.

Blätter herzförmig, 5lappig, gezähnt, schwielig-punktirt, scharf; Lappen spitz, der mittelste wenig länger als die seitlichen; Blüthen doldentraubig, einhäusig; Früchte kugelig, schwarz.

Eine durch fast ganz Europa in Hecken u. Gebüschen gemeine ausdauernde Pflanze. Die Wurzel ist rübenförmig, fleischig, oft über armsdick mit einem od. 2 sehr starken Aesten; sie ist aussen gelblichgrau, gerunzelt u. durch gleichlaufende Querrunzeln gleichsam unterbrochen-geringelt u. ausserdem noch durch einzelne warzenförmige Höcker sehr uneben, innen weiss, einen weissen Milchsaft enthaltend. Aus diesen grossen Wurzeln entspringen mehrere 12—16' lange, kletternde, ästige, furchig-eckige, krautige Stengel, welche durch lange einfache Wickelranken sich anhalten. Die Blätter stehen entfernt, sind auf beiden Seiten steifhaarig u. von 3—5" Durchmesser. Die Doldentrauben entspringen aus den Blattachseln, u. zwar die mit männlichen Blüthen aus den untern u. die mit weiblichen aus den obern; die langgestielten männlichen enthalten 5—12 Blüthen, die viel kürzer gestielten weiblichen nur 4—6. Der glokkenförmige Kelch hat 5 spitzige, zurückgebogene grüne Zähnchen, die bei den männlichen Blüthen weit kürzer sind als die Blumenkrone. Die bei den männlichen Blüthen weit grössere Blumenkrone ist schmutzig-gelbgrünlich u. hat ovale stumpfe gewimperte Zipfel. In den männlichen Blüthen befindet sich im Grunde des Kelchs eine stumpf-3eckige Honigdrüse, in den weiblichen Blüthen ein ringförmiger, gekerbter u. durch einen 3büscheligen Bart verdeckter Torus. Die kahlen Staubgefässe haben kaum die Länge des Kelchs, dem sie oberhalb des Grundes eingefügt sind. Der Fruchtknoten in den weiblichen Blüthen ist kugelig u. trägt einen 3spaltigen Griffel, mit Narben, welche 2 ganz abstehende Zipfel haben. Die erbsengrossen, saftigen, beerenartigen Kürbisse sind schwarz. — Von dieser Art, so wie von *Bryonia dioica L.*, zweihäusige Zaunrübe, Gichtrübe, mehr im südlichen u. westlichen Europa wachsend, ist die Wurzel, *Radix Bryoniae*, welche frisch stark u. widrig riecht, ekelhaft bitter u. scharf schmeckt u. ausser andern Bestandtheilen einen eigenthümlichen krystallinischen Extractivstoff, Bryonin, enthält, gebräuchlich. Der Geruch verschwindet durchs Trocknen, die getrockneten Scheiben schmekken aber noch sehr stark bitter-scharf. Frisch äusserlich angewendet röthet sie die Haut u. erregt Purgiren; innerlich genommen wirkt sie drastisch-purgirend u. erregt Erbrechen. Die Allöopathen wenden sie jetzt weniger an bei Unterleibsstockungen mit Trägheit des Darmkanals, daher entstehender Gelb- od. Wassersucht, so wie gegen Gicht, Manie u. Epilepsie; häufiger dagegen bedienen sich ihrer die Homöopathen. Sonst gebrauchte man auch *Turiones, Baccae et Semina Bryoniae.*

(**Bryonia epigaea Rottb.** hielt man sonst für die Stammpflanze der Colombowurzel.)

a. Ein oberes Stück des Stengels mit weiblichen Blüthen. — b. Ein anderes Stück desselben mit männlichen Blüthen. — c. Die Wurzel. — A. Eine männliche Blüthe. — B. Eine weibliche Blüthe. — C. Eine weibliche Blüthe, von welcher der Kelch sammt der Blumenkrone entfernt wurden, um die Griffel zu zeigen. — A. Zwei zu einer Partie mit einander verwachsene Staubgefässe. — d. Eine fruchttragende Doldentraube. — D. Eine querdurchschnittene Frucht. — E. Ein Samen u. C. derselbe senkrecht, so wie D. quer durchschnitten.

(In dieser Abtheilung sind noch zu bemerken: **Picea vulgaris Link** [Pinus Picea L., Abies pectinata DeC., Abies alba Mill., Pinus Abies Duroi], Weisstanne, Silber- od. Edeltanne, Pechtanne, welche die nämlichen Produkte wie Pinus sylvestris liefert, doch soll der Terpenthin, Strassburger Terpenthin, **Terebinthina argentoratensis**, eine feinere Sorte sein. — **Abies excelsa DeC.** [Pinus Abies L., Picea excelsa Link], gemeine Tanne, Rothtanne, Schwarztanne, Kreuztanne, liefert die gleichen Produkte wie Pinus sylvestris. — Von **Abies balsamea Rich.** [Pinus balsamea L.] u. **Abies canadensis Rich.** [Pinus canadensis Ait., Pinus americana Duroi] erhält man durch Einschnitte den canadischen Balsam, **Balsamum canadense**, der weit feiner als Terpenthin ist, u. den man, wenn er freiwillig ausfliesst, falschen Balsam von Gilead nennt. — **Abies orientalis Poir.** giebt die Sapiendus-Thränen, freiwillige, harzige, klare Ausflüsse der Zweige.

— Von **Thuja occidentalis L.**, gemeiner od. abendländischer Lebensbaum, wendete man früherhin die, gerieben stark balsamisch, nicht eben unangenehm riechenden und scharf-gewürzhaft, kampferartig, bitter schmeckenden jüngern grünen Zweige, **Herba** (Folia s. Ramuli) **Thujae occidentalis s. Arboris vitae**, welche ätherisches Oel enthalten und in Aufguss od. Abkochung auflösend, harn- u. schweisstreibend wirken, bei Gicht, Rheumatismen, Wechselfiebern und andern Krankheiten an. In Nordamerika gebraucht man eine mit den Zweigen bereitete Salbe gegen Rheumatismus u. das äther. Oel gegen Würmer. In der Homöopathie wendet man die Tinktur bei syphilitischen Geschwüren, Leucorrhoen, Krebs des Uterus u. vielen andern Leiden an. — Von **Cupressus sempervirens L.**, gemeine Cypresse, einem Baume des Orients u. der um das Mittelmeer herumliegenden Länder, gebraucht man daselbst das gelbliche od. röthliche Cypressenholz, **Lignum Cupressi**, häufiger aber die Früchte, **Nuces s. Galbuli Cupressi**, gegen Fieber u. als zusammenziehendes Mittel bei Blut- und Schleimflüssen. Das in den Zapfen enthaltene äther. Oel hat man gegen Würmer empfohlen. — Von **Aleurites laccifera Willdw.** [Croton lacciferum L.], lacktragende Doppelnuss, Lack-Croton, einem kleinen u. mittelmässigen Baume in Ceylon und auf den Molukken, erhält man, besonders von den in Ceylon wachsenden Bäumen, theilweise das Gummilack, **Gummi s. Resina Laccae**. Dieses ist der entweder freiwillig oder durch die von der Lackschildlaus, **Coccus Laccae Kerr.**, in die jüngern Aeste gemachten Stiche ausfliessende harzige erhärtete Saft. Der solcherweise ausfliessende Saft bildet um das Insect eine Hülle. Die Abbrechung und Sammlung der mit diesen Gummilackzellen bedeckten Zweige geschieht 2 mal im Jahre, im Februar u. im August. In der Medicin findet das Gummilack keine Anwendung mehr, es dient nur zur Bereitung von Siegellack, Firnissen u. dgl. — Von **Jatropha Curcas L.**, schwarzer Brechnussbaum, amerikanischer Purgirnussbaum, waren früher die Samen als grosse od. schwarze Brechnüsse, **Semina Ricini majoris s. Sem. Ficus infernalis s. Nuces catharticae americanae s. barbadensis**, u. das aus denselben bereitete fette Oel als Höllenöl, **Oleum infernale s. Oleum Ricini majoris**, gebräuchlich. Samen u. Oel erregen heftiges Purgiren u. Brechen. In der Homöopathie sind die Samen noch im Gebrauch. — Von **Adenoropium multifidum Pohl.** [Jatropha multifida L.], einem 8—12' hohen Strauche Südamerikas, wendete man früher die Samen als Purgirnüsse, **Nuces purgantes, Avellana purgatrix, Been magnum**, als Laxirmittel an. Man hält dafür, dass das in neuerer Zeit aus Brasilien gekommene amerikanische Ricinusöl, Brechöl oder Pinhoenöl daraus durch Auspressen u. Mischen mit Ricinusöl bereitet werde. — **Manihot utilissima Pohl.** [Jatropha Manihot L. pro part.] u. **Manihot Aipi Pohl.** [Jatropha L. pro part.], zwei Sträucher des tropischen Amerika, deren Wurzelknollen sehr viel Stärkmehl u. Zucker enthalten, sind sehr wichtige Nahrungspflanzen der Südamerikaner, welche das Satzmehl **Mandioca, Cassave** od. **Manihot** und eine feinere Sorte **Tapioca** nennen. Der Saft der Wurzelknollen der zweiten Pflanze ist ganz unschädlich, der der ersten dagegen riecht nach Blausäure u. enthält ein flüchtiges, scharfes Gift, das man durch Rösten, Kochen, Auswaschen u. andere schickliche Behandlung entfernt, so dass er sehr gute und nahrende Brühen giebt. Auch von **Manihot Janipha Pohl.** [Jatropha Janipha L.], in Südamerika einheimisch, wird die Wurzel als süsse Cassave geröstet od. gebraten häufig gegessen. — **Siphonia elastica Pers.** [Jatropha elastica Lin. fil., Hevea guianensis Aubl.], ein 50—60' hoher Baum in Guiana u. Brasilien, enthält in allen Theilen einen scharfen, weissen Milchsaft, der erstarrt die vorzugsweise in dem Handel vorkommende, aus Amerika stammende Sorte des Federharzes, Kautschuk, **Resina elastica, Gummi elasticum, Caoutschouc** [eine Verbindung des Kohlen- u. Wasserstoffs], liefern soll. Anfangs schmutzigweiss, erhält es erst seine röthlichbraune oder schwärzliche Farbe, indem man es des schnellern Trocknens halber dem durch langsames Verkohlen u. Verbrennen des Holzes der Onassupalme [Attalea speciosa Mart.] erzeugten Rauche aussetzt. Nicht selten erhält man jetzt dicke tafelförmige Stücke, Gummi- oder Kautschukspeck, als eine geringere Sorte. Es dient zur Verfertigung verschiedener chirurgischer Instrumente u. Bandagen, so wie zu vielfachen technischen Zwecken. — Von **Crozophora tinctoria Ad. Juss.** [Croton tinctorium L.], Tournesolpflanze, einer 1jährigen Pflanze Südeuropas u. Nordafrikas, wurden früherhin die Samen u. Blätter als Wurmmittel angewendet. Der ausgepresste Saft dient zum Wegbeizen der Warzen. Auch färbt man mittelst dieses Saftes u. durch eine Behandlung mit Kalk u. Urin Leinwandstückchen blau, deren man sich als Schminkläppchen, **Bezetta coerulea s. Torna solis**, zum Färben, vorzüglich des blauen Zuckerpapieres, verschiedener Zuckerbäckerwaaren u. der Aussenseite holländischer Käse bedient; durch Säuren werden die Läppchen zu rothen Schminkläppchen od. Tournesoltüchern, **Bezetta rubra s. Torna solis rubra**, die gleichfalls zum Färben und Schminken dienen. Auch bereitet man das bekannte Lackmus, **Lacca musica, Torna solis, Tournesol**, aus dieser Pflanze — Von **Momordica Balsamina L.**, gemeiner Balsamapfel, einer 1jähr. Pflanze Ostindiens, kommen die Früchte, Balsamäpfel, **Fructus Momordicae**, die man mit Olivenöl übergiesst u. so das **Oleum Momordicae** erhält, welches man als ein vorzügliches Wundmittel, gegen Verbrennungen u. bei aufgesprungenen Brustwarzen säugender Frauen rühmt. — Von **Momordica Charantia L.** gebrauchte man früherhin die Blätter, **Folia Pandipavel**, als drastisches Purgir- u. Reizmittel fürs Gefässsystem, bei unterdrückter Menstruation, chronischem Husten u. s. w. — Von **Ecballium agreste Rchb.** [Momordica Elaterium, Momordica aspera Lam., Elaterium cordifolium Mönch.], Spritzgurke, Eselsgurke, sind die Früchte als Eselsgurken, **Fructus Cucumeris asinini**, welche ausser Kleber u. Satzmehl einen sehr bittern Extractivstoff u. ein bitteres, drastisch wirkendes Harz, Elaterin, enthalten, officinell. Man bereitet aus ihnen ein Extract, das schwarze Elaterium, **Elaterium nigrum**, welches man als drastisches Purgirmittel bei Stockungen im Unterleibe, Gelb- u. Wassersucht, Hypochondrie u. s. w. anwendet. — **Cucurbita lagenaria L.** [Lagenaria vulgaris Ser.], Flaschenkürbis, Kalabasse, in Indien einheimisch, u. **Cucurbita Pepo L.**, gemeiner Kürbis, gaben die **Semina Cucurbitae**, die zu den 4 grossen kühlenden Samen, **Semina quatuor frigida majora**, gehörten. — Von **Cucurbita Citrullus L.** [Cucurbita Anguria Lam.], Wassermelone, waren früher die Samen, **Semina Citrulli**, officinell. — Mehrere Arten von **Plukenetia** in Amerika besitzen einen Federharz enthaltenden Milchsaft. — Von **Hippomane Mancinella L.** [Mancinella venenata Tussac.], einem in Westindien einheimischen Baume, dient der Kautschuk enthaltende, ätzende u. sehr giftige Milchsaft zum Vergiften der Pfeile und äusserlich als Arzneimittel bei schwammigen Auswüchsen, vorzüglich syphilitischer Art. — **Sapium Hippomane Mey.** [Hippomane biglandulosa L.], ein Baum Westindiens, enthält in allen Theilen reichlich einen fast ebenso giftigen kautschukhaltigen Milchsaft. — **Sapium Aucuparium Jacq.**, ein in Surinam u. Westindien wachsender Baum, hat gleichfalls einen kautschukhaltigen Milchsaft, den man auch als Vogelleim und zum Brennen braucht. — Auch **Hura crepitans L.**, Sandbüchsenbaum, ein Baum Südamerikas u. Westindiens, besitzt einen Federharz enthaltenden Milchsaft. — **Agathis loranthifolia Salisb.** [Pinus Dammara Wildw., Agathis Dammara Rich.], Dammarfichte, auf den molukkischen Inseln u. malaccischen Gebirgen einheimisch, giebt das Dammarharz, welches zu durchsichtigem Lack benutzt wird. — Von **Cytinus Hypocistis L.**, gemeine Hypociste, in Südeuropa u. Afrika wachsend, war das aus dem Safte der ganzen Pflanze bereitete Extract, **Succus Hypocistidis**, als ein zusammenziehendes Mittel bei Blutflüssen u. Durchfällen gebräuchlich).

XXII. Cl. Dioecia (Zweihäusige).

Diandria (Zweimännige).

Familie: **Kätzchenblüthler**: AMENTACEAE. — *Gruppe*: **Salicineae Rich.**

Gattung: **Salix Tournef.**, Weide.

Zweihäusig. Weibliche Kätzchen: in der Achsel jeder Schuppe ein Pistill mit 2 Narben. Männliche Kätzchen: hinter jeder Schuppe gewöhnlich 2 (doch auch 1, 3, 5 oder mehrere) Staubgefässe, nebst einer Drüse. Kapsel einfächerig, 2klappig. Samen allseitig-schopfig.

Taf. LX. **Salix alba L.**, weisse Weide, Silberweide.

(*Kätzchen mit den Blättern gleichzeitig.*) *Blätter lanzettlich, zugespitzt, fein gesägt, beiderseits weiss-seidenhaarig; Nebenblätter lanzettlich; Schuppen der männl. Kätzchen mit zwei Staubgefässen; Kapseln eiförmig, verdünnt, stumpf, kahl, fast sitzend; Griffel kurz, Narben dicklich, ausgekerbt.*

Ein häufig an den Ufern der Bäche u. Flüsse u. in feuchten Wäldern fast durch ganz Europa angepflanzter Baum, der, wenn sein Wachsthum durch Köpfen nicht gestört wird, gegen 60' Fuss Höhe erreicht. Die wechselseitigen Blätter sind 2—4½'' lang, ½—1'' breit u. haben drüsige Sägezähne, sie stehen auf 2—2½''' langen Blattstielen, welche gegen ihr oberes Ende hin meist 2 Drüsen tragen. Die Nebenblätter sind lang zugespitzt. Die Blüthenkätzchen entwickeln sich zugleich mit den Blättern u. sind schlank; die Deckschuppen derselben sind weisslich, kahl, nur seidenhaarig-gewimpert; die Spindel ist filzig-zottig. Am Grunde des Fruchtkapselstieles befindet sich eine vordere u. hintere Honigdrüse. Unter mehreren Abänderungen können vorzüglich 3 Hauptformen angenommen werden: α. die seidenhaarige, *sericea* (die eigentliche weisse od. Silberweide), die jüngsten Triebe und beide Seiten der Blätter vorzüglich in ihrer Jugend graulich-weiss-seidenhaarig. — β. Die bläuliche, *coerulea Koch.*, die jungen Aestchen u. die unterseits hechtblauen Blätter werden späterhin kahl. — γ. Die dottergelbe, *vitellina* (Dotterweide), die Aestchen dottergelb od. schön mennigroth, die ausgewachsenen Blätter fast od. ganz kahl, unterseits hechtblaulich.

a. Ein blühender Zweig eines männlichen Stammes. — b. Ein weibliches Kätzchen. — c. Ein Fruchtkätzchen. — A. Eine einzelne männliche Blume mit der Kätzchenschuppe. — A. Dieselbe vergr. — B. Dieselbe ohne die Schuppen. — C. Eine Schuppe des weiblichen Kätzchens. — D. Pistill. — E. Eine aufgesprungene Kapsel. — E. Dieselbe vergr. — d. Samen. — F. Derselbe vergr.

Taf. LX. **Salix pentandra L.**, fünfmännige Weide, Lorbeer-Weide.

Fünf- od. mehr-männig; Blätter elliptisch-lanzettlich (oval, nach beiden Enden verschmälert), dicht- u. feingesägt, stark glänzend, ganz kahl, auf nach oben vieldrüsigen Blattstielen; Nebenblätter eiförmig, gerade; Kapseln kurzgestielt, aus der eirunden Basis verschmälert, kahl, Griffel mittellang, mit dicklichen, 2spaltigen Narben.

Diese Weide bildet meist einen 6—12' hohen Strauch, zuweilen auch einen 30—50' hohen Baum. Die Rinde der Stämme ist grau u. aufgerissen, die der Aestchen grünlich-ledergelb od. rothbraun, gleichsam wie von Firniss überzogen, glänzend. Die abwechselnden Blätter werden 1¼ bis über 3'' lang, 8''' bis 1'' u. darüber breit, sind oben lebhaft dunkelgrün u. stark-glänzend, unten bleicher, schwachglänzend; die untersten Blätter jedes Triebes sind verkehrt-eirund oder oval u. stumpf; die Sägezähne tragen Drüsen; auf den 3—4''' langen Blattstielen stehen oberwärts 4, 6 u. mehr Drüsen. Die Kätzchen entwickeln sich ziemlich gleichzeitig mit den Blättern od. nur wenig später; durch die grünlichgelben u. wie die Spindel seidenhaarigen Deckschuppen u. die zahlreichen Staubgefässe erscheinen sie ziemlich gedrungen. Am Grunde des sehr kurzen Kapselstiels findet sich nur hinten eine Honigdrüse. — Von vorstehenden beiden Weidenarten, so wie von ***Salix fragilis L.***, Bruch- od. Knackweide, u. ***Salix purpurea Koch.*** [Salix monandra Hoffm.], Purpurweide, u. ihren Abänderungen, so wie mehreren andern Weidenarten, sammelt man die Rinden als ***Cortex Salicis*** u. die Rinde von ***Salix pentandra***, der man grössere Heilkräfte zuschreibt, besonders als ***Cortex Salicis laureae***. Die Weidenrinden, welche frisch balsamisch, etwas bittern Mandeln ähnlich riechen, getrocknet aber fast geruchlos sind u. zusammenziehend-bitter, mehr oder weniger balsamisch schmecken, müssen im ersten Frühlinge, im April, oder im Falle der Noth auch im October von 2—4jährigen Zweigen geschält werden. Vorwaltende Bestandtheile sind eisengrünender Gerbestoff u. Weidenbitter od. Salicin. Die Weidenrinde wirkt tonisch-adstringirend u. wird innerlich in Abkochung od. in weinigem Aufgusse, seltner als Pulver, bei Wechselfiebern, Durchfällen, Ruhren, Schleimflussen u. äusserlich zu stärkenden und zusammenziehenden Waschungen u. Einspritzungen bei schlaffen Geschwüren, Vorfällen des Uterus aus Schwäche, bei atonischen Schleim- u. Blutflüssen, bei durchgelegenen Stellen u. s. w. angewendet. Am vorzüglichsten soll zum innern Gebrauch die Rinde von ***Salix pentandra*** u. zur Gewinnung des Salicins die Rinde von ***Salix purpurea*** sein.

(Auch von **Salix amygdalina Koch.**, mandelblättrige Weide, **Salix viminalis L.**, Korbweide, Bandweide, sowie **Salix Caprea L.**, Sahl-, Werft- od. Palmweide, könnten die Rinden gesammelt werden. Die Rinde der letztern war früher als **Cortex Salicis Capreae** officinell. [Abbildung. s. Linke etc.])

a. Ein Zweig mit ausgewachsenen Blättern und fruchttragenden Kätzchen. — b. Ein männliches u. c. ein weibliches Kätzchen. — A. Eine männliche Blüthe mit der Kätzchenschuppe von hinten u. B. von der Seite. — C. Eine männliche Blüthe ohne die Kätzchenschuppe. — D. Der Obertheil eines Staubgefässes. — E. Eine weibliche Blüthe mit der Kätzchenschuppe von vorn u. F. von der Seite. — G. Eine reife u. H. eine aufgesprungene Kapsel. — I. Der Untertheil eines Blattes mit Drüsen.

(In dieser Ordnung sind noch zu bemerken: **Cecropia peltata L.** u. **Cecropia palmata Willdw.**, in Südamerika einheimisch, welche einen Federharz enthaltenden Milchsaft besitzen.)

Triandria (Dreimännige).

Familie: **Nesseln:** Urticaceae Juss. — *Gruppe:* **Artocarpeae R. Brown.**

Gattung: **Ficus Tournef.**, Feigenbaum.

Blüthenkuchen (Coenanthium) fleischig, geschlossen, an der Spitze durchbohrt, durch Schuppen geschlossen, androgynisch. Blüthen ein- od. zweihäusig, gestielt. Männliche Blüthe: Blüthenhülle 3- od. 5theilig; Staubgefässe 3. — Weibl. Blüthe: Blüthenhülle 3—5theilig; Fruchtknoten gestielt, Griffel seitlich, 2spaltig, mit 2 Narben. — Nüsschen von der etwas fleischigen, später austrocknenden Blüthenhülle bedeckt.

Taf. LXI. **Ficus Carica L.**, gemeiner Feigenbaum.

Blätter mehr od. weniger herzförmig, 3- od. 5lappig (selten eiförmig, ganz), geschweift-gezähnt, oberseits scharf, unterseits weichhaarig-sammtartig, mit stumpfen Lappen: Blüthenkuchen birnförmig, kahl.

Ein 6—25' hoher, in den Ländern um das Mittelmeer wildwachsender Strauch od. Baum, welcher daselbst, sowie in vielen andern warmen Ländern häufig kultivirt wird. Die zottigen jüngern Aeste, sowie alle krautigen Theile geben bei Verletzungen eine weisse Milch von sich. Die wechselständigen Blätter haben 2—4'' lange, dicht weichhaarige Stiele, meist tiefere oder seichtere Einschnitte in die Blattfläche; die untersten sind aber auch zuweilen ganz oder nur gebuchtet, oval od. eirund. Die geschlossenen Blüthenkuchen (die jungen Feigen) stehen einzeln oder paarweis in den Blattwinkeln u. sind am Grunde von einigen häutigen, braunen Schuppen umgeben, auf dem Scheitel genabelt, grün u. mit einem festen weissen Fleische versehen, auf der Innenseite desselben ganz mit weissen Blüthen überdeckt. Diese Blüthenkuchen werden bei der Reife der innern Nüsschen (welches die wahren Früchte sind) 2½—3'' lang, weich u. saftig u. verschiedenfarbig, bald weisslich, bald gelb, grünlich, röthlich, blauroth u. bald bräunlich. Man erhält sie getrocknet als Feigen, ***Caricae***, in dem Handel u. unterscheidet gewöhnlich dreierlei Sorten: 1) smyrnische, die gross, gelb, rund u. meistens trockner als die andern sind u. für die besten gehalten werden; 2) genuesische, die grösser, gelber, aber länger sind; 3) Marseiller, die kleiner, gelb u. rundlich sind, am angenehmsten u. süssesten schmecken, sich aber nicht länger als ein Jahr halten. Veraltete, harte, trockne, sehr dunkelgelbe, stark mit Zuckerstaub überzogene, von Milben angefressene, geschmacklose od. bitterlich schmeckende Feigen sind verwerflich. Hauptbestandtheile derselben sind Zucker u. Schleim. Man wendet sie als ein erweichendes, schleimiges Mittel entweder zur Erweichung von Geschwüren, vorzüglich solcher im Munde, oder mit andern Arzneien verbunden in Abkochung gegen Katarrh, Husten u. entzündliche Zustände des Darmkanales und der Harnwerkzeuge an.

(Von mehreren tropischen Feigenbaumarten, besonders von **Ficus indica L.**, **F. elastica Roxb.**, **F. toxicaria L.**, **F. nymphaeaefolia L.**, **F. populnea Willdw.**, **F. prinoides Willdw.**, **F. radula Willdw.** u. **F. elliptica Humbldt. et Bonpl.**, enthält der Milchsaft viel Kautschuk od. Federharz. — Aus den jungen Aesten von **Ficus religiosa L.**, heiliger Feigenbaum, indischer Götzenbaum, in Ostindien, vorzüglich an den Ufern des Ganges wachsend, fliesst durch den Stich der Lackschildlaus, **Coccus Laccae Kerr.**, der Milchsaft aus u. erhärtet zum Gummilack, **Gummi Laccae**. Der die Zweige umgebende heisst Stocklack, **Lacca in baculis s. ramulis**, der in Körnern von den Bäumen herabgefallene u. aufgelesene, Körnerlack, **Lacca in granis**. Beide Sorten wendet man als gelind zusammenziehend vorzüglich zu Zahntincturen gegen Krankheiten der Mundhöhle u. des Zahnfleisches an. Wird der Gummilack seines rothen Farbestoffs durch Kochen in Wasser beraubt, zwischen Marmorplatten gepresst u. auf Pisangblättern zu dünnen Tafeln ausgegossen, so giebt er den Schellack, **Lacca in tabulis**, der nur zum technischen Gebrauche dient).

a. Eine beblätterte Zweigspitze mit Blüthenkuchen von verschiedener Grösse. — A. Ein Blüthenkuchen oder Blüthenboden der Länge nach aufgeschnitten, um die Stellung der weiblichen Blüthen an seiner innern Wandung zu zeigen. — A. Ein Ab- u. Ausschnitt desselben mit Blüthen von verschiedener Gestaltung. — B. Eine einzelne weibliche Blume desselben mit 5theiliger Blüthenhülle u. 2spaltigem Griffel. — C. Eine andere Blume mit 4theiliger Blüthenhülle u. einfachem, ungetheiltem Griffel. — D. Eine noch andere mit doppelter Blüthenhülle u. ungetheiltem u. geschlungenem Griffel. — b. Ein Blüthenkuchen im fruchttragenden Zustande (eine reife Feige). — B. Ein von der Blüthenhülle bis über die Hälfte bedecktes steinfruchtartiges Nüsschen. — E. Dasselbe der Länge nach aufgeschnitten u. vergr. — C. Einige von der Blüthenhülle entblösste Nüsschen. — F. Ein Nüsschen stark vergr. u. G. quer durchschnitten, um den in ihm liegenden Samen sichtbar zu machen. — H. Ein der Länge nach durchschnittener Samen. — I. Der getrennte Embryo stärker vergr.

(In dieser Ordnung sind ferner noch zu bemerken: **Ceroxylon andicola Humb. et B.**, aus deren Stamme eine grosse Menge besonderes Wachs schwitzt. — **Galactodendron utile Humb.**, Kuhbaum, enthält viel wohlschmeckende Milch. — **Omphalea diandra u. triandra Aubl.** besitzen einen Federharz enthaltenden Milchsaft, so auch **Excoecaria Agallocha L.**, Agalloch-Blindenbaum, in Ostindien u. auf den Inseln des ostindischen Oceans wachsend, an dessen unterm Theil des Stammes u. an dessen Wurzel im Splinte sich bisweilen gleichsam ausgefressene Höhlen finden, die von einer harten u. brüchigen, fettigen, aussen schwarzen, innen röthlichen, leicht entzündlichen, frisch angenehm benzoëartig riechenden Masse erfüllt sind. Die diese Masse enthaltenden Holzstücke benutzt man in Indien als eine Art Aloëholz, **Lignum Aloës s. Agallochi.** — **Arenga saccharifera Lab.** liefert Sago. — Von **Phoenix dactylifera L.**, Dattelpalme, wurden die getrockneten Früchte oder die Datteln, **Dactyli**, ihres süssen Schleimgehaltes halber, als einhüllendes und nährendes Mittel häufig angewendet; jetzt bedient man sich ihrer hier und da als einen Zusatz zu Brustspecies. Man unterscheidet 2 Sorten Datteln, 1) die alexandrinischen, **Dactyli alexandrini**, als die grössten, u. 2) die barbarischen, **Dactyli barbarici.**)

Tetrandria (Viermännige).

Familie: **Geisblattgewächse**: Caprifoliaceae. — *Abtheilung*: **Loranthese Rich.**

Gattung: **Viscum Tournef. Lin.**, Mistel.

Blüthen ein- od. zweihäusig. Männliche Blüthen: Kelchsaum fehlend. Blumenblätter 3, unten verwachsen. Staubbeutel 4, den Blumenblättern in der Mitte angewachsen. — Weibliche Blüthen: Kelchsaum ganz, Blumenblätter (Kelch Reichenb.) unverwachsen. Narbe sitzend. — Beere genabelt.

Taf. LXI. **Viscum album L.**, gemeiner Mistel.

Stengel wiederholt-gabelig, sehr ästig; Aeste rund; Blätter länglich-lanzettlich od. verkehrt-eiförmig-spatelig, stumpf, lederartig-fleischig, fast nervenlos; Blüthen sitzend, zu 3—5 am Ende der Aeste gehäuft.

Ein parasitisch auf den Stämmen u. Aesten mancher Bäume, vorzüglich der Birn- und Aepfelbäume in Europa wachsender kahler, immergrüner Strauch, welcher meist einen gegen 2' durchmessenden runden Busch bildet, dessen Wurzel durch die Rinden- u. Bastschicht tief ins Holz eindringt. Aeste u. Blätter haben eine eigenthümlich gelbgrüne Farbe. Die Blüthen sind gelblichgrün, die männlichen fast glockenförmig, mit 4 eirunden, dicklichen Zipfeln, die auf ihrer Mitte die Antheren tragen. Nach der Pollenentleerung erscheinen die Antheren in Zellen wie die Honigwaben getheilt. Die weiblichen kleinern Blumen haben 4 eirunde stumpfe Blumenblätter. Der eiförmige Fruchtknoten trägt eine abgestutzt-kegelförmige Narbe. Die erbsengrossen perlweissen, oben mit 4 braunen Punkten bezeichneten Beeren enthalten ein zähes, klebriges Fleisch. — Die schwach unangenehm dumpfig riechenden, schleimig, widrig-süsslich, dann bitterlich schmeckenden jüngern beblätterten Zweige sind, vorzüglich im Winter, als *Viscum album* s. ***Ramuli juniores cum foliis Visci albi* s. *Lignum Visci* s. *St. Crucis***, zu sammeln, schnell zu trocknen u. am besten in Pulverform an einem trocknen Orte wohl aufzubewahren. Sie enthalten Vogelleim, fettes Oel, Schleimzucker, Gummi u. einen flüchtigen, mit Ammonium verbundenen Riechstoff, auch Spuren von Gerbestoff, u. waren sonst ein sehr gepriesenes Mittel gegen chronische Krämpfe, Epilepsie, Lungenkrankheiten u. a. Leiden, das jetzt nur selten angewendet wird.

a. Eine verkleinerte beerentragende Astspitze. — A. Die oberste Spitze eines 3blumigen männlichen Zweiges, dessen mittelste Blume geöffnet ist, die beiden seitlichen aber noch geschlossen sind. — B. Eine geschlossene männliche Blume, quer durchschnitten. — C. Eins der beiden abgestutzten u. darunter eins der beiden stumpfen Kelchblättchen. — D. Eine Hülle mit 3 weiblichen Blumen. — A. Eine Beere in natürlicher Grösse. — B. Dieselbe quer durchschnitten. — C. Samen, u. D. quer, so wie E. senkrecht durchschnitten.

(In dieser Ordnung sind noch zu bemerken: **Myrica cerifera L.**, deren Früchte einen wachsähnlichen Ueberzug haben, aus dem man Kerzen bereitet. — **Brucea antidysenterica Mill.** hielt man für die Stammpflanze der falschen Angusturarinde, **Cortex Angusturae spurius.**)

Pentandria (Fünfmännige).

Familie: **Terebinthaceen**: Terebinthaceae Juss. — *Abtheilung*: **Terebinthineae.** — *Unterabtheilung*: **Sumachinae DeC.**

Gattung: **Pistacia L.**, Pistazie.

Blüthen zweihäusig, ohne Blumenkronen. Männliche Blüthe: Kätzchenartige Traube mit einblüthigen Schuppen. Kelch 5spaltig. Staubgefässe 5: Antheren fast sitzend. — Weibliche Blüthe: Traube lockerer. Kelch 3- bis 4spaltig. Fruchtknoten 1- bis 3fächrig, Griffel 3, sehr kurz, Narben 3, fast spatelig. Steinfrucht trocken.

Taf. LXI. **Pistacia Lentiscus L.**, Mastix-Pistazie.

Blätter ausdauernd, gleichpaarig-gefiedert: Blättchen 3- od. 4paarig, länglich- oder eirund-lanzettlich, stachelspitzig; Blattstiel geflügelt.

Ein in den Ländern ums Mittelmeer wachsender niedriger Baum, oft auch nur ein sehr ästiger Strauch mit abstehenden, ganz kahlen u. glatten Blättern, deren Blättchen 8—12''' lang, 3—5''' breit, bald lanzettlich, bald linealisch od. auch eiförmig, stumpf, doch immer stachelspitzig u. lederig sind. Die Blüthen stehen in zusammengesetzten, aufrechten, kurzen, achselständigen Trauben, die männl. Blüthen sind sehr kurz gestielt, röthlich-gelb, die 3—5 Kelchzipfel sehr klein u. ungleich; die weiblichen Blüthen sind länger gestielt, grün u. auch die Kelchzipfel sind länger u. spitziger. Die erbsengrossen Früchte sind anfangs roth und endlich schwarz. — Durch Einschnitte in die Rinde gewinnt man, besonders auf Chios, ein Hartharz, den Mastix, *Mastiche* v. ***Resina Mastix* s. *Mastichis* s. *Lentisci*** s. ***lentiscina***, von dem man im Handel insgemein 2 Sorten unterscheidet: 1) feinen u. ausgelesenen Mastix, ***Mastix electa* s. *in granis***, aus kleinen weissen Körnern bestehend, u. 2) gemeinen Mastix, ***Mastiche in sortis.*** Er enthält ausser Harz u. äther. Oel ein eigenthümliches Unterharz, Masticin. Man wendet ihn innerlich gegen Schleimflüsse, vorzüglich aus den Genitalien an. Jetzt gebraucht man ihn aber gewöhnlich nur noch zu Zahnpulvern, Tinkturen, zu Pflastern u. Räucherungen gegen laxe torpide Geschwüre u. s. w. od. auch zum Kauen bei rheumatischen Zahnschmerzen, so wie um das Zahnfleisch zu kräftigen u. den Athem angenehm riechend zu machen. Das daraus geschiedene Oel, ***Oleum aethereum Mastichis***, gab man zu einigen Tropfen bei Magenkrampf u. Blähungsbeschwerden. Der ***Spiritus mastichis Ph. Bor.*** ist äusserlich eingerieben bei Lähmungen u. Schlagflüssen nützlich, wird auch innerlich angewendet. Sonst bediente man sich auch des Holzes, ***Lignum Mastiches***, ingleichen der Blätter, der Früchte u. Wurzeln gegen Blenorrhöen der Geschlechtstheile, passive Blut- u. Schleimflüsse, Durchfälle u. Ruhren.

(**Pistacia Terebinthus L.**, Terpenthin-Pistazie, ein Baum in den Ländern am Mittelmeere, liefert durch Einschnitte in die Rinde den feinsten Terpenthin, den cyprischen od. den Terpenthin von Chios, **Terebinthina cypria v. de Chio.** — **Pistacia vera L.**, ächter Pistazienbaum, wahre Pistazie, liefert die Pistazienkerne, **Nuculae Pistaciae s. Amygdalae virides**, die man in Suppen geniesst, u. jetzt nur noch ihrer schönen grünen Farbe halber den Magenmorsellen zusetzt.)

a. Ein Zweig mit weiblichen u. b. einer mit männlichen Blüthentrauben. — c. Steinfrüchte an einer Astspitze. — A. B. u. C. Männliche Blumen in verschiedener Stellung. — D. E. F. u. G. Staubgefässe in verschiedenen Zuständen. — H. Ein Staubbeutel, quer durchschnitten. — I. Die Spitze einer weiblichen Blüthentraube. — K. Eine weibliche Blüthe. — A. Eine Steinfrucht. — L. Dieselbe senkrecht durchschnitten.

Familie: **Nesseln**: Urticaceae. — *Gruppe*: **Urticeae DeC.**

Gattung: **Cannabis Tournef.**, Hanf.

Blüthen zweihäusig. — Männliche Blüthen: traubenständig. Blüthenhülle tief 5theilig; Staubgefässe 5. — Weibliche Blüthen: gepaart, sitzend. Blüthenhülle scheidenartig, an der innern Seite mit einem Spalt; Griffel 2, ungleich mit keulenförmigen Narben. — Nüsschen von der Blüthenhülle lose umgeben.

Nur eine Art enthaltend:

Taf. LXI. **Cannabis sativa L.**, gemeiner Hanf.

Eine im südlichen Asien einheimische u. überall oft sehr im Grossen angebaute 1jährige Pflanze. Aus der spindelförmigen, wenig faserigen Wurzel entspringt der steif aufrechte, 2—8′ hohe, weichhaarig-raube, kantige, einfache od. ästige Stengel. Die untern Blätter sind gegen-, die obern wechselständig, langgestielt, 5—9zählig gefingert, mit lanzettlichen, an beiden Enden zugespitzten, scharf- u. grob-gesägten, oberseits rauhen, unterseits weichhaarigen Blättchen. Die Nebenblätter sind klein, lanzettlich, trockenhäutig. Die männlichen Blüthen stehen in einfachen od. ästigen Trauben, von denen die obersten zusammen eine bedeutende Rispe darstellen. Die weiblichen Blüthen finden sich am Ende der Stengel u. Aeste gehäuft, in den Blattwinkeln etwas versteckt. Das Perigon u. die linealischen Deckblätter sind zwischen den Flaumhaaren mit kleinen Drüschen bestreut. Die ganze Pflanze verbreitet, vorzüglich die weibliche, bei Berührung einen unangenehmen betäubenden Geruch. — Die Früchte, Hanfsamen, ***Semen Cannabis***, welche viel grünlich-gelbes fettes Oel enthalten, werden vorzüglich zur Bereitung einer Samenmilch, oder auch in Aufgüssen u. Abkochungen als einhüllendes u. reizminderndes Mittel, besonders bei entzündlichen Krankheiten, namentlich der Harnwerkzeuge, bei Fiebern, ferner bei Husten, Heiserkeit u. Durchfällen angewendet. Die Blätter benutzt man in Indien u. in einigen Ländern des Orients als Berauschungsmittel, indem man sie mit Tabaksblättern raucht od. auch mit Opium zu einem berauschenden Getränke (Bangue, Haschisch od. Molac) verarbeitet. Das weinige Extract zeigt sich hülfreich gegen Nervenleiden. Die haltbaren Bastfasern des Stengels benutzt man zu Stricken, Tauen, Segeltüchern u. s. w.

a. Die blüthentragende Spitze eines männlichen u. b. eines weiblichen Stengels. — c. Ein Blattabschnitt. — A. Eine männliche Blüthe. — B. Ein Staubgefäss. — C. Dasselbe am Staubbeutel quer durchschnitten. — D. Eine weibliche Blüthe. — E. Dieselbe von der Blüthenhülle befreit, also das Pistill. — A. Von der Blüthenhülle umgebene Früchte von verschiedenen Seiten u. F. eine derselben von der gespaltenen Seite gesehen, vergr. — G. Eine von der Blüthenhülle befreite Frucht u. H. dieselbe quer, so wie I. senkrecht durchschnitten.

Gattung: **Humulus L.**, Hopfen.

Blüthen zweihäusig. — Männliche Blüthen rispenständig. Blüthenhülle tief 5theilig, Staubgefässe 5. — Weibliche Blüthen zu einem Kätzchen vereint, hinter jeder Schuppe 2 Blüthen stehend, später einen häutigen Zapfen bildend; Blüthenhülle urnenförmig, abgestutzt, den Fruchtknoten dicht umhüllend, aussen von einem Deckblatte umfasst; Griffel 2. — Schalfrucht (Caryopsis) bedeckt.

Nur eine Art enthaltend:

Taf. LXII. **Humulus Lupulus L.**, gemeiner Hopfen.

Wächst in ganz Europa, Nordasien u. Nordamerika in Gebüsch, Hecken u. Zäunen u. wird häufig im Grossen kultivirt. Die Wurzel ist fast holzig, senkrecht u. hat lange, wagrechte, zum Theil kriechende Aeste. Die 10—25′ langen, schlaffen, rechts sich windenden Stengel sind kantig, gedreht, scharf, oberwärts weichhaarig, ästig. Die gegenständigen Blätter sind ziemlich lang gestielt, oberseits dunkelgrün u. sehr rauh, unterseits blassgrün, meist ziemlich glatt u. in der Jugend gelbdrüsig-punktirt u. weichhaarig, herzförmig, tief 3—5lappig, mit eirunden, zugespitzten, grobkerbig-gesägten Lappen u. meist gerundeten od. schmalen Buchten. Die lanzettlichen häutigen abfälligen Nebenblätter sind paarweis zu einem zweispaltigen Blatte verwachsen. Die männlichen Blüthen stehen in oft sehr ästigen Rispen in den Blattachseln. Die weiblichen Blüthenkätzchen stehen einzeln od. zu 3 od. zu mehreren auf langen, mit Deckblättern besetzten Blüthenstielen gleichfalls in den Blattachseln. Die Fruchtkätzchen sind gegen 1″ u. darüber lang; am eingeschlagenen Grunde der eirunden, zugespitzten, trockenhäutigen, adernervigen, bräunlichgelben Deckschuppen befindet sich ein linsenförmiges, zusammengedrücktes Nüsschen, welches von dem Perigon fest umschlossen u. mit gelben glänzenden Drüschen dicht bestreut ist. — Die getrockneten, fruchttragenden weiblichen Kätzchen, der Hopfen, ***Strobuli s. Coni Lupuli***, welche stark gewürzhaft, betäubend riechen u. stark- u. rein bitter schmecken, werden innerlich in Abkochung als bitteres u. stärkendes, gelind-erregendes u. harntreibendes Mittel bei gestörter Verdauung, Unthätigkeit u. Stockung des Darmkanals, Würmern, Wassersucht u. langwierigen Hautausschlägen, so wie äusserlich in Umschlägen u. Bähungen bei Geschwüren, Anschwellungen u. s. w. angewendet. Das gewürzhafte u. bittere Wesen ist in den kleinen gelblichen Drüschen (Hopfenmehl oder Lupulin) enthalten, welche vorzüglich aus einem scharf-gewürzhaften äther. Oele, einem geruch- u. geschmacklosen Harze u. einem sehr bittern Extractivstoff bestehen. Am häufigsten verwendet man den Hopfen zum Bierbrauen. Die jungen Triebe, Hopfenkeimchen, ***Turiones Lupuli***, welche viel Schleimzucker enthalten, werden häufig gegessen.

a. Eine Stengelspitze der männlichen u. b. der weiblichen Pflanze. — c. Ein Stück des weiblichen Stengels mit 3 zapfenförmigen Fruchtkätzchen. — A. Die Blüthenhülle einer männlichen Blume. — B. Eine vollständige männliche Blume. — C. Die Spindel eines weiblichen Blüthenkätzchens, von welcher alle Schuppen (deren 2 zu unterst getrennt dargestellt sind) mit den Blüthen weggenommen wurden. Ueber den beiden Schuppen befindet sich eine weibliche Blüthe nebst dem Deckblättchen u. darüber ein Pistill. — D. Zwei Kätzchenschuppen, deren jedes 2 weibliche Blüthen birgt. — E. Ein Fruchtansatz mit einem Deckblatte. — F. Eine von der Blüthenhülle umgebene u. bei G. stärker vergr. Schalfrucht. — A. Ein Samen.

(In dieser Ordnung sind zu bemerken: **Xanthoxylon** [Zanthoxylum] **Clava Herculis L.**, ein westindischer Baum, von welchem bisweilen die Rinde als **Cortex Geoffroyae jamaicensis** in dem Handel vorkommt. — **Xanthoxylon** [Zanthoxylum] **caribaeum Lam.** enthält in der Rinde einen eigenthümlichen Stoff, Xanthopicrit. — Von **Spinacia oleracea L.** u. **Spinacia inermis Mnch.**, Spinat, wurden sonst die Blätter, **Herba Spinaciae s. Spinachiae**, innerlich als gelind eröffnendes Mittel u. zu erweichenden u. zertheilenden Umschlägen gebraucht. Man geniesst sie auch häufig als Gemüse.)

Hexandria (Sechsmännige).

Familie: **Smilaceen**: Smilaceae. — *Gruppe:* **Smilacinae.**

Gattung: **Smilax (Tournef.) L.**, Smilax.

Zweihäusig. Blüthenhülle tief 6theilig, abstehend. Staubgefässe am Grunde der Blüthenhüllzipfel befestigt. Griffel sehr kurz, mit 3 Narben. Beere 1—3samig.

Taf. LXII. **Smilax Sarsaparilla L.**, Sassaparill-Smilax.

Stengel fast viereckig, mit eingekrümmten Dornen; Blätter eilanzettlich, kurz zugespitzt, unterseits wehrlos, fast 5nervig, seegrünlich.

Ein Schlingstrauch der südlichen Staaten von Nordamerika. Die knotige Wurzel ist mit vielen sehr langen, dünnen, gedrehten, biegsamen, aschgrauen Fasern besetzt. Die langen u. dünnen, viereckigen, ästigen, röthlichen u. kahlen Stengel sind mit kurzen, ziemlich starken, spitzigen, gepaarten Dornen besetzt. Die lederigen, kahlen, glatten, ganzrandigen, eilanzettlichen Blätter stehen auf breiten u. rinnigen, am Grunde mit 2 spiralig gedrehten einfachen Wickelranken besetzten Blattstielen. Wenige kleine Blumen bilden einfache gestielte Dolden. Die Blüthenstiele sind doppelt länger als die Blattstiele u. die besonderen Doldenstielchen 4—6‴ lang. Das gelblichweisse Perigon hat lineale stumpfe Zipfel, welche länger als die Staubgefässe sind. Die schwarzen, blaubereiften Beeren enthalten rothe Samen. — Sonst hielt man allgemein diese Pflanze für die Mutterpflanze der Sassaparille, Sarsa- od. Salsaparille, ***Radix Sassaparillae s. Sarsaparillae*** etc.

a. u. b. Zwei Stücke eines fruchttragenden Stengels, von denen der bei a. zugleich Blüthen trägt. — A. Eine männliche Blüthe.

Taf. LXII. **Smilax syphilitica Humb. et Bonpl.**, antisyphilitischer Smilax.

Stengel rund; Dornen zerstreut, stark; Blätter länglich-lanzettlich, fein zugespitzt, lederig, 3nervig.

Ein in Columbien am Cassiquiariflusse wachsender Schlingstrauch. Die Stacheln an den Stengelknoten stehen zu 2—4 u. sind gerade, kurz u. dick. Die glänzenden Blätter werden 1'' lang. Blüthen u. Früchte sind noch unbekannt.

e. Stengeltheil mit einem Blatte u. Nebenblatte.

Taf. LXII. **Smilax medica Schlchtdal.**, medizinischer Smilax.

Stengel strauchartig-holzig, am Grunde mit geraden nebenblattständigen Stacheln; Blätter kahl, die untern herzförmig, geöhrt-spiessförmig, am Mittelnerven kaum mit Stacheln versehen, die obern herzförmig-eirund, spitzig und 5nervig.

Ein in Mexiko in den Wäldern von Papantla, Misantla, Nantla, Tuspan u. s. w. wachsender Kletterstrauch, welcher in vielen Krümmungen u. Beugungen hoch an den Bäumen hinanklimmt. Er und seine Aeste sind am Ursprunge der Blätter knotig-verdickt u. an den untern Knoten mit 6—8 geraden pfriemlichen Stacheln u. ausserdem mit einigen hakig-gekrümmten Stacheln an den Zwischenknotenstücken besetzt, oberwärts aber stachellos. Die immergrünen dünnen u. papierartigen, aber dennoch derben Blätter sind verschieden geformt, nämlich eirund od. fast geigenförmig, am Grunde geöhrt, bis fast spiessförmig, mit stumpfen, bald kurzen, bald abstehenden u. vorgezogenen Lappen, kurz zugespitzt, zwischen den auf der Unterseite hervorstehenden Nerven netzaderig; die untern Blätter sind grösser, bis gegen 6'' lang u. am Grunde 4—6'' breit; die am Grunde scheidenförmig-verbreiterten Blattstiele sind $\frac{3}{4}$—$1\frac{1}{4}$'' lang. Die Blumen stehen in einfachen winkelständigen Dolden; die weiblichen bilden 8—12blüthige Dolden. Der gemeinschaftliche Blüthenstiel od. Doldenstiel wird 1—$1\frac{1}{2}$'' lang, die Blüthenstiele nur 3''' lang. Die kugeligen, 4''' dicken hochrothen Beeren enthalten 3 Samen — Von dieser Art u. der vorstehenden *Smilax syphilitica*, so wie von *Smilax officinalis Kunth.*, gebräuchlicher Smilax u. *Smilax cordato-ovata Rich.*, traubiger Smilax, sollen die verschiedenen Sorten der Sassaparillwurzeln, *Radix Sassaparillae s. Sarsaparillae*, abstammen, welche im Allgemeinen aus 2—6' langen u. längern, federspuldicken, od. dünnern od. dickern, meist längsrunzeligen, ganz knotenlosen u. ungegliederten, zwar einfachen, aber doch mit einzelnen kurzen Nebenfasern besetzten Wurzelfasern bestehen, im Querdurchschnitt eine dickere od. dünnere mehlige Rindenschicht zeigen, die einen strangförmigen holzigen, in seinem Umfange gelblichen od. bräunlichen u. porösen, in der Mitte eine aus weissem Stärkemehl bestehende Markröhre enthaltenden Kern umgiebt, von dem sie sich leicht lostrennen lässt. Sie riechen schwach u. meist erdig, schmecken anfangs mehlig u. unbedeutend, hintennach, vorzüglich einige Sorten, mehr od. weniger schärflich u. kratzend, zuweilen auch etwas bitterlich u. enthalten ausser vielem Stärkmehle vorzüglich einen scharfen u. kratzenden Stoff, das Smilacin, Pariglin od. Salsaparin. — Die im Handel vorkommenden Sarsaparillsorten sind vorzüglich folgende: 1) Honduras-S., *Sarsaparilla Honduras*, benannt von ihrem Bezugsorte in Centroamerika, ist die dickste der Sarsaparillsorten, die man in Bündeln erhält, welche in lederne Seronen verpackt sind. Gewöhnlich ist noch der Wurzelstock mit den untern bestachelten Theilen vorhanden, wodurch die zahlreichen, sehr langen Wurzelfasern, welche nur allein Anwendung finden dürfen, zusammengehalten werden. Diese Wurzelfasern haben $1\frac{1}{2}$—3''' Durchmesser, sind mit feinen tiefen Längsfurchen u. dazwischen scharf hervortretenden Riefen versehen, aussen gelblich od. röthlichbraun; die Rindenschicht ist entweder weiss od. schwach ins Röthliche od. Gelbliche ziehend. Der Geschmack ist mehr od. weniger bemerkbar, scharf u. hintennach kratzend. Sie ist als heilkräftig häufig im Gebrauche. 2) Veracruz-S., *Sarsaparilla Veracruz* (wahrscheinlich von *Smilax medica* abstammend), eine wenig geschätzte Sorte, kommt aus Mexiko, gewöhnlich über Veracruz in Bündeln zu uns, die in Ballen verpackt sind. Die gleichfalls noch an den Wurzelstöcken sich befindenden Zasern sind mit wenigen breiten, gleichfalls tiefen Furchen u. scharfkantigen Riefen der Länge nach durchzogen, daher auf der Querdurchschnittfläche sternförmig-kantig. Die ganzen Zasern sind gewöhnlich mit einem grauen, matten, dünnen, erdigen Ueberzuge bedeckt, nach Entfernung desselben durch Waschen in vielem Wasser mehr graugelblich od. auch gelblich-braun. Die weniger mehlreiche Rindenschicht erscheint auf der Querdurchschnittfläche meist fleischroth, oft sogar braunroth u. nur selten weisslich; die Markröhre des Kerns dagegen ist mattgelblich und enthält ein weisses Mark. Der Geschmack ist gewöhnlich etwas bitterlich. 3) Lissaboner od. brasilianische S., oder S. von Para od. Maranhon, *Sarsaparilla lisbonensis s. brasiliensis*, aus Brasilien stammend u. sonst über Lissabon zu uns kommend, die am meisten geschätzte Sorte, wird von *Smilax cordato-ovata*, sowie von *Smilax papyracea Poiret.*, einem kleinen, in der Nähe des Amazonenflusses wachsenden Strauche abgeleitet. Es sind nur die brauchbaren Fasern ohne die Wurzelköpfe in grosse walzenförmige Rollen verpackt, die von unten bis oben mit Reifen od. Ranken umwunden sind. Gewöhnlich sind die Wurzelfasern etwas dünner als bei den vorigen beiden Sorten, nur $1\frac{1}{2}$—2''' im Durchmesser, dabei mit weniger tiefen Längsfurchen durchzogen, oft nur gerillt od. ganz stielrund, häufig aber mit vielen Nebenzasern hier u. da besetzt, aussen etwas graubraun, doch auch ins Gelblichbraune u. Rothbraune ziehend u. zeigen auf der Querschnittfläche eine ziemlich dicke, weisse od. auch fleischröthliche, zuweilen mit der blassbräunlichen Farbe der von einem weissen Marke umgebenen Markröhre übereinkommende Rindenschicht. 4) Sassaparilla von Costa Rika, *Sarsaparilla de Costa Rica*, aus Centroamerika stammend. Die Wurzelfasern sind etwa 2' lang, mit regelmässigen tiefen Längsfurchen versehen, haben einen Durchmesser von 3—4''' u. zeigen auf der Querschnittfläche eine verhältnissmässig dicke weisse Rindenschicht u. einen gelblichbraunen Ring der Markröhre, die ein blassgelblichbräunliches Mark umschliesst. 5) Caracas-S., *Sarsaparilla Caracas*, besteht gleichfalls aus etwas dicken, stark- u. tiefgefurchten Fasern, die denen von der Honduras-S. ähnlich, aber bestäubt u. von düster grauer, seltner dunkler brauner Farbe u. mit vielen dünnen Nebenfasern besetzt sind. Die dicke, weisse od. gelblich-weisse Rindenschicht ist oft etwas fleischig, doch auch mehlig. 6) Tampiko-S., *Sarsaparilla Tampico*, ist der S. von Veracruz sehr ähnlich. Die tiefgefurchten Fasern zeichnen sich durch eine gelblichgraue Farbe aus u. sind nur wenig bestäubt; die sehr dichte, fast fleischige Rindenschicht erscheint auf der Querdurchschnittfläche blassgelblich weiss oder auch blassbräunlich. 7) Lima-S., *Sarsaparilla Lima* (von *Smilax syphilitica* abstammend), hat fast nur halb so dicke Wurzelfasern als die von Veracruz, mit der sie in der Gestalt der Querdurchschnittfläche übereinstimmen. Sie sind blass schmutzig gelblichgrau u. mit vielen Nebenfasern hier u. da besetzt; die Rindenschicht erscheint auf der Querdurchschnittfläche gelblichweiss; der Wurzelkern ist nach Verhältniss dicker als bei andern Sorten. 8) Jamaikanische S., *Sarsaparilla Jamaica s. Jamaicensis* (von *Smilax officinalis* abstammend), ähnelt der Lissaboner od. brasilianischen S., die Fasern sind aber meist etwas dicker u. mehr hin- u. hergebogen u. haben theilweise eine dunklere, bisweilen schwärzlichbraune Farbe, im Allgemeinen sind sie mehr blassbraun; befeuchtet wird die Aussenfläche oft schön braunroth; die nach Verhältniss dicke Rindenschicht erscheint auf dem Querschnitte röthlich. Sie schmeckt schärflich u. hintennach kratzend u. soll als sehr wirksam vorzüglich in England verwendet werden. — Man wendet die Sassaparille als ein erregend auf die Sekretionsorgane u. zwar vorzüglich kräftig schweiss- u. harntreibend wirkendes Mittel hauptsächlich bei syphilitischen Krankheiten, bisweilen aber auch gegen rheumatische u. gichtische Beschwerden od. bei verschiedenen, namentlich flechtenartigen Hautausschlägen, gewöhnlich in Abkochung für sich, od. mit andern Mitteln verbunden an. Ein sehr anhaltendes u. starkes Kochen ist aber nicht zu empfehlen. Die Zittmann'schen Tränke sind sehr gebräuchliche Zusammensetzungen.

(Von **Smilax aspera L.**, in Südeuropa wachsend, soll die Wurzel als **Sarsaparilla italica** im Handel vorgekommen sein. — Von **Smilax China L.**, in China u. Japan einheimisch, wurde der Wurzelknollen, die Pockenwurzel od. die orientalische Chinawurzel, **Radix Chinae orientalis s. ponderosa**, als ein einhüllendes, gelind auflösendes, schweiss- u. harntreibendes Mittel angewendet.)

a. Ein Stück einer fruchttragenden Stengelspitze. — b. Ein Blatt von der Mitte u. c. vom Untertheile des Stengels. — d. Ein Blattstiel mit seiner am Rande dornigen Scheide u. den beiden Ranken an seiner Mitte. — A. Die Hüllblättchen mit 2 Fruchtstielen. — A. Eine reife Beere. — B. u. C. Samen. — B. Ein senkrecht durchschnittener Samen mit der Keimlage.

(In dieser Ordnung sind ferner noch zu bemerken: **Tamus communis L.**, gemeine Schmerwurz, schwarze Zaunrübe, in Südeuropa, England u. dem Oriente ausdauernd wachsend, lieferte sonst die scharf u. bitter schmeckende Wurzel, **Radix Tami s. Bryoniae nigrae**, welche, je nach der Grösse der Gabe, zugleich etwas auflösend, eröffnend, purgirend, harntreibend od. auch brechenerregend wirkt u. vorzüglich äusserlich gegen Quetschungen, bei rheumatischen u. gichtischen Schmerzen u. bei kropfartigen Anschwellungen angewendet wurde. — Von **Dioscorea alata L., sativa L., bulbifera L.** u. And. gebraucht man in den Tropenländern Asiens u. Australiens, zum Theil in Afrika u. Amerika, die grossen knolligen Wurzeln, Yamswurzeln, häufig als Nahrungsmittel, wendet sie auch äusserlich bei Geschwüren u. s. w. an. — **Alfonsia oleifera H. Bonpl.** enthält in ihren Samenkernen reichlich Oel od. eine butter- od. talgartige Masse, eine Sorte Palmöl. — Von **Elais guineensis Jacq.**, Oelpalme, erhält man durch Auspressen der Fruchthüllen od. der äussern Fruchttheile das meiste Palmöl. — **Elate sylvestris L.** u. **Borassus flabelliformis L.** liefern eine Art Sago.)

Octandria (Achtmännige).

Familie: **Terebinthaceen**: Terebinthaceae. — *Abtheilung*: **Terebinthineae**. — *Unterabtheilung*: **Amyrideae Kunth.**

Gattung: **Balsamodendron Kuth.**, Balsambaum.

Blüthen diklinisch. Kelch 4zähnig. Blumenblätter 4. Staubgefässe 8, unterhalb der ringförmigen Scheibe eingefügt. Fruchtknoten 2fächrig: Griffel kurz. Steinfrucht ein- od. zweifächrig, ein- od. zweisamig.

Taf. LXII. **Balsamodendron Myrrha Ehrenb. et Nees.**, Myrrhenbalsambaum, Myrrhenbaum.

Aeste dornig; Blätter dreizählig, die Seitenblättchen weit kleiner als das Endblättchen, sämmtlich verkehrt-eiförmig, stumpf, am Ende gezähnelt od. ganzrandig, kahl, Früchte zugespitzt.

Ein Baum od. Strauch Arabiens, dessen Aeste weit ausgesperrt abstehen u. in Dornen endigen. Die zahlreichen Blätter stehen auf sehr kurzen u. kahlen Stielen, einzeln od. meist büschelig. Die Blättchen sind an der Spitze stumpf-gezähnelt od. tragen 2—3 grosse Zähne, bisweilen nur sind sie auch ganzrandig, die seitlichen 1''' lang, das endständige wohl 4 mal länger. Die Blüthen kennt man noch nicht genau. Die kurzgestielten eiförmigen Steinfrüchte sind kurz u. stumpf-zugespitzt, erbsengross, braun u. kahl. Aus der Rinde quillt ein anfangs öliges u. blassgelbes Schleimharz, welches später dicker butterartig u. goldgelb u. endlich beim Verhärten röthlich od. bräunlich wird u. unter dem Namen Myrrhe, *Myrrha* v. *Gummi Myrrhae*, officinell ist. Diese besteht aus unregelmässigen, rundlichen u eckigen, aussen matten u. bestäubten, aber durch Befeuchten mit Spiritus ölglänzend erscheinenden u. bisweilen an den Kanten ziemlich durchscheinenden, eigenthümlich balsamisch riechenden u gewürzhaft-bitter schmeckenden Stücken, u enthält 22 pCt. Weichharz, 54 Gummi, 9 Bassorin, 2 äther. Oel, 5 in Aether unauflösliches Harz, nebst Spuren von apfel-, benzoë- u. schwefelsauren Salzen Die Myrrhe wird sehr oft verfälscht u. ihre Aechtheit ist am besten durch ihren eigenthümlichen Geruch u. Geschmack zu erkennen. Die Myrrhentinktur zu gleichen Theilen Salpetersäure gemischt, wird violettroth gefärbt. Die Myrrhe wird als reizend, aber auch zugleich tonisch auf Magen, Darmkanal, Respirations- u. Sexualorgane wirkend, bei Erschlaffung dieser Organe, vorzüglich bei Schleimflüssen der Genitalien u. äusserlich bei schlaffen, torpiden Geschwüren, zur Erzeugung einer guten Granulation angewendet.

a. Ein Blätter u. eine Steinfrucht tragender Zweig. — A. Eine Steinfrucht u. B. ein einzelnes 3zähliges Blatt.

Taf. LXII. **Balsamodendron Kataf Kuth.**, Kataf-Myrrhenbaum.

Aeste dornenlos; Blätter dreizählig, die Seitenblättchen fast so gross als das Endblättchen, sämmtlich rundlich, verkehrt-eiförmig, etwas keilförmig, stumpf, ungezähnt oder feingekerbt, kahl; Blumenstiele gabelspaltig; Frucht kugelig, an der Spitze eingedrückt-genabelt.

Ist vom vorigen Baume nur durch die dornenlosen Aeste, viel grösseren Blätter u. fast gleichen Blättchen unterschieden. — Man leitete früherhin von ihm die Myrrhe ab.

(Von **Balsamodendron gileadense Kunth.** [Amyris gileadensis et Opobalsamum L.], arabischer Balsambaum, erhält man durch Einschnitte in den Stamm od. durch Auskochen der Zweige den Mekkabalsam, **Balsamum s. Oleo-Resina de Mecca s. Balsamum meccaënse s. de Gilead s. Judaicum s. aegyptiacum s. syriacum s. Opobalsamum verum s. Oleum Balsami s. Balsamelaeon** etc. Sonst brauchte man auch das Holz, **Xylobalsamum**, u. die Früchte, **Carpobalsamum**. — **Balsamodendron madagascariense Rchb.** [Commiphora madagascariensis Jacq.], auf Madagaskar, besitzt einen Federharz enthaltenden Milchsaft.)

1. Ein Blätter tragender Zweig, verkl. — 2. Der Blüthenstand am Ende eines Zweiges, verkl. — 3. Eine Blume von aussen, vergr. — 4. Eine künstlich geöffnete männliche Blume, vergr. — 5. Staubgefässe von vorn u. von hinten, um die Einfügung des Staubbeutels am Staubfaden zu zeigen, vergr.

(In dieser Ordnung sind ferner noch zu bemerken: **Populus nigra L.**, Schwarzpappel, von der man im Frühlinge die klebrig-harzigen Knospen sammelt u. zur Bereitung der Pappelsalbe, **Unguentum populeum**, die einhüllend, zertheilend u. schmerzstillend wirkt, verwendet. — Auch von **Populus dilatata Willdw.** soll man die Knospen sammeln. — Von **Populus balsamifera L.**, Balsampappel, enthalten die Knospen u. deren Schuppen viel gelbes, rhabarberartig riechendes Weichharz, das als eine Sorte Takamahak vorgekommen sein soll. — Von **Rhodiola rosea L.** wurde die angenehm rosenartig riechende Wurzel, **Radix Rhodiolae**, als ein zertheilendes u. schmerzstillendes Mittel angewendet.)

Enneandria (Neunmännige).

(Hier ist zu bemerken: **Mercurialis annua L.**, jähriges Bingelkraut, Speckmelde, Hundskohl, Ruhr- od. Schweisskraut, dessen Kraut, **Herba Mercurialis**, sonst häufiger als jetzt äusserlich als erweichendes od. innerlich als gelind purgirendes Mittel gebraucht wurde. — Von **Mercurialis perennis L.**, ausdauerndes od. Wald-Bingelkraut, gebrauchte man das Kraut, **Herba Cynocrambes s. Mercurialis montanae**, auf gleiche Weise wie das vorige. — **Hydrocharis Morsus ranae L.**, gemeiner Froschbiss, wurde ehedem als **Herba Morsus ranae s. Morsus Diaboli** als kühlendes u. schleimiges Mittel angewendet. [Abbild. s. Linke etc.])

Decandria (Zehnmännige).

Gattung: **Ceratonia L.**, Johannisbrotbaum.

Blüthen polygamisch. Kelch tief-5theilig. Blumenkrone fehlend. Staubgefässe 5. Hülse länglich, zusammengedrückt, lederartig, geschlossen bleibend, vielsamig: die Klappen fleischig-markig. (Eine Art enthaltend.)

Taf. LXIII. **Ceratonia Siliqua L.**, ächter Johannisbrotbaum.

Wächst häufig in den Ländern am Mittelmeere als ein Baum mittlerer Grösse, mit zunehmend-gefiederten Blättern u. gegenständigen, kurzgestielten, 1—2'' langen, 9—12''' breiten, verkehrt-eirund-ovalen, am Ende zurückgedrückten, wenig ausgeschweiften, etwas welligen, lederigen, kahlen, oberseits glänzend dunkelgrünen, unterseits blassgrünen Blättchen. Die 3—4'' langen, purpurrothen Blüthentrauben entspringen selten aus den Blattachseln, häufiger aus nackten, blattlosen Aesten u. sogar aus dem Stamme. Die Blüthenstiele sind schwach weichhaarig, die Kelchzipfel eiförmig, spitzig; der fleischige, scheibenförmige Blüthenboden, von dessen unterer od. Aussenfläche die Staubgefässe entspringen, ist undeutlich 5lappig od. 5eckig. Die

4—8'' langen, 1—$1\frac{1}{2}$'' breiten Hülsen sind oft gekrümmt, stumpf, fast 4seitig, braun, glänzend; die nicht aufspringenden Klappen haben zwischen dem Endo- u. Ektocarpium eine trocken-markige, süssliche Fleischschicht od. Sarcocarpium. — Diese Hülsen od. das **Johannisbrod**, *Siliqua dulcis*, wirken demulcirend u. machen einen Bestandtheil mehrerer Brustspecies aus. In ihrem Vaterlande geben sie ein Nahrungsmittel für Menschen u. Thiere ab.

A. Ein Theil eines Astes mit einer Zwitterblüthe in natürlicher Grösse. — A. Eine Zwitterblüthe u. B. eine männliche Blüthe von oben. — C. Eine Blume, von welcher 4 Staubgefässe weggeschnitten sind, von hinten, um den Kelch, an dem ein Zipfel zurückgeschlagen ist, zu zeigen. — D. Das Pistill u. E. dasselbe der Länge nach durchschnitten. — B. Samen. — C. Derselbe quer u. D. senkrecht durchschnitten. — E. u. F. Die Samenlappen, von der Seite, mit welcher sie an einander lagen. — F. Der Embryo, von dem die Samenlappen entfernt worden sind. — a. Die Aussenseite u. b. die Innenseite einer Klappe der Hülse.

(In diese Ordnung gehört ferner: **Coriaria myrtifolia L.**, ein in Südeuropa u. Nordafrika einheimischer Strauch, dessen Blätter viel Gerbstoff enthalten.)

Dodecandria (Zwölfmännige).

Familie: **Lorbeergewächse**: Laurineae Juss. — *Gruppe*: **Menispermeae Juss.**

Gattung: **Cocculus (C. Bauh.) De C.**, Kokkel.

Blüthen zweihäusig. Kelch und Blumenblätter zu dreien in zwei oder sehr selten in drei Reihen stehend. — Männliche Blüthe: Staubgefässe 6, frei, den Blumenblättern gegenständig. — Weibliche Blüthe: Pistille 3 od. 6. Beeren 1—6, steinfruchtartig, meist schief-nierenförmig, etwas zusammengedrückt, einsamig; Samenlappen entfernt.

Taf. LXIII. **Cocculus palmatus De C.**, handförmiger Kokkel, Columbopflanze. (*Menispermum palmatum Lam.*)

Blätter am Grunde herzförmig, handförmig-5spaltig, fast steifhaarig: Lappen zugespitzt; Blüthen achselständig, die männlichen in Rispen, die weiblichen in Trauben.

Ein auf der Ostküste von Südafrika in den Wäldern von Mozambique u. Querimbo ursprünglich einheimischer, jetzt aber auch auf die Sechellen- u. Maskarenen Inseln, sowie nach Ostindien verpflanzte Pflanze. Die sehr gross u. dick (1—$1\frac{1}{2}$' lang, 2—3'' im Durchmesser) werdende Wurzel hat lange, rübenförmige, am Grunde gelenkartig-eingeschnürte, warzige Aeste. Der krautige, an andern Gewächsen emporklimmende stielrunde Stengel ist bei den männlichen Pflanzen einfach, bei den weiblichen ästig. Die Blätter stehen von einander entfernt auf langen Stielen u. sind 6'' u. darüber lang u. breit. Die männlichen Blumen bilden in den Blattachseln hängende, behaarte, traubige Rispen von der Länge der Blattstiele, die einzelnen Blüthenstielchen sind sehr kurz u. von einem lanzettlich-linealen, spitzigen, wimperigen Deckblättchen unterstützt. Die 6 Kelchblätter sind eiförmig, spitzig u. die Blumenblätter blassgrün, keilförmig, länglich, stumpf, concav, fleischig u. umhüllen mit ihrem Grunde die 6 Staubgefässe mit 4lappigen u. 4fächrigen Antheren. Die weiblichen Trauben sind einfacher u. kürzer. Die drüsig behaarten Fruchtknoten tragen eine fast sitzende 3spitzige Narbe. Die Beeren erlangen die Grösse einer Haselnuss u. sind mit langen schwarzen Drüsenhaaren besetzt; sie enthalten schwarze nierenförmige Samen. — Die **Wurzel**, **Columbowurzel**, *Radix Columbo s. Colombo*, welche man in runden, 1—2'' im Durchmesser haltenden u. 3—4''' dicken Scheiben od. in walzigen fingersdicken, 1—2'' langen, blassgrünlichen, schwach widrig riechenden u. lange anhaltend bitter schmeckenden Stükken erhält, enthält vorzüglich **Columbobitter** (**Columbin**), Schleim u. viel Stärkmehl u. findet als schleimiges, bitteres u. stärkendes Mittel bei Krankheiten der Verdauungswerkzeuge, sowohl aus Schwäche, als auch zu grosser Reizbarkeit derselben, vorzüglich gegen chronischen Durchfall, Ruhren u. dgl. Anwendung. Bei Magenschwäche, Magenkrämpfen, übermässiger Reizbarkeit des Darmkanals, Krampfruhr u. nach der Gelbsucht verbindet man sie mit Gewürzen oft mit grossem Nutzen. Gewöhnlich wendet man den Aufguss bis von einer Unze, selten das Pulver zu 10—20 Gran an. Das Extract empfiehlt man bei Kinderkrankheiten.

a. Die Wurzel verkleinert. — b. Der obere Theil eines Stengels von einem blühenden männlichen Exemplar, verkl. — A. Ein Deckblättchen der Blume. — B. Eine Blume von der untern u. C. von der obern Seite, vergr. — D. Ein Blumenblatt u. E. eins dergleichen mit dem auf ihm liegenden Staubgefässe, stark vergr. — F. Ein Staubbeutel quer durchschnitten, starker vergr., um die 4 Fächer zu zeigen.

(In dieser Ordnung ist ferner noch zu bemerken: **Anamirta Cocculus Wight et Arnott.** (Menispermum Cocculus L., Cocculus suberosus et lacunosus De C., Menispermum lacunosum Lam.), ein Schlingstrauch auf Malabar, liefert die **Kokkels- od. Fischkörner**, **Cocculi indici s. levantici s. piscatorii**, die nächst einem fetten Oele als wirksamen Bestandtheil das **Pikrotoxin** od. **Kokkulin** u. in der Schale ein eigenthümliches Alkaloid, **Menispermin**, enthalten, u. ausser von den homöopathischen Aerzten kaum als Arznei u. höchstens äusserlich zu Salben gegen Kopfgrind und Läuse angewendet werden. Gegen Vergiftungen nützen Brechmittel u. darauf Kampher.)

Polyandria (Vielmännige).

(In dieser Ordnung sind zu bemerken: **Cycas circinalis L.**, **ostindischer Cycas** u. **Cycas revoluta Thunb.**, **japanischer Cycas**, sowie **Corypha umbraculifera L.** u. **Corypha rotundifolia Lam.**, aus deren Stammmarke **Sago** bereitet wird.)

Monadelphia (Einbrüderige).

Familie: **Zapfenbäume**: Coniferae. — *Gruppe*: **Cupressinae.**

Gattung: **Juniperus L.**, Wachholder.

Zwei- od. (selten) einhäusig. — Männliche Kätzchen klein, achsel- od. endständig; Schuppen wirtelig ziegeldachig, halb-schildförmig, jede mit 4—6 Staubbeuteln. — Weibliche Kätzchen achselständig, mit wenigen verwachsenen, fleischigen, einblüthigen Schuppen, welche am Grunde von einigen, keine Blüthen tragenden Schuppen hüllartig umgeben werden. Zapfen beerenartig (Beerenzapfen, Galbulus) mit einem bis 3 Nüsschen.

Taf. LXIII. **Juniperus communis L.**, gemeiner od. ächter Wachholder.

Zweihäusig; Blätter zu 3, wagrecht-abstehend, stechend-spitzig, länger als die Beerenzapfen.

Ein auf sonnigen Bergen u. Hügeln, so wie auf dürren sandigen Haiden durch ganz Europa u. im nördlichen Asien wachsender immergrüner, 3—6' hoher Strauch od. 12—15' hoher Baum, dessen Stamm mit einer graubraunen oder röthlichbraunen Rinde bedeckt ist. Die Aeste stehen ausgesperrt u. die Aestchen sind fast 3kantig-gerieft. Die sitzenden, weit abstehenden Blätter sind 6—10''' lang, $\frac{1}{2}$—1''' breit, lineal-pfriemlich, in eine stechende Stachelspitze ausgehend, oberseits seicht rinnig, in dieser Rinne weiss, unterseits stumpfgekielt, mit einer eingedrückten, den Kiel durchziehenden Linie, oberseits an den Rändern u. unterseits hellgrün. Die Blüthen einzeln in den Blattwinkeln; die männlichen ellipsoidisch, stumpf, 2—3''' lang, einem schuppigen Kätzchen ähnlich; die weiblichen fast eiförmig, 1''' lang, einem schuppigen Knöspchen gleichend. Die Beeren (Beerenzapfen) sind im ersten Jahre eiförmig u. grün, im nächsten Jahre fast kugelig u. schwärzlich, mit einem hellen hechtblauen, leicht abwischbaren Reife überzogen. In jeder Beere befinden sich 3 harte, schief-eiförmige, kantige, runzelige, rothbraune Nüsschen. — Die **Beeren**, **Wachholderbeeren**, *Baccae Juniperi*, welche, vorzüglich auf glühende Kohlen geworfen, angenehm balsamisch riechen, süsslich, gewürzhaft, etwas harzig u. zuletzt reizend schmecken u. vorzüglich ein eigenthümliches Harz, äther. Oel u. Schleimzucker enthalten, wirken erregend auf das Gefäss- u. Nervensystem, schweiss u. harntreibend, die Verdauung hebend u. verbessernd u. werden innerlich in Aufguss u. Abkochung bei Verdauungsschwäche Unterleibsstockungen,

Würmern, Wassersucht u. bei unterdrückter Menstruation u. s. w., äusserlich zerstossen zu Umschlägen auf schlaffe Geschwülste u. auch zu Räucherungen in Kellern u. dumpfigen Wohnungen angewendet. Auch dienen sie zur Bereitung des Wachholdermuses, *Roob* v. *Succus Juniperi*, Wachholdergeistes, *Spiritus Juniperi*, ätherischen Oeles, *Oleum Baccarum Juniperi*, u. andern Zusammensetzungen. Das Wachholderholz, *Lignum Juniperi*, welches einen besonders beim Verbrennen sich verstärkenden angenehmen balsamischen Geruch u. einen harzig-gewürzhaften Geschmack besitzt, enthält äther. Oel, wirkt gleich den Beeren, erregend, schweiss und harntreibend u. wird theils innerlich in Abkochung (*Species lignorum*), theils als Räucherungsmittel angewendet. Das daraus erhaltene äther. Oel, *Oleum Juniperi ex ligno*, ist ein kräftig reizendes u. belebendes, auf die Nieren wirkendes Mittel. Früher wurde das am Holze u. der Rinde ansitzende Harz als deutscher Sandarak, *Sandaraca germanica s. Resina Juniperi*, gesammelt.

a. Eine Astspitze mit männlichen Kätzchen. — b. Eine Astspitze eines weiblichen Strauchs mit weiblichen Kätzchen u. Beerenzapfen. — A. Ein männliches Kätzchen stark vergr. — b. Eine Schuppe des männlichen Kätzchens mit 4 Staubbeuteln von oben, C. dieselbe von der vordern u. D. von der hintern Seite. — E. Ein weibliches Kätzchen u. F. dasselbe stärker vergr. u. senkrecht durchschnitten, so dass der Schnitt ein Pistill unberührt liess u. das andere halbirte. — G. Ein einjähriger Beerenzapfen. — A. Ein reifer 2jähriger Beerenzapfen (Wachholderbeere). — H. Ein Nüsschen, I. dasselbe stärker vergr. u. quer, sowie K. noch stärker vergr. u. senkrecht durchschnitten. — L. Der gesonderte Embryo.

Taf. LXIII. **Juniperus Sabina L.**, Sade-Wachholder, Sadebaum, Sewe, Sewenbaum.

Zweihäusig; Blätter vierreihig-ziegeldachig, ganz angedrückt, stumpf, am Rücken drüsig-furchig, die ältern spitzig u. mehr entfernt stehend.

Ein immergrüner, gegen 10′ hoher Strauch od. gegen 20′ hoher Baum im Oriente u. den Gebirgsgegenden des südlichen u. mittlern Europa. Von den langen, sehr verzweigten u. aufsteigenden Aesten wurzeln die untersten zuweilen u. sind mit braunröthlich-grauer Rinde bedeckt. Die Blätter sind rautenförmig, spitzig, auf dem Rücken eingedrückt u. eine Drüse tragend, od. lanzettlich-pfriemförmig, zugespitzt, etwas abstehend, herablaufend u. mehr od. weniger entfernt, dunkelgrün, 4reihig-dicht-ziegeldachig, die angedrückt-ziegeldachigen ½—2½‴ lang, die letztern kreuzständig, doch auch zuweilen in 3zähligen, mit einander wechselnden Wirteln. Männliche u. weibliche Kätzchen an den hakig zurückgekrümmten Enden der Aestchen. Die Beerenzapfen sind unregelmässig-kugelig, schwarz u. hechtblau bereift, auf dem Scheitel mit undeutlichen Höckerchen, auf ihren zurückgekrümmten Stielchen überhängend; sie enthalten in ihrem Innern 3 Nüsschen. — Die stark unangenehm, oft etwas betäubend riechenden u. widrig, harzig-bitter, etwas scharf schmeckenden, jungen, grün beblätterten Zweige, das Sadebaumkraut od. Sevenbaumkraut, *Herba* (v. *Frondes* v. *Summitates* v. *Folia*) *Sabinae*, welche vorwaltend äther. Oel, *Oleum Sabinae*, u. eisengrünenden Gerbestoff enthalten u. stark reizend erregend auf das gesammte Blutgefässsystem, vorzüglich aber auf den Uterus wirken, wendet man besonders innerlich bei Schwäche u. Erschlaffung des Uterus, bei Gicht, gegen Würmer u. s. w., äusserlich bei Lähmungen, laxen u. torpiden Geschwüren, Beinfrass u. syphilitischen Knochenauftreibungen und Knochenauswüchsen an. In der Homöopathie hat es sich vorzüglich gegen Uterinkrankheiten, gegen Podagra, Knochenkrankheiten u. Zahnschmerzen wirksam erwiesen. Es gehört zu den gefährlichen u. drastischen Mitteln u. kann bei vollblütigen Personen blutige Durchfälle, Entzündung, Brand u. selbst den Tod herbeiführen, wenn seine Anwendung nicht mit grosser Vorsicht geschieht.

(Von **Juniperus virginiana L.**, virginischer Wachholder, besonders von dem in feuchten Gegenden gewachsenen, sollen die an dem Stamme sich bildenden schwammigen Auswüchse, Cedernäpfel, **Fungus Juniperi virginianae**, im vorzüglichen Grade wurmwidrig sein und am meisten in Hinsicht ihrer Bestandtheile mit den Gallapfeln übereinkommen.

a. Ein Ast, welcher junge (1jährige) Beerenzapfen trägt, u. dessen Spitze bei * abgeschnitten u. daneben dargestellt wurde. — A. Die obern Schuppen eines weiblichen Kätzchens, welche die Blüthen umgeben. — B. u. C. Dieselben nebst den untern blüthenleeren Schuppen, doch mehr von der Seite gesehen u. weniger vergr. — D. Ein der Länge nach durchschnittenes weibliches Kätzchen mit einem Pistille. — E. Das Pistill stärker vergr. — F. Dasselbe senkrecht durchschnitten, um das Eichen sichtbar zu machen. — G. Dasselbe quer durchschnitten. — A. Ein Nüsschen. — H. Dasselbe vergr.

Familie: **Osterluzeien**: ARISTOLOCHIACEAE. — *Gruppe:* **Myristiceae R. Br.**

Gattung: **Myristica L.**, Muskatnussbaum.

Blüthen zweihäusig. Blüthenhülle gefärbt, urnenförmig, mit 3spaltigem Saume. Staubfädensäule 3—12 angewachsene Staubbeutel tragend. Beere steinfruchtartig, 2klappig sich öffnend, einsamig. Samen von einem vieltheilig-zerrissenen Samenmantel umgeben.

Taf. LXIV. **Myristica moschata Thunb.**, ächter Muskatnussbaum, Moschkatenbaum.

Blätter abwechselnd, länglich oder elliptisch-länglich oder eiförmig, zugespitzt stumpf, kahl, fast einfach geadert; männliche Blüthen achselständig, traubig, weibliche auf 1—3blüthigen Stielen; Früchte einzeln, kahl.

Ein ursprünglich auf den Molukken einheimischer u. jetzt daselbst, sowie auf den grossen Sundainseln, den Maskarenen, auf den Antillen u. in Cayenne u. andern Theilen des nördlichen Südamerika kultivirter, 30—40′ hoher Baum, mit wirtelständigen, weit abstehenden Aesten. Die wohlriechenden Blätter sind oberseits dunkelgrün u. glänzend, unterseits blassgrün und glanzlos. Die Zipfel des gelblichweissen fleischigen Perigons sind kurz, eirund, spitzig. Die Staubfädensäule in den männlichen Blumen ist dick, walzenförmig u. trägt 9—12 aufgewachsene Staubbeutel. Der Fruchtknoten in den weiblichen Blumen ist verkehrt-eiförmig. Die kugelig-birnförmige Frucht hat 2—2½″ im Durchmesser, ist reif gelb u. enthält in einem weissen Fleische den eiförmigen od. kugelig-ellipsoidischen zollangen Samen, der von einem in sehr ungleiche linealische, einfache od. verschieden geschlitzte Zipfel gespaltenen fleischigen u. hochfeurigrothen Samenmantel umgeben ist. Von diesem Samenmantel erhält die harte, dunkelbraune u. glänzende Samenschale unregelmässige flache u. breite Furchen u. Eindrücke. — Die von der harten Samenschale befreiten Samenkerne od. die sogenannten Muskatnüsse, *Nuces moschatae*, besitzen einen eigenthümlichen, angenehm gewürzhaften Geruch u. Geschmack, enthalten vorwaltend ein fettes u. ein äther. Oel u. werden häufig in der Küche als ein die Verdauung unterstützendes Gewürz gebraucht. Geniesst man sie in grosser Menge od. häufig, so überreizen sie den Magen u. spannen das Nervensystem ab. In der Medicin gebraucht man sie in Substanz nur als Corrigens schwer verdaulicher Arzneien. Das in Indien durch Auspressen gewonnene feste Muskatöl, Muskatbalsam oder Muskatbutter, *Oleum s. Balsamum Nucistae*, wendet man dagegen häufiger gegen krampfhafte Unterleibsbeschwerden, Verdauungs- u. Magenschwäche, Herzgespann u. Blähungsbeschwerden an. Die getrocknet roth- od. safrangelben Samenmäntel, die sogenannten Muskatblüthen, *Macis, Flores Macidis*, welche noch feiner riechen u. schmecken als die Muskatnüsse u. gleichfalls ein fettes u. äther. Oel enthalten, werden auch als Gewürz an die Speisen gebraucht u. wirken ähnlich, nur flüchtiger erregend. Durch Destillation wird in Indien aus ihnen das äther. Muskatblüthöl, *Oleum Macis s. Macidis*, bereitet.

a. Ein fruchttragender Zweig eines weiblichen Baumes, verkl. — b. Ein männlicher Blüthenstand. — A. Eine männliche Blume. — B. Dieselbe der Länge nach aufgeschnitten, um die Säule mit den angewachsenen Staubbeuteln zu zeigen. — A. Die Säule der Staubgefässe der Länge nach durchschnitten, vergr. — B. Diese Staubgefässsäule stark vergr. u. in der Mitte der angewachsenen 9 gepaarten Staubbeutel quer durchschnitten. — C. Ein gepaarter (od. getrennt-2fächriger) Staubbeutel von vorn u. D. von hinten. — E. Der Querdurchschnitt eines Staubbeutelfachs noch stärker vergr. — C. Eine weibliche Blume aufgeschnitten u. ausgebreitet, um das Pistill sehen zu können. — c. Eine Nuss, von welcher die Hälfte des zerrissenen Samenmantels (Macisblume) zurückgelegt wurde. — d. Die Nuss von der obern Hälfte der Schale entblösst, so dass der Samen nur noch mit einem zarten Häutchen überdeckt erscheint. — e. Die Nuss senkrecht durchschn., wobei man am Grunde den Embryo sieht. — D. Der von den Samenlappen getrennte Embryo, sehr stark vergr.

Familie: **Sapotaceen**: Sapotaceae. — *Gruppe*: **Jasmineae Juss.** (*Oleinae L.*)

Gattung: **Ornus Pers.**, Blumenesche.

Kelch sehr klein, 4spaltig. Blume tief viertheilig, mit lineulischen Zipfeln. Staubgefässe 2, fast so lang wie die Zipfel der Blumenkrone: Staubfaden haardünn, Staubbeutel herzförmig. Griffel kurz, mit zweispaltiger Narbe. Flügelfrucht einsamig, lanzett-länglich.

Taf. LXIV. **Ornus europaea Pers.**, europäische Blüthenesche, Manna-Esche. (*Fraxinus Ornus L*)

Blätter unpaarig-gefiedert: Blättchen 7—9, länglich-eirund, in's Rundliche u. Lanzettliche gehend, gesägt, kahl; Rispen endständig, übergebogen, mit gekreuzten Aesten, dichtblüthig.

Ein in ganz Südeurope wachsender ästiger Strauch od. ein bis 30' hoher Baum. Die knotigen Aeste sind bläulichschwarz u. gelbpunktirt u. die Knospen grau bepulvert. Die Blätter werden 6—10'' lang u. haben 7, selten 9 Abschnitte od. Blättchen, von denen das endständige stets elliptisch od. lanzettlich ist. Die grossen Blüthenrispen haben gedrängt stehende Aeste; sie entspringen an den Astenden u. in den Blattachseln u. sind kürzer als die Blätter. Die Deckblättchen sind klein, lanzettlich-pfriemlich u. behaart. Die kurzgestielten wohlriechenden Blüthen haben einen kleinen grünlichgelben Kelch u. eine fast 4blättrige Blumenkrone mit 4 gegen 5''' langen, sehr schmalen Zipfeln. Die Flügelfrüchte sind schmal, länglich-rund u. vorn abgerundet. — Der aus Wunden der Rinde (entweder durch den Stich der Mannacikaden od. durch Einschnitte hervorgebracht), herausgeflossene, schleimig-zuckerartige, an der Luft mehr od. weniger erhärtete Saft, die Manna, welche in mehreren Sorten vorkommt, wirkt sehr gelind abführend u. kann deshalb selbst in Entzündungskrankheiten ohne Nachtheil angewendet werden. Die Gabe ist 1—4 Unzen. Sie besteht aus Mannit od. Mannazucker u. einem nicht krystallisirbaren, ekelerregenden Stoffe, sowie Gummi, Kleber u. Extractivstoff. Die beste Sorte ist die Tropfenmanna, *Manna in lacrymis*, die sich nur selten im Handel vorfindet. Häufiger ist die Röhren-Manna, *Manna canellata s. longa*, welche entsteht, wenn nach gemachten Einschnitten der auf Reiser od. Strohbündel ausfliessende Saft im Juli u. August bald zu langen gelblichweissen Stücken od. Röhren erhärtet. Die gemeine Manna, *Manna vulgaris*, besteht aus weisslichen od. gelblichen, durch eine bräunliche klebrige Masse zu verschieden grossen Klumpen vereinigten Körnern. Die Körner- od. ausgelesene Manna, *Manna in granis s. M. electa*, sind die ausgelesenen losen Körner u. tropfenförmigen Stücke. Die schlechteste Sorte ist die fette od. dicke Manna, *Manna pinguis v. crassa*, welche im November u. December ausfliesst, nur wenig erhärtet, weich, schmierig und sehr unrein ist.

a. Ein blühender Zweig der rundblättrigen Abänderung. — A. Das obere Ende einer Blüthenrispe. — A. Eine männliche Blume. — B. Eine Zwitterblume. — C. Staubgefässe von verschiedenen Seiten, wovon ein Staubbeutel quer durchschnitten. — b. Flügelfrucht. — c. Die unreife, am Fruchtknoten senkrecht geöffnete Flügelfrucht, um die Fächer mit den Eichen zu zeigen. — d. Ein Blatt von der verwandten Ornus rotundifolia Link.

(In dieser Ordnung sind noch zu bemerken: **Taxus baccata L.**, gemeiner Eibenbaum, Taxus, von dem die grünen, mit Blättern dicht besetzten Aestchen, Taxuskraut, **Herba s. Summitates s. Folia Taxi**, welche unangenehm herb-bitter schmecken, vorwaltend äther. Oel, Gerbestoff u. einen bittern Stoff enthalten u. erregend auf das Blutgefäss- u. Nervensystem u. in grossen Gaben sogar narkotisch-giftig wirken, vorzüglich bei unterdrückter Menstruation angewendet werden, auch unter den homöopathischen Arzneimitteln Aufnahme gefunden haben. Früher waren auch die Rinde u. das Holz officinell. — Von **Ruscus aculeatus L.**, stechender Mäusedorn, Stechmyrte, machte die geruchlose, etwas schleimig u. zugleich etwas bitterlich-scharf schmeckende Wurzel, **Radix Rusci s. Brusci s. Myrtacanthae**, einen Bestandtheil der 5 grössern eröffnenden Wurzeln, **Radices quinque aperientes majores**, aus u. wurde als harntreibend u. eröffnend gegen Stockungen im Darmkanale, Wassersucht u. s. w. angewendet. Auch waren **Turiones et Semina Rusci** officinell. — Von **Ruscus Hypophyllum L.**, lorbeerblättriger Mäusedorn, gebrauchte man die Wurzel, **Radix Lauri alexandrinae**, bei Harnbeschwerden, stockender u. unterdrückter Menstruation und sogar bei schweren Geburten. — Von **Ruscus Hypoglossum L.**, zungenförmiger Mäusedorn, wendete man sonst die zusammenziehend-bitterlichen Blätter als **Herba Uvulariae s. Bislinguae s. Bonifacii s. Lauri alexandrinae angustifoliae**, vorzüglich gegen Halsbeschwerden, namentlich gegen Erschlaffung des Zäpfchens an. Die Wurzel rühmte man bei Krankheiten des Uterus, vorzüglich aus Schwäche u. Erschlaffung. — Von **Ephedra monostachya L.**, einähriges Meerträubchen, wendete man früherhin die Zweige u. Aestchen als **Folia Ephedrae** vorzüglich gegen Durchfälle u. Ruhren an. — **Ephedra distachya L.** lieferte die Kätzchen, **Amenta uvae marinae**. — **Cissampelos Pareira L.**, gebräuchliche Grieswurzel, in den Gebirgsgegenden Westindiens u. Mexikos wachsend, gab die ächte Grieswurzel, **Radix Pareirae bravae s. Butuae**, die man bei Harnbeschwerden, Steinkrankheiten, sowohl Gries als auch Nierensteinen ferner gegen Unterleibsstockungen, Gelb- u. Wassersucht anwendete. — **Cissampelos ovalifolia De C.** u. **Cissampelos ebracteata St. Hil.** haben gleichfalls harntreibende Kraft. — Von **Alchornea latifolia Sw.**, einem auf den Bergen von Jamaika u. Guiana wachsenden, gegen 20' hohen Baume, wird die Rinde, Alkornokrinde, **Cortex Alcornoque s. Cortex Chabarro**, jetzt kaum noch gegen Lungensucht angewendet. — Von **Fraxinus excelsior L.** waren früherhin die Rinde, Blätter u. Früchte, **Cortex, Folia et Semina Fraxini**, die letztern auch unter dem Namen **Semen Linguae avis** officinell. [Abbild. der deutschen Gewächse s. Linke etc.])

XXIII. Cl. Polygamia (Vielehige).

Die Gewächse dieser Classe sind in den ihnen angehenden frühern Classen untergebracht worden.

XXIV. Cl. Cryptogamia (Verborgenehige).

Filices (Farrnkräuter).

Familie: **Wedelfarrn**: Polypodiaceae R. Br. — *Gruppe*: **Polypodieae.**

Gattung: **Nephrodium Richard.**, Nierenfarrn.

Fruchthäufchen rundlich, gesondert, aus einer verdickten punktförmigen Stelle der Queradern entspringend, beschleiert. Schleierchen nierförmig, ringsum sich lösend.

Taf. LXV. **Nephrodium Filix mas Rich.**, männlicher Nieren- od. Schildfarrn, Wurmfarrn, Farrnkrautmännchen, Johanniswurzel. (*Polypodium Filix mas Lin. — Aspidium Filix mas Swartz. — Polystichum Filix mas Roth.*)

Stock schief, halbunterirdisch, verkehrt-kegelig, spreublättrig, mit verlängerten, ziegeldachartig gestellten Fortsätzen; Laub länglich, doppelt-fiederschnittig: erste Fiederabschnitte lanzettlich-länglich, zweite länglich, stumpf, gekerbt, an der Spitze gesägt; Laubstiel spreublättrig; Fruchthäufchen in 2 Reihen längs der Mittelrippe der zweiten Fiederabschnitte; Schleierchen schildförmig angeheftet, rundlich-nierenförmig.

Wächst lange Jahre ausdauernd in feuchten schattigen Laubwäldern u. Gebüschen durch ganz Europa u. Nordasien, aber auch in Nordafrika. Der halbunterirdische, schwärzlichbraune Wurzelstock ist innen blassgrünlich, oft gegen 1' lang u. wird auf seiner Oberseite durch dicht neben einander stehende, dicke, kantige, aufwärts gekrümmte Blattstielbasen, die nach dem Absterben des obern Wedeltheils stehen blieben, ganz verdeckt; mit diesen Blattstielresten besetzt hat sein oberes Ende oft 2—

—3'' Dicke, nach deren Entfernung dagegen ist der eigentliche Wurzelstock nur etwa 6—7''' dick; übrigens treibt er an seiner ganzen Unterseite zahlreiche fadenförmige Wurzelfasern, ist nach vorn mit breiten lanzettlichen, rostbraunen Spreublättchen so dicht bedeckt, dass er von ihnen gleichsam versteckt wird. Die Wedel stehen vorn am Wurzelstocke büschelig-zusammengedrängt, sind 2—3' hoch, im Umrisse länglich; die Fiedern sind kurzgestielt, länglich-lanzettlich, verschmälert zugespitzt, seltner stumpf; die Fiederchen sind, ausser an der kerbig gezähnten Spitze, fast ganzrandig od. auch am Rande zähnig-gesägt, mit stumpflichen, meist angedrückten Sägezähnen, seltner auch eingeschnitten kerbig-gesägt, bis fast fiederspaltig, an den obersten Fiedern, so wie an den Spitzen der untern zusammenfliessend. Wedelstiel u. Wedelspindel (d. i. der Blattstiel u. die Mittelrippe, in die sich ersterer fortsetzt) sind oberseits schmal u. tiefrinnig, unterseits stark gewölbt. Die auf der Rückenseite der Wedel stehenden Fruchthäufchen nehmen meist nur die untere Hälfte der Fiederchen ein. Das nierförmige, in der Mitte gewölbte Schleierchen bedeckt das Fruchthäufchen ganz, ist anfangs weisslich, später hellbraun — Der Wurzelstock od. die Farrnwurzel, Farrnkrautwurzel, ***Radix Filicis* s. *Radix Filicis maris***, wird gegen Würmer, vorzüglich gegen Bandwurm angewendet. Man muss ihn im Frühlinge od. Herbste von nicht zu nassem Standorte sammeln, von den Wedelstielresten u. andern anhängenden Dingen befreien u. sorgfältig u. gut trocknen. Er erscheint dann aussen röthlich-dunkelbraun, zeigt unter einer dünnen Rinde eine gleichförmige, feste, markige Substanz von gelblicher od. fleischröthlicher Farbe, riecht eigen unangenehm, schmeckt anfangs süsslich-herbe, später widerlich-kratzend und bitter und enthält ausser äther. Oel, Harz u. Gerbestoff ein eigenthümliches, dickflüssiges, braungrünes, fettes Oel. Angewendet wird das Pulver des frisch getrockneten Wurzelstocks oder das äther. Extract, ***Extractum Filicis aethereum.*** Das Pulver muss in fest verstopften Gläsern vor Luft u. Licht geschützt u. nicht in zu grosser Menge aufbewahrt werden. Beim Einsammeln im Frühjahr nimmt man nicht selten die Wurzelstöcke anderer Farrn mit, z. B. von ***Nephrodium Oreopteris Roep.*** (***Aspidium Oreopteris Sw.***); von ***Aspidium Filix foemina Sw.*** (***Polypodium Filix foemina L***, ***Asplenium F. f. Bernh.***, ***Athyrium F. f. Roth.***), deren Wurzel aber kurz u. perpendiculär in die Erde dringt u. deren schwarze Schuppen ohne derben fleischigen Inhalt sind; von ***Nephrodium spinulosum Strempel.*** (***Aspidium dilatatum Wildw.***, ***Aspidium spinulosum Sw.***, ***Nephrodium dilatatum Rich.***), deren Wurzel schwächer ist, deren Ueberbleibsel der Strünke weniger verdickt sind u. nur sehr wenig markige, schwach schmeckende Substanz enthalten; von ***Pteris aquilina L***, deren Wurzel dünner u länger, kriechend, ästig, auswendig schwarz, inwendig weiss gesprenkelt ist. Verwechselungen dürften jedoch weniger schaden, da allen diesen Arten ähnliche Bestandtheile beiwohnen.

a. Ein Stock mit einem Laubstiele u. 2 Paar der untersten Fiederabschnitte. — A. Eine Laubspitze von der untern, mit Fruchthäufchen besetzten Seite. — B. Ein Fiederabschnitt der zweiten Ordnung. — A. Derselbe vergr., mit 8 durch das Schleierchen grösstentheils bedeckten Fruchthäufchen. — B. Ein Fruchthäufchen. — C. Eine geschlossene, mit dem Gliederringe (gyrus) umgebene Kapsel (Sporangium). — D. Eine aufgesprungene Kapsel, welche die Sporen ausstreut. — E. Ein Spreublättchen des Laubstiels. — C. Ein primärer Fiederabschnitt von einem unfruchtbaren Laube.

Gattung: **Polypodium L.**, Tüpfelfarrn.

Fruchthäufchen rundlich u. halbrundlich, zerstreut, unbeschleiert.

Taf. LXV. **Polypodium vulgare L.**, gemeiner Tüpfelfarrn, Engelsüss.

Stock wagrecht, oberflächlich kriechend, spreublättrig, ästig, mit verkürzten, schüsselförmigen Fortsätzen; Laub fiedertheilig, Abschnitte linealisch-länglich, stumpf, mehr oder minder gesägt; Fruchthäufchen in zwei mit dem Mittelnerven parallel laufenden Reihen.

Wächst häufig an Baumstämmen, Felsen, auf u. in alten Mauern durch ganz Europa, in Nordasien u. Nordamerika. Der kriechende Wurzelstock befindet sich nahe an u. unter der Oberfläche des Bodens, ist etwa von der Dicke einer Rabenfederspule u. zuweilen 4—6'' lang, knotig, entweder einfach oder nur in wenige Aeste getheilt u. mit kurzen Fortsätzen versehen, die oben schüsselförmig vertieft sind; diese Vertiefungen sind die Narben, welche von den abgestorbenen Wedeln herrühren. Der Wurzelstock ist übrigens über u. über mit dunkelrostbraunen, lanzettlichen, wimperig-gezähnten Spreublättchen dicht besetzt u. treibt an seiner Unterseite viele lange ästige, filzhaarige, dunkelbraune Wurzelzasern. Die Wedel entspringen mehr oder weniger von einander entfernt, sind 6—14'' lang, gestielt; die Blattfläche ist im Umrisse länglich od. eirund-länglich, gegen die Spitze meist stark verschmälert, lederig, fiedertheilig; die gegen- od. wechselständigen Zipfel sind an ihrem Grunde breiter, in ihrer ganzen Länge od. nur gegen die Spitze hin, meist nur undeutlich gesägt. Der Wedelstiel ist halbstielrund, glatt u. weisslich od. bräunlich. Die grossen Fruchthäufchen sind fast halbkugelförmig-gewölbt u. fliessen oft so zusammen, dass sie die ganze Unterfläche der Laubzipfel bedecken. Die Früchte sind anfangs dunkelgelb, werden aber nach und nach braun. Nach Willdenow hat man folgende Varietäten: *β. auritum* dessen untere Laubzipfel am Grunde mit einem lanzettlichen Oehrchen versehen sind; *γ. serratum*, mit grösserem u. deutlich gesägtem Laube; *δ. sinuatum*, mit gebuchteten Laubzipfeln; *ε. cambricum* (Polypodium cambricum L.), dessen Laubzipfel fiederspaltig gezähnt sind. Der von den Wurzelfasern befreite u. von den Spreublättchen gereinigte Wurzelstock, die Engelsüsswurzel, Kropfwurzel, Korallenwurzel, ***Radix Polypodii***, welche getrocknet leicht zerbrechlich, innen grünlich-weisslich od. röthlich-gelb, aussen gelb- od. rothbraun ist, unangenehm, zuweilen ranzig-ölig riecht, anfangs süsslich, dann reizend bitterlich schmeckt u. vorzüglich fettes Oel, Weichharz, Gerbe- u. zuckerartigen Stoff enthält, wurde früherhin häufiger in Aufguss u. Abkochung bei Trägheit u. Stockungen des Darmkanals, bei Gelb- u. Wassersucht, Scorbut u. s. w., auch bei Brustkrankheiten angewendet. Die alten holzigen, harten, hohlen, inwendig schwarzen, geschmack- u. kraftlosen Wurzeln sind verwerfbar.

(Von **Polypodium Calaguala Ruiz.**, in den Gebirgen von Peru einheimisch, erhält man den Wurzelstock als **Radix Calagualae s. Calahualae**, die in Peru als ein gelinde adstringirendes, schweisstreibendes Mittel gegen Brustbeschwerden, Rheumatismen u. veraltete Syphilis angewendet wird.

a. Ein Wurzelstock mit einem fruchtbaren u. einem unfruchtbaren Laube, dessen Stiel bei ** zu einem Theile abgeschnitten worden ist. — A. Die Spitze eines Laubabschnittes mit 2 Fruchthäufchen. — B. Ein Fruchthäufchen. — C. Zwei mit dem Gliederringe versehene Kapseln. — D. Sporen oder Keimkörner.

(In dieser Ordnung sind ferner noch zu bemerken: **Scolopendrium officinarum Sw.** [Asplenium Scolopendrium L.], gemeiner Zungenfarrn, Hirschzunge, ist gelind zusammenziehend u. schleimig u. wurde sonst als Hirschzungenkraut, **Herba Scolopendrii s. Linguae cervinae s. Phyllitidis**, bei chronischem Husten, Phtisis u. andern ähnlichen Brustkrankheiten, auch bei Durchfällen, Ruhren u. als Wundmittel angewendet. — **Asplenium Trichomanes L.**, gemeiner Streiffarrn, Haarkraut, wurde sonst als rothes Frauenhaar, rother Wiederthon, **Herba Trichomanes s. Adianti rubri**, als ein auflösendes u. Schleim absonderndes Mittel gegen Husten, Schwindsucht, Steinbeschwerden u. Harnstrenge angewendet. — **Asplenium Ruta muraria L.**, Mauerstreiffarrn, Mauerraute, gebrauchte man als weisses Frauenhaar od. Mauerraute gegen Lungenkrankheiten, Melancholie, Milzbeschwerden u. Scharbock. — **Asplenium Adiantum nigrum** hatte als schwarzes Frauenhaar, **Herba Adianti nigri**, gleiche Anwendung wie Asplenium Trichomanes. — **Lomaria Spicant Desv.** [Osmunda Spicant L., Blechnum boreale Sw.], gemeiner Randfarrn, war sonst als kleineres Milzkraut, **Herba Lonchitis minoris**, als auflösendes Mittel, um die Verhärtung der Milz zu verhüten, gebräuchlich. — Von **Pteris aquilina L.**, gemeiner Saumfarrn, Adlerfarrn, gebrauchte man in früheren Zeiten den Wurzelstock, **Radix Pteridis aquilinae s. Filicis foeminae**, als schleimiges, bitterliches u. ziemlich zusammenziehendes Mittel gegen Würmer. — Von **Adiantum Capillus Veneris L.**, gemeiner Krullfarrn, Haar-Krullfarrn, Frauenhaar, wendete man die getrockneten, graulich-grünen, schwach, etwas gewürzhaft riechenden u. herbsüsslich, später etwas bitterlich schmeckenden ganzen Wedel unter dem Namen Frauenhaar od. Frauenhaarkraut, **Herba Capillorum Veneris**, als schweisstreibendes u. die Schweissabsonderung beförderndes Mittel an, benutzte sie auch zur Bereitung des sogenannten Kapillärsyrups, **Syrupus Capillorum Veneris**, u. als Zusatz mancher Brustspecies. — Von **Adiantum pedatum L.**, fussförmiger Krullfarrn, in Nord- u. Südamerika einheimisch, werden die ganzen Wedel nicht nur in Amerika, sondern auch in Frankreich als kanadisches Frauenhaar, **Herba Capillorum Veneris canadensis s. Adianti canadensis**, zu Theeaufgüssen gegen Brustkrankheiten angewendet. — **Grammitis Ceterach Sw.** [Asplenium Ceterach L., Ceterach officinarum Willdw., Gymnogramme Ceterach Sprgl., Scolopendrium Ceterach Roth.], wurde sonst häufig als Milzfarrn, Milzkraut, klein Hirschzungenkraut, Ceterachienkraut, **Herba Ceterach s. Asplenii veri s. Scolopendrii veri v. Sc. minoris s Phyllitidis**, bei Milzkrankheiten, Unterleibsstockungen, Wassersucht, chronischen Katarrhen u. Asthma, so wie bei andern Brustbeschwerden angewendet, u. ist vorzüglich in Russland als **Herba Doradillae** noch in Gebrauch. — Von **Aspidium Lonchitis Sw.** [Polypodium Lonchitis L.], gebrauchte man früherhin die Wedel als Milzkraut, **Herba Lonchitis majoris**, gegen Milzkrankheiten. — Von **Osmunda regalis L.**, königlicher Traubenfarrn, Königsfarrn, wurden ehedem die fruchttragenden Theile des Wedels, **Juli Osmundae**, u. das Mark aus dem Wurzelstocke, **Medulla radicis Osmundae**, gegen verschiedene Krankheiten, vorzüglich als Wundmittel angewendet; hier u. da gebraucht man noch die **Radix Osmundae regalis** gegen Scropheln u. Rhachitis. — **Botrychium Lunaria Sw.** [Osmunda Lunaria L.], gemeine Mondraute, Walpurgiskraut, galt sonst für ein mit Zauberkräften begabtes Pflänzchen u. wurde als **Herba Lunariae s. Folia Lunariae botrytidos** angewendet, jetzt bedient man sich seiner als Bestandtheil des **Pulvis ad scirrhos**. — **Ophioglossum vulgatum L.**, gemeine Natterzunge, wurde früher als **Herba Ophioglossi** bei Geschwülsten, Geschwüren u. Verwundung gebraucht. — Von **Equisetum arvense L.**, Ackerschachtelhalm, Kannkraut, Zinnkraut, Scheuerkraut, benutzte man die unfruchtbaren Stengel, **Herba Equiseti minoris s. Caudae equinae minoris**, als harntreibendes u. gelind zusammenziehendes Mittel bei passiven Blutflüssen u. Diarrhöen, auch als Gurgelwasser bei Krankheiten des Mundes u. zu stärkenden Umschlägen. — Von **Equisetum fluviatile L.** wendeten die engländischen und holländischen Aerzte die unfruchtbaren Stengel als **Herba Equiseti majoris** an. — Von **Equisetum hyemale L.**, Tischlerschachtelhalm, werden die Stengel, **Herba Equiseti mechanici s. Equis. majoris**, von vielen Technikern vorzüglich häufig zum Glätten u. Poliren des Holzes angewendet u. sind neuerdings als ein harntreibendes Mittel empfohlen worden. — Auch **Equisetum limosum s. palustre L.** sind sehr kräftige Arten.)

Musci (Moose).

Familie: **Bärlappe:** Lycopodiaceae.

Gattung: **Lycopodium L.**, Bärlapp.

Blüthen in Achseln von Schuppen, bei einigen zu endständigen Aehren zusammengedrängt. Staubbeutel in besondern Blattachseln (Schuppen, Deckblätter) nierförmig, mit Blüthenstaub angefüllt, einzeln. Pistille: kugelige, rauhe Fruchtknoten, welche bei der Reife klappig aufspringen u. 4 (auch nur 2 od. 3) Samen mit grünlichem Keimling enthalten.

Taf. LXV. **Lycopodium clavatum L.**, gemeiner Bärlapp, Bärlepp.

Kriechend; Zweige aufsteigend, verzweigt; Blätter lineal-eingekrümmt, gesägt, haarspitzig; Aehren stielrund, meist paarig, lang gestielt; Deckschuppen eiförmig, zugespitzt, ausgebissen-gezähnelt.

Eine vorzüglich gemein auf Haiden u. in Gebirgsgegenden durch ganz Europa, Nordasien u. Nordamerika wachsende ausdauernde Pflanze. Der kriechende u. auf seiner Unterseite wurzelnde Stengel wird 3—6′ lang u. ist mit abwechselnden längern od. kürzern Aesten versehen. Die Blätter, welche dicht um den Stengel herum stehen, sind dicklich, nervenlos, gelblichgrün, etwa 3‴ lang, ½—⅓‴ breit u. am Ende mit einer langen Haarspitze versehen. Der Fruchtstiel entspringt am Ende der Aeste, ist 2—4″ lang, an seiner Spitze meist gabelig, kantig-gefurcht, mit aufrechten, fast trockenhäutigen, grünlichgelben Blättern besetzt. Die walzigen, 1—2″ langen Fruchtähren stehen nun meist gepaart, seltener einzeln od. zu mehreren auf diesen Stengeln und sind mit breit-eirunden, zugespitzten, in eine lange Borste ausgehenden, ausgebissen-gezähnelten, blassgelben Deckblättchen besetzt, hinter denen die nierenförmigen, weisslichgelben Staubbeutel mit staubfeinen weissgelben Pollen sich befinden. Die Pollenkörner erscheinen bei starker Vergrösserung als glatte, fast weissliche tetraëdrische Körperchen mit stark gewölbter Grundfläche u. von einer netzartigen Aussenhaut umkleidet. — Das Pollen oder nach Andern die Sporen, der sogenannte Bärlappsamen, das Hexenmehl, Hexenpulver, Streu-Moos-, Blitzpulver u. s. w, *Lycopodium s. Semen Lycopodii*, welches ziemlich schwer, blassgelb u. fettig anzufühlen ist, sich nur sehr schwer mit Wasser mischt, leicht an einer Lichtflamme entzündet, sich leicht den Fingern u. andern Gegenständen anhängt u. etwas Pollenin u. ausserdem fettes Oel, Zucker u. etwas Stärkmehl enthält, gebraucht man gewöhnlich zum Einstreuen in wundgewordene Stellen bei kleinen Kindern u. zum Konspergiren klebriger Pillen. Sonst gebrauchte man es innerlich in Emulsion mit Gummischleim als ein schmerzstillendes u. vorzüglich harntreibendes Mittel gegen Harnstrenge. In der Homöopathie dient es, mit Milchzucker abgerieben, sowie die Tinktur gegen viele Krankheiten. Verfälschungen fallen vor mit dem Blüthenstaube der Fichten, Tannen, Kiefern, des Haselnussstrauches, Nussbaumes u. s. w. Dieser Pollen ist aber nicht so fein, sieht schmutzig-dunkelgelb aus, u. der von Tannen, Fichten u. Kiefern besitzt einen nicht unangenehmen Harzgeruch. Eine Verfälschung mit Puder u. andern leichten, mit Kurkume gefärbten Pulvern wird theils durch die grössere Schwere, theils durch den mit heissem Wasser entstehenden Kleister, theils durch die mit Kaliauflösung entstehende rothgelbe Farbe entdeckt. Zerfallener Kalk u. Talk sind schwerer u. sinken im Wasser zu Boden. Schwefel giebt auf glühenden Kohlen Schwefelgeruch und mit Aetzlauge gekocht Schwefelleber; auch wurmstichiges Holzmehl u. Erbsenmehl hat man untergemischt angetroffen. Man muss den Bärlappsamen, der auch wohl ausserdem noch von *Lycopodium complanatum L., Lycop. annotinum L.* u. *Lycop. Chamaecyparissus* gesammelt wird, zum pharmaceutischen Gebrauch durch Absieden von den etwaigen Unreinigkeiten befreien. Früher brauchte man auch die geruchlosen, anfangs süsslich, später etwas reizend u. bitterlich schmeckenden beblätterten Zweige u. Aeste, das Bärlappkraut, *Herba Lycopodii clavati s. Musci terrestris s. Musci clavati*, als drastisch-purgirend u. brechenerregend in kleinen Gaben gegen den Weichselzopf, so wie in Russland u. Ungarn jetzt noch gegen Wasserscheu.

(Von **Lycopodium Selago L.**, Tannen-Bärlapp, wendete man sonst das brechenerregende Kraut, **Herba Selaginis, Muscus catharticus s. Muscus erectus**, als purgirend u. brechenerregend gegen Würmer an. — **Lycopodium complanatum L.**, dient zum Gelbfärben.)

a. Ein kriechendes Stammende mit verzweigten Zweigen u. Antheren tragenden Aehren. — A. Eine Antheren tragende Aehre. — A. Eine Deckschuppe der Aehre von hinten. — B. Dieselbe von vorn mit dem geöffneten nierförmigen Staubbeutel. — C. Ein Blatt des Aehrenstiels von der Seite u. D. von vorn. — E. u. F. Blätter.

(In dieser Ordnung sind ferner noch zu bemerken: **Fegatella officinalis Raddi** [Marchantia conica L.], welches man als Leberkraut häufig gegen Leberleiden anwendete. — Von **Marchantia polymorpha L.**, gemeine Marchantie, Stein- od. Brunnenleberkraut, wurde das Kraut als **Hepatica fontana s. Lichen stellatus s. Herba Lichenis stellati s. L. petraei latifolii** als ein auflösendes u. zertheilendes Mittel vorzüglich bei Leberleiden angewendet. — **Hypnum triquetrum L.**, dreieckigblättriges Astmoos, gebrauchte man ehedem als **Muscus vulgaris** gegen Keuchhusten u. zu starke Menstruation. — Von **Fontinalis antipyretica Hedw.** rühmte man ehedem die Abkochungen gegen Fieber, besonders Brustfieber. — **Polytrichum commune L.**, gemeiner od. Goldhaar-Widerthon, Goldhaar, golden Frauenhaar, wurde als **Herba Adianti aurei v. Polytrichi v. Musci capillacei** als gelind zusammenziehend, schweiss- u. harntreibend bei Brustleiden, profuser Menstruation u. s. w. angewendet. Sonst sammelte man auch noch andere Arten dieser u. anderer Gattung zugleich mit, als: **Polytrichum juniperifolium Hoffm., Pol. formosum Hedw., Pol. longisetum Sw.**, ingleichen **Funaria hygrometrica Hedw.**, gemeines Drehmoos u. **Meesia uliginosa Hedw.** — **Leskea sericea Hedw.** hielt man sonst für ein vorzügliches blutstillendes Mittel.

Algae (Algen).

Familie: **Kernalgen:** Sphaerococceae.

Gattung: **Sphaerococcus Agardh.**, Knopfalge.

Früchte in der Scheibe oder am Rande des Lagers, meist sitzend, kugelig oder halbkugelig, die zu einem kernartigen Klümpchen geballten Sporen einschliessend. (Lager bald ausgebreitet-flach u. dann wiederholt-gabeltheilig od. fiedertheilig, bald fadenförmig, meist ohne Rippe purpurroth, mehr od. minder in die rosenrothe od. blutrothe Farbe übergehend.)

Taf. LXVI. **Sphaerococcus crispus Agardh.**, krause Knopfalge, Carragaheen. (*Chondrus polymorphus Lamour.*, *Chondrus crispus Lyngb.*)

Gabeldstig, gabeltheilig, flach, kraus; Aeste und Aestchen vielgestaltig, gegen die Spitze hin verbreitert, ganz oder auch nicht selten geschlitzt; Früchte auf der Scheibe der Aestchen sitzend, auf einer Seite ausgehöhlt.

Ein in den europäischen, zumal in den nördlichen, gemeiner Tang. Das lederig-knorpelige Lager ist olivengrünlich oder roth u. zwar heller oder dunkler, oft schön karminroth bis violett; es erhebt sich meist einzeln aus einer kleinen Haftscheibe, wird 2'' bis 1' hoch u. theilt sich bald näher, bald entfernter über dem schmalen Grunde in meist zahlreiche, wiederum gabeltheilige Aeste, welche sich meist nach oben hin verbreitern u. von 1''' bis 1'' breit werden; die schmälern Aeste sind ganzrandig, die breitern oft randsprossend u. dadurch lappig- od. schlitzig-gefranzt. Die Früchte, welche die Gestalt kleiner, meist auf einer Seite gewölbter, auf der andern flacher oder vertiefter Wärzchen haben, stehen auf den schmalen Astzipfeln, gegen deren Ende einzeln od. zu wenigen, auf den breitern Zipfeln zu mehreren ohne Ordnung zerstreut. — Diese Alge, sowie *Sphaerococcus mammillosus Ag* [Gigartina mammillosa Jac. Ag., Mastocarpus mammillosus Kützing.], zitzenfrüchtige Knopfalge, werden an den westlichen u. nördlichen Küsten Irlands gesammelt, in Flusswasser rein ausgewaschen, an der Sonne getrocknet u. dann über England als irländisches Moos, Perlmoos, Seeperlmoos, *Caraghen*, *Carragaheen*, *Carrighen* od. *Lichen Carragheen* od. *Fucus crispus*, in den Handel gebracht. Es ist dann gelblich-weiss, zum Theil bräunlich, besonders am untern Theile braunröthlich od. schmutzig-violett, mehr od. weniger unter einander gewirrt, gedreht, gekraust, fest u. zähe, knorpelig, ja fast hornartig, fast geruch- u. geschmacklos od. schmeckt u. riecht nur wenig nach Seewasser, wird beim Kauen schleimig, erweicht in Wasser gelegt wieder u. nimmt seine natürliche Gestalt an. Seine Bestandtheile sind bassorinähnlicher Schleim nebst Stärkmehl u. Spuren von Jod. In kochendem Wasser löst es sich vollständig auf und wird beim Erkalten gallertartig (*Gelatina Fuci crispi s. Gel. Lichenis Carragheen*). Man wendet es als Heil- u. Nahrungsmittel bei Schwindsuchten u. Auszehrungskrankheiten, allgemeiner Schwäche u. s. w., aber auch als einhüllendes u. hustenreizminderndes Mittel, so wie gegen chronische Durchfälle u. Ruhren für sich allein, oder mit andern zweckmässigen Mitteln verbunden an.

(**Sphaerococcus lichenoides Ag.** [Fucus lichenoides Turn., Plocaria candida Nees ab Esenb., Gigartina lichenoides Lamx., Gracilaria lichenoides Grev.], flechtenähnliche Knopfalge, an den Gestaden der zahlreichen Inseln im indischen Archipel, vorzüglich aber um Java u. Ceylon wachsend, kommt seit kurzer Zeit über England unter dem Namen Stärkemoos, Stärkmehltang, Ceylonmoos, **Fucus amylaceus s. Lichen amylaceus**, in den Handel u. hat hinsichtlich seiner Auflöslichkeit u. seiner Anwendung ein ziemlich gleiches Verhalten wie das Carragheen. Es ist schön weiss, häufiger aber schmutzig-gelblich od. bräunlich-weiss od. bräunlichgelb, besteht aus einem dichten Gewirr kurzer vieläst iger, biegsamer Fäden, deren Aeste in eine kurze Borstenspitze ausgehen, riecht mehr od. weniger deutlich nach Seewasser u. besteht wie das Carragheen aus einem bassorinähnlichen Schleime, Stärkmehl u. etwas Jod. — **Sphaerococcus Helminthochortus Ag.** [Fucus Helminthochortos L., Ceramium Helminthochorton Wildw., Gigartina Helminthochortos Lamour.], wurmtreibende Knopfalge, dient gegen Würmer, wird aber selten oder gar nicht mehr von den Aerzten angewendet, da man sie nicht rein, sondern häufig mit Bruchstücken grösserer Tange u. andern Dingen, als Sand, Schnecken- u. Muschelstücken, Corallen u. Zoophyten, Flustroriten u. Sertularien vermengt, nur als Wurmmoos od. Wurmtang, **Helminthochortos s. Helminthochorton s. Muscus v. Fucus Helminthochortos, Muscus corsicanus, Corallina corsicana**, erhält. Gegen skirrhöse Drüsenverhärtungen hat man es neuerdings wieder empfohlen.)

a. Ein unfruchtbares Lager od. Pflänzchen im frischen Zustande. — — b. Ein getrocknetes Lager, wie solche häufig im Handel vorkommen. c. Ein fruchttragendes Aestchen. — A. Eine Spitze der Lagertheilung. — B. Eine dergl. mit einem, C. mit 2 u. D. mit 6 Früchtchen.

(Bemerkenswerth unter den Algen sind noch: **Sargassum vulgare Ag.** [Fucus natans Tourn. non L.], gemeiner Fächerfruchttang, in den südlichen Meeren gleichsam unterseeische Wälder bildend, u. **Sargassum bacciferum Ag.** [Fucus natans Lin. non Tournef.], beerentragender Fächerfruchttang, welche man zur Bereitung der Tangsoda benutzt. Die holländischen u. portugiesischen Matrosen sollen sie, in süssem Wasser gekocht, gegen Harnleiden, u. die Amerikaner gegen Kröpfe anwenden. — Mehrere Arten von **Cystoseira Ag.**, Blasenschnurtang, als **C. ericoides, sedoides, granulata, barbata, abrotanifolia Ag.**, machen einen Bestandtheil des Wurmmooses, **Helminthochortos**, aus. — Von **Cystoseira siliquosa Ag.** [Fucus siliquosus L.] gewinnt man Jod. — **Fucus vesiculosus L.**, Blasentang, Seeeiche, häufig in allen europäischen u. andern Meeren anzutreffen, so wie viele andere grössere Algen, benutzt man nach der Einäscherung zur Bereitung der Tangsoda, Klep oder Varek, Varech, die vorzüglich aus kohlensaurem Natron mit mehreren Salzen, mit Chlor, Schwefel, Brom, Jod gemengt, besteht u. aus der man das Jod, Jodin od. die Jodine, **Jodum, Jodium, Jodinum s. Jodina**, durch eine verschiedene Weise erhält, welches unangenehm riecht, scharf u. herbe schmeckt, beim Schmelzen schöne violette Dämpfe entwickelt, sich schwer in Wasser, leicht in Weingeist löst u. das Stärkmehl u. Amyloid blau od. violet färbt. In kleinen Gaben wirkt es auf das lymphatische u. Drüsensystem u. beseitigt deshalb in demselben bestehende Stockungen; grosse Gaben wirken als ein scharfes Gift. Man wendet es als ein specifisches Mittel gegen den Kropf, gegen Drüsenkrankheiten überhaupt, gegen Scropheln, weisse Geschwülste u. ähnliche Leiden an. Sonst wendete man auch den Blasentang unter den Namen See- od. Meereiche, **Quercus marina**, bei Lungenschwindsucht an, indem man mit demselben im frischen od. angefeuchteten Zustande die Fussböden der Zimmer belegte, od. ihn in Abkochung gebrauchen liess. Die Asche desselben gebrauchte man als vegetabilischen Mohr, **Aethiops vegetabilis**, bei Drüsenleiden. — Auch **Fucus nodosus L., Fucus serratus L., Fuc. ceranoides L.** benutzt man zur Klep- u. Jodbereitung. — **Laminaria saccharina Lamour.** [Fucus saccharinus L.], Zuckerriementang, u. **Laminaria digitata Lamour.** [Fucus digitatus L.], fingeriger Riementang, werden gegessen, dienen aber auch zur Gewinnung des Jods. Werden sie mit süssem Wasser gewaschen u. getrocknet od. in Fässer verpackt, so bildet sich auf ihrer Oberfläche ein pulveriger, süss schmeckender Ueberzug, den man in einigen nördlichen Küstengegenden wie Zucker benutzt, der aber etwas purgirend wirkt.)

Lichenes (Flechten).

Familie: **Strunkflechten**: Usneaceae.

Gattung: **Cetraria Achar.**, Schuppenflechte, Tartschenflechte.

Früchte schildförmig, dem Rande des Lagers schief aufgewachsen, meist nur an der untern Hälfte ihres Umfangs frei. Keimschicht scheibenförmig, von anderer Farbe als das Lager, flach vertieft, ohne besondern Scheibenboden, mit einem vom Lager gebildeten, einwärts gebogenen, doch oft kaum bemerkbaren Rande umgeben. Sporen in Schläuchen. (Lager laubförmig, knorpelig-häutig, aufsteigend od. ausgebreitet, lappig-geschlitzt.)

Taf. LXVI. **Cetraria islandica Achar.**, isländische Schuppenflechte, isländisches Moos. (*Physcia islandica De C.*, *Lobaria islandica Hoffm.*, *Lichenoides islandicum Hoffm.*, *Lichen islandicus L.*)

Lager meist aufrecht, grau-grünlich od. braun, unterseits weisslich, am Grunde blutfleckig; Lappen linealisch-vielspaltig, rinnig, steif gewimpert, die fruchttragenden verbreitert; Früchte angedrückt, flach, unterseits vertieft, kastanienbraun, mit einem sehr schmalen, erhabenen, ziemlich ganzen Rande.

Wächst gesellig auf der Erde in trocknen Haiden, vorzüglich in Nadelholzwäldern der Gebirgsgegenden, aber auch in den Ebenen, nur weniger ausgebildet, häufiger in den nördlichen u. südlichen Gegenden Europas u. Nordamerikas. Die meist ziemlich aufrechten Lager werden 1½—3'' hoch u. wachsen so durcheinander, dass sie dichte Rasen bilden, die oft weite Strecken überziehen. Die Lager sind auf beiden Seitenflächen mit einer Rindenschicht versehen, auf der obern oder vordern, rinnig-vertieften schwach glänzend, frisch bräunlichgrün, getrocknet hellbraun bis dunkelbraun, vorzüglich gegen die obern Enden dunkler, am Grunde gewöhnlich roth od. rothbraun, auf der untern od. hintern Seite weissgrau od. bräunlichgrün mit weissen Tüpfeln bezeichnet. Nach oben theilt sich das Lager in linealische od. längliche Zipfel, die meist wiederum unregelmässig-vielspaltig sind; der Rand derselben ist gewöhnlich gezähnelt od. gewimpert. Die etwas unterhalb der Spitze der Lappen angewachsenen Früchte sind rundlich, in der Jugend meist etwas vertieft, dann flach u. endlich zuweilen gar etwas gewölbt, bald mehr röthlich-, bald mehr dunkel-kastanienbraun. — Die schwach eigenthümlich dumpfig riechende u. stark rein bitter schmeckende ganze Pflanze ist als **isländisches Moos**, **isländische Flechte**, ***Lichen islandicus***, officinell. Sie löst sich durch kochendes Wasser in eine schleimige, beim Erkalten gelatinöse Masse auf u. wird dadurch ein einhüllendes, nährendes u. zugleich bitteres, stärkendes Mittel, dessen man sich häufig bei Brustkrankheiten, vorzüglich bei Blutspucken, chronischen Katarrhen, Lungenschwindsucht u. allen Abzehrungskrankheiten aus Schwäche der Schleimhäute u. s. w. häufig bedient. Sie enthält **3,6** Schleimzucker; **1,9** saures weinsteinsaures Kali; weinsteinsauren u. phosphorsauren Kalk; **3,0** eigenthümlichen bittern Extractivstoff (Cetrarin); **1,6** grünes Wachs; **3,7** Gummi; **7,0** gelben Farbestoff; **44,6** Moos- od. Flechtenstärkmehl, **36,2** stärkemehlartiges Skelet; eine Spur von Gallussäure.

a. Eine unfruchtbare Flechte. — b. Ein Stück mit Früchten. — c. Ein junges unfruchtbares Exemplar. — d. Lagerspitze mit 2 Früchten von oben u. e. von unten. — f. Eine Lagerspitze mit jungen Früchten. — A. Vergrösserter senkrechter Durchschnitt einer Frucht.

(Unter den Flechten sind noch zu bemerken: **Parmelia tartarea Achar.** [Lichen tartareus L., Lecanora tartarea Achar.], weinsteinartige Schüsselflechte, die auch unter dem Namen schwedisches Moos bekannt ist u. zur Bereitung des blauen Lacks, Mooslacks, Lackmus, **Lacca coerulea**, **Lacca musci** v. **L. musica**, dient, den man als Färbemittel, vorzüglich der blauen Zuckerpapiere, so wie zur Bereitung des blauen u. rothen Prüfungspapieres, **Charta exploratoria coerulea et rubrfacta**, benutzt. — Auch **Parmelia pallescens β. Parella Fries.** [Lichen Parellus L., Lecanora Parella Achar.], Parellflechte, so wie **Parelia candelaria Wildw.**, vorzüglich im noch unausgebildeten Zustande, benutzt man zur Lackmusbereitung. — **Parmelia saxatilis Ach.** Steinschüsselflechte, ward wie **Parmelia omphalodes Ach.**, Nabelschüsselflechte, so wie **Usnea hirta Ach.** unter dem Namen Hirnschädelmoos, **Muscus** s. **Usnea cranii humani**, gegen Epilepsie, Blutflüsse u. Durchfälle angewendet. — **Parmelia parietina Ach.** [Lichen parietinus L., Lobaria parietina Hoffm.], Wandschüsselflechte, gebrauchte man, da sie etwas zusammenziehend u. bitter schmeckt, als ein Ersatzmittel der Chinarinde, vorher aber schon bei Durchfällen u. Ruhren. — Auch **Parmelia furfuracea Achar.** [Borrera furfuracea Ach., Lobaria furfuracea Hoffm.], ist bitter u. kann wie vorige Flechte angewendet werden. — **Parmelia Prunastri Ach.** [Lichen prunastri L., Evernia Prunastri Ach.], welche zusammenziehend u. bitter schmeckt, wurde sonst als Baummoos, Schlehdornmoos, **Muscus arboreus** s. **Muscus Acaciae (nostratis)**, bei Vorfällen des Mastdarms u. Uterus in Abkochung äusserlich u. innerlich angewendet. — **Porina pertusa** [Variolaria amara Ach.], dürfte ihres sehr bittern Geschmacks halber zur grössern Beachtung empfohlen werden. — **Sticta pulmonacea Ach.** [Lobaria pulmonaria Hoffm., Lichen pulmonarius L.], Lungenflechte, Lungengrubenflechte, wendete man unter den Namen Baumlungenkraut, Lungenmoos, Lungenflechte, **Herba Pulmonariae arboreae** s. **Muscus** v. **Lichen pulmonarius**, in verschiedenen Lungenkrankheiten u. Brustleiden überhaupt an. — **Peltigera canina Hoffm.** [Peltidea canina Ach., Lichen caninus L.], Hundsflechte, Hundsschildflechte, gebrauchte man unter den Namen **Muscus caninus**, **Lichen terrestris caninus**, **Herba Musci canini**, s. **Hepatici terrestris**, sonst als das sicherste Mittel gegen die Folgen des Bisses toller Hunde. Es machte auch einen Bestandtheil des berühmten **Pulvis antilyssus** aus. — **Peltigera aphthosa Hoffm.**, warzige Schildflechte, gebrauchte man als meergrünes Moos, **Muscus cumatilis**, gegen Schwämmchen, Aphthen, aber auch gegen Würmer u. als Purgirmittel. — **Roccella tinctoria Ach.** [Lichen Roccella L., Parmelia Roccella Wildw.], färbende Klippflechte, wahre Lackmusflechte, Kräuter-Orseille, dient gleichfalls zur Bereitung des Lackmus, **Lacca musci** s. **musica**, auch macht man die Orseille od. Kolumbinfarbe daraus. — **Usnea plicata**, faltige Bartflechte, **Usnea barbata**, gemeine Bartflechte u. **Usnea Jubata Hoffm.**, mähnenartige Bartflechte, wurden unter den gemeinsamen Namen Baummoos, Bartmoos u. Baumbart, **Muscus arboreus**, **M. barbatus** s. **Barba arboreum**, ersteres aber besonders als **Muscus arboreus albus** od. **Muscus albus quernus**, u. letzteres als **Muscus arboreus nigricans** od. **Usnea officinarum**, gegen Schleim- u. Blutflüsse, gegen Durchfälle u. Ruhren, sowie bei Magenschwäche angewendet. — **Alectoria Arabum Ach.** ist das **Oschnah** der alten arabischen Aerzte, das sie als beruhigendes, Schlaf bringendes, Erbrechen stillendes u. den Magen stärkendes Mittel anwendeten. — **Cladonia pyxidata Fries.** [Lichen pyxidatus L., Cenomyce pyxidata et Cen. Pocillum Ach.], Becherknopfflechte, war ehedem als Feuerkraut, Fiebermoos, Bechermoos od. Becherflechte, **Herba ignis**, **Muscus** s. **Lichen pyxidatus**, besonders gegen Wechselfieber u. Keuchhusten gebräuchlich. — Auch **Cladonia cornucopioides Fries.** [Lichen cornucopioides L., Lichen cocciferus Aut., Cladonia coccinea et Cl. extensa Hoffm.], füllhornähnliche Becherflechte, Säulchenflechte, Scharlachflechte, Scharlachmoos, wurde als Feuerkraut, **Herba ignis**, **Muscus** s. **Lichen cocciferus**, gegen Keuchhusten gebraucht.)

Fungi (Pilze).

Familie: **Hutpilze**: Hymenini.

Gattung: **Polyporus Fries.**, Löcherpilz.

Hut zähe-fleischig, lederig oder korkig, meist strunklos (selten bestrunkt), aus flockiger trockener Substanz bestehend, häufig unregelmässig gebildet. Schlauchschicht mit der Substanz des Hutes verschmolzen, mit rundlichen Löchern durchbohrt, in den dünnen Scheidewänden die Sporenschläuche tragend.

Taf. LXVI. **Polyporus officinalis Fries.**, gebräuchlicher Löcherpilz, Lärchenschwamm. (***Boletus Laricis Jacq.***)

Strunklos; Hut korkig-fleischig, polsterförmig, sonst verschieden gestaltet, gelb u. bräunlich gegürtelt, kahl, mit gelblichen Löchern.

Wächst ausdauernd vorzüglich an den Stämmen der Lärchenbäume auf den Voralpen u. Alpen im mittlern u. südlichen Europa, besteht nur aus dem strunklosen Hute von einer sehr verschiedenen Gestalt u. Grösse, erreicht bei einer Breite von 5—8″ eine Höhe od. Dicke von ½—1′, ist auf der Oberseite gewölbt, auf der untern Seite dagegen mehr flach, ausserdem mehr oder weniger höckerig u. mit gelblichen u. bräunlichen, breiten gürtelartigen Streifen versehen. Im jungen Zustande hat der ganze Pilz eine schmutzig- oder gelblichweisse Farbe, später wird er immer mehr dunkler, grau od. bräunlich, oft mehr od. weniger schwarz gefleckt u. rissig. Frisch hat er eine zähe, etwas fleischige Beschaffenheit, durchs Trocknen wird er mehr schwammig u. korkig. Zuweilen sind die Schlauchschichten mit Hutsubstanz überwachsen, indem ein neuer Pilz daran sich entwickelt hat. — Ehedem wendete man den, frisch wie Mehl riechenden, später geruchlosen, ekelhaft bitterlich u. zusammenziehend schmeckenden, geschälten u. getrockneten **Lärchenschwamm**, ***Agaricus*** s. ***Agaricus albus*** s. ***Agaricum*** s. ***Fungus Laricis***, innerlich als Purgirmittel, besonders bei Stockungen im Unterleibe u. deren Folgekrankheiten, Gelbsucht, Wassersucht, Hypochondrie u. s. w. an; brauchte ihn auch äusserlich bei Blutungen u. Geschwüren. In neuerer Zeit hat man ihn in Pulver- u. Pillenform als ein specifisches Mittel gegen hektische Schweisse empfohlen. Der wirksamste Bestandtheil ist das durch Weingeist ausziehbare Harz.

a. Ein Exemplar, in welches ein Ausschnitt gemacht wurde, um die Verbindung des Hutes mit der Schlauchschicht zu zeigen. — b. Ein senkrechter Durchschnitt. — A. u. B. Stückchen von der Schlauchschicht.

Taf. LXVI. **Polyporus fomentarius Fries.**, Zunderlöcherpilz, Zunder-, Feuer- od. Wundschwamm. (***Boletus fomentarius L.***)

Strunklos; Hut gegen den Grund hin keilförmig, halbkreisrund, hinten sehr dick, kahl, nach aussen hart, etwas holzig u. nussbraun-grau, innen weich u. gelbbraun od. rostbraun, gegen den Rand hin ringsstreifig, die Löcher der Röhrchen in der anfangs bläulichgrauen, später rostbraunen, flachen Schlauchfrucht auf der Unterseite des Hutes sehr klein u. sehr tief.

Wächst in dem grössten Theile von Europa bis in den Norden, besonders häufig in Schweden, an den Baumstämmen in Laubholzwäldern, vorzüglich an Buchenstämmen. Der ungestielte, also sitzende Hut ist 4″ bis 1′ breit u. an der den Baumstämmen angewachsenen Stelle 2—4″ dick u. oft noch dikker, verdünnt sich aber gegen den Rand hin, ist gleichfarbig, anfangs schmutziggrau, später weisslichgrau od. auch rostbraun wie die Schlauchschicht, zuweilen etwas ungleichfarbig u. dann entfernt ringsstreifig. Der stumpfe Rand springt an der Unterseite mehr od. weniger vor. — Man bereitet aus diesem Löcherpilz den **Zunder-**, **Zünd-** od. **Feuerschwamm**, ***Boletus igniarius***, der im trocknen Zustande angezündet sehr langsam verbrennt u. lange glimmt, deshalb auch gebraucht wird, um ein später wieder anzufachendes Feuer lange glimmend zu erhalten, u. den Blutschwamm, ***Agaricus chirurgorum***, den man zur Stillung von kleinern Blutungen, z. B. durch Blutegel veranlasst, so wie überhaupt in der Chirurgie anwendet. — Man hält irriger Weise dafür, dass auch ***Polyporus igniarius Fries.*** (Boletus ignarius L.), welcher an alten Weiden, Pflaumen- u. Kirschbäumen wächst, hierzu angewendet werde, dieser ist aber zu fest u. im Alter sogar holzig.

(**Polyporus suaveolens Fries.** [Boletus suaveolens L.], wohlriechender Löcherpilz, Anispilz, welcher in vielen Gegenden Europas, vorzüglich an alten Weiden wächst u. schleimig-bitterlich schmeckt, wurde ehedem unter dem Namen Weidenschwamm, **Fungus s. Boletus Salicis.** gegen Lungensucht angewendet).

a. Ein Exemplar mit einem Ausschnitte, um die Verbindung des Hutes mit der Schlauchschicht zu zeigen. — A. Schlauchschicht. — B. Sporenschläuche u. C. 3 derselben noch stärker vergr.

(In dieser Ordnung sind noch zu bemerken: **Agaricus muscarius L.** [Amanita muscaria Pers.], fliegentödtender Blätterpilz rother Fliegenschwamm, dessen verdickter unterer Theil des Strunks als Fliegenschwamm, **Fungus s. Agaricus muscarius**, gegen chronische Hautausschläge u. Geschwüre u. gegen verschiedene Nervenkrankheiten angewendet wurde; in homöopathischer Weise wird jetzt daraus eine Tinktur bereitet, die man gegen Augenkrankheiten, Zahnreissen, manche Hautkrankheiten, zu grosse Geschlechtsthätigkeit u. andere Uebel anwendet. — **Exidia Auricula Judae Fr.** [Tremella Auricula L.] ohrförmiger Sprühpilz, gemeiner Ohrpilz, Judasohr, Hollunderschwamm, in vielen Gegenden Europas an alten Baumstämmen, vorzüglich gern an Hollunderstämmen [Sambucus nigra L.] wachsend, wurde sonst als Hollunderschwamm, **Fungus Sambuci.** als ein äusserliches kühlendes u. etwas zusammenziehendes Mittel, angefeuchtet aufgelegt, bei Augenentzündungen u. anderen Augenkrankheiten häufig angewendet. — **Tremella mesenterica Retz.** wurde gleichfalls sonst bei Augenkrankheiten angewendet, indem man Wasser darüber destillirte. — **Phallus impudicus L.**, gemeiner Gichtschwamm, Eichelpilz, welchem die Alten wunderbare Kräfte zuschrieben u. den sie in seinem unentwickelten Zustande Hexenei nannten, sollte vorzüglich wirksam gegen Gicht u. ein kräftiges Aphrodisiakum sein, auch soll er bei Thieren angewendet leicht Abortus hervorbringen u. bei den sogenannten Behexungen der Thiere von schlechten Menschen gebraucht worden sein. — **Lycoperdon Bovista L.**, [Lycoperdon maximum Schaeff., Lycop. giganteum Batsch., Bovista gigantea Nees ab Es.], grosser Flockenstäubling, Riesenbovist, war sonst als Bovist od. Wolfsrauch, **Bovista v. Crepitus Lupi**, officinell u. sein weisses Haargeflecht sammt den Sporen als ein äusserliches blutstillendes Mittel allgemein gebräuchlich. Die Homöopathie empfiehlt den feinen Sporenstaub gegen Flechten u. Lippengeschwulst. — **Lycoperdon caelatum Bull.** [Lycoperdon Bovista Pers. non L.], Hasenbovist, wendete man aus Verwechselung ebenso wie vorige Art äusserlich an, allein sein weniger weiches Haargeflecht stillt nicht so gut leichte Blutungen. — **Elaphomyces officinalis Nees ab Es.** [Lycoperdon cervinum L., Elaphomyces granulatus Fries., Scleroderma cervinum Pers.], gebräuchlicher Hirschpilz, Hirschtrüffel, Hirschbuff, hielt man früherhin als ein sehr bedeutend auf die Geschlechtstheile wirkendes Mittel, gab ihn für ein Aphrodisiakum aus u. gebrauchte ihn zur Unterstützung u. Beförderung der Geburtsarbeiten u. zur Vermehrung der Milchabsonderung. — **Elaphomyces muricatus Fries.** [Lycoperdon scabrum Willdw.], weichstacheliger Hirschpilz, wird als gleich wirkend wie der Vorige auch eben so benutzt.)

Register.

A.

B.

F.

G.

H.

I. J.

K.

L.

M.

N.

O.

P.

Q.

R.

T.

U.

V.

W.

X.

Y.

Z.

Druck von Oskar Leiner in Leipzig.

Taf. I.

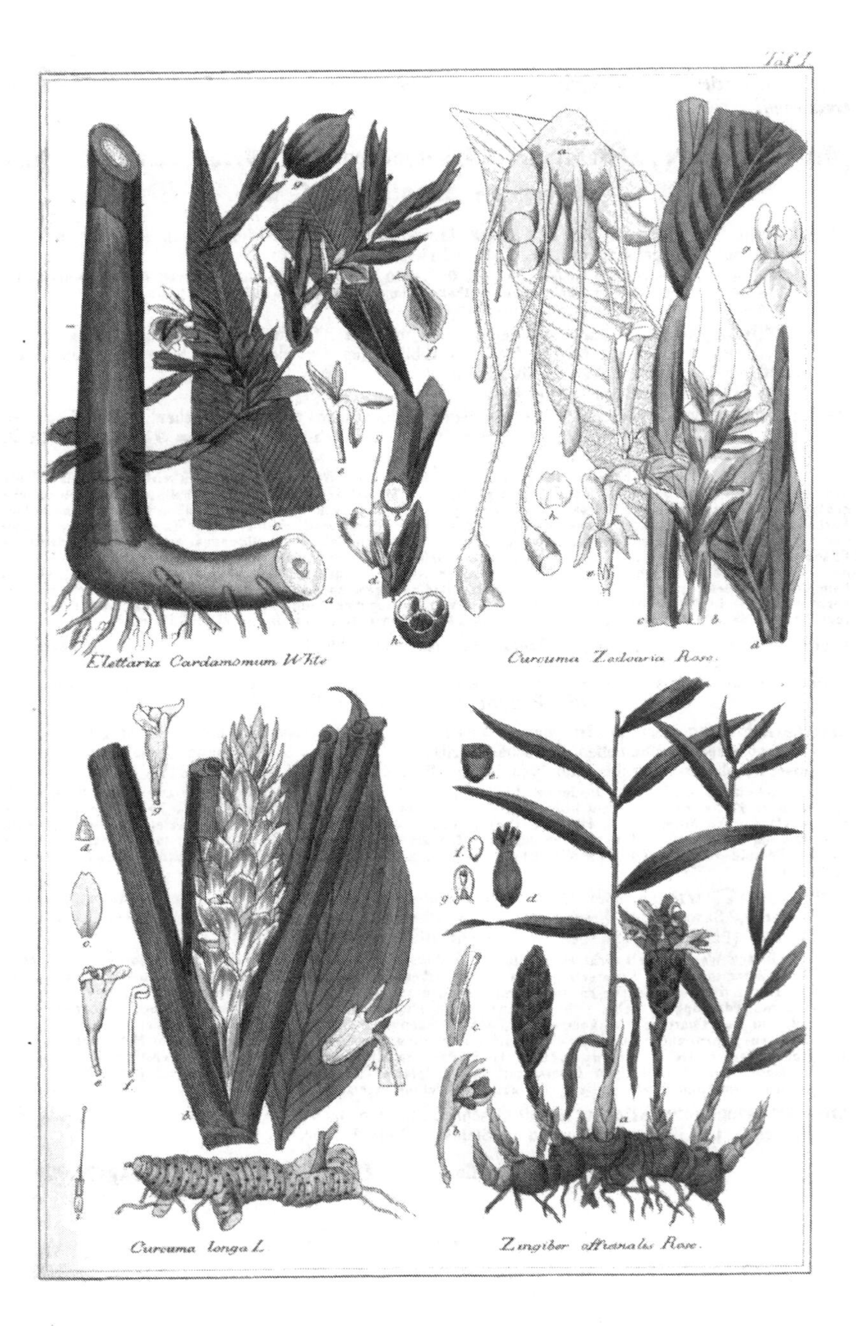
Elettaria Cardamomum White
Curcuma Zedoaria Rosc.
Curcuma longa L.
Zingiber officinalis Rosc.

Taf. II

Maranta arundinacea L.
Olea europaea L.
Veronica officinalis L.
Gratiola officinalis L.

Taf. III.

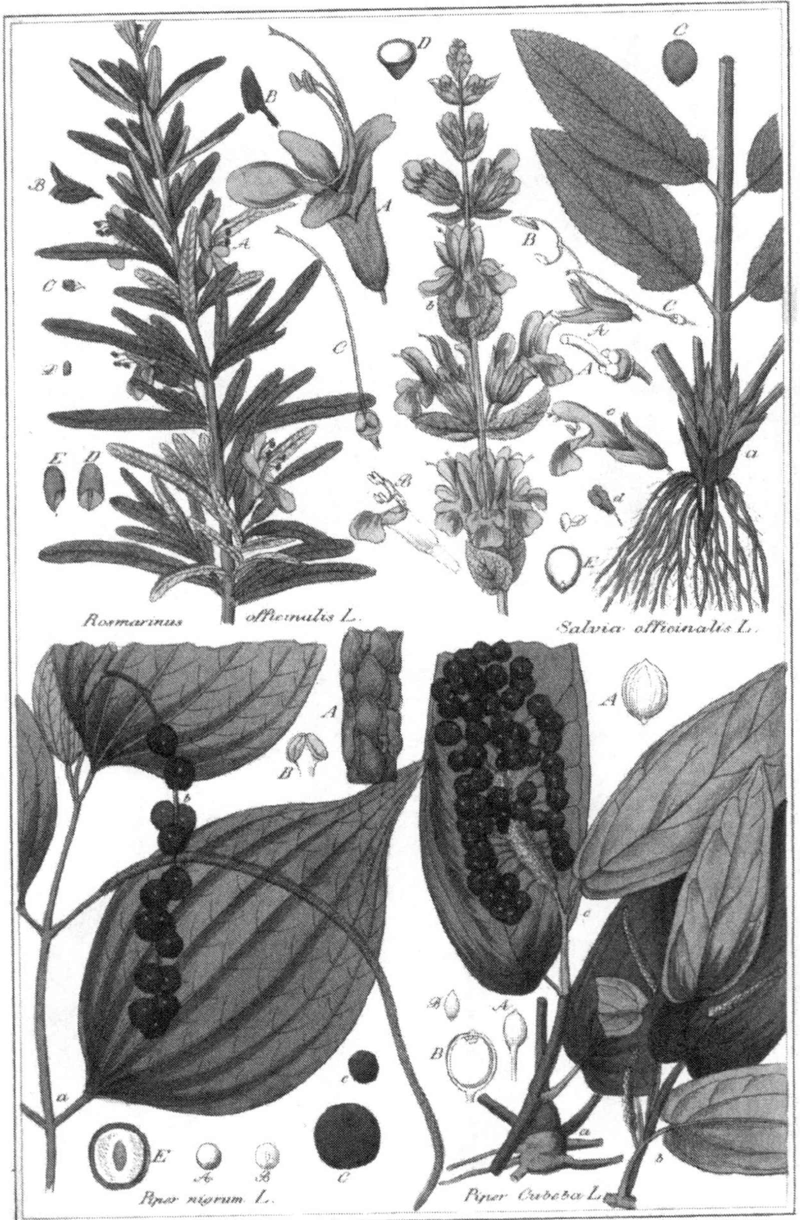
Rosmarinus officinalis L.
Salvia officinalis L.
Piper nigrum L.
Piper Cubeba L.

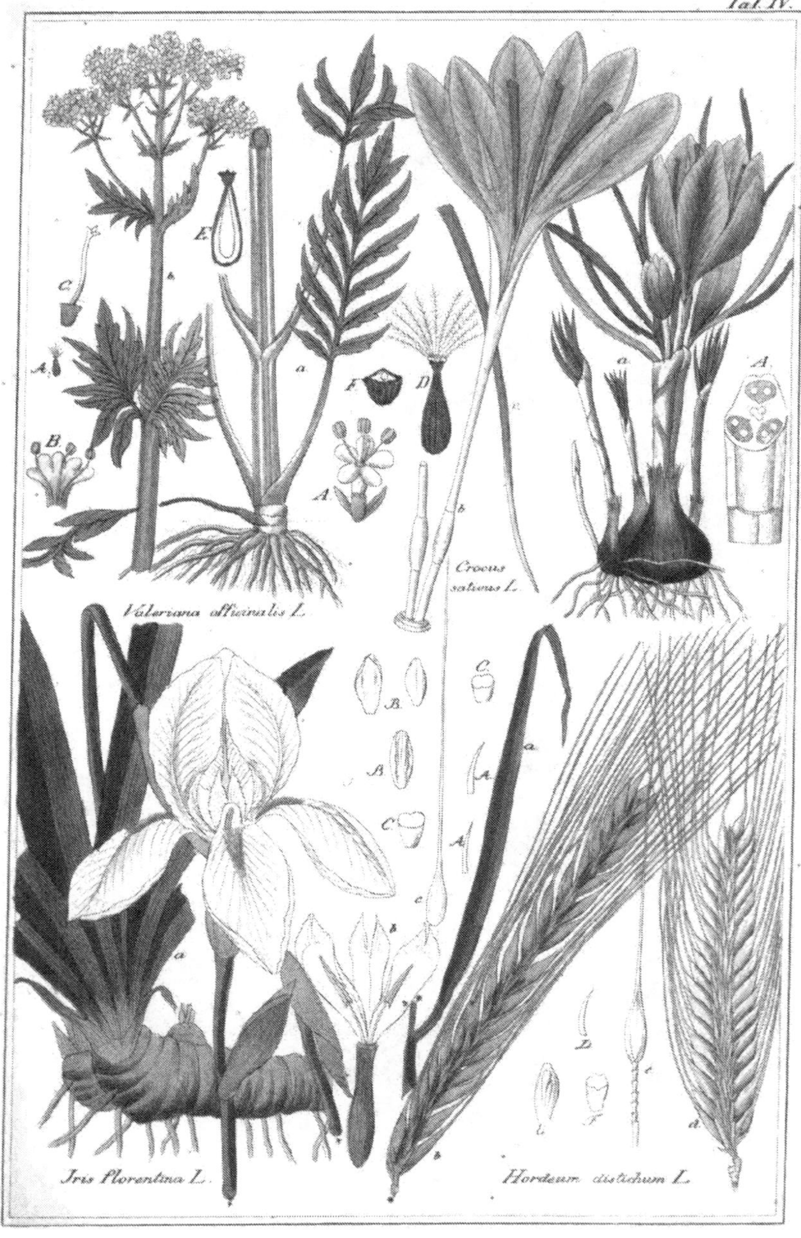
Taf. IV.
Valeriana officinalis L.
Crocus sativus L.
Jris Florentina L.
Hordeum distichum L.

Taf. V.
Secale cereale L.
Triticum repens L.
Avena sativa L.
Saccharum officinarum L.

Taf. VI.
Rubia tinctorum L.
Plantago arenaria W. et K.
Plantago Cynops L.
Anchusa officinalis L.
Alkanna tinctoria Tausch.
Menyanthes trifoliata L.

Taf. VI
Rubia tinctorum L.
Plantago arenaria W. et K.
Plantago Cynops L.
Anchusa officinalis L.
Alkanna tinctoria Tausch
Menyanthes trifoliata L.

Taf. VII
Krameria tri-
andra R. et P.
Santalum album L.
Datura
Stramonium L.
Atropa Belladonna L.

Taf. VIII.
Jpomoea Purga Wender.
Jpomoea Jalappa Desf.
Hyoscyamus niger L.
Capsicum annuum L.

Taf. II.
Verbascum Thapsus L.
Verbascum Schraderi Meyer.
Solanum Dulcamara L.
Convolvulus Scammonia L.

Taf. X.

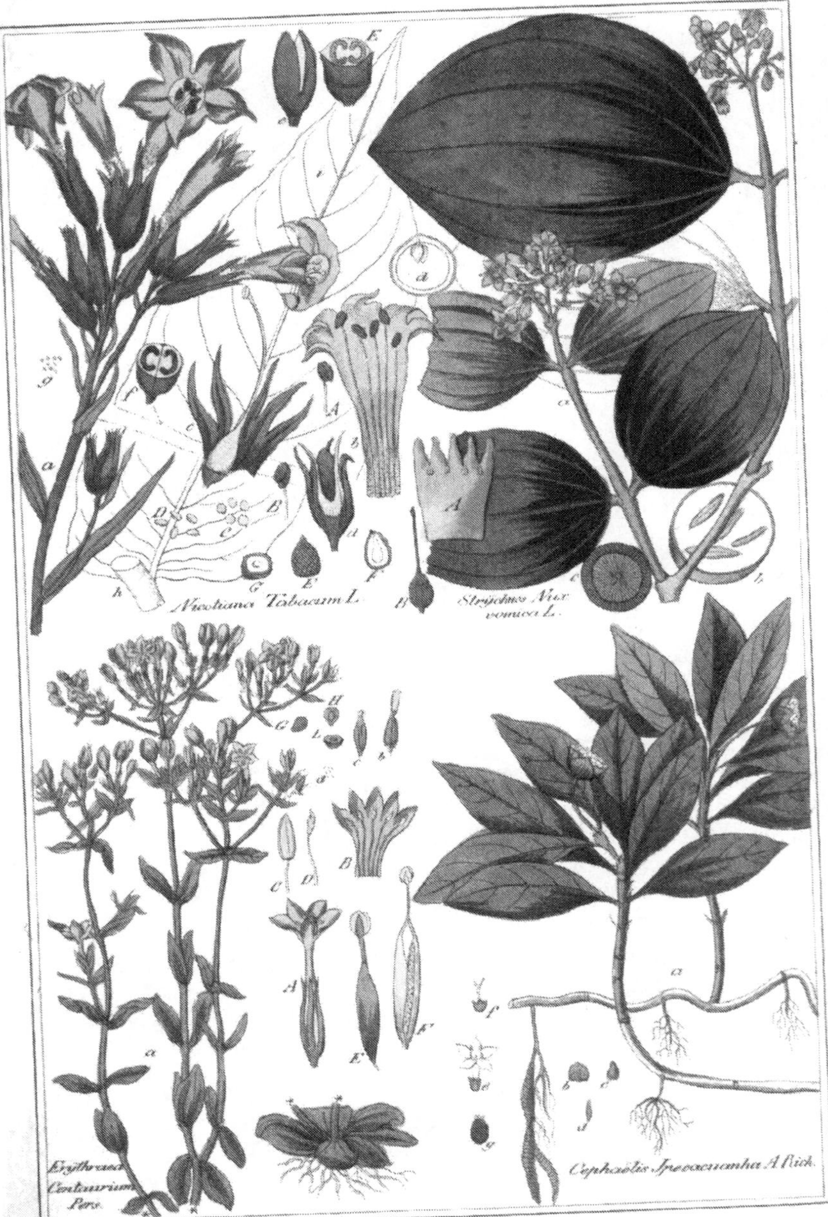
Nicotiana Tabacum L.
Strychnos Nux vomica L.
Erythraea Centaurium Pers.
Cephaëlis Ipecacuanha A. Rich.

Taf. XI.
Chiococca anguifuga Mart.
Coffea arabia L.
Cinchona
Condaminea Humb. et Bonpl.
Cinchona purpurea R. et Pav.
Cinchona scrobiculata Humb. et Bonp.

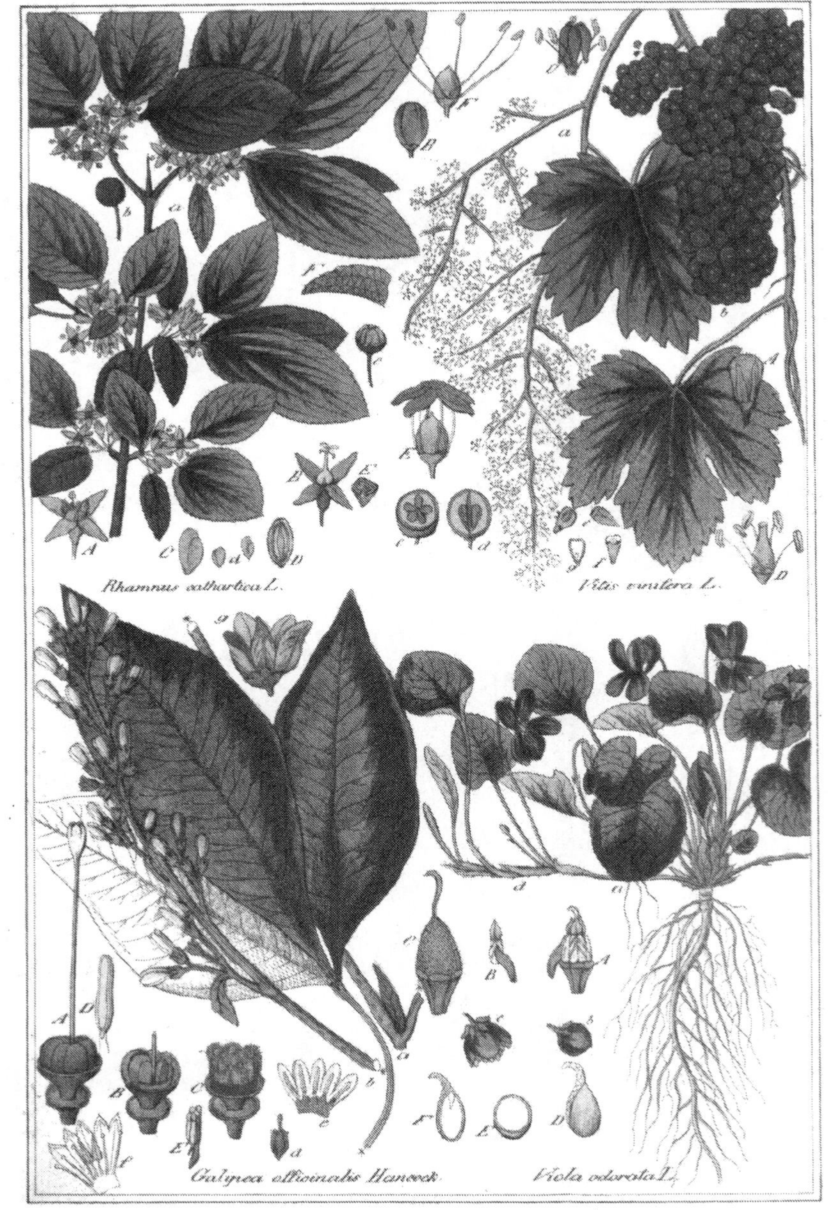
Taf. XII
Rhamnus cathartica L.
Vitis vinifera L.
Galipea officinalis Hancock.
Viola odorata L.

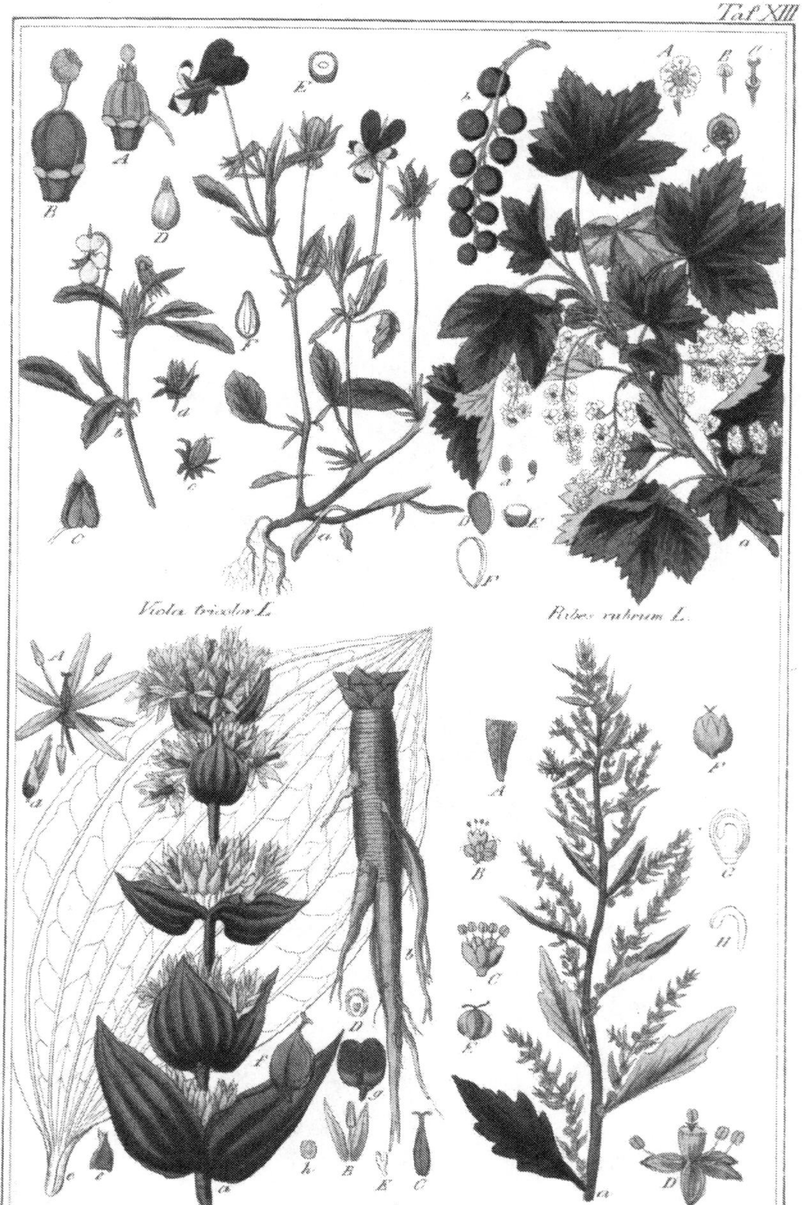

Viola tricolor L.

Ribes rubrum L.

Gentiana lutea L.

Chenopodium ambrosioides L.

Taf. XIV

Ulmus campestris L.
Ulmus effusa Willd.
Daucus Carota L.
Coriandrum sativum L.

Taf. XV.
Anethum graveolens L.
Imperatoria Ostruthium L.
Ferula Asa foetida L.
Archangelica officinalis Hoffm.

Taf. XVI.
Levisticum officinale Koch.
Oenanthe Phellandrium Lam.
Foeniculum officinale All.
Pimpinella saxifraga L.

Taf. XVII
Pimpinella Anisum L.
Carum Carvi L.
Petroselinum sativum Hoffm.
Cuminum Cyminum L.

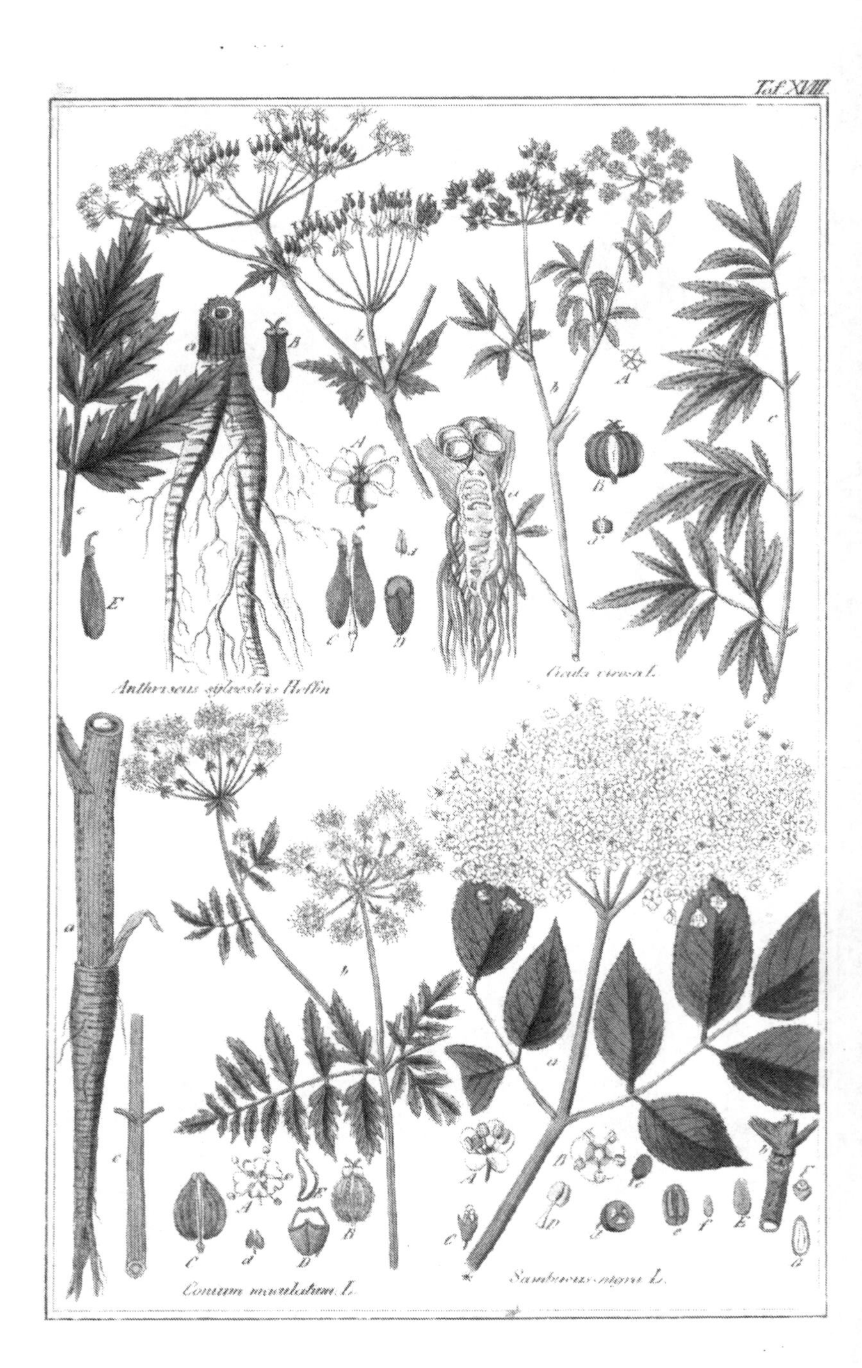
Taf. XVIII.
Anthriscus sylvestris Hoffm.
Cicuta virosa L.
Conium maculatum L.
Sambucus nigra L.

Taf. XIX
Berberis vulgaris L.
Allium sativum L.

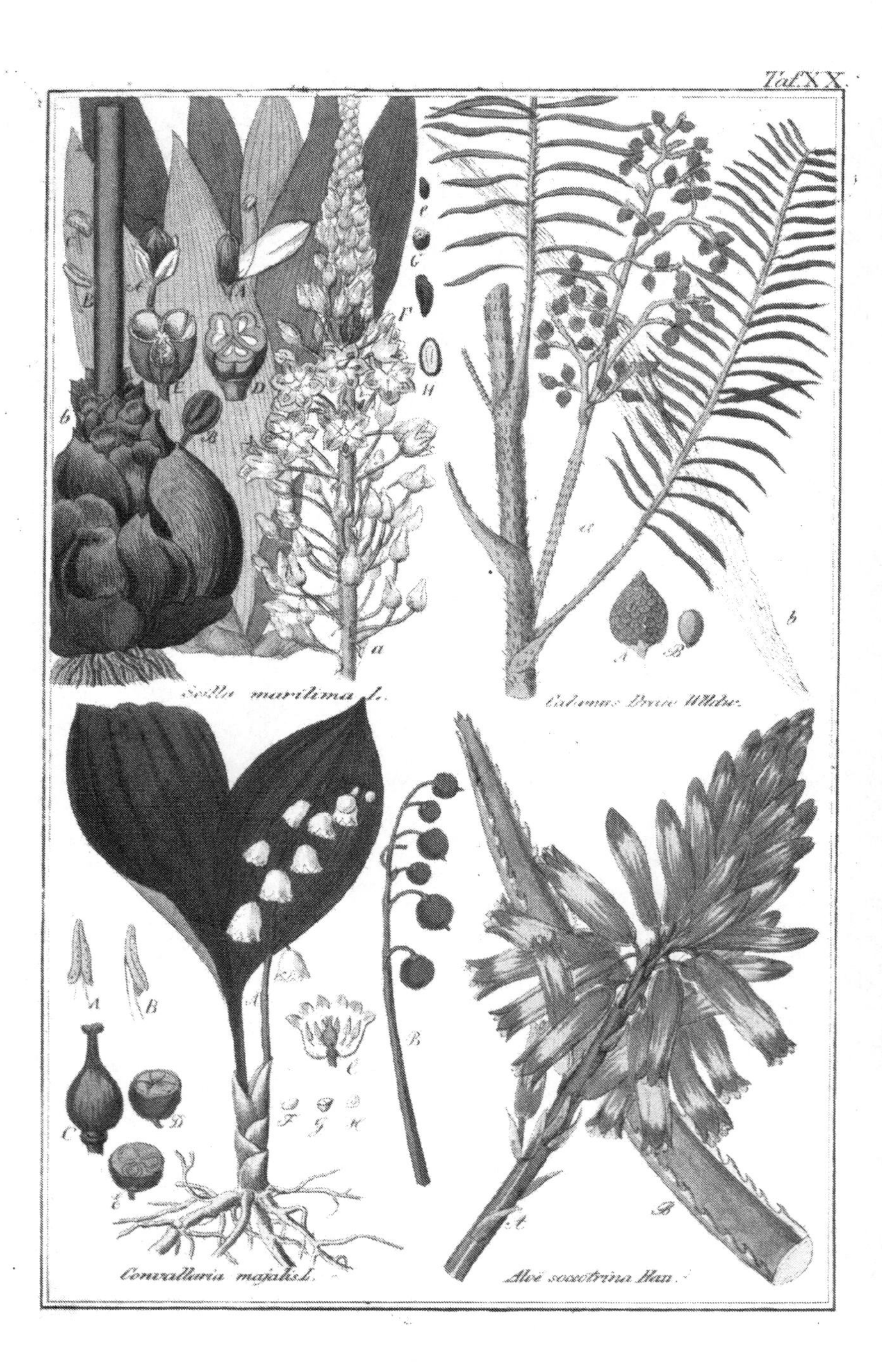
Taf. XX.
Scilla maritima L.
Calamus Draco Willd.
Convallaria majalis L.
Aloë soccotrina Han.

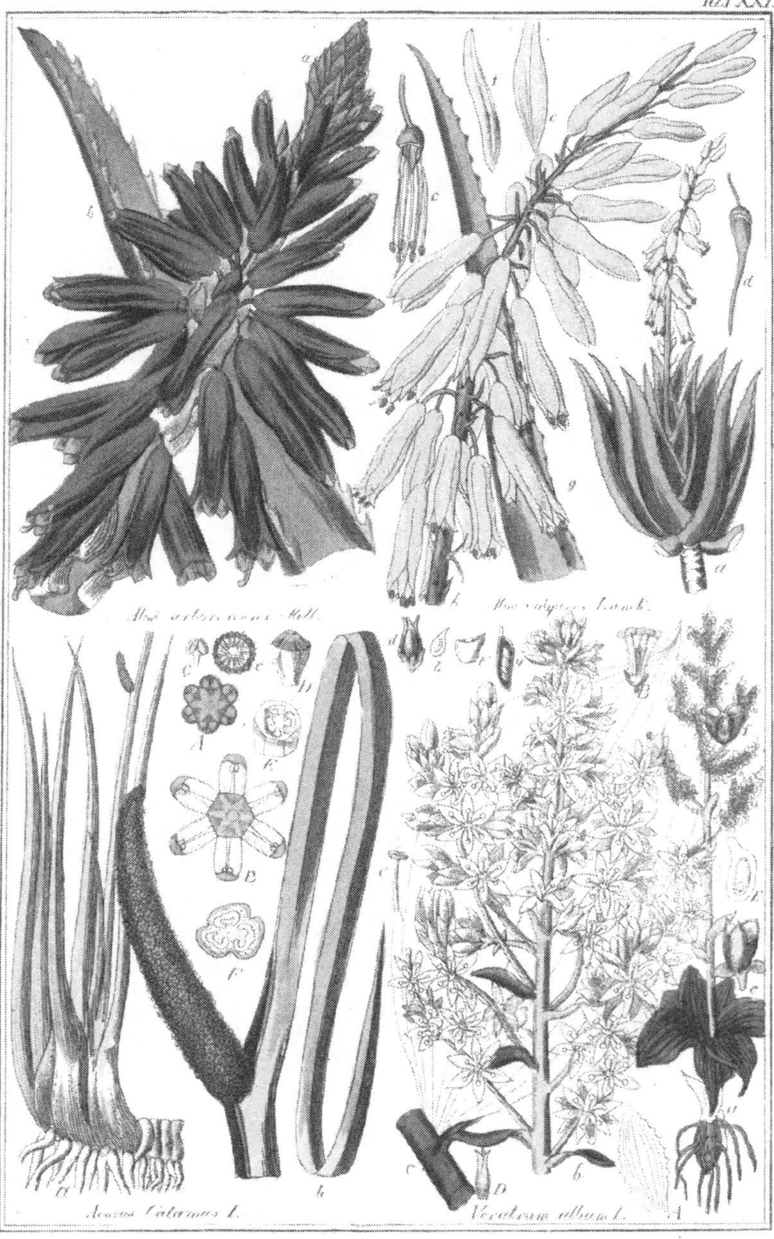
Aloë arborescens Mill.
Aloe vulgaris Lamk.
Acorus Calamus L.
Veratrum album L.

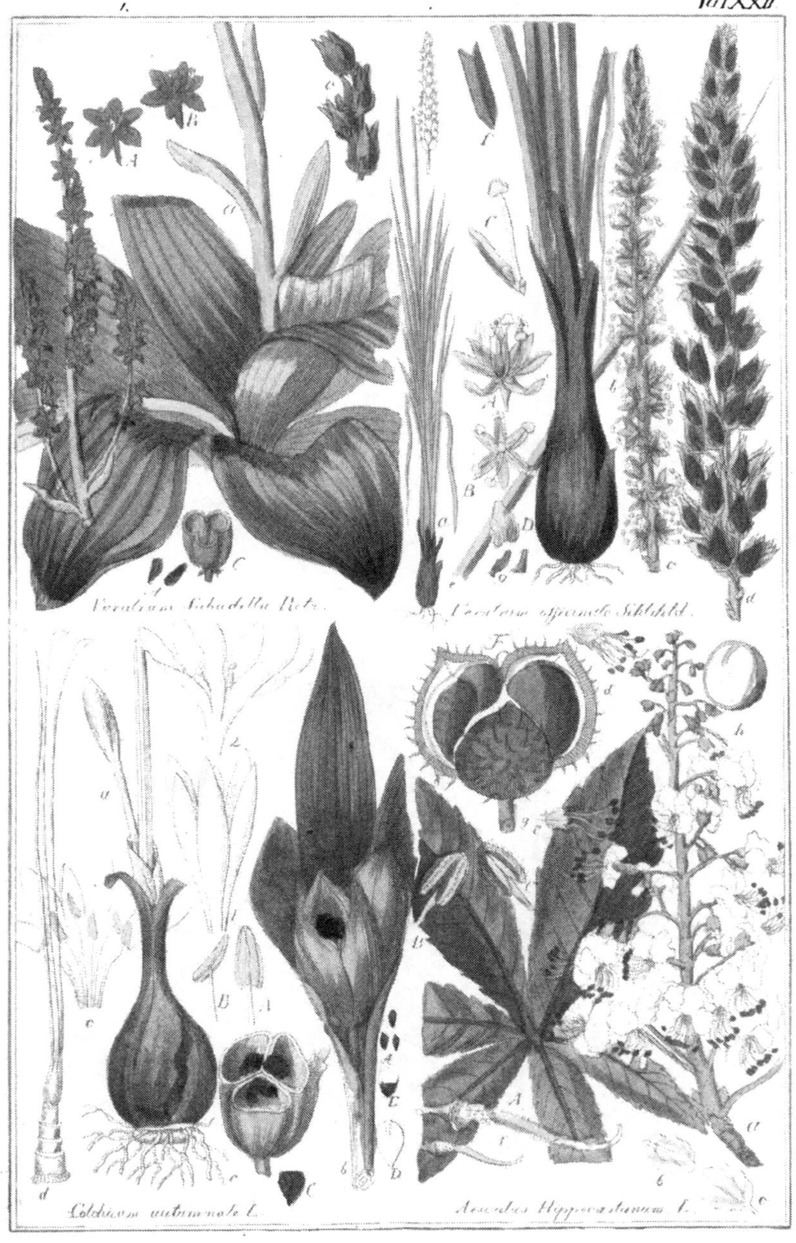
Taf XXII
Veratrum Sabadilla Retz.
Colchicum autumnale L.
Aesculus Hippocastanum L.

Taf. XXIII
Amyris Plumieri DeC.
Daphne Mezereum L.
Dryobalanops Camphora Colebr.
Laurus nobilis L.

Taf. XXIV.
Cinnamomum zeylanicum Blum
Camphora officinarum C. Bauh.
Nectandra Puchury major Nees et Mart.
Sassafras officinale Nees.

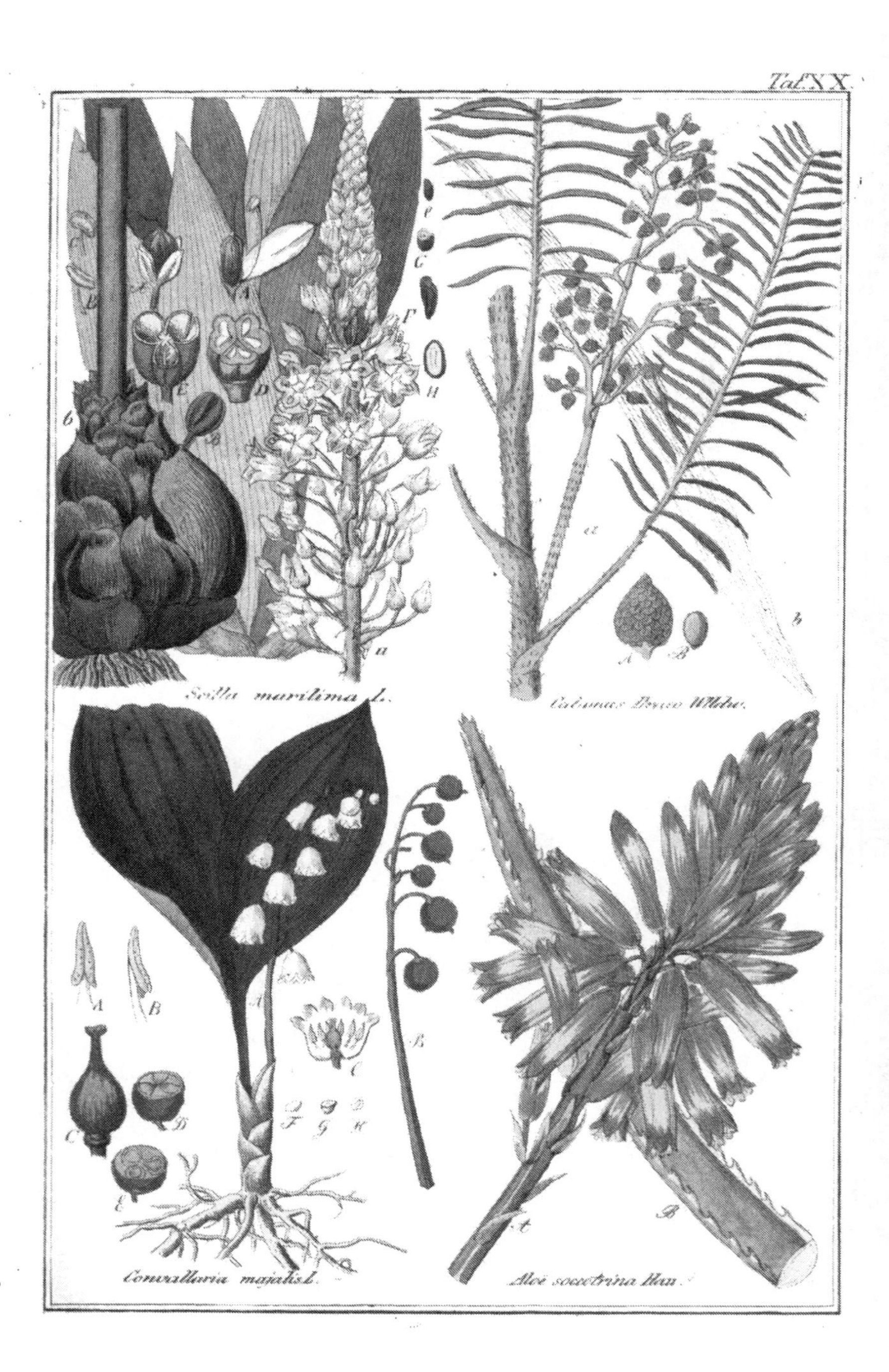
Taf. XX.
Scilla maritima L.
Convallaria majalis L.
Aloë socotrina

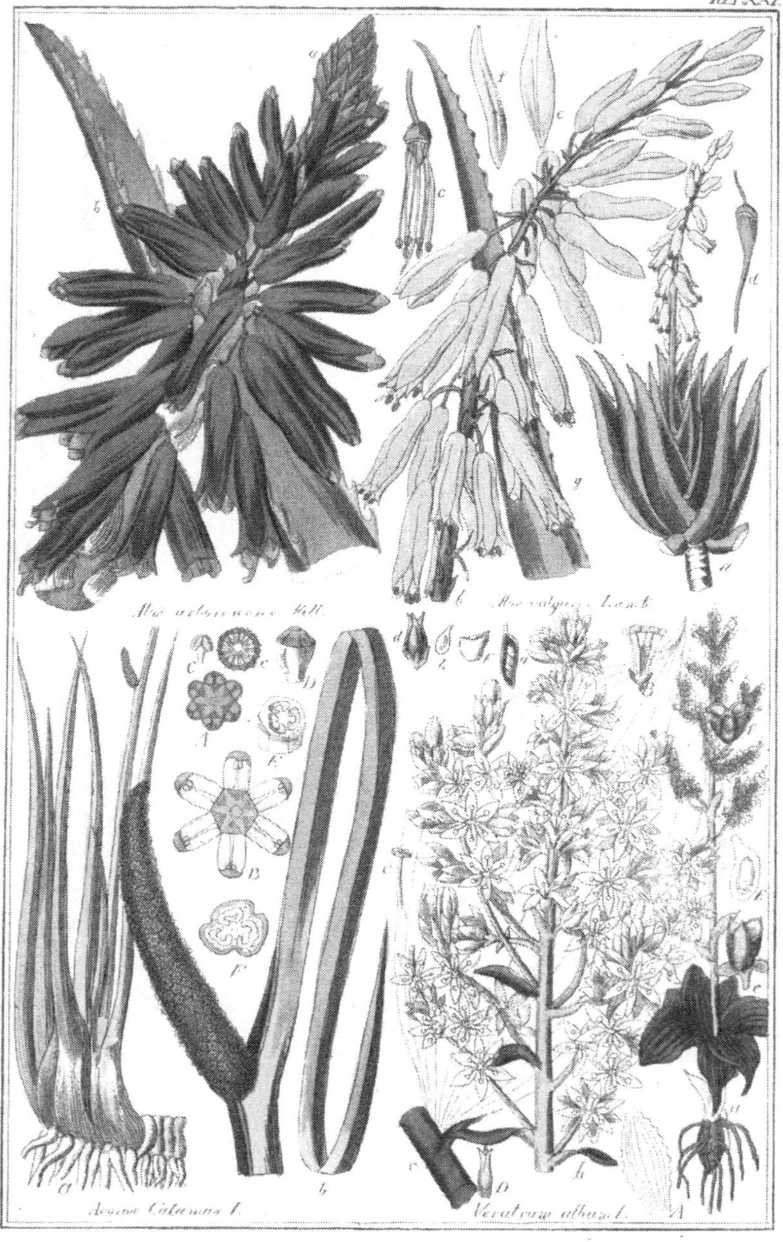
Acorus Calamus L.
Veratrum album L.

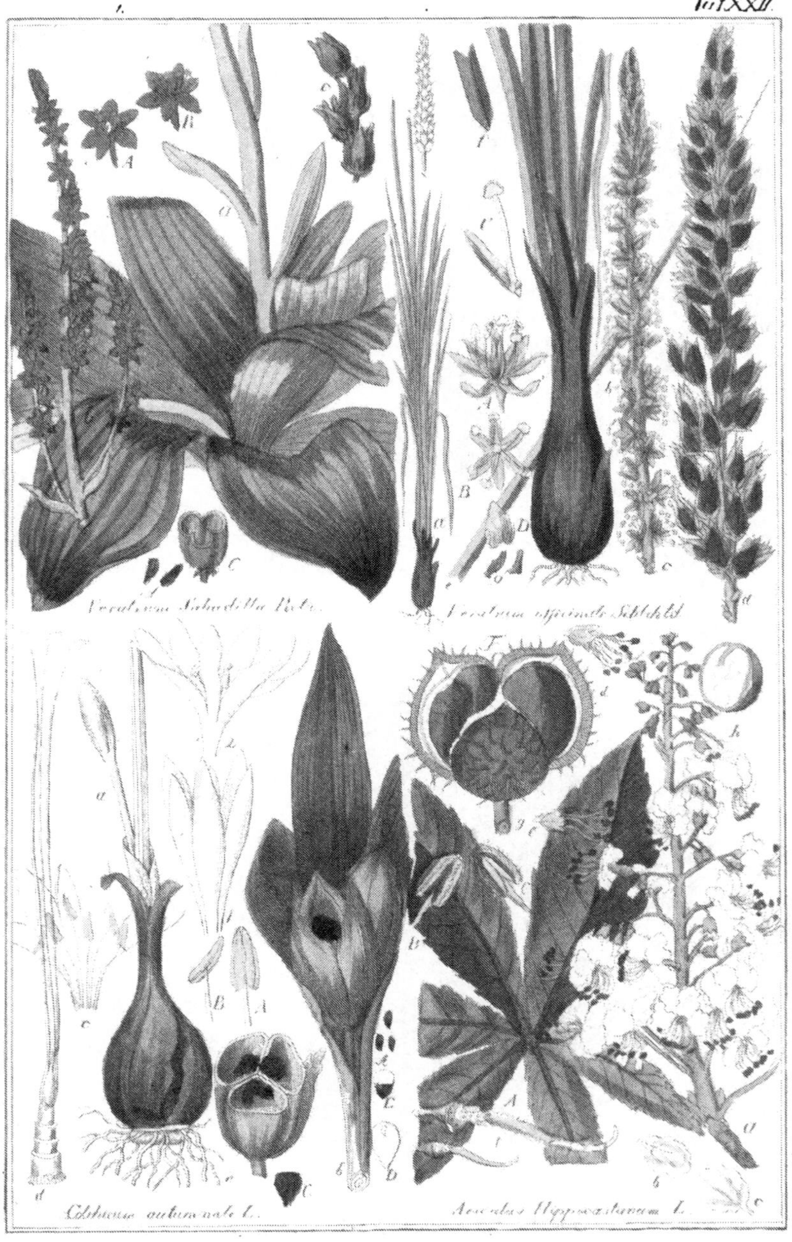
Taf. XXII.
Veratrum Sabadilla Retz.
Veratrum officinale Schlchtdl.
Colchicum autumnale L.
Aesculus Hippocastanum L.

Taf. XXIII.
Amyris Plumieri DeC.
Daphne Mezereum L.
Dryobalanops Camphora Colebr.
Laurus nobilis L.

Taf. XXIV.

Cinnamomum zeylanicum Blum.
Camphora officinarum C. Bauh.
Nectandra Puchury major Nees et Mart.
Sassafras officinale Nees.

Rheum australe Don
Rheum palmatum L.
Cassia Fistula L.
Cassia lanceolata Forsk.

Taf. XXII.
Cassia acutifolia De C.
Cassia obtusata Hayn.
Myroxylon peruiferum L.
Dictamnus albus L.

Taf. XXVII.
Boswellia serrata Colebr.
Haematoxylon campechianum L.
Guajacum officinale L.
Ruta graveolens L.

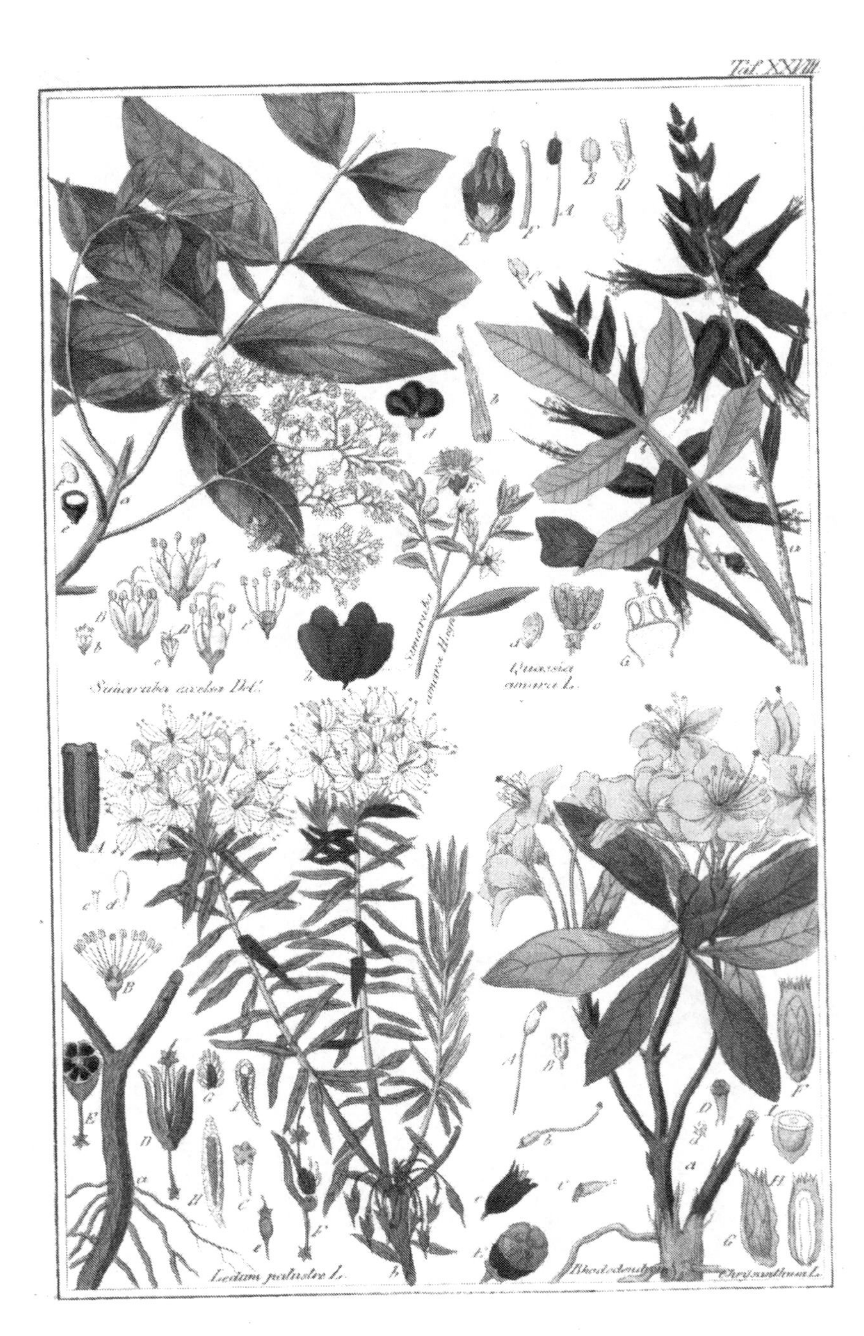
Taf. XXVIII
Quassia
amara L.
Ledum palustre L.
Rhododendron Chrysanthum L.

Taf. XXIX.

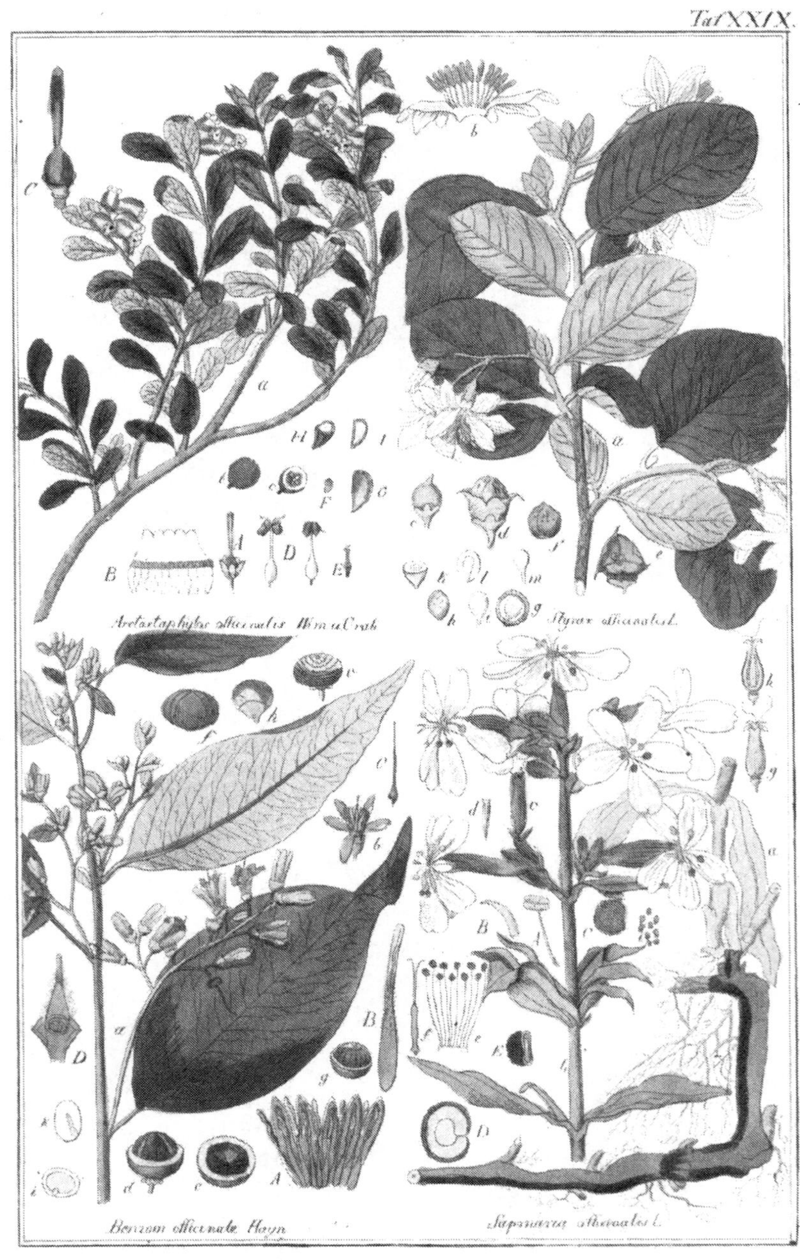

Arctostaphylos officinalis Wim. u. Grab.
Styrax officinalis L.
Benzoin officinale Hayn
Saponaria officinalis L.

Taf. XXX.
Oxalis Acetosella L.
Asarum europaeum L.
Garcinia Cambogia
Canella alba Murr.

Taf. XXXI.

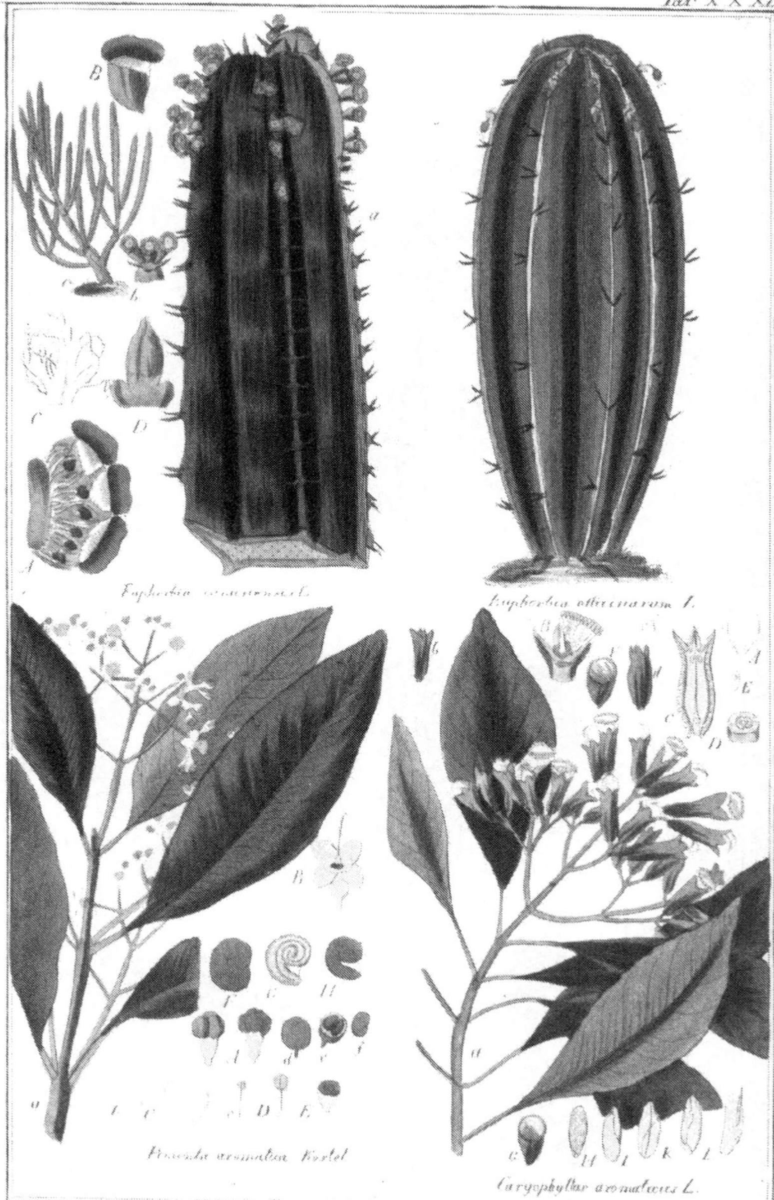

Punica Granatum L.
Amygdalus communis L. χ amara.
Prunus domestica L.
Cerasus acida Gaertn.

Taf. XXXIII
Cerasus Lauro Cerasus D.C.
Cydonia vulgaris Willd.
Pyrus Malus L.
Rosa centifolia L.

Taf. XXXIV.

Rosa gallica L.

Rosa moschata Mill.

Rubus Idaeus L.

Rubus fruticosus L.

Taf. XXXV.
Tormentilla erecta L.
Geum urbanum L.
Chelidonium majus L.
Papaver somniferum L.

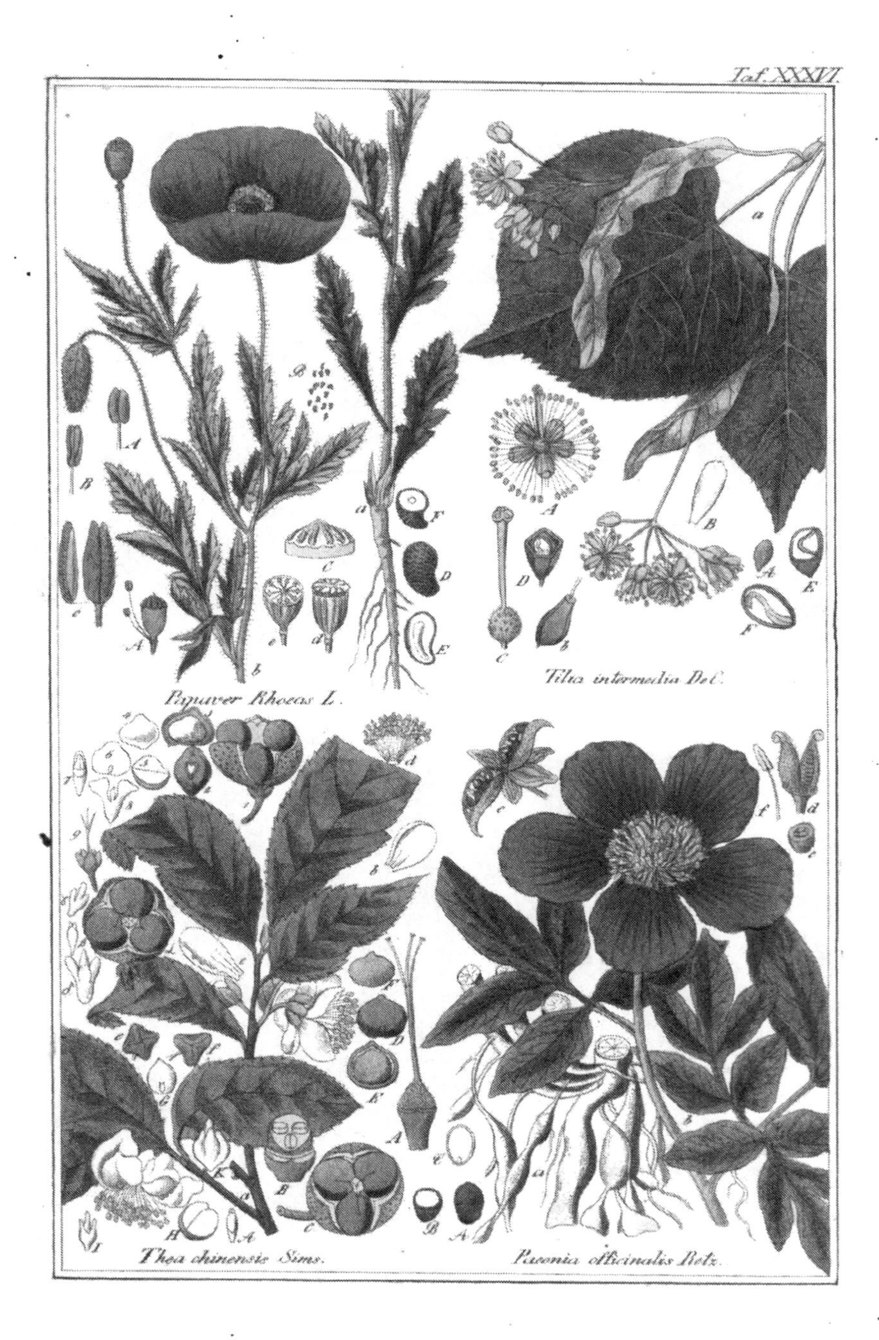
Papaver Rhoeas L.
Tilia intermedia DeC.
Thea chinensis Sims.
Paeonia officinalis Retz.

Taf. XXXVII.
Aconitum Stoerkianum Rchb.
Illicium anisatum L.
Pulsatilla pratensis Mill.
Clematis erecta All.

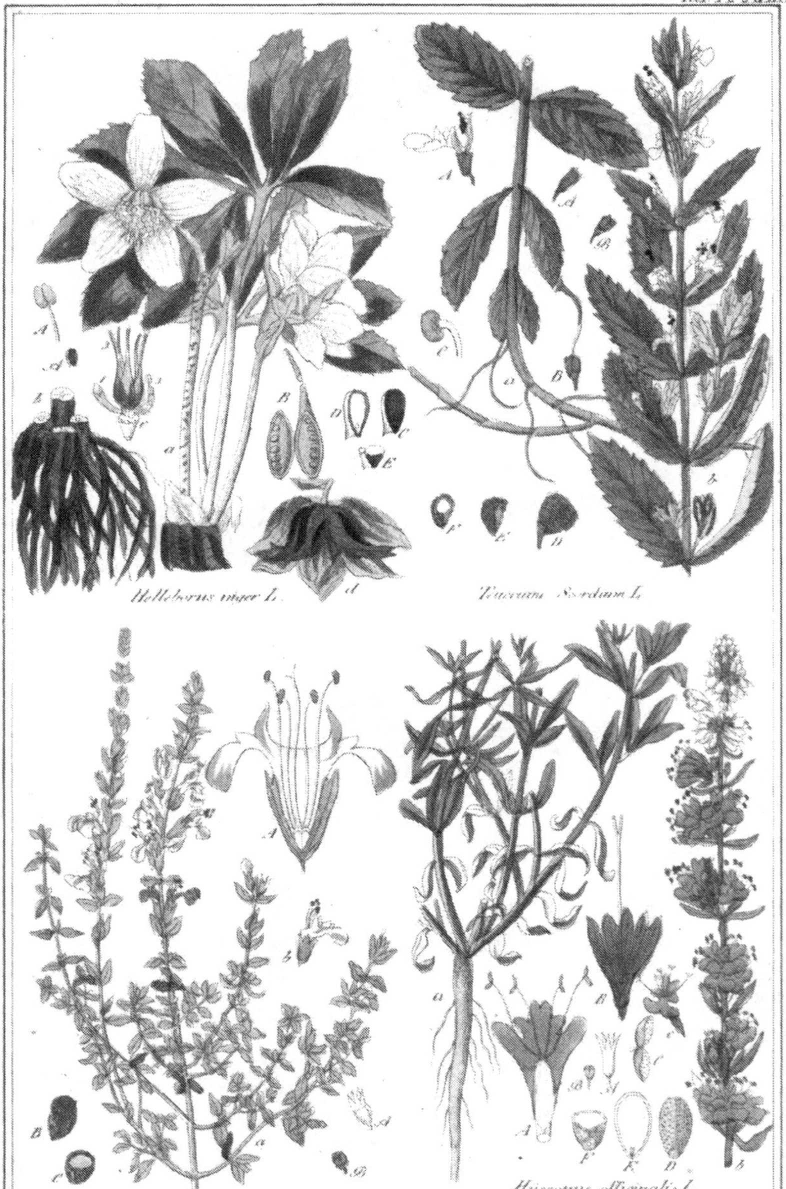

Helleborus niger L.

Teucrium Scordium L.

Teucrium Marum L.

Hyssopus officinalis L.

Taf. XXXIX.
Lavandula Spica DeC.
Mentha piperita L.
Mentha crispata Schrad.
Mentha crispa L.

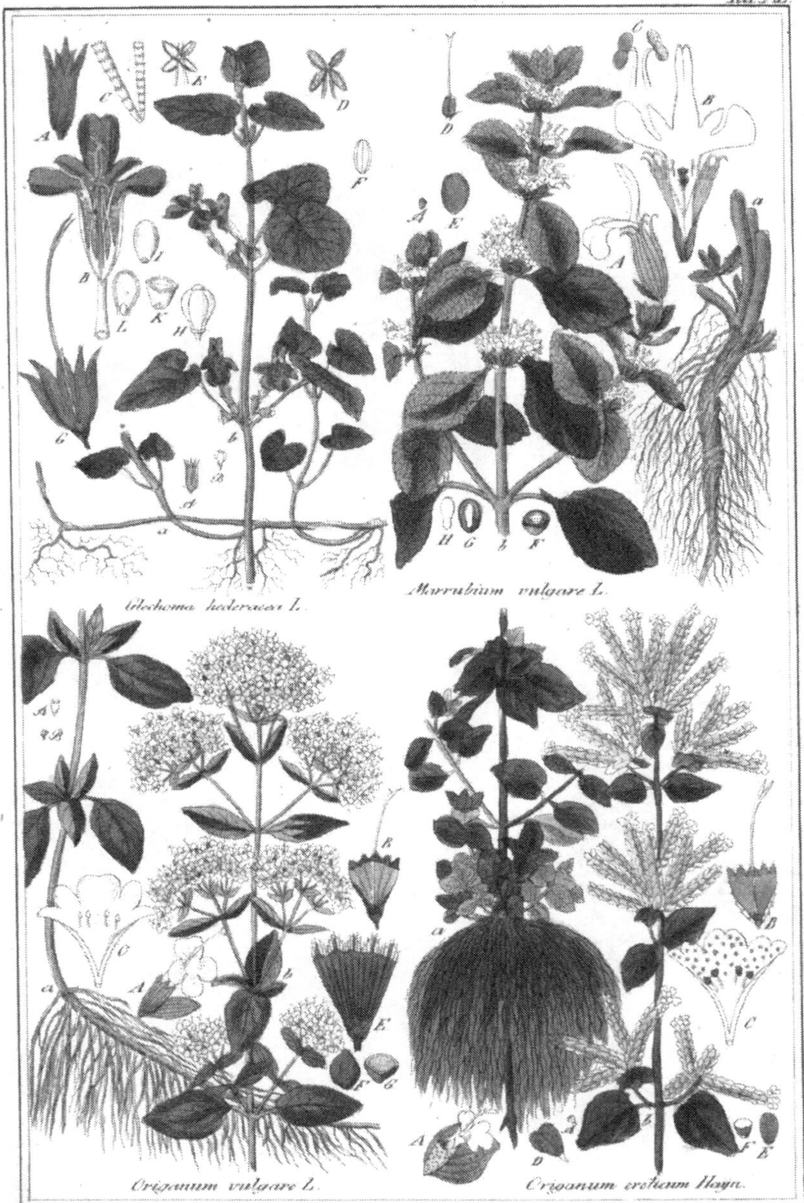
Glechoma hederacea L.
Marrubium vulgare L.
Origanum vulgare L.
Origanum creticum Hayn.

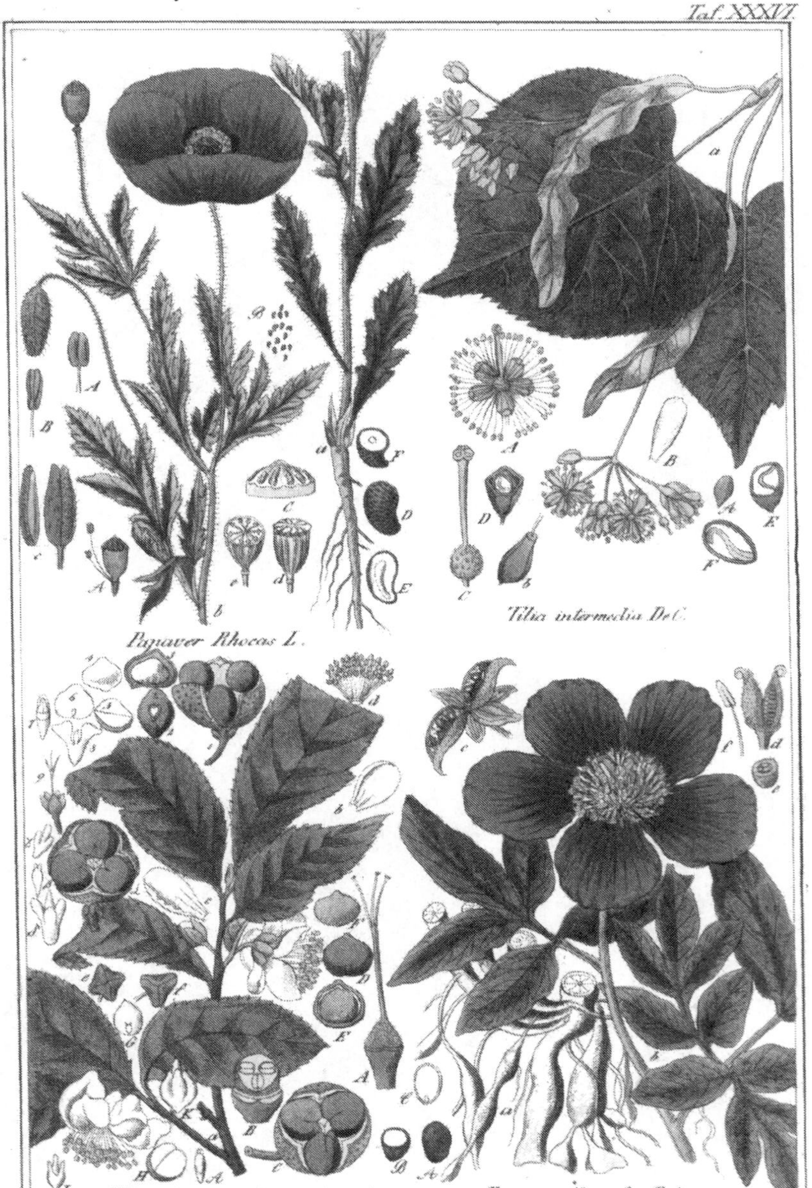

Papaver Rhoeas L.

Tilia intermedia DeC.

Thea chinensis Sims.

Paeonia officinalis Retz.

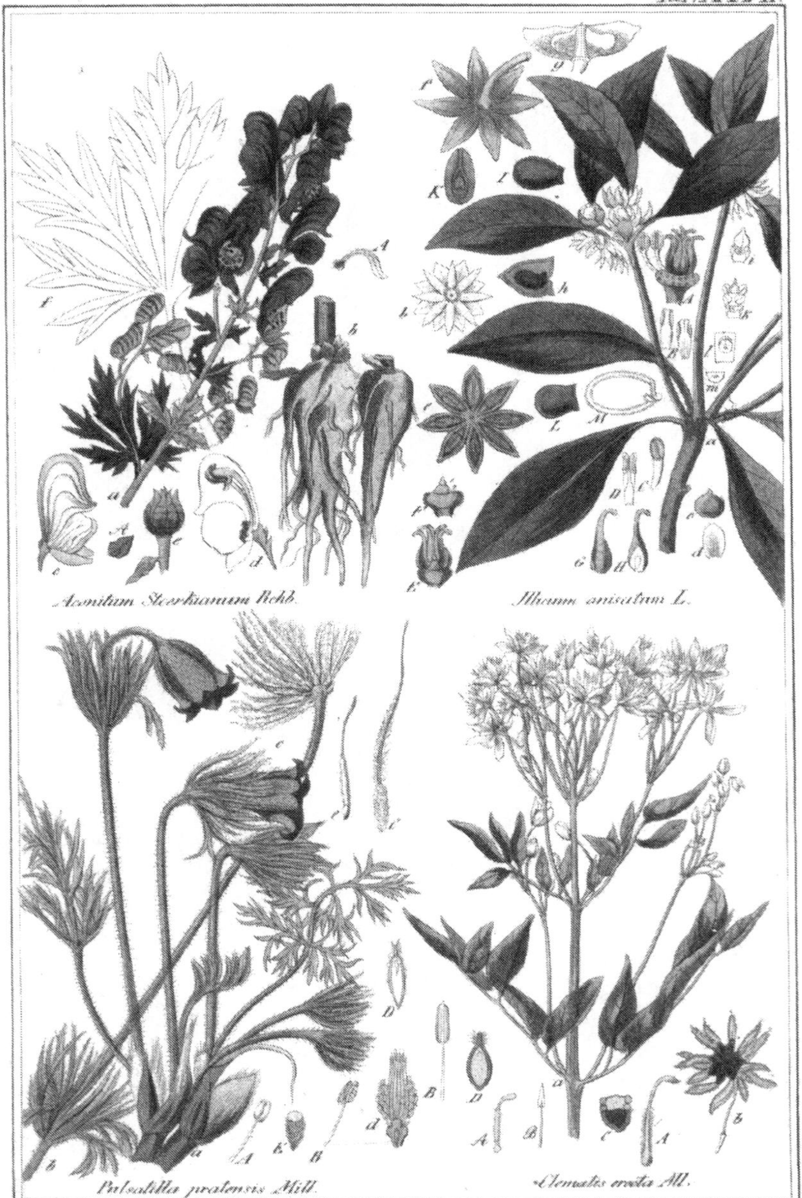

Aconitum Stoerkianum Rchb.

Illicium anisatum L.

Pulsatilla pratensis Mill.

Clematis recta All.

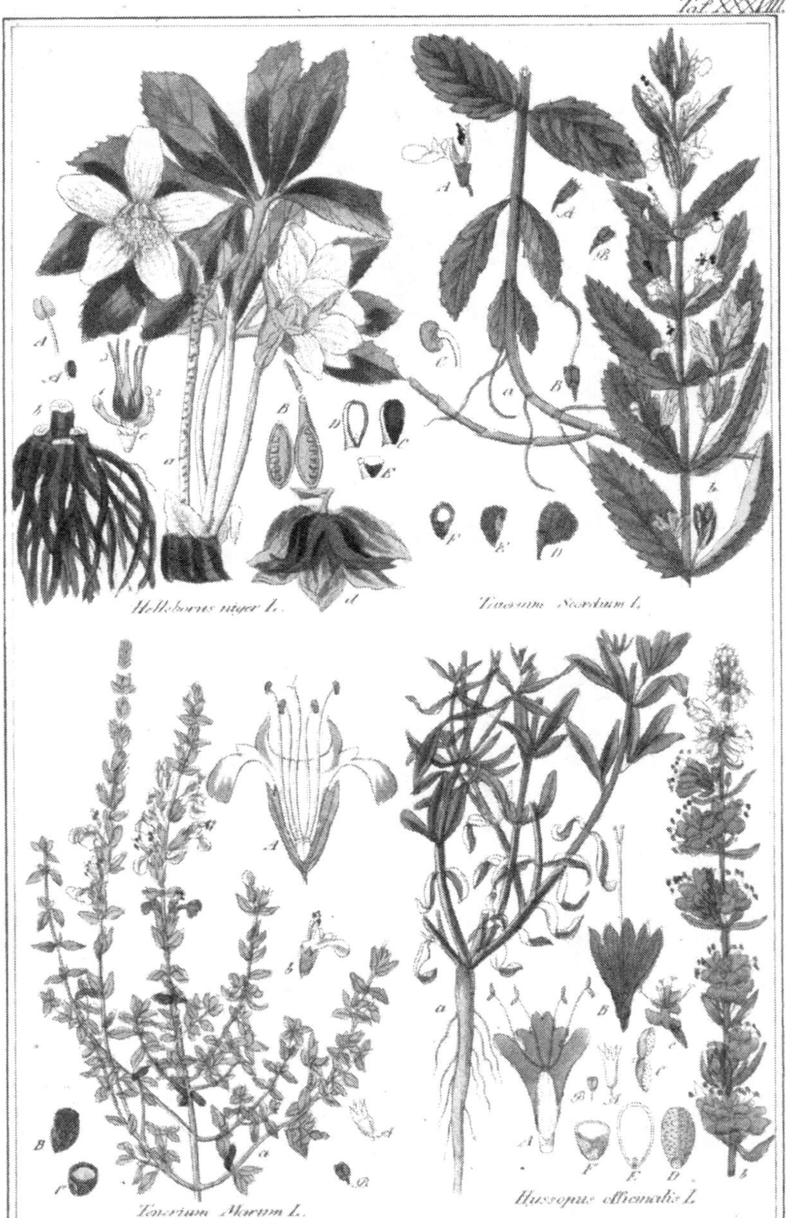
Taf. XXXVIII.
Helleborus niger L.
Teucrium Marum L.
Hyssopus officinalis L.

Taf. XXXIX.
Lavandula Spica DC.
Mentha piperita L.
Mentha crispata Schrad.
Mentha crispa L.

Taf. XI.

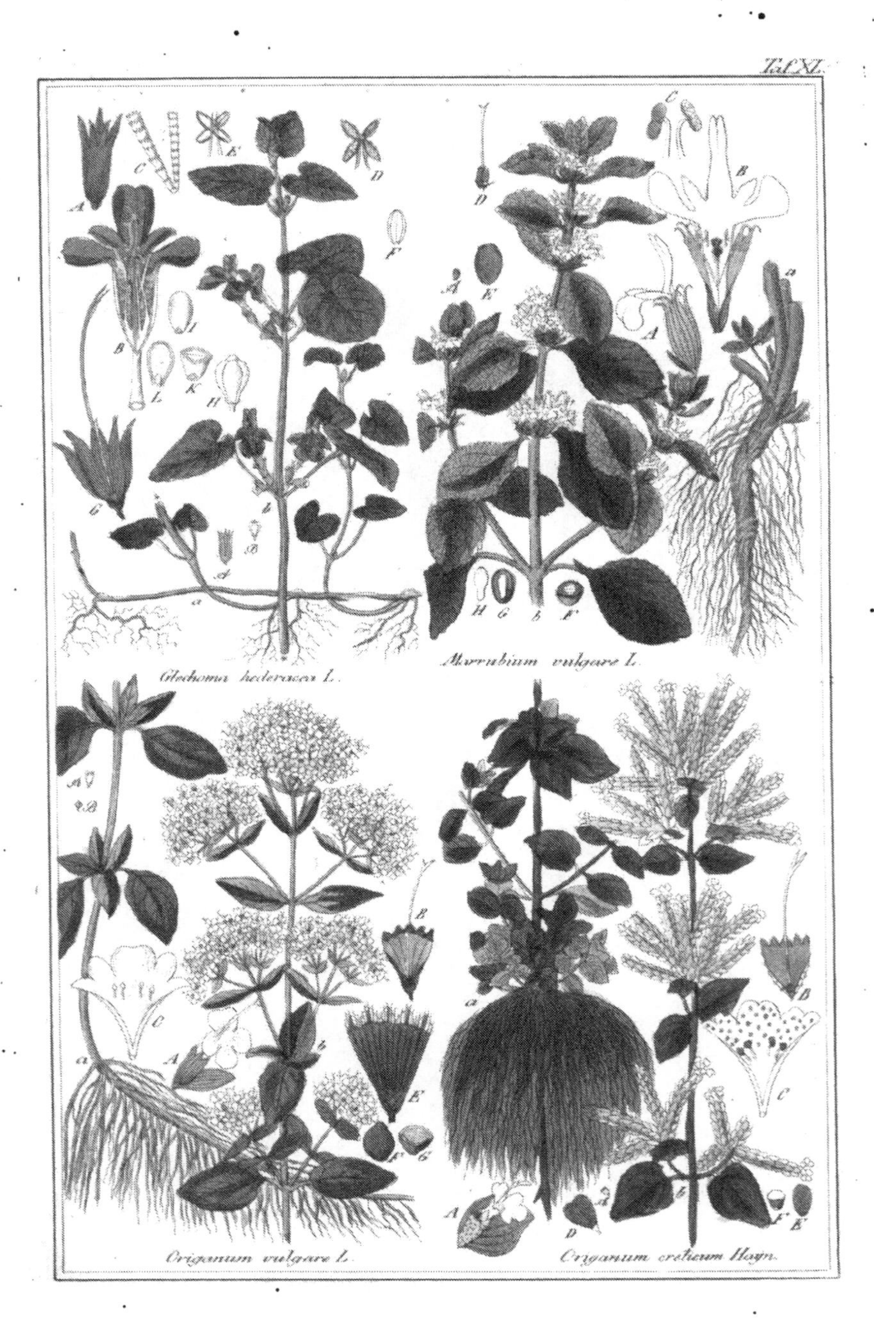

Glechoma hederacea L.

Marrubium vulgare L.

Origanum vulgare L.

Origanum creticum Hayn.

Taf.XLI.
Origanum Majorana L.
Thimus Serpillum L.
Thimus vulgaris L.
Melissa officinalis L.

Taf. XLII
Ocimum Basilicum L.
Linaria vulgaris L.
Digitalis purpurea L.
Cochlearia officinalis L.

Taf. XLIII.
Armoracia rusticana Fl. Wett.
Sinapis alba L.
Sinapis nigra L.
Brassica Rapa L.

Taf. XLIV
Tamarindus indica L.
Theobroma Cacao L.
Malva sylvestris L.
Malva rotundifolia L.

Althaea officinalis.
Althaea rosea.
Acacia Catechu W.
Acacia Seyal Del.

Taf. XLVI
Acacia vera W.
arabica W.
Fumaria offi-
cinalis L.
Polygala amara L.

Taf. XLVII.
Polygala Senega L.
Andira retusa Kunth
Ononis spinosa.
Melilotus officinalis W.

Trigonella Foenum graecum L.

Astragalus verus DeC.

Astragalus gummifer Lab.

Glycyrrhiza glabra L.

Taf. XLIX.
Glycyrrhiza echinata L.
Phaseolus vulgaris L.
Citrus medica L.
Citrus Aurantium L.

Taf I.
Melaleuca Cajuputi Roxb.
Hypericum perforatum L.
Lactuca virosa L.
Taraxacum officinale Roth.

Lappa major L.
Tanacetum vulgare L.
Artemisia Absinthium L.
Artemisia Vahliana Kostel.

Taf.LII
Artemisia Abrotanum L.
Artemisia vulgaris L.
Tussilago Farfara L.
Inula Helenium L.

Taf. LIII
Arnica montana L.
Pyrethrum Parthenium Smith
Matricaria Chamomilla L.
Anthemis nobilis L.

Glycyrrhiza echinata L.
Phaseolus vulgaris L.
Citrus medica L.
Citrus Aurantium L.

Taf. I.
Melaleuca Cajuputi Roxb.
Hypericum perforatum L.
Lactuca virosa L.
Taraxacum officinale Roth.

Lappa major L.
Tanacetum vulgare L.
Artemisia Absinthium L.
Artemisia Vahliana Kostel.

Taf. LII.
Artemisia Abrotanum L.
Artemisia vulgaris L.
Tussilago Farfara L.
Inula Helenium L.

Taf. LIII
Arnica montana L.
Pyrethrum Parthenium Smith.
Matricaria Chamomilla L.
Anthemis nobilis L.

Taf. LIV.
Anacyclus officinarum Hayn.
Anacyclus Pyrethrum Link.
Achillea Millefolium L.
Cnicus benedictus Gaertn.

Taf. IV.
Calendula officinalis L.
Orchis militaris L.
Orchis maculata L.
Vanilla aromatica Swartz.

Taf. LVI.
Aristolochia Serpentaria L.
Carex arenaria L.
Sagus Rumphii Willd.
Morus nigra L.

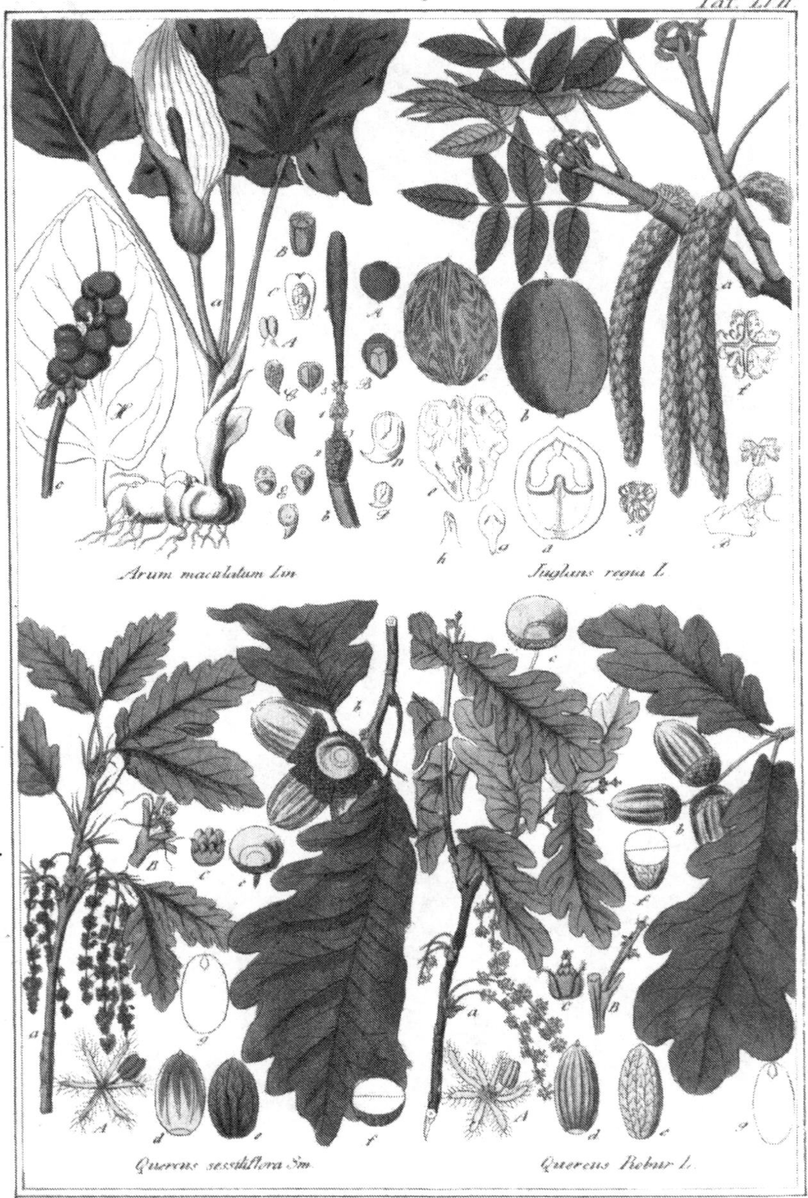
Arum maculatum Lin.
Juglans regia L.
Quercus sessiliflora Sm.
Quercus Robur L.

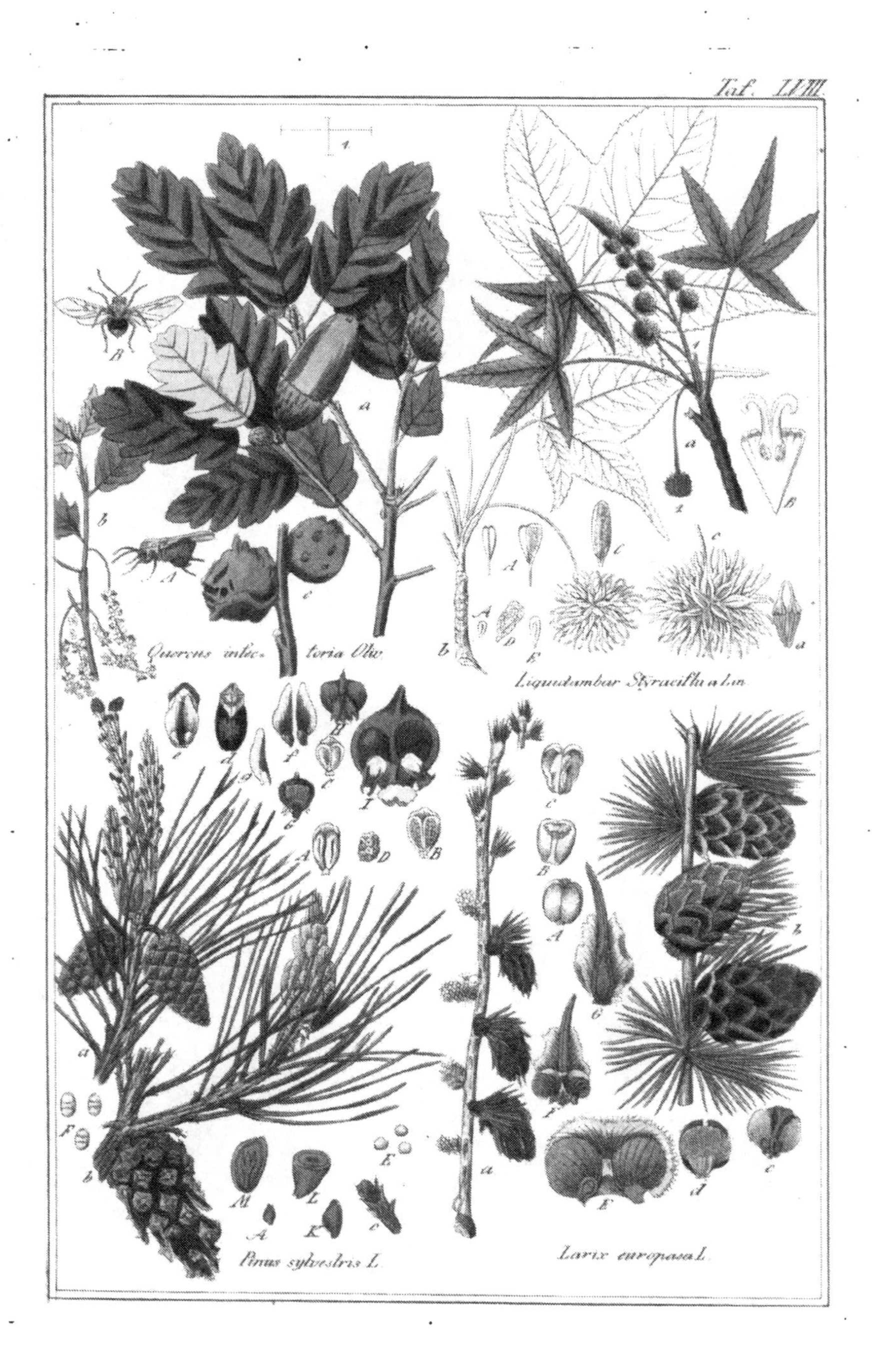
Quercus infectoria Oliv.
Liquidambar Styraciflua Lin.
Pinus sylvestris L.
Larix europaea L.

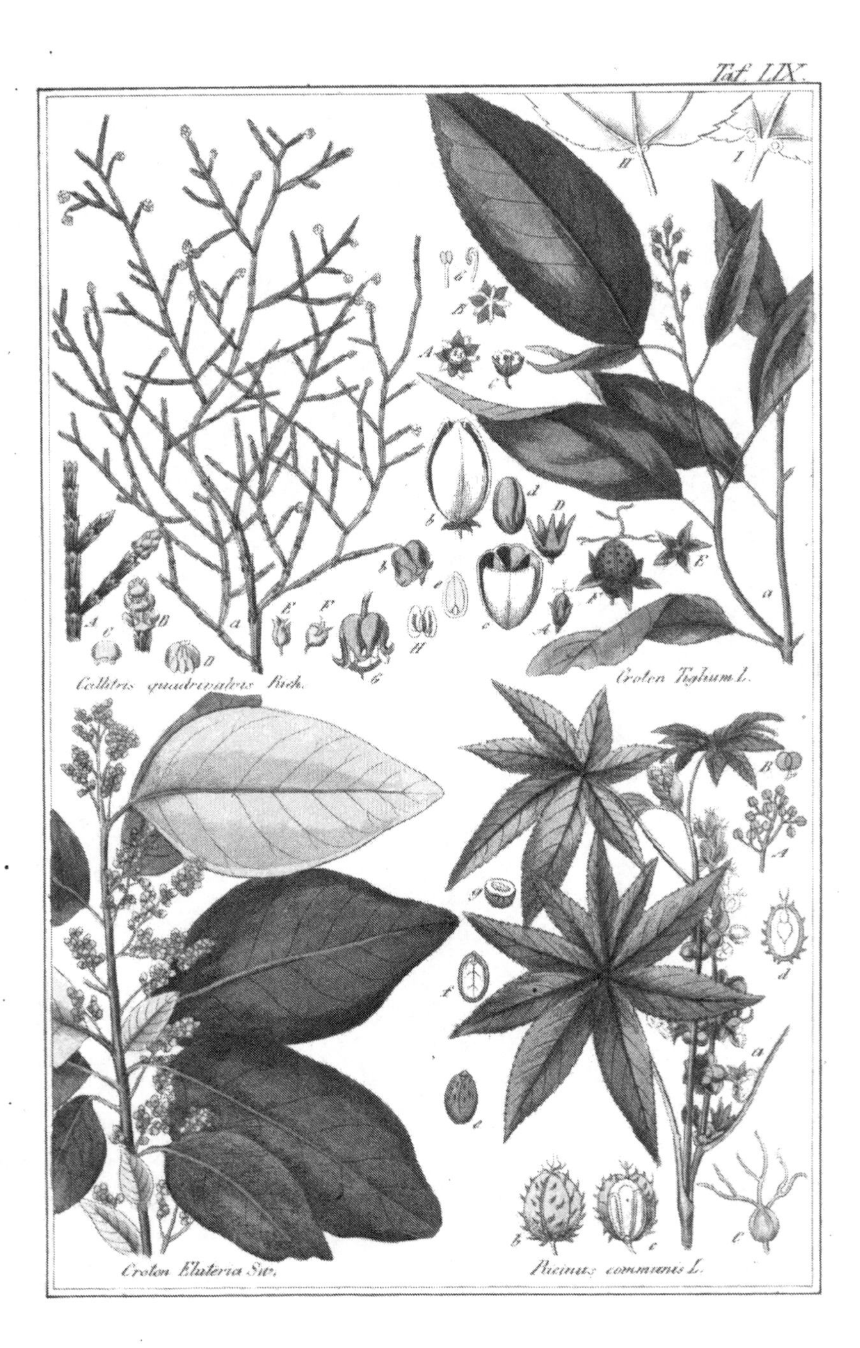

Callitris quadrivalvis Rich.
Croton Tiglium L.
Croton Eluteria Sw.
Ricinus communis L.

Taf. IX.
Bryonia alba L.
Cucumis Colocynthis L.
Salix alba L.
Salix pentandra L.

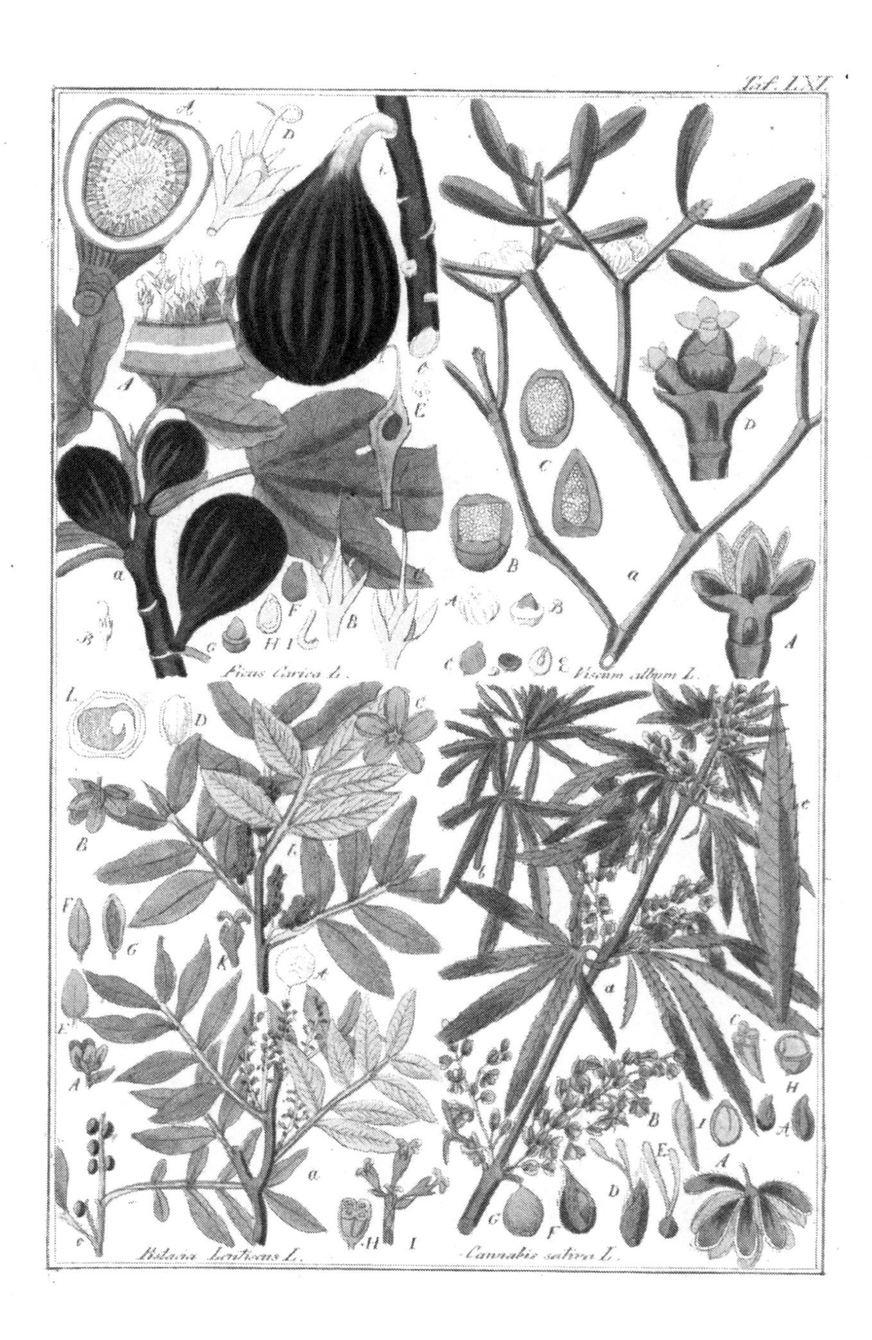
Taf. LXI.
Ficus Carica L.
Viscum album L.
Pistacia Lentiscus L.
Cannabis sativa L.

Taf. LXII.
Humulus Lupulus L.
Smilax Sarsaparilla L.
Smilax medica Schlecht.
Balsamodendron Myrrha Ehr. & Nees.

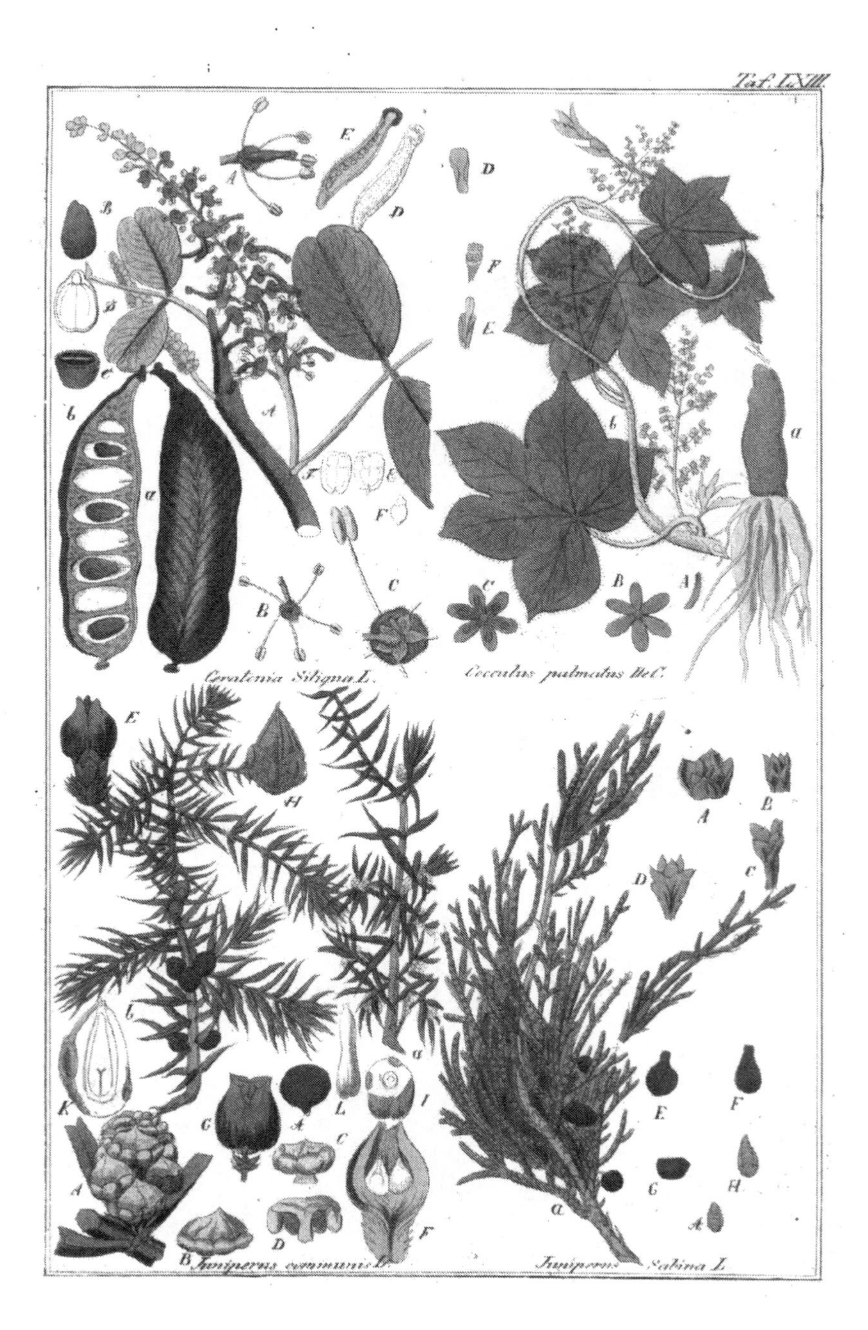
Taf. LXIII.
Ceratonia Siliqua L.
Cocculus palmatus DeC.
Juniperus communis L.
Juniperus Sabina L.

Myristica moschata Thunb.
Copaifera Jacquini Desf.
Copaifera coriacea Mart.
Ornus europaea Pers.

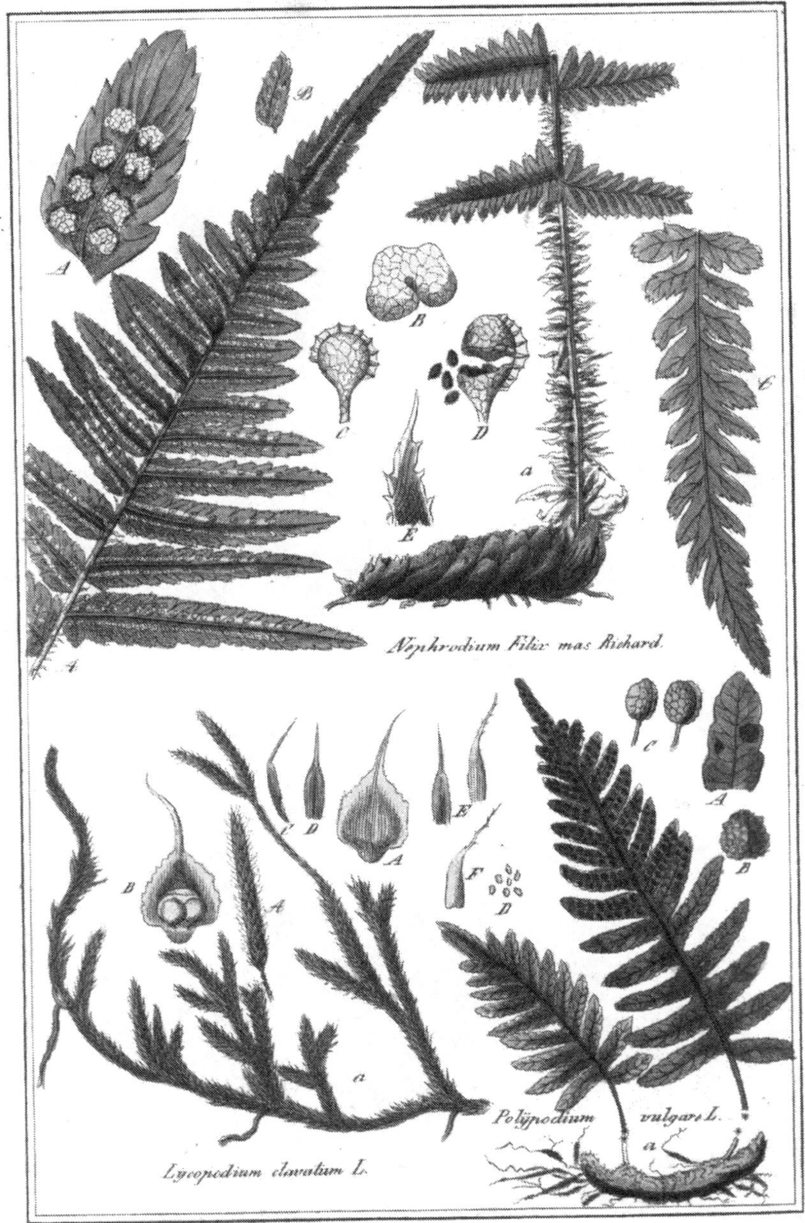
Nephrodium Filix mas Richard.
Lycopodium clavatum L.
Polypodium vulgare L.

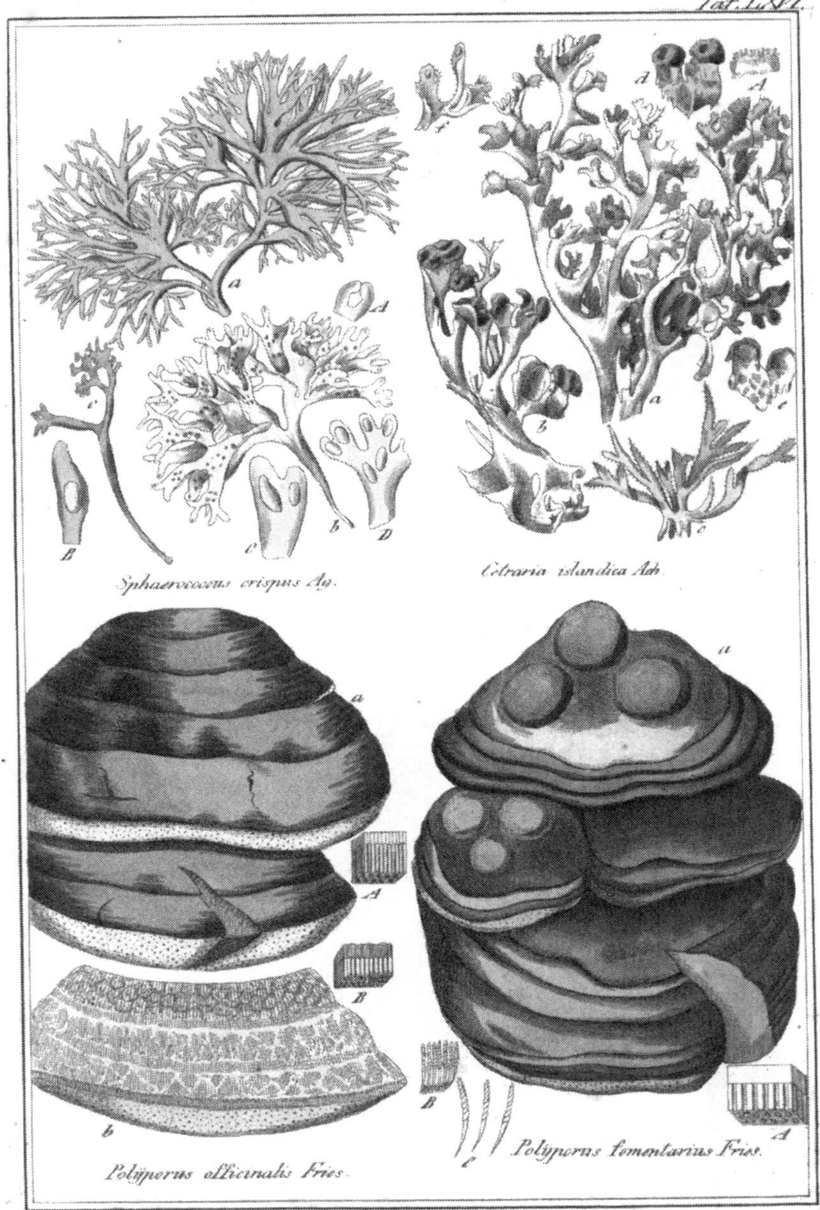

Sphaerococcus crispus Ag. — Cetraria islandica Ach.

Polyporus officinalis Fries. — Polyporus fomentarius Fries.

471 l. 3 . . . See Gardner

CPSIA information can be obtained
at www.ICGtesting.com
Printed in the USA
LVHW080855161222
735312LV00004B/115